陈青之讲中国教育史

上

陈青之 ◎ 著

河南人民出版社
·郑州·

图书在版编目（CIP）数据

陈青之讲中国教育史 / 陈青之著． -- 郑州：河南人民出版社，2025.4

ISBN 978-7-215-13458-4

Ⅰ．①陈… Ⅱ．①陈… Ⅲ．①教育史－中国 Ⅳ．① G529

中国国家版本馆 CIP 数据核字（2024）第 028543 号

河南人民出版社 出版发行

（地址：郑州市郑东新区祥盛街27号　邮政编码：450016　电话：0371-65788077）

新华书店经销　　环球东方（北京）印务有限公司印刷

开本：710 mm × 1000 mm　1/16　　　印张：48.25

字数：622千

2025 年 4 月第 1 版　　　　　2025 年 4 月第 1 次印刷

定价：148.00元

出版说明

一代有一代之学问,今之学问,沿袭历代者有之,梳理绾结者有之。20世纪初期,一批学人视野宏阔,学问源深,或执着于学术一域成一家之言,或总结往昔学问之变成一代之范:梁启超的《中国近三百年学术史》,王国维的《宋元戏曲史》,吕思勉的《中国通史》……经百年汰洗,皆为经典,启迪学林,被奉为圭臬,而今读来,受用非常。

出版界珍之惜之,刊刻不辍。感谢首版拓荒之功,再版多依旧貌。几经流传,讹误增生,实属正常。20世纪初期出版略显粗糙,用字前后不统一、繁体异体混杂等现象几占满篇,而百年后的阅读习惯亦与当时的书写习惯大相径庭,个别表达今日读来似不顺畅,在当时则不为拗口。多家出版社编辑变通性情,一改订正"鲁鱼亥豕"之旧习,也不敢以今人阅读标准刀砍斧劈,以彰出版时代之特性,保留一代大师语言之风格。

鄙社有传播优秀学术之责任,精选诸种经典作品收入"大家讲史"系列丛书,对照权威版本,保持原文样貌。时人兼顾不周、今人为病者不改,但对明眼错讹,不能"带沙入眼",如"清、嘉道以后……",这个顿号显为赘余;"三百年无过而者","而"应为"问",无论语言怎么变化,"而"字用于此处是没有道理的。

别扭处，认真辨别，苦心细磨，给予订正，使之几臻完善，这是编辑功夫所在。

此次再版，主旨未变、文风未变，变的是书的"颜值"。此"大家讲史"系列，实为良品，品质值得信赖，若得读者诸君悦读之趣，则吾社甚慰焉。

河南人民出版社编辑部
乙巳年二月七日

目　录

编前语 ··· 001

第一编　原始氏族社会时代的教育

第一期　自商代以上（前3500—前1123）·· 009
  第一章　初民的生活与教育的起源 ··· 010
  第二章　汉人臆造之上古教育制度 ··· 012

第二编　封建时代的教育

第一期　西周（前1122—前771）··· 017
  第三章　西周社会的概观 ·· 018
  第四章　后人附会之西周教育制度 ··· 022

第二期　东周（前770—前222）·· 033
  第五章　东周之社会与思想 ··· 034
  第六章　东周教育家及其学说 ·· 037

第三编　半封建时代前期的教育

第一期　秦汉（前221—前219）·· 077

第七章　半封建社会形成之第一幕……………………078
　　第八章　儒家学术之独占与教育……………………081
　　第九章　两汉学风……………………087
　　第十章　两汉教育制度及其实施……………………091
　　第十一章　两汉教育家及其学说……………………103
　第二期　魏晋南北朝（220—588）……………………131
　　第十二章　魏晋六朝之政局与民族……………………132
　　第十三章　魏晋六朝之学风……………………134
　　第十四章　魏晋六朝之教育……………………137
　　第十五章　本期教育家及其学说……………………142
　第三期　隋唐及五代（589—959）……………………149
　　第十六章　隋唐之国力与士气……………………150
　　第十七章　隋唐学风……………………152
　　第十八章　唐之教育制度及其实施……………………154
　　第十九章　隋唐教育家及其学说……………………171
　　第二十章　唐末及五代……………………180

第四编　半封建时代中期的教育

　第一期　宋（960—1276）……………………183
　　第二十一章　宋之政治与教育的关系……………………184
　　第二十二章　宋代学风及学派……………………187
　　第二十三章　宋代教育制度及其实况……………………190
　　第二十四章　北宋教育家及其学说……………………211
　　第二十五章　南宋教育家及其学说……………………253

第二期　元（1277—1367）·····305
 第二十六章　蒙古帝国之政治、经济与教育·····306
 第二十七章　元代教育制度及其实况·····308
 第二十八章　元代教育家及其学说·····315

第三期　明（1368—1643）·····331
 第二十九章　蒙古帝国瓦解与汉族主权恢复·····332
 第三十章　明代学风之三变·····335
 第三十一章　明代教育制度及其实况·····337
 第三十二章　初明教育家及其学说·····352
 第三十三章　中明教育家及其学说·····366
 第三十四章　晚明教育家及其学说·····397

第五编　半封建时代后期的教育

第一期　清（1644—1911）·····415
 第三十五章　清帝国之政治与教育·····416
 第三十六章　清代学风之复古·····419
 第三十七章　清代教育制度及其实况·····422
 第三十八章　清代教育家及其学说（一）·····440
 第三十九章　清代教育家及其学说（二）·····469
 第四十章　清代教育家及其学说（三）·····487
 第四十一章　清代教育家及其学说（四）·····502

第六编　初期资本主义时代的教育

第一期　自英法联军至中日之战（1862—1894）·····509

第四十二章　社会之变迁与新教育之产生 …… 510

第四十三章　萌芽期的新教育之趋势及种类 …… 516

第二期　自甲午之役至辛亥革命 …… 529

第四十四章　外力之压迫与新教育之勃兴 …… 530

第四十五章　本期教育思潮与宗旨 …… 536

第四十六章　教育行政机关的组织 …… 540

第四十七章　学校制度及实施 …… 545

第四十八章　学部成立后学堂教育之推进 …… 570

第四十九章　留学教育 …… 582

第五十章　本期教育家及其学说 …… 590

第三期　自民国建元至欧战告终（1912—1918）…… 605

第五十一章　民国成立后七年内之教育背景与教育 …… 606

第五十二章　教育思潮与宗旨 …… 613

第五十三章　本期教育制度 …… 624

第五十四章　小学教育之改制 …… 639

第五十五章　本期教育之实际情形 …… 642

第四期　自五四运动至三一八惨案（1919—1926）…… 653

第五十六章　一九一九年之解放运动 …… 654

第五十七章　教学法之进步 …… 665

第五十八章　教育制度之改造 …… 671

第五十九章　三种教育之运动 …… 684

第六十章　结　论 …… 694

第五期　自国民政府建都南京至现今（1927—1934）…… 699

第六十一章　国民革命与教育 …… 700

第六十二章	中国国民党之教育宗旨及教育政策	704
第六十三章	国民政府之教育制度	711
第六十四章	现今教育之趋势	731
第六十五章	中国教育今后之出路	746

编前语

一

教育史之内容，包括实际与理论两方面。教育制度、教育实施状况及教育者生活等等，属于实际方面。政府的教育宗旨、学者的教育学说及时代的教育思潮等等，属于理论方面。但只将以上所举的实际与理论两方面情形，原原本本，按照时代先后，叙述一个明白，还不足以完成研究教育史者的任务。研究教育史者的任务：第一，在于说明历代教育制度及学说之变迁的原因；第二，在于比较各时代、各地方的教育之异同与升降；第三，则在于阐发教育与政治、经济的关系及统治阶级对于教育之如何利用；第四，尤在于以客观的态度批评历代教育之得失，并标明其特异之点。能够将以上所提示的种种方面，作一个有系统的叙述，以备今后研究教育者应取何种途径的一个指南针，方可以成就一部教育史。

人类社会的意识，是随着经济发展的程度而前进，也是随着经济发展的形式而变迁，故一切意识形态莫不以经济为基础。教育属于意识形态之一种，也是建筑在经济基础之上。它是社会的产物，不是与生俱来的，某一种教育思潮之风起，必有当时的社会情形为背景；某一种教育制度之制定，必有当时的经济组织为基础。离开了社会及社会里面的经济组织，则无所谓教育，即无所谓教育史。故研究某一地方的教育，必要对于该地方的社会情形及经济组织，有一个相当的了解；研究某一时代的教育，也必要对于该时代的社会情形及经济组织，有一个相当的了解。

教育目的随时代而变迁。原始公有时代，教育只有生物欲的目的——维持个体，保存种族。私有财产发生以后，除了生物欲的目的外，还有以教育为阶级支配的工具之目的。原始公有时代，没有正式的文字，没有分工的制度，社会也没有阶级性，教育与劳动是一致的，凡成年人都是教师，凡儿童都是学生。私有财产制度发生以后，文字也发明了，分工制度也有了，统治阶级也发生了；于是教育与劳动从此分家，教育的意义也就变更了。此时能够受教育的只限于少数人，教育权操在更少数人的手中——统治阶级的手中。私产制度时代，又分封建与资本主义两个阶段。在封建时代，统治者以培养忠顺的治术人才为宗旨，所以特别注意于道德的训练。在资本主义时代，统治者以培养机械的技术人才为宗旨，所以施行强迫教育，传授机械的工业技能，以增加其劳动效率。我们研究教育史，对于社会之历史演进的阶段，尤当鉴别清楚。

有了统治阶级，社会就有政治的形态。自统治阶级发生以后，教育与政治即连合为一，且成为政治之一部分。统治者一方为政治首领，一方为教育长官，他们以特殊地位制定教育，以政治力量推行教育，故教育不过为施行政治之一种手段，即为统治国家之一种工具。教育效率之大小，与政治力量之强弱成正比例，而教育本身所具的力量确乎有限，自统治阶级观之，不过是一种傀儡而已。故不仅"教育万能说"纯属欺人之谈，即"教育神圣说"更是自欺之语，除了社会达到了真正平等或吾人所理想的大同时代，教育不会有纯洁意义的。在私产制度之下，教育学者的教育学说，其思想往往与当时政府的教育宗旨是一致的，因为他们比较是知识分子，知识分子多半是依附于支配阶级以图生存的。他们所倡的教育学说，纵令有时在积极方面没有明显地拥护支配者的论调，但在消极方面很少有与当局冲突的地方。除了社会发展到了某种程度，支配阶级的势力快要崩溃的时候，他们才敢于唱几句高调。教育随政治为转移，研究教育史者对于这一点也要认识清楚。

二

　　研究中国教育史比较困难，研究中国古代教育史更觉困难。第一，中国古籍可靠性太少，纵令经清代学者辨别出许多真伪，怀疑之点至今还是时时发现。除几本真伪难分的古籍以外，虽有古物、古器及甲骨文字等项可供我们参考的资料，但此项学业尚在极幼稚时期。第二，中国社会之演进的阶段，至今还没有定论。有的以封建社会始于夏、商；有的说始于西周；有的说始于东周，西周尚在氏族社会与封建社会中间一种过渡的奴隶社会。自秦、汉以至现代，有的说还在封建时代，有的说秦、汉以来已有资本主义发生。第三，中国社会之历史的分期，在教育方面，很难定出一个适当的标准。我们不是研究民族史，当然不能以各民族势力的消长为标准；我们不是研究纯粹的学术史，也不能以各家学说互相起伏的情形为标准；至于以上古、中古及近古、近世等说作标准来分期，更无意识。对于第一个问题不解决，则教育史上没有可靠的材料；第二个问题不解决，则没有真实的背景；第三个问题不解决，则没有适当的编制。

　　中国数千年的历史，勿论政治如何嬗变，产业如何发展，外力如何侵入，各家各派的学说如何纷争与起伏，而中国民族思想，自西周以至最近二十年前，总是以儒家思想为中心；所以他们所表现的性格或浅或深，大半是受过了儒家学说的几番洗礼无可疑的。不过自五四运动以来，中国民族的思想才有很大的变化。儒家思想，虽说祖述尧、舜，为中国民族相传相衍的习惯生活，其实是封建时代的产物，完全建筑在农村经济基础之上。自东西交通以来，帝国主义者的资本侵入到中国腹地，使中国农村经济发生很大的变化——由衰落而崩溃，由崩溃而破产；最近，全国经济的重心已由农村而移转到几个沿江沿海的大都市了。社会形态及经济组织一一发生变迁，则建筑在昔日社会基础之上的中心思想自然也必发生动摇与倒闭。反过来说，由中心思想的动摇与倒闭，即可以证明中国社会到近代确已进于资本主义的阶段。

所以在编辑中国教育史以前，我们应当有两个假定。第一，假定商代以前，为氏族社会；西周时代，为典型的封建社会；自秦、汉以至清代后期，为变形的封建社会——半封建社会；最近六十年以来，为初期的资本主义社会。各时代的社会形态及经济组织既然不同，以此为基础所产生的各时代的教育当然也是各别。第二，假定在氏族社会，为儒家思想的前生时期；在封建社会，为儒家思想的形成时期；在半封建社会，为儒家思想的流传时期；最近六十年以来，为儒家思想的动摇时期；自国民党改组以来，则为孙中山学说的支配时期。孙中山学说是以儒家思想为骨体，以欧、美诸社会学家的学说为资料，以中国目前社会及现代国际情形为背景，融合贯通而构成的三民主义。三民主义虽以儒家思想为骨体，但不是封建的，它是世界大同的，故孙中山平日对于儒家宗主孔子的大同思想极力倡导。简单一句话，中国民族思想，几千年以来，受了儒家思想的支配，至今尚未完全去掉。儒家思想以伦理为中心。他们的伦理学说，对于自身修养方面，取听天由命主义；对于社会秩序方面，取正名定分主义；对于论断事理方面，取折衷调和主义。教育是告吾人以做人的方法，伦理是告吾人以做人的标准，故伦理学说也可以说就是教育的方针；研究中国教育史，而忽略了儒家思想支配中国社会数千年的势力，一定要失掉了历史的可靠性，此层也是应当我们注意的。

三

在商代以前，完全为氏族社会，当然没有学校的形式；即在西周时代，后儒所盛称的教育如何发达，学校如何完备，我们也只当着一种附会，绝非信史。中国最早的学校有信史可考的，应始于西汉武帝元朔年间，距今不过二千零五十年。但这不过是学校的启蒙时期，只具雏形，尚无制度，再过一百二十年，到平帝元始三年，始有学校制度的产生。此时虽有学校制度，不过在中央有太学，在地方有学、校、庠、序等名称，一切尚极简单。在魏、晋、六朝，不仅学校教育没有进步，且因政局混乱与长期战争，学校有名无实——时常陷于停顿状态。到了唐朝，学校教育于是突飞猛进：有了一定的系统，有了各样的科目，有了严格的考课，有了固定的假期，凡学生年龄，资格及入学手续皆有明显的规定。到了宋朝，更有明显的等级，及积分法的施行。但这些法子，多注意在中央的各种学校。到了明、清两朝，凡地方学校也有考课了。不过明、清地方学校虽有考课的规定，而当时社会人士群相趋赴于科举一途，学校徒有其名；且中央也只有属于文科的国子学，比较唐、宋两朝各科俱备的相差多了。关于教育行政方面，两汉尚没有专设的机关，中央太学只由太常兼管，地方各学只由郡县长官兼管。到了唐、宋，中央各学大概统于国子监，地方各学，唐朝统于长史，宋朝统于提举学事司。明、清两朝与唐、宋，大致相同：中央太学即国子监，地方各学统于提学使司。我们总结起来：在周代以前，尚没有信史可考，后儒所附会的一番话，暂时只有存而不论。自此以后，学校教育，在两汉为启蒙时期，在魏晋六朝为停顿时期，在唐、宋两代为发达时期，在元、明、清三朝为衰落时期。

君主专制时代，以培养治术人才为宗旨，所以政府所设施只有成人教育。我们以上所说，全是关于成人教育的，不过内中分有高中两等：凡中央各专门大学均属于高等性质，凡地方各项儒学皆属于中等性质。自唐、宋以来，在政府方面虽也曾设立过小学，不过稍为点缀，且多半为皇室及官宦子孙特别开设，于一般民众是关系极少的，民众的初等教育只有让民众自己想法子。

中国旧式教育，学校与科举是相终始的。我们把科举的历史可以分着三个时期：（1）汉、魏、六朝为科举的萌芽时期。（2）唐、宋两代为科举的兴起时期。（3）明、清两代为科举的极盛时期。科举制度到后来虽日趋复杂，总不外常科与特科两类。两汉选举"孝廉秀才"，就是唐、宋以来的常科；选举"贤良方正"，就是唐、宋以来的特科。关于选举的手续，西汉只有对策一项；到了东汉，还须经过一次文字的考试——这完全是科举的雏形了。不过此时尚没有烦琐的制度及严密的考试，其制度与考试法到隋、唐以后才完全规定出来，所以一般人皆以为科举创始于隋之大业年间，确是一种错误。唐、宋两代，虽制定了完备的制度，政府对于学校教育还是比较注重。到了明、清两朝，则学校轻而科举重，当时国家全部教育差不多为科举所垄断，政府以此类奖励，社会人士趋之若鹜，于是学校等于虚设，名存而实亡了。由此看来，中国有了学校就有科举，有了学校制度就有科举制度，二千年的教育制度史就是一部科举制度史。

科举是什么？自一方面说，它是录取人才的考试制度，发给学位的甄别试验。自又一方面说，它是俗人加入丛林的戒法，自由民加入士族阶级的方式。获取了科举资格以后，即能享受种种特权：（1）免除差役；（2）地方衙门以宾礼相待；（3）在社会常居优越的地位；（4）有掌握国家政治大权的希望；（5）如已做了大官，被目为正流清流，否则为杂流浊流。因为有种种特权，所以业已入了丛林的，牢守其特殊地位始终不肯放弃；未曾加入的，殚毕生的精力，拼命趋赴，希求加入以为荣宠。由此看来，科举完全是半封建时代的产物，它在中国教育史上差不多横行了二千年，一直到了清王朝快要灭亡的时候，才把它取消；更可以证明自清代以前，中国社会几千年还停滞在半封建时代。

在隋、唐以前，中国学者讲学，多半在他自己的家里设帐，或在侯王的府第里设帐。自宋代以后，他们讲学多在书院里面。书院产生于五代之末，到了宋朝，因理学家蔚然兴起，于是此事大盛。由元而明，由明而清，这三朝对于书院的设立，更其广遍了。但书院在当初，不过为私人自由讲学聚集门徒的场所，迨后政府渐渐注意，渐渐改由官办，到了清朝，简直视为各省高等学校，而形成一种教育制度——这是中国教育史上的一点特色。

中国学者所研究的方向各代不同。东周为民族思想的成熟时期，又为社会组织的剧变时期，所以当时学者多半注意在解决当时社会问题，对于学术的贡献在创造。两汉学者生在秦灭之后，昔贤所流传的古籍多半残缺不全了，所以他们毕生的精力全用之于古籍的搜集与整理，对于学术的贡献在考据。考据工作过于机械时，遂发生一种反动的学风，且因国家长期的纷乱，所以魏晋学者注精力于老、庄的复活，南北朝学者注精力于佛学的输入。佛学到了唐朝已入于成熟时期，他们又专门用力于佛学的整理与组织。到了宋朝，儒、道、佛三家学说有融和的趋势，所以宋、元、明三朝六七百年，一般学者专在用力于形而上学的研究。清初尚有此种余风，不久又发生一种反趋势，一般硕学皆以考证学著称了。此处所谓形而上学，多指性理学说的。不过宋儒所讲，把性与心分开，性也有两种，近于二元论；明儒所讲，把性与心合一，性只有一个，近于一元论——是愈趋愈玄了。

统治阶级对于牢笼士族阶级的法术，历代不同，所以各代想做官的士子们所用力的途径也不一样。两汉政府以家法取士，士子们所以谨守家法；唐朝政府以诗赋取士，士子们所以用力诗赋；宋朝政府以经义取士，士子们所以日读三经新义；明、清两朝以八股取士，士子们所以专攻八股。家法、诗赋、经义及八股，勿论何种，全是消磨人类精神的利器，于教育本身是很少价值的。

中国史上的教育家，分汉学与宋学两派。汉学派以读书为目的，宋学派以修己为目的。汉学派以古籍为研究的对象，只研究古籍之真伪，行为又是一个问题，对于人生行为的好坏与他所学所教的毫无关系。宋学派以自己为研究的对象，他们平日所研究的方法就是怎样做人，所研究的目标就是做一个什么人。换一句话，他们一方研究，一方实行，一方又体验，以知识指导其行为，从行为以证实其知识，谓之实践主义。所以我们称前者为记诵主义的教育家，称后者为实践主义的教育家；凡汉、唐、清三朝的教育家，多属于前一派，凡宋、元、明三朝的教育家多属于后一派。

四

中国教育史，严格说起来，只有两大期，而以英、法联军之役为分水岭。自英、法联军之役以前，为半封建式的教育；自此役以后，为资本式的教育。在半封建式的教育之下，勿论教育制度如何变更，教育学说如何差异，总以儒家思想为中心，以儒家经典为教材。除了几次特殊教材外，汉、魏、六朝学校所授的不外五经之术；唐朝把它分着九经；宋朝添了一部四书；元朝添了几本宋儒语录；明、清两朝又把五经细分为十三经，其实是一贯的。在资本式的教育之下，始有科学教育，除了人事教材外，特别注意于自然科学的研究。本书第六编，就是写的资本式的教育——初期资本式的教育，又称做新教育。在第六编里面，又分着五个小时期。自英、法联军之役至中日战争为第一期，为新教育萌芽时期，半封建主义尚极浓厚，不过略具资本主义雏形而已。自甲午之役至辛亥革命为第二期，此时已具资本主义的教育制度，而思想仍是半封建的。自民国建元至欧战告终为第三期，与前期没有很大出入，不过思想较为进步，对于女子教育稍为重视罢了。自五四运动至"三一八"惨案为第四期，则完全资本主义化了。此时国人对于教育的思想完全改变——以美国人的思想代替了儒家的思想，且因思想改变而促成教育制度的改革。前三期为日本式的资本主义教育，以《奏定学堂章程》为中心；第四期为美国式的资本主义教育，以壬戌学制为中心。自国民政府建都南京至现今为第五期，则为三民主义化的教育。三民主义理想的社会，不是半封建的，也不是资本的，它是世界大同的。所以本期的教育，政府也规定以"促进世界大同"为宗旨。三民主义是推行世界主义的第一步，不仅合于中国国情，且合于世界人类的要求。在此主义之下，我们主张厉行教育统制政策，以统一思想而集中力量，方可以达到我们的理想。

第一编　原始氏族社会时代的教育

第一期　自商代以上（前3500—前1123）

第一章　初民的生活与教育的起源

一　初民的生活

据历史家的考证，距现今五千年前，我们的祖先业已占有了黄河下游两岸的地方。他们的生产方法，就是捕鱼、采果、打鸟、射击野兽；一切衣食的来源，皆取给于自然物品，吾人称此时期为采拾经济时期。男子出外采拾食物，女子在家照料儿童，同血缘的人员聚居在一群，以年长的女子为一群的首领。这种社会，谓之母系氏族社会。这个时候，没有文字，没有制度，完全过着自然生活，共同采拾食品，共同消费，共同育养儿童，故又称为原始公有社会。这个时候，敌人很多，毒虫是敌人，猛兽是敌人，天灾水患也是敌人，异种族、远血族也会成敌人；他们的生命长日在群敌包围之中，故如何抵御敌人成了他们重要的工作。经过长期斗争以后，征服了异族，汉族生齿日蕃，遂繁衍于黄河中游的中原腹地。到了此时，他们已知火食，渐有文字，发明了一切粗笨的用具，他们的生产方法遂由渔猎进步到牧畜了。生产方法由渔猎进步到牧畜，是男子对于女子的一大革命，故社会组织也由母系移转到父系。在父系氏族之下，产生了私有性质，产生了阶级意识，此时人民的生活，就不比以前那样自然了，就不比以前那样简单了。这种形态的社会——父系氏族社会，历唐、虞、夏、商一千数百年，直到周朝才又经一次重大的变革。黄河中下游地方，纵横数千里，全是广大平原，处北纬三四十度之间，气候温和，植物种子的产生当极容易，故自洪水平定以后，中国社会已有农业的萌芽。生产方法由牧畜进步到农业，从前游动生活此时遂变为定居生活了。在定居生活之下，工作经济，较易蓄积，社会上一定产生有闲阶级，而种种观念形态莫不由此发生。

二　教育的起源

知道了初民生活的情形，就可以知道他们的教育的起源了。教育发生于实际生活的需要，教育情形也跟着当时的经济情形而变迁。在渔猎经济时代，他们的教育就是怎样捕鱼，怎样猎取鸟兽，怎样采掇果实。在牧畜经济时代，他们的教育就是怎样架设栅栏，怎样寻逐水草，怎样喂牛赶羊。劳动即是学习，父母即是教师，猎场与牧地即是学校，教育与生活是一致的。最初没有文字，要记载事情时则用结绳的方法；其后见结绳有时而穷，则又画些种种图样表示形意，即吾人所谓象形文字。当初没有宫室，他们就要学习怎样掘穴，怎样架巢。当初没有衣服，他们就要学习怎样缝缀树叶，怎样剥取兽皮。还有怎样抵抗敌人的侵凌，怎样防备毒虫猛兽的迫害。此等教育，与实际生活完全一致；即不然，也是帮助自身谋社会生活之一种手段，其目的就在谋全体族人的利益，除此以外，并无其他目的，也无其他意义。到了后来，一方面因人口增加，氏族内部分出许多房族，这些房族又联合成为种族，即由父系氏族社会进化到部落社会，而统治阶级日益显明。一方面因农具的发明，农业经济逐渐夺了牧畜经济的地位，土地变成主要生产手段，而私产观念日益显明。这两种观念混合为一，统治阶级掌握了经济重权，促成了技术的进步，于是奴隶制、分工制及种种剥削情形，由此产生。到了此时，原始教育的意义无形改变，带有了阶级性了，与实际生活不能完全一致了，除了生物欲的目的外，还带着了支配所属阶级的工具之目的。

第二章　汉人臆造之上古教育制度

一　绪　言

　　自商代以上，通称上古时代，即我们所谓原始氏族社会时代。在这个时代，文化程度极其幼稚；生产尚以牧畜为主体，渐进于农业；文字只具雏形，多为象形体式；婚姻犹在亚血族时代，伦理观念未曾发生；纵有支配阶级，也不过为家长式的首领，尚未达到阶级对立的形式。以这种文化程度的民族，一切生活概属自然生活，一切行动全是习惯行动，繁文缛节既不会有，悠闲的教育制度当然无法产生。再以现今已经出土的古器物及甲骨文字看来，商代的用具全是铜器，商人的名字全以干支，他们文字的运用且极不规则，更可以证明在商代以上，虽有教育事实，绝无教育制度。但记载上古史事的古籍，如《孟子》《戴记》《尚书大传》及《白虎通》之类，为什么说唐、虞、夏、商四朝有大学与小学之分，有养老与视学之礼，有教学孝悌之意？这种教育制度为何与氏族社会的文化程度相差很远？要知以上所举各书，除《孟子》较古外，其他全属汉人的作品；汉儒最爱关门造谣的，此处所谓上古教育制度，完全由他们捕风捉影，假托古制以见己意，毫无疑义。后人臆造的史料，本可以革命的手腕，一笔勾销；不过汉人去古未远，臆造也有时代的背景，由他们的臆造文字里面，也可以推知上古教育情形之一二。我们既以这种态度来叙论古史，虽勉强写出以下三条，当不致使读者发生迷惑的危险。

二　学校的起源

据董仲舒、孔颖达一派学者的推想，唐、虞以前，已有了学校，或总名成均。——这当然是太滑稽了。又据《孟子》及《王制》等书上说，虞、夏、商三代的学校，均分大学、小学两阶段。《孟子》上说："夏曰校，殷曰序，周曰庠；学则三代共之：皆所以明人伦也。"《孟子·滕文公》篇宋儒朱子给这句话下个解释，他以为"校""序""庠"皆是乡学——小学，而"学"谓之国学——大学。乡学的名称三代不同，国学的名称是一律的，在这些里面皆是讲明人伦——五伦——之教的。《王制》上说，"有虞氏养国老于上庠，养庶老于下庠；夏后氏养国老于东序，养庶老于西序；殷人养国老于右学，养庶老于左学"。汉儒郑康成也下几句解释，他说，"上庠""东序"及"右学"三种是大学，"下庠""西序"及"左学"三种是小学。大学即国学，所以养国老；小学即乡学，所以养庶老。孟子同小戴两人的口词虽然不同，而承认虞、夏、商三代之有大学、小学是彼此一致的；再参考其他古籍，也有同样的说法。再参考《王制》《祭义》《乐记》《文王世子》等篇，好像此时的学校，除施教以外，养老要算最大的任务。以养老为学校最大的任务，就是崇拜祖先的宗教意识，也就是父系氏族社会的象征。

三　学官分三部

考查《舜典》，唐、虞二代的学官有三部：一曰司徒，主宣布五教的，以契为之长；二曰秩宗，主持三礼的，以伯夷为之长；三曰典乐，教导诗歌音乐之类的，以夔为之长。什么是五教？就是为父以义，为母以慈，为兄以友，为弟以恭，为子以孝。什么是三礼？就是祭祀天神——日、月、风、雷之类，地祇——山川、草木之类，及人鬼——他们已死了的祖宗。第一部属于伦常之教，即孝亲敬长的教育。第三部属于乐歌之教，所以陶冶性情的。第二部主持三礼，属于鬼神之教，正足以表现初民的宗教思想，以祭祀鬼神为最尊严的事务，也是极重要的教育。主持祭祀的必为僧侣阶级，此在其他开化最古的民族史上不少例子，且最初民族的教育权确在僧侣阶级手中，中国古籍虽未曾明白叙出，但在此处也可以见得一点痕迹出来。

四　宫廷教育

贤明的君主尚能自知其责任的重大，不敢怠忽，每于治事之外，还力求知识上的进步和性情上的修养；所以他们的宫廷里头都聘请了教师，以备随时请益。那些教师皆是选择当代的第一名流，他们的位置极其尊崇，他们的威权也非常显赫，试读《仲虺之诰》《伊训》《太甲》《说命》诸篇，对于时君谆谆训诲，真有令人发惊的地方。太子是承继老君管理国家的，教育尤为重要。每个太子都有师、保、傅朝夕训诲，陈以嘉言，启发他们的知识；教以礼乐，涵养他们的品性；而太子对待老师，也俨然如事严父，有极尊敬的礼貌。按据氏族时代的社会组织，氏族长老一方为行政首领，一方为教育长官，所谓"天降下民，作之君，作之师"。在此种情形之下，另聘有权威的师长来训诲他们，殊不近情。此种有权威的师长，或是同血缘的前辈长老，或在氏族里面具有勋劳的贵族分子，以他们特殊的资格和较优越的经验，随时对时君予以启迪或忠告。汉儒不察，因从而夸大之，所以我们认为这一切全是臆造文字。

本期参考书举要

（1）《尚书》的《虞书》《夏书》及《商书》

（2）《易经》及《诗经》

（3）《礼记》的《王制》等篇

（4）《尚书大传》

（5）《白虎通》

（6）罗振玉：《殷墟书契考释》

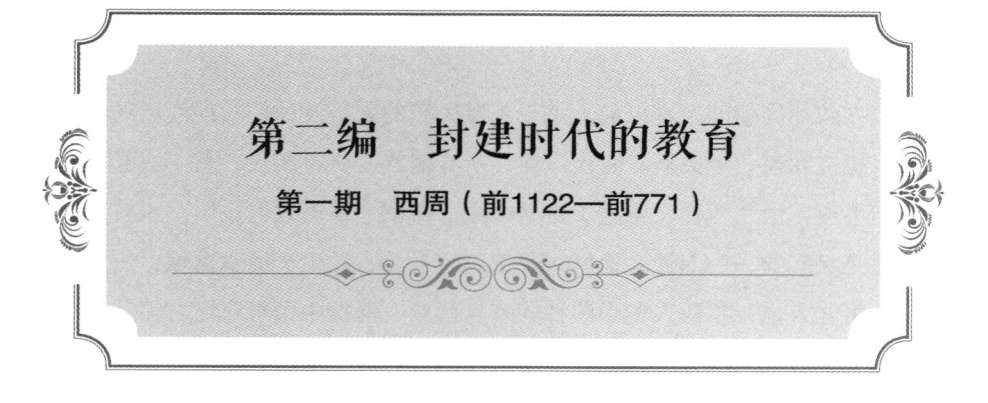

第二编　封建时代的教育

第一期　西周（前1122—前771）

第三章　西周社会的概观

一　周人最初的生活

在叙述周朝的教育以前，关于周家民族的来历及他们初期生活的状况，也应知道一个大概。商代以前，所有部族、所有朝代，莫不兴起于黄河下流，由东西徙，蕃殖于黄河中原，所谓"东夷之人也"。只有周人才是汉族的另一支派，他们兴起于黄河上游，滋生于渭水流域，所谓"西夷之人也"（西人谓中国种族来自西亚，但据中国可靠之古籍，无一西来之痕迹。清人王国维始谓中国民族实起源于东方，姑从王说）。在公刘以前，他们仍是迁徙无常；在古公亶父以前，他们仍是穴居野处，游牧为生。其最初由母系氏族，移转到父系氏族，其发展的阶段是与东方各民族同一轨道。自古公亶父以来，因族类的蕃殖，人口的增加，才逐渐开垦了渭水流域，战胜了戎、狄诸属；于是由牧畜进步到农业，由行国变而为居国。此时中原已发展到相当的程度，农业渐渐成为主要的生产，从前以牧畜经济为基础的商朝氏族组织已不复能够统治农业经济的社会了。在此种社会之下，部族林立，各不相下，组织能力既然薄弱，自然容易被新兴的西方民族——周人——所征服。西土三辅之地，素来民俗强悍，善于战斗，他们的领袖如公刘、古公、太王、文王辈，率皆一时贤豪，极力从事于农业的发展，以不到百年，其势力业已扩张到了中原。迨武王践位十三年，就率联军，克服商朝之后，中原民族遂归于周人统治之下了。

二　封建制度的产生

中国社会，在殷、周之际，可算得是第一次最大的变革。第一，在生产方面，从前以牧畜为主体，此后则以农业为主体，至少也由初期农业进步到中期农业。第二，在技术方面，从前为铜器时代，此后则为铁器时代；铁器发明，农业自然有长足的进步。第三，从前为氏族社会，此后则为封建社会，即由部落政治进步而为国家政治了。以上三种变革，全是历史自然的演进，而此等演进的基础就是农业经济的发展。在此种基础之上，自然产生了封建制度，自然产生了宗法制度，而周人统一中原后的一切设施不过适应环境的需要而已。封建制度建筑在农业基础之上，宗法制度又建筑在封建制度之上。（余前以宗法始于原始氏族社会，今已知其错误，盖氏族社会只有宗而无法，宗法制度实建筑在封建制度之上，始于周朝。）有了封建制度，才有君臣上下之分；有了宗法制度，才有嫡庶长幼之别；而丧服之制、庙数之制、同姓不婚之制及男女有别之制，又莫不随着宗法制度而产生。在农业基础之上，以互相连结的种种制度所组成之法纲，来纪纲全社会的民众，使全社会的民众皆受其支配，此周朝封建制度的真正精神，也就是我们所说的"典型的封建社会"。此种社会，当然是阶级砌成的，以农人为基础，层层相制，在名义上最后统一于天子。但这种繁密的组织，未必能够通行于全部；其实到周室东迁以后，封建诸侯的势力日益强大，人口数目激增，这种不能通行全境的繁密制度更遭破坏了。

三　最有权威的礼教之解剖

要解释什么是"礼教"，先要解释什么是"礼"。考"礼"（禮）字的来源，本属于宗教上的名词，《说文》上说："礼，履也，所以事神致福也。""礼"字是由"示"与"豊"二字拼合而成，示即祭神的意思，豊是祭神用的供品，以黍稷等类的供品，献祭于天地鬼神之前，就称做礼；所以"礼"字原来是宗教上的名词，也是最庄严的名词。在上古神权时代，初民以为一切现象与生活皆受神意的支配，所以他们处处都要"事神致福"。父母教训他们的小孩，氏族长老命令他们的族员，莫不以学习祭神的仪式为重要，至少也要在意识上对于"神"表示一种极庄严可怖的敬意，于是此时的礼字就增加了教育的成分。事神之礼既增加了教育的成分，即以礼为教，所以后人称它做"礼教"。中国民族自原始时代以至殷、周之际，莫不以事神致福为极重要的礼教，故《虞书》上有"有能典朕三礼"的诰命；但自此以前，"礼教"二字仍不脱离宗教的范围。可是一到周朝以来，"礼教"二字的意义又变更了，由宗教上的意义变而为伦理上的意义了。周人对于礼教是怎样解释呢？《小戴礼》的《坊记》上说："夫礼者，所以章疑别微，以为民坊者也。"（《戴记》固是汉人作品，但所记概述周代史事）释以今意：礼就是民众的一道堤防，用它来防止民众的不道德行为的，所谓"礼以坊德，刑以坊淫"（《坊记》）的意思。周人的政治目的，在使人类社会有一定的秩序：为君的当尽君道，为臣的当尽臣道，为父的当尽父道，为子的当尽子道，为夫妇朋友的当尽夫妇朋友之道。父子、君臣、夫妇、兄弟、朋友这五伦是构成人类社会的元素，勿论何人皆以一身同时具有此五伦的资格，个人对于社会的关系如蛛网式一样。每个人皆按照他所具的资格，即对于社会各方面的关系，各尽各的职责，则社会秩序才有条不紊。不守秩序，不尽自己应有的职责，即是他们所谓不道德的行为。行为不道德即是破坏了堤防，结果必致于荡检逾闲、犯上作乱，人民既有了荡检逾闲、犯上作乱的行为，则社会秩序无法维持，他们所组织的政府及已经攫取的特殊地位必要崩溃，这是他们所最恐惧的。刑法未尝不是裁制民众破坏堤防——不道德行为——的法子，但他们以为那不是根本的办法。根本的办法只有施行礼教，唯施行礼教始可以防止民众不道德行为于未发生之前，他们才可以永久保持贵族政治的体系及社会的安宁。这种礼教的意义，自政治方面说谓之国家政策，自教育方面说谓之教育宗旨；他们的教育也不过是政策之一而已。

考周朝所以演成伦理的礼教，约有如下之三种原因：第一，在经济方面，当时是农业社会，农业社会的民众之特性最是安土重迁，礼教的精神在"敬"，即近于静的伦理，这种伦理正合于农民的习惯。第二，在政治方面，当时是封建制度。封建制度的特性即是阶级制度，他们是要严尊卑之分、定上下之别的，礼教就在"定亲疏，决嫌疑，别同异，明是非"（《曲礼》）。第三，周人以西方民族征服了中原的殷民，殷民最难心服。但殷之习俗非常崇拜鬼神，周人因此一方面利用其宗教的礼教以调和殷民的感情，一方面施行伦理的礼教以消灭他们不平的性气。礼教伦理化以后，再经后来的儒家学者多方倡导，从此成为中国民族的习惯思想，其势力支配中国人心，视为天经地义，至三千年之久。

本章参考书举要

（1）《尚书》的《周书》

（2）《诗经》的《大雅》

（3）《史记》的《周本纪》

（4）《大小戴礼记》

（5）王国维：《观堂集林》的《殷周制度论》

第四章　后人附会之西周教育制度

第一节　学制系统

关于上古的教育制度，我们以臆造的性质观察；关于西周的教育制度，我们以附会的性质观察。附会尚有几分近真，臆造则完全是假的。观察西周教育制度，所根据的史料也是很少，不过《周礼》《尚书大传》《大小戴记》及《白虎通》数种古籍。《尚书大传》及《周礼》两种，近人群疑为伪书，我们不敢多引。坊间所刻之《大戴记》已不是原书，比较可靠者只有《小戴记》及《白虎通》两种，而又非西周当时的作品。此外，在《孟子》里头，可以考见一二。其他《史记》《汉书》《通考》《通典》等书上边也曾叙述过，但这一般作者不过照着上面所举的数种古籍抄录一番，并非别有根据。根据既然薄弱，把此种史书当着附会的性质，庶免武断的毛病。按照附会的制度，以推想当时的教育状况，则更以传闻的态度描写，较为妥当。

孔子说："殷因于夏礼，所损益，可知也。周因于殷礼，所损益，可知也。"（《论语》）好像周朝的许多制度都是因袭前代而加了损益的，内中教育制度也是一样。虞、夏、商三代只有王畿或诸侯都市的国学，未见有什么乡村之学；即或有之，也太荒渺。到了西周，则国学与乡学，大学与小学，一一备设。他们的教育，可以分做三级，两个阶段：第一级为幼稚教育，第二级为小学教育，第三级为大学教育。此三级的教育，内中只有第二、第三级施行于学校以内，第一级则施行于学校以外，故从严格上说，此时学校，其实只有两级——小学与大学。第三级属于高等教育，谓之第二段；第二级属于初等教育，谓之第一段；而中等教育似包括于一二两段之间。大学修业九年，自十五岁入大学，至二十四岁毕业；或有从十八岁以至二十岁始入学，而毕业时期亦较晚。前者多半是贵族子弟，后者多半是庶民子弟之俊秀者。小学修业年限以七年为原则；自八岁起至十五岁止；亦有从十五岁起到二十岁止的。前者多半是贵族子弟，后者多半是庶民子弟。幼稚教育，自初生至入小学时期为止，这一级自然属于贵族子弟，庶民子弟在

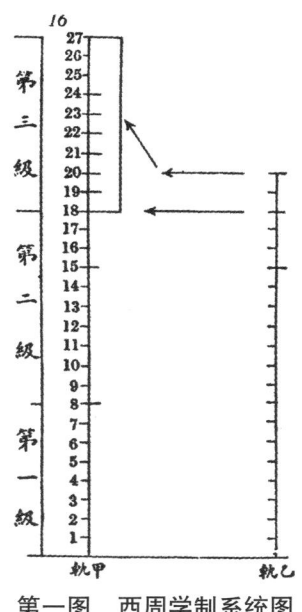

第一图　西周学制系统图

当时哪有这种机会！此外，胎教在当时虽有人注意，但此不过只限更少数的贵族妇女，有知识与闲暇才能办到。

第二图　辟雍　　　　　　第三图　泮宫

西周的学制系统为双轨制，这在封建时代是必然的制度。我们试看第一图：甲轨是表示贵族教育的，乙轨是表示庶民教育的。甲轨上的学校称做国学，乙轨上的学校称做乡遂之学。乡遂之学，设立在六乡者曰庠，在六遂者曰序，由地方行政长官管理，庶民子弟入之。国学设立在

近郊都市，由中央政府或侯国政府管理，贵族子弟及庶民子弟之俊秀者入之。惟国学才有完备的教育阶段，乡遂之学只有小学、没有大学，若庶民子弟在小学期满有可以升入大学的资格时，须由乙轨跳到甲轨上。大学设立在王城之内的，规模宏大，别为五院，统名辟雍；设立在诸侯之首都的，规模简单，只有一院，称做泮宫。辟雍以中央一院为首院，代表当代的学校，以四院的学校环建于外；四院对于中央一院有时亦具独立的性质，不过地位稍低。

此外还有一种学校我们要注意的，就是民间自办的村塾。村塾的性质似小学非小学，且近于朝夕补习学校。他们里头所教授的课程，多与乡遂之学相同。他们的势力也不弱，好像在当时有小学不完备的，或者以村塾代替？中国从前私塾在地方具有伟大的势力，至今尚未能完全消灭，西周的村塾未必不是这个起点。

第二节　学校之内容

一　教　材

本期各学校所用教材，我们分着两段叙述。

（甲）初等教育段

此段又分做两级：一为幼稚教育，二为小学教育。此时无幼稚园，关于幼稚时期的教育，概举行在家庭之内，又可称做家庭教育。儿童每日学习的即是日常生活上一切常识，是练习动作的，不是死记符号的。例如，当儿童有了吃饭的能力，教他们用右手；有了说话的能力，教他们怎样应对。到了六岁，教他们记算数目，数时日，辨别方向。到了七岁，教他们以男女居处的分别。在八岁时，教他们以出入、饮食种种礼节。在九岁时，把朔望及干支等日名，一一教给他们。满了八岁的儿童，本应授以小学教育，不过在九岁以前，他们的起居饮食尚未完全自立，故尚住在家庭。十岁以后，始出就外傅，寄宿于外，这个时候才开始课以文字的教育，学习幼年时代的仪节。到了十三岁，始完全入于正式小学时期了。（均见《内则》）

第一表　西周各级教育课程表

科目教育阶段	幼稚教育	小学教育	大学教育
修身科	练习动作，告以日常生活的一切常识	洒扫、应对、进退之节	正心、诚意及修己治人之道
知识科		算学、诗歌、书记	致知、格物及六艺之文
运动科		驰马、击剑、射御、跳舞	射御、跳舞等术

小学时期的教材与幼稚时期衔接的很多，因为这两个时期原来分不大清楚。小学的课程，译以今义，可别为三类：（1）关于修身科的，有洒扫、应对、进退等节；（2）关于知识科的，有算学、乐歌及书记等文；（3）关于运动科的，有驰马、击剑、射御、跳舞等术。知识科是很粗浅的，他们所注重的实在修身一科。上自王公、下至庶人的子弟，凡满了小学学龄时，全有入学的机会，此时也只有小学教育的机会是比较普遍的。

（乙）高等教育段

此段为大学教育时期。大学的课程亦可别为三类：（1）关于修身科，教以正心、诚意及修己治人之道；（2）关于知识科，教以格物、致知及六艺之文；（3）关于运动科，教以射御、跳舞等术。西周人的教育观念，以为大学教育是造就政治领袖人才，为将来管理民众、统治国家的，不是研究高深学问的。他们所谓高深学问，也不外乎"修己治人之道"，所以修己治人之道占了学校课程一大半地位，修己即是"训练身心"，治人即是"管理民众"。他们主张的是贤人政治，要治人必先修己，能够修己才能以身作则，然后有好的政治。我们读《小戴礼记·学记篇》，如"离经辨志""敬业乐群""博学亲师""论学取友"等语，把社交与学业看得并重，便可以知道他们的命意所在了。

二　教　具

西周时代，毛笔和纸尚未发明，他们以刀漆作笔，以竹木作纸，如有记载，则用刀或漆刻画在竹木上面。集多数的竹木，用丝线或韦皮连成一排，用时打开，不用时叠起，所谓"典册"者即是此意。这类一册二册的东西，我们叫它为"书"，但在西周时，并不称书，名称很多。若以所书的质料分，则用竹书的称"册"或"简"，用木书的称"方"或"板"。若以所书的内容分，则有下之各种称谓：（1）关于古训的称"典"，所谓"修其训典"（《史记·周本纪》），"虽无老成，人尚有典刑"（《周书》）之类。（2）关于版图及户口的称"籍"，所谓"周公履天下之籍，而听天下之断"（《荀子·行效篇》），"诸侯恶其害己也，而皆去其籍"（《孟子·万章下》）之类。（3）关于当代的掌故则称"策"，所谓"文武之道，布在方策"（《中庸》），"大事书之于策，小事简牍而已"（《杜预春秋序》）之类。合典、籍、册及简、牍等，作为教学的材料时，统称之曰"业"，《礼记》上所说"请业则起"（《曲礼》），"时教必有正业"（《学记》），曾子所说"学必由其业"（《群书治要》）之类，即是我们所谓"学业"的意思。秦以前，"笔"字原文为"聿"，古文从手从刀，即是以手拿刀刻字于竹简上面之意。古时的刀并不锋利，用刀刻字成书，何等笨拙！所以古人读书的困难，比较现在印刷术发明的时代，真不可以道里计；而当时学术能够被贵族阶级所把持，不能普及于一般民众，也是这个原因。

三　师　资

幼稚教育是在家庭里头施行的。在庶民的家庭，儿童的父母就是他们的教师；在贵族家庭，另外设有保傅，专门保养和训练他们（见《礼记·内则》）。小学教师全由士大夫充当。国立小学由国家设立专官，执教鞭，如乐正、胥师一类的人。乡遂之学，由地方长官——乡大夫等——聘请年老致仕还乡的士大夫充当。地方自办的村塾所有教师，与乡遂之学相同。乡遂之学及地方村塾的各个教师，大半是年长有德且负地方重望的缙绅名流，他们的地位极其尊崇，称之曰"乡先生"。大学教师较国立小学的职位尤其高贵，不用说了。凡礼乐诗书及舞文舞武等科，皆设有专职。至于掌握教育行政大权，及颁布教条，则统由中央之司徒，地方教育行政则由乡大夫秉承司徒办理。

师长的地位格外隆重，国君以嘉宾相待，所谓"天子不得而臣，诸侯不得而友"（《孟子》）；一般子弟以君父看待，所谓"民生有三，视之如一；父生之，师教之，君食之"（《国语·晋语》）。他们以为师长是学问道德兼全的人，"能为师，然后能为长；能为长，然后能为君"（《学记》）。你们要是获求学问，陶冶品性，明习修己治人的道理，非对此品学兼优的师长特别尊重，那就不足以表示你们的诚意与真正的需要，你们一定得不着良好的效果。"师严而后道尊"，就是他们提倡尊师重道主义的根本理由。

四　考试与升格

此时的考试分学业考试及升格考试两种。学业考试由学校办事人员举行，例如《学记》上所说"比年入学，中年考校，……七年小成，九年大成"一段话，仿佛现今各学校通行的入学试验、学年试验及毕业试验。升格考试由国家行政官吏举行，关于地方的由乡大夫，关于中央的由司徒。学业考试只督课生徒的成绩，升格考试并奖给他们以学位。升格考试分做三步。第一步，由乡大夫初试，取中了的录入乡学肄业，称秀士；到相当期限，经过复试，取中了的由乡大夫造册报告到司徒，称选士。第二步，由司徒初试选士，取中了升入大学肄业，称做俊士；到

第二表　周朝学子升级考试表

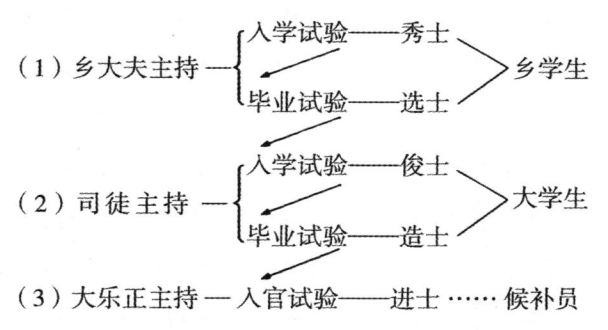

（1）乡大夫主持 — { 入学试验 —— 秀士 / 毕业试验 —— 选士 } 乡学生

（2）司徒主持 — { 入学试验 —— 俊士 / 毕业试验 —— 造士 } 大学生

（3）大乐正主持 — 入官试验 —— 进士 …… 候补员

相当期限，完成了大学的学科，经过复试，取中了，再奖以荣名，叫做造士。造士即学业造成了的士子，将来候补的官吏。得了造士以后，由教官大乐正报告到天子，经过第三步的选拔，发交司马量才录用，此时则名之曰进士了（均见《王制》）。这种完密的考试制，在当时事实上能否必行，我们不敢武断，不过经过层层的考试以后，挑选少数出类拔萃的士子，最后付给他们以国政，教他们好好地辅佐太子统治国家、管理人民，那是比较可靠些的。所以我们前面说过，周朝的大学教育，是造就政治领袖人才的，不是研究高深学问的，所谓"德行道艺之士"，也不过能诵经典、背掌故罢了。

五　视学与养老

相传虞、夏、商三代的学校，除了教学以外，养老要算是一件最大的任务，在第一章我们曾说过。周朝的学校也是一样，并且加倍隆重。据《王制》上说，被养的老者固然以资格分等级——国老养于大学，庶老养于小学；但同时也因年龄而有区别，年满五十的老者养于乡遂之学，六十以上的养于国立小学，七十以上的养于国立大学。谁养他们呢？若是一国的老者，由诸侯致养；若是天下的老者，则由天子致养。什么时候举行呢？天子或诸侯当视学时一齐举行。据说周朝的学校管理极严，一年之中天子或诸侯必亲往他们直接管辖的学校，视察四次，视察完毕，即于第二日举行养老的典礼。那个时候，视学、养老两个典礼，举行在一块儿，天子、三公、九卿、诸侯、大夫都要出席，可算是一种盛大的宴会。击鼓以警告大众，释奠以祭祀先师（《文王世子》）；然后肆筵设席（《大雅·行苇》），请三老五更及一般群老上升，各就其相当的地位（《文王世子》）；由主人献酢致酒（《大雅·行苇》《礼记·乐记》），作乐歌诗，舞文舞武（《月令》）；并且对这一般台背黄耇祝福献寿（《大雅·行苇》）。我们试想：周朝的王公大人对于这一般大老何以这等尊敬？《三礼义宗》上说，养老有两个意思：一个为的是"尊年敬德"，一个为的是"乞言修治"。周朝的政见是以"孝悌之道"维系社会人心，以父兄之礼奉养天下老者，即以教天下的人民讲孝道、讲悌道，尤其直接使在学的青年学生得以观感兴起，潜移默化。这一班龙钟遗老，全是老于世故、富有经验的人，故又可以借着这个机会垂询国家大计，领受教益。但我们以为：这仍是父系氏族社会崇拜祖先及长老的遗风。

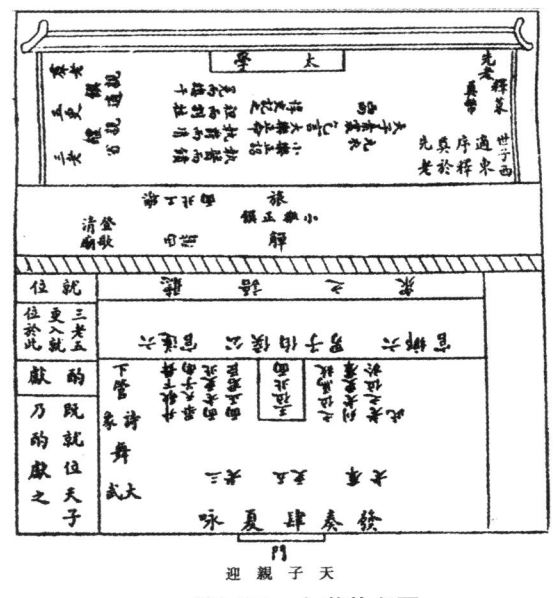

第四图　太学养老图

第三节　女子教育

　　以上所叙全是关于男子的，现在我们也要谈谈女子教育了。周朝的女子教育是什么？我们杜撰一句叫做"阃内教育"。要证实这一个名词，须把《礼记》《内则》《曲礼》诸篇打开看看，便能明白。周人以为：男子是阃外的人，凡阃以外的事情全是他们的职务；女子是阃内的人——也许不是人，她们的职务因此只限于阃以内。阃以内有些什么事情可干呢？养蚕、织布、缝衣、烧茶汤、备酒浆、事舅姑、供丈夫的驱使——这一类的琐事。缩短来说，阃以内的事务无非是"缝衣煮饭"，所以周朝教育女子也只限于缝衣煮饭。女子受这种教育时，不是送入学校，也不出就外傅，只由她们的父母——贵族家庭也许还有保姆——在阃内日日教导她们，训练她们，完成一般阃内的人物，所以取名阃内教育。在这种教育意义之下，男女界限分得非常清楚，七岁的儿童，男女不准同席；十岁以后，女子即不准出闺门；男子不能谈及阃门以内的事，女子不能谈及阃门以外的事（《曲礼》）。女子以不出门为原则，不得已而要出门时，必须以头巾把面孔掩蔽着（《内则》）。女子属于柔性，她们的德性应当以服从为正当。当出嫁的时候，她们的父母恐怕女儿柔顺的性情尚未训练成熟，且赶到花轿门口还要盼咐几句："戒之敬之，夙夜无违命！"未成人以前，须服从父命；出嫁以后，则服从丈夫之命；不幸而丈夫先死了，有儿子时还要依从儿子，女子是不能有所主张的（《列女传·母仪》）。女子是次等人格，帮助男子料理家事，听从男子指挥的。女子是无家的，以男子的家为家；女子是无祖的，以男子的祖为祖。她们没有权利享受父母的遗产，她们没有权利得着出入的自由。十五而笄，即成了他们的一块禁脔；二十而嫁，则变着男家的一宗货物。女子的人格既然如此，还要教育做什么？所以他们说女子无才便是德。即或有时看重女子，也不过期望她们做一个"贤妻良母"罢了；"缝衣煮饭"的职业，"顺从无违"的品性，这就是完成贤妻良母的唯一条件。在昔商朝以前，社会为氏族制，女权尚不十分低落；此时简直把女子当着男子的奴隶看待，周朝之为封建时代的社会可以无疑了。这种思想即以礼教为背景所产生的最大权威，在中国历史上势力之大，享年之久，与礼教同一运命。

第四节　结　论

本章所述完全关于周时代的教育制度和状况。西周自武王克商至幽王被杀，合计三百五十年，即在公历纪元前13世纪至前8世纪之间。这个时候，中国社会确由氏族时代进化到封建时代。封建时代，教育权完全在少数贵族和僧侣阶级手中，能够受教育的也只限于少数贵族子弟，或尚下及到城市的市民。如本章所说西周国学的宏大，乡遂之学的普及，及层层的考试，当然一半是后人附会的——尤其是汉人附会的。《学记》一篇，除记载周代教育制度外，关于理论方面很多有价值的言论，西周哪能有此产品，由此更可以知其为汉人附会了。

据许多古籍上说，此时除学校养士外，另有一种录取人才的方法，即是中国最古的选举法。此法，初由乡评里选，继由乡大夫以乡饮酒礼贡举到诸侯或天子。评选人才的标准分三等：德行为上，其次治事，再次言语，一律皆采取平日之素行。这种人才，不限于学校出身，可是他们的造就与资望均较高于学校出身的，所以一被选举之后，往往破格录用。这一段情形，我们读《仪礼》的《乡饮酒礼》及《礼记》的《射义》《文王世子》诸篇，便知所记极其详细。从表面上看，好似西周时代的社会教育业已普及，其实即上古时代，各氏族选举长老组织氏族会议的遗风，这是民族进化史上一般的情形。

本章参考书举要

（1）《尚书大传》

（2）《大戴礼》的《保傅篇》

（3）《小戴礼》的《王制》《月令》《学记》《文王世子》《内则》《乡饮酒礼》

（4）《仪礼》的《士昏礼》《乡饮酒礼》

（5）《列女传》的《母仪》

（6）《历代职官表》及《国子监》

（7）《玉海》的《学校》及《养老》

（8）《毛西河集》的《学校问》

（9）《观堂集林》的《简牍检署考》

第二编　封建时代的教育
第二期　东周（前770—前222）

第五章　东周之社会与思想

一　社会之剧变

周朝自征服中原以后，一方从事于国防的巩固，一方从事于制度的创设。在前者则有封建诸侯，在后者则有宗法制度：这两种形态皆建筑在农业的基础上面，而维系于伦理的礼教之中。（如封康叔于卫，伯禽于鲁，太公望于齐，召公子于燕，皆以勋戚镇守封疆。）以礼教的学说维系其阶级的特性，下层的农奴浑然地过他们的庄园农作生活，士大夫以上则各安其地位与职守，而境外尚没有强敌兴起，于是周朝的社会能够达到安定与繁荣的情况三四百年。在这三四百年中，社会完全受阶级的支配，受礼教的维系，下层阶级除了付他们的劳役与地租给领主外无他事情，上层阶级只坐享其种种特权，演习他们绅士的礼节，对于社会之进展却没有何种企图。这种典型的封建社会，是最稳固没有的社会。但是一到公历纪元前七世纪之初，周室自东迁以后，从前社会安定的情况就不复能够维持了，封建诸侯已打破其典型的制度了。推究此时社会发生剧变的原因，不外内外两种。外因由于戎狄强大，日渐内逼，周家的王室自身不能支持，靠着诸侯的势力来保护；一班诸侯遂以勤王的勋劳，势力日强，态度日骄，向外扩张领土的野心从此日起。内因则更是复杂。周朝社会既然安定与繁荣了三四百年，下层阶级的人口逐日加多，原有庄田不够分配，其解决方法不是向外殖民就是释放农奴。上层阶级因太平日久，必奢侈日甚，国内的榨取不足，不得不向外发展。

加以铁耕与灌溉术的发明，农业生产方法为之一变，不仅狭小的井田制度无法维持，而因生产较前容易，过剩的劳力亦必日日呈现于社会。由以上种种原因，产生下面的两个结果：（1）井田制度打破，土地公有变为私有了；（2）诸侯设法向外扩张领土与殖民势力，彼此冲突，因此引起国内战争。由以上两个结果中再产生下面的结果：从前贵族阶级必要崩溃，社会秩序必要紊乱，而一般人的生活就要发生动摇。由是封建诸侯的势力日大，从前的典型制度渐被打破，礼教失了它们的神圣权威，社会上的一切自然起了巨大的变革，而知识分子的言论与思想当然要冲天而出，乘时而怒放了。

二　思想之怒放

在西周典型的封建社会之下，能够受高等教育的只有少数贵族阶级，能够受初等教育的或只有住在城市中的市民，至于一般庶民受到教育的机会是很有限的。贵族阶级所受高等教育，也不过诵经典、背掌故、演习绅士的礼节，并没有很高深的学术之研究，所以在西周三百多年没有一个学者产生，这个时期的民众仍是过着蚩蚩的生活。可是一到东周，人类的学术思想，随着社会的剧变而突放异彩，演成上古学术史上的黄金时代。我们根据前一段所述社会变迁的种种情形，可将本期的学术思想之突发的原因概括为数点于下：（1）自庄园制度破坏，特殊阶级亦随着崩溃，尤其是下级贵族根本失了地位，下降为平民了。他们原多知识分子，失位以后，把官府里面所秘藏的礼乐诗书随着带到平民社会中，招致门徒，讲学传道，知识因此日渐普及。（班固谓诸子皆出于王官。所谓王官，即有知识的贵族阶级，失位以后自能以其平日所守所怀抱者发为自成一家之学说。）（2）这一班失意的贵族，两眼看见事事不如古，从前被他们所役使的庶民现在也抬起头来向人骄傲了，神圣的礼教也被轻蔑了，在感慨横生之际，自然要发表他们牢骚的言论。

（3）在这个时候，列国互立并争，世卿之观念既被打破，当时诸侯争自延揽人才以资辅佐，一般新兴的策士生逢着这个良好机会，莫不奋发磨砺，研求学术，希图猎取官位与荣名，而学术因此大放异彩。（4）列国竞争愈烈，杀人愈厉害，刀兵之后继之以饥馑瘟疫，人民几难以为生。且礼教既破，旧道德无以维系人心，人皆为所欲为，不论善恶好坏，一切不复顾忌。于是有些忧民忧世的知识分子，应运而生，他们对于这等现象的社会皆抱有要求解决的愿望，则学术之有系统的研究因此出现，我们所要讨论的教育家及其学说也就从此诞生了。

本章参考书举要

（1）《国语》《国策》

（2）《孟子》

（3）《诗经》

（4）梁启超：《先秦政治思想史》前篇

（5）郭沫若：《中国古代社会研究》

（6）胡适：《中国哲学史大纲》上卷

第六章 东周教育家及其学说

第一节 概 论

东周时代的学派，司马谈分着六家，并作了一篇《六家要旨》；班固作《艺文志》，别为九流；也有人称诸子百家的。但在当时，他们的学说，势力最大且关于教育思想比较重要的，只有儒、道、墨三家。道家始于老子，其后有杨朱、庄周两派。儒家始于孔子，及门弟子最多，其后分孟轲、荀卿二派。墨家始于墨子，弟子众多，差不多与孔门相等，其后有宋钘、列御寇诸人。老子著《道德经》，追慕羲黄时代的无为主义，所以他在政治方面提倡"小国寡民"，在教育方面提倡绝学主义、禁欲主义。孔子的思想以《论语》为中心，《礼记》里面也可以看出一部分，他是追慕唐、虞时代的揖让主义的，所以对于政治主张"礼让为国"，对于教育提倡培养"君子"的人格。墨子的思想以《墨子》为中心，他是追慕夏禹时代的牺牲主义的，所以在政治方面提倡人才主义，在社会方面提倡兼爱主义，在教育方面提倡节约、勤劳及利他主义，羲、黄、尧、舜及夏禹，在中国上古史上，是否真有其人，我们却不敢断定，此处所谓"追慕"，也许是他们的心中之"假想"。老子完全是部落时代的思想，尚未脱离氏族社会；孔子是封建时代前期的思想，墨子是封建时代后期的思想，这两人比较老子皆进了一步；但其富于怀古的意味，富有对于当代的政治之不满的心理，彼此是相同的。这三家的学说，各经直接和间接弟子的拥护与推演，遂形成中国学术思想史上三个体系，其后分支虽多，而他们各家的根本思想却是始终一贯。不过儒家的学说与中国社会的进展、政治的演变及民族的习惯，较为切合，所以愈传而势力愈大，支配中国民族的心理亦最深且久。老、墨二人的言论关于政治方面较多，关于教育方面较少。孔子一生讲学时期最长，对于教育的言论发表的很多，自此儒家多以教育为主业，而中国史上的教育事业差不多完全被他们占有。对于人类天性的研究，除儒家外，道、墨两家皆不多谈；但孔子只说了一个"性相近"，到了战国遂分孟、荀两派——一主性善，一主性恶。其后对于天性的研究，亦只有儒家中人，不过到后来，他们愈说愈玄妙了。

第二节　老　子

一　老子何人

司马迁作《史记》，以神话体式传老子，据说相传有三人：一为李耳，二为老莱子，三为周太史儋。李耳，字聃，是楚国苦县人，在东周王室曾做过守藏室之史，从前史书上均说《道德经》五千言是他的作品。我们给教育家作传记，应以其学说为主体，若以《道德经》为李耳所著，此处所谓老子应当归到李耳名下。李耳生于春秋哪一年，史书没有明确的记载，不过《礼记·曾子问》篇有孔子向老子问礼的故事，《史记·老子列传》也载明这一段事，后人因此推断著《道德经》的老子确生在孔子之前。近人胡适且谓"大概孔子见老子在三十四岁与四十一岁之间，老子比孔子至多不过大二十岁，当生于周灵王初年，当公历前五七〇年左右"。（《中国哲学史大纲》第三篇《老子》）。惟清人汪中作《老子考异》，独持异议。他以著《道德经》五千言的是周太史儋，生于战国时代，在孔子之后数十年，与孔子问礼的老聃绝不相干。自汪氏之言出，遂有许多人把著《道德经》的老子列在孔子之后，梁启超就是主张后说的（见《先秦政治思想史》前编）。著者从前以《曾子问》所载老子答孔子的词气与《道德经》绝不相类，因主汪说。现在已变更前说：《道德经》五千言虽较《曾子问》上所载多激烈，但在消极方面是反礼教的宣传，在积极方面确是提倡无为主义，追慕氏族时代的部落生活。这种思想，与其说它是革命的，不如说它是倒退的，惟深知礼教的内容才能对于它作彻底的攻击，故两处的词气——《曾子问》上所载与《道德经》——实非根本上的矛盾。且答孔子问诸语，并非拥护礼教，不过一种随问随答的形式，故在此处另断著《道德经》的是李耳之老子，此人应列在孔子之前。

二　无为主义

老子的哲学思想即"无为"两个字。无为主义即顺应自然、反对人为的主义。他以为宇宙间有一个自然法则，是极美满而不可变的。我们人类能够顺着这个法则过生活，毫无所用其计巧，我们的生活就是美满无缺的生活。这个自然法则，业已充满了宇宙全体，诠定了宇宙运命，运用到人类社会而有效的。这个自然法则原无可名，若强要加它一个名，叫它做"道"也可。在原始社会时代，人类全是顺着自然过日子，所以日子过得极其舒服。可是到了后来，一班自称聪明贤哲的人们，故意造出种种礼乐、法度、规矩、教育、刑法等类来钳制人民，矫正人民。他们又强定出什么善恶、美丑、长短、高下以及仁义道德、忠孝节义种种名称来诱惑人民，欺骗人民。从前的生活多么舒服自由，自被他们这样一来，他们紧紧被圈在槛车里面。"如享太牢"似的，这不是多么痛苦吗？但是人类的天性是爱自然的，如果以违反自然法则造出种种束缚或干涉来，则人民反抗的动力必定纵横俱起。那一班自称聪明贤哲的人们见着社会上发生了兀陧不宁的现象，又设置什么官吏、警察、军队，对着人民施行层层的压迫。哪知愈干涉愈坏，愈压迫愈糟，而社会上的一切祸乱由此而起。由老子的眼光看来，现在社会上的罪恶，全是世俗所谓文明的产物，违反了自然法则的结果。所以他说：

> 大道废，有仁义；智慧出，有大伪；六亲不和，有孝慈；国家昏乱，有忠臣。
> 失道而后德，失德而后仁，失仁而后义，失义而后礼。夫礼者，忠信之薄而乱之首。（均见《道德经》）

现在只有把所有罪恶文明的产物一齐毁灭，反诸原始社会，顺应自然，我们才有快乐的生活。所谓"绝圣弃智，民利百倍；绝仁弃义，民复孝慈；绝巧弃利，盗贼没有。"（《道德经》）老子这种反封建主义，反对封建时代的一切礼教及特殊阶级，其精神极可钦佩；但认社会一切罪恶皆是文明的产物，提倡无为主义以归于原始社会时代的自然生活，过于倒倾，与社会演进律实相违反，中国民族之缺乏进取精神，多半受了他的无为主义的影响。

三　禁欲主义

老子返于自然的学说与法人卢梭（Rousseau）的自然主义殊不相同。卢梭除了反对现代文明以外，并且极力鼓吹个性的发展，故他的自然主义是偏于情感方面的。老子与卢梭不同：他一方面固然反对现代的文明，另一方面可是极力限制个性的发展。他承认人类是有欲望的，欲望之发生由于感官与外物接触的原因，所谓"五色令人目盲，五音令人耳聋，五味令人口爽，驰骋田猎令人心发狂"（《检欲篇》）。欲望发达到了高度，一定彼此会起冲突，于是影响于社会的安静。所以要求社会的安宁，一方面对于人为的引诱品须绝对禁止制造，一方面对于个人的感官之发达也要加以限制，所谓"不见可欲，使心不乱"；所谓"见素抱朴，少私寡欲"。老子是反对恣情纵欲的人，是主张克己自修的人，人人能够克己自修，社会自然安宁无事，用不着军队、政府的管理，用不着法律、道德的制裁；故他的自然主义要返于原始社会与卢梭略同，而他的禁欲主义，含有很深刻理性的意味，则与卢梭不同了。换一句话，老子不过要去掉外来的制裁——社会的制裁，而代以内发的制裁——个己的制裁；卢梭的主张是漫无所制裁。

四　绝学主义

人心之坏，坏于有知识；知识愈多的人，思想愈复杂，能够想出种种计划来害人乱事，所谓"民之难治，以其智多"。人生之苦，苦于有知识；知识愈多的人，欲望愈奢，物质的供给不能满足他的要求，则种种痛苦烦恼蜂拥而来，所谓"祸莫大于不知足，咎莫大于欲得"。要救以上的毛病，莫如"绝学"。绝了学，就不会有知识，就不会有欲望，则种种害人的事及恼人的事皆不至于发生，所谓"绝学无忧"。所以他主张"塞其兑，闭其门，终身不勤"（《归元篇》），爱惜你的身体，保养你的元气，"昏昏，闷闷"，一生如婴儿尚未成孩的状态，能够终生保持这种状态，则与人无忤，我视若愚，个人心地得以安宁，社会自然得享太平。

老子反对人为，因此反对教育，所以提倡绝学主义。这种主义，并非愚民政策，完全是他的一贯的复古思想，因为草昧未开的时代，所有民众原是蚩蚩贸贸的。不过既提倡无为，则不应主张禁欲，禁欲即"为"的修养工夫，未免自陷于矛盾；但由此可知老子虽然极力地作复古宣传，而他的脑筋里尚富有封建时代的成分。

第三节　孔子（前551—前479）

一　生活小史

孔子名丘，字仲尼，在我们二千五百年前——东周春秋时代——

生于山东曲阜县。他的祖宗本来是一个贵族（宋微子之后），不过在他五世以前业已降为平民。在地位上虽降为平民，但他的家庭情形及生活状况，尚未脱离贵族习气——从前的遗风旧典，保存的相当不少。（据《史记》上说，孔父叔梁纥原有一妻一妾，晚年又娶颜氏生孔子，似未脱贵族习气。）曲阜是当时鲁国的地方，鲁国是周公的封邑，周公是周朝开国制礼作乐的最大功臣。照周朝的例子，只有王城之内才能建立四代的大学，诸侯都邑仅能建立当代一个大学。成王以周公有大勋劳于王室，特别表示优崇，允许鲁国得建四代之学，一切车服礼器均仿王者办理；所以后来周朝的王权虽衰，而典章制度在事实上业已转移到鲁国了。孔子生在贵族的家庭，长在礼教的邦国，享受着这种美好环境的陶冶，所以为儿童时便能陈俎豆，入少年时即知习礼节。

　　周朝到了春秋末年，昔日制定的礼乐政教，已是百孔千疮，差不多濒于破产；社会因战争的关系也呈种种紊乱不宁的现象；"暴行邪说"，一齐发作。孔子在少年时代既感受着很深的封建教育，长大了自然容易成为一位拥护礼教的人物。在这个时候，他两眼既触着种种"世道不古"的刺激，于是发生了一种强烈的兴奋，慨然以挽回世道、拯救民生为己任。实现他的这个志愿，只有从政教两方面下手：有机会时，登上政治舞台，从改良政治以挽救时局；没有机会时，退处草野，从提倡教育以挽救时局。所以当他二十岁以后，一面做官，一面讲学。但他所讲的学问都是礼教，所谈的政治都是王道，很不适合时君的好尚，屡欲尝试而屡不得志。只有一个时期——从五十一岁到五十六岁，得着较好的机会，留在鲁国做官做到宰相的地位。从五十六岁以后，他又不得志于鲁国了，于是周游列国，两马一车，仆仆风尘了十三年。六十八岁以后，觉得时局终无希望，乃因老还乡，专门著书立说，讲学传道，把旧有的礼乐诗书通同审订一番，把鲁国的史书——《春秋》——严正地纂修一过，于是他的年纪已老了，他的一生事业也告一个结束了。

　　孔子生于周灵王二十一年，死于周敬王四十一年，共计活了七十三岁。自二十岁讲学起,到老死为止,差不多一生讲学了五十年,所以及门弟子布满天下。春秋末了,社会上已呈现一种新的局面。但孔子还是旧时代的人物,他的事业无非"祖述尧舜,宪章文武"(《中庸》第三十章),"修成康之道,述周公之训"(《淮南子·要略》);所以及门弟子虽众,而道仍不行。当他三十岁时,好学心切,为礼教问题,曾往周室访问过老子,当时对于老子的言论虽颇折服,但他二人的主张终是各走一路。孔子是儒家的老祖,关于儒家的政治哲学,非本书所讨论的范围,我们只就其对于与教育有关系的言论,提出来说说。

二 性质论

儒家论性始于孔子,而孔子却没有详细的解释,对于"善恶"二字尤未曾提及。他只有这样一句话:"性相近也,习相远也。"(《论语·阳货》)他以为人类的性质不可以善恶区分,只可以清浊区分。若以善恶区分,实无什么差异,所有的人差不多是完全相近的。但吾人的行为,在事实上却有善恶之不齐,是何缘故?这都是由于出世以后,受了环境的习染。因各人所处的环境不同,则各人所受的习染不能一致,于是日久月深,显出很大的差异来——习于善的则趋于善,习于恶的则流于恶了。环境移人的力量既然很大,所以要注意于环境的选择,勿论交接朋友和毗处乡邻,皆须特别慎重。但善恶虽由环境所演成,而最初萌生时只在一念之差。此一念之差谓之动机,动机善的时候可以成就一个善人,动机恶的时候可以成就一个恶人,所以孔子把它看得非常重要,教人须在这上面用工夫。

至于性质之清浊的区分,谓之智慧——性质清的谓之智,性质浊的谓之愚。孔子分析人类的智慧为上、中、下三等。中等智慧的人富于可塑性,可以使之向上,亦可以使之向下;上等智慧的人虽处在极坏的环境里头,也不能埋没他们的性灵;下等智慧的人纵令给以极好的教育,恐怕也难使他们变做聪明。所以他说,"唯上智与下愚不移"(《论语·阳货》）；"中人以上，可语上也；中人以下，不可以语上也"（《论语·雍也》）。但人类的智慧虽有高下不等，孔子却认为不甚重要，只要自己能够努力，将来还是一样可以成功；所谓"生而知之者上也，学而知之者次也，困而学之又其次也；及其成功，一也"（《中庸》）。

三　教育目的

在东周时代，知识虽然逐渐下逮于平民，实际上能够受教育，列为知识分子的，仍是少数——此少数之知识分子，我们称做"士"。不过从前之士为一固定阶级——下级贵族，此时因社会的剧变，把固定的阶级打破，凡有知识的人们通同可称为"士"。但此时之士虽没有固定的阶级，却多属于有闲阶级或优秀分子；既列为士了，仍能享受社会的特殊待遇，做四民的领袖，独有政治上及社会上一切权利。孔子平日讲学多对这一班人说法，意在培养他们好去执行国政，管理人民；故他的教育目的即在培养士族阶级的领袖人才，"君子"就是此项领袖人才之模范人格。试读《论语》及周、秦诸书，凡孔子及其弟子所形容君子的一切言行，无不是指着模范人格说话，便可知道。从士人到君子，殊不容易，中间必须经过几许的培植和训练。士人教育到了君子的地步，则修养可算成熟，于是不激不随，有为有守，蔼然一副儒者气象。这种人格，不仅富于知识，实优于品性，得志时能致君泽民，不得志时能安贫乐道。国家若是有了多数的这种人才执行政务，则政治必然清明；社会有了多数的这种人才主持正义，则风俗必然醇厚——这就是孔子的教育目的。

四　学习方法

孔子对于求学的方法，归纳与演绎二者并用。归纳法即是他所说的一个"学"字，演绎法即是他所说的一个"思"字，"学而不思则罔，思而不学则殆"，谓之学思并用主义（《论语·为政》）。"一事不知，学者之耻"一句俗语，正合孔子的求学主张。凡日常生活的一切事物与知识，我们全应知道，全应学习。但那些事物和知识不必全是能够施诸实用的，我们须用归纳法归纳起来，抽出它们的共同点，或有用之点，作为我们应事的标准，所谓"博学于文，约之以礼，亦可以弗畔矣夫"（《论语·雍也》）。宇宙间的事物无穷，若要件件学习，似嫌笨拙，所以于力学之外，须加上一半思考的工夫。用思考的工夫，任意抓住一件事物的要点，根据这个要点可以推论一切事物均有与此相同的属性，谓之推理作用。他告曾子及子贡二人的"一贯之道"就是这种推理作用。有了推理作用，"闻一可以知十"（《论语·公冶长》），"举一可以反三"（《论语·述而》），"其或继周者，虽百世可知也"（《论语·为政》）。

除了归纳与演绎两个方法以外，在学习上，还有两个重要之点：（1）反复练习，（2）兴味主义。长足地往下学去，而不反复练习，所学的东西一定容易遗忘。若是努力地反复练习，不仅能够得着好的记忆，并且可以推陈出新，意味无穷。所以他说："学而时习之，不亦说乎？"（《论语·学而》）"温故而知新，可以为师矣。"（《论语·为政》）学习而不本诸兴味，所得效果必小，故他说："知之者不如好之者，好之者不如乐之者。"（《论语·雍也》）求学固然贵有兴味，但兴味是从努力得来，所谓"发愤忘食，乐以忘忧"（《论语·述而》）。这是间接的兴味主义。直接的兴味，意义肤浅，过时即灭。若是用了一番苦工夫，得着内中奥妙，真是意味无穷，所以间接兴味是我们应当养成的。

五　教授方法

孔子平日教人，总是行重于知。他说：

> 弟子入则孝，出则弟，谨而信，泛爱众，而亲仁；行有余力，则以学文。

多闻择其善者而从之；多见而识之，知之次也。（均见《论语·述而》）

我们分析他所教的内容，据《论语》所载，分为"文、行、忠、信"四项（《论语·述而》）。关于文的，就是他平日常说的"礼乐诗书"；关于行的，就是小之洒扫应对，大之致君泽民；关于忠与信的，即是修身的道理。他的教授方法，是很活动的。（1）或因学生的能力而加以相当的培植，或因他们的缺点而施以适当的补救，所谓"栽者培之，倾者覆之"（《中庸》第十七章）。同一问仁，而所答不同；同一问孝，而所答不同；同一问行，所答亦不同。这种方法，昔日谓之因材施教，现今叫做适应个性。（2）孔子与学生问答的时候，有时引起他们的动机，有时完全让他们发动，从未有学生未曾注意或绝无机会，而竟按照一定的课程每日死教的，所谓"不愤不启，不悱不发"（《论语·述而》）。这种教法，以今语解释，谓之"启发式"，又可以说近于"自动主义"。孔子平日这样教人，能使学生满意，赞美他是"循循善诱"（《论语·子罕》）。孔子的弟子虽多，讲学虽久，但未有固定的讲坛，他的学生多半随从他四方游历，一面游历，一面讲学，是一种流动式的讲坛制。他的教育宗旨偏重士族阶级的培养，固有时代性，而他这种活动的教学法，因人因时随处不同，这一点至今犹有价值。

六　结　论

孔子是一位旧时代的人物，追慕唐、虞、三代的贤人政治，在他的言行中是可以看得出来的。因其如此，所以对于女子的地位及民众的教育颇不重视。不过他的精神，充满了仁义，充满了情感，悲天悯人之怀愈老而愈切。即平日与门弟子讲学，也是以至诚相感召，以人格去感化，树立千载师门友爱的懿风。试看他们师生间情感之浓厚，说来真个令人惊倒，就是父子兄弟间也未曾有。孔子抱着满腔忧国忧民的热忧，总是失意时多、得意时少。当他奔走海内的时候，经过许多的患难与困苦，他的学生总是始终相从，死生不贰，有的给他解忧，有的给他排难，精神凝结，几无以复加。颜渊早亡，孔子是恸哭非常，曰，"天丧予！"孔子死了以后，门人于三年心丧期满，犹含悲不忍离别（见《论语·先进》、《孟子·滕文公》及《史记·孔子世家》）。（在患难中，门弟子从孔子于陈、蔡、卫、宋诸国的情形，见《论语》《韩诗外传》及《史记》。）这种友爱的情感，全是他平日以人格感化得来的。后来一班弟子们在主张上虽各执一说，但在精神上都有"守死善道""中立不倚"的风度，儒家所谓"士君子"只有他们才配充当。师生间友爱的关系，人格感化的教育，影响于中国后来的民族道德不少；也只有在封建时代才有这种美德，若是拿在装满功利的资本主义国家的民族眼中观之，一定奇怪。

第四节　墨　子

一　墨子与儒家

在春秋战国时代的思想界上，与儒、道两家鼎足而三的有墨家。孟子说"杨朱、墨翟之言盈天下，天下之言，不归杨则归墨"（《滕文公篇》），韩子说"世之显学，儒、墨也"（《显学篇》），可以想见墨学在当时之雄风。墨家老祖姓墨名翟，世称墨子。墨子著有《墨子》五十三篇，除了发表侠义主义的墨家哲学及辩证法外，内中多攻击儒家之词；后人以此说他是与儒家处于极端反对的地位，其实儒、墨两家却是同源而异流。我们只把《墨子》打开一读：称尧、舜、禹、汤、文、武为圣王，桀、纣、幽、厉为暴王；又屡言仁义、忠臣、孝子及善恶美丑等名义，差不多与儒家同一口吻。不过墨子是一位实行家，功利主义者，两眼看见当时的社会与周初的社会情形是大不相同了，周初粉饰太平的礼教，种种繁文缛节，实在不适于现在社会生活，而孔门诸徒不识时务，且愈讲愈琐碎，越发令人厌烦；所以他毅然起而倡改革之论，把不适宜于现时社会需要的节目极力革除，再加上自己一部分的创见；他自己在思想上于是另成一派，吾人赠他一个徽号曰"墨家"。

再考儒家的伦理观念，是"男女有别，尊卑有序"八个字。要维持这八个字，在政略上施行礼教，在宗教上提倡丧祭。（其实丧祭亦属礼教之一。）观墨子攻击儒家的，不过说他们：（1）"不说天鬼"，（2）"厚葬久丧"，（3）"习为音乐"，（4）"以命为有"四点（《墨子·公孟篇》及《非儒篇》），而对于儒家的根本主张，并不攻击，且大致相同。第二、第三两点全是枝节问题；墨子且亦未完全推翻，不过"去其太甚"是了，勿庸代辨。墨子对于第一点所以提倡天鬼之说的，不过因当纷乱的社会无法挽救，只有假借神道的权威，来范围天下的人心；天既有了意志，能够主宰万物，个人的运命就不能存在了。且儒家虽不说天鬼，亦未尝不信天鬼。孔子说，"获罪于天，无所祷也。"又说，"鬼神之为德，其盛矣乎！"于此可见一斑。至于第四点命运之说，儒家不过遇到无聊时拿它来解嘲，自己安慰自己罢了，他们也不是靠命吃饭的人，岂独墨家？

还有一点不同的：儒家言为人之极致在"仁"，墨子言为人之极致在"义"。孔子说，"克己复礼为仁"，教育的工夫即在完成一个"仁"字，有了仁则为完人。墨子说，"夫义，天下之大器也"（《公孟篇》）；"天下有义则生，无义则死"（《天志上》）；"是故择天下贤良圣智辩慧之人立以为天子，使从事乎一同天下之义"（《尚同中》）。教育的工夫即在完成一个"义"字，所以他有贵义的主张，求学即所以为义。我以为儒、墨两家的精神之根本不同，即是"仁"与"义"两字的区分。

关于墨子的生死及籍贯，当代的史书没有记载。到后来，有的说他是宋人（《百子全书·墨子篇目考》）；有的说他生于鲁，仕于宋

(《墨子闲诂·墨子略传》)。有的说他与孔子同时，稍后于孔子（汪中《述墨学·子序》）；有的说他与子思同时，而生年尚在其后（《墨子闲诂·墨子年表序》）。我们观察墨子的思想与儒家同一渊源，似乎在鲁国受了儒家很深的教育，说他是鲁国人比较可靠。至于他的生死，胡适根据汪说，断定他大概生在周敬王二十年与三十年之间，死在周威烈王元年与十年之间，当他出世时孔子年已五六十岁了（《中国哲学史大纲》第六篇）。这个断定，尚属鉴实，我们勿庸另行考证。

二　兼爱主义

墨子推论社会的乱源，起于"不相爱"。"子自爱不爱父，故亏父而自利；弟自爱不爱兄，故亏兄而自利；臣自爱不爱君，故亏君而自利。……大夫各爱其家不爱异家，故乱异家以利其家；诸侯各爱其国不爱异国，故乱异国以利其国。"（《兼爱上》）人人不相爱，彼此交相亏，所以天下大乱无已。但是个人莫不自爱其身，当孝子的人莫不想爱他的父母，当慈父的人莫不想爱他的子女；同时对于他人之身及他人的父母和子女，亦当表示同样的爱，然后能够使他人爱我之身及我的父母和子女，如我自爱的一样（《兼爱下》）。使他人能够爱我及我的关系人如我自爱的一样，而后爱的意义才大；使社会人人能够彼此这样相爱，而后爱的范围乃普。所以要挽救天下的大乱，和达到各人自己所欲爱的目的，应当"兼以易别"（《兼爱下》）。"视人之身若其身，视人之家若其家，视人之国若其国"（《兼爱上》），就是把他人的父母，当着自己的父母；把他人的子女，当着的子女。能够如此交相利、兼相爱，天下为情感以充满，社会如一家的同胞，而亏人利己之事自然不会发生。

墨家主义以"义"为中心，以"兼爱"为出发点，以"兴利除害"为工夫，以"乐生互助"为目的。最善的行为，莫如行天下之利，除天下之害。最良的政治，亦莫如兴天下之利，除天下之害。要为天下兴利除害，即要使世界人类没有一人有一毫之不利，没有一人有一毫之受害,则必要富有极大的热情——就是有视人如己的精神。这种精神,就是兼爱主义的精神。故以兼爱为出发点,自无人我之分,自然能够悲天下之痛,悯天下之穷;见别人掉下火坑了不得不舍身援救,于别人有利益的事情不得不设法帮助。这种行为就是"义"的行为,这种政治就是"义"的政治。人人为义,事事皆合于义,则人类乐生互助的目的必可以达到,人类必可以进于世界大同。此墨子的理想,也就是墨家主义的精神。

三　对于精神教育的三个要素

墨子以兼爱为出发点,善养而扩充之,在精神教育方面,于是产生三个要素。

(1)积极的精神。据《墨子·贵义上》说:"子墨子自鲁即齐,过故人。谓子墨子曰:'今天下莫为义,子独自苦而为义,子不若已!'子墨子曰:'今有人于此:有子十人,一人耕而九人处,则耕者不可以不益急矣。何则?则食者众而耕者寡矣。今天下莫为义,则子宜劝我,何故止我?'"正因天下不肯为义,所以自己更要加倍为义,这是何等积极的精神,何等勇于任事的精神!

(2)牺牲的精神。据《公输篇》上说,公输般为楚国造了一座云梯,预备去攻宋国的。墨子听着了这个消息,即刻出发,走了十日十夜,来到楚国,劝他们取消攻宋的计划。费了许多唇舌,冒了多少危险,结果是说服了楚王。这种精神,是牺牲的,即是利他的。所以孟子形容他说:墨子兼爱,苟利天下,纵摩顶放踵而亦为之。所以他的学生,为义而牺牲的,为救他人而战死的,非常之多。

(3)平民的精神。墨子提倡节用,主张薄葬,反对音乐,种种都是为劳苦大众设想,反对封建的享乐主义,以表同情于平民的。他的学生述他的主张有一段话:"子墨子之所以非乐者,非以大钟鸣鼓琴瑟竽笙之声为不乐也,非以刻镂文章之色以为不美也,非以刍豢煮炙之味以为不甘也,非以高台厚榭邃野之居以为不安也,然上考之不中圣人之事,下度之不中万民之利。故子墨子曰，'为乐非也'。"（《非乐篇》）这都是平民思想的表现。他们师生，穿的是短衣，吃的是藿羹，手足胼胝，面目黧黑，终身为人服役而不求享乐，这该是多么劳动化的精神。

四　方法论

研究的方法，墨子与儒家完全不同，或者墨子对于学术最大的贡献即在他这一点。儒家对于勿论何事只说出一个"当然"，墨子并要问出一个"所以然"。《公孟篇》上有一段话：

> 子墨子问于儒者曰："何故为乐？"曰："乐以为乐也。"子墨子曰："子未我应也。今我问曰：'何故为室？'曰：'冬避寒焉，夏避暑焉；室以为男女之别也。'则子告为室之故矣。今我问曰：'何故为乐？'曰：'乐以为乐也'，是犹曰：'何故为室？'曰：'室以为室也。'"

儒家只高悬一个理想，教人以"应当如此做"就行了，至问"为什么如此做"则不必讨论。墨子不然，非要问他"为什么如此做"不可，能够答出一个"为什么"，我们才可放心去做；不能答出一个"为什么"我们就不肯轻易去做。换一句话，勿论什么东西必要有一个理由，总要有一个用处。知道了它的理由和用处，才知道它的是非善恶，才是真知，我们实行时才有一种非行不可的精神。中国人素来头脑笼统，不善分析，墨子这种研究的精神、分析的头脑，很可以用来诊治，故墨子学说里面要以此点为最有价值。

五　结　论

墨子是一个勤劳主义的教育家，是一个苦行的宗教家，也是一个利他主义的实行者；所以他一生奔走列国，讲学传道，致使"突不得黔"。他之崇拜夏禹，即所以取法夏禹的节俭勤劳之精神；他之所以特重"义"者，正所以表示他以天下为己任的侠义精神。墨子虽然取舍与儒家不同，但在当时他的学说是与孔学齐名，他的及门弟子也是与孔门并称。墨学既与孔子齐名，弟子亦极众多，其传授之系统如何，没有专书可考。但据韩非子说："自墨子之死也，有相里氏之墨，有相夫氏之墨，有邓陵氏之墨。"（《显学篇》）又据《庄子》说："相里勤之弟子，五侯之徒；南方之墨者——苦获、已齿、邓陵子之属：俱诵《墨经》而倍谲不同，相谓别墨。"（《天下篇》）近人胡适由此别为宗教的墨学与科学的墨学两派。我们从教育方面看，宗教的墨学以禽滑釐、公尚过等人为著，他们仍守着兼爱主义和勤劳主义。

第五节　孔门弟子

一　同门之盛

孔子一生讲学将近五十年，及门弟子布满了天下，其总额相传约达三千之众，而身通六艺的已是七十多人。既认教育为挽救时局之一策，所以向持"有教无类"主义，勿论何人，只要你是诚心求教，我没有不开诚训诲的。他的学生，有世子、有官僚、有商人、有大盗、有流氓，但自入孔门以后，人人都受他的感化，使他们皆变成有用的器材。但是他的学生，究竟狷者多而狂者少，论到气魄之伟大，学说思想之圆通，不及老师多了；因此，学生崇拜他也算到了极点。孔子在当时不过是一个有知识的士大夫，他的声誉与势力所以独雄于后世的，也幸赖这些"中心悦而诚服"的弟子给他宣传。

在众弟子中，较著名的，据他们自己所记，可分着四类：（1）长于德行的，有颜渊、闵子骞、冉伯牛、仲弓；（2）长于言语的，有宰我、子贡；（3）长于政事的，有冉有、季路；（4）长于文学的，有子游、子夏。（见《论语·先进》）又据韩非子说，孔子之后，儒家分为八派：有子张氏一派，子思氏一派，颜氏一派，孟氏一派，漆雕氏一派，仲良氏一派，公孙氏一派，乐正氏一派（见《韩子·显学篇》）。这两家分类，皆不足以包括孔门重要的全体；即这十数人中，其言论思想也难一一考见。《论语》《礼记》及《韩诗外传》等书中，虽间或记载所言二三，又与教育理论无关，无可记述，我们只有采取《大学》和《中庸》两书。《大学》相传是曾子作的，《中庸》相传是子思作的——这两部书原为《礼记》中的两篇。自北宋河南程氏认为有关身心性命之学，从《礼记》中抽出来，加以表章；南宋朱子接着一宣传，于是它们的声价飞腾于世了。《大学》言格物致知、正心诚意，《中庸》言性与诚，皆为宋、元以后的儒者所宗法，而宋、元、明、清八九百年的学术及教育界上，差不多完全被这数字占领。我们把这两书的分别叙述于下。

二 《大学》

程子说："《大学》，孔氏之遗书，而初学入德之门也。"朱子说："《大学》之书，古之大学所以教人之法也。"换一句话，《大学》一书，是古代大学里面所用的教材，以它教给"初学入德"的学生听的。它的内容，有经一章，有传十章。经凡二百零五字，传是所以解释经的；所以这一部书通篇的大意只在二百零五个字的经文上，懂得这二百零五个字，全书自可以了解了。全书教人所做的工夫分着两节，一律以修身为本。修身以前，在明明德；修身以后，在新民。在明明德的工夫里面，包含格物、致知、诚意、正心四个步骤；在新民的工夫里面，包含齐家、治国、平天下三个步骤。明明德是本，新民是末，而以修身为基础。明明德是向内的工夫，新民是向外的工夫，而以修身为枢纽。其实这两种工夫是一贯的，不过当入手做时有先后不同罢了。两种工夫包含七个步骤，加上中枢的修身，共计八个步骤。工夫的步骤虽有八个，而全副精神只在一个重心上面；追这个重心的工夫做到了，其余皆可以迎刃而解。工夫的重心就是"格物"两个字，格物的工夫做到了，自然可以做到致知；由此下推，知致了，自可以诚意；意诚了，自可以正心；心正了，自可以修身；身修了，自可以齐家；家齐了，自可以治国；国治了，自可以平天下。

格物、致知、诚意、正心及修身五种，属于身心性命之学，齐家、治国、平天下之三种属于政治之学。由格物、致知到治国、平天下，即从一身之内教起，教到有管理天下国家的知识。由格物、致知做到治国、平天下，即从一身之内做起，做到有管理天下国家的能力。教育的最终目的在于使学生能够治国、平天下，这种教育自然是政治领袖人才的教育。做人的基本工夫在于有良好的身心修养，这种人物自然是贤人一流的人物。但由格物做到平天下，两种工夫、八个步骤，每个都要做到止于至善，可不容易。能够做到这种工夫的贤人，一定是最笃实、最完全而又无所不知、无所不能的人。大学里头培养的如果尽是这等人才，国家任用的如果尽是这种领袖人物，一定可以做到黄金世界——天下一家，人类一体。这种政治，就是儒家所理想的贤人政治。这种教育，也是他们所理想的完全人格的教育。

三 《中庸》

《中庸》一书，共计三十三章。第一章，程子谓系孔子的道意，由子思述所传以转授于孟子的；其他各章，以他平日所学的心得，尽量阐发首章之意，并博引许多前言往行以资参证。这三十三章，表面上虽各自成段，不如《大学》的组织完善有条理，但熟玩全文，综合起来，其理论却是一贯的。《中庸》这一书，是一部天人合一论，博大精深的宇宙哲学，它的境界比较《大学》更高一层。我们读了它，真令吾人佩服先民理想的崇高与精神的伟大。是人事的，又是天道的。是个人自修的，又是万类一体的。极其广大，而又极其精微。极其高明，而又极其中庸。极其理想，而又极其现实。所以程子极力地赞美说："其书始言一理，中散为万事，末复合为一理。放之则弥六合，卷之则退藏于密。其味无穷，皆实学也。"

我们读了这一部书，为其博大精深的理论所笼罩，几乎如鱼之忘于江湖，不知道有边岸了，只有把它的纲领提出来说说。此书通篇可以用一个"诚"字包括。诚之意义无穷，范围无限，而用之不尽。在天为性，在人为教，在天人之间为道。在性与道之间，谓之天道；在道与教之间，谓之人道。天地有三：自其体而言，极其博厚；自其性而言，极其高明；自其存在而言，极其悠久。因为博厚，所以能载物，故曰"载华岳而不重，振河海而不泄"。因为高明，所以能覆物，故曰"日月星辰系焉，万物覆焉"。因为悠久，所以能成物，故曰"草木生之，禽兽居之，宝藏兴焉，鼋鼍蛟龙鱼鳖生焉，货财殖焉"。一律是至诚无息。

人道有二：自成己而言，谓之达德；自成物而言，谓之达道。达德有三：一曰知，二曰仁，三曰勇。达道有五：一曰君臣有义，二曰父子有亲，三曰夫妇有别，四曰长幼有序，五曰朋友有信。合达德、达道二者而有九经；九经即有责任者应当执行的九条人事。哪九条呢？一曰修身，二曰尊贤，三曰亲亲，四曰敬大臣，五曰体群臣，六曰子庶民，七曰来百工，八曰柔远人，九曰怀诸侯。九经做到了，即可以治天下国家，所谓"笃恭而天下平"。合天道的至诚无息与人道的笃恭而天下平，凝聚起来，还是一个至诚。由此至诚，可以"经纶天下之大经"，可以"立天下之大本"，可以"知天地之化育"。其最后成功，则"天地位焉，万物育焉"。

最初的工夫，即"中和"两个字，要使吾人的喜怒哀乐得到中和；其极功，则天地位焉，万物育焉。工夫的着力处，只有"戒慎恐惧"四个字，即"慎独"的工夫；其成熟，则有"无声无臭"的妙境。但勿论始终本末，天道人道，只是一个"诚"字包含无余了。故曰"至诚无息""至诚如神"，此之所谓中庸之道。

以上所说，是就《中庸》所包罗万象的哲学说的，内中关于教育的言性与言学两点。《中庸》是言性最早的一部书，在《论语》中虽有"性相近也"一语，却过于简单，到了它才有极清楚的解释。不过内中所解释，仍是根据它的博大精深的哲学来的，仍是一部天人合一论。我们只须引出两段来：

> 天命之谓性，率性之谓道，修道之谓教。（第一章）
> 唯天下至诚，为能尽其性；能尽其性，则能尽人之性；能尽人之性，则能尽物之性；能尽物之性，则可以参天地之化育；可以参天地之化育，则可以与天地参矣。（第二十二章）

性是天赋予人类最完美微妙的东西，吾人的行动顺着它走便是道；或有为气质所偏，或有为物欲所蔽，须待先知先觉的人来矫正或开导，这就谓之教育。教育的功用即在修明本性。本性之在吾人心内，当喜怒哀乐之未发时谓之中，发出而合于节度谓之和，中和也就是性。性即至诚，吾人能做到至诚即所以尽性；尽性即为人之极功，扩而充之，可以与天地并参。

关于言学的一段话，我们也举在下面：

> 博学之，审问之，慎思之，明辨之，笃行之。有弗学，学之弗能，弗措也。有弗问，问之弗知，弗措也。有弗思，思之弗得，弗措也。有弗辨，辨之弗明，弗措也。有弗行，行之弗笃，弗措也。人一能之，己百之；人十能之，己千之。果能此道也，虽愚必明，虽柔必强。（第二十章）

说明学习的次序，说明坚决的精神，告以努力必有的成功，在教育方面较前段更有价值，也是历代教育家所取法的。

第六节　孟子（前372—前289）

一　孔学绍述家之孟子

孟子出世之时，上距孔子死亡之日，足有一百零七年（自周敬王四十一年至周烈王四年）。这一百余年当中，思想学说的发达如何？政治情形及社会状况的变迁如何？我们略一思索，确有令人惊异的地方。甲方讲合纵，乙方讲连横，彼此以战胜攻取为能事，以兼并弱小、聚敛民财为企图，所以说到时局上面，比较孔子时代更觉黑暗。自社会剧变、知识下逮以后，于是诸子百家各本所见所闻，尽量发挥主张，演成种种学说，而以杨、墨两派最占势力。所以说到思想方面，比较孔子时代更觉复杂，真有如他本人所说"上无道揆，下无法守"，"诸侯放恣，处士横议"的现象。孔子是一位志量宏大的人物，很想以匹夫之力担当历代相传的礼乐政教。他这种苦心孤诣，五十年来固然也得着一部分的成功；可是自他死了以后，及门弟子虽多，大半是"狷洁之士""瑚琏之器"，不能够继承他们老师的伟业。况当此政潮思潮震荡斗争极猛烈的时代，已经破坏的旧说，既不合于时君的好尚及社会的需要，要想与烈日初升的杨、墨之言，时髦绝顶的纵横之术对抗，当然是极难的一件事情；所以儒家之学——礼教与王道——到了此时已入于极衰微时期。当这个时，可巧有一位孟夫子出来挽救。

孟子名轲，字子舆，原来是邹人；邹国即现今邹县，与鲁国同属山东省所辖的地方。生于周烈王四年，死于周赧王二十六年，活了八十四岁。在幼小时，性情放浪不羁，父死很早，由他的母亲仉氏设法教诲，始习儒业；故他的一生成就实得力于其母的阃训。成年以后，两眼看见当时社会的纷乱，慨然以"正人心，息邪说，闲先圣之道"为己任。他与孔子最合脾胃，所谓"先圣之道"，自春秋以来，业已降在孔子一人身上；所以他一生崇拜的只有孔子一人，最愿学的也只有孔子一人。（见《公孙丑》）可恨他未能及见孔子，竟受业于孔孙子思的门人，称做孔子的私淑弟子。他何尝不想从事政治？但是一生志不得逞，周游列国一无成功，到了晚年也只有著书讲学，亦与孔子同一际遇。不过他的思想，较孔子已经进步不少，如提倡个人中心论及发挥民权思想，皆有价值；其他关于教育的言论，尤为后人所宗法。

二 性善论

孟子一生学说的重心，即是他的性善论。要解释这个理论，须先把他所说的"心"和"性"两个名词，及二者间的关系阐明出来。他说：

> 君子所性：仁义机智——根于心。（《尽心章》）
> 尽其心者，知其性也。（《尽心章》）
> 恻隐之心，仁之端也；羞恶之心，义之端也；辞让之心，礼之端也；是非之心，智之端也。（《公孙丑章》）

我们把这三段话的意义申述于下。"心"是吾人内部的灵体，精神的主宰，吾人一切动作与表现皆从此心发动。"性"是一种倾向，又谓之性向；它也只有一个倾向的态度，而实无其物。这种倾向，不是由外面的引诱，是从心坎中发生出来的。吾人莫不同具一颗良心，由良心所发动的性向当然是善的，所以说"君子所性：仁义礼智根于心"。性对于仁的倾向，是从恻隐之心发生；对于义的倾向，是从羞恶之心发生；对于礼的倾向，是从辞让之心发生。因为心是良的，所以吾人之心莫不具有此恻隐、羞恶、辞让、是非四种美态；由此四种美态所发生的性向自然归于仁、义、礼、智四德，所以说性是善的。而性与心的关系，即可由第五图表示出来。

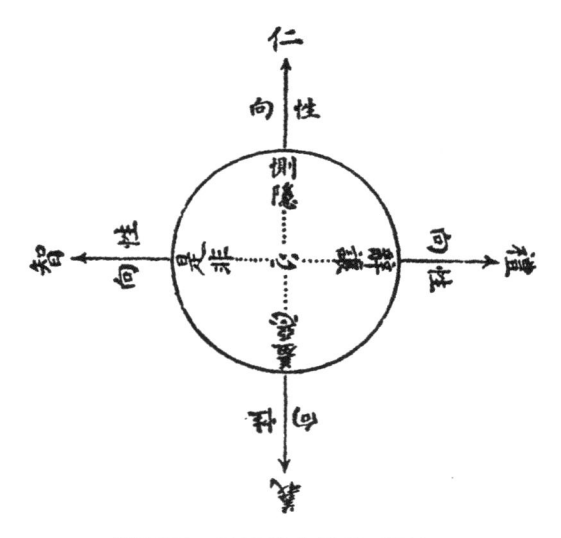

第五图　孟子的心性关系图解

何以知道凡人皆具有此良心呢？孟子于是引出两个证据来。他说：

孩提之童，无不知爱其亲也。及其长也，无不知敬其兄也。亲亲，仁也；敬长，义也；无他，达之天下也。（《尽心章》）

所谓人皆有不忍人之心者：今人乍见孺子将入于井，皆有怵惕恻隐之心，非所以内交于孺子之父母也，非所以要誉于乡党朋友也，非恶其声而然也。（《公孙丑章》）

前一段话，是从儿童爱亲敬长的良知良能上证明人心是良的，而性是向善的。后一段话，是从直觉方面证明人心是良的，而性是向善的。最后他并肯定地说：

口之于味也，有同嗜焉；耳之于声也，有同听焉；目之于色也，有同美焉。至于心，独无所同然乎？心之所同然

者，何也？谓理也，义也，圣人先得我心之所同然耳；故理义之悦我心，犹刍豢之悦我口。(《告子上》)

人人既然同具此良心，何以社会上好人少而坏人多呢？孟子以为这是环境或教育不良所致，与先天没有关系。所以他说：

富岁子弟多赖，凶岁子弟多暴，非天之降才尔殊也，其所以陷溺其心者然也。今夫麰麦，播种而耰之，其地同，树之时又同。浡然而生，至于日至之时，皆熟矣。虽有不同，则地有肥硗，雨露之养，人事之不齐也。(《告子上》)

吾人良心只是一点善机，这点善机是嫩濯濯的，最容易被斫伤的，不是初出母胎便已成熟。这未成熟的善机，全靠教育来培养。但成人社会的习惯业已弄坏了，置纯洁的儿童于败坏的社会里面，日日受其熏染，没有不斫伤其良心的。世人不察病源之所在，只看见业已被斫伤了良心的儿童，遂以为人心原来不良，而因以遂其非，这是最危险的见解。所以他很忿气地引牛山之木为比譬，以说明人心被斫伤之经过。这一段话是：

牛山之木尝美矣；以其交于大国也，斧斤伐之，可以为美乎？是其日夜之所息，雨露之所润，非无萌蘖之生焉；牛羊又从而牧之，是以若彼濯濯也。人见其濯濯也，以为未尝有材焉，此岂山之性也哉？

虽存乎人者，岂无仁义之心哉？其所以放其良心者，亦犹斧斤之于木也，旦旦而伐之，可以为美乎？其日夜之所息，平旦之气，其好恶与人相近也者几希：则其旦昼之所为，有梏亡之矣。梏之反覆，则其夜气不足以存；夜气不足

以存，则其违禽兽不远矣。人见其禽兽也，以为未尝有材焉者，是岂人之情也哉？（《告子上》）

性善之说始于孟子，对于性的热心的讨论也始于孟子时代。当是时，关于性的主张派别很多：除了孟子的主张外，有说"性无善无不善"的；有说"性可以为善，可以为不善"的；有说"有性善有性不善"的（王充《论衡·本性篇》谓周人世硕、密子贱、漆雕开之徒皆言性有善恶，稍在孟子之前，亦可归入本时代）。在这些派中，以告子为孟子的最大学敌，与孟子辩论最烈。以我们的观察，告子对于性的研究，比较孟子来得切实且具体。告子提出"生之谓性"一句口号，凡有知觉运动的动物，性无不同。如食色的欲求即是本性，凡人皆然，凡动物皆然，并没有什么善恶之说，其所以有善、所以有恶者，皆由后天的环境或教育所养成。告子这种理论，似根据于生物学的知识，在当时要算特出，孟子很难把他驳倒，只是胡乱地争辩了几次，卒以不得结果而罢。但孟子在另一方面，还是承认人类的天性是有物质的欲望的，他说："形色天性也，唯圣人然后可以践形。"（《尽心章》）形色即物质，倾向物质的享乐即天性。但他可要回护一句：谓圣人不以物质为好，只把它当作形下之品。所以他说：

口之于味也，目之于色也，耳之于声色，鼻之于臭也，四肢之于安佚也，性也；有命焉，君子不谓性也。（《尽心章下》）

既承认声色臭味为人人所必趋，也是天性；又说凡这些物质的享受，皆有命定，不可强求，所以君子不认它为性。深恐人类纵性情以恣其所好，流入放荡邪僻，故作这种强制自修的说话，以消弭一般人过度的欲望，或者是孟子的苦心，这也是他要完成性善论的一种强辩。

三　培养主义的教育论

孟子的教育论当然是根据他的性善论来的。性是心的倾向，心是主宰吾人行动、位在体内的一个善机——精神作用。这个善机是非常敏活的，很容易被恶劣的环境引诱的；一引诱就遁了，一遁就与它的原来位置相去十万八千里了。到了此时，这个人就变成不完全的人。教育目的在以教育手段达到个人人格的完全，故教育第一步工夫就在收回原来的善机，使它常存在腔子里面，或根本不让它受引诱而外逸。收回善机即孟子所谓"求放心"。去掉外来的邪念，保存原来的善机，即求放心之道。这种善机是极柔嫩的，极幼稚的，若仅仅至保存或收回为止，那亦无大用处，且难免不再丧失，故教育第二步工夫，即在培养，培养的工夫才是切实的教育。养其善机，扩而充之，即是培养的工夫。孟子对于培养分做三方面：（1）养心。养心的工夫在于寡欲，所谓"养心莫善于寡欲"（《尽心章下》）。（2）养性。性是倾向于善的，吾人只要顺着它利导，不必巧为穿凿就行了，所谓"天下之言性也，则故而已矣，故者以利为本"（《离娄章》）。（3）养气。在消极方面，须稳定心志，勿使心志来害气，所谓"持其志，勿暴其气"（《公孙丑章》）。在积极方面，须做集义工夫以养气，所谓"必有事焉，而勿正，心勿忘，勿助长也"（《公孙丑章》）。这几句话即是集义养气的工夫。果能照此培养，充分地培养，必有显著的功效。良心常存，能够镇定，外面勿论如何引诱，皆不足以动其心。天性纯全，表现于自身方面，不觉"睟面盎背"；扩充于社会方面，"足以保四海"。理气充沛，形成"浩然之气"，至大至刚，足以配道义而与天地相参伍。这样的人格，即孟子所谓"大人"，所谓"大丈夫"。大丈夫的人格是充满善机，器宇阔大，行为不苟，得乎时则为政治领袖，不得乎时则为学者导师。我们若是静心体会：这种儒者的态度，高士的风度，正是孟子人格的写照，但他所讲培养主义的理论却有不可磨的价值。

孟子的培养说，与美人杜威（Dewey）的生长说颇相类似，皆是从内面向外发展的。不过后者包括身心全体，前者偏重于心的一方面；所以杜氏并注意于感官的发达，孟子视感官为小体，不以重视。此东西教育家的观点所以不同，或因时代不同的关系。

四　学习法

孟子所言学习法有四。（1）自动。被动的学习都是外铄的肤浅的知识，心中必无所得，等于未学。知识若是由自己苦心研究出来的，才能彻底明了，能够活用到实际上面。所以他说：

> 君子深造之以道，欲其自得之也。自得之，则居之安；居之安，则资之深；资之深，则取之左右逢其源：故君子欲其自得之也。（《离娄章》）

即或有时非教师当面教授不可，只能教授一种简单的学习法子，至于巧妙处还在学者自己体验出来，所谓"大匠能与人规矩，不能使人巧"（《尽心章下》）。（2）专一。孟子尝以走棋比譬求学。他说，请一个棋界国手教授两个生徒，张生专心致志，听他老师走棋的方法；李生表面上虽同在听讲，而心志却是飞到天外想像他预备射鸟的情形。结果，张生棋术学成，李生尚茫然无所知。此非两生的聪明有高下，乃由于专一与不专一的缘故（《告子下》）。所以求学须要专一，须继续不断地研究，一心二用固然不对，一曝十寒也难成功。（3）渐进。求学有一定的步骤，应当循序渐进，进了一步再进一步，所谓"盈科而后进，放乎四海"（《离娄章》）。倘若不按照程序，妄想一步登天，则"其进锐者，其退速"，反是得不着相当的效率了（《尽心章上》）。（4）还有一种由博而约的学习法。他说："博学而详说之，将以反说约也。"（《离娄章下》）此项演绎的学习法，与孔子所说相同，我们勿庸重述。

五 教授与训练

孟子的教法有五种，皆就各人的程度个性及所处的地位来酌定。第一种是程度最高的学生，只于需要时加一番点化之功，他们就能随感而通，如同雨露润泽草木一样，此所谓"有如时雨化之者"。第二及第三种学力较第一种差浅：若是器宇稳重的，我们就完成其德性；若是天资英迈的，我们就发展其天能；所谓"有成德者，有达材者"。第四种为问答法，预备无力常从或不能专门研究的学生所施行的方法，偶因一事随问随答就行了。还有一等人，居不同地，或生不同时，无法口授，则用间接法，以书面相授，与现代函授法相似。此所谓"有答问者，有私淑艾者"（《尽心章上》）。

儿童的享受不可太厚，若是享受太厚，他们业已心满意足，必不肯用心求学。将来势必养成一种骄贵的习气，无用的子弟。吾人的"德慧术智"都是从困难中找出来的，不经过困难，就不会有德慧术智，虽有也很浅薄，也是少数，所谓"生于忧患，死于安乐也"（《告子下》）。譬如孤臣孽子，他们所以往往能够通达成全，正因为他们常处在困难环境中，受了一种深刻的磨练，能够"操心虑患"，所以得着好的结果（《尽心章下》）。因此之故，所以对于儿童的训练，应当使他们感受些困苦才好。孟子是近于人才教育主义的人，他说"得天下英才而教育之，三乐也。"（《尽心章上》）但这种天才的人，他们的才能虽由于先天的赋与，而他们所以能够成为大器材的，还是由于后天的磨练。且必有后天的磨练，然后能够发达他们的天才；所以"天将降大任于是人也，必先苦其心志，劳其筋骨，饿其体肤，空乏其身，行拂乱其所为；所以动心忍性，曾益其所不能"（《告子章下》）。忧患的境遇正所以成全天才，亦唯有天才的人，方能利用这个境遇而受成全，此孟子的人才教育主义之根本观念，或者也是因着他自己幼年的环境如此，有所感而发的。

第七节 庄 子

一 庄子与道家

庄子名周，河南蒙人，生于战国时代，与梁惠王、齐宣王同时，略后于孟子。他曾做过蒙之漆园吏，为当时思想界的杰出人物。后人以其平日主张任自然，尚无为，弃智慧，绝嗜欲，与老子的哲学思想相同，所以也列入道家一流。但严格区分，他们不同之处还多。（1）老子是道学家，他的态度严谨，议论激烈；庄子是名士派，他的态度旷达，议论诙谐。（2）老子一生着眼在社会的安宁，故对于治国平天下的议论多；庄子一生着眼在个人的逸乐，故对于养生穷年的议论多。（3）老子最反对的是当时的礼教，攻击得非常激烈；庄子最厌恶的是当时的一般富贵功名之徒，嘲笑得非常厉害。在他们同异之中，我们给老子的思想一个总评，不外"见素抱朴，少私寡欲"八个字；给庄子一个总评，不外"安常守固，听天由命"八个字。老子对于教育提倡禁欲主义，庄子对于教育提倡放任主义，皆由二人的观察点和态度不同所产生的结果。但他们都是反对现社会，只有破坏而无建设，只知倒退而昧前进，所以演成一种消极的思想，萎缩的人生，致令中国民族习惯受其不良的影响者不少，尤以魏、晋、六朝时代为最甚。

二 养生主义的教育论

庄子养生的目的在"全生尽年以成天"（《养生篇》）。保全天所给你的生命，不要毁伤；享尽你所应有的寿命，不要摧残；然后能够返乎天然而与天地一体，此谓之"真人"。解释"真人"一义用不着支离，就是一个"真正人的生活"；故庄子养生的目的也可以说是要达到一个真正人的生活。请看现在社会一般人们，纭纭扰扰，孜孜矻矻，把一个赤裸的人生围困和压迫到十八层地狱，所有的生活都是非人的生活——牛马的生活，鬼域的生活。这个真苦了！我们要达到真人的生活，第一步就在要求解放：解放束缚我们的一切桎梏，解放纭扰我们的一切系念，使成一个赤裸裸的我，悠游自在的我。所谓"彼民有常性，织而衣，耕而食，是谓同德，一而不党，命曰天放"（《马蹄篇》）。所谓"安时而处顺，哀乐不能入也，古者谓是帝之悬解"（《养生主篇》）。不仅贫富、贵贱、利害、得失用不着计较，我们并要极力远离富贵功名。不仅死生夭寿用不着计较，我们并要消灭一切感情作用。仁义礼智，是非善恶，是俗人所通受的桎梏，我们切不要上它们的圈套。天地万物是不可计数的，宇宙知识是不可限量的，我们知道多少就是多少，不要贪求，最好是没有知识。所谓"达生之情者，不务生之所无以为；达命之情者，不务知之所无可奈何"（《达生篇》）。"吾生也有涯，而知也无涯；以有涯随无涯，殆已！已而为知者，殆而已矣！"（《养生主篇》）最好是"无思无虑，无处无服"（《知北游篇》），我们也不要出风头，也不要标奇异，虽然要极力摆脱现时社会一般非人的生活，但是我杂入在这个社会里面，却不要令旁人看得出我与他们两样，那最高明了。所谓"无为名尸，无为谋府，无为事任，无为知主"，"体尽无穷，而游无朕，尽其所受于天，而无见得，亦虚而已"（《应帝王篇》）。总结一句：庄子的养生主义，除了自然景物毫不费力地供吾人自由享受以外，其他一切人为的事物完全不要理会，即与社会交际所发生的感情也不要丝毫留恋。做到这步田地，才能实现一个"真我"，才能达到"真正人的生活"。

　　这种主义完全是个人的、消极的、冷枯的，是与人生教育相反的。不要知识，自然用不着教育；不要辩论，自然没有是非；不要有所作为，社会自然没有进步。他以为教育是杀人的利器，有一段话形容得最痛快：

> 南海之帝为儵，北海之帝为忽，中央之帝为浑沌。儵与忽相遇于浑沌之地，浑沌待之甚善。儵与忽谋报浑沌之德，曰："人皆有七窍，以视听食息，此独无有，尝凿之。"日凿一窍，七日而浑沌死。(《应帝王篇》)

庄子还有一段话描写教育之害也极好：

> 马蹄可以践霜雪，毛可以御风寒，齕草饮水，翘足而陆，此马之真性也，虽有义台路寝，无所用之。及至伯乐，曰："我善治马。"烧之剔之，刻之雒之，连之以羁馽，编之以皂栈，马之死者十二三矣。饥之渴之，驰之骤之，整之齐之，前有橛饰之患，而后有鞭策之威，而马之死者已过半矣。(《马蹄篇》)

庄子这两段寓言，极有道理，我们不能一概抹煞。教育确有杀人的地方，吾人倘若受了不良的教育，真个不如不受教育的好，这是实在的情形。但因此之故，便要灭绝智慧，反对一切教育，未免因噎废食了。

第八节　荀　子

一　儒家左党之荀子

我们把孟子当着儒家学派的右党，则荀子应属于左党。他们两人的学说之区分如下：（1）孟子是法先王的，荀子是法后王的；（2）孟子以性为善，荀子以性为恶；（3）孟子言礼主节，荀子言礼主分；（4）孟子论教育重在培养，荀子论教育重在积伪。除此数种外，不同的地方还多。不过孟子的学说，多半抽出孔子所已说了的加以扩充，虽偶有特别见解，而大旨要不与前人违背。荀子除了儒家的根本学说仁义礼乐之外，自己创获的却也不少。且后者议论激烈，学说博杂，虽被我们称他为左党，也是儒家后起之雄，在教育史上要算是周末最后的一个人。

荀子名况，字卿，是赵国的人氏。他出世的时候，大约在孟子之后五六十年。中年以后，曾东游到齐国，西游到秦国，中间回到赵国一次，末了又南游楚国。那时楚国春申君正当权，以荀子为当时知识界出色人物，派充任兰陵的令尹。荀子也是教育家而兼政治的，也想登上政治舞台，以实行他的主张的，无如南北奔走，终不得大展。自春申君死后，更不复能够遇着知己，亦无意北归，后来老死在兰陵了。平生著有《荀子》三十二篇，思想较孟子进步，不仅对于老、庄消极的学说极力反对，即孔门诸徒及孟子一般人的言论也尝施攻击，真不愧儒家后起之雄，关于教育方面的理论尤有很多特殊的地方。

二 性恶论

荀子说："人之性恶，其善者伪也。"这是他的《性恶篇》开宗明义第一句，也是他的教育哲学的根本观念。要把这一句原理用演绎方法来说明，我们先要明白荀子所谓"性、伪、善、恶"四字怎么解释。荀子说：

> 不可学不可事而在人者谓之性，可学而能可事而成之在人者谓之伪，是性伪之分也。（《性恶篇》）
> 生之所以然者谓之性。性之和所生，精合感应，不事而自然，谓之性。……心虑而能为之动，谓之伪。积虑焉，能习焉而后成，谓之伪。（《正名篇》）

我们拿今语来解释：（1）"性"是吾人内部与生俱来的一种本能；这种本能一与外界的环境接触，彼感此应，即发生反射作用。这种反射作用，是自然会能的，不是学得上来的，也不是教得成功的。（2）"伪"是吾人神经接收一种刺激以后，必要经过一种思虑，然后决定一种反应的态度。遇有复杂知识，不仅一番思虑就算完事，必要反复思虑，再四反应，令初次所反应的态度变成一种习惯行为；这种习惯行为完全是由人力学成教成的。换一句话说，凡无意识的、无节制的冲动行为，叫做"性"；凡有意识的、有节制的习惯行为，叫做"伪"。这是"性""伪"二字的区别，我们再看他如何解释"善""恶"二字。荀子说：

> 凡古今天下之所谓善者，正理平治也；所谓恶者，偏险悖乱也——是善恶之分也已。……故古者圣人以人之性恶，以为偏险而不正，悖乱而不治，故为之立君上之势以临之，明礼义以化之，起法正以治之，重刑罚以禁之，使天下皆出于治合于善也。（《性恶篇》）

我们再拿今语解释：所谓"正理"，是合于中正的道路，所谓"平治"是说已经调治到很平稳了；"已经调治到很平稳，又合于中正的道路"的行为，就谓之善的行为。所谓"偏险不正"，是不合于中正的道路，所谓"悖乱不治"是未曾调治到很平稳的地步；"未曾调治到很平稳的地步，又不合于中正的道路"的行为，就谓之恶的行为。换一句话说：凡一种行为，经过了人工的训练，而能顺理成章的叫做"善"；凡一种行为，未曾经过人工的训练，而不能顺理成章的，叫做"恶"。照这样看来，荀子所谓性恶，不过说吾人的本性在胎儿初出母怀时，没有经过成熟的调练，完全是一种陆野不驯的样子，所发出的冲动全不顺理成章的。所谓"纵情性，安恣睢，而违礼义"，都是由于没有经过人工训练的缘故，并不是说吾人初生，即有土匪之性，小人之心，甘心卖淫作盗、杀人放火种种卑劣的行为。试举例子就明白了。"好利""疾恶"及"耳目之欲"三种表现都是人的本性。假使没有人工的训练，而顺其"陆野不驯"的自由发展，势必出于争夺；有了争夺则亡了辞让，势必出于残贼；有了残贼则亡了忠信，势必出于淫乱；有了淫乱则亡了礼义文理；凡此种种恶的行为，都是由于"顺是"二字所产生的结果。这种种恶的行为很有危害于社会的治安，所以圣人为之"起礼义，制法度"以矫正，使天下的人类个个皆"出于治，合于道"，所以他说"其善者伪也"。

人性既然是恶的，究竟能不能使天下的人都"出于治，合于道"呢？据荀子的意见，以为这是能够办得到的。荀子说：

> 凡禹之所以为禹者，以为仁义法正也，然则仁义法正有可知可能之理。然而涂之人也，皆有可以知仁义法正之质，皆有可以能仁义法正之具，然则其可以为禹明矣。（《性恶篇》）

吾人陆野未驯的本性，是很富于可塑性的，并非固定了的一块铁板。所谓"皆有可以知仁义法正之质，皆有可以能仁义法正之具"，就是人人皆有变到正理平治的可能。只要有好的教育，或发愤自立的时候，没有不能成功的，故曰"尧、舜者非生而具者也，夫起于变，故成于修，修之为待尽而后备者也"（《荣辱篇》）。

说到这里，我们要问荀子一句：人性既恶，何以能够产生出礼义来呢？荀子说："凡礼义者，是生于圣人之伪也。"圣人所以制出礼义以限制众人，正因为人性恶的缘故。我们再问一句：圣人所以产生出礼义来，目的在为社会谋幸福，为社会谋幸福而才有礼义积伪的善行，这种善行不是圣人的本性吗？荀子又说：本性之恶，君子与小人是相同的，所不同者，在于君子能够"化性起伪"。这种化性起伪的动机，不是先天生来的，是由于平日感受了社会的不安宁，故意想出种种方法来维持社会的。我们所贵乎圣人与常人不同者就在这一点上——圣人能够化性起伪,常人不能。我们又要追问:化性起伪的动机不是先天的本性,是由于后天感受了某种刺激,才会发生的;既然君子与小人同具恶性,何以圣人因感受某种刺激便能生出这种善的动机来呢?关于这一点,完全由于个性差异及环境的关系,在当时荀子未解答过。

三 积伪主义的教育论

要使涂之人变成尧、禹,自然非教育不能成功。教育目的在造就一个"成人",从"士"起到"圣人"为止,到了圣人的地步那就是一个成人,成为尧、禹一类的人了,教育目的才算达到了。教育手段不外训练与教学,训练的德目是"仁义法正",教学的材料是"诗书礼乐"。教学是有止境的,从诗书起到礼乐为止;训练的工夫不到圣人是没有止境的。(均见《劝学篇》及《性恶篇》)本性既然是恶的,要从士做到圣人,前程远大,工夫繁重,绝非一步能够跳得到的。要达到教育目的,我们就要今日教学一点,明日又教学一点;上午训练一回,下午又训练一回,朝朝暮暮,积日累月,一步一步地逐渐堆砌起来。譬如行路,"不积跬步,无以至千里";譬如聚水,"不积小流,无以成江海";所以荀子说"圣人者人之所积而致也"(均见《劝学》《性恶》及《儒效》诸篇)。荀子视教育的功用好像用砖砌墙似的,从地平起,一层一层地向上堆,堆到五丈为君子,十丈为贤人,直到圣人为止,各人的天资有高下,职业有区别,事实上绝不能使人人都为尧、禹;虽不能为尧、禹,亦必要使他们达到教育的水平线上。荀子所说的水平线,就是"出于治,合于善";这个水平线是最低的限度,人人应当遵守的。因为人性皆恶,倘全不遵守这个水平线,社会一定会紊乱不堪,所以要"立君上之势以临之,明礼义以化之,起法正以治之,重刑罚以禁之"。

四　学习法

荀子讲论学习法，较孟子更为详细，我们只举三点。

（1）专一　他说："今使涂之人伏术为学，专心一致，思索孰察，加日县久，积善而不息，则通于神明，参于天地矣。"（《性恶篇》）又说："蚓无爪牙之利，筋骨之强，上食埃土，下饮黄泉，用心一也。蟹六跪而二螯，非蛇蟮之穴无可寄托者，用心躁也。"（《劝学篇》）这是他的求学贵专一的主张，不专一必不能成功，与孟子所举奕秋教奕的意思大致相同。当学一件东西，须把全副精神都放在这上面，不许有丝毫的散乱，并要有互助的朋友，布置适当的环境，避免防害的刺激，以此"全之尽之"，最后必有成功。学成以后，印象已深，意志已定，才不为外物所夺致有所遗忘。

（2）亲师　"非我而当者吾师也，是我而当者吾友也。"（《修身篇》）这是荀氏亲师择友的一句名言。他以良师益友为求学的助力，所以把师友看得很重。其作用有二：一因个人的性质容易被环境变化，倘择交不慎，必被引入邪途，最为危险。所谓"居楚而楚，居越而越，居夏而夏，是非天性也，积靡使然也"（《儒效篇》）。所谓"蓬生麻中，不扶而植；兰槐之根，是为芷；其渐之滫。故君子居必择乡，游必就士，所以防邪僻而就中正也"（《劝学篇》）。二因古圣王之道仅载于呆板的六经文字里面，非口授不能透彻；且六经以外的种种道理，更非贤师益友口讲身导，不能周遍。所谓"礼乐法而不说，诗书故而不切，春秋约而不速。方其人之习君子之说则周以遍矣，固于世矣；故因学莫近乎其人"（《劝学篇》）。所谓"礼者所以正身也，师者所以正礼也；无礼何以正身，无师吾安知礼之为是也"（《修身篇》）。

（3）学习过程　专一与亲师，凡中国古代稍谈教育的人，没有不主张的，尚非特别。在荀子的教育学说中有一件足以使我们注意的，是他所说的学习过程。他说：

> 君子之学也，入乎耳，著乎心，布乎四体，形乎动静；端而言，蠕而动，一可以为法则。（《劝学篇》）

把他这几句话分析起来，关于学习时可得四步过程。第一步，由感官接受外界的刺激；第二步，把接受了的刺激传入到脑神经里面，起一种联结和类化作用；第三步，再由脑神经发生命令，传达到各处肢体；第四步，各处肢体接着神经的命令以后，即表示一种反应的动作。这种动作如果经过了考虑或试验以后，一定是很合于规则的。（此处所谓脑神经即荀子所说之心，凡中国古人皆以脑当心解）荀子这种科学的分析法，与近代美国教育心理学家桑戴克（Throndike）、施他基（Starch）一班人所研究的差不多完全相同。

五　论心理作用

说明心的作用，在先秦诸子中，要以荀氏较为详到。前段所举学习过程，不过是他所说的心理作用之一种，现在把他所说的整个介绍出来。

荀氏把人类一切精神作用悉统属于心，心为精神的主宰，活动的中心，所谓"心者形之君也，而神明之主也，出令而无所受令"（《解蔽篇》）。心既为人生至上的机能，活动的主宰，所以吾人一切精神表现、意向及动作，应当完全听命于心，否则难免错误。心的关系既如此重要，倘心之本身不良，则由它所发生出来的行为不是一切皆坏了吗？所以荀子注重修养，把心修养到很好时，心正则一切皆正了。所谓"导之以理，养之以清，物莫之倾，则足以定是非、决嫌疑矣"（《解蔽篇》）。养心的工夫，为"积虑焉，能习焉"，仍是他的积伪主义。其所以养心的标准，为一个"道"字，道即"礼义法正"，圣人所制以告一般人所以为人的标准的，所谓"道者，非天之道，非地之道，人之所以为道也"（《儒效篇》）。吾人之行为合于心，心合于道，就是善的。所谓"心也者道之工宰也,道也者治之经理也,心合于道,说合于心,辞合于说,正名而期,质请而喻,辩异而不过,推类而不悖"(《正名篇》)。道既是客观的标准,为人的权衡,所以吾人要观察事物,评断是非,表现意思,及为种种心的活动时,不可不知道。吾人的心原可以知道的,其后来所以不能知道者,是因为被习俗蒙蔽了。心被习俗蒙蔽,就不能知道;不能知道就失了权衡作用,对于一切事物必然观察不清楚,而生出种种错误的见解,于是"见寝石以为伏鬼,见植林以为后人"(《解蔽篇》)。怎样能够解除蒙蔽呢?在"虚壹而静"三字(三字,这里作者指三个字词,即虚、壹、静)上做工夫。能够"虚壹而静,谓之清明",凡有形的东西都能看见,凡能看见的东西都能判断,凡判断的东西无不真确,甚至于一切行为无不合理;于是能"经纬天地,材官万物,明参日月,大满八极"了。

情欲是吾人的本性,无法避免的。多少有无,不关于治乱,其关键还是在心。他说:凡主张去欲的,是不知引导的方法,而为有欲所困了;凡主张寡欲的,是不知节制的方法,而为多欲所困了。所谓"凡语治而待去欲者,无以道欲而困于有欲者也;凡语治而待寡欲者,无以节欲而困于多欲者也"(《正名篇》)。要求引导与节制的方法,须先要把心地弄得清清楚楚,确有把握,能够判断是非得失,每一件事情来了全由中心做主取决;到了此时,外界的物欲不仅不能引诱,并且不能蒙蔽。于是物欲多有多的好处,不必求寡;少有少的好处,自然不多。所谓"欲不待可得,而求者从所可。欲不待可得,所受乎天也;求者从所可,受乎心也。所受乎天之一欲,制于所受乎心之计。人之所欲生甚矣,人之所恶死甚矣,然而人有从生成死者,非不欲生而欲死也,不可以生而可以死也。故欲过之而动不及,心止之也;心之所可中理,则欲虽多奚伤于治。欲不及而动过之,心使之也;心之所可失理,则欲虽寡奚止于乱。故理乱在于心之所可,亡于情之所欲;不求之其所在,而求之其所亡,虽曰我得之,失之矣"(《正名篇》)。

六　结　论

孟子是先天论者，以人性为善，所以对于教育的功用在培养，顺其自然。荀子是经验论者，以人性为恶，所以对于教育的功用在积伪，严加干涉。关于学习与教授两方面，二人虽各有论列，而以荀子所说较为透辟；尤以关于心理的研究，孟氏远不逮荀氏。但儒家学说，自此显分两派，相并而传者几及千年。自唐朝中叶，韩退之以卫道者自任，力张孟子之说；再经宋儒诸子特别的表彰与研究，而孟学遂独享学术界的尊崇。自宋以后，凡讲教育与言性者，无一人不以孟子为依归，而"性善"二字，万口一辞，几成为宇宙内当然的法则，而孟子由是与孔子并列了。孟子独尊，荀子差不多被挤出儒家之外，其学术虽较进步，却被抑于社会几千年，直到清代考证学家出世，才有公平的看待。

本章参考书举要

（1）《史记》的《孔子世家》《老庄列传》《孟荀列传》及《仲尼弟子列传》

（2）老子：《道德经》

（3）庄子：《南华经》

（4）汪中：《述学》的《老子考》及《墨子序》

（5）孙诒让：《墨子闲诂》

（6）《韩非子》的《显学篇》

（7）《孟子》七篇

（8）《论语》《大学》《中庸》

（9）杨倞注：《荀子》

（10）胡适：《中国哲学史大纲》上卷

第三编　半封建时代前期的教育

第一期　秦汉（前221—前219）

第七章　半封建社会形成之第一幕

一　官僚政治之新纪元

自西周时代农业发展以后，中国社会即稳定于农业经济基础之上；虽土地的分配，田赋的征收，历代小有差异，而以农业经济为构成社会之基础，则丝毫不受影响。秦朝立国很短，经济形态殊无显然的变化。西汉时代，商业资本似有勃兴的趋势，究竟战胜不过基础久已稳固的农业，加以政府施行重农抑商政策，商人受了压迫，商业益难发展；是以到了东汉初年，农业经济的势力更形巩固。至于政治形态，则与前期截然两样。秦代以前，政权握在贵族阶级手中，称做贵族政治。秦代以后，政权握在士大夫阶级手中，而以帝王为元首，称做官僚政治。故由战国到秦，实为政治上之一大变革——由贵族政治变易为官僚政治（其实自战国以来，政权早已移到士大夫阶级手中矣）。在官僚政治之下，国家大权名义上虽操于帝王一人之手，其实所有政务全分配于士大夫阶级。他们在朝趋承帝王的意旨，自图生存；出外仗着政府的权威，役使民众；有时帝王幼弱，反被玩弄，国家大权实际上即由他们掌握和操纵，他们遂形成后世所说的官僚阶级。这种阶级即昔日的失位贵族、知识分子及自由农民脱胎结合而成，以替代封建贵族的地位。在秦始皇时，封建势力可算完全被他们打倒；西汉初年，虽然偶一回光反照，但不久仍归消灭，而政权依然落在他们手中。他们既然以农业经济为基础，农村社会一日不破坏，他们的势力一日不能消灭，而他们所享受的特权，即昔日封建贵族所享受的特权。在这种政治与社会形态之下，似封建非封建，我们称做半封建社会——变形的封建社会，以别于昔日典型的封建社会。这种社会，历汉、唐、宋、明以至于清朝，相继二千余年，未尝改变。不过我们为叙述便利起见，可分着三个阶段：自秦、汉至五代，为前期的半封建时代；自宋、元至明三朝为中期的半封建时代；到了满清，则为后期的半封建时代。

二　秦皇之反儒政策

自春秋以后，典型的封建社会逐渐破坏，知识分子由此起来攘夺政权，所谓"战国策士"皆属于这一阶级。六国所以互相攻伐，多由此辈策士簧鼓之力；秦皇所以统一天下，亦多由此辈运筹之功；故秦皇之兼并六国，即士大夫阶级打倒封建贵族阶级之成绩。此辈既为昔日失位的贵族及知识分子，所以在学派上分，有属于儒家的，有属于道家的，有属于法家的，有属于墨家的，就中以儒家信徒最多。但帮助秦皇兼并六国、统一天下的，功不在儒家，而在法家。儒、法两家的政治主张既然不同，而感情素恶，秦皇功成之后，儒家信徒反来攘夺政权、议论得失，怎样不遭法家信徒的猜忌？怎样不令信仰法治效力的始皇厌恶？且儒家代表旧思想，富于保守，与始皇的性情格格不入，所以当他统一成功之后，即采用李斯的计划，收尽天下的书籍，除了博士官所掌以外，悉数焚毁，以断绝知识的来源；且为着示威和惩一儆百起见，又逮捕了露骨顶名的四百六十多个儒生，活埋于咸阳。后来的人以始皇"焚书坑儒"一举为愚民政策，我以为这是他的反儒政策，只从"有敢偶语诗书者弃市"及"若欲有学法，合以吏为师"（《秦始皇本纪》）两句话，便可看得出来。始皇因厌恶儒生，遂迁怒于其他知识分子，所以除了法家以外无一幸免于迫害的。在这个时候，既然烧尽天下的书籍而立国又短促，除战争及广兴土木以外，只以一法字纠绳天下，自然没有教育可言。

三　汉初之杂霸政策

战国策士不只法家一派，士大夫阶级亦不只法家一党，秦皇过激的举动，当然引起社会各派的反抗——尤其是儒家的反抗。所以陈涉揭竿一呼，一班儒生如孔鲋、陆贾之徒群起投入革命军，借着倒秦的题目为报复运动。可是刘邦素日最看不起儒生，既以流氓阶级夺取了秦朝的政柄，虽然赖着儒生一部分鼓吹的力量，对于儒家依然没有什么好感，且不知有所谓教育，在彼心目中只知有武力而已。当时在朝大臣，如张良、陈平、萧何、曹参辈感于高帝、高后之猜忌，力求全身免祸，专究黄老之术以自藏，于教育事业也未曾注意。文帝虽比较贤明，亦没有远大志愿，不过于大乱之余，志在与民休养生息；到了中年以后，且颇倾向于法术。景帝则以七国的叛变，更觉刑名主义适合于当时的需要，所以刑名法术之学为晁错一派的学者所盛倡。他们对于儒术既不信仰，对于教育尤无提倡的热心。但黄老之术，在汉初本已流行，及到景帝削平七国以后，官僚阶级仍以少事纷更为倡，而黄老之术于是又盛行了；其运动主角，窦太后就是一个。由这样看来，汉朝初年，不仅对于教育无意提倡，即所以立国者亦无一定的宗旨，刑名、黄老掺杂施行，此我们所以称做"杂霸政策"。所以自秦始皇到汉武帝之初，八十年间，可说是儒家屈伏时期，亦可说是教育停顿时期。

第八章　儒家学术之独占与教育

一　儒家学术独占之原因

自秦皇到汉武之初，儒家虽屈伏了八十年，而他们的势力并未减少，其最后胜利还是属于他们。他们在学术界上所以得到最后胜利的，则有历史为之背景。

自秦皇统一中国，开创了官僚政治，汉初虽曾一度动摇，而从景帝以后此种政治完全确定，我于前章已经叙述过了。这种政治即士大夫阶级依附帝王的权力所形成的一种政治形态；而士大夫阶级即昔日的失位贵族、知识分子及自由农民脱胎结合而成，我于前章也叙述过了。概括一句，这种政治仍建筑在农业经济所构成的社会之上，与封建贵族政治相同。但此辈士大夫阶级虽诸子百家各有其徒，究竟以儒家信徒为最多，因为他们以把守历代相传的典章制度为职志，差不多为中国民族传统的思想之继承者。官僚政治，儒家党徒既然占多数，他们的思想又与民族习惯思想相近，在政府里面必然能够处于最优越的地位，谋以一党之学术统制全国，情所必然，亦势有可能。由秦皇至文、景间，在特殊政治情形之下，虽然屈伏了数十年，而他们的势力其实依然存在。且儒家素正君臣之分，严上下之别，与官僚政治之尊王主义及农业社会之安定倾向，无一不两相适合，那么，他们的学术之被独占，不仅势有可能，且为自然的趋势而不可避免。

儒家的势力，自战国以来，久已弥漫于社会。在孔子死了之后，他的七十门徒,散游诸侯,大的当师傅卿相,小的友教士大夫,继世相传,只就孔子一派,儒家之徒已是布满了天下。秦并六国,其国家政策虽然与他们的主张不同,但当初何尝敢于公然开罪他们。封禅和他们商议,讨论国家大事和他们商议,为他们位置,博士多至七十余人;种种敷衍手段,都是不敢开罪他们的明证。但他们主观太甚,野心不小,一事不合,即造为诽语,谋取法家之政治地位,秦皇才有焚书坑儒的谬举。这种谬举,反是激动了他们的愤怒,群起为革命运动,秦朝所以灭亡的迅速,这也是一个大原因。到了秦、汉之际,孔子的人格被当时社会的崇拜,一天高涨一天,不仅学者儒生拜他为老师,就是帝王、诸侯、卿相没有一个不尊仰他的,反观道、墨诸家何尝可以望尘而及。且汉兴以来,社会安定,经生鸿儒教授于地方者所在皆是。他们已带了几分宗教性质,抱残守缺,日事宣传,往往受地方侯国和郡守的尊礼,益增高其地位。由此看来,在社会方面,因其势力雄厚之故,他们的学术已非正式地统制了全国。

且儒家的根本思想,不外"正名定分"四个字;这四个字正可以医治当时拔剑击柱、漫无纪律的武夫悍卒。叔孙通定朝仪,虽能稍稍钳制一二,但非根本办法,只有那一种最有势力的学说才可以深中于人心。儒家学术既有历史的背景,又合于时代的需要,他们的势力又不可遏抑,武帝是最善应付潮流的一个有权元首,恰巧此时有人提议,于是儒家学术统治天下的命令颁布下来了。

二 儒术独占对于教育之关系

提议以儒家学术统制天下的,以董仲舒为首领,附和他的有公孙弘、田蚡一班高等官僚。董仲舒对策曰:

春秋大一统者,天地之常经,古今之通谊也。今师异

道，人异论，百家殊方，指意不同；是以上无以持统一，法制数变，下不知所守。臣愚以为诸不在六艺之科，孔子之术者，勿使并进；邪僻之说息，然后统一可纪，而法度可明，民知所从矣。(《汉书·董仲舒传》)

董氏这一段对策，打倒历来一切学派，独尊儒术，并以孔子为思想的中心，他不啻思想界的霸王，其独断跋扈之态可以想见。接手汉丞相卫绾"奏所举贤良，或治申、商、韩非、苏秦、张仪之言乱国政，请皆罢"(《汉武帝本纪》)，于是皇帝颁发一道政令——"奏可"，而儒术统制天下成功了。学术界的统一政令颁发以后，不仅"罢黜百家，表彰六经"，且"立五经博士，开弟子员，设科射策，劝以官禄"(《史记·儒林列传赞》)，种种提倡的手段也制定出来了。到元帝时，又指令郡国遍设学官，置五经博士为教官，且奉周公、孔子为先师。自此以后，中国学术统于一尊，孔子成为思想界的中心人物，儒家经典成为民族的必然读物，历代国家教育莫不规定以儒家学说为范围，相习日久，社会也视为固然，其他各派咸目为异道。其后有时虽因政局的关系，儒家势力在政治上偶一衰微，但在社会方面总不失为重心，且衰微不久而即恢复。自此以后，差不多中国教育及其思想与儒家学术相终始，且两相结合而不可分离，直到近代西方文明东渐以后——这也算中国教育史上之一特点。

三 儒术统制全国后之文化事业

儒家独占运动既告成功，于是着手于文化事业。此种工作分为"整理古籍"及"厘定文字"两项。

(甲) 整理古籍

此处所谓古籍，即他们认为历代相传的圣经贤传——儒家经典，另有其他各家学说。这一类的古籍，经过两次火劫，一次禁令，到此时早已残缺不全。好在从秦皇焚书到汉武初年，相隔年代尚浅，至多不过七十余年。此七十年间，民间私藏的图书尚多，耆年宿儒犹多存在，倘若以政府的力量向四方搜求，一定能有相当的结果。于是他们对于古籍的整理，分做四个步骤：

（1）搜集

搜集图书的方法有两种：一种由政府以公文征求，使地方所有私藏的图书均可献来，政府酌加赏赐；一种由政府派搜求大员分往各地方探买。此种命令既下，于是典籍源源而出，家有藏书的以书献，腹有藏书的以口献，不到百年，政府所得书籍之多有如山积。

（2）缮写

所搜书籍虽多，而卷帙尚少，且既经缺残，同一部书必有脱落，要广流传，不得不用誊写；此政府一方面广为搜求，又一方面乃设官缮写。再者，从前以竹简当书，以刀尖当笔，故古人读书非常困难。现在文化的技术进步了，毛笔和纸逐渐发明，字体已由繁变简。故书写时亦比较容易，而于教育之推广，尤有很大的帮助。

（3）庋藏

旧书既已搜集，残缺脱落的又加补缮。要垂永久，免于散亡，于是藏书的工作又发生了——自武帝时即有"建藏书之策"（见《艺文志》）。据史书所载，西汉储藏图书分内外二府：外府有石渠、石室、延阁及广内等阁；内府有兰台、麒麟及天禄等阁。王莽末年，遭了一次焚烧。光武中兴，渐渐规复旧观，故东京所藏亦复不少——后汉时代，除了上列诸图书馆外，东京更有东观、仁寿等阁储藏新书。汉朝对于图书之庋藏特别注意，学者讲学，天子问经，多半在此馆阁内。其实中国古代注意图书的庋藏，不仅始于汉代，即周朝也曾特设史官专管图书；又兼代代世袭，所以史官的学问思想皆较旁人渊博。汉朝中央官职虽非世袭，但司马谈之后有司马迁，刘向之后有刘歆，似乎史官是一个特殊官职——掌管文化的锁钥，非世袭恐难胜任的。

（4）校对

既从断简残编中搜集成巨书，装订时自然免不了错落的毛病，且各种书籍次第发现，往往同一书名，而内容相差甚巨，文体亦不一致。究竟孰真孰伪，于是校对的工夫因需要而产生。西汉成帝时，派刘向校对经传诸子诗赋，任宏校对兵书，尹咸校对数术，李柱国校对方技，而以刘向总其成。刘向死后，又派他的儿子刘歆继承父业（见《汉书·艺文志》）。东汉安帝永初时，派"谒者刘珍及五经博士校定东观五经，诸子传记，百家艺术，整齐脱落，是正文字"（见《安帝本纪》）。顺帝永和时，又派伏无忌与议郎黄景校定中书五经诸子百家艺术（见《伏无忌传》）。大儒扬雄在王莽时亦曾校书天禄阁，后苍亦曾校书曲台。以上校对的人员已属不少，在前后两汉，差不多时时有不断的校书工作。到后汉末年，更有一次大规模的校雠，总其成的为蔡邕。他与马日䃅等商议，把校正的经传，一一刻在石碑之上，树立于太学门外，令天下或后来的人，皆有所取正。汉代整理古籍分着四步，而以校雠的工作最大。

（乙）厘定文字

在秦代以前，不仅言语各国不同，即文字也不一样。秦皇吞并六国以后，感于文字不统一的困难，乃用威力强使天下通行秦国的文字，其他各国文字，倘与秦文同的自无问题，倘不与秦文同，则一律废止。自此以后，中国全境所通行的文字于是统一。但此处所谓文字统一，不过法定上的统一，而所统一的也非一种。据史书上说，秦时最通行的文字有两种：（1）小篆，由李斯、赵高诸人根据史籀大篆，把原有的笔画约省而成的；（2）隶书，由程邈根据篆书再省约而成的。书写时，小篆省于大篆，隶书又省于小篆，隶书就是后世楷书的雏形。

秦时法定文字虽统一，但从前列国通行的各体文字并未完全消灭，它们尚流行于民间，颇具势力。我们把它们合计起来，共有八体。汉代的儒者，第一步独占运动既告成功，第二步着手于古籍的整理，而整理古籍的先决问题，自然是文字的整理了。既以整理文字为整理古籍的先决问题，则各样文体的认识，及文字的解释和应用，在当时成了重要工作，必需的工作。政府拿这种工作为录取人才的法门，所以考试人才时以识字的多寡定去留的标准，官吏上书时以写字的好坏定功罪的标准。学者也拿这些东西为研究的资料，当时如杜林、司马相如诸人，或正字体，或正读音，于是关于文字的著述逐日加多。文字整理，风行一时，彼此互相研讨既久，最后必有相当的结果，而许慎的《说文解字》一书就是由此产生。这一部书，成于东汉末年，把音、形、义三类统加解释，不仅整理古籍者在所必读，而后世研究小学的人们也奉它为祖师。

第九章 两汉学风

一 致力考据

汉儒讲学,只在经典的考据与经文的解释,所以后人称他们为考据学家。中国古籍原为竹简木版,自遭秦、楚两厄之后,尽被残毁脱落。汉儒以儒术统制天下之后,第一步即从事于古籍的整理,第二步则从事于经文的训诂。考据是整理古籍的全部工作,即兼校雠和训诂的所有工作,两汉四百年,所有鸿生巨儒莫不注一生精力于这种工作上面。他们对于古籍,一方面翻译,一方面考据,苦力搜求,不厌琐碎,于是"枝叶繁衍,一经说至百余万言"(见《汉书·儒林传赞》),就是《尚书》开首之"粤稽古帝尧"五个大字,也曾引证到十余万言,可以想见其工夫之繁琐了。这种研究的方法,在坏一方面,支离破碎,专在断简残篇里头讨生活,缺乏开展思想的机会;在好一方面,实事求是,精密搜讨,确含有几分科学的精神。这种精神,对于古籍之整理贡献于后来的读者,功实不小;而残缺破碎的古籍,设不经两汉学者这样整理的工夫,我们对于中国古代文化考见更难。但他们勿论费若干精力,考据若何凿实,于个人的修养及行为的指示毫无关系,不过养成一班书生而已。

二 遵守家法

"师法"与"家法"是汉儒讲学惯用的名词。这两个名词是怎样解释？原来他们讲学分今、古文两派，各大派中每一经艺又分做数家。讲学既有家了，每一家学各有弟子相传相守，历年久远也不紊乱，此即所谓家法。一家之中，师徒相传，愈演愈广，而各门弟子所直接领受于老师的，又略有出入，他们亦谨守而不失，此即所谓师法。师法的差异较小于家法，其关系亦较家法略轻，所以同一家的信徒在师法之上虽小有出入，但对于家法则必严谨遵守，竭力拥护。遵守家法的学者，被当时视为有渊源的正学；紊乱家法的学者，则目为背叛家法的异徒。在家法森严的时候，不仅对于学宗所讲经义要绝对服从，甚至寻章摘句，不知贯通。从事于章句者谓之章句之学，所以章句之学也成了他们的重要名词。学者以这种学问名家，国家以这种学问取士，于是"修家法"和"依章句"成为汉儒讲学的时髦风气。这种风气的养成，也是由于古籍残毁脱落的原因。因为古籍经过残毁之后，整理煞费苦心，所以他们对于已经整理好的古籍及有整理古籍能力的宿儒，视为珍宝，抱守而不失，久之遂养成这一种时代的风气。这种风气的严重，我们遍查前后《汉书·儒林传》及各大儒本传，都可看得出来。这种讲学风气，只有模仿，没能创造，儒家之徒尽管横行于两汉四百年，但对于儒家的学术思想竟没有许多的开发，恐怕就是这个原因。但是社会一切权威都有它们的时效性，家法与章句之学到了东汉后半期，业已渐渐维护不住了，思想较敏者已有起来作反抗的运动了。发难的人当然是一班青年学生——当时所谓博士弟子。这种反动，多少带几分革命的意味，而当时顽固党看着世风不古，有感于怀，往往借着国家的权力施行干涉，自不在话下。但是破绽已露，干涉不过一时，而六朝虚无清谈之风，距此时不到百年，这就是圣经与帝王两种权力压迫所生的反动结果。

三　公开论辩

两汉藏书的地方很多，而石渠阁与白虎观两处尤值得我们特别注意。汉代以儒家之学统一了天下，不仅朝野士大夫戴着儒冠，披着儒衣，就是历代帝王莫不嗜好经术，固然也有几个例外。他们君臣之间对于儒术不仅嗜好，而且尝为公开的辩论，毫不客气，石渠阁就是西汉君臣辩论五经的一个会场，白虎观是东汉君臣辩论五经的一个会场。这种经术辩论会，西汉发起于武帝时，东汉发起于光武时。在武帝时不过为《公羊》与《穀梁》之争，争点尚属简单，到甘露时，宣帝乃借石渠阁的地方，作大规模的公开讨论，所有五经异同均列入议事日程。当时出席的名儒有萧望之、韦元成、梁丘临、施雠诸人，其辩论结果，除《公羊春秋》已于武帝时先立学官外，至此则凡梁丘《易》、大小夏侯《尚书》、《穀梁春秋》诸家均得建立学官，设置博士。自此以后，石渠阁遂成为讨论五经固定的地方。每一时代均有辩论，而名儒如刘向、戴德、戴圣等莫不受命参加（见各本传）。在光武时，当初不过为《左氏春秋》设置博士与否之争。到了建初，章帝乃仿照甘露、石渠的故事，辟白虎观为会场，公开讨论，所有五经异同亦均列入议事日程。当时出席的有丁鸿、楼望、成封、桓郁、班固诸名儒。其后也是以此地为固定的公开辩论会场。汉人讲经，在"专己守残"的偏见上，固然最易引起我们的厌恶。但在他们公开辩论的时候，只有是非、不问君臣，只认真理、不避权势的这一种精神，真正是儒者的精神的表现，并且含有科学家精神在里面，值得我们钦佩。

四　讲学与党祸

汉儒对于经术，因为专己守残，所以对于持身，他们也能守正不阿；对于经术，因为最喜辩论，所以对于国事，他们也敢危言耸论，不避权贵。这种行动，积养既久，成为习惯，甚至于"杀身成仁，舍生取义"，他们也不害怕。我们若以美的名词来赞扬他们，在个人方面，谓之"气节高尚"；在社会方面，谓之"世风优美"。明末遗老顾亭林是最负气节的一个人，他与东汉一班士君子颇合脾胃，所以他说"三代以下，风俗之美，无尚于东京者"（见《日知录·世风》）。此种风俗，虽由于在学学生与社会上的名流学者互相倡导的一种风气养成，但更有外因存在。盖因当时政治腐败，奸邪当权，这一班正人君子在政府里头站立不住，为热血所鼓动，又不甘于缄默，所以他们一面讲学论文，一面攻短道长。他们种种论调，无非对于现政府施行猛烈的攻击，于是他们愈不容于朝，而他们的气势愈激昂。冲突既久，必有斗争，于是演成东汉党锢之祸。党祸起源于讲学，结果讲学之士被摧残，太学亦遭破坏；但他们敢作敢为的精神，主持正义，不避权势，也留给后人不少的纪念。

第十章 两汉教育制度及其实施

第一节 概 论

严格说来，自汉代以前，中国实没有可靠的教育制度。在上古时代，学者虽有传说，我们认为是臆造的。在周朝时代，史官虽有记载，我们认为是附会的。汉代的教育制度虽比较可靠，但有系统的规定还在中叶以后。当武帝时，所兴学校只是草创，尚无系统可言。迨至平帝元始三年，始制定中央与地方的学制系统——元始三年，即公历纪元后三年，上距开国之初已二百多年了。当时分学校为五级：在中央只有太学这一级；在地方分学、校、庠、序四级；——由郡国县邑举办的称学和校，由乡聚举办的称庠和序。太学属于大学性质，学、校属于中学性质，庠、序似属于小学性质。其实这种等级，并不十分显明，且没有中小学正式的名称。学、校、庠、序四级，没有连属的关系，对于中央之太学也不相统属，不过由学与校出身的学生才有升入中央太学求学的资格。以上所说，全为直系的学校，此外还有两种旁系的：一曰宫邸学，是政府专门为皇室及贵胄子弟创办的；二曰鸿都门学，是由帝王一二人的意旨临时举办的。

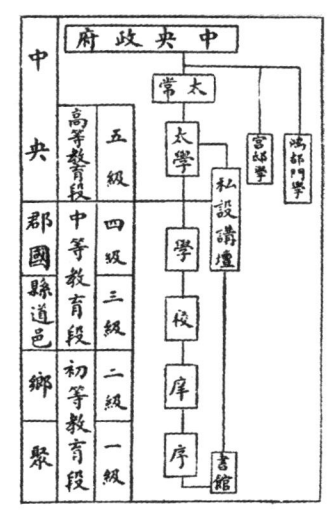

第六图　两汉学制系统图

汉代国家教育虽较前代发达，而私人讲学的风气尤极一时之盛，儿童和青年教育多半附托在私塾里头。私塾似乎也有两级，而低级特称"书馆"。私塾的势力有时凌驾官立学校之上，而地方政府设立的学校，时兴时废，若有若无，反不足轻重了。

关于教育行政机关，也不完备。在中央的教育长官称太常，却不是专管教育的；地方更无专官，所有学校大概由各级地方行政长官兼辖。我们把此时期的教育系统用图表示（见第六图）。

汉代既以儒术统制天下，兴起学校，其教育宗旨当然可以统一——此时国家教育宗旨即儒家的教育主张。儒家本属于士大夫阶级，以政治为活动的本位。他们的政治主张不外"正名定分"，与汉代帝王的自私自尊心理很相吻合，因此结合而造成两汉的官僚政治。所以他们的教育宗旨即在"尊王明伦"，其目的则在造成治术人才，这一班治术人才即善能尊王明伦的士大夫阶级之继承者。宗旨既定，教材亦随之而定。当时所用的教材，不外儒家的经典——六经及孔子的言论。虽然他们的经典有古、今的派别，而公私学校奉此类为神圣的教科书则毫无庸疑，不过今文家奉今文经典，古文家奉古文经典就是了。若以教育阶段区分，蒙童教育只授小学诸书，公立小学授以《孝经》《论语》，中等学校专读一经，到了大学则六经全授。

第二节　太学

一　太学之起源

汉代太学，在武帝时始，由董仲舒提议创设。当初只有博士弟子五十人，昭帝时增加一倍，宣帝时增加二倍，至元帝时才增到一千人，成帝时再增加到三倍——已到三千人了。东汉初年，学额无从考查，但以光武热心提倡，学者云集京师，诸生横巷，比较西汉发达可以断言。至于学生最盛时代，当以质、桓二帝之际为第一——当时学生已有三万余人。

西汉建都长安，太学亦设立在长安。校址在城外西北，相距约七里。它的房舍多少殊不可考，但据《三辅皇图》上说，内中并有市和狱，市犹现今贩卖部，狱犹现今裁判所，可想见其规模当亦不小。王莽是一个复古大家，对于明堂、辟雍、太学一类的古制度，尤喜夸张；所以到他秉政的时候，把太学特别扩充，增加数十倍。东汉建都洛阳，太学即迁设在洛阳。校址在南门外，距宫约有八里。在光武初年，即设有内外讲堂，长十丈，宽三丈，门前并有石经四部。日久颓废，黉舍变为园蔬。到顺帝时，用翟辅的建议，才加修一次，把房舍更为开拓，此时所构造，共有二百四十房，一千八百五十室，其规模比较前代自然大多了。

二　教授与学生

两汉大学教授通称"博士"，取其博学多能的意思。博士本是秦朝的一个官名，他们的职务是主管经史百家。充任这个职务的人们，对于经史百家须当彻底通晓，然后可以备皇帝的顾问及学者的就正，所以称做博士。汉朝的官制多半模仿秦朝，而太常博士等官也相因未改。（太常秦本称奉常，此不过易一字之名耳，其职务仍旧。）当时太学里头的教材不外"孔子之术，六艺之文"，而对于这一类的学术最有研究的自然要算博士了；所以他们的教师，与其从旁采访，莫如以当时典掌经史百家的博士就近兼充。博士既以政府官吏的资格兼充太学的教授，他们的学识与责任较前更大，不仅以熟习经史百家为能事，此外还要"明于古今，温故知新，通达国体"，方配充当。博士举用之法，西汉只用荐举，东汉还须经过一番考试，故当时所有博士，皆一世经师硕儒，他们在社会上能占极尊崇的地位，而学者对于他们的崇拜和服从，也如子弟之于父兄。

太学教授既以博士充当，故受教的学生称做"博士弟子"，或简称"弟子"。东汉时，常称"诸生"，或称"太学生"。他们入学的资格和年龄，均没有特别规定，我们不敢强为臆断。不过根据《史记》及

《汉书·儒林传》的记载，西汉太学生入学的资格似乎分为两种：一由太常于京师地方直接挑选，凡年在十八岁以上、仪状端正的学生，均有被选入学的资格；一由郡国县邑于各该辖地选送，他们被选的资格，要"好文学，敬长上，肃政教，顺乡里，出入不悖所闻者"。东汉入学的资格更无可考，但入学的学生，西汉平民子弟较多，东汉贵族子弟较多。汉朝的大学好像现代研究院制似的，修学无一定的期限。西汉武帝虽定一年一考，及格予以官职，与现今毕业试验仿佛相同，但有了官职还可以留在大学继续研究，并非修满一年考试及格以后，即令他们与学校脱离关系。东汉两年一考，及了格委派以某种官职，不及格仍旧留校。过了二年再考，及了格委派以某种官职，不能及格又留校。从前得了官职的毕业生，满二年后另有试验，试验及格更委以较大的官职；故他们虽然一方做官，一方仍当学生。但有因天资过劣，或根底较浅，而屡试不中，以致屡次留校的人亦复不少，故太学里头往往有"结童入学，白首空归"的失败老学生，我们若是闭着眼睛一想象：当时在校学生年龄真不整齐！（汉朝有童子科以待天才之士，十三四岁被选后即可入大学读书，详见下节选举。）六十多岁的白发老头子，穿着布衣，且与十三四岁的黄口小儿，同学为伍，其状固然可怜，而其意味亦殊有趣！

三　岁课与射策

考试是中国最古的方法，也是中国选拔人才最良的方法，两汉太学里头也是注意考试。在西汉是一年一试验，在东汉大概是两年一试验（解见前）。随年级的大小，定所试的种类。以所试的种类不同和所答的浅深不同，即位置他们以相当的官职。

射策也是考试的一种，不过含有学术竞赛的性质。这个方法创始于武帝。由主试者设为问题若干，按照难易的性质分为甲乙两等。把这些难题写在纸帛上面，密封封紧，不使宣泄。听凭被试者随意取出一种或两种解答，以他们所答的试卷而评判他们的优劣。应射的人不限于一定资格，勿论在太学里头将毕业或未毕业或久已毕业的学生，皆有应射的权利。射中了，同样的给以官禄。但每射一次，取录皆有定额。此等定额又随各时代之需要而有多寡不等。

四 视 学

太学是最高的学府，天子也非常重视，在一定的时期必亲往太学省视一回，考查他们内部情形怎样。但西汉诸帝尚不十分讲求，省视之勤的要算东汉了，例如光武、安帝、灵帝、献帝等都是常常往太学省视的。当他们视学时，或召集太学的教授，讲论经义，或考查学生的程度。迨主要事情完毕以后，即与太学师生开会聚乐，唱歌作乐，备极欢洽，并且对于办事勤劳或成绩优良的人颁给奖赏。

汉朝太学很带有几分社会化，每当天子视学时，必公开讲演，社会人士环桥观听的常及亿万人，比较现在大学我觉尤为公开。《三辅皇图》谓"有市有狱"，或者校内还有贩卖部和法庭亦未可知。王莽为学者筑舍万区，光武起太学博士舍，诸生横巷，不仅学生在校寄宿，而教授亦备有寄宿舍。由这一方面看来，当时太学，俨然一个小规模的社会。

五 太学生在社会上之地位

太学里头所产生的人才真不少！西汉如息夫躬、萧望之、匡衡、何武，东汉如王充、郑玄、郭林宗、贾伟节诸人，他们都是由太学出身的，或以学术知名，或以居官显扬。其余有名当时、流传后世的更多不胜数。这里面何以能够产生这样多的人才来？因为太学在当时是最高的学府，所聘请的教授尽是一代鸿生巨儒，所选录的学生尽是社会优秀分子，聚全国精华于一处，积数百年培植，自然得着这种灿烂的结果。有此灿烂的结果，自然能占崇高的地位，于是太学自身亦以知识界的领袖自雄，而太学学生亦以国家的栋梁自许。在社会方面，对于他们常常表示爱惜和钦佩的态度；在政府方面，对于他们常常表示严重的注意。他们对于政府也敢于批评，对于百官也敢于攻击；于是他们的势力不仅侵入到社会里面，并且侵入到政府里面。这种势力到东汉末年非常强盛。在这个时候，差不多隐隐中能够操进退百官的大权，他们所处的地位与潜蓄的势力也足以惊人了！

第三节　鸿都门学与宫邸学

中央除了太学以外，在东汉还有两所特殊学校——一曰宫邸学，一曰鸿都门学。但此地所谓特殊，不过就关着行政系统上说，非正统的，是旁支的；并非像现今盲哑学校或感化院等特殊的性质。我们且将这两种特殊学校分述于下。

一　鸿都门学

此校创立于东汉末年，因校址在鸿都门，所以称做鸿都门学。追溯此校创立的原因，倒也新奇。因为灵帝是一个好学的皇帝，并且嗜好尺牍及字画。当时太学为儒家子弟充满，满门经气，不足以满足他的个性的要求。他因此在鸿都门另开了一所学校，专习尺牍及字画一类艺术科。所有学生则从州郡三公选派。新门独辟，世俗必以少见为怪，当时士大夫很不以为然，群起反对；且羞与这一班毕业生为伍。但灵帝为贯彻他的主张和满足他的嗜好起见，不仅对于反对者置之不理，并且拿高官厚禄来鼓励这一班学生；于是这一班艺术专修科毕业生遭逢时会，出则为刺史太守，入则为尚书、侍中，甚至于得着封侯拜爵等荣耀。（见《后汉书·灵帝本纪》及《蔡邕阳球传》）

二　宫邸学

宫邸学校也可以说是贵胄学校。此校创始于东汉明帝，历安帝、质帝屡有加修，所经历的时间较鸿都门为长，其成效也较前者为大。东汉有外戚樊氏、郭氏、阴氏、马氏四大族——当时所谓"四姓小侯"者——他们子弟却也不少。但这些子弟全是食禄之家，倘逸居而无教，必近于禽兽，明帝于是给他们特开学校一所，聘请五经教师专门教育他们。为四姓小侯子弟读书特开的学校，自然带着很重的贵族色彩，所以设备之完全，及教授者之人选，有时超出寻常大学。到后来，门户开放，凡是贵族子弟，不论姓氏，不论文武，皆有入此校肄业的机会。声名既彰，流传到国外，引起外人的羡慕，到后来国外如匈奴等国也派遣生徒来汉留学。外人来中国留学，从汉朝开始，唐朝最盛，北宋以后则渐渐减少，至清时则没有了。文明的古国，子孙太不争气！于今文化倒退，事事必得模仿外人，留学外国，试思先代教育之发达，文化之进步，外人纷纷前来留学，能不愧死！在贵族方面，尚不仅这一个学校，到安帝时，邓太后又为和帝弟济北河间王的子弟年在五岁以上四十余人，及邓氏近亲子孙三十余人，另开书馆，教学经书，并且亲自监视，如同学监似的（见《汉书·邓太后本纪》）。勿论他们所教是否适宜，但从此观察，东汉较西汉人更注意教育，可以想见。自从光武"投戈讲艺，息马论道"以来，风气一开，不仅历代帝王，就是皇后也是热心如此，则知东汉学校的发达和士气的旺盛，是有由来的。

第四节　郡国学校

一　地方行政的区划

两汉时代是封建与流官并行的，在封建曰国，在流官曰郡。一国的长官称王或称侯，一郡的长官称守。郡国以下，各属若干县邑，县邑大的长官称令，小的称长。当时是郡与国相间并立，如同犬牙相错。在若干郡国之上还有一刺史统治他们，刺史所辖的区划曰州。我们若是以职位上说,地方长官最大的为州刺史;其实两汉均以郡国为单位,而州刺史不过由中央委派的一种监视或巡察性质的临时大员。但到东汉末年,王纲不振,地方盗匪蜂起,假州牧以征讨之大权,而州牧权位遂大了。我们要考汉代地方教育,应以郡国为单位。

二　郡国学校之起源

郡国设立学校,始于蜀郡文翁。蜀郡即现今四川省,在汉初还是蛮夷之俗,草昧未开。文翁是一个儒者,当他往蜀郡做太守时(景帝时),即想借中原的文化把此地开辟出来;于是派遣郡县小吏开通有才能如张叔等十多人,往京师大学留学,或学经传,或习律令。当这十多个学生启程的时候,他还买些蜀中特产给他们带赠太学博士,作为敬仪。蜀中当时并不富裕,这些礼物,还是由他减省郡库用度积下来的,这种提倡地方教育的苦心,不得不令我们钦佩!果然有志竟成,数年之后,十多个学生学成归国,文翁即委派他们各种优差,以示鼓励。凡文翁赴各县巡视时,必率领高材生同行,借受经验,与修学旅行性质相同,而社会人士看见了莫不引为光荣,向慕的情感自然一天增盛一天。文翁于是在他的治所建起学官,招收下县子弟入学受业,并免除他们的差役,毕业优等的即予官职。数年之后,地方学子负笈来学的争先恐后,资本家解囊捐助,要求允许他们的子弟入学;于是蜀郡教化大启,称天下模范郡。此事传到朝廷,武帝极力嘉奖他的成绩,乃下一道诏书,令天下郡国仿照文翁,皆立学官,俾地方教育易于普及(见《汉书·循吏传》)。汉代地方教育之提倡和建设,我们要推文翁为首功。《循吏传》告诉我们:"文翁终于蜀,吏民为立祠堂,岁时祭祀不绝;至今巴蜀好文雅,文翁之化也。"则文翁对于地方的感情为何如!《益州记》上说"文翁学堂在南门后,太守高朕复修缮,立图圣贤古人像,及礼器瑞物",一种训练的儒家式的布置,我若往吊,必有能见之者!

三　郡国学制之成立

武帝虽然命令天下均仿蜀郡立学官，此种学官不过一郡的儒者之集会场所，而学制尚未成立，亦未曾普及于各县邑。到平帝时始成立了学校制度：凡郡国设立的学校称学，县邑道设立的称校，每一学或一校各置经师一人；凡乡立的学校称庠，凡聚立的称序，每一庠或一序各置孝经师一人。凡学及校等于中学性质，有升入中央太学的资格；凡庠及序若属小学性质。此制成立以后，历东汉二百年未改，不过政府所注重的只有前二级，而庠、序并未长期设立。东汉官吏，儒者尤多，每逢儒者到一郡守任时，必首先注意学校的修理及文学的提倡。例如寇恂之于汝南，李忠之于丹阳，秦彭之于山阳，伏恭之于常山，鲍昱之于南阳，孔融之于北海，每到任所，必极力提倡，尚未设立的由他们设立起来，业已设立的由他们维持整顿。（见各本传）东汉地方不仅官立学校不让前代，即私立学校亦极发达，真如班固所谓"学校如林，庠、序盈门"的景象（见《东都赋》）。县道以下有亭、有乡，十亭一乡，乡有三老，专掌一乡的教育，则知乡村教育在当时也是很注重的。

四　地方教育之内容

汉代地方教育所谓"学、校、庠、序"，都是儒者的宣传机关；因为办理的全是儒生，他们所教授的非儒者之文艺，即儒者之仪节。试把西汉的例证举出几个来：文翁奖励学生者，要以明达经术为上。（《汉书·循吏传》："文翁每出行县，从诸生明经饬行者与俱。"）韩延寿守颍川时，教诸生"皮弁执俎豆"；及迁到东郡，又教诸生"乡射，陈钟鼓管弦，盛升降揖逊"（见《汉书》本传）。再把东汉举出几个例证来：寇恂在汝南，"修乡校，教生徒，聘能《左氏春秋》者，亲受学焉"（见《后汉书·寇恂列传》）。李忠在丹阳，"起学校，习礼容，春秋乡饮，选用明经，郡中向慕"。鲍昱在南阳"修起黉舍，备俎豆，黻冕，行礼奏乐；又尊飨国老，宴会诸儒"。"孔融为北海相，立学校，表显儒术。"（俱见《后汉书》各本传）诸如此类，不胜枚举，可知地方学校即是儒者的宣传机关。《东都赋》所谓"献酬交错，俎豆莘莘，下舞上歌，蹈德咏仁"，儒者雍雍的态度不啻被这几句话活活地表现出来了。还有一事足以使我们注意的，你道是什么？就是汉朝学校之内规定崇祀周公、孔子。我们考查《后汉书·礼仪志》，学校崇祀周、孔实始于东汉明帝。在明帝不过略一提倡，孰知此令一下，亘数千年相袭不变，以迄清朝末年，勿论公学或私塾，莫不尊孔子为万世师表，而孔子俨然为中国思想行为上的教主，学校不啻儒者逐日诵经的教堂。

第五节 选 举

一 普通选举

考汉朝选举，名目繁多，没有定规，往往因一时的需要，或因时君个人的好尚，即开设某科。总括起来，大概可别为"贤良方正"、"孝廉秀才"及"博士弟子"三科。前一科始于孝文帝，后二科创于孝武帝（见各本纪）。前二科必限于有资格的或有名望的人员，后一科则只限于年少的学生。前二科选举取中以后，即刻有官做，有禄享；后一科被选后，不是拜官，是送往中央大学里头读书。故从严格上说，惟贤良方正及孝廉秀才二科才是真正的选举，而博士弟子一科不过选送学生入学读书就是了。至于选举的手续：第一步贤良方正科多由中央就畿辅人才直接挑选，孝廉秀才科则由郡国长官奉着天子的命令，征求地方有名望的人才或于本署属吏中贤者择优派送。选送以后，第二步在西汉或由天子亲自策问，或竟不问而即委用；在东汉，被选送的人才，须更经一番文字的考试科然后录用。两汉诸科，视贤良方正最为重要，然得人之盛，则莫如孝廉；到东汉时，孝廉一科比较尤为发达，所有一时名流贤士往往从此中产生出来。除上所述外,还有四科官人之法。哪四科呢?一是"德行高妙,志洁清白",简单些说,谓之德行科。二是"学通行修,经中博士",简单些说,谓之文学科。三是"明习法令,足以决疑,能按章覆问,文中御史",简单些说,谓之法律科。四是"刚毅多略,擅事不惑,明足决断,材任三辅县令",简单些说,谓之政治科。再按照他们的性质归纳,四科可大别为两类,第一、第二属于文科类,第三、第四属于法科类。这四科的选举,是按照各郡国的人口数为比例,选举时只在这四种所标范围以内随才遴选,与孝廉或贤良两科之分别举行者不同。但勿论贤良与孝廉或后者四科,此时分科的选举即隋、唐以后科举的雏形。

二 公府辟举与童科

除上各种科目外,还有当时所视为很荣贵的选举法曰"公府辟举"。原来汉代有一种特别世风,凡做官做到三公的时候,位极人臣,即想罗致天下的名士备充他自己的幕府,给他争光台面。所得贤才越多,越显得他的台面阔大,以为天下的人才都肯被他延揽——看得起他。这种选举方法,不限资格,只问质能。而一般英才俊士,本身既无奥援,幸喜有这一条出身的捷径,因此益自磨砺,希望得一个好幕府来征聘,以寄托他的生命,发展他的经纶。他们——三公和贤士——彼此全以道义相结合,不是以权力相比附;以宾主相见,不是以君臣相待。此风始于西都,至东都则大盛,气节由此鼓励,廉耻由此养成,而东汉末年的美风之养成这也是一个大原动力。

还有一种最有意味的就是童子科。公府辟举是奖励贤士的方法,童科选举是奖励天才的方法。考两汉童科被选的童子,不出十二岁至十六岁,在这个年龄期中适等于现今初级中学学生的年龄。以十二岁至十六岁的小孩子,能够"博通经典,显名太学",非生资特异者,哪能有这样的发达!汉朝特设此科以待一般奇童,在提倡天才教育这一点上,足以值得我们注意。

三　结　论

在氏族社会时代，所有各种重要行动，多由氏族会议决定；此项会议，即由各房各族所选出来的代表组织而成。此项代表，即各房各族的长老，足以代表他们的房族的，故选举是该社会最普通且最重要的政治行为。在封建社会时代，君主权力日增，长老会议已不重视，且渐归于消灭，但选举制度仍然存在。不过它的意义已变更了——由选举代表的意义变为选举贤能的意义。此时所谓贤能，只限于士族阶级，但仍以年高德劭为标准，尚有氏族时代选举长老的遗风。

自秦、汉以来，社会又进了一步，打破了从前的典型封建社会而演成变形的封建社会——半封建社会。在这种社会之上，所有政治组织皆与从前不同，政治统于帝王一人，士大夫阶级依附着帝王以图生存，选举制度当然用不着了。但在半封建时代的前期，去古未远，他们仍要保留昔日选举的遗迹，不过其意义与形式与从前绝不相同了。从前选举只是单纯的代表，此时则分科别类——如贤良方正及孝廉秀才等科。从前只以年龄或德望为标准，此时则重在文字。在西汉尚只以上书对策为限，到东汉且有试文一途——诸生试家法，文吏课笺奏。由这看来，两汉时代的选举，即隋、唐以后的科举之雏形，已不是昔日之旧了。

本章参考书举要

（1）《史记》的《儒林列传》及高、文、景、武本纪

（2）前后《汉书》的各帝王本纪、《儒林列传》、《循吏列传》及董仲舒、蔡邕、桓荣、扬雄等列传

（3）《两汉会要》的《学校》及《选举》全篇

（4）《文献通考》的《学校》及《选举》关于两汉者

（5）《玉海》的《学校》及《选举》关于两汉者

第十一章　两汉教育家及其学说

第一节　概　论

班固说：

自武帝立五经博士，设科射策，劝以官禄，讫于元始，百有余年，传业者浸盛，枝叶蕃滋，一经说至百余万言，大师众至千余人，盖利禄之路使然也。（《汉书·儒林传赞》）

范晔也说：

自光武中年以后，干戈稍戢，专事经学，自是其风世笃焉。其服儒衣、称先王、游庠序、聚横塾者，盖布之于邦域矣。若乃经生所处，不远万里之路，精庐暂建，赢粮动有千百。其嗜名高义，开门授徒者，编牒不下万人，皆专相传祖，莫或讹杂。至有分争王庭，树朋私里，繁其章条，穿求崖穴，以合一家之说。（《后汉书·儒林传》）

由这两段话，两汉学者讲学的风气可以看出一个大概。开始由国家提倡，迨后则自动讲学起来了；开始行于学校，迨后则私人开门授徒遍于邦域了。大师门徒之盛，动有千百，或不下万人，此种讲学风气实较前代为发达，亦唯有在农村社会安定之下才能产生此种现象。我们要想把所有讲学大师一一录在教育史中，殊觉有收不胜收之苦。但他们生在图书焚毁之后，其毕生精力专在整理古籍——致力于考据训诂之学，对于思想的发展和学理的研究成绩较少。教育家对于教育方面的理论多少应有几分研究，所以在此四百年中，我们只取了八人——前汉为贾谊、董仲舒及扬雄，后汉为王充、马融、郑玄及荀悦、徐幹。在这八人当中，除马、郑二氏外，皆有相当理论的表现；而马、郑二氏的讲学成绩且远出其余六人之上，虽无理论，亦足以代表一代经生鸿儒。在这些人当中，关于本性的研究，较前代进步。如董仲舒的性未善论，扬雄的性善恶混论，王、荀二氏的性有三品说及荀氏的性情相应说，皆各有见解。关于教育原理方面，有较平常的，也有较进步的。如董氏之化民成性，扬氏之强学力行，是较平常的理论；如贾氏之提倡胎教，徐氏之知识重于德行，及他们之注意于习惯的养成，是较进步的理论。至于徐氏的教授方法论，注重于儿童的个性和能力及他们当时的心理状态，理论精透，不仅前所未有，即至今日犹有存在的价值。

第二节　贾　谊

一　略　传

洛阳有贾生，名谊，是汉文帝时的一位秀才。才气纵横，天资特异，十八岁就以文章闻名于郡中，对于诸子百家无不窥阅。当二十多岁时，以河南郡守吴公的推荐，文帝授以博士，所发议论，悉合皇帝的意旨，深蒙赏识，一年之中，官阶屡迁至太中大夫。贾生于是再进一步，进以治国安邦的策略。此时已有公卿的希望，不意为忌者攻击，遂被排挤出京了。初为长沙王太傅，后为梁怀王太傅，两次共计四年有余——

这是他的教育生活。平生不脱文人习气,爱哭泣,爱发牢骚,每因贬谪更觉抑郁不得志,终以此短命,死时只有三十三岁。

二 教育论

贾生在太傅期内,作了一部书,名叫《新书》。此书前半篇,是他的政治主张,后半篇是他的教育主张。他的教育主张共计三点:第一点,说明保傅的职责;第二点,说明习惯的养成;第三点,说明胎教的重要。为保傅的职责,在"耸善而抑恶,以革劝其心";换一句话,即在辅导太子以圣人之德,使成为贤明的储君。教育在养成良好的习惯;此种习惯之养成,第一要从幼小时着手,第二要选择优良的环境。太子如从少时就日处在优良的环境中,所闻所见所行,自然入于正路;如环境不良,或培养过迟,纵教者善教,学者善学,亦难免不为恶习所转移。故他说:

> 故太子初生,而见正事,闻正言,行正道,左右前后皆正人也,习与正人居之,不能不正也;犹生长楚,言不能不楚也。故择其所嗜,必先受素,乃得尝之;择其所乐,必先有习,乃能为之。孔子曰:"少成若天性,习惯成自然。"习与智长,故切而不愧;化与心成,故中道若性。(《新书·保傅》)

> 夫胡越之人,生而同声,嗜欲不异。及其长而成俗也,累数译而不能相通行,有虽死而不相为者,则教习然也。(《新书·保傅》)

习惯的养成固然越早越好,而从母亲怀胎中就开始培养起来更好,故胎教尤为重要。他说:

《易》曰:"正其本而万物理,失之毫厘,差以千里。"故君子慎始。谨为子孙婚妻嫁女,必择孝悌,世世有行义者;如是,则其子孙慈孝,不敢淫暴,党无不善,三族辅之。故凤凰生而有仁义之意,虎狼生而有贪戾之心,两者不等,各有其母。……周妃后妊成王于身,立而不跛,坐而不差,独处不倨,虽怒不詈,胎教之谓也。(《新书·胎教》)

胎教即母教,母亲能否施行胎教,不在有丰富的知识,实在于有贤淑的德行;具有贤淑德行的母亲,则动静语默,皆出于中和,合于法度,自能使胎儿感受正当的刺激,养成正当的习性,出世以后,则本质良善,容易教成好人,此胎教之所以重要。

第三节 董仲舒(前179年—前104年)

一 生活小史

自孟子死后一百四十年,中国又出了一位所谓"正人君子"者,就是在教育史上很有关系的董江都。董子名仲舒,生在河北广川县。他是儒家的忠实同志,纯正信徒。当他幼小时代,专修《春秋公羊传》,研究精深。他一生的著作无非发挥《春秋》的义例,他一生的品格即有《春秋》义例上所陶铸的模型,所以"进退容止,非礼不行"(见《汉书》本传)。学成以后,在景帝时,果然拜了博士之官。武帝当国,需要人才,指令天下郡国选举"贤良文学",仲舒以对策取得第一,故在青年时代业已名震全国。仲舒的性格极其廉直,遇事守正不阿,敢发谠论。但他并非小心谨慎一流的人物,却是才气纵横,气宇阔大,我们看他在殿廷几次对策所发表的言论,无非经国济民之策,故与其称他是一个学者，毋宁说他是一个政治家，并且是一个有主义的政治家，极讲道德的政治家。可惜武帝只能承认和嘉奖他的议论是对的，竟没有重用一次，给他一个机会大展经纶。对策以后，即拜他为江都相，事奉易王。当时诸侯恃着宗室的关系，多半骄恣不法，而胶西王自以皇兄之故，较一般骄恣更甚。与董氏有仇怨的人们，其后又奏请调他相胶西王，借此陷害。但仲舒本为一代名儒大师，他的声名久已震于全国，到任以后，胶西王却极表尊崇，待遇以宾师之礼。仲舒抱有大志，既不得展于朝廷，在郡国又事两骄王，使他人处此环境，未必不牢骚万状，可是董子还是本着他素来的修养，正身以作则，教令全国，两王亦被感化，这也是他的成功之一。到了晚年，自知直言招忌，恐终不免于祸患，于是绝念于政治生活，款担回乡，在家专门著书讲学，以享暮年。综计董子一生讲学共有两个时期，一在青年，一在老年，其余则全消磨于地方的政治生活了。在讲学期内，他的教授方法非常特别，由弟子之程度高的教授程度低的，再由低的教授更低的，直接听讲者只有少数资格最久、程度最高的学生。好似一种优生辅导的班级制教授法。

二 未善的性论

儒家本来都是以教育为手段化社会人类于至善的。不懂性情为何物，就不能说明教育原理；不能说明教育原理，则教育方法无从设施，所以儒家对于本性的研究都较其他各家注意的多。但有同属于儒，而对于本性的见解亦各说不一。孟子言性善，荀子言性恶，两人差不多完全矛盾；董子又与他们两人所说不同。董子说：

> 性者天资之朴也，善者王教之化也。无其质则王教不能化；无其王教，则质朴不能善。（见《春秋繁露·实性篇》）

他是把性当着像一块毫未雕凿的原石：可以为善，而非善；可以为恶，而非恶。董子这种见解，与孔子的"性相近也，习相远也"说很相近，故吾人取名曰"性未善论"。他这种见解，是从"性"字的本身上解释的。他说："性之名非生与？如其生之自然之质谓之性，性者质也。"（《深察名号篇》）性就是生，初生的自然之质谓之性，自然之质说不上什么善恶，这又采取了告子的"生之谓性"之说了。再看他所引的几个譬喻，更可以明了他的解释。董子第一个比方，是以禾喻性，以米喻善。他说：

善如米，性如禾。禾虽出米，而禾未可谓米也；性虽出善，而性未可为善也。（《实性篇》）

是故性比于禾，善比于米。米出禾中，而禾未可全为米也；善出性中，而性未可全为善也。（《深察名号篇》）

第二个是以茧与卵喻性，以雏与丝喻善。他说：

民之性如茧如卵。卵待覆而为雏，茧待缫而为丝，性待教而为善，此之谓真天。

茧有丝，而茧非丝也；卵有雏，而卵非雏也。比类率然，有何疑焉。（均见《深察名号篇》）

由这两个比方看来，性是天生的，善是人为的；性虽有善质，究未可谓善，必待人为的教育才能使它进于善。所谓"善与米人之所继天而成于外，非在天所为之内也。使天之所为有所至而止，止之内谓之天性，止之外谓之人事。事在性外，而性不得不成德"（《深察名号篇》）。

董子又以"民"字来解释性。他说："民之号，取之瞑也。使性而已善，则何故以民为号？"民即"萌而无识"之意，性即民，故性也是萌而无识。民待王教而后有知识，性待教育而后进于善，所以他又拿出一个比方。他说：

> 性有似目，目卧幽而瞑，待觉而后见。当其未觉，可谓有见质，而不可谓见。今万民之性，有其质而未能觉，譬如瞑者待觉，教之然后善。当其未觉，可谓有质而不谓善，与目之瞑而觉，一概之比也。（《深察名号篇》）

人之有性情，犹如天之有阴阳，故性情二者凡人之身所不能无的。有时性与情相合为一，未动之情即是性，故性情二者皆属于质。情如天之阴，如政之刑，不能说是善的。既性情二者同一为本质，假若谓性为已善，岂不与不善之情矛盾吗？故就情之一词亦可以证明性之质谓未善，而善全属于教育之功。孟子谓性为已善，是拿禽兽之性与人比较。人类的行为固然较禽兽为良，若与圣人的行为比较则相差远甚。必要如圣人之所为，"循三纲五纪，通八端之理，忠信而博爱，敦厚而好礼，乃可谓善"（《深察名号篇》）。

因此董子把人类的本性分做三等：上等为圣人之性，下等为斗筲之性，皆不可以性名，只有中民之性才可以性名。中民在人类为最大多数，故中民之性就可以包括人类的全体。斗筲之性近于禽兽，自然说不上什么善，而圣人之性又居于最少数。中民之性只有善质而未至于善，而中民又居最大多数，所以说"性未善"。

三　化民成性的教育论

董子的政治思想本着春秋大一统之说，故其政治主张极力提倡王权论。他以帝王为有绝对的权威，足以制驭天下，凡天下的臣民皆应受帝王的支配，而后天下一统，思想一致，社会太平。他的性论及教育论皆是由此产生的。他反对性善之说，由于看重了教化，把教化视为必不可少的工作。如谓人性已善，则不必要教育；不要教育，则帝王就无所施行其权威。所以他说："今谓性已善，不几于无教，而如其自然，又不顺于为政之道矣。"（《实性篇》）

为善是天意，而人性初生未至于善，要承天意使未善者进于善，当然要教。厘定教育宗旨，施行教育政策，则在于帝王。所以他说："民受未能善之性于天，而退受成性之教于王，王承天意以成民之性为任者也。"（《深察名号篇》）教育权由帝王掌握，教育目的则在于"化民成性"。化民成性，即使被教者皆知从义而远利。从义是向善，远利是止恶。凡民性之所以为恶者，以利为引诱，而人民趋利如水之走下，极其自然。倘无教育，则奸邪必生，社会必乱。故教育也可以说是制止人民趋利为恶的堤防。要使人民从义远利，第一在于为政者能够以身作则，第二在于社会没有为恶的事情发生。为政者能够以身作则，则下民自然观感而向化，所谓"上之化下，下之从上，犹泥之在镕唯甄者之改为，犹金之在镕唯冶者之所铸"（《对策》一）。社会没有为恶的事情发生，则环境优良，虽欲为恶亦不知所以为恶，而自然趋于善，所谓"天下者无患，然后性可善；性可善，然后清廉之化流；清廉之化流，然后至道举，礼乐兴，其在此矣"（《盟会要篇》）。

教材自然属于六艺。六艺各有所长，各有所用。人类个性不齐，各有好恶，各有优劣。优良之教师，当循循善诱，因材施教。又要细心考察其性情，凡天性所好而属于善的则引导之，凡天性所恶而属于恶的则去掉之，能够如此，则用力少而成功多。

四　教育政策

董子的性论及教育论全是本着他的政治思想生出来的，所以在其教育理论上尚无特别精彩，而关系之重要实在于他的教育政策。他是想以政治的手段，借着国家的力量来施行其教育主张的一个人。他是要用大刀阔斧来实现他的理想的，不是斗筲之才、一孔之儒的行径。他对武帝所提倡教育政策，共有三件，兹分述于下。

（1）设立学校。提倡美风，防止乱民，莫重于教化。施行教化必有一定的地方，莫过于学校。"渐民以仁，摩民以谊，节民以礼"，则民心既正，才没有犯法作乱的行为。民不犯法作乱，则风俗自然良美，这就是董氏设学的根本主张。在中央，设立大学，教育贵族子弟及他子弟之俊秀者；在地方，设立庠序之学，教育一般人的子弟。这就是董氏办学的一种规定。勿论他的主张对与不对，但古代学校自东周以来业已毁弃四百年，此时经他一提倡，公立学校于是重兴，这一点殊足以令我们纪念的。

（2）兴办选举。学校固然是培养人才的地方，但在学校毕业的学生未必个个都是人才，设国家没有一种选择的方法，用人必无标准。且当时私人讲学之风极盛，许多人才不必全由学校出身，设国家没有一种选举法，这一班人才亦无由上进。国家要收揽人才，要录用真正的人才，于办理学校之外，选举也关重要。所以董氏又对武帝建议，要求州郡每岁须选举茂才孝廉献送到中央录用，而汉朝恢复古代乡评里选之法也是由他此时提倡起来的。

（3）统一学术。罢黜百家，独尊孔子，是董氏的第三个教育政策。孔子便是儒家的代表，他的学说即是六艺之术。六艺之术本是先哲先贤逐年集下来的典章制度，到春秋时，经孔子的大手笔，把这些书籍通同整理一番，从前零乱的现在成为整体的了，于是后人合称"六艺"。孔子的门徒又把六艺里面的义理和孔子平日的言论混合起来，加以发挥，后人称之曰"儒家学说"。中国民族思想的开放，要以春秋战国时为最灿烂，孔子虽集古代民族思想之大成，但在当时不过百家之一派。尚无他种势力，限制其他各家的发展，则诸子百家的学说或与儒家平均发达，或任由一家畸形发达，很难逆料。董子本是儒者的忠实信徒，入主出奴，已为学者的固习，他于是以历史的关系，借着国家的力量，强以儒术统一全国人的思想；自此以后，中国民族思想遂牢固于一家之下而不能有所解放。董子的三个政策都是关于教育的，而以第三个为最有关系。他固然有功于儒家，不愧为儒者，但是我们二千年来的思想被他们这种无形的枷锁捆住，难以自由发展，却是吃亏不小了。（儒者统一于汉朝，固有趋势，但提倡者乃董氏诸人，故独责备之。）

第四节 扬 雄

一 略 传

扬雄字子云，生于四川成都，是西汉末年的一个大思想家。当少年时代，喜为辞赋，即以文章名。年届四十，游宦京师，以性情恬淡孤僻，不善应酬，仅拜郎中给事黄门。在王莽当国时，以大夫的资格常校书天禄阁，著《太玄经》以自娱，虽遭刘歆的讥笑，他也不去理会。西汉的学者都来讲求章句训诂之学，借以求得仕进，但扬氏只求通大义，中年以后，专心于哲学的探讨，虽辞赋也不讲了，这也是他与一般人不同的地方。他的思想是杂采儒、道两家而为一的——伦理观得之于儒家，本体论得之于道家。他说："老子之言道德也，吾有取焉；其槌提仁义，绝灭礼乐，吾无取焉。"又说："向墙之户不可胜入矣。曰恶由入？曰孔氏，孔氏者户也。"由此可知他的思想之渊源了。他的著作，有《太玄》及《法言》两种，他自比《太玄》于《易经》，比《法言》于《论语》。在这两部书里面，前者完全讲的宇宙本体，后者讲的儒家伦理，关于教育原理方面的只有论性及论学两项，扬氏平日并未从事于教育事业，关于教育理论亦仅仅如此，我们所以列入为教育家的，以其性论独到，有关于教育价值不少。

二 善恶混的性论

董氏以"未善论本性"，已较孟、荀进了一步；而扬氏以"善恶混论本性"，则较董氏又进一步了。扬子说："人之性也善恶混，修其善则为善人，修其恶则为恶人，气也者，所以适善恶之马也与！"（《法言·修身篇》）细绎他这句话，拿来与近代心理学家讲论的本性比较，很相吻合。本性好的坏的是人人全有：例如"爱群""好奇""求食"等等皆属于好的本性；"自私""妒忌""好斗"等等皆属于坏的本性。勿论何人，所有本性皆是与生俱来的，不过因各人所处的环境和他们所秉赋的分量之不同，故其发达的结果有差异。好的坏的既是全包含在人类本性之中，这就是扬子所说的"善恶混"。（按"本性"二字英文为Instinct，中国人全译作"本能"。愚见以本能的意义应为Capacity，而Instinct应作本性解释较切。）所谓"修其善""修其恶"两个"其"字，即是"本性"二字的代名词，两个"修"字即是发展的意思。一个儿童，若是尽量地发展他的善性，此孩便会成一个善人；若是尽量地发展他的恶性，此孩便会成一个恶人。吾人所以生存活动的在"气"——也可以说是活动能力。气比方是马，性比方是路。驾马于广平的道路上，则马才跑得迅速而顺利；用气于善良的本性，则人所活动的都是善良的活动。所谓本性与生俱有就是不学而能的意思，例如眼睛能看，耳孔能听，口舌能言，莫非本性。但人类的社会总是好的少而坏的多，本性往往容易倾向于坏的方面。若听其自然发展，不给以良好的教育，其结果大半走到恶的一途，而教育的功用就是防止恶性，陶养善性的。所以他又说："学者所以修其性也。视、听、言、貌、思，性所有也，学则正，否则邪。"（《法言·学行篇》）

三 强学主义的教育论

人类与禽兽所以不同的地方，在有理性与无理性。禽兽没有理性，所以触感而情发。人类有理性，虽有时因情感而发，但亦能够因义理而止。人类是要有礼义的，有礼义方可以为善人，为君子，可以睎求圣贤。但人类的本性是善恶混的，而恶性往往被不良的社会引诱的缘故，发达较善性快些；故吾人要为善人，非加一番努力不可。怎样努力？则在"强学而力行"。吾人也必待强学力行，而后可以成就一个"人"。所谓"有刀者砻诸，有玉者错诸；不砻不错，焉攸用？砻而错诸，质在其中矣"（《法言·学行篇》）。强学非私自攻求所能有成的，倘私自攻求而不就正于师，则必惑于众说，难以取决，所以要"一卷之书必立之师"（《法言·学行篇》）。从师不仅获求知识，而品性的陶冶亦至有关系，且吾人求学原来是要矫正品性的，所谓"务学不如务求师，师者人之模范也"（《法言·学行篇》）。扬子认教育是很有效力的，受一个什么教育就能得着一个什么模样。他说："睎骥之马，亦骥之乘也；睎颜之人，亦颜之徒也。"又说："耕道而得道，猎德而得德，是获飨也。"（《法言·学行篇》）这即是承认教育是万能的。不怕教育不能成功，只怕吾人没有意志，"百川学海而至于海，丘陵学山而不至于山，是故恶夫画也"（《法言·学行篇》）。扬子是一个实学家，对于专讲虚声而不务实际的学者，是非常疾恶的。在《法言·吾子篇》上设为与或人问答一段话，你看是何等的冷嘲热骂：

或曰："有人焉，云姓孔氏，而字仲尼，入其门，升其堂，伏其几，袭其裳，则可谓仲尼乎？"曰："其文是也，其质非也。""敢问质？"曰："羊质而虎皮，见草而说，见豺而战，忘其皮之虎矣。"……好书而不要诸仲尼，书肆也。好说而不要诸仲尼，说铃也。

学习的步骤有五：第一步，取我们要学的材料整理整理；第二步，则用思考的工夫，加以拣择，取其精华而去其糟粕；但一人的思力究竟有限，第三步还须与同学彼此磋磨，以就正其是非；第四步，则用奖励的方法；最后则以始终不倦为依归。能够这样的学习，才算得好学，学而后有成。读书须多，而取舍要精；多则可以触类旁通，精则有选择、有操守，所谓"多闻则守之以约，多见则守之以卓"（《法言·吾子篇》）。诸子百家异说分歧，我们应当以圣人所说的话为标准；圣人之所是，就是对的；圣人之所非，就是不对的。

第五节　王充（27—96）

一　略　传

王充字仲任，以光武建武三年生于浙江上虞，以和帝永元中年病死于家中，年寿将近七十岁，是东汉前期的一个大思想家。他的家庭贫寒，父亲早死，中年虽常涉郡守衙门，做过小小官吏，但以性情恬淡孤僻，难与一般俗吏苟合，故他的一生生涯大半消磨在乡里教书或著述之中。幼年——约七八岁时——读书于书馆，长大曾肄业于太学，扶风班彪就是他的老师。因家贫无钱买书，常往洛阳书店，任意取阅，凡翻阅一遍皆能背诵，记忆力之强可想而知。他喜为博览，不守一家的学说。但他论治国常以孔子的"礼义"为本，论宇宙以老子的"自然""无为"为归，最反对韩非专任"刑名"之术；所以论列他的学派是处于儒、道两家的中间而兼采的一个人物。他对于教育事业，除居乡教授以外，毫无建树；对于教育学说，除论性一段外，毫无贡献，殊不配称为教育家。但我们教育史上所以选录他为一员的，完全在他的创造的思想，和批评的态度。自他绝意仕进以后，归处田间，谢绝一切俗事应酬，用他的天才，对于宇宙万事万物，以沉默的工夫，日夜思索探讨，果然得到了成功。我们分析他的思想最精粹的地方，正"宇宙观"与"运命论"两种。他的非教育学说而势力足以影响于教育思想的，在以科学的方法，用极锐利的笔锋，攻破当时或从前的一切迷惑的信念与传说，一扫汉家二百年来的阴阳纖纬之风，而使一班方士、阴阳家顿失其权威，一班迷惑于他们的邪说的人们顿失其信仰的根据。沉雾一拨，青天立见，吾人才知道真理之所在，而有思路可寻。故他的批评的论调比较他的性论更有价值，而运用思考的方法尤为后世研究者的取法，王充可算为能够超出两汉思想范围以外的一个人物了。他著有《讥俗》、《政务》、《养性》及《论衡》诸书，《论衡》至三国时始行于世，其他皆失了传。

二　自然的宇宙观

讲宇宙观，王充与道家同一见解，儒家许多人都承认天是有意志的，凡宇宙万物皆有天意操纵其间，故一举一动、一呼一息，都是随着天命。墨家更信天有强力的意志，而吾人非遵守天志不可。王氏反对此说。他说：天是无意志的，不能为万物主宰的。宇宙万物皆是自然而生、自然而灭，非由默默中有一个主宰使它们生、使它们灭。"天"就是"自然"的假名，换一句说，宇宙间只有"自然的现象"，并没有"有意志的天神"。万物皆是自然生灭，故曰无为。万物的生长既无主宰，而万物本身实有物质与机能，而此种物质与机能从何而来？在王氏以为万物的种因就是天地阴阳之气，二气相合而万物生，二气相离而万物灭；而此二气相合相离相变化种种作用，也是自然的作用，毫无主宰有意地使它们发生此种作用。故曰："天地合气，万物自生，犹夫妇合气，子自生矣。"（《自然篇》）又曰："天之初行也，施气也，动体气乃出，物乃生矣。由人动气也，体动气乃出，子亦生也。夫人之施气也，非欲以生子，气施而子自生矣。天动不欲以生物而物自生，此则自然；施气不欲为物而物自为，此则无为也。"（《自然篇》）宇宙现象既是自然的，吾人应当秉着无为主义，听其自然变化，无庸自作聪明，矫揉造作；倘故欲有为，如同"宋人之揠苗助长"，没有不失败的。故王氏对于宇宙的观察，与道家同。王氏的宇宙自然观既与道家相同，故他极力推崇黄、老。不过他的学说比较老子更进一步：老子只空谈自然无为，使人听了难于明了；而王氏以科学的方法，援引种种证据，证明他的学说实有根据，使人无从否认。故他说："道家论自然，不知引物事以验其言行，故自然之说未见信也。"（《自然篇》）王氏说：吾人何以证明天是自然？因为它无口目。凡非自然而有为的，必是有口目一类的东西。今天既无口目之欲，于物无所求索，则有何为。何以证明天无口目？以地证明。地以土为体，土本无口目。天地夫妇，地体既无口目，故知天也无口目。再者使天为体，宜与地同，使天为气，气若云烟，更无口目可言，故曰天是自然的，无为的。他又反证如下：假如万物皆由天地有意的制造，制造应当用手，天地安得万万千千手，并为万万千千物。（均见《自然篇》）按王氏此种证明，固然不尽合于逻辑，但生在章句之学的汉代，而肯以此种方法研究宇宙现象，打破当时方士一切祥瑞灾异之迷信，非超出环境之外，以运用思想的人绝不能有此，所以我们是很佩服的。最令人可惊的，是他的"情欲生子说"。他说，夫妇生子，完全由情欲冲动，并非有意为某种目的而生子，故曰："夫天地合气，人偶自生也，犹夫妇合气，子则自生矣。"（《物势篇》）此种见解，把千余年的父子神圣关系的礼教信条，一爪揭穿，使人看得一钱不值，真可谓极大胆之言论。吾人叙此一段，所以观察他的批评的胆量及证验的创见；至于气数的命运论与教育关系太微，理论虽精，仍以割爱为是。

三 论性与学

王氏论性与前儒不同。告子说"性无善恶"，孟子说"性善"，荀子说"性恶"，董子说"性未至于善"，扬子说"性善恶混"：他们各人有各人的观察，也皆不免各有偏重的地方。王氏的性论，是综合各家的观察而得出一个比较完善的结论。他说，性是有善有恶的，善的可以变恶，恶的可以变善。故曰："论人之性，定有善有恶，其善者固自善矣，其恶者故可教告率勉，使之为善。……凡人君父审观臣子之性善，则养育劝率，无令近恶；近恶则辅保禁防，令渐于善。善渐于恶，恶化于善，成为性行。"（《率性篇》）但教育可以改变某人的本性，是指着中等人之性说的，至于极善或极恶之性非习染所能成，虽处在极强的环境或极有力的教育当中，亦不能够移动。因为人类的本性既不一致，所以王氏把它们分做三等："孟轲言人性善者，中人以上者也；孙卿言性恶者，中人以下者也；扬雄言人性善恶混者，中人也。"（《本性篇》）我们在这里，就有两个疑问请问王先生：同样叫做"性"，为什么有善恶？同样是善恶，为什么有三等？王氏说，吾人本性禀着先天的元气而成，元气本无二样。不过"气有多少，故性有贤愚；禀气有厚泊，故性有善恶"（《率性篇》）。这是他答复我们第一个问题的话。至于第二个问题，他也有相当的答复。他说，人性三等由于吾人初生时所感不同：上等人所感的是"正性"，中等人所感的是"随性"，下等人所感的是"遭性"。正性所禀的是先天五常之性，良善完美，没有一分瑕疵掺杂在里面，故在后天不受任何势力的习染。随性所禀的是父母的遗传，善恶混杂，中等成分，故在后天可以被改变的。遭性所禀的是恶物之性，秽恶不洁，已成固定，是无法改变的。（《命义篇》）但这三等性全是感受于儿童受胎顷刻之间，在这惟微惟危的期间，感着正性，就可以成上等人；感着随性，就可以成中等人；感着遭性，即是下等人。因顷刻间所感的不同，所以成性有显然的差异。这种感遇，不是人意，亦非天命，完全凭着机会。这个机会非必然的，是偶然的。既是偶然的，必有方法能够设防，故王氏又提倡胎教之法。当儿童受胎时，他们的父母居处言行以及思虑全是纯正的、有规律的，所感必然是善的影响，反之所感必然是恶的影响，故他说："初生意于善，终以善；意于恶，终以恶。"（《率性篇》）其实王氏"性有三等"说是根据于西汉人贾谊（见《新书·连语》），注重胎教亦本于贾谊（见《新书·胎教》）。至于"性有善有恶"说，则本于周人世硕，而兼采告子和扬子二人的学说以成立的。既是根据前人的学说以立论，自然不能算为创见，不过他仅根据前人一个原理而能推演出许多路径，这种路径皆合于科学法则，非同玄想，故与前人不同。

王氏论性，勿论先天或后天，差不多全体承认教育有效力，是与他的命运论完全相反。他要圆足他的学说，故把性与命绝对分开，两不相关。他说："夫性与命异，或性善而命凶，或性恶而命吉。操行善恶者性也，祸福吉凶者命也。或行善而得祸，是性善而命凶；或行恶而得福，是性恶而命吉也。"（《命义篇》）我们再可以把他的性论列出一个表（见第三表）来看看，以免读者混淆。

王氏承认教育对于变易性质是有效力的，所以他很承认教育的价值；教育不仅是锻炼儿童的本性，并可以完成他们的人格。他说："夫儒生之所过文吏者，学问日多，简练其性，雕琢其材也。故夫学者所以反情治性，尽材成德也。"（《量知篇》）没有学问的人，好似谷和米，不能为用；有学问的人，好似谷已成粟，米已成饭，可以直接利用的（《量知篇》）。读书的方法在深思，能够深思，虽很艰难的事情也能了解。凡天才人的见解所以超过寻常人的，并非他有什么神奇，就因为他肯用思考，常注意常人所注意不到的地方。而思考的根据在实证，有了实证，则思想成为学说；没有实证，学说不能成立，就不能令人相信。故曰"凡论事者违实，不引效验，则虽甘义繁说，众不见信"。（《知实篇》）处处用证验以断定某种学说和事实之能否存立，破除一切口耳的传说与荒诞无稽的迷信，这是王充学问的特色，我们选出他来列入教育史里而为一员的，也就在这一点上面。

第三表　王充的性论表

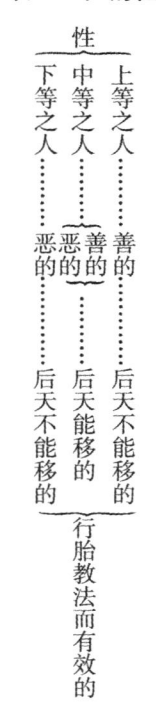

性		
上等之人	中等之人	下等之人
善的	善的／恶的	恶的
后天不能移的	行胎教法而有效的	后天不能移的

第六节　马融与郑玄

一　两人的生活

马融字季长，以东汉章帝时生于扶风茂陵，照现时地图说，应当是甘肃省籍。马氏才资俊秀，读书博洽，不拘守成法，为汉儒中最通达的一个人。他的学识与才气，在青年时代，业已驰名于关西。他本生长在贵族的家庭（其父马严曾为将作大将），素性已是放荡不羁，不愿寄附权贵做小官。在三十岁的时候，适逢地方兵乱，加以奇荒，不耐于困苦饥饿；因此深悔从前的行为，只顾小节而忘大体，未免陷于俗儒的圈套。所以从三十岁以后，他即宦游京师，改变态度，从事于政治生涯。但文人做官，总不外乎执笔磨墨一类的事情，好谈时政的得失，以致屡忤权贵，几遭贬谪。他的教育生活，大半在六十岁以后，约计二十余年。

马融有高足弟子，姓郑名玄，字康成。郑氏以东汉顺帝初年生于北海高密，是现今的山东省人。他的家世不及马融的高贵，所以少年时的修养便与他的老师不同。虽少年曾做过小小官员——乡啬，他的父亲也希望他从事于官吏生活，但此非他的本性所好，故后来便西赴京师，投入太学，以求高深的学问。初从京兆第五元先，已通习《京氏易》、《公羊春秋》、《三统历》及《九章算术》。其后又从东郡张恭祖，研究《周官》《礼记》《左氏春秋》《韩诗》《古文尚书》，皆已通晓。但郑氏志量远大，仅仅这几门经术殊不足以满足他的要求；而环顾京师，可数的经师皆不在目下。当时海内名师唯有扶风马融，郑氏于是西出京师，以涿郡卢植的介绍，往关西从事马融，此时他的年龄大约已到二十七八岁了。当郑氏入关的时候，马氏门徒已四百多人，研究较深而有资格直接听讲的有五十余名。马氏素性骄贵，郑玄以新生依附门下，三年不得见面，都是使高足弟子间接传授。但玄因此益自磨砺，勤学不倦。其后马氏召集诸生考论图纬，听说郑玄颇能算术，始得召见。郑氏得此机会，把平日所有疑义一一质问，考问完毕，郑氏的学问差不多将告成功，遂拜辞这一位阔绰的马老师而东归。此时郑氏年将四十，家计贫寒，迁居东莱，一面耕田，一面教书，学徒相随常数百千人。桓帝时，党祸发生，他亦同被禁锢。在禁锢的时候，谢绝交游，专修经业。迨灵帝末年，党禁解除，在朝权贵如何进之徒极力罗致，但他淡泊为怀，至老不渝，终不肯起；因之弟子自远方来游的益多。郑氏自四十岁以后，即设帐教学，约计二十余年。当时汉室瓦解，豪杰并起，而郑氏以名望自累，屡被这些野心家想罗致门下以自夸重，使他不得安享余年。我们推想这位不愿甘作他人傀儡的老学者的心理，盖亦良苦！而郑氏卒以建安五年老死于袁绍军中。

二 两人的译著及教法

马氏教书是传递式的等级教授法，仿佛与欧洲中古时代僧侣学校的教授法相似。老师高坐讲堂，亲授与前列的高足弟子，由他们依次转授与其下弟子。这种教法，董仲舒教书时也是一样，或者汉代经师家一种普通教授法也未可知。但马氏还有一层与旁人不同的地方，就是他那骄贵的态度，和阔绰的排场，虽在教书时也是一样排着。前面上课，后面排列女乐，书声与琴声、弦声相和并奏，这或者是马氏的兴味主义？郑氏教授方法，史无明文可考。但据他的本传上说，当郑氏死后，一班门生收集他平日答复他们的五经诸问，仿照《论语》编成《郑志》八篇，那么，郑氏多半采用问答法了。

他们平生都无特别创作，所有的作品，大半把古人的经传下一番注解，或考校同异，或阐发义蕴，《潜夫论》说"贤人为圣译"，所以我称他们为译著家。马氏一生的作品有：《三传异同说》，及《孝经》《论语》《诗》《易》《三礼》《尚书》《列女传》《老子》《淮南子》《离骚》等注。除此以外，还有赋、颂、碑、诔、书记、表奏、七言、琴歌、对策、遗令等二十篇。郑氏一生的作品有：《周易》《尚书》《毛诗》《仪礼》《礼记》《论语》《孝经》《尚书大传》《中候乾象历》等注；又著有《天文七政论》《鲁礼禘祫义》《六艺论》《毛诗谱》《驳许慎五经异义》《答临孝存周礼难》；合共六百余万言。两汉四百年，今古文两派争论不决，竟成学术界一大公案。马、郑二氏以他们博学精通的力量把两派沟通一气，不加轩轾，这种广纳兼蓄的态度，我们不得不佩服了！但我们比较他们师弟二人，则郑玄的学问尤为渊博纯粹些。

三　两人性格的比较

品题纯粹的儒者，不待说，西汉当推董仲舒，东汉要算郑康成。不过郑玄与董仲舒不同的地方：董氏是想借国家的权力施行他的教育政策，我们可称他是"政治家的儒者"；郑玄是想用讲授的方法宣传他的教育宗旨，我们可称他是"学者派的儒者"。郑玄不愿作官，固然由于性非所好，但此绝不是他的消极。他是想拿全副的精力从事于"整理古籍，阐明圣教"的一个卫道先生。请看他教子家训里头的几句话，"吾自忖度无任于此，但念先圣之元意，思整百家之不齐，亦庶几以竭吾才"（见《后汉书》本传），我们就可想而知了。至于马融则不然。论他的学业，固然与汉儒无异，但他的思想与性情却非汉儒所能范围。他的性情放达，才气高朗，是读活书而不肯死读的人，是讲通权而不肯顾细谨的人。请看他在困难时给他的朋友一封信里头的话："古人有言'左手据天下之图，右手刎其喉，愚夫不为'。所以然者，生贵于天下也。今以曲俗咫尺之羞，灭无赀之躯，殆非老、庄所谓也。"（见《后汉书》本传）马氏这一段话，简直超出儒家的思想圈子以外，走进了老、庄的思想境界。他是重肉体而轻名节的，提倡快乐而反对苦行的；所以他对安帝说，"夫乐而不荒，忧而不困，先王所以平和府脏，颐养精神，致之无疆"（见《后汉书》本传）。老师放达，学生醇谨，性情绝然相反。而负社会的仰望,受士林的称誉,郑氏所得比他的老师实多;固然由于马氏有时太不顾行检,理有应得,但当时为儒家思想的世界,怎能容许异军出头,而不随时攻击阻遏呢!但前贤畏后生,郑氏学识较马氏渊博,译著亦较丰富,对于诸子群经的整理,贡献于学术界上尤属功不可掩。郑氏以后,直接弟子,再传门生,布满了中原,两晋虽经五胡之乱,而北朝经学犹能讲习不衰,也是郑氏势力的远播。然马氏死后,不到五十年,而天下大乱,三百余年儒家的世界一变而为老、庄,那么,我要追溯魏晋六朝的思想之源泉,说是开始于马氏也未尝不可。

第七节 荀悦与徐幹

一 荀徐略传

荀悦字仲豫,是河南颍川人,与北海孔融同时。徐幹字伟长,是山东北海人,与高平王粲同时。荀氏与其弟或及孔融侍讲于献帝禁中,名义上是做汉朝的官,其实是在曹魏势力下当幕僚。徐氏生年又较荀氏略晚,性情不爱做官,与王粲等交友最善,称为建安七子之一。当是时,汉鼎在事实上已移转到曹魏手中多年了,所以按照二氏生世之年,应归入第十二章魏晋六朝的时期中。但他们都是儒家的信徒,所有思想言论与汉儒同一气味,且想以他们自己的精力力挽汉儒的颓风,作一个中流砥柱。他们的灵魂,还是汉朝的人物,所以我们把他们编入到本编之末了。荀氏著有《申鉴》《汉纪》等书,徐氏著有《中论》二篇,二人虽同属于汉儒思想一派,但内中贡献于教育理论,各有发表,两不相同。荀氏注意在本性一方面,徐氏注意在教学一方面,其余无关于教育的文章,我们勿庸讨论,现在只分述此两个论点于下。

二　荀氏论性

我们前面说王充把人类本性分为三品，是根据贾谊口里的话。但他们不过观察社会人类的行为有三种倾向，因之区别人类有三等性质；至于正式提出"三品"的名词，要从荀悦创始。荀氏论性反对孟、荀的绝对论，亦反对扬雄一班人的含混论，他是主张相对的，又是分析的。他说：

> 生之谓性也，形神是也。所以立身终生者之谓命也，吉凶是也。（《杂言下》）

形神即性，性即生之自然。换一句话说，吾人生命的表现，及表现的力量和差异，全谓之性。这种差异，大概说来，共有三品。哪三品呢？他说：

> 或问天命人事？曰："有三品等：上下不移，其中则人事存焉尔。命相近也，事相远也，则吉凶殊矣，故曰穷理尽性以至于命。"（《杂言下》）

三品之性，中品可以随环境或教育变迁，上下二品则难于移转，但初生相差很小，到后了却愈差愈大了。由此看来，荀氏三品的理论，又是从孔子的"性相近也，习相远也，唯上智与下愚不移"说推阐出来的，那么，性既有三品的差异，究竟有无善恶的分别？荀氏认上品之性善是已确定了的，难以转移为恶；下品之性恶也是已确定了的，难以转移为善；唯中品之性，极富于可塑性，虽有善恶不等，而全可用人力转变。所以他说：

> 性虽善，待教而成；性虽恶，待法而消。唯上智与下愚

不移，其次善恶交争。（《杂言下》）

至中品之性何以易于转变？要答复这一点，须看他对于性情二者的关系如何解释。

荀氏不主张性情皆善说，或性情皆恶说，亦不主张董氏的性善情恶说，他是采纳刘向的"性情相应"说。性情相应说，即性不独善，情不独恶，两者有相连为一致的关系。所以把"性""情"二字并不分开，本体是一个，不过当未发时谓之性，当发出时则谓之情。情之表现，如好恶之类，皆从性中发出，所谓"好恶者性之取舍也，实见于外，故谓之情"（《杂言下》）。

性源本有善恶，犹气源本有白黑一样。性之善恶表现于情，于是情也有善恶了；如气之白黑表现于形，而形也有白黑一样。世人只见外面的恶情，遂以为情恶，而不察情恶之本源由于性，与不察形黑之本源由于气，同一误谬。其实性与情是一致的，所有起伏动静的倾向是相关连的。但情之善恶虽本于性，而好善恶恶，或好恶恶善，性也不能完全作主，须视外面环境势力之大小而定。换一句话说，好恶之取舍虽由于性，而性之取舍则由于外界刺激力之强弱。比方有酒与肉并呈于桌前，两者都是我所爱吃的。此时两种欲念就起了竞争，它们竞争的胜负，要视两方刺激力的强弱而定。酒的刺激力强则酒被饮，肉的刺激力强则肉被食，酒或被饮、肉或被食，完全由二物刺激所生的结果，非由性情二者有什么战争所得的结果。若谓情要得酒而性要得肉，简直是胡说。又譬如义与利并迫于目前，两者都有难舍的理由。此时利的势力大能够争胜，则舍义而取利；义的势力大，能够争胜，则舍利而就义。二者被取或被舍，也是由它们的刺激力彼此竞争所得的胜负结果，非由性情二者战胜的结果。若谓情要取利而性要就义，也是胡说。二物同来，吾能并容，则全体收纳；不能并容，则随它们刺激的强弱而定取舍。倘二者势力相等，而又不能并取，这个时候，精神上必发生种种漾洄与起伏的弹动，取舍之决定，就没有以前那样容易了。

荀氏性情一元论，虽本着刘向的性情相应说，但把性分着三品而不认为有绝对的善恶，且认善恶多取决于外界刺激力的强弱，在性情的本身反处于被动的地位，这确是他的创论。因此，荀氏承认教育是有效力的，他以为人类十分之九有受教育的可能。他说：

> 性虽善，待教而成；性虽恶，待法而消。唯上智与下愚不移，其次善恶交争。于是教扶其善，法抑其恶，得施之九品。从教者半，畏刑者四分之三；其不移，大数九分之一也；一分之中，又有微移者矣。然则法教之于化民者几尽之矣。及法教之失也，其为乱亦如之。（《杂言》）

这种用数字的分析法，尤为荀氏的特出。由此九品之说看来，差不多人类全部皆有受教育的可能，皆有受教育的必要了。

性虽善，或善恶不等，如社会没有教育，而人生总较易于为恶，这是在荀氏以前的儒者全是这样见解，荀氏亦然。但问何以人性容易为恶，则只有荀氏答复的最显明。他说：

> 凡阳性升，阴性降，升难而降易。善阳也，恶阴也，故善难而恶易。纵民之情，使自由之，则降于下者多矣。

以阴阳二性解释善恶，以升降二理解释难易，此说虽没有科学的根据，但亦发前人所未发。由其性论的全体看来，荀氏所论总觉是有几分特出。

三 徐氏论教育

徐氏论教育的功用有三种：一是启发智慧，二是改进习惯，三是完成人格。他说：知识如珠宝，儿童初生，脑筋蒙昧，如处暗室，室中纵有许多珠宝，概不能见。教育如同白日，拿白日的教育之光一照，四壁如昼，所有宇宙间一切瑰宝皆能看见，皆有路搜求，故教育是启发吾人的智慧以搜求知识，引导吾人由黑暗到光明路上的一个工具。这是第一种功用。儿童初生，不但没有知识，他们的性情也是很粗野未上轨道的。倘若听其自然，不但恶的本性容易养成恶的习惯，即善的本性亦难以形成。教育的功能，正是要培养善的习惯，去掉恶的习惯。故曰："人虽有美质而不习道，则不为君子，故学者求习道也。"这是第二种功用。启发儿童的智慧，把他们引导到成人社会里面和成人一块生活；培养善良习惯，使他们向着好的路上行走，所有吾人应备的生活条件，全可以由教育教给他们，使他们在社会里面成一个美好无缺的个人——徐氏所谓"有德的君子"，这是教育第三种功用。

以上三种功用，尤以启发智慧为重要。启发了智慧就可以探求知识，有了知识则为人、处世或利己利人，皆有莫大的功用。因此，徐氏特别看重知识，并发表"知识重于德行"的言论。他说：富于知识的谓之明哲之士。明哲之士，见理透辟，认事清楚；能考察已往，能推测未来；处常也可，处变也可；权力不能受其威胁，巧诈不能受其欺蔽。像这种明哲之士，比较那专讲道德、死守清高的君子，有用多了。他并引了孔子之赞美颜渊，及曾参、原宪之不能列入四科，皆以才盛与否为标准，不完全谓颜渊之有盛德的关系。儒家本以德行为本，徐氏亦纯正儒者，而发表"知重于行"的奇论，或矫先儒空疏之弊，或感于当时一般正人君子反以盛德受祸，此两种心理都是有的。

知识既重于德行，倘专靠聪明才智而不努力，则知识亦无法增进。所以徐氏一方面虽称美聪明才智之人，同时还要鼓励一般人的意志之努力。盖吾人求学多由意志的督迫而成；意志坚强，虽生性笨拙，也能成功；意志不坚强，纵有天才，也是无用。所以他说"故虽有其才，而无其志，亦不能兴其功也。志者学之师也，才者学之徒也。学者不患才之不赡，而患志之不立；是以为之者亿兆，而成之者无几，故君子必立其志"（《治学篇》）。他又说："故才敏过人，未足贵也；博辨过人，未足贵也；勇决过人，未足贵也。君子所贵者，迁善惧其不及，改过恶其有余。"（《虚道篇》）"迁善惧其不及，改过恶其有余"，即意志的努力。

徐氏关于教育方面最精到的地方，要算教授方法论。他说，教授儿童，不在多灌以死的知识，和喋喋多言。第一步要考查他们的本性和了解力，并要观察他们此刻心志的活动。本性近于某方面，即向某方面引导，所谓"导人必因其性"。按照他们的了解力而给以相当的材料，所谓"君子与人言也，使辞足以达其智虑之所至，事足以合其性情之所安，弗过其任而强牵制也"。但本性固然有定，而心理的状态可是常常有变化的，必要观察他们现时的心理状态，或是常态，或是变态，或正被某种事物所牵引，然后施以适当的方法——或提示、或警告、或授与。使他们自然能够领受，毫不牵强；使他们乐于领受，毫不感觉痛苦。倘不用此种方法，而硬要注射以多量的材料，不唯于儿童没有进益，反足以使他们益陷于糊涂，儿童不但不感激教者的热心，并能引起师生间不好的感情，说教师有意欺骗。所谓"苟过其任而强牵制，则将昏瞀委滞，而遂疑君子以为欺我也；不则曰无闻知矣"（《贵言篇》）。按照儿童先天的本性，和现在的了解能否力，以及此刻心理状态，而施行适当的教育，使他们欣然自得，这种学说总算是比较精到的。两汉二百年来的教育学者讲论本性固然先后继起，各有发挥，至于教学方法的理论前贤应当让后生，以徐幹最为进步。至于求学，（1）贵在虚心聆受，不宜自是；（2）不重名词的死记，而重大义的了解；（3）多方深求以归纳成一个原理：皆属很平常的理论，我们勿庸多述了。

徐氏还有一个开辟的思想，就是反对"轻爱生而重哀死"这一派思想的人。他说：

> 人之过在于哀死，而不在于爱生；在于悔往，而不在于怀来。喜说乎已然，好争乎遂事；堕于今日，而害于后旬；如斯以及于老！（《修本篇》）

中国民族——尤其是厌世派的人——把"生之欲"看得太轻，把"死之哀"看得太重，总在已往的事情上面锱铢较量，而于将来的事情全不注意有系统的计划。这种态度的民族，可以说是一种"悼亡"的民族、"怀古"的民族，及对于将来新的生活与世界毫不注意和希望开辟与获得的民族，中国人思想之没有多大的进步就在这个原因上面。魏晋六朝人精神上所包含这种毛病的成分更多。徐氏生当佛老思想正在发达的时代，而有这个进步的开辟的思想，发表出来，不但正好诊治当时思想的颓废，并是跳出汉儒死的教育圈子以外，而给予吾人以新的希望，使吾人益信教育是有效能力的。至于修养方面，孜孜矻矻，真有"迁善惧其不足，改过恐其有余"之态，不愧为当时的名贤、儒家的殿将了。

本章参考书举要

（1）前、后《汉书》的贾谊、董仲舒、王充、扬雄、马融、郑玄各人本传

（2）《三国志》的《魏志》

（3）《春秋繁露》

（4）《新书》

（5）《法言》

（6）《论衡》

（7）《申鉴》

（8）《中论》

第三编　半封建时代前期的教育

第二期　魏晋南北朝（220—588）

第十二章　魏晋六朝之政局与民族

一　混乱的政局

两汉帝室统治中国将近四百年，接着一个长期的混乱局势来了。这一个时期，包含三国、两晋、南北朝，简称魏晋六朝。魏、蜀、吴三国鼎峙了六十年，没有一日无战争。西晋灭蜀并吴，统一中原不到四十年，便受五胡的侵凌，把政府搬到江左，避乱以图苟安。且在这三十多年中，内有贾后秽乱朝纲，外有八王操戈同室，混乱情形较甚于三国时代。东晋偏安江左不过百年，而权奸之叛乱已是五起。自此以后，江南则四十年一革命，五十年一换朝；江北自五胡十六国扰乱以后，中间百余年虽曾一度统一于元魏，稍称小康，不久亦分东西。这种棼乱的政局，由三国到南北朝之末，竟延长了四百年之久，可谓中国历史上混乱最长的一个时期。

当政局混乱的时候，多半是干戈相寻的时候。有时是同族相杀，有时是异族相杀，有时是同姓相杀，有时是异姓相杀；故生在魏晋六朝的人民一方受政治的荼毒，同时又受战争的残害。我们把历代的户口册子检查一看：东汉盛时有人口五千三百二十余万，到三国时代锐减，仅有七百六十七万人。晋武时稍增至一千六百十余万，至南北朝之末又减到一千一百余万。以此数目——南北朝之末的人口数——与隋文帝时比较，相差已是三倍。若以三国时的人口再与隋文帝时比较，相差竟到六倍之多。（隋文帝时有四六〇一九五六人。）这个时期的人口之锐减，亦可以惊人了！纵令此时人口生殖率较前后各期都弱，但亦不致弱到这步田地。盖当戎马相踏的时候,犬马也不安宁,加以赋役烦苛,灾疫流行,于是壮者应战争以死,老弱因逃亡以尽,人口锐减乃是当然的结果。

二 异族的内犯

　　这个时候,正是汉族势力衰弱,北方诸族纷纷向内迁移的时期,中原之民因此更遭一层痛苦。汉族自蕃殖其种族于黄河腹地以后,经屡代的开发,凡政治组织能力及文化程度皆优于其四邻各族;因此汉族自诩为文明民族,把其他全看着为野蛮民族。其他各族的文化程度本来远不如汉,当西周末年尚为部落生活,东周以来,虽时时侵犯汉族,不久就被汉族的强大诸侯所征服了。自秦、汉以来,汉族的势力一日强盛一日,不仅内部统一,且扩充帝国领土于四邻不遗余力,于是汉族之名震烁海外,俨然为东方主人翁。富强既久,生活日习于奢侈,体质亦因受了文雅教育渐趋于柔靡,种种弱点逐渐暴露。东汉末年,帝国政府失了统御的能力,内部自相残杀,更给他们——异族——以侵扰的机会。且北方野蛮民族也随着时代而进化,乘此时中国内乱、汉族衰弱的当儿,纷纷向内迁徙,蕃殖他们的子孙于中原——由黄河流域渐及于淮河流域,于是自江、淮以北全为他们所占领。这种野蛮民族,文化粗浅,性情犷悍;其残暴与破坏的行为,自然到处横施。汉族人素以华夏自居,今见中原文化之地室家所托,丘墓所在,突然遭受这种蹂躏,其心理上一定感受着非常的痛苦与悲愤。

　　政治纷乱,战争相寻,异族横行,人口锐减,社会上一切生产事业无从进步,民族的精神思想方面自然难得有积极的表现。这种情形,魏、晋更甚于南北朝。在魏、晋时代,除了以上各种混乱情形外,更有政治的残暴。东汉末年,由宦官专政所演成的党锢之祸,已使知识分子见而寒心;曹魏父子当国,乃以猜忌御群臣,以苛刻待士类,更使知识分子感觉"危行言慎"的痛苦。这个时候,民族精神思想方面更难得有积极的表现,此为消极的出世的佛老学说所以盛行于一世了。

第十三章　魏晋六朝之学风

一　老庄变为清谈

　　西汉承秦、楚两火之后，一般儒家用全力搜集遗书，整理国政，做他们的学术统一工作。政府借此为奖励，学者借此求功名，相习成风，于是考据之学成为两汉四百年研究学问的唯一路径。这种治学的方法固有其自身的价值，但师法专在承袭，考据过于琐碎，结果只有记诵而无思考，只有保守而无创作。这种学问，在当时固属适应环境的需要，上下相倡，演为学风。但自时代变迁以后，或工夫厌烦以后，必然起很大的变化，本期的"老庄学派"与"佛家学派"，就是对"两汉考据学派"所起的几种学派。儒家考据学因工夫过于机械，至东汉末叶已经维护不住了，大儒马融之不遵礼法，太学诸生之不守章句，皆是考据学逐渐崩溃的明证——也是儒家势力逐渐衰落的明证。到了魏、晋，加上政治的残暴，蛮族的蹂躏，及长期的内乱，一般人不但生活得不着安定，且于生命常有不测的危险，为苟全性命于乱世，只有借老、庄学说为护符，此老、庄学说所以在魏、晋演成一个时代的风气。此时演习老、庄学说的人们，称做"清谈家"。他们的思想不与老、庄全合，介于老、庄两派之间，而态度近于庄派，可说是一种专掉虚空玄理的名士派。此种清谈风气，始于魏文正始年间，开山老祖为何晏、王弼，至晋则以王衍、乐广为代表，而阮籍、嵇康、王戎、裴楷诸人也是此中的重要人物。他们喜为放言高论，平日所谈说的全不关于实际生活，不关于国家痛痒，越是说得虚空巧妙，越发显得他们漂亮，博得大众的赞扬与羡慕——当时谓之清谈。但他们的思想虽介于老、庄两家之间，他们的态度则为绅士与官僚的混合，依然为封建社会的产物，而较封建贵族更其虚矜。

二　佛学之输入

魏、晋为老、庄思想流行的天下，南北朝则为佛家信徒独步的世界。佛教流入中国，据旧史所载都说始于东汉中叶，当公历纪元百年之顷。自此以后，西僧陆续东来，也有为中国人翻译经典的。但他们的势力究属微薄，所译全是小品，中国人也未曾感到享用上的必要，不过为极少数者为迷信与好奇两种心理所趋使。自东汉末年以后，政局混乱，儒家学术独占的世界渐次瓦解，国人始感到佛教的需要，而开始作输入的运动。此种运动始于魏、晋之初，到南北朝而大盛，逼直延续至唐之中叶，前后相继亘五百年。当这个时期，中西信徒对于佛教的灌输运动、翻译工作，极一时之狂热。中国名僧冒险前赴西域或印度搜求的，共计一百多人，前后数十起。他们前往西土，或十余年始归，或二十年乃返，携带经典来国内弘布，成绩卓然惊人。本期佛教中心地点，分长安、洛阳及建康三处。长安为往来西域的要冲，在姚秦、苻秦时代翻译事业颇极一时之盛，著名西僧鸠摩罗什即此时代表人物。洛阳为北朝的国都，建康为南朝国都。佛教在北朝除了因太武帝特好道教大受一次迫害外，佛经流通、信徒入教的更盛于前。南朝人的性情更喜佛法，三百年间流行无阻，尤以梁武时为最发达。第一次往西域搜求佛经的名僧有朱仕行，对于佛学开始做发明工作的名僧有卫道安，皆是本期佛学界上的伟大人物，而隋唐所有宗派大半也是在此时期成立的，可以想见其盛况了。自此以后，中国遂为佛教的消纳地，佛教思想在此数百年间，涵煦长养于中国民族的脑海中，差不多成了第二天性。

三　儒学之分南北

这个时期，佛、道两家虽气焰万丈，清谈风气虽时髦绝顶，但国人对于儒家经术的研究，并非完全消沉。其实北朝因郑氏讲学的流风，及政府热心的提倡，学者家法相承，往往不绝，且有专门名家的。南朝经学虽不及北朝的发达，但在萧齐之初，及梁武四十余年间，儒学亦称隆盛。不过当时治经者，有南学、北学之分。北学所通行的，是郑玄注的《易经》《书经》《礼记》，毛公注的《诗经》，服虔注的《春秋》。南朝所通行的，是王弼注的《易经》，王肃伪作的《孔安国书经传》。总之北学以郑氏为宗，南学以王氏为归；加以两方民性不同，所以生了显然的差异。

本章参考书举要

（1）《晋书》的《儒林传》

（2）《北史》的《儒林列传》

（3）《南史》的《儒林列传》

（4）《魏书》的《释老志》

（5）《隋书》的《经籍志》

（6）《晋略汇传》

（7）《日知录》的《世风》

（8）《廿二史札记》的《清谈》及《经学》

（9）《梁任公近著》第一集的《佛教之输入》

第十四章　魏晋六朝之教育

第一节　魏晋之教育

一　学　校

从曹丕篡汉，到东晋灭亡，将近二百年（公历220—419年）。在这二百年的时期里头，学校教育虽不能说是完全停止，也可以说是在若有若无的状况之中。我们先拿中央的大学来说吧：在魏文帝黄初时，本有明令兴建太学，制定五经课试的方法，并布告所辖的州郡，令有志求学的士子咸来入学，非不堂哉皇也。但一考其实，太学仅管开设，学生也上千人，而内容腐败，有名无实，所谓太学不过掩人耳目的一种装饰品。东吴只有学官而无学校，西蜀则国小民贫，年年用兵，更谈不到学校的设置。以上三国时代的大学情形是大概如此。晋武帝统一全国以后，承曹魏太学的旧物，稍加扩充，故内中诸生曾一度增盛，也到了七千余人，虽然品类不齐。但自怀、愍被掳，中原云扰，太学于是无形地停闭了。（当时阶级观念甚深，所谓品类不齐有二说：一士族与庶族，二真正学子与假冒读书者。）东晋建国江左，中州士大夫不堪胡马之蹂躏，纷纷南徙避乱，这一班知识分子怀着中原旧有的文物礼器以俱来，于是江左也修建太学。但君权薄弱，内乱屡起，学校受政潮影响，因此时兴时废，毫无成效可言。以上两晋时代的大学情形是大概如此。

至于地方教育，则更无可观了。曹魏与西晋立国短促，州郡学校大学在平靖时则开设，在变乱时则停闭。东晋年代较长，中央虽屡经政变，而大权在地方，地方教育往往由封疆大吏私自提倡，所以全国颇不一致，也没有统一或长久的计划。总之这个时期的学校，可以拿"若有若无，时兴时废"八个字形容了。

我们考究其原因，除了政变以外，还有三种：（一）在当时长期的变乱中，政局没有充分的安定，政府不过以设立学校为装饰门面的工具，所聘教师率多粗疏，办理自不良善。而地方多乱，太学学生多半为避乱或免役而来，目的本不在研求学问，他们亦不复安心读书，所以往往冬来春去，而学业则陷于有名无实。（二）学校课程不外乎五经之术、六艺之文，这都是儒家的行业。但当时学风已布满了老、庄的空气，士大夫既以究习老、庄为时髦，虽政府如何提倡，效力亦属无几，况政府中人并未具何种提倡的热心。（三）汉末以来，经学业已荒芜，读书之业替代经学而起的为文学。自曹魏父子以君主而擅文坛，海内从风，以致南北朝至隋，此风不改。士大夫既习于文学，故经学因此不复用力研求——除了少数积学之士以外。至于学校内容，大概仿照两汉之旧，没有什么创作，更不必多叙了。不过此时有一件可注意的事情：晋武帝在太学之上另立一种国子学，专以教养五品以上的子弟，在他以为仿周礼国之贵游子弟受教于师氏之意，而当时士庶阶级浓厚的观念就可从此处看出来。

二 选 举

士子仕进的门路，魏晋六朝与两汉无大差异：或由公府辟召，或由郡国荐举，或由地方长官的僚属递次上升，或由世族子弟承继先人的地位（见《文献通考·举士》马氏按）。但此时所与两汉不同的，则另有一种选举方法，名曰"九品中正"。两汉除了贵胄子弟承继一门以外，其他三门多半根据于乡里的毁誉——大多数人的舆论——以定选举的标准，而九品中正之法则殊有不同。此法创始于陈群。陈氏是魏文帝时的尚书，他以为旧日选举法毛病甚多，不能取得真正的人才，乃创立九品官人的制度以替代之。把社会人才分做九等，每州每郡专派一人当选举之任，按照品第以为升降。若是品学兼优的人则逐渐上升，或以五升四，或以六升五。若是道义亏缺的人，则递次下降，或自五退六，或自六退七。执掌选举者关系于一乡一邑之人的荣辱，升降责任何等重大，倘此人而没有公平正直的修养，必难胜任，取名"中正"，其意可知了。凡郡邑设小中正一人，凡州邑设大中正一人。小中正所品第的人才，上贡到大中正，由大中正审核送到中央之司徒，司徒再考核一道，然后发往尚书处录用。此项中正多半是本乡人，曾经做过大官，德望俱高者，方能当选。此法始于曹魏初年，经两晋以至南北朝，差不多施行了四百年。到隋开皇中叶，方始废止。人群进化，思想是一天复杂一天，古人自不及今人；但存心公直，似乎今人不如古人了。魏晋六朝士气虽然不振，然直道之风尚有一二可取的地方，故九品中正之法尚能取得真正的人才。不过自开门第风气以后，士庶的界限分得太严，司品题者多半是士族，因之被品题者也是以世家为主，流弊所趋，庶族虽有高才亦难登上选，此刘毅有"上品无寒门，下品无士族"之叹。自此以后，拔取人才的方法，乃由科举代之而兴了。

第二节　南北朝之教育

一　南朝学校

　　南朝学校之不振兴，与魏、晋同一情形。我们考查史书，他们兴建太学校有起色的，只有两种时代：一在宋文帝元嘉的时候，一在梁武帝天监的时候。在元嘉时，京师开办了四个大学，研究佛老学说的曰"玄学"，研究古今历史的曰"史学"，研究词章的曰"文学"，研究经术的曰"儒学"。（见《通鉴》）中国历代国立学校即以经术为课程，竟成定规，而此时对于佛老学术及历史且正式设立大学，从事研究，面目独辟，这一点很值得我们赞美了。但此时州郡学校的情形如何，殊难考查。在天监时，于中央地方建立国学以外，开设五馆，每馆置五经博士，充当馆长，而以五经教授一人总其成。馆内课程不外五经之术、六艺之文。学生只问程度，不限资格，果具才能，虽寒门子弟皆有入馆求学的机会。生徒入馆求学，由馆供给膳宿。馆中亦有定期考试，倘能射策通明经术的，即可委派一种官职。五馆既不限资格，又不限名额，所以四方学子负笈求学的非常踊跃，每馆养士率皆多至数百。武帝要算帝王中最有学识的一个人，自建国学、开五馆以后，尝仿照三代视学之礼，亲往省视，一则祭奠先师，一则奖赏勤劳。并且分遣博士祭酒到各州郡立学。自武帝这样一提倡，不仅学校发达为南渡诸朝之冠，即讲诵经学的风气也是盛极一时，北方学者闻风而来的亦复不少。可惜晚年迷于佛教，置其他经术于不顾，而学校由此渐衰，迨侯景乱后遂无形停闭了。

二　北朝学校

北朝学校较南朝发达：一则由于国君的提倡，一则由于时局比较的安定。盖南朝合共一百七十年（自公历420年至588年），更姓四次，太平日少，丧乱日子多。北朝自道武帝开国，到东西分裂之初，统一中国北部将近一百五十年（自公历386年至534年），所以他们对于教育事业比较容易建设。当道武帝初定中原的时候，即提倡经学，在首都平城设立太学，置五经博士，充当教授，学生由千人至三千人，这是北魏太学的创始。太武帝接着起来，又于城东建立太学一所，令天下州郡选派才学之士，进京求学。北方多年受着胡马的践踏，经术荒芜之余，经他们这样一提倡，"于是人多砥尚儒术，转兴献文"（见《北史·儒林传》）。到献文帝时，乃规定州郡学校的制度，遍开乡学，每郡设乡学一所，每所有正教、有助教，多少不等，而正教以博士充当。凡大郡立博士二人，助教四人，学生一百人；凡次郡立博士二人，助教二人，学生八十人；凡中郡立博士一人，助教二人，学生六十人；凡下郡立博士一人，助教一人，学生四十人。孝文帝尤慕华风，迁都洛阳以后，事事模仿汉人所为，变胡服而衣华装，断胡语而从正音，一切礼仪制度无一不效法汉人。至于"开设大学，讲论经术"，尤为汉族文化的特色，他对于此特色的文化极力提倡，自然不在话下。所以在洛阳除了设立国子太学以外，又于四门设立四门小学。自此以后，北方承平将近八十年，不仅国学、乡学比较南学完备，即私人讲学之风也是盛极一时。这个时候，正当南朝梁武帝提倡学校的时候，介于五、六两世纪之间，我们若是统观六朝的四百年教育，要算这个朝代为最发达。但自孝昌以后，北魏领土东西分裂，四方学校残毁殆尽，北齐高氏与北周宇文氏虽稍稍修复，然亦不过具文，不足观了。（本文均见《魏书》及《北史·儒林传》）

本章参考书举要

（1）《文献通考》的《举官》《举士》

（2）《五礼通考》的《学礼》

（3）《宋书》的《礼志》

（4）《齐书》的《礼志》

（5）《隋书》的《百官志》

（6）《魏志》

第十五章　本期教育家及其学说

第一节　概　论

本期经学大师，首推王肃，其次则为徐遵明。王氏字子雍，江苏东海县的人，在曹魏时代，做官至中领军散骑常侍。平日喜究贾、马之学，所学驳杂，又喜著述。当时海内讲经的学者多宗郑氏之说，自王氏出，俨然为郑氏一大学敌。到南北朝时，经学遂分着两派：北朝以郑氏为宗，南朝以王氏为主，两家门徒互有攻讪。今文学家以王氏喜为造作，又多附会冒充的话，所以对他格外不满。徐氏字子判，陕西华阴的人，为北魏时代一大宗师。徐氏自幼时即爱读书，但他的性情却肆放不守绳墨，易师四次而业始就。学成以后，在外讲学二十多年，海内莫不宗仰，只以颇爱钱财，每讲必悬价格，与儒者的风度不同，所以时人对于他的人格每多疵议。以上二人虽为一代的经师鸿儒，对于思想方面，毫无表现。本期以儒家而具教育理论的只有傅玄与颜之推二人。傅氏论性与扬子的善恶混说相似。颜氏注重儿童教育及论环境势力的重大，并提倡胎教，极见精要。除儒家以外，道家取葛洪一人，佛家取刘勰一人，为代表葛氏言教育的功用，刘氏论修养的方法，较有可采。至于"清谈派"，思想近于庄子，态度可极鄙陋，且无一人具有教育意味者，所以只好从略。

第二节 傅玄与颜之推

一 傅 玄

傅氏生于汉献帝建安二十二年,死于晋武帝咸宁四年,应为三国时的魏朝人物。但他在晋朝,官迁至太仆,且对武帝上疏贡献过政见,他的《傅子》一百二十卷也是完成于晋初,所以史家把他列入晋朝了。原籍北地泥阳,今属于甘肃,一生刚劲亮直,于沙漠生活不无关系。本期儒家的纯粹分子,应推他为第一,所著《傅子》,大抵系阐明儒家的经济政策与伦理哲学,关于社会经济方面的议论,尤具卓识。但他的伦理哲学,完全是唯心的。他以心为"神明之主,万理之统",所以"立德之本,莫尚乎正心:心正而后身正,身正而后左右正,左右正而后朝廷正,朝廷正而后国家正,国家正而后天下正"。(《傅子·正心篇》)傅氏论性,与扬雄的善恶混说很相近。他以人类有"好善尚德之性",又有"贪荣重利之性"——前者是善的,后者是恶的。但此善恶混杂之性,并不固定,是极活动而富于矫揉的。打个比方:

> 人之性如水焉:置之圆则圆,置之方则方;澄之则淳而清,动之则流而浊。(《傅子·附录》)

因为人性是极活动的,所以容易受教育。因为人性是善恶混杂的,所以必须给以好的教育。好的教育就是礼义,以礼义为教,则善日长而恶日消,于个人则可以为君子,于社会国家则可以得到安顺。所以他说:

> 先王知人有好善尚德之性,而又贪荣而重利也,故贵其

所尚，而抑其所贪。贵其所尚，则礼让兴；抑其所贪，则廉耻存。（《戒言篇》）

能够以礼义为教，发达人类的善性，自然上安而下顺；否则施教不以其道，使恶性发展，则天下必同受其祸。所以他又说：

人之性，避害从利：故利出于礼让，则修礼让；利出于力争，则任力争。修礼让，则上安下顺而无侵夺。任力争，则父子几乎相危，而况于悠悠者乎。（《贵教篇》）

二　颜之推

颜氏名之推，字介，是山东琅邪临沂的人。性爱饮酒，多放纵，不是纯粹的儒者。幼年承家学，善《周官》《左氏》。稍长，博览群书，无不该洽；喜为词章，也极典丽。生于梁天监年间，当十二岁时，值湘东王绎自讲老、庄，遂做了他的门生，后又在他的幕下当参军，很受器重。到后来，湘东王绎失败，颜氏被虏至北齐。隋文帝兴起，又在隋朝做过学士。

颜氏的思想，见于《颜氏家训》。此书二十篇，凡读书、习礼、为人处世、治家、交友种种要道，一一举说，以训诲他的儿子，可谓一本家庭教育课本。通篇言论皆以儒家主义为中心，其中关于教育理论的有数点：（1）教育的意义，在诵习古人的嘉言懿行，以启发其知识，而指导其行为。上智之人，知力天成，或不待学习而自能与法则暗合；其余一般人，欲其多智明达，未有不待学习的。例如养亲事君之道，必须考查古人的懿行，而体贴模仿，才能合于正理而当于人情。（2）教育子弟，须从怀胎时教起，纵一般人办不到，亦须从幼小教起。其理由有二：一则人当幼小时，性情纯洁，未染恶习，对于父兄师长的教诲，极易接收,否则费力多而成功少。所谓"当抚婴稚,识人颜色,知人喜怒,便加教诲,使为则为,使止则止。比及数岁,可省笞罚;父母威严而有慈,则子女畏慎而生孝矣。……骄慢已习,方复制之,捶挞至死而无威,忿怒日隆而增怨;逮于成长,终为败德"(《教子篇》)。二则幼小儿童脑筋简单,未经凿伤,读书容易记忆;到二十岁以后,则记忆力锐减了。所谓"人生幼小,精神专利;长成以后,思虑散逸,固须早教勿失也"(《勉学篇》)。(3)环境的力量最大,儿童的习惯多半被左右近习之人所影响。所谓"人在幼年,神情未定,所与款狎熏渍陶染,言笑举动,无心于学,潜移暗化,自然似之"(《慕贤篇》)。因此之故,父母对于子女,一面固然要从小施以良好教育,一面对于他们左右近习之人审慎选择,以免导入歧路而不自觉。

第三节 葛洪与刘勰

一 葛 洪

葛氏字稚川,是丹阳句容的人,自号抱朴子。他的先世虽做过大官,到他初生时业已中落了。幼时贫且孤,尝以耕田砍柴过日子。但好学心切,每于工作余暇,刻苦读书;即做工时,也不释书卷。性情沉默寡欲,除读书外一无所好,也不爱做官;但或为探求学问时,虽崎岖千里也要跋涉而不辞劳苦。他的思想:前半生是儒家的,后半生是道家的。所著《抱朴子》一书:外篇五十二,是站在儒家立场说话,表示前半生的思想的;内篇五十,是站在道家立场说话,表示后半生的思想的。但他的道家思想,却不与老、庄尽同,完全走入了宗教道上,研究神仙之术了。据他自述,曾在广东罗浮山炼丹七年,遂成《抱朴子》一书。葛氏生于魏文帝嘉平五年,到东晋成帝咸和八年羽化而登仙,享年八十一岁。

葛氏关于教育的言论，只见于他的外篇。内中有三点：一是说明教育的功用，二是说明教育的效力，三是说明努力的重要。关于第一点，又分着三层意思：第一层，以教育为"革面洗心，导窍凿钝"的功用；第二层，以教育为"察往知来，博涉劝成"的功用；第三层，以教育为"为人处世，治国安民"的功用。关于第二点，他以无理性的物件比有灵性的人类，物件都可因人工而教成，则"含五常而禀最灵"的人类之可教，更不待言。关于第三点，他亦以人类之"才性有优劣，思理有修短"，但成功还在于自身的努力。比如："速悟时习者，骥骤之脚也；迟解晚觉者，鹑鹊之翼也。彼虽寻飞绝景，止而不行，则步武不过焉。此虽咫尺以进，往而不辍，则山泽可越焉。"（《勖学篇》）按这一类的话，极其敷浅，本无可取，不过在道家中而肯谈这种学说的人，殊不多得。

二　刘　勰

葛氏为道家之徒，刘氏则为佛家之徒。刘氏是东莞莒县的人，名勰，字彦和，自幼时即发愤为学。因父死过早，家贫无力娶妻子，遂终身为一独身者。当少年时，尝依沙门居处，得以博览佛家经典，所以他的性情也为环境所移，变做了一个恬淡消极的人。他是梁朝的人物，与昭明太子友善。到后来，自燔其须发，改名慧地，率性出家当和尚去了。

他的思想，见于《新论》一书。在本书的字面上，看不见拥护佛家的一个字，其内容也不纯粹是佛家的理论，它是融合儒、佛、道三家的思想而组织的。内中关于教育方面的有两点，可以采取：一为修养论，一为求学说。

刘氏以性为善，欲为恶；情介在善恶之间。情生于性，过了度则伤性。欲生于情,受了撼则害情。譬如:冰出于水,冰结反使水遏而不流;烟出于火,烟多反使火郁而不发。所以撼欲的,不外声色臭味等物质,代表欲的为耳目口鼻等感官,感官受了物质的诱惑,则欲火生,直接害情,间接伤性,而性乱了。假使感官没有物质的引诱,则关闭心钥,欲自不会发生,情亦无所动于中,而性自能全其贞。但吾人生于这个社会,触目皆色,张耳是声,四围皆是敌人,不时向我攻伐,其欲怎得不炽,其情怎得不动?推此原因,由于不知全性之道。怎样全性,莫如"神恬心清";能够如此,则中有主宰,而能因静以定,因清以虚,外感自然不能攻入。所谓"恬和养神,则自安于内;清虚栖心,则不诱于外;神恬心清,则形无累矣"(《清神第一》)。故刘氏修养之法,以"神恬心清"四字为要,能够做到这四个字,则性自能保全其贞,情自不动,欲自不生。

刘氏是一个笃志好学的人,所以提倡"崇学主义"。他说:"道家之妙,非言不津;津言之妙,非学不传;未有不因学而鉴道,不假学以光身者也"(《崇学第五》)。学的功用,不仅"鉴道""光身"两种,凡"通性""益智"皆由学得来。学的功用既如此之大,求学的方法尤在于"专"。所谓"专",即心力专注之意。此意分两点说:一是要把心放在所学之事物上;二是同时不能学习两件东西,同时学习两件,则心就分而不专了。刘氏有一段话说得尚好,我们勿妨抄引在下面:

> 学者出于心,心为身之主,耳目候于心。若心不在学,则听讼不闻,视简不见。如欲炼业,必先正心,而后义理入焉……是以心驻于目,必遗其耳,则听不闻;心驻于耳,必遗其目,则视不见也。使左手画方,右手画圆,令一时俱成,虽执规矩之心,回剟劂之手,而不能者,由心不两用,

则手不并运也。……是故学者，必精勤专心，以入于神。若心不在学，而强讽诵，虽入于耳，而不谛于心，譬犹聋者之歌，效人为之，无以自乐，虽出于口，则越散矣。（《专学第六》）

本章参考书举要

（1）《晋书》的《傅玄传》及《葛洪传》

（2）《北齐书》的《文苑列传》

（3）《北史》的《儒林传》

（4）《南史》的《文学列传》

（5）《傅子》《抱朴子》《新论》《颜氏家训》

第三编　半封建时代前期的教育

第三期　隋唐及五代（589—959）

第十六章　隋唐之国力与士气

一　政权集中与国力外张

在六世纪之末，自汉族将政权由鲜卑族手中夺回以后，从前久被压迫的中华民族，自此得着扬眉吐气，四百年的混乱局势于是告一结束。但当时内地虽然统一于汉族，而塞外东、西、北三方面的野蛮民族又蜂拥而起，气势汹汹，差不多有对中国取包围的形势。经过隋炀帝、唐太宗两个时期，拿国家的全力对付他们，剿灭的剿灭，驱逐的驱逐，三十年间，总算把他们完全征服了；于是东到大海，西抵葱岭，北至蒙古大沙漠，南达安南，全服属于汉族政府的旗帜之下。在这个时候，中国领土较前陡增一倍以上，国家威力足以凌驾前代，震惊四邻。四邻各族，一方慑服中国的威力，一方羡慕中国的文化，纷纷遣士来学，而当时之文化与教育遂广播于国外。从实际上说，隋、唐国力的伸张，不过为少数野心家奋战斗之力所得的结果，他们所组织的政府，其权力之集中自然随着国力更进一步。唐初统一中国以后，即别中央政务为三部，由三省分掌，其实权则统率于皇帝一人。（唐制多因隋旧，且隋立国极短，故举唐即以概隋也。唐末分裂之势，则归入五代而并论之）地方则分全国为十道，道统若干府州，府州统若干县，所有长官的任免全属于中央。陆军则采用周、隋的府兵制，使全国之兵，统归中央指挥，勿论地方长官或将军皆不得专领。当军权、政权集中于中央，屡想向外发展如唐朝的时候，我们可以说：在政体上是一个极专制的君主政治，在国体上是一个富有侵略性的帝国主义国家。此时社会生产方法仍稳定于农业经济之上，国外交通虽因国力促其发达，而国内商业资本无特殊发展，所以士大夫阶级依然得以巩固其地位，表显其官僚政治的特色。同时且骄傲他们国家之富强，此隋、唐士气与六朝人不同的原因。

二 隋唐士民的思想与态度

从表面上看，佛、老两家的势力杂入到儒家的社会里面，与儒家争宠夺敌，似乎隋、唐与魏晋六朝同一情形；但我们从实际上观察，这两个时代士民的思想与态度可是大不相同。生在六朝的士民，因政局的紊乱及外力的压迫，他们在物质方面得不着满意的生活，所有生存的勇气全因着环境而沮丧。因此之故，他们对于现时社会以为没有什么希望，不得不从精神方面另找一个乐国，求着灵魂的安慰。故佛老思想之输入正合他们的需要；或则放浪形骸，简直佛老也不讲；甚至一切不顾，只有及时随地以求短时间的生命之愉快。他们全是一种消极的悲观的人生。隋、唐士民的人生观——尤其是唐之盛时——则不然。他们生长在太平时代，民殷国富，外无蛮族的压迫，物质生活上可以得着比较的满足与安定。且当时国力膨胀，四边弱小或野蛮民族全被他们的国家征服，在文化与武力方面他们俨然是一个强大国之民，高视阔步的态度自然容易养成。所以他们眼中所见的社会都是甜蜜的、快乐的，彼此专在探获物质上的享受，再也不知其他了。他们所讲的佛老，除了少数知识分子作学理的研究外，一般官僚与士民不过以为玩好之具，利用之方，这与六朝人借佛老以求灵魂的安慰者绝不相同。加以当时政府施行专制政策，以高压手段对付反侧，以利禄方法笼络士民，他们纵有其他思想，也不敢有所发表，所以他们的精力只好完全在物质的现实的方面表现罢了。有骨格一点的人们，则从事于文学诗歌或各种艺术；没有骨格的人们，则养成好奢侈、爱阔绰及不顾廉耻的种种卑污习惯。唐末五代之廉耻道丧，气节不讲，皆于此时此因养成的。

第十七章　隋唐学风

在隋、唐时代，有三种学风：第一是佛学，第二是文艺，第三是儒术。此三种学风中，以一、二两种所出人才最多，成绩最大，而儒术反瞠乎其后。推究其原因，佛学与文艺皆以时代的趋势及政府的提倡，所以特别发达，而儒术则因政府教育政策束缚过甚，所以反形退化了。

佛学自魏、晋以来，已为中土人士所欢迎，潮流所趋，奔腾澎湃，不可遏抑。中经中外信徒费三百年运动之力，尽量输入国内，上下相习，靡然从风，所以到了隋朝，民间佛经多于六经数十倍。隋亡唐兴，研究佛学的接踵而起，因此佛学界上再进一步，由灌输时期而达于译著与组织时期。且在六朝时代，传导佛学的多为外国学者；到了隋、唐，著名学者尽属国人，所有佛家各宗各派，皆于此时期先后成立，而佛学之在隋、唐可谓大放异彩。

六朝时代，士气虽极颓废，思想虽不统一，而艺术的文学确较前代为发达。经三百余年的流行，到了隋、唐则更加进步。且隋、唐之科举取士制度，于文艺之提倡，尤有帮助。隋朝以进士科取士，唐朝科目虽多，所重仍在进士一科。进士科考试诗赋及时务策，没有经术的制限，其个人的聪明才智得以自由发展，且由进士出身者在社会上比较有名誉；故当时学子莫不趋赴于进士一途。因此之故，凡打算求仕进的人们，莫不致力于诗赋及时务策。思路既辟，天才大启，既得政府的提倡，又受社会的激励，一倡百和，演为学风。且当时国力既富，在经济方面亦足以培养各种艺术人才，此唐代文艺所以特陈伟观。

至于儒家学术之在当时，则觉寂寞多了。隋朝二帝皆不重儒术。唐朝政府初年虽然极力提倡学校教育与儒术，但不再传之后莫不趋赴于科举了。科举特重进士科，此科既不考试经术，志在进士的人们自然不肯诵习。其次则为明经科，此科虽试经术，而出题范围又只限于《五经正义》。国家既指定几种书籍、几人学说，强国人以必学，从事这一途的人们自无自由选择的余地。且考试时又有"墨义"及"帖经"等方式，一般学子平日多半研究括帖，忽略实学，于是"死记经文，默诵注疏"成为当时特有的教育。限制这样的死，束缚这样的严，聪明才智之士自然群趋于文艺与佛学两途，在儒术方面求生存的大半皆凡品，则儒术怎样有成绩。所以隋、唐三百多年，对于儒家思想稍有所发挥的，只有王通及韩、李二三人，而陆、孔辈不过记问的学者而已；这种记问的学者亦难与汉、魏比较。

第十八章　唐之教育制度及其实施

第一节　概　论

隋朝统一中国不到三十年即被灭亡，在教育制度方面，除了创设进士科外，殊无可记载。不过在这三十年中关于学校教育的盛衰，可以分做三个时期。第一，是开皇期。这个时期，正当文帝统一天下的初年，颇奖励学术，自中央以至四方，遍地皆设学校，而四方好学之士，来中央求学的聚集如云，四方道路咸闻讲诵之声，四百年久已衰歇的学校，到此时陡然兴起，所谓"自汉、魏以来，一时而已"（见《北史》及《隋书·儒林传》）。第二为仁寿期。此期正当文帝晚年时，从前重儒兴学的性质陡然改变，专尚刑名，把中央国子学四门学及州县学一概停办，学校教育到此时几乎中断。不过此期仅有四年，至炀帝即位，又渐渐恢复旧观了，谓之第三期——大业期。但以炀帝过于荒淫，即位不久，四方大乱，而学校也渐归于停废。至于学校的内容，不过继承汉、魏之路，而历时又短，所以只好从略，以下我们专叙唐朝的教育制度。

建设唐朝的政府，自然大半归功于太宗。太宗以旷代的英杰，支配帝国的政权，不但对于政治方面励精图治，即对于教育之振兴及儒术提倡，亦具非常的热心。当他在藩邸为秦王时，便开设文学馆，延揽时代的贤俊，如房、杜诸人，谓之"十八学士"，在里面相与讲论学术，讨论政治，曾博得一时社会人士的羡慕。他的父皇高祖对于教育也具有热心，所以统一天下未久，自中央以至州县，大小学校已是设立如林。及秦王登基以后，更加推广——扩充校舍，增加学额。不但儒学内讲论儒经，即屯营、飞骑等军队里面，皆派遣博士授以经术。此风一倡，声教讫于国外，于是新罗、高昌、百济、吐蕃、高丽等国莫不派遣子弟来唐留学，唐初学校之盛为晋、魏四百年以来所未有。

在学校制度方面，也较前代进步很多，我们先看下面一个系统图便知道。由中央直接设立的学校大要分做三系：一为中央六学，是为直系；二为二馆，三为医学，是为旁系。直系之六学，即（1）国学，（2）太学，（3）四门学，（4）律学，（5）书学，（6）算学，统隶于国子监——国子监的性质等于现今教育部，长官称曰国子祭酒。六学中之前三学似属于大学性质，后三学似属于专科性质。旁系之二馆，一为弘文馆，归门下省直辖；二为崇文馆，归东宫直辖。此二馆资格较六学为高，而程度反较低。医学亦属专科性质，另成一系，直辖于太医署，不归国子监管辖。除以上三系外，还有玄学隶于祠部，还有集贤殿书院隶于中书省。玄学亦属大学性质。集贤殿书院从表面上看似乎一种研究院，但实际不过为一中央图书馆。由地方政府办理的：在各府有府学，各州有州学；州府以下，各县有县学；县内又有市学及镇学。照系统上分，所有府州县市各学统属直系，由长史掌管。长史等于现今教育厅长，再隶于国子监。各府各州及各市另有医学，谓之旁系。凡地方政府办理的各学校，其性质介乎中小学之间，其毕

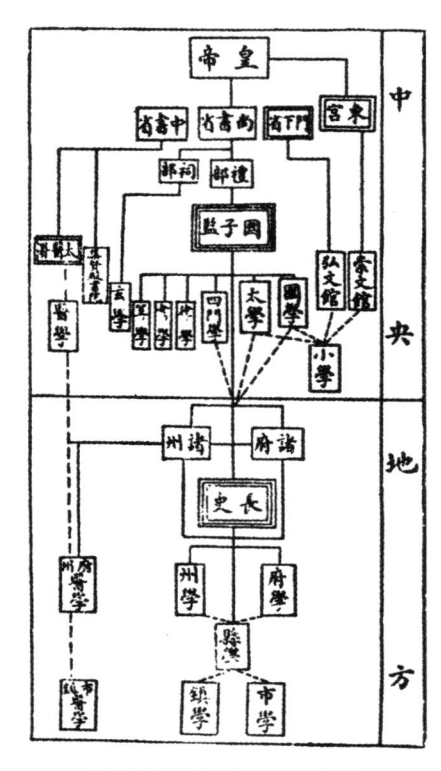

第七图　唐代学制系统图

业生有可以直接应乡贡的，亦有直接升格于中央四门学的。由此看来，唐朝学制有三点足以令我们注意：（1）儒家学校以外，还设立玄学，研究老、庄的学说。（2）除经学属于文科外，他们还设立有法科的律学，理科的算学，及艺术科的图学；而医科学校尤为重视，凡中央及地方各级均有设立。（3）教育行政机关颇有系统可寻，此皆较前代进步的。不过中小学等级的区分仍不清晰，是其缺点。（俱见《唐六典》及《新唐书·选举志》）

第二节　中央六学二馆

一　入学资格

封建时代办理学校，是培养治术人才的，不是为培养学术人才的，这一点我于前面屡次申说过了。唐朝中央的六学二馆亦不外乎这个原则。他们的学校种类虽多，与其说以程度分等级，勿宁说是以资格别上下。在直系六学，以国子学地位最高贵，学生限于文武三品以上的子孙，或从二品以上的曾孙，及勋官二品县公京官四品，带三品勋封的子弟。次于国学的为太学，学生限于职事官五品的期亲，或三品的曾孙，及勋官三品以上有封之子。再次为四门学，入学资格分两种：一限于勋官三品以上无封或四品有封，及文武七品以上的子弟；一以庶人中的俊异者充之。除此二种资格外，凡诸州贡举进京在省试落第的举人，也可听入四门学肆业。以上三学，程度本无高下，不过因政府限定入学的资格有贵贱的等级不同，所以他们的地位就有上下。其他律学、书学、算学是研究科学的学校，资格的限制比较稍宽，凡八品以上的子孙，及一般庶人能通习本学科而有志愿研究的，皆有权利入学肆业。弘文、崇文二馆则又高于国学，此二馆的地位要算全国学校中最贵族的学校。内中学生唯皇室近亲、皇太后、皇后近亲及宰相、大臣、散官、一品功臣的子孙，方有入学的资格。其实他们的程度较国学、太学学生的程度反要低浅，不过国家设此二馆以特别教育一等亲贵子弟罢了。

诸生入学年龄相差无几，除律学为研究法律知识入学年龄较大——十八岁至二十五岁——外，其他各专门大学概以十四岁至十九岁为限。但州县学生能通一经以上或天资聪异的，如送入四门学，只限于年龄二十五岁以上。或有八九两品的子弟或庶人，年在二十一岁以下，能通一经以上或天资聪异的，亦可送入四门学读书。

二　学额与师资

唐朝立国将近三百年，其间因国势的消长、政局的治乱和时君的好恶，故教育制度时有损益，学生在学的实数及学校的废立，亦不能视为一律。此处第四、第五两表，所列学生及教授的名额是根据《唐六典》及《新唐书·选举志》两处的记载。内中规定国子学生三百名，太学生五百名，四门学生一千三百名，律学生五十名，书学生及算学生各三十名，六学共额二千二百一十名。宏文馆生三十名，崇文馆生二十名，二馆共额五十名。合计中央六学二馆生员的定额凡二千二百六十名。到太宗贞观年间，扩充学舍，增加名额，二馆六学的生员已到三千二百名了。由此逐渐增加，地方学子莫不挟策负笈就学于京师，而国外四邻高丽、日本等国亦纷纷派遣子弟来京留学，于是中央生徒之发达凡八千余人。自贞观至开元，一百年间，为唐朝国力最强时期，亦即其学校最发达时期，故中央学生由二千余名增加到八千余名，较原额扩充几四倍了。四邻中以日本三岛派遣来中国留学之"唐使"特多，中国文化因此东渡于朝鲜及日本三岛。天宝以后，国家遭安史的大乱，学校停废，在学生员多半流散。追后大乱平定，虽渐图恢复，但已不若昔日之盛了。

第四表　唐代直系各校学生及教员名额表

中央			地方		
学名	学生额数	教员数	学名	学生额数	教员数
国子学	三百名	博士二人 助教二人	京都学	八十名	博士一人 助教二人
			大都督府学	六十名	博士一人 助教二人
太学	五百名	博士三人 助教三人	中都督府学	六十名	博士一人 助教二人
			下都督学府	五十名	博士一人 助教一人
四门学	一千三百名	博士三人 助教三人	上州学	六十名	博士一人 助教二人
			中州学	五十名	博士一人 助教一人
律学	五十名	博士一人 助教一人	下州学	四十名	博士一人 助教一人
			京县学	五十名	博士助教各一人
书学	三十名	博士二人	上县学	四十名	博士助教各一人
			中县学	三十五名	博士助教各一人
算学	三十名	博士二人	下县学	二十名	博士助教各一人

第五表　唐代旁系各校学生及教员名额表

中央			地方医学		
学名	学生额数	教员额数	区别	学生额数	教员额数
宏文馆	三十名	学士无定额	京都各府	二十名	博士助教各一人
崇文馆	二十名	学士无定额	大都督府	十五名	博士助教各一人

续表

中央			地方医学		
学名	学生额数	教员额数	区别	学生额数	教员额数
玄学	未详		中都督府	十五名	博士助教各一人
集贤殿书院			下都督府	十二名	博士助教各一人
国立医学	四十名（内有按摩生十五人）	医博士助教各一人 针博士助教各一人 按摩博士一人 按摩师四人 咒禁博士一人	上州	十二名	博士助教各一人
			中州	十二名	博士助教各一人
			下州	十一名	博士一人
			市		
			地方玄学京都各百人诸州无常员		

六学的师资有博士、助教二种，合计只有二十二名。二馆的师资称学士，无定额。这些教员多半同时具有两种资格：一方面为学校的教师，一方面又为政府的官员，而他们教职的大小又以在政府里面所居职位的高下为标准。如国子学博士须有正五品以上的资格，助教须有从七品以上的资格，太学以下的博士、助教品级渐低。

三 入学手续及仪式

唐代中央各学馆，学生入学手续没有明文规定，我们很难明白叙述。但内中学生的来源有三途：一由贵族家庭的子弟，二为地方诸州县学生，三为省试下第举人。大概第一、第三两途系直接送入学馆肄业，不必经过什么烦琐手续。第二途则由各州长史考选州县学生中之智力与学力优长的，汇送到中央，便可入四门学读书。这一途人以平民而能入中央大学读书，自是特殊学生，故称曰"俊士"。凡入学以后，一切饮食服用，由学校供给，各代一样。此时期稍具特殊性的为学生上学仪式。

中国古代，学生对于业师，每当初见面时，必有一种仪节，用实物来表示，名曰"束脩之礼"。束脩之礼自孔子时即已实行，到汉代此风犹存，如蜀郡文翁买蜀中的土产令学生带赠太学博士，即是此意。到了唐朝，教育思想虽然固闭，而政府尊师的礼节却未尝废绝，如束脩一层并由政府明白规定。礼物的轻重随学校的性质为标准：国子学及太学学生每人送绢三匹；四门学生每人送绢二匹；律、书、算三学学生每人送绢一匹；地方的州县学生亦送绢二匹。学生除送绢以外，还须赠送酒肉，不过分量多寡不必规定。学校教师，有博士、有助教，学生的束脩分做五分：三分送与博士，二分送与助教。此种束脩，不过对于业师表示一番尊崇而已，与官厅所发给的薪俸之性质绝不相同。现代地方私塾，学生对于业师除学俸以外，还馈赠米盐肉酒等物，即是古代束脩的遗风。他们馈赠的多寡都是随着学生家庭的力量之大小为衡，而师长的地位可以无形增高，师生的感情可以油然发生，在人群间可以养成一种特别意味，维持教育的势力于无形，这是东方古代民族特种美风。在唐《开元礼》所载，皇子初上学拜见业师，敬奉束脩的仪节，至恭且敬，我们看了，亦觉有无限的意味。

四　学科与修业期限

中央各学馆的学科，因其性质各有不同，但可分为三系：如国子学、太学及四门学为一系；律学、书学及算学为一系；弘文、崇文二馆又为一系。修业期限及其活动，是随各学科的分量之轻重而定其长短的。在规定年限之内，如有补习及留级等情，亦可酌量延长在学时限，但有一定的限度。这个限度，除律学六年外，余均定为九年。如在律学六年或在其他各学九年期满，犹不能备贡——即不能毕业时，则令其退学。兹将各学馆的学科及各科应习的学程分类叙述于下。

（甲）国子学、太学、四门学。我们所谓唐朝的文科学校，就是教授经学科的学校，如国子学、太学及四门学皆属于此科。他们把经学分为正经及旁经两类。正经有九：以《礼记》《春秋左氏传》为大经；

《诗》《周礼》《仪礼》为中经；《易》《尚书》《春秋公羊传》《春秋穀梁传》为小经。旁经有三：《孝经》《论语》《老子》。正经似乎专修学科，旁经似乎补助学科。但关于专修学科并非全习，内中亦有自由选择的机会，不过有限制的选择罢了。你要学习二经，则选一大经、一小经，或选二中经；你要学习三经，则于大、中、小三经中各选一经；你要学习五经，则大经全习，余则各选一经。《孝经》《论语》于正经外，皆须兼修，以资补助。老子《道德经》本为玄学里头的主要功课，不过在文科三个学校之内有时亦列入兼修科。其各经应习的学程则随其大小或难易而不同，凡选修《孝经》《论语》二经的，以一年为限；选修《尚书》、《公羊传》或《穀梁传》的，各以一年半为限；选修《易》、《诗》、《周礼》或《仪礼》的，各以二年为限；选修《礼记》或《左氏传》的，则各以三年为限。

（乙）书学。此学亦非纯粹艺术科，除研究书法以外，还要研究时文及文字学。他们每日习书法，纸一幅，间习时务策，并且读《国语》《说文》《字林》《三苍》《尔雅》。凡学习石经三体，以三年为限，《说文》以二年为限，《字林》以一年为限。

（丙）算学。此学课程亦不少。凡习《孙子》及《五曹》的共限一年；习《九章》及《海岛》的共限三年；习《张丘建》或《夏侯阳》的各限一年；又习《周髀》及《五经算》的共以一年为限；缀学以四年为限；缉古以三年为限。其他记遗三等数作为辅科，皆须兼习。

（丁）律学。此学课程史无明文规定，不敢臆造。但观明法科所试项目为律七条，令三条；又观《唐六典》卷二十有通达律令者为明法；又此时科举有"开元礼"一科；则知律学所习除历代刑法志外，必有当代律令及开元典礼等科。又按诸学退学条例，其他诸学必留级三次在学九年仍不及格者始令退学，而律学以在学六年不及格者即令退学，可知此学修业期限亦必较他学为短。

（戊）二馆。二馆学生全系一等贵族子弟，居养太骄，求学自属肤浅。依照定章，所有课程应当与直系文科三学相同。但一考其实，他们所学，往往较其他诸学学生为劣，故国家考验他们的成绩亦比较宽放。

五　假　期

各学放假分长期、短期二种。短期为"旬假"，每十日放一天，等于现今七日一星期。长期每年放假二次：一在五月，为"田假"；一在九月，为"授衣假"。这两个长假期各限以一个月，准学生回籍省亲。倘学生家庭距学校超过二百里以外，则按路程远近，酌予延长；或家有大故，亦得酌予延长。倘已延长，而逾限过多仍不到校者，即令其退学。按唐朝放假的规定与我们现在各校的办法很相同，而田假与授衣假尤适合于农村社会的民情，这一点很可以供吾人办学的参考。

六　考试退学及升格

各学考试分三种：一举行于旬假以前，曰"旬考"；一举行于年终，曰"岁考"；第三种则在毕业时举行，曰"毕业考试"。旬考试验学生十日之内所学习的课程，分背诵与讲解二类。关于背诵的，每一千字内试验一帖，帖三字。关于讲解的，每二千字内问大义一条，共问三条，答对了二条为及格，不及格的有罚。岁考试验他们一年以内所学习的课程，用口问大义十条，答对了八条为上等，六条为中等，五条为下等。下等为不及格，须当重习。如不及格至三次，延长在学时期至九年或六年而仍不及格的，则令退学。故退学的规则分三条：一因告假逾限，二因三次不及格至满最高修学时期，三因操行过劣不堪教诲的，皆令退学。毕业考试则于其应修学程期满、成绩及格时举行，凡国子监生，由博士出题，国子祭酒监考。最低限度除俊士须通三经外，其余学生须通二经，方能与试。试验及格，即可出校应省试；但如有志愿继续求学的，凡四门学的毕业生则补入太学，太学毕业生则补入国子学。不过此种升格法非加深其学业程度，不过提高其地位罢了。

第三节 郡县学校

一 郡县学校之系统

唐朝地方行政区划，贞观时分为十道，开元时又分为十五道。每一道统辖若干府或州，每一府或州统辖若干县。一县之内又分乡及市镇等乡区。在行政方面以县为单位，由县而府州而道，共有三级。在学制方面，通常的只有州府学及县学二级，似均属于中学性质，但非中学名称。县以下又设乡学或市镇学，似属于小学性质，但不常有。以整个学制系统说，地方学校可别为三类：一为经学，属于直系；二为医学，三为道学，均属于旁系。直系各学统归长史管辖，长史即今之教育厅长。此地所述郡县学校专指直系的经学说的，医学与道学留待下节。

二 郡县学校之内容

地方各校的内容除入学仪节与中央学校相同外，其余均较简单多了，且亦多无明文可见，兹将可考各点分条叙述于下：

（1）名额。据《新唐书·选举志》，各学的定额：京都学生八十人，大都督、中都督府及上州学生各六十人，下都督府及中州学生各五十人，下州学生四十人，京县五十人，上县四十人，中县及中下县三十五人，下县二十人。查唐朝当强盛时，分全国为十五道，共计有府州三百二十八，有县一千五百七十三。地方直系各校，每府学或州学的学生平均以五十名计算，每县学平均以三十名计算，共得八万三千五百九十名（京都三学每所八十名、京县每所五十名尚未计）。

（2）师资。据《唐六典》，地方学校的师资名额更少。我们已将各学校的师资名额列在第五表内，由该表看来，凡在学生六十名以上的各学，设博士一人，助教二人；凡在学生五十名以下的各学，设博士、助教各一人。至于博士的地位亦随学校所属阶级之高下而定，大约由八品至九品。但自代宗十四年以后，已将诸州府学的博士改为文学了。

（3）学年及教材。各府州县学生皆系一般庶民子弟，学校虽系中学性质，而学龄与国立大学的学龄有过之无不及。内中课程虽然亦读九经，但不过粗通文艺，所定限度亦较低。我们查看《文献通考·学校七》所载开元二十一年一道敕令："敕诸州县学生年二十五以下，八品九品子若庶人并年二十一以下，通一经以上，及未通经精神聪悟有文词史学者，每年铨量举送所司简试，听入四门学充俊士。"可知当时地方各学学生只要能通一经便可毕业，升入四门学了。但地方学校与中央大学有一不同之点：他们不仅在书本上求知识，除了学习正业外，还须兼习吉凶礼。凡地方公私方面，有举行吉凶仪式时，即令学生前往演礼，礼毕返校。这种办法与现今师范生实习相似。

（4）毕业及升格。地方各学没有规定修学年限，只要能通一经以上，似乎便可以毕业。学生毕业后之出路有二：一升入中央四门学读书，充当俊士；一等候科举的时期到了应科举试。此外还可由州县长官委派以相当的职务。这些学生统归长史管辖，所以毕业时亦须往各州由长史考试。

此外，凡京师及地方皆设有小学，或由公立，或由私立，但无制度可考。

第四节　医　学

唐朝学校，除了经学科外，还有研究各种科学的学校，这一层我们在前面曾经略一提及过了。现在我们回头再把"唐朝学校系统图"仔细一看，则知各种科学中，尤以医学比较异常发达——除中央以外，各府各州及各市镇遍地皆是，故我们有另提一节叙述的必要。当时医学，不仅是量的增加，并且是质的特异，即一医学总名而分做若干科目，那些科目到现在也有为我们未曾设立的。

考唐朝医学统属于太医署，署长称曰"太医令"，掌管医疗行政事宜。在太医署之下，分医学为四门：一曰医学，二曰针学，三曰按摩学，四曰咒禁学，皆有博士教授生徒。试分述于下。

（1）医学。设医学博士一人，助教一人，学生定额二十名。内中分五科：一曰体疗科，二曰疮肿科，三曰少小科，四曰耳目口齿科，五曰角法科。大概全额二十名学生，以十一人学体疗，学程为七年；三人学疮肿科，三人学少小，学程为五年；二人学耳目口齿科，一人学角法，学程为二年。以《本草》及甲乙脉经为普通科目，凡本校学生皆当必修。

（2）针学。设博士一人，助教一人，学生人数未详。此科所习，在使学生明白经脉孔穴之道，辨识浮沉涩滑之候，以药石的手术射疗疾病。治法有九，可以施补泻。

（3）按摩学。设按摩博士一人，按摩师四人，按摩工十六人，按摩生十五人。此科在用消息导引的方法，诊除风寒暑湿饥饱劳逸八种疾病。凡人肢体腑脏，所有疾病，多因郁结不宣——而所郁结的，或为气血，或为食料。若用按摩术导宣出来，可使内疾不留，外邪不入，即不用药石自可奏效。不仅内部可以施行此术，即在皮肤方面，如有损伤折跌，亦能治疗。

（4）咒禁学。设博士一人，教授生徒，以咒禁驱除一切邪恶鬼魅，近于妖术。在科学未发达以前，神仙方士之术代代都有，原不足奇。但从前仅为私人的宣传，到唐朝且由政府正式设科教学，这是很奇异的一件事情。

凡医学，管理极严，平日所习诸经——《本草》、《明堂》、《脉诀》、《素问》及《黄帝针经》——务必精熟，每月由博士考试一次，每季由太医令丞考试一次，到了年终则由太常丞总试一次。毕业生的待遇，与国子监所辖的学生相同，可以应科举试验，可以做官。因中国古代勿论各色人等均以做官为目的，这是官僚政治之下的一般情形，政府对于毕业学生有了可以做官的规定，则招生时比较容易（均见《唐六典·卷四》及《玉海·学校》）。

第五节 玄 学

唐家皇室本姓李氏，附会为老子李耳之后，所以对于道家学术特别提倡。到了玄宗皇帝，尤其信仰道教，自称元元皇帝，在他当国时，一方将自己所注之老子《道德经》颁行天下，强人学习；一方于明经进士科加试《老子》。除此以外，又特别创设研究道家学术的玄学——又名崇玄学。此学校立于开元二十五年，中央及地方均有，但完全出于皇室的意见，所以废置无常。内中以《老子》《庄子》《文子》《列子》等书为教材。中央学生没有定额，三京都规定一百名，诸州亦无常。且内容简单，亦无定制，无可叙述，我们特立一节，不过引人注意罢了。

第六节 科 举

一 科目之种类

唐代科目，大要分着三类：（1）由学馆出身的名曰"生徒"；（2）由州县考送的名曰"乡贡"，这两类皆有定格，叫做常科；（3）不拘常格，而由天子直接招考的名曰"制举"。前二类科目很多，而常行的只有六科：一曰秀才科，二曰明经科，三曰进士科，四曰明法科，五曰明书科，六曰明算科。其他还有三礼、三传、史科、开元礼、道举及童子诸科，是不常行的。在常行的六科中，尤以"明经""进士"二科为盛；而秀才科因取人较严，有"举而不第者坐其州长"之规定，故自贞观以后，无人敢轻举，遂无形废止了。至若制科的名目则更多了，如贤良方正直言极谏科、博通坟典达于教化科、识洞韬略堪任将帅科……多至八十余种。大概各因时君的好尚及政府一时的需要，即特设某科考取某样人才，初无一定的规程。

二 科学之手续

制科没有定额，考试亦没有定制，我们可以从略不讲，现时只将常科的手续及内容叙述叙述。常科主管机关属于尚书省下之礼部，谓之省试。主考者初为考功员外郎，后以此官位卑望轻，常与举人发生冲突，自开元二十五年以后，遂改归礼部侍郎主考。每年举行考选一次，考试的时间规定于阴历十一月。我们前面不是说常科所考举子分生徒、乡贡两类吗？生徒之中，又有中央二馆六学的及地方州县学的两种（玄学学生亦可应科举，合之为七学）。中央生徒，由国子监祭酒每年挑选学业成就的若干人送入礼部应省试，地方生徒由长史挑选学业成就的若干人送礼部应省试。乡贡则不限于学校内的学生，凡读书分子皆可应试。应试之初，由应试者怀牒自往本县报名，由县令考选送州。再由刺史复核，取中了之后，还举行一种仪式"以乡饮酒礼与耆艾叙少长"；于是贡送到中央。这一班士子先到户部报到，填写姓名履历及保结，户部将册子送达礼部由礼部定期出题考试。凡地方举子进京复试时与学馆生徒同时举行，取中以后，分等给予及第出身等资格，最优的或特别奖擢。唐朝初年规定，凡士子应常贡，只问学力，不限于学校内的学生，但在文宗太和年间，凡公卿士族子弟须先入国学肄业方准应明经进士；在武宗会昌年间，又规定勿论中央或地方一切须由学校出身方准应试。如果会昌年间的规定通行，则唐朝后期百年间，学校与科举之关系反较密切了。省试取中以后，送入国子监，还须读书，酌加津贴，然后上于尚书吏部复试，及格然后擢用授官，不及格者越三年再试，所以"韩文公三试于吏部无成，则十年犹布衣"。

三　考试之内容

考试的内容，各科不一样，我们参看第六表，便可知道一个大概。惟自高宗以后，凡贡举人于考试本科外，还须加试《老子》，玄宗尤为注重，这是唐朝提倡玄学的一种办法。考试的方法不外四种：一、口试，二、墨义，三、作文，四、帖经。但明、法诸科只有前三法，惟明经、进士两科，四法全备，而帖经一法尤为明经科特别注重。据《五礼五考》，"进士科永隆以前，止有对策；天宝以前，有策有诗赋；天宝以后，有帖经有策有诗赋"，则知进士帖经要到天宝以后才增加。墨义即挑诵的办法，对于某经或注疏的原文任挑出若干条，令被试的答出；被试者以口答曰口试，以笔答曰墨义。作文包括诗赋及时务策。这三种考试法，都是很平常的，可是第四种——帖经却有些奇特了。怎样叫做"帖经"？这个名词，不用说，一定是唐人创造的。据《通典》所载，当主试者考试经书时，任揭一页，把左右两边蒙着，中间只开一行；再裁纸为帖，帖盖数字，令被试者写读出来。创行之初，所帖尚属容易，被试者也很容易读写。到后来，因应试人多而政府需要人才少，不得不故出艰深以难举子，于是专帖孤章绝句疑似参互之处，以迷惑举子的记忆。但出题虽难，却有一定的范围——限以《五经正义》一书，学者只要熟记经文与注疏，或推敲得出题的隐诀，十分之九可以猜中。学子这样读书法，谓之"括帖"，而括帖遂成为当时的一种学问。此法既行，士子专一揣摩政府的意旨，猎取科名，舍去实学不讲；即或帖经甚佳，而对于本经原文及大义往往茫然不晓。唐代科目虽多，而士族所趋仅有明经与进士两科，括帖之学可以想见其盛；而唐代机械的教育也就不言而喻了。但帖经实为明经主要考试法，而进士所考特重在诗赋及时务策，所以当时人才由进士科产生比较的多，在社会上的位置亦比较崇高。但进士科既不重帖经，故应试本科的举子亦仅习当代之文，于经史可不复深习；其结果，他们的学问虽不像明经那样机械，而空疏尤甚。

此唐代科举所以难得真实的学问与有用的人才。

第六表　唐代常科条例表

科目	考试条例
秀才	试方略策五道。以文理通粗分为上上、上中、上下、中上四等，为及第。
明经	先帖经，然后口试（经问大义十条），答时务策三道。亦分四等。
进士	试杂文（诗赋），及时务策，并帖经（一大经）。经策全通为甲第；策通四，帖过四以上为乙第。
明法	试律七条，令三条。全通为甲第，通八为乙第。
明书	先口试通，乃墨试《说文》《字林》二十条，通十八为第。
明算	录大义本条为问答，明数造术，详明术理，然后为通。
开元礼	通大义百条，策三道者，超资予官；义通七十，策通二者及第。散试官能通者依正员。
三传	《左氏传》问大义五十条，《公羊》《穀梁传》各三十条，策皆三道。义通七以上，策通二以上，为第。
史科	每史科问大义百条，策三道。义通七，策通二以上为第。
童子	十岁以下能通一经，及《孝经》《论语》，每卷诵文十通者予官，通七予出身。
道举	官秩荫第因国子举送，课试各明经。

第七节　结　论

隋、唐以前，国家教育制度是学校与选举并行；自隋、唐以后，则变为学校与科举并行。但科举取士虽创始于隋，当时只有进士一科，制度未立，乡评里选之遗风尚能保持相当的势力。到了唐朝，制定了许多烦琐制度，增加了许多科目，明示天下士子以必由的途径，于是昔日选举之法不能适用了。自此以后，千余年来，政府笼络人才以科举为唯一的手段，天下人才亦以科举为唯一的出路，学校等于虚设，科举遂为全部教育制度之重心。

在昔选举时代，地方清议颇有力量，政府往往俯察舆情为施政的标准，所以生在当时的才智之士，不求表白，常有被政府物色的机会，常有被地方公推的可能。到了科举时代就不同了，帝王权力日大，地方清议不复存在，才智之士欲求表现，就非自找出路不可了——应科举试就是他们唯一的出路。但每届科举，取录名额有限，又加弊窦百出，而一般希势求荣的人们，因此大事奔走攒营，以求侥幸一中，于是什么"温卷""求知己"种种丑态都演出来了。这种教育制度，不注意平日的培养，只凭一时的考试与考试的机会，不仅难得真实有用的人才，而养成社会人士舍本逐末，希图投机取巧，侥幸成功，这种卑劣心理，害个人以误国家，是最坏没有了。

本章参考书举要

（1）《唐六典》

（2）《唐会要》

（3）《通典》的《举士》

（4）《五礼通考》

（5）《文献通考》的《学校》及《选举》

（6）《新唐书》的《儒学》及《选举志》

第十九章　隋唐教育家及其学说

第一节　概　论

隋、唐学风虽有三派，可称为教育家的只有儒学一派，而儒学界的教育人才亦不多见。严格统计起来，勉强可举的，在隋代只有王通一人，在唐代只有韩愈、李翱二人。韩氏以一文学家而喜言儒术，其修为工夫虽较欠缺，所论大抵与儒术不相悖谬，且肯以师道自任，所以很为后世儒者称述。李氏的头脑受了很深的佛家洗礼，《复性三篇》较韩氏所论为精，已入了宋儒言论的境界。王氏的思想见于《文中子》一书，一方面阐发儒家学理，一方面包含佛道二家，其态度较韩氏恢，其教育生活较韩、李二氏均有成绩。

此外还有经学家三人——陆德明、颜师古及孔颖达。他们均非教育家，对于教育理论更属隔阂，但他们的著作对于当时教育确有关系。陆氏所著《经典释文》，颜氏补正五经脱误之工作，为当时研究经学的人们所取法。孔氏所撰《五经正义》一书，更有权威。此书成功后，由政府颁行于全国，凡学校的课程，科举的试题，一律以为标准。两汉三百年的今古文讼争，六朝四百年的南北派别，到了此时悉归于统一，不复有异说。（《五经正义》为孔、颜等数人合作而成，主持之者或为孔氏，后遂以此书为孔氏专有。）儒生从此以后，皆局踏于《五经正义》的范围以内，不敢越雷池一步，唐代儒术所以停滞不进及教育学说所以不能发达的，此亦大原因之一。

第二节　王通（584—617）

一　略　传

王氏名通，字仲淹，号文中子，是山西龙门的人。生于隋文帝开皇四年，是时江南还没有统一。王氏以家庭屡世儒业，读书时期很早，故到十五岁时学业已略有成就。当二十岁时，西往长安，拜见文帝，陈说王道，以不投机而返。从此专门著书讲学，年近三十，学业大成，及门弟子亦遍郡国。平生著作，有《续经》，是模仿古之六经作的；有《中说》，是模仿《论语》作的。他的父亲王伯高，也是当时有名的教授。他的胞弟王绩，是一位隐居先生，在《旧唐书》中有传。他的及门弟子，如河南的董常、太山的姚义、京兆的杜淹、赵郡的李靖、扶风的窦威、河东的薛收、清河的房玄龄、巨鹿的魏徵一辈人，都是王佐之才，许多到后来为唐代有名卿相。王氏本人却寂然无闻，且有人怀疑未必真有其人，那可怪了！到宋朝，程明道只承认有其人，而不承认有其书，说他是隋代的一个隐君子，所著《中说》是后人附会成编的。我们推想王氏所以被人怀疑，大概由于他的思想与当时背驰，而妄作《元经》尤为儒者所责骂。但他在当时，门弟子多至千余人，他一生也只以教授著述为业，总算是当代唯一的教育家。

二　《中说》要义

王氏的《续经》业已失传，我们所能看出他的思想的，只有《中说》。他是一个拟古派——尤其是拟孔派——的学者，孔趋亦趋、孔步亦步的学者，他的思想自然是与孔子口里所说的话一样。关于教育方面，训练取感化主义，教授取渐进主义，研究取一贯主义，尤为老生常谈，用不着在此多述，不过要概括他的根本思想，我们可以拿八个字代表出来，就是"乐天知命，穷理尽性"。王氏把本性看着是善的，所以能够生出仁义礼智信五常之德来。这五常之德，是宇宙间自然的原则，也是吾人应有的操行；故在吾人自身曰"本性"，在宇宙流行曰"天理"。吾人在世，要完成一个君子人格的时候，我们的修养应当事事本乎天理；本乎天理就是修其本性，故曰"穷理尽性"。吾人都是有所命的，命不是贫富贵贱的派定，如王充的说法，乃是教我们穷理尽性的；能够穷理尽性，则谓之立命中，所以我们的天职要知道命的所以然而把它完成。命与性是相合的，天与理是一致的，不过在人曰性曰命，在宇宙曰天曰理。能够穷理就是尽性，能够穷理尽性就是知命，能够知命必能够乐天。故乐天知命的人，性未有不尽，理未有不穷；而穷理尽性正是为的要知命要乐天。果能把这八个字做到了，不仅贫富贵贱，祸福寿夭种种观念完全没有，就是忧惧疑虑六种情感也不会发。吾人若是修养到这个程度，他就成了一个"不庋不求，自由自在"的一个人了，此儒家所谓"成德的君子""模范的圣贤"，而儒家的教育原理就是要达到这样一个目标。

然王氏虽自许为仲尼之徒，而器度却很恢宏，故党派色彩不甚浓厚。他对于异派的佛、老并不排斥，且有相当的容纳。他说：佛不过是西方之教，适于西方之受用，中国学之反变坏了。他又说：长生神仙之道不必讲求，只要吾人修仁义、立孝悌已足了。其持论中和或者由其修养得来，因为他是主张不偏不党、守乎中道的一个人，故曰"天下之危，与天下安之；天下之失，与天下正之。千变万化，吾常守中焉"。（《周公篇》）

第三节　韩愈（768—824）

一　生活小史

韩愈字退之，本是邓州南阳人，因其先祖尝居昌黎，所以世称昌黎先生。他以代宗大历三年生于南阳，幼年孤苦，三岁便死了父母。初随伯兄韩会贬居岭表，十三岁伯兄又死，乃由贤嫂郑氏鞠养以至于成人。幼时处境既苦，天性又极笃厚，对于家庭感情所以极其深切，读他所祭《十二郎文》，便可以看得出来。处境既坏，正所以磨砺此天才之人杰，虽无师傅，卒以攻苦自奋，于六经百家无不通晓。韩氏本想以政治为生活的，二十五岁举进士第，以博学鸿词科三度试于吏部，皆不获选，可谓倒霉极了。后由节度使张建封辟为推官，始入政界，继而调为四门博士，从事教授生活。其后出为县令，入为国子博士者数次，但他总以才高受屈，愤懑不平的《进学解》就是在国子监当博士时作的。其后因《谏迎佛骨表》得祸，贬于潮州；不久改袁州刺史。其后又召入京来，为国子祭酒，即现今中央大学校长。其后以宣抚镇州有功，转拜吏部侍郎，后世又称他为韩吏部。不幸仅活了五十七岁就死了，时为穆宗长庆四年。

韩氏一生为人忠义刚正，在外为县令、为刺史数次，皆有政声；入内为博士、为祭酒，诚恳奖导，莫不得学生信赖。论其振衰起弊，可说是一个文学界的革命家；论其辨儒辟佛，堂堂正正，可说是一个卫道的健将；论其成就后进，取以师道自任，又是当时唯一的教育家。关于他的教育生活，除两次为国子博士，一次为四门博士，一次为国子祭酒外，在潮州刺史任内，曾极力提倡乡校，教养后生，使该地由草昧而向化，皆韩氏热心提倡之力。天下人才，凡经韩氏指授过了的，皆称韩门弟子，如李翱、李汉、皇甫湜辈，乃弟子中之有成就者。韩氏一生虽遭遇不佳，且或蒙时人的讪笑，但他死了以后，名誉反高，不仅文章被仰为泰山北斗，即其卫道、辟佛诸言论，虽宋儒犹称为孟子以后第一有功之人。

二　性有三品说

韩氏论性表面虽本于荀悦三品之说，其三品的意义却有不同。我们本着他的《原性篇》，分析解释如下：（1）性是一种本然之物，存在于先天，有生就有性；情是后天的，由感应而生，所谓"性也者与生俱生也，情也者接于物而生也"。（2）性与情是一致的，如某人的性是何种倾向，其情也是该种倾向；反之，情为某种倾向，亦可以证明性为某种倾向，所谓"性之于情视其品，情之于性视其品"。（3）人之质有三等，而所具之性有五种。换一句话，天下人类有上、中、下三等品质，但勿论何等品质之人皆具有仁、义、礼、智、信五常之性，不过上等品质的人，气质清明，五性常存，动于一，其他四种莫不并行——能尽此五常之性。中等品质的人，气质较浊，五性若即若离，有一不慎，其余必混然不清。下等品质之人，气质更坏，五性没有根底，若其行为与一相反，即与其他四种违背。（4）三等品质的人类，亦各有喜、怒、哀、惧、爱、恶、欲七情。上等之人，所生的情感莫不合于中道；中等之人有过与不及的危险，但自知随时求合于中；唯有下等之人，则纵情所为，漫无节制。（5）上等人谓之善品，下等人谓之恶品，生来比较固定；惟中等人介乎善恶之间，是可以引导而向善、可以引导而向恶的。所谓"上焉者善焉而已矣，中焉者可导而上下也，下焉者恶焉而已矣"。由此观之，韩氏论性，好像是另一种东西，不偏于善的主张，也不偏于恶的主张，只因人类品质有三等，所以五性与七情皆随个人品质的差异而不同了。此三等品质又以中等富于可塑性，容易移转。所以他说：孟子的性善论，荀子的性恶论及扬子的善恶混论，全是指着中等品质之人说的，把上下二等品质全遗漏了。末了，他又说：上等之人品质虽善，倘若受了教育当更好；下等之人品质虽恶，难以使他向善，但有刑罚来制裁亦可以使他不敢为恶，所谓"上之性就学而愈明，下之性畏威而寡罪；是故上者可教而下者可制也"。

三　教育论

"上之性就学而愈明，下之性畏威而寡罪"，韩氏是承认教育有效的。他的教育宗旨，即在"明先王之教"（《原道篇》）。先王之教是什么呢？据《原道篇》上说，不外"仁义道德"四个字。这四个字，载之于文，为《诗》《书》《易》《春秋》；施之于法，为礼、乐、刑、政；见之于事，为君臣、父子、师友、宾主、昆弟、夫妇以及饮食、衣服、宫室之类。遵守先王的礼、乐、刑、政，诵习古圣的《诗》《书》《易》《春秋》，顺乎人伦及本于日用生活的自然节目，即是明悉先王之教，即是儒家的教育。受了这种教育，应用无穷，所谓"以之为己，则顺而详；以之为人，则爱而公；以之为心，则和而平；以之为天下国家，无所处而不当"。至于老氏所谓"剖斗折衡"，佛氏所谓"清静寂灭"，既违先王之教，又反自然之理，凡儒家信徒所当辞而辟之的。韩氏以儒道自任，他以为儒道即先王之教——中国历代相传的民族习惯，很合于自然生活的，所以对于学风炽热的佛老之说非常反对。

先王之教最重师道。"师与君父并列"，"师严而后道尊"，由来已久。师有两种：童子之师在授之书，而习其句读；成人之师在传道、授业、解惑。换一句话：小学教育，在诵说经文；大学教育，在讲明道理。闻道先后与年龄地位无大关系，只要你的学业成就，有教授的能力，不管你的年龄小于我，地位低于我，就应拜你为老师；教育原不分等级，教师的资格原不论年龄的大小及地位的贵贱。可是现在一般学者不重学术，只斤斤较量于年龄的大小及地位的贵贱。师道在哪里？师道既不讲，就是教育废弛的原因，也就是先王之教遭摒弃的原因，此吾所以深为慨叹——韩氏自谓。但当时国家不尊视教师的地位，及学子之不肯虚心受教，也可由韩氏的《师说》里面看出。他的朋友柳宗元且有一段话："由魏、晋已下，人益不事师。今之世，不闻有师，有辄哗笑之，以为狂人。独韩愈奋不顾流俗，犯笑侮，收召后学，作《师说》，因抗颜而为师。世界群怪聚骂，指目牵引，而增为言词。愈以是得狂名。"（《答韦中立书》）唐代教育的良否，读此文更可以概见，而韩氏亦可谓孤掌难鸣了！

第四节 李 翱

一 生活小史

李翱字习之，是唐室的亲族，是韩愈的弟子，是唐代中叶的一个文学兼思想家。他的思想近于佛家，但他的口气却是儒家，还以先觉道统自任哩。德宗贞元十四年，举了进士，授校书郎，三迁至京兆府司隶参军，但这些官皆不是他的本愿。到宪宗元和初，被召为国子博士，兼任国史修撰的职务，才与他的性质相合。李氏性情峭鲠，好为诤言，虽权贵亦无所回避，故在史馆任内上正本六事于宪宗，以整肃纲纪为要，对于史家的责任亦有论列。再迁为考官员外郎，后又派出为庐州刺史。文宗太和初年，被召进京，拜为谏议大夫，因事降了官阶；不久复召为刑部侍郎检校，户部尚书，出为山南东道节度史，遂死于官所。李氏虽为韩愈的弟子，虽亦提倡儒家之术，可是他的思想究与韩氏不同。所著《复性书》三篇，虽自信为"尼父之心，圣人之言"，恐非韩氏所能赞同。韩氏在《原性篇》末了有两句话，"今之言者，杂佛、老而言也者，奚言而不异"，当然是指着李氏的《复性书》说的。

二 复性论

李氏三篇《复性书》，虽杂佛、老之言，但思想奥衍，语有根底，确非他的老师韩氏所能企及，为唐代有数的理论文字，已开宋儒思想之先河了。他的性论所根据的为《中庸》"天命之谓性，率性之谓道"两句话。性不是物质，是超物质的一种灵体——天所命的一种灵体。这种灵体是至善的，离乎动静的，圣人与凡民莫不相同。我们要把它形容出来，其像则为"寂然不动，宽大清明，照乎天地，感而遂通"（《复性书》一）的一种模样，这种模样又谓之"诚"。"诚者天之道也"，就是"天命之谓性"。不过此性在圣人则充而明，在凡民则昏而塞。因为圣人能尽其性，不为情所惑，凡民不能尽其性，为情所惑，所以不同。情是什么呢？"情者性之动也"（《复性书》一），发而为表像，则有喜、怒、哀、惧、爱、恶、欲七情。此七情循环交来，攻伐不已，性不能充，反为所匿，此凡民所以终身不能睹其性。圣人亦非绝对无情，不过圣人至诚，性是充的，"寂然不动，不往而到"，虽有情而不为情所惑，不得谓之情。

人与万物同受气于天地而生，其所以异于禽兽虫鱼的，以其性全。今为情所惑，使性昏而不能看见，则禽兽虫鱼相差有几，所以圣人教人复性。何以复性？要在灭绝情欲，去掉害性之障，而性自复，所谓"妄情灭息，本性清明"（《复性书》二），所谓"圣人教人忘嗜欲而归性命之道也"（《复性书》一）。性比于水，情比于沙。水流本是清的，因为沙所杂，所以浑。性原本是充的，因为情所惑，所以塞。性比于火，情比于烟。火光本是明的，因为烟所郁，所以不明。情之于性也是一样。吾人要复其本性，必先去此妄情，比于沙沉而后流清，烟消而后光明。但是凡民之性为情所昏塞，由来已久，要怎样才能使妄情灭绝以回复本性？他说这不难。所谓复性，非从外面找一个性来，而性原在里面，不过为妄情所惑，所以塞而不充，昏而不明。复性的意思，不过去掉昏蒙，使返于本然之明就是了。其功夫，在于去思虑，离动静，斋戒其心，由昏而清，由清而昏，经过许多修为，直到不复浑处，此时妄情绝灭，万念皆空，则至善的本性，必然迎面而来，破壁而出了。本性回复，即是至诚的境界，凡民可以进而为圣贤。所以他说："弗思弗虑，情乃不生；情不生乃正思，正思者无思无虑也。然此斋戒其心者也，犹离于静也。有静必有动，动静不息，则情也。故曰'吉凶悔吝生乎动'，焉复其性耶？惟方静之时，知心无思，是斋戒也。知本无思，动静皆离，而寂然不动，是至诚也。"（《复性书》二）

韩氏所言既浅，而所指性情二者因各个人之品质而生差异，犹近情理。李氏认性为至善，情为至恶，主张"灭情复性"，所言虽奥衍玄妙，可到了清静寂灭的境界，简直佛、老化了。佛、老的教育是反自然演进的教育，为著者所不取的。

本章参考书举要

（1）《新唐书》的《隐逸王绩传列》传

（2）《文中子》

（3）《新唐书》《旧唐书》的《韩愈列传》及《李翱列传》

（4）《新唐书》的《儒学列传》

（5）《韩文公全集》

（6）《唐文粹》的《李翱复性书》

第二十章　唐末及五代

一　唐末五代的政局与社会

在十六章里头，我们叙述唐代国力的外张和政权的集中，是指着他们前半纪说的。到了后半纪，自从郭子仪死了以后，德宗即位以来，因藩镇跋扈，政局紊乱，所得的结果与前半纪适成反比例。由唐末至五代，政局愈弄愈糟，跋扈的藩镇现在直接革取了唐室之命，便要自己称王称帝起来。在这个时期，实际不过五十四年，他们业已五换朝而八易姓，政局之不安定可想而知。且他们所统治的，不过中原一隅而已：在长江以南，被十国诸侯彼此割据；在燕、云以北，又时遭契丹胡骑的践踏。故此时社会的紊乱，比较魏晋六朝更甚，而汉族又到了一个被压迫的时期了。唐朝以科举取士，虽在极盛时已养成一种寡廉鲜耻的风气。到中叶以后，政局坏乱，战争相寻，把社会弄得极不安定。社会既不安定，所有人民的生活日趋险恶，尤其是流氓式的政客官僚之徒，生活失其保障，所以从前卑污苟贱的风气至此益甚。降及五代，则更不足称了，更不讲道义与廉耻了。倘在一个时代，既没有道义，又不讲廉耻，国家法律失其效用，将何以维持社会之安宁与幸福？此五代政局所以平均十年一变更，而十国相争更没有虚日。

二　唐末五代的教育情形

当唐朝国力鼎盛时，教育已不足称，仅有制度而无学说；到了此时，即制度也看不见了。其间各朝未尝不偶一开设学校，但当局者既无培养人才的真意，而来学者亦不过徒拥虚名；故生徒苟贱，学问纰缪，哪里谈得上教育！但学校虽停，而科举尚能继续举行，这也是士大夫，贪求富贵功名的一种表现。不过在当时有一件关于教育的重要事情，值得我们记载的，是印刷术的行使。中国古人，读书的工具，本以刀漆作笔，以竹帛作书。秦汉以后才有毛笔、有楮纸、有烟墨，在求知上比较从前总算进了一步，但尚不及印刷术之方便。印刷术虽发明于隋、唐之际，当时只用在刻印佛经，未曾通行到一切。到五代时，冯道当国，提议以雕板印九经，颁行全国；由是书籍由印刷推行于社会的方法，乃渐通行。自此以后，吾人读书，比较从前埋头抄写方便许多，而教育的普及，亦将借此利器以开始了。

按此时正当十世纪的时期，日事干戈，学术不讲，从前学校多已停废，所谓教育不过仅存科举而已。这个时候，正当欧洲中古时期，东西两黑暗，共在一条时间线上。久塞必通，我们只好拭目以观下期的新思潮了。

本章参考书举要

（1）《新五代史》

（2）《五代会要》

（3）《文献通考》的《学校》及《选举》关于五代之部

第四编　半封建时代中期的教育

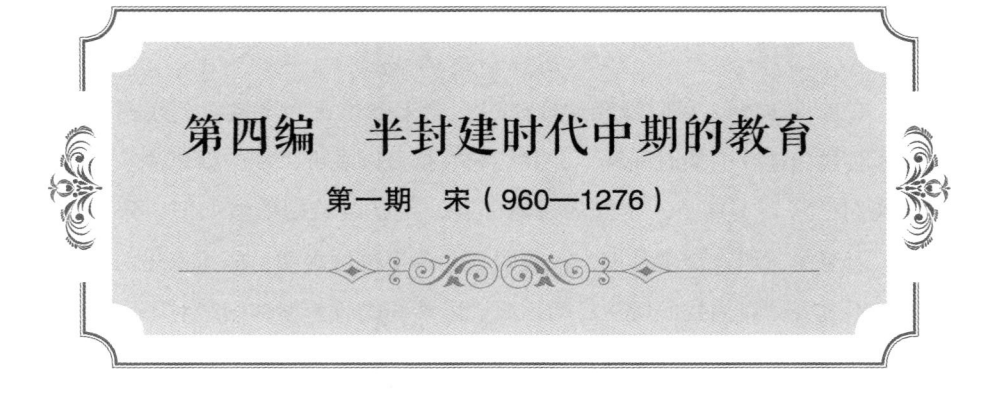

第一期　宋（960—1276）

第二十一章　宋之政治与教育的关系

一　柔弱的政治

在前期末了，我们曾经这样说过：唐末五季正当十世纪，东西两黑暗时代巧逢在一条时间线上，我们只好拭目以观下一期的新思潮。现在我们已写到本期了，本期的思潮固新，可是政治则依然如旧。宋朝的政府组织、职官制度及地方行政区划，多半模仿唐朝，似无重述的必要。不过有一点为我们所注意的：唐、宋两朝的政治精神则绝对不同。唐朝的政权操于皇帝一人或其宫庭宵小宦官少数人的手中，君权无限，政令严威，所谓"刚性政治"。宋朝的政权操于一般公卿大夫手中，君权有限，政令宽大，所谓"柔性政治"。自嬴秦开了官僚政治新记录以后，帝王权力日高一日，绝无限制；可是两宋三百年的政权分掌于多数卿大夫的手中，帝王莫不虚己以听，这却是宋朝的一件特色（北宋末年如蔡京，南宋如秦桧、韩侂胄辈，虽曾挟着帝王擅作威福，但当时气节与谠论之风气业已养成，此少数人者究不足以钳制天下人之口也。）这一班卿大夫，比较其他各朝总算优良分子占多数，且多为有道德的政论家，虽手握政权，而不敢擅作威福，宋代学术思想及教育特别发达的原因固多，这个也是原因之一。至于此时的社会生产，仍旧稳定于农业经济之中，正是这一班卿大夫所以生存的条件。他们在朝主持国政，颁行教育政策；在野号召生徒，讲论教育学理；其结果即训练成他们的继起人物，再来掌握政权，而国家政权及教育事业遂永远在这一阶级手中。

资本主义不发达，变形的封建社会所产生的士大夫阶级——地主兼知识分子，必永远执掌国家的政治与教育特权，已成历史上必然的事实。关于这一点，所以不到清代末年，我们从此以后无庸重述了。不过由汉至唐，典型的封建制度虽然打破，而人民的态度，学术的探讨，及学者传授的方法，一切皆具很深的古意。到了本期，社会经济组织及政治形态虽然依旧，而其他一切已具近代形式，与前期似有显然的差异。故我们以前者为前期的半封建时代，则以后者为中期的半封建时代。

二　分裂的学区

政权柔弱的宋朝，国力更其柔弱，汉族人民在此时又处于异族势力的压迫之下了。汉族势力的强盛时期要以大唐前期为最，当时在东亚国家中号为唯一盟主；但自唐末以及五代，沙陀与契丹两族兴起，他们的势力于是逐渐衰退。宋太祖虽然以武力削平大乱，统一中原，终以国力薄弱之故，不足以挽救汉族的衰颓。当时北方民族最为强大，宋室最大领土，尚不过唐朝全盛时代二分之一。在北宋时代，黄河上游为西夏占据，黄河下流以北为辽人占据；宋室所有的，只就内地说，且非完土。在南宋时代，江淮以北，全为金人所占，宋室所有的，仅长江及珠江两流域数省而已，偏安于江左了一百多年，以与北宋比较，又复削小了许多。宋室领土既然削小，在其统治之下，不仅不足以包括中国全域，且不足以包括汉族全民；则他们的教育所及之地，当然只能限于政权所及之地。但施行教育的虽为政府，而感受教育的除少数贵族外仍为一般民众，我们如果在此时期只注意宋朝的教育，遗漏的地方必然很多。辽、金及西夏占据中国领土，他们的历史短则百余年，长至二百余年，也曾模仿中朝，施行种种文化，在他们的管辖区域之下也有相当的教育，此层我们应当连带注意。考《辽》《金》二史及《宋史·外国列传》，辽、金、西夏三国政府皆曾设立学校，开办科举，而金国且有很详细的教育制度——学校与科举均分汉人与女真两类,即后来元朝教育制度的祖师。不过他们的办法究竟是模仿中国的,迎合汉人的心理,不见有什么特殊与创造,此时学区虽然分裂,在教育制度方面我们只举宋朝也可以概论其余了。

第二十二章　宋代学风及学派

一　学　风

宋代国力虽弱，而学术思想可较前朝异常发达。我们考究此时学术思想所以发达的原因，大概不外下之四点：第一，由于各种思想的融会日久，自然能够产生新的种子；第二，由于书院制的兴起，有了专门讲学的人才及专门研究学术的场所；第三，由于印刷术的发明，知识的传播较前迅速；第四，在当时有较多的贤者在位，新的学术只经政府里面有力者二三人一提倡，演为风气更觉容易。但宋代学术思想虽然发达，而宋儒所研究的对象与方法，完全与汉、唐诸儒不同，他们简直重新组成了一种学风。这一种学风，倡导于宋儒，元、明两朝相继演绎其说，已形成学术史上的一个体系，后世目之曰"宋学"。以宋学的内容与汉、唐诸儒所讲的训诂注疏学区别，又名此学曰"义理之学"。但这一种儒者所讲的义理，并未包含六经全体，只有《易经》、《论语》、《大学》、《中庸》及《孟子》等书为他们研究的主要材料，有余力则涉及他经。他们把这五部书，融会与扩充，概括为两个问题：一则研究天地之大原，谓之本体论；一则研究人性之究极，谓之道德观。综合起来，不外"理气心性"四个字——理气是研究天地之大原的，心性是研究人性之究极的。天地万象皆由阴、阳二气所变化，变化虽有千形万状，气质不一，但在此变化不一之中却有一定的法则，而理未有不同。理是宇宙变化的自然法则，气是所变化的种种形态；形态虽有种种，而法则总是一个,所谓"理一而分殊"。性是与理相对的,心是与气相对的;不过自存诸天而言,谓之理与气,自赋诸人而言,谓之性与心。人是禀受于天而与天一致的,天之所有者人莫不有,人就是一个小天;所以宋儒所讲的"理气与心性",也可以说是"天人合一论"。这种学说,纯粹属于形而上学,其思想的进步,探讨的精深,自然驾乎汉、唐诸儒之上;不过他们这种研究,自以为直接孔、孟的真传,其实极不纯一。本体论由老、庄思想嬗脱而来,心性说又入了佛家的范围,他们是融合佛、老于孔、孟而另组成一种形而上学的宋学。可是他们口头上还是反对佛、老,自谓真儒,是什么意思?佛、老全讲理一,儒家是主张分殊的。惟其分殊,所以人与禽兽不同,男女有别,贵贱不等,各安各的本分,不相逾越。惟其理一,在地位虽有贵贱不等,而性分相同,人格则一,可以借此自为安慰,能够安贫乐道而不悔。这种天人合一的观念,理一分殊的主张,真是士大夫阶级的口吻,有诸内自然形诸外,不可以丝毫假借的。

二 学 派

宋代学术思想较汉、唐发达,而派别流长亦较汉、唐为多。在北宋有二种区别。(1)自学术上分,有王、程二派,王学是以《三经新义》为主的,程学是以《易》及《论》、《孟》、《大学》、《中庸》为主的——前者近于事功,后者偏于性理。(2)自地域上分,有洛、蜀两派,洛党以程颐为领袖,态度严整;蜀党以苏轼为领袖,性情放浪——前者谓之道学家,后者属于文士派。在南宋有朱、陆及永嘉三派:朱子的学问以道问学为主,是由穷理以尽性的;陆子的学问以尊德性为主,是由明心以达理的——但两家所讲全属于性理学的范围,可谓同一。至于永嘉学派,完全与前者相反,他们不讲性理,喜谈政治,是主张经国治民的——属于事功一派。综合起来,北宋之程,南宋之朱、陆，同属于性理派；北宋之王，南宋之永嘉，同属于事功派；至于苏氏父子，只以文章名世，且近于纵横者流，于哲学上尚称隔膜。除此以外，在北宋，还有濂溪周敦颐、洛阳邵雍、关中张载，虽同讲性理之学，与程、朱相近，但前二人为道士派的儒者，后一人颇有荀学的遗风。在南宋还有广汉张栻，东莱吕祖谦，与朱子一派很接近。总之，论其体系，则以程、朱之学为宋学的正统，其他皆属旁支。论其在当时的势力，北宋以王学为大，南宋以程、朱之说为归；其余虽各辟门径，互持异议，究不敢与前两家抗衡了。

第二十三章　宋代教育制度及其实况

第一节　概　论

中国教育制度自唐朝以来，业已逐渐完备。宋朝的制度多半模仿唐朝，地方学校虽不如唐朝记载的详细，而中央学校则更较发达。中央学校：有国子学及太学，辟雍及广文馆，皆属于大学性质；有律学、算学、书学、画学、医学及武学，皆属于专门学校性质；有小学属于小学性质；此外，还有几所特殊学校，如宗学、诸王宫学及内小学三所，统为贵族学校，内兼高、初两等教育性质；此外另有四门学一所，特为庶民子弟设立的，属于高等教育。地方学校：州有州学，府有府学，军有军学，监有监学，县有县学，介于中小学性质之间，而界限不甚严明。中央的国子学、太学、辟雍、广文馆、武学、律学及小学，统归国子监管辖，谓之直系学校。地方学校则由各级所设立的地方行政长官管辖，其上则统属于本路的提举学事司。以上各校，设立的先后，教材的内容，试验的情形及教职员和学生的名额，不仅南北两宋不能一致，即每易一君主或换一派阁员亦屡有变更，我们留待专讲。兹为读者便利起见，列一简略学校系统图于下。

周朝立学，有释奠于先圣先师的文字，《郑注》，谓先师为学校已死了的有道有德的教授，先圣为周公若孔子（见《礼记·文王世子》）。他说周公尚有几分近情，说孔子未免过于错误，孔子与周公同被供祭于学校内者，实始于东汉永平二年。到六朝及隋，才把周公挤

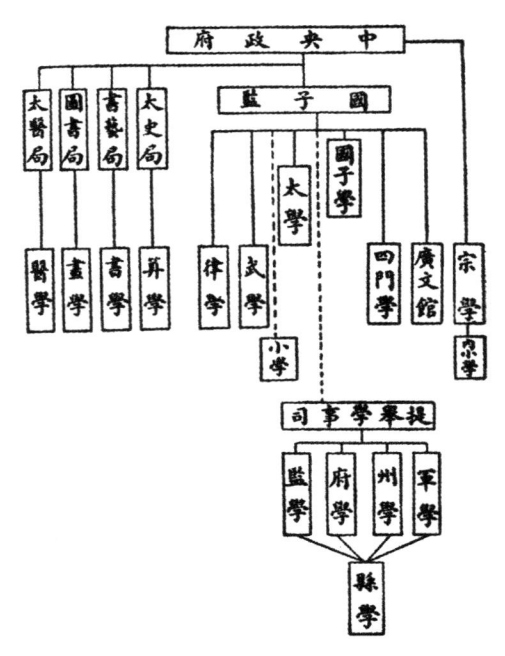

第八图　两宋学制系统图

走，专祀孔子，而以颜渊配享。唐朝初年，孔子的地位虽偶被周公占着，但自贞观以后又恢复原状，自此以后，全国学校，莫不遍设孔子木主，而孔子俨然为学校的教主了。到了宋朝，则尊崇更甚，或于学校设奠致祭，配享以高材弟子。所谓"十哲者"，或就孔子庙庭开设学校。此种仪节一直到清代末年，相沿未改，且愈演愈扩充。但北宋还有一点特例，曾经以王安石陪着孔子一齐高坐在学校礼堂上，一律受天下学子的崇祭，这是徽宗崇宁时代蔡京之徒所干的一回事情。

各校所用的教材，除特殊学校外，大概全规定为儒家的六经；不过在汉分今、古文两家，在唐分大、中、小三经，到了宋朝，除了六经外，又添了一部《四书》为教材。《四书》包含《论语》《孟子》《大学》《中庸》四种，从前本各自为书，除《论》《孟》二经早行于世外，《大学》《中庸》附载于《戴记》内，未经重视。至北宋，程氏兄弟讲学于洛阳，才从《戴记》中抽出来加以提倡，教育界才有人注意。

到南宋，朱子又将《论语》《大学》《中庸》《孟子》合并为一，遂有《四书》之名，以后成为全国小学必读之教科书了。《大学》《中庸》虽提倡于北宋，其实到南宋才被通用，北宋学校所风行且必采用的实为王氏的《三经新义》。王氏的《三经新义》，与唐朝孔氏的《五经正义》，同一以一家之说，借着政府的势力颁行于全国，在教育史上确令吾人有特书的必要。

国家教育宗旨，因政党的起伏，屡有变更。在王党专政时，讲求富国强兵，他们的教育目的在培养通经致用的人才，故以功利主义的教育为宗旨。在旧党当国时代，他们喜谈性理，教育目的在培养一班品学兼优的士君子，故以"德行道艺"为教育宗旨。前者的气势虽赫赫一时，只以缺乏有思想的人才，影响不大；能够影响于宋代教育思想上二三百年者，则为性理学者的教育主张。他们以"革尽人欲，复尽天理"为唯一修学工夫，所以要以德行道艺培养人才。这种人才培养成功，即他们理想中的贤士大夫，有德的君子，完全人格——圣人之徒。至于韩侂胄一派奸邪专政，专意排斥善类以保持其禄位，自无宗旨之可言了。

第二节　国子监

国子监有两种性质：一为管辖学校的机关，称国子监；一为教养生徒的场所，又称国子学。国子学为国家最高学府，专教七品以上的子弟。当初学生人数不定，其后以二百人为定额。这些学生，皆以享受太厚，入学读书不过徒有其名，往往名虽在籍而实久不到校。所以在太祖开宝时就有插班补缺的办法，到真宗景德时又有旁听的办法。管理国子监的，当初以判监事二人，一在东京，一在西京。其下再设直讲八人，专任教授，皆以学行卓异者充当。如程颐判西京国子监，及胡瑗曾以直讲的资格兼管东京国子监事，皆是。元丰以后，改变章程，设祭酒一人，总管国子监事，统辖所属各校；其下设司业、参丞及主簿各一人，掌各项职务，其他所属各学之博士、教授等员，各有多少不等，以上完全是北宋的情形。到南宋高宗继统的初年，即于所在地开设国子监，生徒虽少，但定都临安以后，办法亦略相同。

第三节　太　学

宋朝以太学最发达，办法亦较完善。开国之初，他们所定入学资格只限于八品以下的子弟及庶民的俊秀者，内中管理及办事极其简单。到王安石当国，特别注意学校教育，尤其注意大学教育，培养通经致用的人才，所以他一方面改革从前科举的流弊，一方面扩充太学的内容。王氏把太学分为三舍，别学生资格为三等，初进太学为外舍生，由外舍升内舍，由内舍升上舍。兹将所有内容及历年变更情形，分别叙述于下：

一　入学资格及进学手续

在神宗熙宁时，仍照宋初，别为二种。在徽宗崇宁时，规定由各州州学学生每三年选送一次，是时已停科举，取士全由学校升贡。到南宋，则又有变更。在高宗时所定资格：凡诸道在本州州学修满一年，三试中选，未曾犯过第三等以上的惩罚者；或不住学校，而曾两次参加释奠及被列于乡饮酒者，得送入太学肄业。此外到孝宗时，又有混补及待补二法：每三年科举完后，所有落第举人准许应试，取其程度合格者补入太学，谓之混补；其后以就试者过多，乃加限制之法，凡诸路解试终场人，挑选百分之六送往太学补试，是谓之待补。凡各州学生来京入学时，须呈验所隶本州公据，考试取中后补入外舍，为外舍生。

二　名额及学龄

关于太学生的学龄，史书没有明文规定，无从考查，关于三舍名额，时有增减，兹表列于下：

第七表　宋代太学生名额表

时代＼舍别＼学生名额	上舍	内舍	外舍	合计
熙宁四年	一〇〇	二〇〇	不限	
元丰二年	一〇〇	三〇〇	二〇〇〇	二四〇〇
崇宁元年	二〇〇	六〇〇	三〇〇〇	三八〇〇
绍兴十三年	三〇	一〇〇	五七〇	七〇〇
开禧二年	三〇	一二〇	五七〇	七二〇

三　课　程

太学课程，历朝屡有变更。开国初年以五经为教材，命诸生各习一经，每经设博士二人教授。熙宁以后，强令学生学习王氏的《三经新义》，且通令全国各学校遵用以求统一。徽宗政和中，蔡京当国，黄、老、庄、列等书也列入教材。到了南宋，取消《三经新义》，仍定五经为教材，并习程、朱语录，而《四书》也渐列入课程之中了。总之，在北宋，王氏学最占势力，在南宋，程氏学颇为风行；而诗、词、赋、策论则随时皆采，不分派别。

四　考课法

考课分两种：一为学行考查，一为成业试验。凡学生初进学校以后，由斋长谕月逐日登记他们的操行及学业。到一季末了，挑其可选的送于学谕考查一次；学谕考查过了，过十日再由学录考查，再过十日又由博士考查，最后又由长贰考查，长贰即国子祭酒与司业。到了一岁之终，由长贰会同教职员评定高下，登记于行艺簿，以为升舍试验的参考，谓之学行考查。凡成业试验，又分两类：一为私试，一月一举行；一为公试，一年一举行。凡私试，孟月试经义，仲月试论，季月试策，由学官主持。凡公试，初场考经义，次场试策论。北宋由学官，南宋另差大官主持。

五　升舍法

凡外舍生每年升级一次，即年终公试后，并参考行艺，取其合格的——取列第一、第二等者——升入内舍。凡内舍生每二年升级一次。当修满二年时，由学官按照贡举的手续，用弥封誊录法，试验其成业；如成业考入优、平二等，再参验其平日行艺，果皆合格，则升入上舍。凡上舍生修满二年，则举行毕业试验。当举行毕业试验时，由政府特派大员主考，教官不得参与，一切手续与科举省试法相同。评定成绩分三等：行艺二者俱优为上等，一优一平为中等，俱平或一优一否为下等。试入上等了，当时授以官职；试入中等，免除礼部试；试入下等，则免解。上等资格与进士同，倘有侥幸取得上等了，即在化原堂释褐，谓之"释褐状元"。凡三舍考试，皆用积分法，为后世学校积分之创始。

六　教职员及管理

太学除由长贰总管课试、升黜、教导等事外，其下设有教职员数很多。（1）博士十人，分掌教授，考校程文，并负训导的责任。（2）正录（包学录、学正）各五人，除考校、训导外，并执行学规专施惩罚。（3）职事学录五人，帮助正录执行学规。（4）学谕二十人，掌管传谕博士所授经于学生。（5）直学四人，掌生徒簿籍，并稽察出入。（6）每斋置长谕（斋长及月谕）各一人，掌管斋务及考校斋生行艺，月一举行，斋生如有犯规情事，得以随时纠正。（7）凡正录及学谕皆以学生充当。

七　学　规

太学学规共分五等：（1）生徒犯规，轻则关暇几月，不许出入。（2）重则前廊关暇。（3）再重则迁斋，若其人果不肖，则所迁之斋可以不受；既迁以后，又必本斋同舍力告公堂，方许放还。（4）再重则下自讼斋，自宿自处，同舍亦不敢过问。（5）又重则夏楚，摒斥终身不齿。其他：外舍生若入学五年不预校定，及不曾请列国学解送，或不曾公试入等第者，到岁终检校，酌即除籍。

按两宋学令屡有变更，详细规定者有两次：一在仁宗元丰二年，一在高宗绍兴十三年。如以上所述，倘能认真实行，则宋朝大学教育真有可观。但章程自章程，事实自事实，国家政局屡变，贤与不肖互为起伏，对于在社会久负名誉的太学或阴为利用，或放弃不管，自然难免。观朱子《贡举私议》，"熙宁以来，此法浸坏。所谓太学者，但为声利之场，而掌其教事者不过取其善为科举之文，而尝得隽于场屋者耳。士之有志于义理者既无求于学，其奔走辐辏而来者，不过为解额之滥，舍选之私而已。师生相视，漠然如行路之人，间相与语。亦未尝开之以德行道艺之实，而月书季考者，又只以促其嗜利苟得、冒昧无耻之心，殊非国家所以立学教人之本意也"，可以知其当日实际情形了。再观叶适《论学校》，"何谓京师之学，有考察之法而以利诱天下？崇观间，以俊秀闻于学者，咸为大官。宣和、靖康所用误朝之臣，大抵学之名士也。及秦桧为相，务使诸生无廉耻，以媚己，而以小利啖之，阴以拒塞言者，士人靡然成风"，更可以知其一切了。但在北宋时，李纲以忠勇被黜，大学诸生群集阙下作为起复运动，而李纲卒被起用；杨时为祭酒，诉毁安石，诸生群起反对，而杨时因被罢免，其有时表现青年精神之热烈处，吾人亦不能一笔抹煞。

第四节　六专门学校

一　律　学

律学设置始于神宗熙宁六年。在此以前，不过设博士教授法律，尚与律学之名。自此始正式设立学校，隶属于国子监，由监直接管理，置教授四人专任教课。迨后乃以教授一人兼管学务，执行学规。入学资格分二种：一为命官，一为举人，后者须有命官二人保送。进学手续，初入学听讲，作为备取生，经过相当时期，才举行入学试验。如所习为断案，则试案一道，每道叙列刑名五事至七事；所习为律令，则试大义五道。试卷及格，才为正取生，以公费待遇。取正以后，各以所习每月公试一次，私试三次，所试内容与入学试验同。凡朝廷有新颁条令，即由刑部颁发下来，令学生学习。除罚金外，一切惩罚规则与太学同。内中分二斋，一处举人，一处命官，命官得听其出宿。

二 算 学

此学建立于徽宗崇宁三年，隶属于太史局。学生定额为二百十一人，资格分命官及庶人两种。教材以《九章》、《周髀》及假设疑数为算问；仍兼《海岛》《孙子五曹》《张丘建》《夏侯阳算法》；并历算三式，天文书，为本科。此外兼习一小经，愿习大经者听其自便，兼科皆听自由选习。凡公试、私试及三舍法，与太学略同。上舍三等，可由天子推恩授以官职。

三 书 学

此学设于徽宗时，由翰林书艺局管辖。学生名额及入学资格没有规定。课程分练习及研究两门：练习以篆、隶、草三体为主，研究以《说文》《字说》《尔雅》《大雅》《方言》为主。此外须兼通《论语》《孟子》义，如愿意选习大经者听其自便。练习篆体，以古文大小二篆为法；练习隶体，以二王、欧、虞、颜、柳真行为法；练习草字，以章草、张芝九体为法。考查所书的成绩分三等：以方圆肥瘦适中，锋藏画劲，气清韵古，老而不俗者为上；方而有圆笔，圆而有方意，瘦而不枯，肥而不浊，各得一体者为中；方而不能圆，肥而不能瘦，模仿古人笔画而不得其意，但尚均齐可观者为下。其入学手续及三舍升降法，略同算学，惟毕业后所派官职则低一等。

四　画　学

此学亦设立于徽宗时，由翰林图画局管辖。学生名额未曾规定，惟入学资格分为二种——士流及杂流。内中课程也分练习及研究两门：关于练习课程又分佛道、人物、山水、鸟兽、花竹及屋木六科；关于研究课程，为《说文》、《尔雅》、《方言》及《释名》四种书。《说文》一书则令学生书写篆字，注解音训，其余三书皆设为问答，以他们所了解意义的程度，观察其能否通达画意。此外还有选科，士流须选习一大经、一小经；杂流则诵小经或读律。考查所画成绩的标准，要以自由创造而物之情态、形色均若自然，且笔韵高简者为工。画学分两斋，士流杂流分别居宿，其入学手续及三舍升降法，略同书学。

五　医　学

医学设立较早，与律学同于太祖统一天下后即设立。惟中经变迁很多，初由太常寺管辖；神宗时隶属于提举判局；徽宗崇宁间归入国子监，后又改隶太医局；高宗南渡后仍设医局；孝宗时废医局而存留医学科；到光宗又复置太医局。此学分三科：一为方脉科，二为针科，三为疡科。方脉科的教材分大小经，以《素问》《难经》《脉经》为大经，以《巢氏病源》《龙树论》《千金翼》为小经。针、疡二科的教材除去《脉经》，另增三部针灸经。学生名额前后不一，常以春日为招生之期。三舍法与太学略同，置有博士、正录等员，分掌管教之职。毕业考试分三场：第一场为普通试验，问三经大义五道，凡三科皆得受试。第二场方脉科试脉证、运气大义各二道；针、疡二科试小经、大经三道，运气、大义二道。第三场按照各科性质，分别假令治病法三道。及格以后，高等派为尚药局医师以下职，其余或派为本学博士、正录，或委为外州医学教授。

六 武 学

神宗时，于武成王庙内建立武学，生徒以百人为额，入学资格有小臣、门荫子弟及庶民。入学以后，教以诸家兵法，弓矢骑射等术，又编辑历代用兵成败及前世忠臣义士足以为精神训练者逐日讲释。有愿试阵队者，酌给兵伍，令他们演习。以兵部郎中掌管学务，选明悉军事的文武官员为教授。修业期限为三年，期满试验及格酌给官职；未及格的留学一年再试。

以上六种专门学校，名额规定不详，废立亦无常规，与太学自开国至灭亡三百余年未尝一日停办者情形大不相同。此六学中，除医学曾普及于州县外，其他只有中央各一所。

第五节 三短期学校

一 广文馆

此学系一种讲习性质，不限资格，不定学期，也没有严格的考试手续，凡四方学子来京应科举试或已试落第的举人，皆可入馆听讲。宋初即已设立，到哲宗元祐间，增加到二千四百人，以后废置无常。

二 四门学

此学为一高等普通学校，自八品以下至庶人子弟皆有入学的资格。其修业期限为一年，期满试验及格，发给毕业证书，不及格者留学，若留学三年仍不及格则开除学籍。此学设立于仁宗时，所以收纳未能入太学的一般青年学子，但设立未久就停办了。

三　辟　雍

辟雍又名外学，是在徽宗崇宁时蔡京当国所设立的。在熙宁时，王安石分太学为三舍，最低一级称外舍。及至此时，蔡京把外舍生别编入于外学，太学只留上、内二舍。凡诸州学学生选送到中央的，先入外学修业一年，考试及格乃补入太学。由内舍而上舍，一切手续仍照旧办理。此蔡氏三舍法与王氏不同的地方，但自南渡以后，外学取消，而太学三舍恢复旧观。

以上三学，既非大学，又非专门，多由时君或执政大臣的意向偶尔设置，历时亦极短促，为便于归类起见，故取名曰短期学校。

第六节　贵胄学校及国立小学

一　贵胄学校

宗学诸王宫学及内小学三所，均为宗室子孙受教的地方，故取名贵胄学校。此项学校，废置无常，内中有初级也有高级，兹分别叙述于下：

（1）宗学。宗学自宋初即已设立，但废置无常。凡诸王属尊者皆于自家王宫内开设小学，聘请教师教导家族儿童。儿童自八岁至十四岁皆可入学读书，课程以每日诵习二十字为完毕。但此不过一种家庭私学的性质，而毕业试验及出身亦未规定。至神宗时，始制定宗子法，凡宗室贵胄子弟如欲取得进士者，除祖宗祖免亲已做官者径赴锁厅应试外，其他均往国子监应试，但卷样及阅定标准与一般生徒不同。取中以后，应廷试的规定亦与其他进士两样。高宗南渡以后，始于绍兴十四年，正式建宗学于临安，隶属于宗正寺。规定生徒名额百人，大学生五十名，小学生四十名。职事各五名，置博士、学谕等员担任管教职务，在此读书的，多为南宫北宅的子孙。

（2）诸王宫学。此学与宗学性质无有什么分别，北宋及南宋初年皆有设立，到理宗时才与宗学归并。

（3）内小学。此在理宗时设立，专以教育十岁以下的宗室儿童之资质俊美者，设有教授、直讲及赞读等员。

二 国立小学

中央政府设立普通小学，始于神宗元丰年间。此学初立时，生徒人数尚少，只设两斋：一名"外传"，一名"初筮"。到徽宗政和时，儿童发达至千名，于是分为十斋。入学年龄以八岁至十二岁为合格。课程分诵经及书字两科。三舍升补法与太学相同。至升级时至少要能作文，再试本经及小经各一道，稍通补入内舍，优则补入上舍。

第七节 地方学校

一 地方学校之系统

宋朝地方行政区划为三级制：第一级为路，第二级有州、府、军、监四种名称，第三级为县。每一路管辖若干州或若干府、军、监，每一州、府、军、监各管辖若干县。州治常有，府、军、监三治则不常有——随着地方特殊情形才设立。故最普通的只有道统州，州统县三级。但地方学校只有两级：由州、府、军、监政府设立的，称做州学、府学、军学及监学；由县政府设立的，称做县学。因府、军、监三治不是每道皆设，且数目也很少，所以当时最普通的只有州学及县学。道治没有学校，亦没有教育机关，而政府所属诸州、县学由中央另派提举学事司，一员来统辖，故概括起来地方学校，县学统于州学，州学统于提举学事司。但考查《宋史·职官志》，提举学事司并非一路州县学的行政长官，不过每年前往各州县巡视一次，凡关于教师的优劣及学生的勤惰，尽考查、纠正及报告的责任。由此看来，提举学事司与清代的提学使，现在的省督学性质相近。此种官职并不常设，到北宋徽宗时才有。除州、府、军、监学及县学以外，还有藩王辖地所设的学校，名曰藩辅学。此等学校直辖于中央，与其他学统属上不相连系。

二　地方学校之兴起

地方学校，自宋祖开国以后，郡县已有设立的，不过未经政府明令。由政府明令地方开办学校之时始于仁宗景祐四年，但此时不过许藩镇所辖地方设立，于郡县地方尚未顾及。到庆历四年才通令各州一律设学，县有学生二百人以上的亦可自由开办县学。到徽宗崇宁元年又撤销限制，所有州县一律置学。所以论宋朝地方学校，发轫于开国初年，推广于庆历，普及于崇宁。后因金人南侵，黄河以北陷于胡人，而高宗南渡以后，中央地方各学亦逐渐恢复，宋朝对于教育的提倡实较唐朝为盛，由此亦可概见。以上这些学校，以年龄论，皆为成人；以程度论，不过中学性质。在徽宗时，曾有各州县设立小学，因待遇太薄，所以不久便废。

三　地方学校之内容

地方各学校的学生名额没有详细规定，只有庆历年间"学者二百人以上许更置县学"，及崇宁年间"增县学弟子员：大县五十人，中四十人，小三十人"这样简略的两次规定。至于州学更难考了。各学的教官谓之教授，州学二人，县学一人。这些教授，初由本道使者选派他的属员，或聘请地方的宿学名儒充当。到神宗以后，才严加限制，要当教授须经过一番考试，又必由制科进士科出身及由上舍生毕业，做过了官的学者，方有应考的资格。因为如此严格，所以到元丰元年的统计，全国教授只有五十三员。内中教材不外五经六艺，其训练方法无非以德行道艺为标准，此在宋朝通国皆是一律的。这些学校，在礼堂上均设孔子及十哲的像位，每逢节朔，教授必率全体学生致祭，或就原来孔子的庙庭辟为学校，而朝夕亦得就近瞻仰。各学皆有学田，作为常年经费，学生入学皆在校内寄宿，膳食、书籍皆由学校供给。地方初立学校虽生徒多少不等，全为单级制，至哲宗元符二年，通令全国各学一律采用三舍法。由县学生选考升于州学，由州学生贡入太学一次。但三舍法施行未久，到徽宗政和三年，通令停止。在行三舍法时，地方学生依次贡入太学，不许由科举出身。但在不行三舍法时，地方学生有求仕进者，必要在学修满三百日方许应科举试。

以上州县学皆以儒家的学术思想为本，通同称曰"儒学"。但在徽宗时，于各州县儒学内特辟一斋，专门教授道家学徒，这一斋我们可以取名"附设道学科"。教材分大小二经，以《黄帝内经》及老子《道德经》为大经，以《庄子》《列子》为小经，内中管理及升贡法与儒士同。是时因政府的特别提倡，所以天下学子趋向的也很多。但此科开办不过十年，因政局转变遂被取消了。

第八节　科　举

一　科举之种类

宋朝科举，大别为三类：一为制举，由天子直接考选的；二为常贡，由州县贡入礼部考选的；三为学选，由三舍选充的。第一类因国家需要某项人才，由天子随时招考，不常设，亦没有一定的章程。第三类仅在北宋自哲宗元符二年至徽宗宣和三年施行了二十二年，因是时新党当国，务使全国人才悉由学校出身，所以停办常科，专由三舍法升贡。

具有永久性质而为天下学子所趋赴的,实属第二类——常贡(但在科举照行时,太学上舍仍旧,直接考选如贡举法)。贡举之中,在初年多仿唐制,有进士、九经、五经、开元礼、三史、三礼、三传、学究及明经、明法九科。此九科中,以明经、进士二科为最普通,此二科中尤以进士一科得人最盛。到神宗熙宁年间,王安石秉政,以明经诸科,或过于机械,或空疏无用,乃一刀斩除,独存进士一科,自此以后,全国学子要想在政治上希求荣名的,莫不趋赴于这一条路。在徽宗初年,蔡京专权,虽曾一度完全停办科举,取士全由学校出身,但不久蔡氏失败,而进士科仍旧恢复了。除以上三类外,还有武举及童科,但亦不常行,在当时关系较轻,勿庸另述。

二 贡举之手续

此处所谓贡举手续及以后各段,皆是指着常贡说的。当初常贡每年一举行,到仁宗时改为二年一举行,到神宗时仿照周朝三年大比的意思,又改为三年一举行,此后相沿不改,遂成定制。贡举的手续,大别为二步:第一步,由本道考试官于秋季先考选一次,谓之秋试;第二步,由礼部考选诸路所贡的举人,谓之省试。在秋试以前,由各县长官考察地方行艺之士,保送于州;州之长贰复核属实,再保送于本道考试官,如被保之人查有缺行恶德,州县长官皆应受处分。这一班士子经选以后,上贡到中央礼部,称做贡士,又称举人。照例各道以秋季解送,考试举人多冬季集齐礼部报到,到明年春季考试。考试及格了,列名放榜于尚书,于是称进士。但在太祖开宝中,落第举人往往讼告考试不公,由天子另派大员于殿廷复试一道,于是于省试之后又有殿试。

三 考试之内容

在熙宁以前,常贡九科,礼部考试未分场次;在熙宁以后,只试进士一科，共分四场。进士科当初仍仿唐制，考试诗赋、帖经、墨义。熙宁四年，王安石取消诗赋及帖经、墨义，专用经义取士，凡十五年。至元祐元年，旧党秉政，复试诗赋与经义并行。至绍圣元年，新党又起，再罢词赋，专用经义，凡三十五年。南宋之初，经义、诗赋又复兼用。经义即王氏所撰的《诗》《书》《周礼》三经新义。王氏撰用此书，表面借口于诗赋空疏无用，其实即在以一己之学说统一天下，野心不为不大，中间诗赋虽时兴时罢，但自熙宁以后，一班青年学子无不诵习经义。南宋虽程、朱学说最占势力，而王学亦未尝完全消灭，经义文在场屋中且有一定程式，即后此八股文的起源，安石学说之影响于后世殊不小了。兹将历朝常贡所试内容列二表于下以清眉目。

第八表　宋初贡举考试内容表

科目＼类别内容	文	策	帖经	墨义
进士	诗赋论文各一首	五道	《论语》十帖	《春秋》或《礼记》十条
九经			帖书一百二十条	墨义六十条
五经			帖书八十条	墨义五十条
三礼				墨义九十条
三传				墨义一百十条
开元礼				墨义三百条
三史				墨义三百条
学究				墨义《毛诗》五十条，《论语》十条，《周易》《尚书》各二十五条，《尔雅》《孝经》共十条
明法				律令四十条，兼经墨义五十条

第九表　熙宁以后分场考试进士表

时代＼场别＼内容	第一场	第二场	第三场	第四场
熙宁	本经大义	兼经大义十道	论一首	策五道
元祐	本经义二道《语》《孟》义各一道	赋及律诗各一首	论一首	子史时务策一道
绍兴	同熙宁	同熙宁	同熙宁	同熙宁
建炎	诗、赋各一首 习经义者本经义三道《语》《孟》义各一道	论一道	策三道	

至于殿试，宋初为诗、赋、论三篇，至熙宁以后专试策一道，限以千字。关于王氏的经义格式，今以他本人所作"里仁为美"一文举例于下，得以考见一斑。

里仁为美

为善必慎其习，故所居必择其地。善在我耳，人何损焉。而君子必择所居之地者，盖慎其习也。孔子曰"里仁为美"，意以此欤。一薰一莸，十年有臭，非以其化之之故耶？一日暴，十日寒，无复能生之。物傅者寡而咻者众，虽日挞不可为齐语，非以其害之之故耶？善不胜恶，旧矣，为善而不求善之资，在我未保其全，而恶习固已乱之矣，此择不处仁所以谓之不智，而里仁所以为美也。

夫苟处仁，则朝夕之所亲无非仁也，议论之所契无非仁也，耳之所闻皆仁人之言，目之所睹皆仁人之事，相与磨砻，相与渐渍，日加益而不知矣。不亦美乎！

夷之里，贪夫可以廉；惠之里，鄙夫可以宽。既居仁者之里矣，虽欲不仁得乎。以墨氏而已有所及，以孟氏之家为数迁，可以余人而不择其地乎。

然至贤者不能渝，至洁者不能污，彼诚仁者性之而非假也，安之而弗强也，动与仁俱行，静与仁俱至，盖无往而不存，尚何以择为哉。（见《图书集成·经义典》）

四　策取后的待遇

进士科自开宝六年创行殿试，以后成了定制，每省试完毕必经过殿廷复试。至太宗太平兴国八年，殿试进士以三甲放榜，至真宗景德二年又分为三甲五等，以后也成了定制。第一、第二两等为第一甲，赐以"及第"；第三等为第二甲，赐以"出身"；第四、第五两等为第三甲，赐以"同出身"。凡省试第一名称"省元"，殿试第一名称"状元"。凡进士及第，即令卸除常服，授以官职。至于第一名则由天子特别奖赏，宠以诗歌，示为荣耀，而天下俊秀之民莫不奔赴于科名，帝王牢笼之术可谓大奏其效了。

第九节　书　院

一　书院之起源

书院的建设，萌芽于唐朝后期，推行于五代，至宋朝而大盛。当五代时，战乱相寻，学校差不多完全停废，地方一二有道德的知识分子——贤士大夫——乃选择名胜地方，盖起房屋，招集青年学子，相与讲习于其中，取名书院，此书院制之所由起。宋初平定大乱以后，官立学校虽遍全国，而书院继续维持；再经有名大师的热心倡导，政府当局的嘉意褒扬，此倡彼和，各处景慕模仿的日多一日，于是书院的设立遍郡国了。主持的人，多半是硕学巨儒，内容的充实，学生的发达，往往驾于官立学校——州、县学——之上；所以州、县学虽或时开时闭，而书院则恒久常存。当时最著名的书院有四所——石鼓、白鹿、岳麓及应天府，兹将它们成立的先后分述于下。

（1）石鼓书院。创立最早的为石鼓书院，因其设立在衡州石鼓山，所以取名石鼓。此书院为唐时本地人李宽于宪宗元和时所建，宋初曾赐院额，到南宋孝宗时更加扩充，朱晦庵先生曾作过记的。

（2）白鹿洞书院。白鹿洞在庐山下，距九江十余里，为唐李渤隐居的旧址。南唐升元中，乃因洞建立学馆，以李善道为洞主，置了学田，教养生徒，当时又名"白鹿国庠"。宋太宗时，有学生常数千百人，由江州知事周述的呈请，颁赐九经，令学生诵习。真宗时修缮一次。迨后中衰，至南宋孝宗淳熙六年，朱子为南康军太守，申请重修，立定教规，于是白鹿洞书院之名扬溢于四方。

（3）岳麓书院。此书院在潭州岳麓山抱黄洞下，宋太祖开宝九年，朱洞为潭州守时所创立。当时有讲堂五间，斋序五十二间。到真宗咸平二年，李允则为潭州守，把内中规模益加扩充，有学生六十余人，且请政府赐过了经典的。再到南宋孝宗时，朱子为潭州守，仿白鹿洞书院设立教规，内容更加充实，学子闻风而来，受教的至座不能容，所谓"潇湘为洙、泗，荆蛮为邹、鲁"了。

（4）应天府书院。此书院即宋名儒戚同文的旧居，位在商丘。商丘宋名南京，为当时应天府治，所以取名。首创者为本地人曹诚，曹氏于宋真宗祥符二年，因戚氏旧居修筑而成的。当时筑有院舍一百五十间，藏书数千卷，生徒一百余名。曹氏设院成功以后，捐给地方政府，于是政府以同文的嫡孙舜宾为主教，而以曹诚为助教。

二　书院之内容

宋代书院与汉代经师讲坛的性质很相类似，或者就是私设讲坛的遗意。不过汉儒以自己的住家为讲习的所在，完全私塾，法制不立；书院乃是别辟精舍，规模比较宏大，主持者或为地方名儒，或为守土官吏，故创办虽由于私人，而成立以后即与政府发生关系。兹将其内容各点列举于下：（1）主持院务的人称山长，或称洞主。（2）院额由政府颁给。（3）以院田作常年经费，学生来院听讲，由院供给膳食。此项院田，或由私人捐赠，或由国家赐给。但为私人自设未经政府注册的书院，一切用度皆由学生自备。（4）内中教材以九经为主，还旁及史书、诗文，此项书籍，或由私人捐赠，或由政府颁发。（5）院内设立教条与官立学校相同。其可考的，则朱子主持白鹿、岳麓两书院时，皆有严整的教规训练生徒，其他虽不可见，想亦应有。（6）书院内必崇祀孔子，故每个书院必塑有孔子及十哲的肖像，甚至图画七十二贤一同配飨。

此项制度，虽与政府发生关系，却不受政府的支配，讲习方面比较自由。主持的人员多半品学兼优、大负时望者，师生相处其间，日以礼义廉节相砥砺。内中所出的人才，不仅学问切实，品格名节亦有可风，影响所被，地方风俗均受其感化。宋代国势虽弱，而风俗的醇厚，气节的高亮，于书院讲学制大有关系，在教育史上是最有价值的一页。

第十节 结 论

本期教育制度，虽因袭着前期，科举与学校并行，但比较前期亦有三点不同：第一点，科举形式由多方的渐趋于单一的——九科变为一科；第二点，太学内容由简单的趋于复杂的——三舍升格及积分等法；第三点，地方书院制兴起，较官立学校为发达。第一点似为退化的表示，第二、第三两点为进步的表示；但勿论如何，这三点由宋代创兴以后，历元、明、清三代六七百年相袭未改，其势力深入于人心可想而知了。宋代学术的发达，于书院制尤有关系，此真可特书的一点。

此外更有一显然不同之点，即一班教育家讲学的方向与态度。汉儒讲训诂，唐儒于训诂之外兼攻注疏，所研究的对象皆不外几本古籍——儒家的经典。到了本期，这一班学者则力反以前的那种门径，专门讲求义理，他们所研究的对象即"身心性命"四字，也可以说是"天人合一"的形而上学。由汉至唐，一班教育家，其毕身精力只在整理古籍，寻章摘句，对于修为方面并不发生什么影响。本期学者毕生精力注意于身心性命之学，即研究怎样是一个"人"及如何"做人"的法则，一面讲学，一面体认，同时且实践起来，所以他们所讲的是与行为有关系的。由汉至唐，一班教育家常注意在教授方面，即如何教法；本期的教育家则专注意在学习方面，即如何学法。所谓如何学法，即教学者以怎样学做一个人的法子，要从自己的身上及所处的环境中实地体验出来，所以我们可以取名本期的教育，为"实践主义"的教育。——这是与从前截然不同的。

此外还有一个特点，即语录体的风行。语录即现在所谓笔记，教师口讲，学生随手笔录下来的一种材料。古昔教育家早有这种办法，如孔子的一部《论语》全由学生笔记出来的；就是汉儒讲经虽讲训诂，但家法、私法的遵守极严，后来各家所以显有差异的，也因各人耳听手记有不同的原因。不过本期教育家的语录不取文言，全用语体，以通俗的文字说明很深的哲理，使粗识字义的人们皆能看懂，但非切实体验过则又不能受用。

本章参考书举要

（1）《宋史》的《选举志》

（2）《文献通考》的《选举考》及《学校考》

（3）《续文献通考》的《学校考》

（4）《五礼通考》的《学礼》

（5）柯氏：《宋史新编》

（6）《玉海》的《学校》及《宫室类》

第二十四章　北宋教育家及其学说

第一节　概　论

两宋教育人才之盛，如风起云涌，越来越多，真有令编史的人们感到美不胜收之苦。不得已，姑以学说及地位比较关系重要的为标准，各提出数人以为代表。于是在北宋，除程门弟子外，我们提出了六人；在南宋，除朱、陆二家弟子外，我们提出了八人。北宋六人中，除王荆公为特殊外，其余五人差不多成立一个体系——全属于实践主义的教育者。但胡安定又与其余的四人不同，后者莫不研究一些教育理论，前者独注意在教育实际；后者所讲全属于哲学的，前者犹能注意到科学的；后者都兢兢于个人的修养，前者独能注意于社会的训练。两宋三百年间，教育人才虽多，多半属于后者一流；他们虽然提倡的实践主义，但以偏重讲论，偏重个人的修养，结果还是虚空不合实用。只有胡安定一人才能注意到实际生活、社会生活，开辟有路，继起无人，不无可惜了！但关于理论方面，却是一代进步一代，胡安定很少表现，到周濂溪，渐有著述，到程伊川则发表的更完密了。关于性的解释方面，除王荆公颇近于扬子的善恶混说外，其余则全折中于孟子的性善论，而以明道说的较切近，伊川说的更详细。周濂溪虽极力提倡师道，但如何教法及学法未曾提出，到了张横渠与二程则全注意到了，尤其横渠和伊川二人对于学习与研究方面，本着自己的经验，所说字字切实有力，发前人所未发，至今犹可以取法。"学为圣人"一语是宋儒的一贯的教育宗旨，北宋就是王安石也是这样表示，其余理学家更不用说了。

第二节　胡安定（993—1059）

一　家世及学生生活

为北宋开通风气，作育人才，而能以身作则，终身于教育生活的，当推安定胡翼之先生。先生名瑗，字翼之，是江苏如皋人，以其祖先世居安定，故门人学者都称为安定先生。他的家世怎样？祖父做过司寇参军，父亲做过节度推官，在当时政界上是一个很低级的官吏家庭。先生既不靠着凭借，也没有什么凭借，一生成就，全由他自己刻苦努力得来。平生未曾应过科举，学成以后，以白衣出身，由有力者的推荐，在外做过几处推官，在内历任光禄寺丞，天章阁侍讲，但除了讨论乐章外无大建白。在著作方面，除了训释了几部经书及作了一部《景祐乐议》外，关于教育学理，也很少发挥。他一生的精神完全在教育事业上面，他之所以成为教育家的，亦在他的教育事业上，先生活了六十七岁，是真宗仁宗时代的人物，即是十一世纪的人物。在世之日，门生弟子业已布满了天下，其著名的如程颐，如徐积，如范氏兄弟，如吕氏兄弟，如刘彝、孙觉等等，莫不有名当时，垂教后世，先生可谓两宋教育家的鼻祖了。

安定先生幼年是一个刻苦自励、志量宏大的贫苦学生。北宋自仁宗庆历四年，始通令州郡设立学校，故在安定幼年时代，地方尚无官立学校，他受教于何人虽不得而知，但他的学业从私人讲授得来是无可疑的。当他七岁时便能作文章，十三岁已通五经，不仅天资过人，自负亦很不凡，幼年就想学做圣贤，对于科名与富贵全不在意。他虽生长在一个小小官吏家庭，虽家计贫寒，生活且难维持，而求学之志不为少挫。于是负笈远游，北往泰山与孙复、石介等同学，一直读书，十年没有归家。在此十年中，他把全副精神都放在研究学问上，攻苦食淡，发愤为学，努力所得，尝终夜不睡。家中如有信来，只见面封有"平安"二字，就不拆阅了，恐其扰乱他的注意。即此坚苦求学的精神，亦足以令人钦佩！

二 教育生活

安定一生教育生活可分着三个时期：在苏州第一期，在湖州为第二期，在国子太学为第三期。在国子太学时所负的是中央教育的责任，在苏、湖二州时所负的是地方教育的责任。一、二两期的情形相同，故并着一道来叙述。当他学成南归以后，即私设讲坛，以经术教授于吴中，这是他在负责国家教育以前的一段教育小生活。恰逢当代名贤范仲淹调任苏州知事，景仰先生之为人，即聘请他到苏州当州学教授。其后滕京谅为湖州知事时，又聘请他为湖州州学教授。在苏、湖二州合计教授了二十余年，学生从游的尝数百人，这是他教育生活的最长时期，也是他的事业成功、知名于天下的时期。在这时期中，他的教育优点有二：一是训练有方，一是教授得法。关于训练方面，采取严格的训练主义，这种训练不是机械的，却是人格感化的。他平生以昌明儒学为己任，遇事以自己作表率，起居饮食丝毫不苟，"虽盛暑必公服坐朝堂，严师弟子礼"（《安定学案》）。但平日视诸生如子弟，诸生亦敬他如父兄，师弟间具有极浓厚的亲切意味。关于教授方面，采取分科制，分科目为经义、治事二斋。凡学生之"心性疏通有器局可任大事者"，即入经义斋，讲习经义；其余则入治事斋。治事斋又分许多科目，如治民科、讲武科、堰水科及算历科等等。凡入治事斋的学生，至少学习两科，即以一科为主，以一科为副。经义斋是培养治术人才的，治事斋是培养技术人才的。学生应入何斋、何科，一半由先生指定，一半由学生自择。其他规程，纤悉具备。先生这种教法，很有科学的精神，当举世方依照成法，习于词章，而他乃分科教授，培养实学，可说在当时是一种创举。

此法一行，远近知名，遂传播到政府里面去了。那时宋朝正是贤君仁宗在位时代，乃采取苏、湖的教法，颁布于太学，作为法令，而先生不久也随着他的教法走进中央太学了。

安定入京任中央太学教授，始于仁宗嘉祐年间。初为光禄寺丞国子监直讲，即是以经义教授太学学生的教授。嘉祐初年，虽迁升为太子中允天章阁侍讲，仍然兼管太学的事务；自此以后，是为他的教育生活第三期。久已著名于苏、湖二州的胡老先生，一日得掌太学，为太学生色不少，于是四方青年学子闻风而来，踊跃如同蜂拥蚁集，以致原有学舍不能容纳。在这个时期，仍是按照学生的个性或才能分组教习，每人至少选习一组，各以组别分地讲习。分组以后，多由学生自习，而先生随时召集他们讨论。讨论的方式，或使他们各述其所学，先生从旁勾以大义；或由他们自己提出问题，让大众解答，先生从旁评判得失；或由先生就当时的政事提供，使诸生折衷。这种活动的教法，最能启发学生的心智，所以个个莫不兴趣浓厚，而成效因此大著。其训练也是与在苏、湖时一样，一方以严毅率众，一方以至诚感人，而诸生也被他的人格感化了。这样一来，太学里头的空气为之大变，凡在里头受遇陶冶的，差不多都养成一种特别风度，所以当学生在外面行走时，社会上的人勿论识与不识，莫不知其为胡门弟子。这种人格化的教育，比那高谈教育原理，其价值相差不知几何倍。到后来先生病了，要回家了，一班弟子得着这个消息，成群结队地跑来送别，道路相续，百里不绝，这位胡老师此时的心境之愉快当可以想见，而先生可谓得着代价了。先生出都门以后，仁宗又想念他起来了，问及他的学生刘彝。刘氏是湖州时代的高第弟子，对仁宗说："国家屡朝取士，不以体用为本，而尚声律浮华之词，是以风俗偷薄。臣师当宝元、明道之间，遂以明体达用之学授诸生，夙夜勤瘁二十余年。专切学校始于苏、湖，终于太学，出其门者无虑数千余人，故今学者明夫圣人体用，以为政教之本，皆臣师之功也。"（《安定学案》）刘氏这几句话，不啻为安定先生一生教育事业的一个最短的写照，而"明体达用"四字，尤为先生一生教育的结核。换一句话说，先生的教育是造就有用实学的人才，不是培养夸示博雅的学究书生。

三　教育泛论

先生是一位教育实行家，不托空言，所以关于教育理论一方面发表很少。不过就他的平日言行，可概括为几点：（1）教育宗旨为"明体达用"四个字。体即六经的道理——圣人之道，明体即讲明圣人之道。达用谓把圣人之道讲明以后，要能够通达于实用方为有用的学者，否则不免为迂儒。（2）教授方法取分团教授法，尤注意于个性的考查，时事的讨论，兴趣的引起——我于前面已经叙述过了。（3）训练取严格的感化主义，也是他平日刻苦修养的精神之表现。当徐积初次见他时，头容稍有不正，即被他厉声呵斥"头容直！"即此一点，亦足以见先生训练的精神了。薛艮斋说"翼之先生所以教人，得于古之洒扫应对进退"，即以人生日用的事情教导诸生，与教育即生活主义相同，后来一班道学大家的实践主义的教育恐怕就是从此发轫的。当他在太学当直讲时，每于公私试验完毕后，即借座肯善堂，作乐歌诗，以资余兴，这种富于人间兴味的教育，才是活的教育。

四　学侣孙复

与安定先生同学十年，而声誉不相上下的，有泰山先生孙复。孙氏字明复，山西平阳人，以其讲学于泰山，故弟子称为泰山先生。安定和蔼可亲，如冬日之日；泰山严峻可畏，如夏日之日，此两人性情不同的地方。安定虽不得志于科名，犹得当道有力者的推荐，内外宦游了十多年；而泰山终老于泰山之阳，做一个贫苦老书生，处境较安定更坏：此两人遭遇不同的地方。但开宋代讲学的风气，提倡师道的古礼，则两人是有同等的力量的。综计孙氏教育生活共有两个时期，一在泰山私设讲坛,一在国子监充当直讲,但后者的时期较短,而以前者为主要。他当初何尝不想求科名、入宦途?但以场屋的机遇不佳,屡遭挫折,所以到了后来终身于讲学生活了。在泰山南边,筑了书屋一所,取名泰山书院,一方面聚徒著书,一方面种竹树果,借此维持生活,借此寄托生命。他所最爱研究的为《春秋》,著了《尊王发微》十二篇,所授教材自然不外六经,不过以《春秋》为主要。他的教育目的即在讲明周、孔之道以为世用,所以他说,"文者道之用也,道者教之本也"(《与张洞书》)。时山左有名学者为石介,自介以下一班读书的人,莫不捧执弟子的礼节,来到泰山之门,拜他为老师。他们师弟间有极浓厚的感情,有极周到的仪节,此种表示能使当时的文人学者群相模仿,能使王公贵人折节崇拜,所以在当地竟造成一团浓厚的讲学空气了。

第三节　周濂溪(1017—1073)

一　生活小史

周氏名敦颐,字茂叔,是道州营道的人物——道州即现今湖南省的地方。他生于真宗天禧元年,死于神宗熙宁六年,一共活了五十七岁。营道有水名濂溪,流入到他的宅下,是他一生所最留恋的。到了晚年,迁居于庐山莲花峰下,遂把峰前的小溪改名濂溪;又将其庐住室取名濂溪书堂,所以一般学者都称他为濂溪先生。先生的性情,"清明诚一,寡欲而无私"(《理学宗传·周子》),品格高超,涵养和煦,后人把他等于颜回,我以为最近于陶渊明一流的人物。黄庭坚所作《濂溪诗序》上说:"先生胸怀洒落,如光风霁月。廉于取名,而锐于求志;薄于徼福,而厚于得民;菲于奉身,而燕及茕嫠;陋于希世,而尚友千古。"先生的人格在此数句序里面,可算描写尽致了。他的父亲做过县令,死得很早;他在儿童时代由他的母亲郑氏带到舅家养育以至成年。

刚近二十岁时，由舅父郑向的推荐，授为分宁县主薄。自此以后，先生在各处，度过县令、通判、参军等类的小官吏生活，前后差不多二十年。他没有一个较长的休闲时期专一从事于教育事业，但每到一处则必提倡学校，讲论经术，他是以官吏而兼教育家的。平生著作，有《太极图说》二百五十言，《通书》四十篇。《太极图说》在明天地之根源，究万物之终始（《宋史·道学列传》），可说是他的形而上学的宇宙观。《通书》是在发挥《太极图说》的原理，从这个宇宙观以推到人类社会的伦理观的一部书。先生的学问，多由他自己深思妙悟得来，没有一定的师传；但观他的著作含着道家思想不少，对于道家不无几分渊源，所以后人又称他为道士派的儒者。他的及门弟子较安定先生少得多，但创伊洛派的程氏兄弟却是从他受过业的。在教育史上，开宋代之先河者虽推胡、孙二人，而开宋代理学的宗传者，要以先生为首功，这差不多已成定论了。但周子究竟是一个富于自然性的教育家，一生爱莲花，爱山水，爱自然现象，观其"吟风弄月"，真有"吾与点也"的风味，这一点尤足令读史者景仰其风度。

二　主中的性论

周子的性命论是从他的宇宙观产生出来的。宇宙本无极，由自然变动而生阴阳，由阴阴交感而生万物，人类是万物之中最灵秀的。宇宙的本体原无善恶，是一个纯粹美善的东西，这个东西形之于观念，叫做"理"，或叫做"诚"。人类的性命是从这纯粹至善的本体产生出来，平时寂然不动，可是生气充满，一遇感触自能通晓。在感受外界刺激之后，动作将生未生之倾，此时心理所起的一种状态，名之曰"机"，所谓"动而未形有无之间者机也"（《通书·经》第四）。"机"即此时心理所起的一种动机，后天之性所有的善恶都从这个将动未动的动机生出。动机之所以能生出善恶，是由于感受外界各色各样的刺激时，动而不得其当；动而不得其当，于是有"刚柔善恶"种种动作的表现。性质刚善不对，柔善也不对，恶更不对，唯有中和之性方能中节，才是天下之达道，才可以进于诚。要求达到中和之性，在于动机发生时不要乱动，所谓"动而正曰道，用而和曰德，故君子慎动"（《通书·慎动》第五）。要求慎动，莫如主静，从静中养心以去欲，才可以得其中正。周子是注重养心的，主张无欲的，请看他记张宗范的《养心亭》上说："孟子曰：'养心莫善于寡欲。其为人也寡欲，虽有不存焉者寡矣；其为人也多欲，虽有存焉者寡矣。'予谓养心不止于寡焉而存尔，盖寡焉以至于无，无则诚立明通。诚立贤也，明通圣也，是圣贤，非性生，必养心而至之。养心之善，有大焉如此，存乎其人而已。"按物欲本人生自然的要求，社会一切事业的进步，多借物欲的活力为之推动，周子的无欲主义，与老子的无知无欲，佛家的清静寂灭，多少有些相近的地方，而与孟子的寡欲，荀子的节欲，究有未同。这种主义，在周子个人，固然修养有素，但在一般人，殊觉违反自然，有些难为；但宋代一般理学大家，都有如此类似的主张，此宋儒所以称为佛、老化的新儒学派。

三　唯诚的教育主义

周子一生的抱负，在"志伊尹之所志，学颜子之所学"（《通书·志学》）。伊志在行圣人之道，颜子志在明圣人之道，能明与行，即可希为圣人，所以他又说，"过则圣，及则贤，不及亦不失于令名"。由此看来，周子的教育目的即在教人"学为圣人"。学为圣人一方面要明圣人之道，一方面要行圣人之道。"圣"即是"诚"，"圣人之道"即是"仁义中正"。故为人的目标要以诚为本，所以为人的道路要行乎仁义中正。这个目的怎样达到呢？在于纯一，心中纯一，则一切杂念皆被涤除，自然能够达到无欲的境界。心中到了无欲的境界，当其静时是虚的，虚则自明；当其动时是直的，直则自公。能公而明，则能认识真理，才不致为邪念所惑，于是性情所到，全是天理，而近于纯粹至善了。纯粹至善即恢复了原来的本性，即诚即圣，而人格于是完成，而教育目的于是达到。但人类不得个个是圣贤,生而愚蒙的很多,何以能够使吾人心中纯一而至于诚呢?一方面要靠自己思虑的工夫,一方面要靠师友的指导。所以他说:"无不通生于通微,通微生于思,故思者圣功之本,而吉凶之机也。"(《通书·思》)所以他又说:"人生而蒙,长无师友则愚,是道义由师友有之。"(《通书·师友》)周子志伊尹之所志即自认为先觉者,平日颇以师道自任,所以对于师道极力提倡。他说:"故先觉觉后觉,暗者求于明,而师道立矣,师道立,则善人多,善人多,则朝廷正而天下治矣。"(《通书·师》)师道立不仅关系人心的善恶,且关系天下的治乱,所以应当重视。

第四节　王荆公（1019—1086）

一　略　传

北宋教育家以王荆公为特出。王氏乃当时有名的政治家,实非教育家,但他的学说及教育政策,关系于当时的教育,较一般人为大,所以我们在这里面有叙述的必要。王氏名安石,字介甫,籍居在抚州之临川,是江西的人物。他生于真宗天禧三年,死于哲宗元祐元年,活了六十八岁,完全与周、邵、张、程诸人同时。有非常聪敏的天资,"读书过目不忘,属文动笔如飞"。当少年时,即抱有大志,好读书,肯于研究,对于衣、食、起居的好坏全不注意。但性情执拗,意志坚强,又善于辩说,苟有所见,绝不变易,他人也没有法子难住他。他的学问,经义与文章,皆是超绝一世,当少年时代已负盛名。在中年以前,也曾讲过学、授过徒,但这种生活不是他的夙愿。他是董子一类的人物,富有政治热望的,想以政治力量变易一切,即其平日所有教育宗旨亦想借政治力量去推行。平生最得知遇于神宗,君臣意志相合,所以神宗一即位便拜他为宰相,给以大权,而安石年已五十岁了。在相位十年之久,但因当时旧党势力太大，左右环攻的太多，所成功的尚未达到其理想的一半，到了六十岁以后，遂辞了相位而退居金陵。退隐八年，抑郁很多，从前所有计划被当朝旧党完全推翻，而安石亦抑郁以终老了。

二　教育主张

王氏是一位很有魄力的政治家，思以政治力量推行他的教育主张的，其实他的教育主张就是他的主要的政治主张。这种主张，在他《上仁宗皇帝言事书》时，早已和盘托出。他说：

> 人之才未尝不自人主陶冶而成之者也。所谓陶冶而成之者何也？亦教之、养之、取之、任之之道而已。所谓教之之道者何也？古者天子诸侯自国至于乡党皆有学，博置教导之官，而严其选，朝廷礼乐刑政之事皆在于学。士所观而习者，皆先王之法言德行治天下之意，其材可以为天下国家之用。苟不可以为天下国家之用，则不教也；苟可以为天下国家之用者，则无不在学，此教之之道也。所谓养之之道者何也？饶之以财，约之以礼，裁之以法也……所谓取之之道者何也？先王之取人也，必于乡党，必于庠序，使众人推其所谓贤能以告于上，而察其诚贤能也，然后随其德之大小、才之高下而官使之。……所谓任之之道者何也？人之才德，高下厚薄不同，其所任有宜有不宜。先王知其如此，故知农者以为后稷，知工者以为共工，其德厚而才高者以为之长，德薄而才下者以为之佐属。又以久于其职，则上狃习而知其事，下服驯而安其教，贤者则其功可以至于成，不肖者则其罪可以至于著。……（《上仁宗皇帝言事书》）

教育的目的在陶冶通经致用的人才，即治术人才。陶冶的权能在国家，而陶冶的方法不外"教之、养之、取之、任之"四项。如国家教、养、取、任有道，即陶冶得法，则人才用之不穷；否则必感缺乏。此四项法则，以教为根本，养乃继续的教，而取与任包含了教育的功用。怎样教法？王氏是主张学校教育的，在广开学校，慎选师资，教以有用之实学。并须设备富有教育意义的环境，使学生朝夕所学习的皆是政治的知识，所涵养的皆是领袖的器度。如此教育，经过相当年月，出学之后，皆可以为国家应用。但现在国家所以感觉人才缺乏的，非天下无人才，实由于现在的教育太坏，不仅不能陶冶出有用的人才，且足以毁坏天下的人才。国家政治不外礼乐刑政；国家所需要的即在明于礼乐刑政的人才。但现在学校虽然林立，徒有其名，内中所教的"讲说章句"或"课试之文章"，与国家所需要的完全不相干；而国家一旦取用人才，不管他们平日所学如何，一概责以礼乐刑政及治天下之大事，政府与学校各不相谋，而希望国家治理，绝无此理。所以他又说：

  今士之所宜学者，天下国家之用也。今悉使置之不教，而教之以课试之文章，使其耗精疲神，穷日之力以从事于此。及其任之以官也，则又悉使置之，而责之以天下国家之事。夫古之人以朝夕专其业，于天下国家之事，而犹才有能有不能。今乃移其精神，夺其日力以朝夕从事于无补之学。及其任之以事，然后卒然责以天下国家之用，宜其才之足以有为者少矣。（《上仁宗皇帝言事书》）

王氏痛心于当时教育的弊病，对于国家影响太大，所以上一篇万言书，发表他的意见；勿奈当时皇帝左右为旧党所包围，不能见用。神宗即位以后，一方感于国家非变法不足以图强，一方已认识安石的大才，乃授以宰相，委以全权改革从前一切弊政。在教育方面，王氏乃本凤昔的抱负，制定两个政策：一为学制的变更，一为思想的统一。关于学制方面，于学校则创为太学三舍法，即分太学为三个等级的制度；于科举则取消明经诸科，专留进士一科，而进士科又废除诗赋不用，只考试经义一种。这样一来，科举方面数百年的空虚之弊，一旦铲除，亦可称快举了。关于思想方面，则以自己著的《三经新义》颁行于全国，学校以此为教材，科举以此为考试的标准。《三经新义》在当时名之曰王学，既由政府颁布了，而全国读书求官的士子便不得不服习，于是王学之名几成当时一代的学风。

三　情性论

王氏论性虽不见精微，但有些地方尚称得当。他于孟、荀、扬、韩四家之说，只取扬子的说法，认为近似，其余三家皆反对，尤其归本于孔子的"性相近也，习相远也"两句话。他以性情是一件东西的两方面：自存在内面而言谓之性，自发出外面而言谓之情。譬如喜、怒、哀、乐、爱、恶、欲七种动象，即性的七种性质，当其未曾表现于外时，即性之本体；一旦遇着机会表现于外就谓之情了，故曰"性者情之本，情者性之用"（《情性论》）。而情是由性所生的，情亦是人生所不能免的。性是一个浑体，无所谓善恶，感着外面的刺激，喜则喜，怒则怒，哀则哀，乐则乐，极其自然的，谓之情。不过此等喜、怒、哀、乐之情，表现而适中合理时谓之善，表现而不适中合理时则谓之恶，可见善与恶由情而成，与性无关，故曰"情生乎性，有情然后善恶形焉，而性不可以善恶言也"（《原性》）。性既不可以善恶言，所以扬子的"善恶混论"尚为近似。但只可谓之近似，而非真是；因为扬子所谓"习于善则善，习于恶则恶"完全是习，不是性。甚至一般人所谓善恶，都是指习而言，指情而言，于性的本体全不相干。性既是浑然一体，人人差不多相同，到了感发于外，因环境的差异自然有发生不同的倾向，不同的倾向演习日久了遂成为习惯；此"性相近也，习相远也"一句话为最可靠。至于"上智与下愚不移"，也是指着后天的习惯而言，不是指着先天的本质说的。他说："然则孔子所谓'中人以上可以语上，中人以下不可以语上'，'惟上智与下愚不移'，何说也？曰：'习于善而已矣，所谓上智者；习于恶而已矣，所谓下愚者；一习于善，一习于恶，所谓中人者。上智也，下愚也，中人也，其卒也命之而已矣。'"（《性说》）总结起来：王氏谓性无善恶，善恶之名是由情而得。情发时合于善，且成了习惯，则性也善了；情发时流于恶，且成了习惯，则性也恶了。但善恶之名虽得于情，而所以合于善或流于恶的，根本则在于性之不定；所以君子贵养，能养性之善则情亦善了。

第五节 张横渠（1020—1077）

一 生活小史

张载字子厚，原籍为宋人，屡代住在大梁。他的父亲张迪为涪州令，死于官所，是时他们弟兄都很幼弱，不能东归，遂侨居在凤翔眉县的横渠镇，他于是成了关中的人物。他生于真宗天禧四年，较濂溪少四岁，死于熙宁十年，一共活了五十八岁。张氏少年颇有豪气，最爱谈论兵事。当时中国西北正遭西夏的侵害，他想在武功方面报效于国家，遂上书边防守将范仲淹，自述其志愿。是时张氏年才十八岁，范氏一见，知道他器局远大，很可造就，乃责备他何不从事儒术。此时他虽为范氏之言所感动，意念稍转，但并未遽然心安。其后对于佛、老的学说寻讨了数年，才回过头来又研究六经。此时虽然得着求学的门径，而工夫尚未成熟。当嘉祐初年，即当他三十七八岁时，来到京师，与程氏兄弟过细一讨论，非常佩服，才涣然冰释；自此以后，他遂成为关中一大儒者，具有哲学思想的教育家。二程子是他的表侄，年龄较少，行辈亦卑，当时他已在京师私设讲坛，讲论《易经》，踵门听讲的也很多，但自见二程后，知道自己的学问不及两侄，即撤销讲席，嘱一般学生都往拜二程为老师。张氏这种虚怀若谷的态度，诚有令人钦佩的地方。

张氏以进士出身，在外做过了县令及军事判官，在内做过了著作郎。在云岩县令时，即以教育者的态度教化县民，以"敦本善俗"四字为治民的政策，要使一般人民皆知道养老事长的大义。还朝以后，因与王安石的政见不合，遂托疾西归横渠，一面讲学，一面著述，以至老死于此地，故学者称他为横渠先生。张氏担任国家教育事业，只有文彦博聘请他为长安学宫教授一次。在政界生活的时期也很短促，所以一生的精力多半消磨于私人教授及著作方面；而对于教育后辈抱负极大，收效很多，及门弟子差不多与程门相埒，可惜身死而遂萧条了。

濂溪性情恬淡，横渠气质刚毅。濂溪的学问多从心领神会而来，横渠的学问多从苦心力索而成。濂溪教人以诚为本，以无欲为大；横渠教人以礼为体，以无我为大。这都是两人不同的地方。横渠的著作，有《东铭》《西铭》各一篇，《正蒙》十七篇，《横渠理窟》六篇，及《易说》三卷，《语录》《文集》各一卷。其中《西铭》最为纯粹，是他的博爱的伦理观。关系教育的论文则散见于其他著作之中。

二　二元的性论

张氏论性虽与周子不同，但其法则都是从各人的宇宙观推演出来的。张氏以宇宙为太虚，太虚即气，气散则无形，气聚则有象。由游气纷扰，相合而生质，于是有人与万物；由游气变化所形成的虽有人与万物，种种不同，但其变化的轨道莫非由于阴阳两端的循环。宇宙变化有一定的法则，谓之"理一"；从变化中生出种种形象，谓之"分殊"。"理一分殊"是张氏的宇宙观，也就是他的全部哲学思想的要点。因为宇宙的变化是理一分殊的，所以"性"也有两种：一为天地之性，一为气质之性。但它们可不是平列的，后者是从前者所生的。天地之性即自然之性，是迹先的，合虚与气而得名的，凡有生皆是一样的，所谓"性者万物之一源，非有我之得私也"（《正蒙·诚明篇》）。太虚即天，气化即道，合虚与气为性，所谓"性即天道也"（《正蒙·乾称篇》）。天道至诚，故天地之性为至善。至于气质之性，则有善恶不等了；不仅有善恶不等，并有人物的区别，气质之性即附于气质之中。气质是由虚气聚合而成的种种形象，当其形成之初，有通蔽，有开塞，也有清浊，所以生出人与万物的区别；因此气质之性万有不齐——不仅人与万物不同，人与人间亦各不相同。例如人性有刚的、柔的、缓的、急的，或有才、不才，皆气质之偏而不同的地方。但天地之性虽与人与物同出于一源，气质之性虽人与人间亦有差异，究竟人与人的差异小，而人与物的差异大。张氏于伦理的宇宙观虽有"民胞物与"的志愿，但他的头脑中总有一个人与物的分界；他也必须讲出人与物的分界，倘无分界则人必近于禽兽。人与物必有分界，此所有宋儒讲性的共同之点，也即是他们讲性必争的地方，所以张氏反对告子的"生之谓性"的说法。他说："以生为性，既不通昼夜之道，且人与物等，故告子之妄不可不诋。"（《正蒙·诚明篇》）

张氏既反对告子的"生之谓性"，他自己却提出一句口号："体之谓性。"他说：

> 未尝无之谓体，体之谓性。（《正蒙·诚明篇》）
>
> 凡可状，皆有也。凡有皆象也。凡象皆气也。气之性本虚而神，则神与性乃气所固有，此鬼神所以体物而不遗也。（《正蒙·乾称篇》）
>
> 感者性之神，性者感之体。惟屈伸动静终始之能一也，故所以妙万物而谓之神，通万物而谓之道，体万物而谓之性。（《正蒙·乾称篇》）

我们综合起来解释：万物成于气，气为实有，凡实有的东西皆有体，体即是性。此体是能感触的，感觉作用又为性之神了；这种神妙的作用，通万物皆有一定的法则，又谓之道了。所谓性与神，神与道，其名虽异，其实就是一物。张氏所谓"体之谓性"，不是很清楚地指天地之性说：万物同出一源没有差别吗？既然如此说法，何以反对告子的"生之谓性"？纵令抛开告子所说本于生理作用不备，则"生之谓性"何常不可与"体之谓性"同一以"天地之性"来解释呢？总之，宋儒是信仰孟子的性善说的，是主张人与禽兽有分界的，所以无人不反对告子，无人不反对荀子。

人性既有两种，惟圣人至诚才与天地合其德，至于一般人多半为气质所偏，只见有气质之性了。然则怎样才可以去掉气质之性，而存着天地之性呢？工夫在于"善反"，所谓"形而后有气质之性。善反之，则天地之性存焉。故气质之性，君子有弗性者焉"（《正蒙·诚明篇》）。善反的工夫有两种：一要"尽性"，二要"成性"。把已有的天地之性尽量地发展，所谓"通极于道"，谓之尽性。用教育的工夫把后来的气质之性设法去掉，以回复本来的天地之性，谓之"成性"。尽性的工夫，第一在养气，培养自然的天地之气，所谓"养其气反之本而不偏，则尽性而天矣"（《诚明篇》）。第二在至诚，所谓"人能至诚，则性尽而神可穷矣"（《乾称篇》）。何以能够至诚呢？在于穷理。张氏往往把"穷理尽性"所以并说的，即谓穷理可以尽性；能尽性，才可以至于天，才"知生无所得，则死无所丧"（《诚明篇》）。所以他说："生有死亡，而性无死亡。"盖性即天理，天理是与宇宙并存的。

三 心理说

张子对于心的本体只说了两句，对于心的作用之解释较为详明。他说"合性与知觉有心之名"（《正蒙·太和篇》），又说"心统性情者也"（《性理·拾理》）。这是他对于心的本体之解释，我们若是拿今语来翻译：心是吾人精神作用的总名，在此总名之中，有性情、有知觉、有其他的精神活动，而统名曰心。以上所说的性，不过为心之本体中最高的一部分。至于心的作用他分为两种：一为广大的，一为狭小的。凡耳、目、口、鼻等感官之能感觉，由于心的作用。但耳、目、口、鼻所能感觉的只限于有形的物质，不能察及无形的道理，谓之心的狭小一方面的作用。这种狭小作用，为感官所限制，囿于见闻，不能体会宇宙一切，不是吾人所能满足的。吾人所要求的，是心的广大作用，要心有广大作用，则不可"以耳目见闻累其心"，务须"尽其心"，"大其心"。所以他说："大其心，则能体天下之物。物有未体，则心为有外。世人之心，止于闻见之狭。圣人尽性，不以见闻梏其心，其视天下无一物非我。"（《正蒙·大心篇》）大其心不仅不可以囿于闻见，并不要有人我的私见，须要眼光放大，合人我为一体，则心胸才能阔大而参透一切，才谓之尽心。尽心的工夫在于"虚心"，所谓"虚心然后能尽心"。虚心的状态如赤子之心一样，毫无成见，毫无习心，毫无物质的障碍，是灵通的，是虚空的。因为是虚空，所以无一物不体；因为是灵通，所以无一处不感。所体所感的知识，谓之"德性之知"，超乎闻见以上，超乎表象以外。能够如此，则耳目适足为启发道德之要，而于大道无所不感，自能窥透一切了。这种本领，唯圣人才有，吾人应当勉力的。

四 变化气质主义的教育论

"学以变化气质"，是张横渠先生的一句名言，即是说：教育的功用在于变化受教者的气质。气质是什么？即是他在性论里头所讲的气质之性。气质有美的，有恶的，美之中也有纯全的或未纯全的，教育可使恶的变化为美，未纯全的变化为纯全。气质怎样变化呢？第一要有好的修养，第二要有好的环境，第三要有好的师友。修养不是在多得知识，在于以庄敬的态度矫正不好的气习，朝着合理的目的，步步严谨地实践，到工夫久了，气质自然变化。有了好的环境，触处皆是教育，耳目心思才不为外物所引诱，一举一动皆能合于礼节。如此习养，工夫久了，气质也能变化得好，所谓"居仁由义，自然心和而体正。更要约时，但拂去旧日所为，使动作皆能中礼，则气质自然全好"（《横渠理窟·气质篇》）。有了好的师友，则朝夕所教训的皆是圣贤的嘉言懿行，这与好的环境同一功用。

变化气质，是将气质之性转移为天地之性，圣人即天地之性，所以张子的教育目的在于"学为圣人"。他尝对学生说："学必如圣人而后已。以为知人而不知天，求为贤人而不求圣人，此秦、汉以来学者之大弊也。"（《宋史》本传）学为圣人，当"以《易》为宗，以《中庸》为的，以《礼》为体，以孔、孟为极"（《宋史》本传）。《易》与《中庸》是他教学的标准，《礼》是他为人的尺度。所以他的宇宙观多本于《易经》，伦理观及性论多本于《中庸》，而修养的方法则以礼义为权衡。他说：

知及之而不以礼性之，非已有也。故知礼成性，而道义出，如天地位而易行。（《正蒙·至当篇》）

学者舍礼义，则饱食终日无所猷为，与下民一致，所事不逾衣食之间，燕游之乐尔。（正蒙·中正篇》）

五　教学法

横渠先生教人的方法，要以立志为本。他说："学者不论天资美恶，亦不专在勤苦，但观其趋向著心处如何。"（《横渠理窟·大学原》）他又说："有志于学者都更不论气之美恶，只看志如何。匹夫不可夺志也，惟患学者不能坚勇。"（《横渠语录》）天资愚笨不足畏，用心不勤也不足畏，最怕的是没有志气，没有志气的人，根本无心求学，怎能望他有成就呢？立志固然要紧，但立志不可太小，"志小则易足，易足则无由进"（《横渠理窟·大学原》）。学者不仅要立志，还要立大志，所谓"志大则才大事业大"，"逊其志于仁则得仁，逊其志于义则得义"。（《正蒙·中正篇》）立志以后，须要养气，养气即变化气质的意思。除此以外，关于教授方面还有两点须注意：第一，教授时要决定教材的秩序，由易而难；第二，要明了被教者的个性，因材施教。他说："教人者必知至学之难易，知人之美恶；当知谁可先传此，谁可后传此。知至学之难易，知德也；知其美恶，知人也。知其人且知德，故能教人使入德，仲尼所以问同而答异以此。"（《正蒙·中正篇》）

关于学习方面有几点可述的：第一，要有追求的兴味，即向慕之心。对于某种学问向慕不已，相信内中有极富美的宝贝，非获得不可，如未见的都市之繁华，非往见不可。兴味这样浓厚了，自然逐步前进，再持以毅力则行了。第二，要清心。心清则感觉锐敏，四体舒泰；心乱则情形相反。但吾人平日总是清时少而乱时多，其原因由于用心未纯熟，注意不专一，所以浮思杂念常来纷扰。第三，要渐进，即由浅入深。如教儿童当学习洒扫、应对、进退等知识，不宜卒语以大道。即或年龄稍长，如果理解力尚未发达，程度尚浅，也应从浅近平易处入手，才能逐步渐进。第四，要有疑难。一切知识都从疑难中产生，愈求进步疑难愈多，疑难愈多，进步愈大。因为发现了疑难，才能抛却常解另辟新径，或访求先知先觉的人同他切磋，则知识自然进步。把一切学问都看得容易，而自觉无一可疑的人，一定是未曾学习的人，因为未曾学习，虽有疑难亦不知道。所谓"在可疑而不疑者不曾学，学则须疑。譬之行道者，将之南山，须问道路之出；自若安坐，则何尝有疑？"（《横渠理窟·大学原》）第五，学习时要自开道路，自凿孔穴，亲身探入，发现其中的美富，才是我自己的学问，否则专观古籍或探听朋友之言，如同穿窬之盗，虽窃取了许多东西，而究不知所藏。第六，学习要有恒心，不宜止息。人生是没有止息的，求学也当没有止息。求学即求生的表现，倘求学一日止息，则是生命停滞，等于死亡，最可痛心。《易》所谓"自强不息"，即是此理。

张子对于读书法的意见也有几点：（1）读书要多。读书少了，难以考校义理，读得多则能融会贯通，由博而约。（2）读书要成诵。吾人读书的目的，是在借书中的内容以解释自己的疑难，开通自己的心思,但非潜心玩索,不能达到这一步。而潜心玩索时,又须离开书本,或于半夜中,或于静坐时才能办到。但所读之书不能记忆,如何能离开书本潜心玩索呢?所以凡关于有益身心的书,须读得成诵。(3)读书时须以静为主。静时才能涵泳,才能了悟,盖读书务必到了悟为止,否则只求解大义,未见于吾人有什么益处。

第六节　程明道(1032—1085)

一　生活小史

程颢字伯淳,生于仁宗明道元年,死于哲宗元丰八年,是河南的一个教育家,是北宋修养最纯粹的一个儒者。他的家庭,自曾祖以来,即做过大官,父亲名珦,官至太中大夫,尤为贤明,他之所以成为一代的纯儒,于家庭教育不无关系。程子生来,神气秀爽,与一般儿童不同,不到十岁,举止行为已像成人,观他在十岁时所赋酌贪泉的诗,"中心如自固,外物岂能迁"二句话,不仅非寻常儿童所能做出,他后来一生的学问与为人,也可从此看得出来。当他十五六岁时,由父命与他的胞弟程正叔,一同就学于周濂溪先生。二十六岁,举了进士,即委派为鄠县主簿,后改调为上元县主簿,复移为晋城县令。凡任职一处,莫不成绩卓著,而以在晋城任职较久,成绩亦最大。神宗初即位,由吕公著的推荐,召进京来为太子中允,兼充监察御史,很蒙神宗器重。后因与王安石意见不合,又改任京外的职务。转调数处,自是年已四十多岁了。其后一因政见不同,一因父亲年老,乃求得一闲官,与弟正叔退居洛阳,专门讲学著述。迨哲宗即位,司马光等辅政,召他进京同参朝政时,而他竟以一病而死了。

综计他的生活,可分三个时期:在二十六岁以前,为求学时期;从二十六岁到四十岁以外,为从政时期;四十岁以后为专门讲学时期。范祖禹说：先生在洛阳十余年，与弟伊川讲学于家中，四方学者从远近而来受教的络绎不绝，莫不虚往实归。他的生活虽极感困难，而事亲必曲尽其欢，族人有贫穷的亦必设法赒赡，因此他们的教化行及于乡党。我看先生不仅在洛阳专门讲学有这样成绩，即在晋城做县令时，也是热心提倡教育，得到很多成绩。每于公事完毕之暇，亲往四乡巡查，召集地方父老，告以儿童应读何书，且亲为矫正句读，儿童教师有不称职的即时更换。乡民如有结社等事，则给他们规定章程，旌别善恶，一方因以树立其群育的生活，一方因以培养其改过迁善的习惯。在县三年，不仅学校遍设于乡区，就是从前强盗与斗殴的风气也被革化，先生诚不愧称为一个纯粹的、实行的教育家，倘使天假以高年，他的成就与贡献当必更大，可惜仅活了五十四岁就死了。当他死的消息传出时，勿论识与不识，莫不为他为国家惋惜。程氏死了以后，文彦博采取众议，表其墓曰"明道先生"，所以后世学者皆以明道先生称之。

二 性格及思想

在《宋史·道学传》里说："先生资性过人，而充养有道，和粹之气盎于面背。"他的学生刘安礼说："明道先生德性充完。和粹之气盎于面背。乐易多恕，终日怡悦，立之从先生三十年，未尝见其忿厉之容。"他的乃弟伊川先生记他的言行状说："先生资禀既异，而充养有道。纯粹如精金，温润如良玉，宽而有制，和而不流。忠诚贯于金石，孝弟通于神明。视其色，其接物也如春阳之温；听其言，其入人也如时雨之润胸。"在《明道学案·附录》上说："明道坐如泥塑人，然接人浑是一团和气，所谓望之俨然，即之也温。"由这许多评论上看来，明道先生简直是一个菩萨，又是一个圣人。明道先生的修养确实充和有道，不过他的思想是集儒、道、佛三家的思想而融合成为他自己的思想的，所以他的性格也被这三家的思想所铸成了。他初从学于周濂溪先生，迨后泛滥于诸家，出入于老、释者几十年，最后才返归于儒家，求诸六经；周濂溪的思想又近于道士一派，则他的思想的渊源可想而知了。伊川先生说"先生行己，内主于敬，而行之以恕"，这就是他的修养工夫。他的学问，以识仁为本，识得仁了方可以定性。怎样识仁呢？"以诚敬存之，存久自明。"（《识仁篇》）仁是与万物浑然一体的，即"民胞物与"的意志，即"生生不已"的意思；所以观鸡雏可以看得出仁来，于切脉可以体得出仁来。他是"一天人，合内外，忘小我，存大我"的一种态度，浑沦极了，和蔼极了。从他一夕话，如在春风和气中坐了三个月，这是他的学生游定夫心悦而诚服的赞语。但办起事来，则精明如神；开起会来，则守志不阿，这又是儒家的风度，贤明的士大夫，一流的人物了。

三　生之谓性说

明道先生的思想极其圆浑，不拘执于一家的学说。在养气方面，虽极力赞赏孟子的浩然之气，并服膺其"必有事焉而勿正，心勿忘，勿助长也"（《孟子·公孙丑章》）的集义工夫；但在论性方面则非常折中。在他的语录上说：

> 天地之大德曰生，天地絪缊，万物化淳，生之谓性。
> 生之谓性，性即气，气即性，生之谓也。

这是他对于本性最明显的解释。"生之谓性"，本是昔日告子的一句口号，告子的学说与孟子相对，是一般儒者所最反对的，而明道却拿来取用，足见他的思想是很圆通的。他说性就是气，气就是性。什么叫做气呢？气是万物所禀受于天的气质，也可以说气即是天。天是以生为道的，而气亦当是生生不已的，所以他也说"生之谓性"。在物质一方面看，气质是禀受于天的一种活物，是生生不已的东西，某种活物的生长即某种活物的本性，凡人与我，凡我与万物都是一样的，故曰"生之谓性"。在意识一方面看，天意以好生为美德，凡生生不已都是天意，都是天道。性即天道，所以性也是生生不已，周流无穷，若一旦死亡，或有一刻停滞便非性了。所以他又说："在天为命，在义为理，在人为性，主于身为心，其实一也。"（《语录》）

明道先生对于性的解释，是本着《中庸》"天命之谓性，率性之谓道"两句话来的；由这两句解来，所以与告子所说不谋而同。但他们表面虽然相同，却有一个根本相左的地方。明道与告子所同者只在"生"的一点上。至于本来的性质如何，生后之变化如何，则完全两样了。告子谓有生的皆是性，而生来之性质，勿论人与禽兽，生是一样的，无所谓善恶。明道谓生生之意虽人与万物相同，而生来的性质，则人自人，禽兽自禽兽，界限分明绝不混同；即禽兽中，牛、马也不相同。至于人之性，究竟是善是恶呢？他主张人性虽善，但不是完全皆善，人性亦有恶的，不过善与恶不是对待的；善是人生而静以上的，恶是感物而后有的，不是原始的；恶虽不是原始，但不可说不是性。性好似水，水原是清的，所以性也原来是善的。但吾人自成形之初或有气禀之偏，自受生之后或因环境不良，遂含着一些恶的习性，亦如水自源泉流入江海，中间挟着许多泥沙，遂成浊流。此水流虽浊不得说不是水，而人性之不良者亦不得说不是性。生来即善的本性，后天任何恶的习惯都染它不上，毕生到老莫不浑然至善，全受全归的性，只有圣人才能够。至于一般人难免被社会污染而失掉原来的性质，所以又有"修道之谓教"的教育。教育的工夫即在去掉后天的习性，恢复原有的本性，恢复以后，只依然还它原来的东西，毫无所增损。所谓"自天命以至于教，我无加损焉"（《语录》）。

张横渠先生对于性情的修养比较明道先生少差，有一次给明道先生一封信，问以定性的方法。明道先生即作一篇《定性书》，答复张氏，凡四百三十七字。内中的大意如下：性无内外，定无动静。性静时固然定，动时也是定，看来似静非动，其实即静即动。但在无安定的状态中，不必刻意求定而自然是定。要做到这个程度，须不要把性分别内外。在低一等的人，内德不修，一心于物欲的追求，心猿意马，怎么会定？在高一等的人，将心把持得太厉害，唯规规于外诱之除，强分内外，则性亦无从安定。前者固无足论，后者之所以陷入如此境地的，大率由于"自私而用智"，所以强分内外，自别物我，将见分不胜分，别不胜别，怎么不累于外物，怎么能够安定。所以吾人修养，应当"廓然而大公，物来而顺应"。如此，则内外两忘，喜怒不系于心，心常在腔子里面，内中湛然无事，无事则定了，定则物不能来扰了。按明道先生的定性书，即是他的养性的工夫，除却自私用智的小我，廓然而大公，到了他所说的"浑然与物同体"的境地，仁的境地，似乎带着几分禅意了。

四 教育论

明道先生在洛阳专门讲学虽只十余年，而感化后进，教育青年，综其一生，不下三十年。他的学问，多本于《大学》《中庸》两书，而平生最佩服的是颜子，所以教学者要学圣人，须学颜子，盖颜子最近于孔子，模仿有着力处。他尝以孔、颜、孟三人比较："仲尼元气也，颜子春生也，孟子并秋杀尽见。仲尼天地也，颜子和风庆云也，孟子泰山岩岩之气象也。"（《语录》）观此数语，则知他的向往所在了。人生气禀多有恶的杂在里面，所以要教育来陶冶，如澄清水一般，使浊的淘去而清的呈现，这即是"学以变化气质"的功用。吾人定性最难，活动的心儿往往被外物的引诱放肆于外，难于收回。心既放肆于外，性必为外物所累，日久必致天良蒙蔽，教育即在求得已放的心使复原地，这即是"学以求其放心"的功用。前者的功用是将污浊了的淘清，后者的功用是将失去了的收回，勿论淘清或收回，总之是还我原来的样子，归我本来的地位。能够做到这样，即可以学为圣人，教育的目的也是教人如此学为圣人。教育的功用虽有两种，究竟怎样才能变化气质，怎样才能求其放心？这个工夫可很高了。不是从远远的求的，不是在书本里找的，——程子最反对这种空泛的笨拙的教育。我们考查他的前后语录，求学的工夫，多半在体贴、涵养、玩索及近取等用法，如"切脉最可体仁""学者只要鞭辟近里，著己而已，故博学而笃志，切问而近思，仁在其中矣""吾学虽有所授受，天理二字却是自家体贴出来"：此即体贴的工夫。如"今之学者惟有以义理养其心""学者须敬守此心，不可急迫，当栽培深厚，涵泳于其间，然后可以自得"，及对李吁以"义理养心"，皆是涵养的工夫。又如"读书要玩味""静后见万物皆有春意""元来只是此道，要在人默而识之也"，皆是玩索的工夫。又如"若要至诚，只在京师便是到长安，更不可别求长安""学者不必远求，近取诸身，只明人理，敬而已矣，便是约处""自洒扫、应对上便可做到圣人事"，皆是近取的工夫。总之，一切工夫不外"诚敬存之"四个字。

以上所述，工夫虽嫌过高，但先生教人仍有秩序，绝不是囫囵吞枣的办法。大概平日教育生徒，常按照程度分做两等，在一般学者程度较浅，仍以学文为要，对于经书，须要多读熟习。在程度较高的所谓知道者，则以进德为主，不在于记诵文字，记诵文字反以玩物丧志。义理以养其心，敬以直其内，即是进德之道，前面所举求学的工夫，如体贴、涵养、玩索及进取等等，多半是对着这一等学者说的，《宋史》所谓"教人自致知至于知止，诚意至于平天下，洒扫应对至于穷理尽性，循循有序"（《道学》本传），当不是过誉。

第七节　程伊川（1033—1108）

一　生活小史

程伊川为明道先生的胞弟，名颐字正叔，"伊川先生"是门人学子以他所居的地名称他的称呼。他生于仁宗明道二年，刚少于乃兄一岁；但享年七十五岁，直至徽宗大观二年才死，比他的老兄多活了二十一年。伊川以十四五岁，与乃兄从学周濂溪。十八岁上书朝廷，劝仁宗施行王道，自比诸葛，抱负殊不凡；自此得以迁入太学为太学生。这个时候，胡安定正在太学充国子监直讲，以"颜子所好何学"为题试诸生，得先生的论文，大为惊赏，特别优遇，并授以学职。同学吕希哲辈见他的学问超越朋侪，即拜他为老师，而他的讲学时期从此开始了。先生享年虽高，但一生遭遇不及乃兄幸福，而性情亦较古怪。当二十六岁时，学业已有成就，以举进士不中，自此不习举业，亦无心于仕途，专以讲学传道为业。综其一生：管理西京国子监二次，为崇政殿说书者一次，以党籍被窜于远方者二次；其余则为穷居家乡讲学时期。先生可算境遇太坏的一位教育家，不求富贵，反遭贬谪。在崇政殿说书即教书于宫庭，为哲宗的老师。此事始于元祐元年，先生已五十三岁了，一共说了七年，至元祐七年因受敌党的攻击，教他出管西京国子监。当他在经筵时，学生从游的非常发达，先生除讲学外，对于时政亦时时发表议论，毫不顾避。是时久负文名的苏子瞻在翰林院，文人学士，依附的亦众，对于伊川先生的态度与言行时加讪笑，因此两家门生互相攻击，而分洛、蜀二党，但这种党争尚不要紧，他所以被窜的原因是被诬以元祐党的名义。第一次窜到涪州，自绍圣四年十一月至元符三年正月，共三年。第二次贬在龙门，自崇宁二年至五年，也是三年。每窜一处，学生从游的极多，虽足少慰旅况的寂寞，而先生之所以被妒怨与陷害亦因此而益甚。第二次被贬时，他的文字也被追毁，他的著作也被检查。好像他是一个危险分子，其实他是最规矩的一个书生。当他迁往龙门时，年已七十岁了，四方学者悯此老之痛苦，特来跟从，但都被止住，且嘱咐他们："尊所闻，行所知可矣，不必及吾门也！"细玩此两语，可以知其沉痛了。

二 伊川与明道之比较

伊川与明道同一父母所生，同为周濂溪的弟子，但两人的性情及成就大不相同。"明道德性宽大，规模广阔；伊川气质刚方，文理密察"，这是集洛学之大成的朱晦庵先生的评语，当是确当的。拿一个譬喻：明道好似飘然自在的仙僧，伊川好似谨守清规的戒僧。明道的性质多自天成，伊川的性质受家庭教育的影响最深——刚毅多由其父亲，严谨多由其母亲。伊川平生之所以遭遇不良，及反以直道而得祸者，恐怕多半吃了脾气的亏。明道的学问是直观的、浑廓的、涵泳的；伊川的学问是理智的、分析的、实践的。明道于诸子百家，佛老学说无不涉猎，所以他的思想极其圆通；伊川则一切摒除，甚至庄、列等书亦不肯看，他是以《大学》《中庸》《论语》《孟子》为标指，以达于六经的。吾人评论北宋儒家的信徒，要以伊川为最纯粹了。明道对学生以和悦，伊川对学生以严肃。明道与门人讲论，遇有不合的地方，则说更有商量；伊川则直口不言。游酢与杨时二人都是二程先生的高足弟子，与明道谈话则说如坐春风，及见伊川则肃然敬立，如见大宾。所以明道尝对伊川说："异日能使尊师敬道者吾弟也；若接引后学，随人才而成就之，则予不得让焉。"明道只长伊川一岁，而去世过早，不有乃弟，则洛学无以成立；伊川于乃兄的学问不仅发挥光大，且进而以分析的头脑，践履的精神，与一班门徒讲论三四十年，确定宋学实践伦理之宏规，可谓贤兄贤弟了。在教授方面，虽各有态度不同，吾人殊觉伊川尤为纯粹的教育家，其影响于学术界更大。

三 性即理说

古人论性，或就性与心并说，或就性与情并说，除孟子以外很少说到才的。但孟子不过说性与才都是善的，至于这两样有什么区别，则未提及。到了北宋，程伊川先生才给它们一个明显的界说。伊川说：

> 性出于天，才出于气。气清时才清，气浊时才浊。譬犹木：曲直性也，以作栋梁，以作榱桷，才也。才有善不善，性则无不善。

> 性即是理，理则自尧、舜至涂人，一也。才禀于气，气有清浊，禀其清者为贤，禀其浊者为愚。

我们稍加以解释：禀受于天的谓之性，天即是理，理无不诚，所以性无不善，所有人类之性全是一样的。禀受于气的谓之才，气有清浊，所以才有贤愚，气有善不善，所以才也有善不善，各个人之才是不能一致的。譬如树木：无不有曲直，无不能曲直，所有的全是一样，此谓之性；但有的可以作栋梁，有的只能作榱桷，随它的大小而功用不同，此谓之才。这是性与才的区别。我们还要把这两个名词就伊川先生所说者分开讨论一下：

"才禀于气"是怎样解释呢？气犹言元气，就着先天的"所禀"说；才犹言才质，就着后天的"禀有"成就说。才禀于气，谓后天禀有的才质是所禀于先天的元气而来的，实际上才与气只是一物，也可以合起来说谓之"才气"。才气一个名词即现在心理学所讲的"智慧"（Intelligence），吾人智慧所以有高下之不同，概由先天的气禀各殊的关系，所谓"禀其清者为贤，禀其浊者为愚"。由此看来，孔子所谓"上智与下愚不移"，是指着才说的，不是指着性的。才之智愚是气禀的关系，即是先天的关系，不是后天的关系。智愚虽出于先天，但下愚并非绝对不可转移，孔子所谓"不移"者是由于他太自暴自弃不肯去学，所以不可移了。愚者怎样转移为智呢？自然在于教育，倘能努力学业，迨学业丰富之后，气质一变而智慧自生，所谓"积学既久，能变化得气质，则愚必明，柔必强"。才气一个名词讨论清楚了，我们再来讨论性。

性究竟是什么？"性即理也，所谓理性是也"，这是伊川先生最肯定的答复。伊川许多理论，及别性气为二物，并说气有善不善，常为一班理学家所不大同意，至于他的"性即理也"四字的口号，则莫不承认为一句不可颠破的名言。只就这一句短话还不能够使吾人十分明白，务必要在他的语录里头去找些比较详析的解释。门人问他说："孟子言心、性、天只是一理否？"他说："然，自理言之谓之天，自禀受言之谓之性，自存诸人言之谓之心。"这是将"天、性及心"三者归纳到一个理字。他又说："称性之善谓之道，道与性一也。以性之善如此，故谓之性善。性之本谓之命，性之自然者谓之天，性之有形者谓之心，性之有动者谓之情：凡此数者皆一也，圣人因事以制名，不同若此。"这是说"天、性、心及情"四者皆是性，而归纳到一个"道"字。他又说："在天为命，在人为性，论其所主为心，其实只是一个道。"这是将"命、性及心"三者归纳到一个道字。他又说："天赋与谓之命，禀之在我谓之性，见于事业谓之理。"这是将"命、性及理"三者归纳到一个天字。我们把这四段话列表于下，当更明白：

第十表　伊川性理解释表

$$
\left.\begin{array}{l}天\cdots\cdots\text{自理言之}\\性\cdots\cdots\text{自禀受言之}\\心\cdots\cdots\text{自存诸人言之}\end{array}\right\}理 \qquad \left.\begin{array}{l}命\cdots\cdots\text{天之赋与}\\性\cdots\cdots\text{禀之在我}\\理\cdots\cdots\text{见于事业}\end{array}\right\}天
$$

$$
\left.\begin{array}{l}命\cdots\cdots\text{性之本}\\天\cdots\cdots\text{性之自然}\\心\cdots\cdots\text{性之有形者}\\情\cdots\cdots\text{性之有动者}\end{array}\right\}道 \qquad \left.\begin{array}{l}\text{在天为命}\\\text{在人为性}\\\text{论其所主为心}\end{array}\right\}道
$$

由上表看来，则知伊川先生的意见，勿论天、命、心、性，只是一件东西，即理即道，因为所指的方面不同，所以命名也不同。凡最原始最自然的东西谓之天，这种东西，自赋给吾人一方面说，谓之命，自吾人禀受一方面说，谓之性，已禀受了而存在吾人肉体以内为精神之主宰者谓之心。总而言之，即是理，即是道，理无不诚，故性无不善。道只有一个，故性莫不同。性只有一个，何以孔子说"性相近"呢？伊川以为孔子相近之性，是指着气质之性，不是义理之性，如上所说的一切方是义理之性，各人的气质不同，故气质之性也有不同，气质有清浊，故气质之性也有缓急，例如某人性急或性缓，性喜动或喜静，百人百性，皆属于气质之性，而义理之性没有不同的。

按伊川分性为两类的意义，与横渠的大同小异。所谓义理之性，不过是一个道理，一个观念，非有实物能够指示；而气质之性，才是属于吾人体内的性质。明道谓"性即气，气即性"，是说凡有生意的都叫做性；而伊川把性与气区分为二，且谓气有善不善，这是与乃兄不同的地方。且他论义理之性太过于玄妙，吾以为不及乃兄"生之谓性"之较为切实。至于"才气"一个名词，解释得格外清楚，比较孟子确实进步多了。还有把孔子的"上智下愚"解为才气，用教育的力量可以转移；及"性相近"之性解为气质之性，因学习而更显得差异；这都是伊川先生独到的地方。（以上均见《伊川语录》）

四　教育要旨

今之学者歧而为三："能文者谓之文士，谈经者谓之讲师，惟知道者乃儒学也。"（《伊川语录》）细观这几句话，可知伊川的教育宗旨，不是学为文章，也不是讲求训诂，要在于识得道理。此道即圣人之道，识得道理即所以求为圣人，所以他说：

> 言学便以道为志，言人便以圣为志。
> 君子之学，必至于圣人而后已。（《语录》）

圣人之道即天道，即天理，理即性，性即心，要求圣人之道必要从心与性上用力。所以他又说：

> 凡学之道，正其心，养其性而已；中正而诚，则圣矣。君子之学必先明诸心，知所养，然后力行以求至，所谓自明而诚也，故学者必尽其心；尽其心则知其性；知其性，反而诚之，圣人也。（《颜子所好何学论》）

心只有一个，正其心要使本然的良心常存，勿入于邪，此即操存的意义！尽其心，即在发挥本然的良心使能尽其功用，此即扩充的意义。性却有两类，知其性养其性，全是指着义理之性说的；要正其心了才能培养此义理之性，要尽其心了才能识得此义理之性。所以要求圣人之道而至于圣人，其着力处须要正心以养性，或尽心以知性。对于一般的义理之性既已知了养了，其他特殊的气质之性不关宏旨，也必随着义理之性的清明而受其好的影响。但这全是指着中人以上说的，至于中人以下怎样办呢？伊川说："大贤以下即论才，大贤以上即不论才。"（《语录》）即是说凡关于中人以下的教育除用力于性以外，还要用力于才，——才智高的设法发展，才智低的设法变化。才禀于气，变化才智即是变化气质。所以他对于养气的工夫特别注意。

由此看来，伊川先生教育人才分着两等：一为中人以上，以尽心知性为主；一为中人以下，除尽心知性外，还要变化气质。其目的皆是要识得圣人之道，以求至于圣人而后已。其工夫，不是学为文章，亦不是讲求训诂，是由于躬行实践。换一句话说，教育的工夫，不是从死的书本子上求来，是要从活的身体力行上得来。所以他平日答学生问道以"行处是"，所以他临死时对学生以"道著用便不是"一语，留为最后的训词。

五　研究法

"涵养须用敬，进学在致知"，这也是伊川先生最有名的两句标语，——前一句指示修养的工夫，后一句指示研究的方法。修养的工夫留在后面另讲，现在只叙述他的研究方法。进学在致知，其意是说求学之道全在"致知"，即是说一切学问，须从"致知"二字得来。知有两种：一为"良知"，即德性之知；一为"知识"，即闻见之知。闻见之知属于外表的，由感官与外物接触而始发生，接触越多则知识越广。德性之知属于内心的，不必感官与外物接触，只要心地清明，则无物不照，无理不明。德性之知属于先天的良能，是一种可知的能力；闻见之知属于后天的经验，是一种已知的内容。"致知"的意思即推展此良能以尽其闻见之知。不致知，则学不能进，事不能行，所以致知是为学第一步且必要的工夫。何以致知？他说"致知在格物"，则格物又是致知的工夫了。何谓格物？他说："格犹穷也，物犹理也，犹曰穷其理而已矣。"换一句话，格物即是穷理。凡有形的物，可指的事，无形的观念，及一切所以然的法则；近自一身之中，远至宇宙之大，天下万事万物，皆是所格的对象，即是所穷的内容。理的内容既如此的广博，吾人将怎样穷法？伊川不是用的归纳法，也不是演绎法，他以为天下事物皆有一贯之道，今日穷一件，明日穷一件，积习既多，久后自通，所谓"所务于穷理者，非道须穷尽了天地万物之理，又不道是穷得一理便到，只要积累多，后自然见去"。这种穷理法，我们名之曰"积习自通法"。着手之处亦有多端：或玩索书中的大义，或评论古今人物的得失，或从处事接物时到处留心。总括一句：穷理之法，还是自本身以及日常生活之中，设身体贴，细心玩索，由多闻多见中发现一个共同点，由疑难深思中得到一个解决法。这种方法，是积习的，又是一贯的；是由实际经验的，又是凭理性来推理的；是近取诸身的，又是远取诸物的。物格则知致，到了知致，才是深知，才是真知。知得深才行得笃，知得真才信得坚。于是思也通了，理也明了，人也觉悟了，恐惧也没有了，见一善则不得不行，见一不善则不得不止。由此看来，伊川先生论求学的方法即本于大学的"格物致知"四个字。知识由实践得来，再由实践以深切其知识，再由知识以指导其行为，知与行是连环的，一贯的。（以上俱见《伊川语录》）

六 敬的修养主义

"涵养须用敬"，伊川先生修养的工夫就是一个"敬"字。什么是敬？"所谓敬者，主一之谓敬主，所谓一者，无适之谓一"，这是他对于敬字的解释。敬即主一之义，即心志专一的意思。心志专一，既不能或东或西，亦不能忽彼忽此，只是中，只是内，中则不偏，内则不外，此时呈一种安定不乱的状态，纯一不杂的状态，果能修养到如此，则自然心如止水，万物毕照。如何能做得到这步田地？他说："但唯动容貌，整思虑，则自然生敬。""一者无他，只是严肃整齐，则心便一。"这种情景，好似孔子所说"出门如见大宾，使民如承大祭"，及孟子所说"正其衣冠，尊其瞻视，俨然人望而畏之"的样子。但伊川以为这不过是居敬的态度，究未尽居敬的实功。居敬的实功须要集义，居敬而不集义，不过是一种空的表示而已，没甚用处，所谓"只守一个敬，不是集义，却是都无事也"。居敬必有止，如"为人子，止于孝"之类，存心于孝虽是居敬，倘不集义则是不知所以为孝之道及如何尽孝，有何用处。徒知用敬为消极的，由集义以尽其敬，才是积极的，伊川的"涵养须用敬"一句标语，是包含集义主义的居敬之积极的修养说的。反过来说，凡吾人思虑所以纷乱，全由于没有居敬的工夫，心志不能专一之故。心志不专一，则不能作为主宰；不能作为主宰，则外物自然常来侵扰。譬如瓷瓶，有水充满于内，虽江海之大也不能侵入；倘若无水，虽沟渠之水亦可思逞。无主定又譬如破屋中御寇，东面一人来未曾赶走，西面又进来了一人，势必至于左右前后驱除不暇了。所以学者的修养务必从"敬"字上用工夫，能敬则内有主宰，外邪不能侵入；能敬则思虑专一，而不为外物所纷扰；能敬则心地清明，而不能为外物所蒙蔽；能敬则注意集中，而有所成功。由此看来，伊川于居敬兼以集义的工夫，是一种积极合理的修养，确为精神训练的好法子；不过讲论居敬的态度，未免过于呆板，陷于静的及闲雅的教育之毛病了。

第八节　程门弟子

一　谢上蔡

程氏兄弟在当时已为宋学之正宗，一班青年学子群相趋附于他们的门下，虽关中张氏也望尘莫及。但程门弟子虽众，而被当时所称道的只有四人，即谢上蔡、杨龟山、游定夫及吕蓝田，世称程门四先生。这四人中，以上蔡才气最高，所学亦深，议论非常明快。此外还有尹和靖一人，学力较这四人更为纯粹，遵守师说尤为坚定，毕生以讲学为业，我们却不能以他未曾列入四科而遂忽略了。

谢氏名良佐，字显道，是寿春上蔡的人氏，所以学者称上蔡先生。他生于仁宗皇祐二年，在四人中为年纪最长的一个。神宗元丰八年登进士第，他已三十六岁了。登进士以后，做了几任州县官吏。在建中靖国初年，徽宗召他进京来，有意任用，他以其没有诚意，乃择得一闲官——监西京竹木场——以便讲学。但后来以言语不慎，夺了官职，还他原来的平民资格。一生遭遇不大幸运，可是他是不甚注意这一道的。他说："透得名利关，便是小歇。"（《语录》）吾人可想见他在这时期定有不少的工夫了。未入程门之先，谢氏的学问原极该赡博洽。及往扶沟见明道，尚自夸博雅，被明道以"玩物丧志"四字当面下一针砭，把他激得面红耳赤，汗流浃背，而谢氏从此走进理学一路了。其后明道死了，他又从伊川学，在程门中资格是最老的。

谢氏死后，游定夫给他作的墓志铭不见于世，《宋史》又没有为他立传，所以关于他一生的生活史难得其详。除《论语说》一篇及《语录》三卷外，亦没有其他的著述。但在《语录》里面，可以看出他的思想的一个大概，不过属于形而上学及伦理学，关于教育理论的却是很少。在伦理学方面，关于"天理"与"人欲"两词讲得尚极透彻。他说：

> 所谓天理者，自然的道理，无毫发杜撰。今人乍见孺子将入于井，皆有怵惕恻隐之心，方乍见时，其心怵惕，即所谓天理也。要誉于乡党朋友，内交于孺子父母兄弟，恶其声而然：即人欲也。天理与人欲相对，有一分人欲即灭却一分天理，有一分天理即胜得一分人欲，人欲才肆，天理灭矣。任私用意，杜撰做事，所谓人欲肆矣。（《语录》）

天理与人欲是反对的，凡属于自然的道理谓之天理，凡属于人为的意思谓之人欲。换一句话，天理是公的，良能的，人心之所同然的；人欲是私的，造作的，各人所自生的。扩充其本然之善念，自然之同情心，是为循天理而行，能处处循天理而行，则人欲自然不生。反过来时，一味任私用意，则人欲伸张而天理亡了。学者能够处处循天理而行，则本身即天，天即理，可以做到天人一致的地步。要认得天理，莫如格物穷理以寻个是处。但凡事凡物皆有理，如何能够穷得尽呢？谢氏的法子与伊川稍有不同，他是按着一贯的原则，只穷得几条大经大纬，其余可以类推，所谓"必穷其大者，理一而已，一处理穷，触处皆通"（《语录》）。

关于教育方面，没有什么精彩的理论，还是以孔子"下学上达"一语为工夫。下学即洒扫应对之事，学者于洒扫应对做得安稳，则细而正心、诚意，大而治国平天下，皆是一理。但不可徒腾口说，须从事实上切实做去，遇到困难时更要加鞭，工夫做得久了自然渐进于纯熟。他自己与伊川相别一年，只去得一个"矜"字，即是这种工夫，所以伊川许他以"切问近思"了。

二　杨龟山

龟山较上蔡少三岁，生于仁宗皇祐五年，到南宋高宗绍兴五年才死，享有八十三岁的高龄，——这样高龄要算程门中所有师弟的第一人。龟山姓杨氏，名时，字中立，籍隶南剑将乐，以现今省别，则为福建的人物。当幼小时，天资格外颖异，八岁会做文章，前辈长者常目他为神童。这个神童，长大以后却是性情旷达，于世事常夷然不以介意，其风格差不多与柳下惠相似。二十四岁，以太学生的资格登了进士，闲居三年，派为徐州司法。但杨氏初不就任，却走到颍昌投拜于明道之门，大为明道赏识。明道后来死了，又往洛阳师事伊川。此时杨氏年已逾四十岁了，以名进士宦游州县多年，但毫不自骄，事伊川非常恭谨。伊川最喜静坐。有一天，杨氏与他的同学游定夫于将待雨雪的天气往见，巧逢伊川正在瞑目静坐。他二人恭立门前，不敢发一言，及伊川打开眼睛看时，门外已雪深一尺了。这是千年来的教育史上最饶兴趣的一段逸事，可是禅味也表现得不少。杨氏自三十一岁赴徐州当司法六年，三十七岁转调为虔州司法，四十二岁赴浏阳做了知县四年，五十岁往荆州当了州学教授四年，五十五岁为余杭知县三年，又转萧山知县。七十一岁被召入京，七十四岁乃以著作郎兼侍讲。当是时，金人南逼，国事岌岌可危，太学诸生正为爱国运动而有种种表示。钦宗以杨氏名望素高，又教他兼国子监祭酒，借以平息风潮，哪知杨氏狃于程门学说，极力攻击王氏的《三经新义》，不合于当时一般学子的好尚，在太学不到三个月就被赶走了。

综计杨氏浮沉州县四十七年，在京以侍讲兼国子祭酒仅九十日，迨汴京陷落，高宗南渡，而杨氏已老了——七十五岁。在南宋做官未久，七十七岁遂退居龟山故里，专门讲学以终老。他的讲学生活，始于二十一岁，除荆州州学教授四年及国子祭酒九十日担任国家教育外，全为私人讲学时期。杨氏福建人，把伊洛的学说带到南方，开南宋诸大师之先河，此所以在程门四子中关系比较重要，而明道"吾道南矣"之叹，竟成了谶语。

龟山关于教育的言论可分着两类：一为性论，二为修学说。他论性大抵引申明道的说法而兼采横渠的。大意谓：人禀五行二气以生，阴阳二气原是善的，故性没有不善。人性之善乃人性之常，成形以后所以有不善者，如刚柔缓急之类，是气质之偏处，反了常性。人之常性无不善，如水原没有不清；后来因气质之偏而有不善者，犹如水含了泥沙所以浊了。水因泥沙而浊，浊究非水之本性，泥沙澄去则水自清。吾人因气质之偏而有恶，恶究非吾人之本性，只要矫正气质之偏，自然得性情之正。矫正气质之偏并非用计巧、争胜心所能成功，只要率性而行就是了,率性而行即是循天理,能够处处循天理,没有不善的。

求学的目的在"学圣贤之所为",求学的方法在"闻圣贤所得之道"。所谓"夫学者学圣贤之所为也;欲为圣贤之所为,须是闻圣贤所得之道"(《语录·语罗仲素》)。怎样能够闻圣贤所得之道呢?在于"明善"。怎样才能明善呢?在于致知。怎样才能致知?在于"格物"。所以他说:

> 为是道者必先乎明善,然后知所以为善也。明善在致知,致知在格物,号物之数至于万,则物盖有不可胜穷者,反身而诚,则举天下之物在我矣。诗曰:"天生烝民,有物有则。"凡形色具于吾身者无非物也,而各有则焉,反而求之则天下之理得矣,由是而通天下之志,类万物之情,参天地之化,其则不远矣。(《龟山文集·答李杭》)

天下物类万殊,吾人绝难逐一去格。但万殊的物类必有一定的法则,这个法则全备在吾人的本身上,只要在本身上找得出一个定律来,必能触类旁通,一以贯之。由是物格了自然知至;知至了自然善明;善明了,即获得了圣贤所得之道,而可以学为圣贤之所为了。由此看来,为圣贤的工夫虽有许多层节,其实只在本身上体贴,倘反身而诚,则天下之理得了。换一句话说,要以诚意为本,使心知不乱,由此而体验之,自能"闻圣人所得之道"。所以他说:"夫至道之归,固非笔舌能尽也,要以身体之,以心验之,从容默会于幽闲静一之中,超然自得于书言象意之表,则庶乎其至矣。"(《龟山文集·寄翁好德书》)

三　游定夫

程门弟子以游、杨并称,他们二人出世同年,师事程门也同年,交情又最深,其所造诣亦不相上下。不过杨氏解释儒书多援引佛经,游氏解释儒书多援引庄语，在思想方面却不必尽同。杨氏倡道东南，以享年独高，讲学最久，南宋一般学者多直接间接出于其门下，且三传而出了一位旷代教育兼哲学家的朱子，为他生色不少。游氏门下殊嫌微弱，比较著名的仅一吕本中。游氏遗书既不传于世，后人所辑《定夫文集》，关于表现思想的文词亦不多见，关于教育方面的理论更少，且不及《上蔡语录》之多，不无可惜了！游氏关于教育的理论，我们录出两点来说说：一点是解释"时习"二字，一点是解释"性善"二字。他说：

> 理也，义也，人心之所同然也。学问之道无他，求其心之所同然者而已；学而时习之，则其心之所同然者得矣，此其所以说也，故曰"理义之悦我心，犹刍豢之悦我口"。（《论语杂解·学而时习之章》）

理义是人心之所固有的，又是人心之所共同的，时习的意义在求得此固有及共同的理义之实现与充满，如孟子所谓"睟面盎背"境地。时习到了这个境地，则心与理义俱化了，所以格外慰悦。他说：

> 夫道未始有名，感于物而出，则善之名立矣；托于物而生，则性之名立矣。善者性之德，故庄子曰："物得以生谓之德。"性者善之资也，故庄子曰："形体保神谓之性。"盖道之在天地，则播五行于四时，百物生焉，无非善者也，故曰"继之者善也。"道之在人，则出作而入息，渴饮而饥食，无非性者无妄也；苟得其性之本然，反身而诚，则天地万物之理得而道自我成矣，故曰"成之者性也"。惟其同出于一气，而气之所值有全有偏，有邪有正，有萃有驳，有厚有薄，然后有上智、下愚、中人之不同也；犹之大块噫气，其各为风，风之所出无异气也，而叱者、吸者、叫者、号

者，其声若是不同，以其所托者物物殊形耳，其声之不同而谓有异风可乎。孟子谓性善正类此也。(《论语杂解·唯上智与下愚不移章》)

善为性之德，性为善之质，两名实为一物，其本源同由阴阳二气所生，所以人类性善是相同的。但吾人受生之初，因所感有不同，所以产生上智、下愚及中人的种种差异出来；虽在气质上有种种差异，而原来的性善没有不同的。比方地面物类不齐，所以同时受着风吹，发出来的声音有各色各样，而风还是此风。游氏完全拿庄子的话来解释"性善"二字，思想开放，是从来儒者所未曾有的，也是他们所不敢说的，无怪胡五峰骂他为程门的罪人了。

游氏名酢，字定夫，是建州建阳人，也与龟山同属福建省籍。二十岁领乡荐，二十一岁补太学生，三十一岁登进士。自仁宗皇祐五年生，至徽宗宣和五年死，享年七十一岁。在三十三岁至四十岁的八年中，为担任国家教育时期，两次为太学博士，一次为颍昌府学教授。平生最得知遇于范纯仁氏，其任府学教授及第二次任太学博士，皆是范氏推荐的。游氏对于教育方面，还有一点积极的主张——矫正士风，他以为"廉耻之俗，忠义之风"，全以士人为转移。假若士人不肯洁身自好，与一班官僚同一卑污，风俗绝不会纯正的。要矫正士风，须当提倡清议。此举还当借政府的力量，政府竭力提倡于上，使地方人人皆知清议之所在；士人为清议所束才知有所守，才不敢同流合污，而士风自正。士风正了，平日讲廉耻忠义的人多，一旦国家有事，自有可用的人才了。

四 吕蓝田

蓝田为程门四子中享年最短的一人——仅活了四十七岁；但学力已到纯粹的境地，其缜密与挺峻处有时超过其他三子。朱子说："与叔惜乎寿不永，如天假之年，必所见又别。程子称其深潜缜密，资质好，又能涵养，某若只如吕年，亦不见得到此田地了。"（《语录》百零一）这是朱子对他最佩服的地方。

吕氏名大临，字与叔，京兆蓝田人，即现今关中的人物。父名贲，官到比部郎中。祖名通，官至太常博士。他有昆仲六人，五人登了科第，仲兄大防为当时名相，伯兄大忠，三兄大钧及他本人，皆为一人通儒，这种高贵兼优贤的家庭，在同时名儒中确属罕见。大忠字晋伯，大钧字和叔，与他俱游于张、程之门，而吕氏年最少，成绩最大；有此良好家庭，自然能给他学问上不少的陶养。著有《蓝田文集》，其抱负处载在《克己铭》一篇中，其思想结晶处载在《未发问答》一篇中。《未发问答》系吕氏与程子讨论"中"字的意义及喜、怒、哀、乐未发以前的心理状态，似一种玄学的心理学，后来罗豫章与李延平以"看未发以前的气象"为讲学之主脑，即从这里萌芽的。吕氏为关中人，气质强固，遵守师说甚坚。初从学张横渠，业已先入为主，所以后来又从学二程时，常作极强项的争辩，其结果虽被二程的学说折服不少，但终久自成其蓝田学说。程子谓喜、怒、哀、乐未发之"中"，与单举一个"中"字的意义不同，吕氏则认为是一个意义。他以为人类的性就可以这个"中"字形容，所以创出"中即性也"（《未发问答》）一句口号。吾人之性，当平居时，即一切感情不发生时，其状态"寂然不动，虚明纯一，与天地相似，与神明相一"（《语录》），这就谓之"中"。这个时候，如赤子之心，一片天真，毫无私意，万般春色，绝不板滞。倘使吾人即于此时直养之而无害，自然心地清明，能够鉴别，能够平衡，自然不为物欲所迁动，所谓"先立乎其大者，则其小者不能夺也"。性即是中，凡人莫不相同，但后来"流行之方有刚柔昏明"种种差异，何以解释？吕氏以为这不是性，这全因各人所处的环境及所受的教育之不同所生的差异。他有一个比喻最好："有三人焉，皆一目而别乎色。一居乎密室，一居乎帷簿之下，一居乎广都之中，三人所见，昏明各异，岂目不同乎？随其所居蔽有浅深尔。"（《学案·附录》）

五　尹和靖

程门中资质最钝的要推尹氏，而实体力行谨守师说不肯变异的也算尹氏。尹氏名焞，字彦明，世居洛阳，于师门为同乡。他生长在很讲学问的一个家庭：他的祖父名源，字子渐，学者称"河内先生"；叔祖名洙，字师鲁，学者称"河南先生"；他的父亲名林，官至虞部员外郎，叔父名材，亦以学行知名于当时。既有这种优贤的家庭，幼小时所受的教育自有很深的根柢；再加以理学大家程门的陶冶，所以其功夫非常之笃实。尹氏当二十岁时从学伊川，业已举了举子。在哲宗绍圣元年，将往汴京应进士，看见试题内有"元祐邪党"的语句，气得发叫，不试而去，他自此终身不应进士举了。尹氏从学伊川，差不多二十年，伊川死了之后，他自己即在洛阳教起书来。他的性情之孤僻差不多胜过其师，在洛阳讲学时，除吊丧问疾以外，一切应酬，完全谢绝，政府诸人召他进京去做官，他也不受。这样清贫的生活过了十七年，"和靖处士"之号就在这个时候被人赐给的。当靖康元年，尹氏已五十五岁了，金兵南下，攻陷了洛阳，他的全家皆被杀害，他因门人的救援，从九死一生中逃到长安山谷中；后来又从长安流离到涪州。涪州即从前伊川被谪贬的地方，他于是搜集他的先师的遗书，也在这里讲起学来，过了数年，高宗在临安奠定了基础，网罗许多名人学者装饰门面，尹氏于是被邀请，几经敦促，他才由涪州顺流而东下，来到南都谒见高宗。在南都四年，虽然官至礼部侍郎，其职务不过侍讲经筵之类，所执的仍旧是讲说生活。迨后因和议问题，与秦桧的意见不合，亟力求去，去职四年后才死。死之年为高宗绍兴十二年，距生于神宗熙宁四年，共活了七十二岁。程门弟子以他与杨龟山为后死，而他又后于龟山十一年。

朱晦庵说："和靖直是十分钝的，被他只就一个敬字做工夫，终做得成。"又说："和靖不观他书，只是持守得好，他语录中说持守涵养处分外亲切，可知学不在多，只在工夫专一。"（《和靖学案·百家案》）尹氏的性格及为学的方法，被朱子这几句评语可算尽透了。惟有钝人才能做出实在工夫，所做出来的方是真正自得的，故尹氏所说"动静之理"及"义命之说"，莫不分外透彻，实见工夫。但他的思想完全是程门传统的，关于教育理论很少，我们勿庸多引，只可以说他是一位谨守绳墨安于清贫的教育家罢了。

本章参考书举要

（1）《宋史》的《道学传》及《儒林传》

（2）《宋元学案》的各家学案

（3）《理学宗传》的各家传记

（4）《周濂溪集》

（5）《张横渠集》

（6）《王临川全集》

（7）《二程全书》

（8）《杨龟山全集》

第二十五章　南宋教育家及其学说

第一节　概　论

　　本章八人中，可分着三派：一为正统派，由罗豫章而李延平，而朱晦庵；二为别系，有胡五峰与陆象山两派。张南轩虽受业于胡氏，而与朱子为学友；吕东莱虽自有家传，他的学系也是朱子一派。朱子学问博大精深，不但是南宋教育界的霸王，且为两宋正统派之集大成者，他的直接弟子，我们收集了四人，再传弟子，只录了真西山一人——这一班人的言语思想，皆不脱出老师的范围。

　　正统派诸子，没有人不讨论"性"字，且全本于伊川的性即理说，及横渠的性之二元论。胡氏也讨论过性，但所论与他们不同，他是偏重于杨氏的善恶混说的。他不但不把性分善恶，且把情也不分善恶，并认天理与人欲为一体，此种言论，在当时为异闻，所以常遭霸王朱子的攻击。陆学则正式与朱子对垒了，他以"心即理"一语与"性即理"对抗，不承认心性情意一切心理状态上实质的差异，不过是名词的不同，其实是一物。关于教育宗旨，朱子以完人为目的，陆子以做人为目的，皆是学为圣人的一句老话。

　　教授与学习方法，南宋诸子皆较北宋进步。关于教授方法，如罗豫章之自化主义，李延平之点化主义，朱晦庵之训练主义，张南轩之致知力行主义，吕东莱之个性差异主义，陆象山之良心激发主义，皆有独到的地方。关于学习方法，则以朱、陆、吕三家为最，且各有独到。

朱子之格物穷理，纯粹的下学工夫，所论研究与读书法极尽精密，实有科学的精神。陆子以"简易"二字为工夫，使人由易而难，由近而远，不感丝毫困索的痛苦。吕东莱以"集义"二字为工夫，与朱子的下学工夫相近，但从人伦日用上实体实践，教育与生活差不多完全一致。修养方面，罗、李二氏是静的教育家，以"静"为主；朱、张、吕、陆以"敬"为主；而李氏之"默坐澄心，体认天理"的工夫，尤为精到入微，也是一点特出，不过关于儿童教育的理论，除朱子外很少谈及，而朱子所论铁板式的训练主义，似过于机械了。

第二节 罗豫章（1072—1135）与李延平（1093—1163）

一 罗豫章

豫章与延平二人同为福建南剑人氏，且属师弟关系，又皆为静的教育家；生平事迹不多，关于教育学理的发表也很少，所以我们合编为一节。豫章名从彦，字仲素，是杨龟山的传统弟子。当年少时，从同郡吴仪学过经学。从来听说龟山得河洛程氏之学，非常欣慕，遂徒步往从于将乐。见了龟山，聆略他的讲说与气象，三日之后，便受很大的感动，至惊汗浃背。"不至是，几枉过一生矣！"当时曾这样惊叹地说过。因此，龟山亦为喜悦，一日亲切一日，待遇之特殊恐怕在一千多名弟子中都不能及他。罗氏得着此良师，益发笃实为学，前后侍从龟山共计二十余年。在二十余年的前几年中，曾卖了田产往洛阳见伊川问过《易经》，盖因龟山的一言而发的，可见罗氏好学之笃了，自从学龟山后，即想以圣贤为业，无意从事于政治生活，在山中筑一别墅，体验他所好的静的学问。间或谒见龟山于将乐溪上，吟咏而归，可以想见其悠然自得的气象。平日工夫虽不见精深，却很醇正，后世称他在"善人有恒之间"，若与他的弟子延平比较，自然不及多了。自神宗熙宁五年生，至高宗绍兴五年卒，是六十四岁的中寿。在临终前数年，以特科做过博罗县主簿一次。

罗氏有高足弟子二人：一为李延平，一为朱韦斋；前者即朱子的老师，后者是朱子的父亲。他的学问从静处得力，所以平日教授学生也是从静坐入手。当朱、李二人来从游时，即与他们相对静坐，教他们于静中看喜、怒、哀、乐未发以前作何气象，而求出一个"中"来，我所以称他为静的教育家。罗氏的教法，不尚口说，只给学生一种态度或暗示，令他们自化，此延平所称"先生不言而饮人以和，与人并立而使自化，如春风发物，盖亦莫知其所以然也"（《豫章学案·附录》）。我们看他训诲子孙的一篇文章，假设两个不懂教育的父亲和一个善教子孙的父亲，描写的颇有价值，与法国拉卑烈（Rabelaia）的加尔刚丘（Gargantua）相似，无妨抄录在下面，也可以考见他的教育主张了。

东邻有千条家，子孙不肖，博弈饮酒，驰马试剑，挟弹持弩，与群小为伍，见士人则逃遁。西邻有百贯家，子孙不羞里巷，不顾父母，日复如是。诸子前行，路人肉杖之曰："为人子孙固如是乎？"二家之长，一日聚议曰："吾二家子孙不肖如是之深，治之恐伤骨肉之情，不治则恐败先君之业，若之何而为是乎？"旁有客曰："此乃至愚至贱之徒，终遭刑责而后已，吾将拉汝二人访诸南邻万斛之丈人，请问训子孙之术矣。"南邻万斛之家共十人，入孝出悌，且行忠信；口不绝咏于六艺之文，手不停披于百家之篇；闺门之内肃肃如也，闺门之外雍雍如也。君之子孙若是，夫何为而至是哉？南邻万斛丈人曰："吾之诲子孙也，非鞭非笞，非诟非骂，但写唐文人杜牧示小侄阿宜二句，又写本朝宰执诸公仿杜牧示侄联句，又写范文正公家训题东轩壁句，时人谓之东壁句。吾将示之，仿效写于东壁，示子孙，尤佳"。东西

二丈曰:"敬闻命矣,愿得本以写于壁焉!"(《罗豫章集·诲子侄文》)

二　李延平

李氏名侗,字愿中,学者称"延平先生"。生于哲宗元祐八年,较豫章少二十一岁。当在二十四岁时,李氏写一封陈情书,求教于豫章之门。该书的大意:"久慕先生得河洛之学于龟山,亟欲领教,徒以为举子业所耽误。但自觉求学的要求较饥渴之于饮食更迫切,务请收录在门下,侗当死心踏地谨受教诲。"初从豫章,即教他静坐,要他于静中看喜、怒、哀、乐未发前的气象,间授以《春秋》《中庸》《论语》《孟子》等书。李氏从容潜玩,有会于心,数年之后,遂绝意一切世俗的业务,隐居山田,专心体认他师门的静的学问。李氏一生未曾作官,隐居四十余年,一边讲学,一边自修,而学问的精进因讲学而益邃。宋学中心的朱子就是他的高第弟子,当朱子初来从游时,他已是六十岁的老人了。朱子的人格受他的陶醉极深,而他的学问亦因朱子的探讨而相长。李氏修养的完粹、气象的和平、工夫的纯熟,差不多已到了明道的程度,对于豫章可算青出于蓝了。朱子说:"先生姿禀劲特,气节豪迈,而克养完粹,无复圭角,精纯之气达于面目。色温言厉,神定气和,语默动静,端详闲泰,自然之中若有成法。"李氏气象豪迈的少年,好饮酒驰马,一经琢磨,竟至温润如美玉,莹静如秋月,则教育的效能亦可谓大了!李氏活了七十一岁,因应闽守汪应辰讲学之约,于正在讲话的时候,忽然死了,时为孝宗兴隆元年。

"默坐澄心,体认天理"八个字,是李氏一生的学问。体认天理即观察喜、怒、哀、乐未发以前的气象,而求出一个"中"来。喜、怒、哀、乐未发以前的气象,即是在情感未生以前的心理状态,这时的心理状态,不是动的,亦不是静的,是一种灵活的浑然一气的本体。这种本体没有一毫人欲之私,是至诚至善的,中庸不偏的,这就谓之"中"。

以此中为本，由是而发出的，"虽品节万殊，曲折万变，莫不该摄洞贯，以次融释，各有条理"，故又谓之"天理"。这个天理，只于情感未发以前的心理状态才能显现；可又极其精微，不是目所能睹耳所能闻的，非过细体认不能觉得。但吾人平常多为外物所扰，客气所胜，思虑纷纭，心中不能宁静，很难看得天理出来，所以要默坐以澄心，然后可以体认天理。工夫既是这样细密，所以他平日主张静坐，静坐以后，使得心中没有一点事了，则天理始出。迨得天理体认出来了，随时持守之，再加以涵养的工夫。体认又体认，涵养复涵养，积日累月，炼得心平气和，私欲尽消，只剩得一点晶莹明澈的本体。到了这时，浑身是元气，满腔皆中和，由是而"泛应曲酬，发必中节"，那么，学问成功，教育的效力，于此可见了。

  李氏的学问，体认之后务须加以涵养，倘没有涵养的工夫，徒是体认，亦不见受用。体认虽从静中，而涵养须待随时，体认之后，加以涵养，涵养了又复体认，到得工夫有头绪了，则无地不可体认，无时不在涵养。这种工夫，既不是凭口说、凭悬想；亦不是一超直入的，是要从日用庶物上反复推寻，逐渐理会，久之而后有成功的。所以他答朱子说："为学之初，且当长存此心，勿为他物所胜，凡遇一事，即当且就此事反复推寻，以究其理。待此一事融释脱落，然后循序少进，而别穷一事。如此既久，积累之多，胸中自当有洒然处，非文字言语之所及也。"（《延平问答》）又说："唯于日用处便下工夫，或就事上便下工夫，庶几渐可合为己物，不然，只是说也。"（《延平问答》）由此看来，我们把李氏的教育可以概括为几点：（1）关于学习方面：不要凭口说，须就日用上下工夫；不要笼统弘阔，须就事实上一件一件地推寻，由此所得才有意味。而初学入门，还须练习静坐。（2）关于教授方面，不是徒凭讲说，必令学者反身自得，而教者只须略用一番点化的工夫，所谓自动主义的教法；且平日多以问答式及讨论式。（3）关于修养方面，还有存夜气一段工夫，仍是静的工夫。但存夜气须兼旦昼存养之功,且昼不枯亡而夜气自清,夜气清则平旦之气亦湛然虚明——这是与为学一致的。

第三节　胡五峰（？—1155）

一　胡氏家学

胡氏名宏,字仁仲,学者称五峰先生。他是春秋大家胡文定的季子,理学大家张南轩的老师。文定名安国,字康侯,是一位负有经世大才及政治热望的政治学者;但又是"风度凝远,萧然尘表,视天下万物无一足以婴其心"(《宋史·儒林列传》)的一位超世人物。在哲宗时,已负文名。高宗建都江东,尤其钦佩其人格,屡次招他进京供职,他总不肯轻于一出,他虽抱有大志,但对于出处去就毫不随便一点,所以自登进士至致仕四十年中,实际做官不过六年。平日与谢、游、杨三人交游,他对于他们的关系在师友之间,虽然未曾拜过程门,也可以说是程门的私淑弟子。他的有名的一部《春秋传》,据他自道是费了三十余年的研究才把它写成功;所以明、清以来,国家莫不规定以《胡氏春秋传》为太学的教材。文定有儿子三个,长子名寅,字明仲,号致堂,在高宗时官至礼部侍郎兼侍讲,著有《论语详说》及《诗文斐然集》,是一位志节豪迈的学者。次子名宁,字和仲,号茅堂,在高宗时官至祠部郎官,文定作《春秋传》时,与他检讨的地方很多,他自己作了一部《春秋通旨》,是一位正直不阿的学者。五峰生长在这优良的家庭,有这样贤父贤兄,他的学业之成功自然比较一般人容易。著有《五峰文集》及《胡子知言》等书,而以后者为他的思想的结晶。当他幼小时,尝从过杨龟山、侯师圣。但性情恬淡,又不满意于秦桧的卖国政策,所以弱冠以后,即在衡山下优游讲学了二十余年,《知言》一书就在这个时期玩索出来的。可惜仅及半寿,追秦桧于绍兴二十五年死时,高宗再派人召他来京供职，而他竟以疾病而去世了。

二　心性说

胡氏对于心性的解释，与正统派的程、朱学说殊不一致，所以后来朱子对他辩驳的很多；这不过主观不同罢了，共实无损于胡氏的创见。他的学说最为正统派所不赞同的，就是不主张"性善论"。换一句话，他不承认性有善恶之说，"性也者天地鬼神之奥也，善不足以言之，况恶乎哉"（《知言·疑义》）。他秉着家学的意思，说孟子之所以"道性善"的，不过叹美"性"之为物，奥妙之极，发而为"赞美"之辞，不是以"善"来形容性之"德"的。那么"性"究竟是什么呢？胡氏说：

> 中者道之体，和者道之用，中和变化，万物各正性命，而纯备者人也，性之极也。故观万物之流行，其性则异，察万物之本性，其源则一。（《胡子知言》）

凡中和的为"道"，由中和变化而成"性"，性之本源就是道。万物皆由此发生，所以万物皆具有此性；不过物类只具得一部分，人类得其纯备，有这点不同。那么，心怎样解释？心与性有什么区别？胡氏又说：

> 天命为性，人性为心。（《胡子知言》）
> 有而不能无者性之谓欤，宰物而不死者心之谓欤。（《胡子知言》）
> 性譬诸水乎，则心犹水之下，情犹水之澜，欲犹水之波浪。（《胡子知言》）
> 圣人指明其体曰性，指明其用曰心。性不能不动，动则心矣。（《知言·疑义》）
> 心性二字乃道义渊源，当明辨不失毫厘，然后有所持

循。未发只可言性,已发乃可言心。(《知言·疑义》)

我们给他综合起来解释:性是天命的,心是性所生的。性为本体,心为作用。当其为"性"时,是一种百感未发的状态,定止的状态,又谓之"中"。当其为"心"时,情感将待发生,是一种活动的状态,又谓之"和"。性譬如"水",水就是本体,心譬如"水之就下","水之就下"就是作用。性既为本体,所以无物不具,无往不在。心既是性之作用,所以有动作;这种作用又能中节而和,所以能主宰万物。由此看来,性与心只是一物,皆是极其自然的,而又极其奥妙的,我们诚不能拿"善恶"二字去形容它。性既不可以善恶形容,那么,吾人的行为何以有善恶?胡氏以为这与本性无关,其关系全在情感发生时能够"中节"与否,假使吾人情感发生时能够"中节",就是善的行为;倘是发而"不中节",就是恶的行为。所以他说:"中节者为是,不中节者为非。挟是而行则为正,挟非而行则为邪。正则为善,邪则为恶;而世儒乃以善恶言性,邈乎辽哉!"圣人与众人并没有多大的差异,所不同的只在情感发生中节与不中节一点上。所见我们要学做圣人,原不必以情欲为戒,情欲是性所固有的,只要求得"发而皆中节"就行了。但一般人往往任情所为,唯欲是求,以致把本心都失掉了,哪里能够中节哩;所以要求"发而中节",第一步还当"求其放心","求放心"三个字,是做学问的目的,也是做学问的起点。

第四节 朱晦庵(1130—1200)

一 朱子与宋学

自程伊川死后二十三年,南宋忽然产生了一位道学大家——我们正要讲的朱子。我们所谓宋儒学派,虽开辟于胡安定,阐发于周濂溪,而卓然树立此学之正统者则为程伊川。朱子受业于李延平之门，为伊川的四传弟子，他的致知力行的工夫即由伊川的学说直接演绎下来的。他不但直承伊川的传授，且以广阔的胸襟，缜密的头脑，好学深思的工夫，网罗濂溪以来诸家学说，上接孔、孟的言论，综合贯通，而成一包罗万象的朱子学系，可谓集宋学之大成了。不仅集宋学之大成，且以整理古籍的精神，立下研究学术的宏规，实开后世考证学之先声。朱子生于高宗建炎四年，死于宁宗庆元六年，享年七十一岁，恰为十二世纪的人物。当这个时候，外有强敌如金人，年年南下压迫；内有权奸如秦桧、韩侂胄辈，有的不惜媚外事仇，有的则乘机窃权，莫不专以排斥正类为能事。朱子生当此内忧外患的时期，虽功名事业不得有大的表现，而他的学说的发展确如烈日当空，光焰万丈，不及身死业已通行于全国，比较孔子更为幸运。在中国学术史上，有三个伟大人物：孔子集唐、虞、三代以来的学术之大成，郑康成集汉学之大成，朱晦庵又集宋学之大成，但其影响于教育思想上面的，除了孔子外，朱氏较郑氏更为伟大。郑氏死后，他的学术虽盛行于魏晋南北朝，不过机械的记问之学，于民族思想无大关系；而朱子的学说支配社会的思想历元、明、清三朝，六百余年而不衰，这算孔子以后孙中山以前的第一人。不但他的学术思想在教育史上立了崇高的地位，而他的研究的精神、训导的方法、综合的头脑、践履笃实的人格、强立不屈的意志，处处足以启发后世，为后世所取法，所以我们在这里有特别叙述的必要。至于思想的内容，有些含着时代的背景之不能适用于现代，当作别论。

二　生活小史

朱子名熹，字元晦，原籍属于安徽婺源。他的父亲朱松，号韦斋，亦知识界的人物，受过了宋学的洗礼。韦斋先生为人刚直，以不肯附和和议，被遣出到福建当尤溪县尉，即于建炎四年生朱子于隔溪郑氏之书室，故后世称为闽人。朱子生来天资颖悟，五岁入学读《孝经》，即题"不若是，非人也"六个字于其书面上，他的人格已在五岁幼儿时期光晶晶地表现出来了。以这样天性的人儿，生在可风的家庭里面，后来又得着许多良师的教导，怎得不造成不可一世的伟器。当他十四岁时，不幸父亲去世，遵从遗嘱，从学于籍溪的胡原仲、白水的刘致中、屏山的刘彦冲三人。但此时所得甚浅，到了二十四岁，才往延平受业于李愿中。李氏也是韦斋先生的同门友，朱子初来受教时，他已是六十六岁了，此时给了朱子一番提撕与警醒，而朱子才悟从前所学的空疏，从此努力于切实的研究。

朱子以十八岁登进士第，到六十九岁罢官归乡——自登进士第至告老五十年中，在外做官五任，在内做官才四十日。二十二岁为泉州同安县主簿，约计五年；五十岁知南康军，约计四年；五十四岁提举浙东常平茶监，不满一年；五十一岁出知漳州，约计二年；六十三岁改知潭州，又约二年；至派到中央为宁宗当侍讲时，已六十六岁了。他是一个践履笃实的教育家，想以平日所学施于社会的教育家，每到一处，除政务外，则必开设学校，改良风俗，使一般民众，不但得到他的政治的实惠，且得到他的教育的倡导。综计他做官不过十四年，其余则全为私人讲学时期，私人讲学四十余年，所以及门弟子遍天下，虽海外之人也有知其名而来顶礼的。但他的信徒愈多，则招忌愈甚：初被目之以"道学"，后被视之以"伪学"，最后且由伪学而诬为"逆党"了。当宁宗初年，朱子已是六十多岁的老人，此时正是韩侂胄当国，攻击伪学较前日急，一班趋炎附势之徒，且想加害于他的身体。在这个时期，正人君子的厄运到了，稍能谨守绳墨以儒学显名的皆无所容其身；平日从游于他门下的人，意志坚强的避害远藏，操守不定的更名他师；而他仍然讲学如平日，毫不有所畏避，其意志之坚强，涵养之有素，正在此处表现出来。当他去世的时候，奸党造出种种谣言，说他的伪徒拟乘送葬伪师的机会，图谋不轨，特别监视，但弟子自四方而来会葬的仍及千人之多，吾人以此知朱子的精神为不死，朱子的教育可为有成功了。

朱子的学问是本着程伊川的——尤在于"涵养须用敬，进学在致知"两句话，所以他的性格与为人也极肖程伊川。"其色庄，其言厉，其行舒而恭，其坐端而直。倦而休也，瞑目端坐。休而起也，整步徐行。"这是他的学生黄勉斋形容他的几句话。凡道学的举止、绅士的态度、训练主义的教育家，完全形容出来了。他一生著述很多，不能一一备录，其中大有影响于后世的，为《四书集注》《近思录》及《小学集解》三种，而以《四书集注》一种为最有影响。此四子书，隋、唐以来只有《论语》《孟子》二书行世，《大学》《中庸》虽经北宋二程特别表彰出来，尚未与《论语》《孟子》并列。使此四书合成为一书通行于社会者，实始于朱子；此后七八百年，凡小学儿童莫不奉它为唯一的教科书，所以影响最大。

三　教育生活

朱子自十九岁起，到老死为止，凡公的私的，合计讲学五十余年，这样讲学时期的长久，恐怕是古今少有的。他以讲学为生活，一日不讲学就一日不快乐。平日教人，循循善诱，孜孜不倦，确有孔子当年"诲人不倦"的精神。"从游之士，迭诵所习，以质其疑。意有未谕，则委曲告之，而未尝倦。问有未切，则反复戒之，而未尝隐。务学笃则喜见于言，进道难则忧形于色。讲论经典，商贯古今，率至夜半。虽疾病支离，至诸生问辨，则脱然沉疴之去体。一日不讲学，则惕然以为忧。"我们只看黄勉斋在他的行状里头所叙的这一段话，则朱子的讲学精神之可钦佩，也就可想而知了。但私人讲学的事迹，我们没有方法可以详述。现在只就他从政时期所关于教育事业的共有五起，按照年代的先后分述如下：

（一）同安主簿时代。先生以绍兴二十一年为同安县主簿。除主簿职事外，即开办县学，招收县民俊秀子弟充当学生。把县学分为"志道""据德""依仁""游艺"四斋，各置斋长一人，或由学生充当，或另聘职事。训练取感化主义，不重条规，教授取问答式，讲学内容即圣贤修己治人之道。平日策问很多，试举一道为例："问古之学者始乎为士，终乎为圣人，此言知所以为士，即知所以为圣人矣。今之为士者众，而求其至于圣人者或未闻焉。岂亦未知所以为士而然耶？将圣人者固不出于斯人之类而古语有不足者耶？颜子曰：'舜何人哉，予何人哉？'孟子所愿则学孔子，二子者岂不自量其力之所至而过有斯言耶？不然，则士之所以为士而至于圣人者，其必有道矣。二三子固今之士，是以敢请问焉。"（见《晦庵全集》卷七十四）

（二）知南康军时代。先生为南康军知事，始于孝宗淳熙五年，在此不过四年，而所得的成绩最大。除就军学时与生徒讲论外，并重修白鹿洞书院为专门讲习之所。对于教育目的、训练纲目、学习程序及修己治人的道理，一一规定详细，当日师生讲学的风度，生活的整秩，不难想象而知。后世所传有名的《白鹿洞书院教条》即在此时规定的，我们不妨把它附载在下面：

（1）父子有亲。君臣有义。夫妇有别。长幼有序。朋友有信。

上五教之目，尧使舜为司徒，敬敷五教，即此是也。学者学此而已，而其所以学之之序亦有五焉，其别如下：

（2）博学之。审问之。慎思之。明辨之。笃行之。

上为学之序，学、问、思、辨四者所以穷理也。若夫笃行之事，则自修身以至处事接物，亦各有要。其别如下：

（3）言忠信。行笃敬。惩忿窒欲。迁善改过。

上修身之要。

（4）正其谊，不谋其利。明其道，不计其功。

上处事之要。

（5）己所不欲，勿施于人。行有不得，反求诸身。

上接物之要。

在书院里，先生自为山长，常请知识界的名流来院讲演，一新学生的耳目。陆子静为先生之劲敌，主张素与先生相左，可是还被邀来对学生讲演。讲题为"君子喻于义，小人喻于利"。所讲切中当时学者一般的毛病，朱子非常感谢，且把他的讲演稿刻石为记，使诸生时得警惕，朱子之虚心接物，真不愧为一代的大教育家。南康从前出过陶靖节、周濂溪一班有名人物，朱子特为立祠二所，一祀周濂溪，配以二程；一祀陶靖节、刘西涧等五贤，无非使学者仰见古人的风范，有随时感化的功效。南康经他这样一提倡，教化大行，而朱子办学的声名也更其照耀了。

（三）知漳州时代。先生当六十岁时，目击当时群小用事，走进京来，上一大封书于孝宗，共陈利弊六则，反复数千字，孝宗大为感动，打算留京重用。不幸孝宗忽然禅位于光宗，遂委先生出知漳州。先生在漳州任内，除讲求学校教育外，并注意于社会教育。关于学校教育者，所训生徒与南康时无异，对于学行均优的学生特别奖励，对于办事勤劳的职员特别拔擢。关于社会教育则以改革风俗为主。漳州风俗薄陋，不知丧葬嫁娶之礼，先生采掇古礼，制为教条若干，以开示于当地父老，并训勉他们的子弟。此地人民崇尚释氏，男女老幼迷信极深，先生严厉禁止，恳切开导，风俗因此大大地改变。

（四）知潭州时代。光宗绍熙四年，委先生出知潭州。潭州人民久慕其德政，听到先生来了，扶老携幼，欢迎数十里，民众之多，填塞道路。先生到职以后，除"修武备，戢奸吏，抑豪民"外，即注意于教育事业；州学、县学一一提倡。长沙人士素来肯于向学，经先生一提倡，他们益加奋勉。附近各郡听到先生在此兴学，不远数百里而来听讲，学生发达，至学校不能容纳。

（五）焕章阁侍讲时代。宁宗为诸王时，景慕先生之为人，恨不得聘他为讲官，拜他为老师。绍熙五年，宁宗做了皇帝，即召他入对，委以侍讲之职，遂正式对他执弟子礼了。先生得此机会，也竭尽忠诚，知无不言，言无不尽。正式教材为《大学》一书，每讲一章必编成讲义，首列经文；经文之下，附以小注；小注之后，附以意见，引经据典，反复论列。不仅讲学如此，即关于行事，苟有所见，亦必编辑成册，呈教于这位皇帝学生之前。宁宗当初莫不开怀容纳，每有讲义，且传及宫中诵读，所谓"宦官宫妾"都做了先生的弟子，说来亦极有趣。不幸说话太多，宁宗颇为厌烦，韩侂胄用事，把贤相赵汝愚赶走，先生也不得安于其位，竟在焕章阁教授四十日而罢了。韩氏恨先生极深，引用奸类，诬先生以逆党即在此时。幸先生的声望太大，不敢遽然加害，亦以年龄已老，为宁宗所夙昔景慕之故，所以竟免于害。再过五年，先生遂在群邪环攻、空气紧张中与世长辞了！

四　心理说

朱子说明心理现象及作用，比较以前各家都说得详细：他不仅只论性之善恶，并将心、性、情、才、欲及意志种种心理名词都一一下个解释。大要以心为人生之主，性是天所赋与的心之理，其他各种作用全是由心所发生、由心所指使的。我们分着三步逐一说明于下：

（一）心是什么。朱子说"心是管摄主宰者"。心即是吾人一身的主宰，管摄一切精神活动的；一切精神活动都是由心所发生的。心有两种：一为有形的，如肺肝五脏之心，是形而下的；一为无形的，如操存舍亡之心，是形而上的。前者为物质实体，如生理上的心脏；后者为精神作用，如心理学所说的意识。吾人所讨论的是精神作用——形而上的心。这个心又分着两种：一为人心，一为道心。人心即是人欲，如肚子饿了想吃饭，渴了想饮水，全是人心作用。道心即天理，如饥食渴饮而得正，是有道心为之主宰。他说："人心维危，人欲之萌也；道心维微，天理之奥也。"其实形而上的心只有一个，人欲一动，天理隐藏，成了人心；天理回复，人欲消灭，就是道心。天理与人欲不两立，道心与人心亦不并存，教育在革尽人心以回复道心。

（二）性是什么。"性者心之理"，这是朱子学得程伊川的。理即天理，天地自然之理赋与吾人者谓之性。性是太极浑然之本体，无形象可摄，无方所可指，只是一种意思情状。内中含具万理，别为仁、义、礼、智四大纲目，而仅一"仁"字也可以包摄一切。朱子也如程伊川分性为两种：一为天地之性，一为气质之性。天地之性指纯理而言，气质之性兼理、气二者而言。前者浑然至善的，后者有善有不善的。天地之性就是天理，天理大公无私，故此性亦浑然至善。气质由阴阳二气所成，吾人禀气有清浊，故此性有善恶。人与禽兽的性所以不同，人与人的性亦各有不同者，皆是指着气质之性说的。人得气之正，其理全，所以性善。禽兽得气之偏，其理阙，所以性恶。即同一人类，禀气也有浑浊不清的，其得理自阙而不全，所以与禽兽相差不远。他又说性虽有两种，其实只是一种。因为性只是理，本不可以名言，一说性时便兼了气质在内。所谓天地之性是说性之理，所谓气质之性是说性之质，而理附于质内，所以实只一物。再者人性之恶，虽一方由于先天的禀气不良，一方也由于后天所感不正，所谓"此性本善，但感动之后或失其正，则流于恶耳"（《朱子全书·性理》）。试列一表在下面，当更明了。

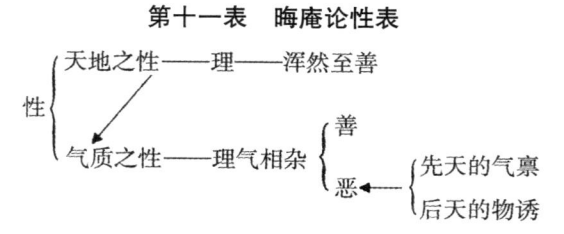

第十一表　晦庵论性表

性 { 天地之性——理——浑然至善 ; 气质之性——理气相杂 { 善 ; 恶 ← { 先天的气禀 ; 后天的物诱 }

（三）心与性之关系。心与性的意义我们已经解释清楚了，那么，这两件东西有何关系？朱子对它们的关系虽说得很多，要以阴阳太极一个譬喻为最明显。他说："性犹太极也。太极只在阴阳之中，非能离阴阳也。然至于论太极，则太极自是太极，阴阳自是阴阳。惟心与性亦然，所谓'一而二，二而一也'。"（《性理大全·三十三》）性为自然之理，禀受于天；心为吾人之精神，禀受于气。有性无心，则虚缈而无依着；有心无性，则麻木而不仁。心性相合，才有生意，才有活动。虽然相合，还是二物；此二物必求相合而始发生作用。性之实体——

仁、义、礼、智，虽为至善之物，倘不根着于心，则无以生出恻隐、羞恶、辞让、是非等善德；心虽是一件生长的东西，倘无仁、义、礼、智含容其中，必不能大显作用，即有作用亦必暴厉恣睢如禽兽一斑。

（四）心与其他精神现象之关系。我们再来将七个心理现象相互的关系作一整个说明。"性者心之理，情者心之动，才便是那情之会怎地者。"心所具之理为性，所能表现活动的谓情，怎样去活动谓之才；这是心、性、情、才四种关系的说明。"心譬如水也，性，水之理也。性所以立乎水之静，性所以行乎水之动，欲则水之流而至于乱也。才者水之气所以能流者，然其流有急有缓，则是才之不同。"水之本体为心，在静止的状态而有流动之可能者为性，水流时为情，流而不平以至于泛滥溃决的为欲，水流之力有缓急者为才；这是心、性、情、欲及才五种关系的解释。"情是性之发，情是发出怎地，意是主张要怎地。如爱那物是情，所以去爱那物是意。情如舟车，意如人去使那舟车一般。"情是由性所发生的动作，如舟车之活动似的，如何驾驶舟车或东或西或南或北者谓之意；这是情意两种关系的说明。"志是心之所一直去的，意又是志之经营往来的，是那志的脚。"由心所立定之目标为志，按照此目标设法以求达到者为意；这是意志两种关系的说明。"性者心之理也，情者心之用也，心者性情之主也。"心为吾人精神的主脑，此主脑所具种种属性为性，由此主脑发而为动作者为情；这又是心、情、性三者关系的说明。这一类的相互说明之处很多，我们不必再引。总括起来：心为吾人精神作用的本质，所以主宰一切精神作用的。此精神本质，含着由天所命的仁、义、礼、智种种属性而使精神本质发生意义的谓之性。此精神本质虽为活动，却呈静止的状态，因感而动者谓之情。情不过是一种动的表现，能够动出种种模样者谓之才，动无节制而至于荡检逾闲者谓之欲。再者由心所发生一种动作而有一定目标者谓之志，如何设法以达到此目标者谓之意。再简单些说，性乃心之体，其他一切作用乃心之用，其实只是一个心就包摄了。按朱子这种心理的解释，虽不尽合于科学，但以心为中心，分述一切，而于其他许多意义中侧重一个"性"字，只要知性便可以尽心，片段之中却有一个系统，他的一切教育理论莫不以此为根据。

五　完人主义的教育论

朱子的教育目的，不是要造成一个忠臣孝子，而是要造成一个完人。完人之意即在能"明万事而奉天职"。所谓万事，即社会上的一切人事：大则君臣、父子、兄弟、夫妇、朋友之际的关系，小则视听、言动、周旋、食息等动作。所谓天职，凡上面所举的一切事情皆是吾人分内所应当做的。万事明了，天职奉了，则可以成为完人。圣人不勉而中，不思而得，生来就是完人。常人做到完人，必须勉而后中，思而后得，此教育之所由起。做到完人即可以至于圣人，而教育目的就达到了，所以他把荀子的一句话拿来告学生说："古之学者，始乎为士，终乎为圣人。"（见《晦庵文集》卷七十四《笔问》）朱子以为圣人是可以期许的，做到完人即可至于圣人。他的理想中的完人是一个什么模样呢？不待说自然是循规蹈矩、践履笃实的正人君子，博学多能、有为有守的贤士大夫。"学者先须置身于法度规矩之中，使持于此者足以胜乎彼，则自然有进步处"（《答潘叔昌》），这是说做人要有守。"自古无不晓事的圣贤，亦无不通变的圣贤，亦无关门独坐的圣贤。圣贤无所不通，无所不能，那个事理会不得"（《语录》），这是说做人要有为。我们只就他的《白鹿洞书院教规》及《训学斋规》所开示的种种，便可以看得出他的教育标准来，即他自己就是一个最好的完人之模范。

无形的心有两种：一为人心，一为道心——人心即人欲，道心即天理，我们在前面已经说过了。天理是禀赋于天的，所谓与生俱来的东西，为人人之所同，它是至善的。人欲是杂气质而生，或因环境所习染而成，人各不同，是最害事的。圣人浑身是天理，已是完人了。至于一般人，常在天理与人欲交战情形之中，若听其自然不加以克治的工夫，往往人欲战胜至流于禽兽一路。所以既为人，必要学——即须要受教育，教育的功用即在存天理以去人欲。所谓"圣人千言万语，只是教人存天理灭人欲"（《语录》）。所谓"学者须是革尽人欲，复尽天理，方始是学"（《语录》）。能够革尽人欲，使此心依然与天理浑然一体，则所有的皆是道心了。人有道心则神志清明，透澈如镜，物来顺适，无所不到，无往不宜。推此心于恻隐，无一非仁；推此心于羞恶，无一非义；推此心于辞让，无一非礼；推此心于是非，无一非智。以它来格物，无物不可格；以它来读书，无书不可读；由是而修身而处事接物，自然合于规矩，中于法度，即可以做一个纯全的人了。

朱子对于小学教育与大学教育的意义说得很清楚，恐怕是以前没有的。他说，小学教授以"事"，到大学才教授以"理"。所谓事，如"礼、乐、射、御、书、数及孝、弟、忠、信"之类，教儿童怎样去做。所谓理，如"致知格物及所以为忠、信、孝、弟者"之类，教生徒为什么要如此做。小学教以当然，偏重在动作方面；大学教以所以然，于动作之后且进而求得了解的。小学教育即大学教育之基础，大学教育为小学教育之扩充与深究，虽然程度有深浅，而教材却是一贯，生活自是整个的。（见《朱子全书》卷一《大学》）所用教材的次序，则以《大学》《论语》《孟子》及《中庸》为初步，读了四书再进而读群经，是由浅及深，由简到繁的，这也不外他的"下学而上达"的原则，小学教材除四书以外，他又收集古来圣贤的嘉言懿行，编了一部《近思录》及一部《小学集解》，都认为初学必当读的。

六　规范的训练主义

关于训育方面，朱子是主张严格主义的、规范主义的。即前面所举《答潘叔昌》一段话就可以看得出来。再看他的《训学斋规》，一种严整的铁面式的训练更可以惊人了。不过他虽然如此严格，其方法都是采用积极的教导，不重消极的防范，是采取感化的自发活动，不重形式的条文规定。所有训练，多半是指着行为方面说的，即训练学生以好的行为，去掉其不好的行为。去掉不好的行为，在革尽人欲，是消极的；培养好的行为，在复尽天理，方是积极的。倘使日日在于人欲的革除，而不从事天理的恢复，是没有用的。所以他说："但只于这个道理发现处当下认取，打合零星渐成片段，到得自家好的意思日长月盛，则天理自然纯固，向之所谓私欲者自然消灭退散，久之不复萌动矣。若专务克己私欲，而不能充长善端，则吾心与所谓私欲者日相斗敌，安伏得下，又当复作矣。"（《朱子语录》）再看他所定《白鹿书院教规》五条，除第二条关于学习外，其余全属于训练方面的，即告以怎样为人，怎样修身，怎样处事，怎样接物：无一不是积极的教导。他又说："苟知其理之当然，而责其身以必然，则夫规矩禁防之具，岂待他人设之而后有所持循哉。近世于学有规，其待学者为已浅矣。"这不但积极地训导，且希生徒以自发的活动了。他在同安县学告谕职事有一段话，更足以明了他对于训练的主张："尝谓学校之政，不患法制之不立，而患理义之不足以悦其心。夫理义不足以悦其心，而区区于法制之末以防之，是犹决湍之水注千仞之壑，而徐翳萧苇以捍其冲流也，亦必不胜矣。"（《晦庵文集》卷七十四）

他的训练主义施之于儿童更其严格。读他《训学斋规》，真是一篇对于儿童教育之训练主义的好资料。内中共分五章：第一关于衣服冠履的规则，第二关于语言、步趋的规则，第三关于洒扫、涓洁的规则，第四关于读书、写字的规则，第五关于其他杂细事宜。凡衣服饮食，几案器具，以及对上对下，一举一动，莫不详细标明，严格规定。内中固然过于机械，过于琐碎，有许多不合于儿童身心的发育，但这种缜密的精神，尤其对于儿童教育的注意，不得不令吾人佩服。

七　下学工夫的学习法

宋儒讲学，不仅教学生以许多知识，且教他们以如何求知识——

学习方法。关于这一点，朱子所说比较以前各家更为详细；但其学习原则仍本于程伊川的"格物致知"四个字。"格物致知"即穷理以致其知，理穷了而后知至。再约起来，学习原则，其实只有"穷理"两个字。伊川言穷理只浑说一个工夫，朱子则分析为多方，我们给他综合为两类——一只就书本以内穷理，一兼就书本内外一切事物上穷理。前者我们可以叫做"读书法"，后者叫做"一般研究法"。朱子对他的学生或朋友，讲论读书方法很多，归纳起来，不外采取《中庸》上的五个步骤：博学、审问、慎思、明辨及笃行。这五个读书的步骤，他已张贴于白鹿洞书院，指示他的学生了。元儒程端礼汇集《朱子语录》又分着六条，即"居敬持志，循序渐进，熟读深思，虚心涵咏，切己体察，着紧用力"二十四个字。（见《程氏家塾读书分年日程》）第一条谓读书时心要纯一，不可杂乱，即主敬之意。第二条要按照能力，逐步渐进，不宜躐等。第三条要多遍熟读，精密思索，不可以一知半解而遂自止。第四条要凭着客观的头脑，揣摩古人的真意所在，不可先立一个意见，牵强古人的言语入做自家的意思。第五条要将书中的道理拿来与己身四周的人生日用的事情对照，庶不致落于玄想与空疏。第六条更要振起精神，奋发前进，不可有一刻的懈怠。

关于一般研究法，我们也可以收集他的语录总为五条：第一，要收拾放心，把心放在腔子里面，则头脑清明，注意集中，然后可以着手穷理。第二，要广集材料，使天下事物无一不在我所穷究的范围之中，即研究时要作一远大的计划，兼收并蓄，不可囿于一方，所谓"萃百工然后观化工之神，聚众材然后知作室之用"。第三，要脚踏实地，从一件一件逐渐理会，今日格一物，明日格一物，日久自然融会贯通。第四，还要放开眼界，从大处用力，即须找得一类事物的要点，用切实工夫努力一番，得着一个规模了再来仔细修改。第五，更要多方证验，看能否通达可靠。所谓多方证验，即是：把自己所已见到的一个道理，拿事实来证明，看合不合；如果合了，再设身体贴一番，看合不合；如果合了，再与其他道理来参证，看合不合；如果完全合了，则此时所见到的这个道理，才算确切可靠。最要紧的还有三点：（1）为学须要放开胸次，从大处着力。"譬如炼丹，须是将百十斤炭火煅一饷，方好用微微火养教成就。"（2）读书须如酷吏用法，要深刻，要缜密，不留丝毫人情，铢较寸度，千盘百诘，攻得它体无完肤了，方罢休。（3）每学一件事情，须用一番苦工，下全副精神拼命作去，要使"群疑并兴，寝馈俱废"。越是遇到困难，越要努力，越是感觉无味，越要前进。这一番苦工用过了，以后自然迎刃而解。总结一句——"小立课程，大做工夫"，才是求学之道。换一句话说，吾人为学，要从高处落脉，低处下手，即是应当立定远大的计划，从近处脚踏实地做起。计划不远大，无以成伟器；做事不踏地，无以成实学。所以他说："愈细密，愈广大。愈谨确，愈高明。"这种求学法，即"下学而上达"的工夫。他把格物看做梦觉关头，格得来是觉，格不来只是梦。物格而后知至，物格知至而后方能意诚、心正、身修，又是苏格拉底的有了知识才能道德的主张了。

八　敬的修养主义

朱子修养的工夫，同伊川一样，也是以"敬"为主。我们先叙述他对于"敬"字意义的解释了，再研究他在"敬"字上所做的工夫。他说：

> 敬不是万虑休置之谓，只是随事专一，谨畏，不放逸尔。非专是闭目静坐，耳无闻，目无见，不接事物，然后为敬。整齐收敛这身心，不敢放纵，便是敬。（《语录》）
> 惺惺，乃心不昏昧之谓，只此便是敬。（《语录》）
> 敬非别是一事，常唤醒此心便是。（《语录》）

由此，我们可以得到这样的解释：敬不是静止的意思，它是心地纯一而不杂，精神凝聚而不散，神气清明而不昧的一种状态。能够保持此种状态，便是主敬的工夫了。能够如此主敬，便能收回已放的心，使此心常存在腔子里面；故主敬的功用就是"收放心"，而修养的目的也不外这三个字，但如何能够做到这步工夫？我们查他的前后语录，可找出两个要点：一是"当下认取"，二是"随时唤醒"——前者是持养的工夫，后者是体察的工夫。朱子以为天理在人，亘古今而不泯灭，吾人无论如何蔽锢，而天理依然自若，不过因锢蔽在下意识里面，人不自觉罢了。虽锢蔽在下意识里面，但未尝不常自表现于外，且往往从私意中不知不觉地表现出来，此即谓之良心。一遇到良心发现时，即善端萌芽时，吾人须于此时当下认取，紧紧握住。如此涵养下去，到得自家好的意思日长月益，则天理自然纯固；天理纯固了，从前所有私欲，自然消磨退散，久之不复萌动了。他又以为本心之所以放，并非真实走到外面去了，只因平日逐物循欲，弄得精神昏昧，不知有心了。虽然不知有心，而此心未尝不在，只要略绰一提醒，则心便在这里；心在这里，马上头脑清楚，能辨别义利和是非。吾人日与社会接触，常被不良的环境所习染、所蒙蔽，所以最易陷于昏昧之中，但只能时时唤醒，马上便可以转为清明，所以"学者工夫只在唤醒上"。前者谓之持养，后者谓之体察，二者并进，才是修养的全功。这种工夫，有事时如此，无事时也当如此，凡行时、坐时、读书时、应事接物时无不如此。小大不懈，动静咸养，良心未有不发现，天理未有不纯固的。所以朱子的修养的工夫——求放心的工夫，不是消极的防欲，而是积极的长善；不是从寂寞空虚处用功，是要从人生日用上着手。这种工夫，才是脚踏实地，才是社会性的，与禅家之明心见性者迥然不同。朱子主敬的工夫虽本于程伊川的，而所言求放心之道则较程子详密许多；至于修学与为人，全体一贯，则两人是相同的。

第五节 张南轩（1132—1180）

一 生活小史

张栻字敬之，号南轩，世称南轩先生。他的父亲张浚是南宋有数的名臣，出将入相，谋国尽忠，差不多与北宋的韩、范诸人并列。先生生来聪明，极受父亲的钟爱，而父亲又日以忠臣孝子的模范行为来感召，故先生自儿童时所受家庭教育莫非仁义忠孝之实。年龄稍长，即拜五峰的胡宏为老师。胡氏初一见面，便认识他是一个大器，即告孔门论仁亲切的要旨。先生受了这一番指示，退而思索，好像有所得了，这是他的特别颖悟处，所以胡氏极口称赞："圣门有人，吾道幸矣！"先生得着这样的良师教诲以后，更其奋志自励，想模仿古人，做一个圣贤，曾作了一篇表现志愿的《希颜录》，可惜此书早已失传了！

先生以父亲勋旧的资格，补授承务郎。当孝宗新即位时，他年将三十，在父亲幕府参赞戎机，很得孝宗的赏识，但不久因父逝世而去职。服满以后，由父执的推荐，派他出为抚、严等州知事。当此之时，先生尝以诚意、正心之说上奏章于孝宗，孝宗早已认识他，因此召他进京，委以吏部郎，兼侍讲，以便长日听他的启导。但在宫廷教书不到一年，与宰相意见不合，乃被派出为袁州知事。先生忠诚出于内心，勿论在内在外，总好直言极谏，而所议论的不外诚意、正心、致知、格物及亲贤远佞一套旧话，当然为事功派所厌听与畏忌，所以淳熙改元时，先生遂完全免职，退而居家了数年。在这个时候，正是他的专一讲学时期，不为不幸。追后孝宗又思念他起来了，仍然召他出来，加他的官职，初知靖江府，后改江陵府。在两府守任内，奖励义勇，捕缉奸盗，铲除土豪劣绅，确是成绩卓著。照这样做下去，本来有公辅的希望，不幸享寿不长，遂一病而死了。

先生生于高宗绍兴二年，死于孝宗淳熙七年，仅活了四十八岁。这样不幸早死，世人莫不惋惜，尤其朱晦庵听了这个消息，哀痛异常，曰："吾道孤矣！"先生少年受学于胡五峰，中年又与朱晦庵、吕伯恭诸人交游，学问之砥砺益切，所以成就较其老师更为纯粹。滂博宏大虽不及朱子，但进步极速，德业日新，其涵养有道、气象光昌之处，确盖南宋一般儒者之上。假使得永其年，造就定不可限量。先生本是四川广汉人，后来迁居到衡阳，遂为湖南籍，所以他的学生以湖南人最多。湖南学风早已发达，但皆气势嶙莽，未到纯熟，得先生与朱子讲论于其间，去短集长，才归于平正，这也是教育的效力。

二　心性说

南轩以心为人生的主宰，而性乃心之理，与朱子所说大致相同。其所不同的：朱子只就人类单独而言，南轩则就人与万物相提并论。性是什么？人与物有何区别？我们先引他所说的两段话了，再来解释。南轩先生说：

> 太极动而二气形，二气形而万化生，人与物俱本乎此者也。原物之始，岂有不善者哉？其善者天地之性也，而孟子道性善独归之于人者何哉？盖人禀二气之正，而物则其繁气也。人之性善，非被命受生之后而其性旋有是善也。性本善而人禀夫气之正，初不隔其全然者耳。若物则为气既昏，而不能自通也。惟人全夫天地之性，故有所主宰而为人之心，所以异于庶物者独在于此也。（《存斋记》-）

> 天命之谓性者，大哉乾元，人与物所资始也。率性之谓道者，在人为人之性，在物为物之性，各正性命而不失，所谓道也。盖物之气禀虽有偏，而性之本体则无偏也。观天下之物，究其形气中，其生理何尝有一毫之不足者乎，此性之

无乎不在也。惟人禀得其秀，故其心为最灵，而能推之，此所以为人之性而异乎庶物者也。(《答吕晦叔书》)

性只有一个，即宇宙的本体，所谓"天理"，即《易》上所说的"乾元"。万物皆由二气化生，所以凡人与物莫不具有是性，而天地之性无往不在。性是至善的，又是同一的，何以有人物之别？盖万物之所以生存皆由于是性，而万物之所以成形却由于二气。人与物受生之初，禀气不同：人所禀的气质清而心最灵，物所禀的气质浊而心不露。人之心最灵，能通达于性而全之，所以为善；物之心不录，往往偏执而不能通达，所以为不善。即同一人类，而所禀的气质也有清浊的程度不同，所以人与人的性亦有差异。但勿论如何，性之本体只有一个，根源无有不善；而孟子言性善只就根源上说，不是指受生之后说的。我们不能因为看见人有不善的而据谓性有不善，亦不能看见物类蠢然无知而据谓性有不全，如果这样的看法，那是最大的错误。吾人本性，平时固然呈现静止的状态，但却有动的可能。感物而动，则谓之情。假使此动系由性而发，发而中节，虽动亦不失为善，此之谓"可欲之谓善"。倘或外物摇感无穷，吾人动荡无节，此时心不能自主，失了本性，则流为不善了。不善之动，全是人欲，倘不图克治，则必愈演愈坏。南轩曾以水流比譬这种情形："譬诸水，泓然而澄者其本性也。其水不能不流也，流亦其性也。至于因其流，激汩于泥沙，则其浊也岂其性哉。"(《南轩答问》)

心是什么？其活动之情形怎样？他说：

人具天地之心，所谓元者也。由是而发见，莫非可欲之善也。其不由是而发，则为血气所动，而非其可矣。圣人者是心纯全，浑然天理，乾知大始之体也，故曰乾圣人之分也，可欲之善属焉。在贤者则由积习以复其初，坤作成物

之用也，故曰坤学者之事也，有诸己之信属焉。（《南轩答问》）

凡人之所以与万物不同，因人类具了天地之心，而物类没有。人具天地之心以生，所以其气清明；人以此心为主宰，所以有理性。天地原始之心，纯全无二，浑然天理，没有一点气质之偏，没有一毫人欲之杂。由是而发为动作，自然中节，无有不善——惟圣人才有这种程度。至于一般人，在先天多少有些气质之偏，在后天多少有些人欲之杂，则心就不纯了，所以需要教育。若以教育之功而存其良心，则天性昭明，依然复其本初，亦不失为贤者。心是一身的主宰，是管摄动静而又不可以动静分的。不过有修养的人，操持得住，则常在腔子里面，虽感物而动，不过物来顺应，毫无损伤。若无操持之功，听其放逸，则随外感而奔驰，此时人欲横行，心就不在了。但心未尝不在，只是人欲胜而天理亡，此心全为人欲所驱使罢了。

三　教育要旨

南宋除程、朱学说以外，还有两派：一为浙江的事功派，一为江西的唯心派。前者失之于粗，后者失之于空；前者只务近功，后者专慕高远；皆是南轩先生所反对的，因为他平日讲学是近于程、朱一方面的。"议论往往堕于一偏；孟浪者即要功生事，委废者一切放倒：为害则均"，这是南轩痛心两派之偏执，而对朱子说的话。但他以为最足以坏天下人的莫过于后一派，"舍实学而驾虚说，忽下学而骤言上达，扫去形而下者而自以为在形气之表；此病不细，正所谓欲辟释氏而不知正堕其中者也"（《与彪德美书》），这该是多么痛心的一番话。所以他平日教人，只是言"下学"，言"渐进"，言"格物致知"。至于教育的要旨，不外"致知力行"四个字，他说：

考圣人之教人，固不越乎致知力行之大端，患在人不知所用力耳。莫非致知也，日用之间，事之所遇，物之所触，思之所起，以至于读书考古，苟知所用力，则莫非吾格物之妙也。其为力行也，岂但于孝弟忠信之所发形于事而后为行乎？自息养瞬存以至于三千三百之间，皆合内外之实也。（《答陆子寿书》）

以知行并进为教育的全功，所以他论小学以洒扫应对为始，论大学以格物致知为要，既不空虚，又不操切，是切着人伦日用循序渐进，才合于儒家的教范，才是士君子的模样。教育的要旨既是如此，而为人着手处只从"下学"二字用力。下学是因，上达是果，能够下学了自能上达，所谓"圣人教人以下学之事，下学工夫浸密则所上达者愈深，非下学之外，又别有上达之功也。致知力行皆是下学，此其意味深远而无穷，非惊怪恍惚者比也"（《答周允升》）。下学不仅是为人的工夫，就是读书做事及研究问题皆须如此用力。这种工夫的原则，我们分着数条叙述于下：第一，要从近处做起，逐步前进，自可达于远大。所谓"学之用极天地，而其端不远乎视听食息之间。识其端则大体可求，明其体则妙用可充"（《与刘共甫书》）。第二，要从密处用力。凡事须以分析的头脑下缜密的工夫，使表里透澈，无一毫含混，方为有得。否则只求速效，或专讲皮毛，无大用处。所谓"力贵乎壮，工夫贵乎密。若不密，虽胜于暂，终不能持于久"（《答乔得瞻书》）。第三，要自博而约。博与杂不同，是有计划、有系统地收集，杂则漫无条理。但只顾博取而不守之以约，终是头绪纷繁，难得一贯之道，故趋约亦须重看。所谓"旁观博取之时，须常存趋约之意，庶不至溺心"（《答问》）。但其全部工夫则在"循序渐进"四个字，即脚踏实地、逐步前进的工夫，若"一超径诣"或"惊怪恍惚"之论，皆落于空虚陷于躐等了。"所谓循序者，自洒扫应对进退而往，皆序也。由近以及远，自粗

以及精，学之方也。如适千里者虽步步踏实，亦须循序而进。今欲阔步一蹴而至，有是理哉。"（《答胡季随书》）

至于他平日教人，也不外乎这原则。吕东莱评论他的教法："张荆州教人，以圣贤语言见之行事，因行事复求之圣贤语言。"即是说他平日教人要本着知识以施于行为，再由行为以证实知识，是致知力行的工夫，也是知行互进的工夫。朱晦庵也评论他一段："公之教人，必使之先有以察乎义利之间，而后明理居敬，以造其极；其剖析精明，倾倒切至，必切两端而后已。"这是说他教学生必先令他们头脑清明，能辨别义利了，然后告以穷理居敬之功以求深造；至于循循善诱、反复详说、孜孜不倦的精神，尤为可佩。

四　敬的修养主义

南轩先生虽师事胡五峰，而他的学问还是直接伊洛，所以学力之纯粹，超过胡氏很多。他的修养论差不多与伊川同一口吻——以居敬为主；不过添了"持养省察"四个字。他还是以"主一"解释"敬"字，所谓主一就是"心在焉"的意思。做一件事情，把心力放在该事上面，不少涣散，不少间断，一而不二，纯而不杂，才谓之敬。假若与人谈话，而心想他事，或未应事时此心先在，已应事后此心尚存，这种现象，则杂而不纯，二而不一了，皆由不能敬的关系。但居敬只是主一，只是心在焉，不是另有一件事情。换言之，居敬只是精神专注的一种态度，这种态度常因事而表现。所谓"事"不外视听食息，吾人整个的生活，没有一刻间断了视听食息，即无时不有居敬的工夫。且更要在无事时涵养此种态度，到有事时心才专一。居敬是修养的工夫，持养省察又是居敬的工夫。持养即收拾已放之心保持而涵养之，使无散失，且得到敬之自然及理之纯全。省察是时时反省体验，看存养的工夫到了什么程度，有何错误，是辅助持养的。所以他写信给朱晦庵说："大要持养是本，省察所以成其持养之功者也。"修养的目的在去人欲而复天理，即克己复礼之意。要达到此目的，先须对于"理欲"二字认识清楚，即辨明义利之别。要认清理欲，必使心在焉。但吾人一睁眼便与社会接触，便有许多人事的纷扰，如何能使此心常在？则有赖于居敬的工夫。平日能够讲求居敬的工夫，无事时如此涵养，有事时切切省察，使此心常在而不亡，到得天理纯全，则所流露的自然顺乎天理，合乎人情，不致为私欲所蒙蔽与摇撼了。且居敬的功用犹不止此。能够居敬，则心有主宰，自无思虑纷扰之患；能够居敬，则气度适中，收敛而不失于拘迫，从容而不失于悠缓；能够居敬，则穷理益精，德性日明，天理之蕴亦可得而穷，太极之妙亦可得而识。

第六节 吕东莱（1137—1181）

一 生活小史

吕氏自公著历六世至东莱，屡代都是纯儒，对于学术的发表，教育的贡献，皆有相当成绩，至东莱所得尤多。他们先世本是河东人，后来搬家到寿春，又从寿春搬到开封，最后又迁居于婺州。婺州即今浙江金华县，东莱遂成了浙江人。东莱名祖谦，字伯恭，生于高宗绍兴七年，死于孝宗淳熙八年，只活了四十五岁，较南轩寿命尤短。他死了以后，朱晦庵在他的墓碑上亲题曰"宋东莱先生吕伯恭之墓"，后世遂称为东莱先生。先生本以先祖余荫补将仕郎，于二十七岁登了进士第，随后又中了博学鸿词科，在场屋中可说幸运极了。乾道五年得了太学博士之官，兼管严州教授。此时严州守即张南轩，南轩长东莱五岁，学问已有成就，东莱于此时得他的指点不少。六年，孝宗复以博士召先生进京来，兼国史院编修官，实录院检讨官。是时孝宗命臣僚对话，轮到他的名下，他即乘间勉励皇帝以圣学。勿论圣学是否合于孝宗的个性，不过一般宋儒个个都想以皇帝为领袖学生，只要把这个学生教好了，全国子弟自然闻风向化，不必家喻而户晓——总算是对于教育的一番苦心。七年改任左教郎，召试馆职。八年派他充当试考官，此时应考举子有陆象山在内，照科举成例，象山也可以说是东莱的门生了。考试未完，以父死之故，就把职辞了，回乡守制。在家住了三年，四方学子来从游的非常之多，正好讲经说法，而张南轩反不以为然，说他忠厚有余，果断不足，没有遣散拒绝哩——我以为大可不必。淳熙二年，特往武夷访朱晦庵，住了数月，将要东归，晦庵送他到信州，哄传一时的鹅湖闳辩会就是他在此时召集的。三年，又被召入京，除秘书郎，兼史职如前。五年被派充殿试考官，仍兼史职。到淳熙八年就死于家中了。东莱为人忠厚，与晦庵感情极好，朱、陆文字之战，得他从旁调解，作和事老，功颇不少；自他一死，交战之缓冲无人，所以差不多把晦庵的眼睛都哭瞎了。

南渡诸儒，虽各有师承，但论及家世，许多属于崛起者。独吕氏自仁宗朝以来，屡世纯儒，代代有表现，所以中原文献之传独落于东莱之家。东莱幼年既学有家风，长师林之奇、吴应辰、胡宪三人，而又与晦庵、南轩为友，因此学业日就，讲索益精。但他的学问所长在史学，不在理学，所以一生服务二十年，以充职史事较久。其他多是教育生活，对于奖掖后生之勤勤恳恳，不让于时贤，故及门弟子遍天下，可惜与张南轩同一命运，不能竟其学而尽其能，卒以不寿而死！

二 敦厚主义的教育论

吕氏是一个态度诚恳、气象温和的教育家，不立异同，不露锋芒，终身以讲学为事，以昌明正学转移风俗为己任。所谓"正学"即儒家的学术，孔、孟的道理，可以说"昌明正学、转移风俗"八个字就是他的教育宗旨。他尝对朱子说："邪说陂行，辞而辟之，诚今日任此道者之责。窃尝谓异端之不息，由正学之不明，此盛彼衰，互相消长。莫若尽力于此，此道光明盛大，则彼之消铄无日。"又尝对学生说："尝思时事所以艰难，风俗所以硗薄，推其病源，皆由讲学不明之故。若使讲学者多，其达也自上而下，为势固易；虽不幸皆穷，然善类既多，气焰必大，熏蒸上腾，亦有转移之理。"（均见《东莱遗集》）我们读此两段文字，可以想见其忧世的苦心及对于教育的抱负了。要昌明正学转移风俗，自然在于讲学——讲明圣贤的道理。讲学的人多，培养的人才必多；人才多了，善人必多，再继以讲学；由是造成一种风气，使正学随此风气上腾，弥漫于全社会，则异端自然消铄，风俗自然醇厚，而时事的艰难必定可以挽救。

吕氏以为当时教育的毛病有三：一为所教不切实际，二为训练不以惇厚，三为学者无远大志趣。他说："古人为学，十分之中，九分是动容周旋洒扫应对，一分在诵说。今之学者全在诵说，入耳出口，了无涵养，所谓道听途说，德之弃也。"（《丽泽讲义》）教育即日常生活，唯有在日常生活中才可以找得出学问来；倘若抛开日常生活不讲，而专在故纸堆中用工夫，记诵虽多，全无用处，且诵说愈多，则与实际生活相距愈远，结果必造就一班废人。一班贤士大夫，学业非不正，知识非不明，何以一上台做事就扞格不入？其原因盖由于实地欠工夫，平日未尝在实地上体验，而想在书本上把道理讲得透彻了就去服官做事，当然没有用处。他又说："教国子以三德三行立其根本，固是纲举目张，然又须教以国政，使之通达治体。古之公卿，皆自幼时便教之以为异日之用。今日之子弟，即他日之公卿，故国政之是者则教之以为法，或失则教之以为戒；又教之以如何整救，如何措划，使之洞晓国家之本末原委，然后他日用之皆良公卿也。自科举之说兴，学者之视国事如秦越人之视肥瘠，漠然不知，至有不识前辈姓名者，一旦委以天下之事，都是杜撰。岂知古人所以教国子之义。"（《丽泽讲义》）要培养某一种人才，就应施以某一种教育，这种教育更要与当时实际情形相合，才有用处，这是吕氏这一段讲义的大意。所以他主张教育要切于实际，使学生从日常生活上做起工夫。如饮食、衣服、居处、言语四种为日常生活所不可少的，教者以此相教，学者以此体察，再进而研究高深学理时也不离此四者，则所培养出来的人才，必是社会有用的人才。吕氏这种说法，近于陆子的践履工夫，又近于杜威教育即生活的主张。

"呜呼！如伯恭者，可谓有志于温柔敦厚之教"，这是朱子序《吕氏读诗记》所赞叹他的一句话。"温柔敦厚"四个字，可说是吕氏的训练标准，这种训练标准，正仿佛其为人。他为人忠厚，大度包容，最看不见"轻捷便利"及"孑孑小谅"之人，所以平日训练学生亦以温柔敦厚为标准。他说："后世人所见不明，或反以轻捷便利为可喜，淳厚笃实为迟钝，不知此是君子小人分处。一切所见所为淳厚者虽常居后，轻捷者虽常居先，然一乃进而为君子之路，一乃小人之门。而淳厚之资，或反自恨不如轻捷者，而与之角，则非徒不能及之，只自害耳。"（《东莱遗集·论语说》）教育只有两条路，在淳厚路上可进而为君子，在轻捷路上便是小人，主张何等显明，立言何等痛切。淳厚笃实就是仁者，唯仁者才是生，不仁者才是死，所以一切人间趣味，万物生意，宇宙流行，莫不由淳厚之人而发生、而表现、而存在。所以平日训练学生，"要须帅之以正，开之以渐，先淳厚笃实，而后辩慧敏锐，则岁晏刈获，必有倍收"。（《与陈同甫书》）所以他平日与人讲论，往往以反省相勉励，《丽泽堂规》以称善不称恶教学生，莫非忠厚之道。忠厚之教于读史颇有关系，多识前言往行，反覆涵泳，气味自厚，所以他说"大抵忠厚醇笃之风，本于前言往行。今之学者所以硗薄，皆缘先生长者之说不闻，若能以此意反复思之，则古人之气味庶犹可续也！"（《丽泽讲义》）

吕氏又说："今之学者，病不在弱，只是小。"（《丽泽讲义》）所以病小，由于志不立。志不立，则器量狭小，难得入道之门；一则勇气缺乏，总是避难而就易。今世学者，多趋于富贵利达一途，而不肯志于圣人之道者皆是这个原因。所以教育学生应教其以立志为先，倘能立志，"至于大道，以圣人自期"（《东莱遗集·杂说》），所培养出来的自然是大器材。

三　学习与教授

吕氏关于学习法的论点颇多，其原则不外伊川的集义工夫与晦庵的下学工夫，我们不必多述。不过他自己也有几点独到的地方，我们略叙于下：（1）求学要切实际，在日用生活上用力，前面已经说过。（2）求学贵创造，要自己独立研究，各辟门径，如此，才能趋出习俗的见解以外，而有新的发明。他说"今之为学，自初至长，多随所习熟为之，皆不出于窠臼外，惟出窠臼外，然后有功"（《丽泽讲义》），即是此意。（3）求学须"泛观广接"，即要"虚怀接纳，集思广益"的意思。他说："吾侪所以不进者，只缘多喜与同臭味者处，殊久泛观广接，故于物情事理多所未察，而根本渗漏处，往往卤莽不见。须要力去此病乃可。"（《与刘子澄书》）不要有成见，不要排斥异己，须多方接纳，取他人所长补我所短，则所学才圆通，才有进步，这是吕氏有感于朱、陆各执己见而发的；也是他的长处。（4）读书要有闲暇的工夫。吾人不能不做事，也不能不读书，要使两者不废，须要好整以暇，才能于百忙中抽出时间读书，而心中亦有读书的闲暇了。（5）读史很有益处，多识前言往行，可以蓄德，可以涵养忠厚醇笃之风。关于读史的方法，他也说得很好："看史须看一半便掩卷，料其后成败如何。其大要有六：择善、警戒、阃范、治体、议论、处事。"（《东莱遗集·杂说》）他因长于史学，所以对于读史的方法特别详说，所举六条大要，有价值与否，乃是时代的关系，我们不必刻意批评。至于（6）看书不要穿凿，须以平易观之。（7）为学须一鼓作气不可有间断，虽属平常，确为切要，我们不必一一详举了。

关于所论教授法，更有几点精到的地方。吕氏说："大凡人之为学，最当于矫揉气质上做工夫，如懦者当强，急者当缓，视其偏而用力。"（《与朱侍讲书》）这是以气质为标准，随其强弱缓急而施教的。又说："学者气质各有利钝，工夫各有浅深，要是不可限以一律。

正须随根性、识时节、箴之中其病、发之当其可乃善。固有恐其无所向望，而先示以蹊径者；亦有必待其愤悱而后启之者。"（《与朱侍讲书》）这段讲得最好：既根据学生的个性，又依照他们的程度，又考查此时心理的现象，因病以施诊，随机以示教，这才谓之活的教授法。讲说固不厌详，但有时不可过详，讲说过详，反易养成怠惰之病，所谓"讲论形容之语欲指得分明，却恐缘指出分明，学者便有容易领略之病，而少涵泳玩索之功，其原殆不可不谨也。"（《与朱侍讲书》）这是引起学生自动研究的一种教授法。

四 丽泽书院

这个书院在东莱先生的家乡，即他讲学会友的根据地。先生自登第至病终，在外服务不到廿年，而讲学于丽泽书院者前后合计八九年，其中以乾道二年及八年两次丁艰时所讲时间最长。在这里头，关于训练标准、讲授方法我们已在前面叙述过了。此处所要另述的，一为讲义，一为学规。在书院中所授教材，不外四书五经。每讲一章，则挑选出有关于涵养及治道的数章，加以特别说明，编成短篇的文字，谓之《丽泽讲义》。朱子当侍讲时，对宁宗讲书，亦编有讲义，不过说明较吕氏更详，中国学校习用讲义的办法及名目，恐怕是从此时起的。关于学规，有乾道四年、五年及六年三种；此外还有乾道五年定的关诸州在籍人的通知书及九年的直日须知两种。乾道四年规约，共计十一条，除第一条以"孝、弟、忠、信"为讲学宗旨外，其余全属于行动的规律、人格的陶冶。乾道五年规约共计六条，除第五条关于士检的注重及第六条关于迁居的报告外，其他四条都是开示的读书方法，内中并要学生每日做日记，及填书院学务登录簿。乾道六年规约共计七条，完全关于退学条例。我们把它简单地写在下面：

凡诸生犯下列行为之一者，着即开除学籍：

（1）亲在别居，（2）亲没不葬，（3）因丧婚娶，（4）宗族讼财，（5）侵扰公私，（6）喧噪场屋，（7）游荡不检。

以上各条，以现代思想评论，固然有许多好笑的地方，但内中各条全属于社会的行为，无一语限于学校以内，以社会为学校，化学校于社会，所培养的人才皆期为社会优秀分子，不是注入知识的书呆子。这种教育总算是有价值的。

第七节　陆象山（1139—1192）

一　充满书声的家庭

南宋教育家的发达较北宋更甚，而以朱子一系门徒最多，势力最大。其中新辟门径，独树一帜，与朱子俨然对敌的则有金溪陆子。陆子的主张怎样，及一生的事业怎样，等待下面再说，此时专叙他的家庭情形。

陆子本齐宣王的后人，到六世祖始迁居于抚州金溪，此地现属江西豫章道，距九江不过数十里。他的父亲名贺，是一个有规范的家长，喜欢研究典籍，考察古人修身治家的仪节，见之于行事，后来赠授宣教郎。他的母亲姓饶，为当地缙绅之家的女儿。饶氏生了六个儿子，个个都有成就，且每下一行所成就愈大，陆子于兄弟为最末而成就最大——这也是一种异观。他们兄弟六人，全是以九字取名，以子字取字。长兄名九思，字子强，曾与乡举，后封从政郎。次兄名九叙，字子仪，为人"公正通敏"，善能治理生产，当时人皆称他为处士。又次九皋，字子昭，文学品行俱称优良。中年与过乡举，晚年也曾做过小官；自名所居的斋为庸斋，所以人称他为庸斋先生。又次九韶，字子美，性情恬淡，爱讲学，不肯从事于场屋，对于《太极图说》的怀疑而首先予以否认的即是这位先生。他与学者讲学于近地，把该地取名梭山，自号梭山居士。又次九龄，字子寿，生来就特别聪明，少时即有大志，惟不得志于乡举，后来以太学上舍生毕业，始登进士第。一生未做大官，仅以教授终身，可谓一个纯粹的教育家。自号所居的斋曰复斋，所以学者称他为复斋先生。再次则为陆子了。陆子名九渊，字子静，为宣教公的季子，朱晦庵的学敌，陆氏家学的大成。他们昆仲六人，除长兄稍弱外，一个为实业家，四个为教育家，而子静且为当时思想最明澈的一个哲学家。他们没有一定师传，伯仲之间自为师友，兄弟怡怡济济一庭，真堪健羡！他们亦属贫寒家庭，祖上并无田产，父亲也未做过大官，仅有一个药店，自先世遗给子孙的；但兄弟数人皆从容研究学问，不感匮乏者，实得力于其次兄子仪。兄弟们出外读书应举，独子仪在家总理药店，照料家务，供给他们的读书费用，他们在外面需要款项时，一有信件到家，子仪则马上汇寄，不使感受丝毫困难，子仪帮助于兄弟数人学业的成就，功绩可为最大。在社会合作未发达以前，家庭合作实为重要，若陆氏者真可谓难兄难弟，殊有令吾人叙述的必要。

二　生活小史

陆子生于高宗绍兴九年（1139年），较朱子晚生七岁。幼小静重已像成人一样，但好奇心特别发达，遇事必要问一个究竟，三四岁时即以"天地何所穷际"一问把他的父亲考住了。十三岁读古书，看到"宇宙"二字的解释——"四方上下曰宇，往古来今曰宙"，乃忽然大悟，发明一贯之理，遂下一断语——"宇宙内事乃己分内事，己分内事乃宇宙内事"，这样聪明绝顶，可称为天才特出。他以孝宗乾道八年登进士第，时为三十四岁。登进士以后，即归家讲学，到淳熙元年以后才两为县内主簿，淳熙九年一充国子正。淳熙十三年以后，年届四十八岁，又回到家来，筑精舍于家乡附近的象山之上，一共讲学五年，这是最专一而有成绩的一个教授时期。光宗绍熙二年，派他知荆门军事，自七月启行，自次年十二月，历时不过一年又半载，竟死于任所了。他在荆门，皆以平日所学，施之于政事，为治的时间如此短促，卒使百废俱兴，吏民感化，刑狱之事由少几至于无，此当道所以有"荆门之政，于以验躬行之效"的赞扬。死耗传出以后，吏民扶柩痛哭，街道都为充塞；及运柩归里，弟子门生奔哭会葬的将近千人，陆子平日以人格感人，于今已有收获了。先生一生从政机会不如朱子幸运，除两为主簿，一为国子正，一为荆门军守数年外，皆为私人讲学时期。讲学的魔力较朱子更大，弟子自四方远近而来，环绕座次的总是二三百人。一生不肯著书，有人劝他，他说"六经注我，我注六经"，可以想见其气概。死之年为光宗绍熙三年，将近五十四岁，使天假以长年，如朱子之寿，所贡献于社会当更大，所培植的青年当更多，不幸体质太弱，因肺病而死了。

陆子晚年讲学于象山，自号象山翁，学者称他为象山先生。象山在信州西境，与他的故宅相距不远，上有良田清池，蟠松怪石，他写信与朱子形容其佳景极为可观。他在山上筑一精舍为书堂，学生相从结庐于精舍之旁，少亦数十百人，在精舍之外，又建一方丈，为自己住居之地，讲时定于上午，精舍鸣鼓为号，先生由方丈乘轿而来，讲毕退回方丈。学生多往精舍听讲，有时亦往方丈问难。大概每年自二月登山，到九月末下山归家，中间也因应酬事故，往来无定。在山讲学五年，四方学士来山访问者逾数千人，先生亦觉快乐无比，很想久居于此，过他的清高教育生活，不意于绍熙二年有荆门之命，虽可以验躬行之效于政事，但寿命不长，竟年半而去世，不仅是教育界的一大损失，也是思想界的一大损失。

陆子与他最大的学敌朱子，完全同时，但他们只有主张上的差异，并没有感情上的冲突，主张任其不同，极意攻辩，而感情依然素好，这种精神真足令吾人佩服！他们主张冲突的起点，在有名的鹅湖之会。此会由吕伯恭发起，与会的诸人，除朱、陆、吕三人外，还有陆子寿及浙江赵守景、刘子澄诸学者。吕氏本想调和两家的学说，卒以不能一致，扫兴而散。鹅湖之会开于淳熙二年，陆子时为三十七岁，朱子则已四十四岁了。再过六年，朱子为南康守，陆子往访，朱子请他往白鹿书院讲演。讲题为"君子喻于义，小人喻于利"，深中当时一班学者的通病，听讲的人莫不感动，朱子且特别道谢，并将他的讲义刻石于院门以警学者。到晚年，又有《太极图说》的辩论。发难的为他的四兄梭山先生，梭山当然敌不过朱子，所以由他接手对抗，最后还是各执一说无结果而罢，但这种形而上的玄妙学说，到现在已无足重轻了。

三 心即理说

陆子与朱子的主张不同的有三点：一为本体论，二为心性说，三为教学法。关于第一点不是我们研究的范围，可存而不论，现在先讨论第二点了，再说及第三点。

孟子说："尽其心者，知其性也。"这一句话，两家都引为说明心性的根据，但他们的解释各有不同。朱子看重"也"字，他以为吾人所以能尽其心由于已知其性，是以知性为因，尽心为果。陆子看重"者"字，他以为吾人倘能尽其心，必可以知其性，是以尽心为因，知性为果。朱子以性为本，所以采取伊川的"性即理"说。陆子是以心为本，所以他自己发明"心即理"说。陆子对于心即理说发明得很早，在十三岁看了"宇宙"二字的解释时即曰，"宇宙内事乃己分内事，已分内事乃宇宙内事"，是即"心即理"说的萌芽。其后更明显地说："东海有圣人出焉，此心同也，此理同也；西海有圣人出焉，此心同也，此理同也；南海、北海有圣人出焉，此心同也，此理同也；千百世之上，有圣人出焉，此心同也，此理同也；千百世之下有圣人出焉，此心同也，此理同也。"（《象山行状》）这一段话虽说得畅达明显，但尚未提出心即理的口号，正式提出三字的口号要从他给与他的学生的信件里面找出来。他与曾宅之的信上说："盖心，一心也，理，一理也，至当归一，精义无二，此心此理，实不容有二。故夫子曰，'吾道一以贯之'。孟子曰，'夫道，一而已矣'。又曰，'道二，仁与不仁而已矣'。如是则为仁，反是则为不仁。仁，即此心也，此理也。"又与李宰的信说：“大人者不失其赤子之心，四端者即此心也，天之所以与我者即此心也。人皆有是心，心皆具是理，心即理也，故曰，理义之悦我心，犹刍豢之悦我口。所贵乎学者为其欲穷此理，尽此心也。”我们综合这几段话：心非别物，就是理，理无二样，故心只有一个。这一个心，缩小来，紧藏在身内，放大来充塞乎天地，无空间的限制，无时间的差异，有宇宙即有此理，有人类即有此心。圣人与凡民同具此心，即同具此理，不过圣人此心常存而能尽，凡民此心不常存而不能尽，倘能如孟子之求其放心，能够操存而尽之，则"人皆可以为尧、舜"。

心的解释已明，那么，性是什么？陆子说"在天者为性，在人者为心"，这是他对黄伯敏不得已的一句答复。其实他并不主张这样分说。伯敏问他"性、才、心、情如何分别？"他说："如吾友此言，又是枝叶。虽然，此非吾友之过，此举世之弊。今之学者，读书只是解字，更不求血脉，且如心、情、性、才都只是一般物事，言偶不同耳。"（《象山语录》）或就某方面说，或就某作用说，因有性、情、心、才等名词的差异，其实只是一件东西。因为他之为人治学说理皆是主张一贯之道，不喜巧立名目，作枝枝节节的区分，所以对于心、性、情、才这一类的名词不多讨论。若是谈到性上，他主张孟子的性善说。他说："人性本善，其不善者迁于物也。知物之为害，而能自反，则知善者乃吾性之固有。循吾固有而进德，则沛然无他适矣。"（《象山语录》）又说："有善必有恶，真如反复手。然善却自本然，恶却反了方有。"（《象山语录》）性本来是善的，后来被物欲所迁移所蒙蔽就恶了。倘能自反，物欲离去，本性立见，依然善体，这是吾人所应做工夫的地方。

四 做人主义的教育论

教人"做个人"，是陆子的教育宗旨。他说："人生天地间，为人自当尽人道。学者所以为学，学为人而已，非有为也。"（《语录》）他又说："须思量天地之所以与我者，是甚底，为还是要做人否？理会得这个明白，然后方可谓之学问。"(《语录》)不学做人，不得谓之学问，为学即所以学为人的道理，非有旁的作用，此即陆子的教育宗旨。且吾人置身于天地之间，为万物中的灵者，何等堂堂，若不做一个人，岂不辜负此生？所以他又说："上是天下是地，人居其间，须是做得人方不枉。"(《语录》)既名为人，生来便是，何以说学做个人？盖一般凡民不过徒具人的形体，其实本心已失，与禽兽相去不远，不得谓之"人"。陆子所谓人，须要本心不失。心即理，本心不失，则天理纯全，仁、义、礼、智四端莫不浑然存在，当恻隐即恻隐，当羞恶即羞恶，当是非即是非，当辞让即辞让。这种人，浑身是天理，一举动，一言语，莫不自然与天理相吻合，置之宇宙，就是一个小天地，此即吾人所要做的人，教育即在教人做到这样一个人。何以能够做到这样一个人呢？第一步在辨志，第二步在求本心。所谓辨志，即辨义利之志，志不辨则义利不分；且一般人往往先趋于利，趋于利则为小人了。能够辨得义利分明而所志在义，则基础纯洁然后可以做第二步工夫。吾人本心原是团聚而清明的，后因为物欲所蒙蔽，所陷溺，所引诱，由是本心昏惑而四散于外。既已辨别义利之分，而又志乎义，此心必日见清明，不复为物欲所蒙蔽，所陷溺，所引诱，可以渐渐收敛于内了。既得其心，由此优游涵养，使它日充月明，由是"万物森然于方寸之间，满心而发，充塞宇宙，无非此理"。此即教育的功用，做人的基础工夫。

　　为学以做人为归，做人以辨志为先。辨志即立志做个大人，此大人即孟子所说的不失赤子之心的大人。立志做大人要自有主张，能卓然树立，能新辟门径。能卓然树立，则有根基，有间架，才不为流俗所移转。能新辟门径，则不为旧说所范围，不肯袭他人的窠臼，竟可不顾一切而自由创造，竟可打破一切以表现自我。果能如此，才能轩昂奋发，才能掀天揭地，而做一个独立自在的大人，不至于陷于小蹊小径的样子。一切真理皆由此种人发明，一切真伪是非皆由此种人辨别，教育应当培植这样的人才才是有价值的教育，学者能够如此自修才是有长进的学者。"仰首攀南斗，翻身依北辰，举头天外望，无我这般人"（《语录》），此即陆子所谓大人的气象。但现在一般学者所以小蹊小径的，皆是由于志不立。志不立，遂生出两种毛病：一是随俗移转，不能自为主张；一是义利不辨，惟在声色利达上营求。有了这两种毛病，怎样能够做人——怎样能够做个大人？有了这种毛病的人自然陷溺于其中而不自觉，负教育责任者应当随时考察病源所在而施以诊治。陆子以为当今病人太多了，而皆陷溺于其中而不自知，所以平日教人专在攻伐学者的隐病，使其良心发现，徐徐培养，以引入做人的地步。

当时学者还有一种毛病，只腾口说，只诵诗书，不讲求践履，不重朴实，这也是陆子所不主张的。他说："今天下学者有二途，惟朴实与议论。"（《语录》）又说："为学有讲明，有践履。"（《与赵运道书》）他的教育是偏重于朴实与践履一方面的，他一生所以不肯著书，不主张腾为口说者，即实行他的朴实与践履的主张，他认为学问，只是人情物理，倘能将精神收敛在内，将这个切身体察，已是学之不尽，已经做人不了，何必奔逐于外，何必专讲口说！世人见陆子批评朱子的工夫支离，以为他的教育必落空疏，其实陆子比任何人为实在，因为他是提倡践履朴实的。所以他说："千虚不博一实，吾平生学问无他，只是一实"，"道外无事，事外无道"，"古人皆是明实理，做实事"。不从实物上考察，实事求是，涵养血脉，发挥义理，而只求诵说，攻字义，这种死板的空疏的没有生气的教育，最是陆子所反对的。有人问他学问自何处入手？他说："不过切己自反，改过迁善。"（《象山年谱》）他的五兄问他今在何处做工夫？他说："在人情事势物理上做些工夫。"一生践履的工夫，于此二语已足以表现无余蕴了。

五　教授法

朱、陆不同的第三点为教授法。《象山年谱》上说："鹅湖之会，论及教人：元晦之意，欲令人泛观博览，而后归之约；二陆之意，欲先发明人之本心，而后使之博览。朱以陆之教人为太简，陆以朱之教人为支离：此颇不合。"朱子教人的方法，先博后约，以道问学为主，好似归纳法；陆子是由约而博，以尊德性为主，好似演绎法。这样教授法，不过提供一种原则，仍是他们的教育主张，不是西洋教育家所谓五段、三段等法。陆子以"先发明本心而后博览"为教，即孟子的"先立乎其大者"的主张，尤为原则的原则了。他的学生毛伯纲说："先生之讲也，先欲复本心，以为主宰；既得其本心，从此涵养使日充月明。读书考古，不过欲明此理，尽此心耳，其教人为学，端绪在此，故闻者感动。"他自己也说："吾之与人言，多就血脉上感动他，故人听之者易。"（均见《象山年谱》）陆子施教最能引起学生的兴趣，而能兴奋他们的，不仅教育有端绪，尤在于能够鞭辟近里，从血脉上唤醒人。这种教法，有精神，有血气，不是呆板形式的五段、三段可比；所以每到一处，学生归心求教之多，如云腾雨集。这种讲说的魔力，与法国卢梭相等，但他庄重不苟的态度，又非卢氏之浪漫可比。

陆子在象山讲学五年，每于讲授之前，必教学生"收敛精神，涵养德性，虚心听讲"，这即是他的教授准备段。有此一段准备，把放心收回，把注意集中，听讲才容易入骨而有效力。讲说经义，必从人情物理上发挥证验；启发学者的本心，亦间举经语以证实所说的原理；态度严肃，音吐又清响；所以听者莫不感动兴奋，中心悦而诚服。这虽为一种讲演式，但中间亦有随问随答，运用自如，不拘一定的格式。训练以身作则，以诚感人，不立教规，这又是与当时一般教育家不同的地方。所有听讲人的姓名及年甲，每日登记于一小牌上，以年龄为先后，学生即依此入座，秩序整整，端肃无哗。先生始进讲堂，学生群起相互一揖以表示敬意，再静坐数分钟后，于是滔滔不绝的讲演之声浪沛然而起了。

六　读书法

陆子所讲读书法亦与朱子不同：朱子主张吃紧用力，是沉潜的，近于小程；陆子主张平易用功，是高明的，近于大程。陆子的平易包含两个意思：一是平淡，一是简易。平淡是深奥的反面，圣贤千言万语莫非日用生活的事情，即孟子所谓"夫道若大路然"。学者能以平淡的眼光，去看古人的书，在日用生活上体察，仔细玩味，切己致思，"优而柔之，厌而饫之"，自然有心得。简易是繁难的反面，圣人赞易却只是"简易"二字，所谓"乾以易知，坤以简能"，推之一切经籍都是很简易的道理，不从简易上用功，而却自找些繁难，那就失了古人的意思，愈求愈晦，不是读书的善法。读书的原则既取"平易"二字，而读书的步骤则须"先易而后难"。先从容易的着手，遇到艰深难晓处，不必苦思，权且放下，再读其他容易处；如有所得，再加一番鞭策工夫，沉涵玩索，用力既久，必有触类旁通之效，则昔日难晓的亦晓了。"学者读书，先于易晓处沉涵熟后，切己致思，则他难晓者涣然冰释矣。若先看难晓处终不能达"（《语录》），这是他论读书次序的一段话，此类议论很多，所与学生刘深甫一封信上说得更透彻。总之陆子的读书法，主张平淡简易，优游厌饫，不要看得太难，不要拉得太远，尤不要用心太紧，先从容易可晓处着手，用力久了，难者自然融会贯通，其他枝枝节节，非陆子所肯注意的。其所以能够如此，还是本着他的讲学原则——"先立乎其大者"，所谓"大纲提掇来，细细理会去，如鱼龙游于江湖之中，沛然无碍"。（《语录》）

第八节　朱门弟子

一　蔡西山（1135—1198）

西山在朱子门弟中，年最高，学力精深奇出，超过朋辈，诚不愧为领袖门生，而志气刚强，风骨嶙嶙，尤足以遗型后来，作一般人的模范。

西山姓蔡，名元定，字季通，是建州建阳的人，平生尝在西山讲学，死后遗骨也葬在西山，所以门人尊称他为西山先生。他生于高宗绍熙五年，较朱子生时仅后五岁，初次师事朱子时，年事已长，学力已深，所以于谈话之间，令朱子很惊动地说："此吾老友也，不当在弟子之列！"他的父亲蔡发，自号牧堂老人，也是一代硕学。当西山初能读书时，即以《程氏语录》《邵氏经世》《张氏正蒙》授给他，说，"此孔子正脉也"，故西山的学业多得之于家庭。及从朱子以后，四方学子，凡来求学时，朱子必教他们先往西山处质正，得到了一个门径，再来正式听讲；而四方之士，拜别朱子后，也必得再往西山处深究一番，然后散归。

当时政府以韩侂胄专权国事愈弄愈糟。西山虽屡受推荐，不愿做官，在西山筑一别墅，预备久居讲学之计，哪知不久而祸事来了。一班附和韩党者，极力攻击朱门，说朱子是妖人，西山为伪徒的首领，果然被充军到道州，而朱子也在危险之中。西山临行时，朱子邀约师门设宴饯别于萧寺，送者且感叹泣下，而西山泰然如平时，可以知其修养与志气了。饯别终结，西山与他的季子蔡沈杖履步行三千里，跋艰涉险，两脚破皮流血，志气不少挫。到道州以后，还讲学不倦，道州士子慕其学行，莫不趋席听讲。但西山卒以此行不复能返，俾朱子也哭泣为同志之孤了。死时为宁宗庆元四年，享年六十四岁。

西山虽为朱门的领袖，但学业却不是朱子的正脉，他是以律吕象数之学著名于世，凡天文、地理、乐律、历史、兵陈等学科莫不研究。对于性理之学虽没有什么理论，而以象证理，则为宋儒之特色。他的学问近于邵尧夫一派，所以极力推崇邵子，所以关于教育理论方面很少表现。

二　蔡九峰

九峰是西山的季子，名沈，字仲默，尝隐居九峰，不肯出来问世，故学者称为九峰先生。在家庭，他收了蔡学之大成；在师门，他又为朱学之别支。他与西山不同的：西山所研究的是"象"，他所研究的是

"数",他以范数说明天地之大原,人生之究极,自成其为数理哲学,不但远驾他的父亲,在两宋学者中恐怕要数第一人。九峰有名的著作有两种:一为《洪范皇极内篇》五卷,二为《书集传》六卷——前者是秉承家学而成的,后者是受诸师命而作的。《洪范皇极内篇》是一部纯粹的数理哲学,于教育理论本没有什么关系,但他认宇宙的一切皆由数而生,因数可以明理,所以也常常说到与教育发生关系之处:

> 数由人兴,数由人成,万物皆备于我,咸自取之也。中人以上达于数者也,中人以下囿于数者也。圣人因理以著数,天下因数以明理,然则数者圣人所以教天下后世者也。国家将兴,必有祯祥,国家将亡,必有妖孽;善必先知之,不善必先知之;因天下之疑,定天下之志;去恶而就善,舍凶而趋吉;谒焉而无不告也,求焉而无不获也;利民而不费,济世而不穷,神化而不测,数之用其大矣哉。(《洪范皇极内篇》)

圣人所以教天下后世,即"因理以著数",吾人服膺圣人之教,即"因数以明理",此九峰把数字关系到教育方面的理论。动静由数而生,人心的动静具有性情的作用,故性情亦可以说由数而生。心为人生的主宰,其体为性,其用为情。当为性时"浑然在中,无时偏倚",极静而又极幽,惟具有仁、义、礼、智等善端。及其受了外界的感动,则随触随应,于是有恻隐、羞恶、辞让、是非之情表现出来。这又是以数字说明人之性情的理论。

三 陈北溪(1153—1217)

北溪名淳,字安卿,是漳州龙溪人。生于高宗绍兴二十三年,死于宁宗嘉定十年,活了六十五岁。在少年时代,正习举子业,被林宗臣一见警省之下，遂转为圣贤之业。当朱子被派为漳州守时，陈氏执弟子礼往请受教。朱子告以"凡阅义理，必穷其源"；他得了这一点指示，由是进学益力。十年之后，再往见朱子，朱子已病了，在病中告以"下学之功"，虽晤对仅三月，而陈氏已得朱子为学的次第了。自朱子死后，陈氏服膺先师的训诲，更加切实研究，日积月累，贯通义理，遂成一代硕儒。平生既未应科举，也未有从事政治生活，除应严陵府学一次讲演外，数十年中全为私人讲学时期。

蔡氏父子，为朱学的别支，陈氏则为朱学的正脉。他的思想与学问完全不脱离朱子的范围，平生虽没有新辟的见解，但笃守师说，阐明而光大的地方，对于朱子之功力总算不小。著作中除论仁、论性、论天理人欲过于寻常外，论为学的功夫可很实在切要，我们不妨以简单的方法介绍出来。陈氏的为学工夫即朱子的"下学之功"，内中分原则、大纲与节目三点。关于原则的：

> 太极是理，理本圆，故太极之体浑沦。……圣人一心浑沦太极之全体，而酬酢万变无非太极流行之妙用。今学问工夫须从万事万物中贯通凑成一浑沦大本，又于浑沦大本中散为万事万物，使无稍窒碍，然得实体，得浑沦至极者在我，而大用不差矣。（《北溪语录》）

此原则是归纳与演绎并用，先以归纳法作为实地的证验，再以演绎法获得一贯之妙用。关于大纲的：

> 道理初无玄妙，只在日用人事间，但循序用功便自有见，所谓下学上达者，须下学工夫到乃可从事上达，然不可以此而安于小成也。夫盈天地间，千条万绪，是多少人事；圣人大成之地，千节万目，是多少工夫，惟当开拓心胸，大

作基址。须万理明澈于胸中，将此心放在天地间一例看，然后可以语孔、孟之乐。须明三代法度，通之于当今而无不宜，然后为全儒而可以语王佐事业。须运用酬酢，如探诸囊中而不匮，然后为资之深，取之左右逢其源，而真为己物矣。（《北溪语录》）

工夫虽从下学上做，可不是安于小成，是要从基础上做起，而建筑基础还当要远大广博。在远大广博的基础之上，须把心胸放开，穷万理，通万事，加以深造熟练，视万事如己物了，才是做到下学工夫，自然上达。他又说：

圣人用功节目。其大要不过曰致知力行而已。致者推之而至其极之谓，致其知者所以明万理于心而使之无所疑也。力者勉焉而不敢怠之谓，力其行者所以复万善于己而使之无不备也。知不至则真是真非无以见，其将何所适从。……行不力，则虽精神入神，亦徒为空言。……然二者亦非截然判先后为二事也。故知之明，则行愈速，而行之力则所知又益精矣。（《示学者文》）

以"致知力行"四字为节目，但二者互相为力，却不可截判为两事，这些工夫既不是在呆板的书本上求，亦不能专从空虚的心境上捉摸，是要从日用人事上切实用功，才能达到目的——陈氏为学工夫的大要不过如此。

四　黄勉斋（1152—1221）

北溪虽能笃守师说，但非传朱学的门徒，朱子平日所亲信的还是勉斋。勉斋姓黄名幹，字直卿，是福建闽县人。他的父亲黄瑀做过御史，以笃行直道见称于世。自他的父亲死后，勉斋以刘清之的介绍，受业于朱子之门。朱子见他志坚思苦，可以继承己志，遂把他自己的女儿嫁给勉斋了。勉斋生于高宗绍兴二十二年，死于宁宗嘉定十四年，足活了七十岁。平生在地方服官不下五六次，史言他"所至以重庠序，先教养"，可知他是以教育者的态度去做官的。但黄氏非完全一位道学家，他颇有干才，又敢于直言，所以多遭政府中人的猜忌。到了晚年，退归故里，专门从事私人讲学，弟子从四方来学的逐日加多。这个时期，黄氏工作很忙，一方要讲学，一方还要编书——大概编礼著书在白昼，讲论经理在夜晚。

黄氏在地方儒学所讲，有临川府、隆兴府、新淦县、安庆府、汉阳军及白鹿洞书院等数处，每讲一次均编有讲义，大概不外四书中的性命之学。黄氏既为朱子的承继者，平日讲学自不能出过朱子的范围，所以没有什么特色。我们只好摘其论性论学的两点以备一例罢了。关于论性的：

> 人禀阴阳五行之气以生乎天地之间，则亦具元亨利贞之德而为仁义礼智之性。……人受天地之中，无非此性，杂之以气质，挠之以习俗，不能亲师取友以致其学问之功，虽有此性亦未免于晦而不明窒而不通矣。……古之君子，博学之，审问之，慎思之，明辨之，笃行之，非夸多斗博以为能也，缔章绘句以为工也，求其知吾性之至善以全其所固有也。"（《临川郡学所讲》）

意思是说，人皆具有仁义礼智之性，此性即天地之性，没有不善的。其所以有不善者，原因有二：一在受生之初，为气质所杂；一在成形之后，为习俗所挠。教育在求知其本来的善性以回复其初的，所以吾人须要亲师取友致其学问之功。关于论学的：

> 学之为义大矣：人心之所以正，人伦之所以明，家之所以齐，国之所以治，天地之所以位，万物之所以育，未有不须学以成者。盖尝求其所以为学之纲领者：曰致知，曰力行而已。……盖始之以至知，则天下之理洞然于吾心而无所蔽；终之以力行，则天下之理浑然于吾身而无所亏。知之不至，则如摘埴索涂，而有可南可北之疑；行之不力，则如敝车羸马，而有中道而废之患。然则有志于圣贤之域者，致知力行之外无他道也。（《新淦县学所讲》）

明理为人，一切须由于学——教育。求学之纲领不外"致知""力行"两点；这两点是并重的，不可偏废的，由此工夫即可做到圣贤的境地。黄氏其余的议论，更觉老生常谈，我们勿庸多举了。

《宋元学案》引《黄东发日钞》一段话："乾淳之盛，晦庵、南轩、东莱三先生，独晦庵得年最高，讲学最久，尤为集大成。晦庵既没，如闽中则潘谦之、杨志仁、林正卿、林子武、李守约、李公晦；江西则甘吉父、黄去私、张元德；江东则李敬子、胡伯量、蔡元思；浙中则叶味道、潘子善、黄子洪；皆号高第，独勉斋先生强毅自立，足任负荷。"（《勉斋学案·附录》）勉斋学问虽没有什么开辟，而宋末元初，许多学者直接间接受过他的影响不小，朱门弟子中以他为殿，表示朱学由他而传的意思。

第九节　真西山（1178—1235）

一　略　传

真西山与魏鹤山为南宋末年的两大儒者，学力名望并称于世，又皆程、朱一系，我们只举一人以结束本期。西山姓真氏，名德秀，字景元，福建浦城人。他是詹体仁的门人，为朱子的再传弟子。十二岁入党庠，十四岁通六经子史，二十二岁登进士，二十八岁中博学鸿词科。以词林起家，在外累任知州，在内寇官舍人侍郎，以至翰林学士。在三十九岁时，曾充沂王府教授，至四十岁以后才专一讲学。这时，他在家乡筑西山精舍，与师友辈讲习讨论的有詹体仁、黄叔通等人，然讲学不久又被派为官吏了。自生于孝宗淳熙五年至理宗端平二年死时，享年只五十八岁。一生专门讲学时期不长，而功业亦没有可记述的，但声名洋溢于中外，当时几与朱子相等。平生著作颇多，以《大学衍义》四十三卷为精粹，次之为《读书记》四十卷，全收在《真西山全集》里面。

二 心性说

真氏著作虽博，但无一点特色，只是敷衍程、朱一派的旧说，勿论直讲或与学者问答。他以心为神明之舍，为吾人一生之主宰，是统御性情的。性具于心，为心之理，发而为知识思虑则为情，故性为体，情为用。性有天地之性与气质之性两种：前者为天所赋予，纯粹至善，人人所同的；后者为人所感受，有善有恶，品类至不齐一。因此，心亦有两种：心具了仁义礼智之理，即由天地之性而发，谓之道心；循声色臭味之欲，即由气质之性而发，谓之人心。出于道心，则为善，可以至于圣贤；出于人心，则为恶，即进于小人之域了。天虽予人以至善之性，但不能使人必全其性，所以需要教育。教育的意义即在变化气质不善之性以归于天地至善之性。所以他说：

天地之性则无不善，气质之性则有善有不善焉。然苟有以反之，则虽不善者可复而善。然则反之之道奈何？曰，由治己而言，则有学，由治人而言则有教。闭邪存诚，克己复礼，此治己之学也；学之功至则己之善可复矣。道德齐礼，明伦正俗，此治人之教也；教之功至，则人之善复矣。

（《大学衍义》卷五）

　　大凡为学，只要变气质正心术而已。盖人之气质，苟非圣贤，不能全善，必有所偏，故圣贤立下许多言语，欲人因其言以省察己之偏处。如医经然，某病则有某方，某病则为某药，学者味圣贤之言，以察己之偏，正如看医经以察己之病。（《西山文集》卷三十）

像以上一类的话很多，无非如张横渠所谓"学以变化气质"——变化气质之性以反于天地之性，且教育多在消极方面用工夫，较程、朱所论更其薄弱。

本章参考书举要

（1）《罗豫章先生集》

（2）《延平问答》

（3）《胡子知言》

（4）《朱子全书》

（5）《朱子语类》

（6）《朱子年谱》

（7）《晦庵文集》

（8）《朱子训学斋规》（青照堂丛书）

（9）《白鹿书院学规》（学海类编）

（10）《南轩全集》

（11）《东莱遗书》

（12）《象山全集》

（13）《黄文肃公全集》

（14）《真西山全集》

（15）《西山文集》

第四编　半封建时代中期的教育

第二期　元（1277—1367）

第二十六章　蒙古帝国之政治、经济与教育

一　帝国之政治组织与经济情形

汉族自十世纪以来，在政治上久已失了东亚的领袖地位，替代而起的莫非北方民族，而以通古斯族最强。到十三世纪的后半期，通古斯族衰了，蒙古族又乘时起来。蒙古民族兴起于黑龙江上游额尔古纳河流域，在北纬五十度上下，天予以丰富的牧草及严寒的气候，所以他们的体质非常强勇，习俗格外善战。他们又得着盖世雄英铁木真为其领袖，率其长胜的武力，东西征讨，不及八十年，至世祖忽必烈遂殄灭了汉族的赵宋政府，自己建设一大帝国。此一大帝国，在政治方面不仅为东亚惟一领袖，他们的势力且远及欧洲。我们算计他们的领域：北方越过漠北，西方深入欧洲，南方直抵海表，东方扩充到朝鲜半岛。东、南两方不下汉、唐，西、北两方则超过汉、唐多了，跨欧、亚两洲，统各色人种而组成蒙古大帝国，在东公历史上总算旷代之一奇迹。

蒙古本为游牧民族，经八十年的发展，遂以统一亚洲，征服东欧，在此庞大帝国之下，所有种族、宗族、风俗、习惯、语言、文字，各各不同，故其政治组织及经济情形也各随旧惯不能一致。以经济说，中国内地仍为农村社会，与宋代比较没有进步，惟沿海各要港及北平大同一带，因与国外交通，商业经济较前发达。朝鲜半岛及交趾支那半岛亦为农业社会，而后者商业逐渐发展。长城及柳条以北均属游牧民族，其经

济程度，较内地更后一阶级。中亚、西亚各地，农村与游牧两相错处，且因与欧洲交通往来之故，沿塔里木河一带商业稍形发达。所以帝国统治之下的社会经济形态是多形的，非一般的。以政治说，中国内地在帝国政府绝对专制之下，继续以前的官僚政治，而人民压迫过甚，依然是半封建形态。西、北两方分封为四大汗国，一切内政直接由汗王处理，又似一种典型的封建社会了。自种族、言语、宗教以及政治、经济等等，各地方极不一致，所有各地的教育情形也当然不能一致，而旧史所载，多详于中国内地而忽于四境，所以我们编元代教育史，此时难免偏枯之恨，所谓因袭宋代之旧而已。

二　帝国复杂情形下之教育政策

此处所叙蒙古帝国的教育，是就帝国直辖区域而言，其分封诸汗国，因社会情形极其复杂，教育情形很难考见，我们只有暂时从略。帝国直辖区域之教育也很复杂，且手段亦不平等，但他们政府却有一个统一教育宗旨，曰"柔化教育"——这种教育是根据帝国政府对于其支配区域所施行的"柔化政策"而来的。柔化政策有二：一则对于中国内地的汉民族，一则对于西部的西域民族。蒙古以游牧民族，慓悍善战，虽以武力征服了柔弱的农业民族——汉族，但草昧初辟，几无文化可言，当然为汉族所不服，所以他们对于汉族，一方面以武力压迫，一方面利用中国固有柔性文化——宋儒学说，为教育的种种设施。蒙古原无文字，亦无宗教，自建设帝国以后崇奉喇嘛，一方命帝师八思巴创造蒙古文字，通令全国施行；一方以佛教化导自己的民族。哪知其后夙具强勇善战的蒙古民族反因佛化而柔靡了，想亦开国诸领袖所不及料的。

元朝对于中国民族，施行柔性教育情形，是在社会方面，极力提倡程、朱学说，程、朱学说到元代益加昌明；在政府方面，一方提倡程、朱学说，一方通行蒙古文字，又一方播传佛教，总之所施行的全是柔化政策。

第二十七章　元代教育制度及其实况

第一节　概　论

元代教育形式，分着三项，与宋代大致相同。哪三项？一为学校，二为书院，三为科举。学校在中央有三所：一为蒙古国子学，二为回回国子学，三为国子学——汉学国子学。在地方有四类：一为郡县学，二为蒙古字学，三为医学，四为阴阳学。以系统说，则中央的国子学及地方的郡县学，统称直系；其余的各种学校，应称旁系。但勿论直系或旁系，全属于大学或专门学校的性质；即郡县各校也只有设立的区别，没有等级的区别。不过在世祖时，曾命江南诸路学及各县学内附设小学一所，选老成之士为教师，似乎元代已注意小学了，其实徒属具文而已。再者直系各校，如国子学与郡县学并无隶属的关系。科举完全采取宋制，略为变通，变通的地方较宋朝为良，所以多为明、清两代所取法。科举与学校仍无多大的关系：应乡试者绝不限定郡县学生；国子学生可以应会试，亦可以直接受赐出身。元代书院较宋代尤为发达，差不多成了一种官立书院，有路立的，有府立的，有州立的，其待遇与郡县普通学校完全相同。

教育行政机关更不统一。科举方面会试属于礼部，乡、省则由天子另派大员主考。学校方面，中央的国子学三所，各有所辖的国子监；地方郡县学校，每省设正副提举二人掌管一切，上隶于汉学的国子监；诸路医学另有提举节制，上隶于太医院；诸路阴阳学的管辖机关不详，但上隶于蒙古国子监。书院的院长称山长，其地位与诸路、府、州各学的教授相等，也归各路提举节制。元代所有教育制度及规程，到仁宗延祐以后才有详细的规定；从仁宗延祐元年到顺帝北遁，不过五十多年，所以本期的教育实际上只有五十多年的历史。

第二节　中央学校

一　蒙古国子学

立于世祖至元八年，至仁宗延祐二年始规定生徒名额为一百五十人——蒙古学生七十名，色目学生二十名，汉学生六十名。入学资格，只限于随朝蒙古、汉人百官及集赛台官员的子弟，及庶民子弟之俊秀者。生徒分正额及陪堂二种：前者多属于贵族子弟，每月有廪膳；后者多属于庶人子弟，略给纸笔。以《通鉴节要》译成蒙古语为教材，并令好学者兼习算学。学成试验，以所对精通者量授官职。教师有博士、助教、教授、学正等类，名额不详。

二　回回国子学

设蒙古国子学所以提倡国学，设回回国子学以其文字便于关防。生徒名额定为五十人，资格以公卿大夫及富民之子为限。内中办法与汉人入学之制相同。

三　国子学

国子学不加以冠词者，即指汉学而言。此学创始于太宗二十四年，世祖至元六年又设立于北平，到仁宗延祐二年才有详细章程。

（1）生徒名额及资格　初时生员八十名，后来增到二百名。学生不分种别，凡蒙古、色目及汉人皆可入学。其入学资格有四：（一）随朝百官近侍蒙古人子孙及俊秀者，（二）宿卫大臣子孙，（三）卫士子弟，（四）世家子弟。

（2）教材及教法　先授《孝经》《小学》《论语》《孟子》《大学》《中庸》，次及《诗》《书》《礼记》《周礼》《春秋》《易》。由博士、助教亲授句读、音训，正录伴读以次传习；次日回讲用抽签法，并记所讲优劣于簿以凭考核。此系太宗时所定章程，到仁宗时又有变更——以下三条全是仁宗时规定的。

（3）升斋等第　国子学分为六斋，东西两两相向。下两斋左曰游艺，右曰依仁，凡诵书讲说小学属对等学程，属于这两斋。中两斋左曰据德，右曰志道，凡讲说四书、课肄诗律等学程，属于这两斋。上两斋左曰时习，右曰日新，凡讲说《易》《书》《诗》《春秋》科，习明经义等程文者，属于这两斋。每斋名额多寡不等。到一季之终，试验他们所习经书的课业及格，及不违学规者，以次递升。

（4）私试规矩　凡私试每月举行一次。学生属于汉人，孟月试经疑一道，季月试策问表章诏诰内科一道。学生属于蒙古或色目人，孟仲两月各试明经一道，季月试策问一道。试卷如辞理俱优者为上等，给予一分；理优辞平者为中等，给予半分。到一年之终，将平日分数总计起来，如满八分以上者，升充高等生员，以四十名为限，蒙古、色目各十名，汉人二十名。凡应私试，须具备两种条件：（一）如系汉人须有上斋生的资格，如系蒙古、色目人须有中斋生的资格；（二）在国子学内，尤须修学实际日期满二周年以上，未尝犯过者方许充试。试验手续很严密，与科举相同。又诸生在学满三周年以上者，许充贡举应会试。

（5）黜罚科条　黜罚科条约计有四：（一）凡应私试积分生员，如有不事课业或违犯学规者，初犯罚一分，再犯罚二分，三犯开除名籍。（二）已补高等生员，如有违犯学规者，初犯停试一年，再犯开除名籍。（三）如在学生员，一年之终旷课满二分之一以上者，即行除名。（四）在学生员，除蒙古、色目别议外，其余汉人生员三年不能通一经，或不肯勤学者，勒令退学。

第三节　地方学校

一　郡县学

元朝地方行政分路、府、州、县四级，每级皆设有学校——由路立曰路学，由府立曰府学，由州立曰州学，由县立曰县学。各学生徒名额皆不可考。每一路学设教授、学正、学录各一员，散府及上、中州等学各设教授一员，下州学设学正一员，县学设教谕一员。凡中原州县学的学正、学录、教谕，皆由礼部委任；各省所属州县学的学正、学录、教谕由各行省或宣慰司委任。各级学校教官如服务有年及成绩优良的得依次上升。在教授之上，各省设正副提举二人，掌管一省内各级学校行政事宜。各学教材不外四书五经。各学学生名额及资格全没有明文规定。这一班学生毕业后，或未曾毕业，可以应乡试，可以经介绍充当教官或吏属。

二　蒙古字学

此学与郡县学略等，不过只有路、府、州三级设立，县不设立。入学资格分二种，一为诸路府官的子弟，一为民间子弟。其名额，上路三十二人，下路二十七人，散府二十人，上、中州十五人，下州十人。教材与蒙古国子学同。教官与郡县学同，仍统于提举。

三　医　学

中央无医学，只有太医院。地方惟诸路设立医学，由诸路提举节制，而隶属于中央太医院。生徒名额及教材不详。内中考试分两种，每月一私试，试以疑难，视其所对优劣，量加劝惩。每岁一公试，先期由学内教官出十三科疑难题目，具呈太医院核夺，再发下诸路医学，令生徒依式习课医义，到年终置簿解纳送本司，以定其优劣。凡医学生员，平日得免本身检医差点等役；毕业后凡官厅有需用医学人员时，得尽先补用。

四　阴阳学

中央无阴阳学，只有司天台。地方于世祖至元二十八年，始置诸路阴阳学，至仁宗延祐初，按照儒学医学之例于路、府、州均设教授员，凡阴阳人皆由管辖，而上属于中央之太史。教材不外天文术数之学，凡艺术精通者每岁备文呈送省府，赴都试验，成绩相符，则于司天台内许令近侍。

五　书　院

元代书院继承宋代之后，而数目且益加多，"凡先儒过化之地，名贤经行之所，与好事之家，出钱粟赡学者，并立为书院"（《元史·选举志》）。其建立之始则为燕京之太极书院，所以纪念周濂溪，即所以提倡宋学之意。其后昌平有谏议书院、河间有毛公书院、景州有董子书院，据《续文献通考》所记四十院犹谓"约略举之不能尽载"，可知当时书院之发达。

第四节　科　举

一　绪　言

元朝取士之法，自太祖初得中原时，已具科举的形式，中经太宗、世祖两朝也曾数次举行，但皆随时运用，尚无一定程式。确定科举程式，而施行较久的则始于仁宗延祐二年。自延祐二年至顺帝北遁，除去五年的停罢，元代科举正式取士法不过五十年，亦可谓各朝中之最短促的一朝。其中因袭宋代的有三点：一为三年一开科，一分乡试、会试、廷试三级（但乡试一级宋名秋试），一为榜第别为三甲。其中由元朝创制得以通行于后代的有二点：一为明定三场之制，一为确定乡会试的日期。至于蒙古、色目人与汉人、南人之分榜发表，则因民族复杂，程度难齐，是蒙古帝国之一特殊情形，不可以一概论。

二　科举的手续

元朝取士，有由天子特科的，也有由学校充贡的，但极不常行，此处所叙还是贡举常科。常科与宋朝中叶以后的情形相同，只有科而无目，内容是明经，科名则谓之进士科。考试分乡试、会试及廷试三级，除会试外皆无三场。乡试第一场，定于八月二十日，每阅三日再试一场。会试第一场，定于次年二月初一日，每阅三日再试一场。赴乡试的手续，各从本贯官司于诸色户内推举；须年在二十五岁以上，"乡党称其孝悌，朋友服其信义，经明行修之士"方有被推的资格。由本贯官司咨送府路，以后由政府另派大员考试，谓之乡试。全国共取三百名，会试于省部，会试取中百名，再经廷试定其等第。发榜时蒙古、色目人作一榜，谓之右榜；汉人、南人作一榜，谓之左榜。

三　考试的内容

各级考试的内容，蒙古、色目人与汉人、南人均不同。（1）乡试：如为蒙古、色目人，第一场经问五条，即从四书内设出问题五条，所答义意以朱氏的章句、集注为标准。不限字数，只要义理精明，文辞典雅，方可中选。第二场，试策一道，以时务出题，限五百字以上。无第三场。如为汉人、南人，第一场试题分二则：一则明经、经疑二问，亦由四书内出题，答案以朱氏的章句、集注为标准，还可结以己意，限三百字以上；二则经义一道，以《诗》《书》《易》《礼记》《春秋》五经出题，任各治一经，限五百字以上。第二场，以古赋、诏诰、章表三种内任科一道。第三场试策一道，由经史时务内出题，文取直述，限一千字以上为完成。蒙古、色目人，如愿意考试汉人、南人科目者，中选后加一等注授。

（2）会试。第一场，蒙古、色目人试经问五条，汉人、南人试明经、经疑二问及经义一道。第二场，蒙古、色目人试策一道，汉人、南人于古赋、诏诰、章表内任科一道。第三场，汉人、南人又试策一道，蒙古、色目人免试。廷试只有一场，蒙古、色目人试时务策一道，限五百字以上为完成；汉人、南人试策一道，限千字以上为完成。

四 结 论

元朝以野蛮民族入主中原，始终不脱离野蛮气味，对于儒生既然鄙视，对于教育尤不注重，故中国教育史在元朝是一个低降时期。在学校方面，中央只有三所国子学，从前唐、宋所有医、法、书、算诸专科学校没有了；地方学校虽然照设，据世祖至元年间的统计虽有二万四千四百余所，但只是"名存实亡"而已。在科举方面，初无定制，到仁宗延祐二年，始有详细的规定；虽有规定，其实并不常行，政府用人多由荐授，科举不过偶一举行罢了。不过当时研究学问的人，多投入书院，故书院之制较前发达，这也是帝国政府压迫儒生所生的结果。

本章参考书举要

（1）《元史》的《选举志》

（2）《续文献通考》的《学校考》

（3）《续通典》的《选举二》

（4）《五礼通考》的《学礼》

第二十八章　元代教育家及其学说

第一节　概　论

元朝以异族入主中原，对于汉族压迫过甚，待遇极不平等，名义上虽说提倡宋学，实际不过以优俳看待，故民间有九儒十丐之谣，他们所尊崇的还是喇嘛佛教。当时中国一班学者，处在蛮横的蒙古民族压迫之下，日以道统中断为忧，故他们所以讲学、所以教育后进，虽对于朱、陆小有偏执，但无非以继承宋学、开示后来为己身责任。生活既在压迫与侮辱之下，只求能够传续固有的学说为满足，至于新的开辟及教育界的特殊贡献，殊少概见，此元代思想界所以无大起色。他们论性，全采取张横渠的二元论：一为天地之性，二为气质之性。天地之性即天理，又本于程伊川的"性即理"说了。他们论教育，除了许鲁斋的低能教育说，吴草庐的真知实践论，尤少精粹。至于修养的理论则更不多见，只有金仁山以"静见天地之心"一点而已。不过热心教育，善于教导，个个皆然，此元代教育家一大特色。

元朝统驭中国九十年，教育学者有在朝活动的，有在野隐居的，不下数十辈，现在我们只取赵复、许衡、刘因、金履祥、许谦及吴澄六人为代表。此六人中，除吴氏折中于朱、陆之间以外，全是崇拜程、朱学说的，尤以许衡差不多为朱子的后身。程、朱学说在元代为最有力的学风，故这一班学者对于新的门径虽不能有所开辟，但宋学——尤其程、朱之学——得他们的讲贯而益昌明，我们却不能一笔抹煞。又此六人中，除许衡、吴澄二人外，均含有几分民族思想，但守志坚定不移，终身不肯臣事元朝的，只有金履祥与许谦二人，其余概不能及了。

第二节 赵 复

开元代宋学之江山的，要推赵江汉先生为首功。先生姓赵名复，字仁甫，湖北德安人，江汉先生是学者给他的称呼。他的生死年月，很难考见，但他被虏时在太宗灭金之后，即宋理宗端平年间，其为宋朝末年的人物无疑。只因他个人关系于元代的教育及学术很大，所以把他列为本期教育家之首席。德安为宋朝的领土，赵氏当然是纯粹的宋人。当太宗遣将南下攻取宋领时，德安被害最惨，百姓数十万或虏或杀，差不多没有存留的。赵氏也在虏中，他的全家早被蒙古兵杀得干净了，他自然是愤不欲生。当时北方学者汉人姚枢在军前，奉了元帝的使命，凡儒、道、释、医、卜、士只要有一艺之长的，皆令脱释。在众俘虏中，瞥见了赵氏人物，一谈论便知道他是一个有学问、有气节的人物，极其钦佩，乃勉强劝喻他同己北上。到北平以后，姚枢与杨惟中特建太极书院及国子祠，并以二程、张、杨、游、朱六子配食，赵氏为讲师，留此讲学。燕、云十六州，自五代割于契丹，久已沦于化外，北宋虽有河南程氏讲学于伊洛，仍与蓟北不通声气，其学说只随国力所至而南迁。赵氏以江汉学者，携带了程、朱学说，讲学于燕、蓟，由是北方始知程、朱之学，而宋儒的教育思想遂流被于北方了。赵氏著作有三：一为《传道图》，一为《师友图》，一为《希贤录》，皆是纂述自尧、舜至程、朱许多圣贤的言行，以开示学者，这就是他的教育工作。后来姚枢退隐苏门，请复传其所学，并与许衡、郝经、窦默诸学者讲学于其间，自此人才蔚出，宋学遂大显于元代。

第三节　许鲁斋（1209—1281）

一　生活小史

鲁斋姓许，名衡，字仲平，是河内的人氏。河内即现今河南沁阳县，此地在当时属于金人管辖之下，许氏幼时称为金国之民亦无不可。许氏生于金之太和九年，即宋宁宗嘉定二年，当时正是蒙古领袖铁木真即成吉思汗位的第四年。其后蒙古势力汹汹南侵，金国灭亡，许氏以姚枢的介绍，遂臣事元世祖，为元朝立官制，定朝仪，兴教育；可算元朝初年很有关系的一个人物。许氏是一个勤学的学者，幼年嗜学如饥渴，家贫无钱买书，见日者家有《尚书疏义》，则请寄宿，手抄以归。迨后逃难岨崃山，始得《王辅嗣易说》，虽在兵乱，而昼思夜诵，孜孜不倦。此时间或教授，而学子亦稍稍来从。三年之后，世乱稍定，许氏回到故乡。听见姚枢讲学苏门，特往拜访，得见程、朱遗书，知识陡然大进，始悟从前所学所讲尽属孟浪，全不可靠，而一一改从程、朱讲习之法，教授门人，自此慨然以道为己任了。许氏又是一个谨守绳墨的道学家。尝当暑天往来洛阳，道傍有梨，众人莫不争先取食，他虽口渴，却危坐树下不动。有人问他，他说："非其有而取之，不义。"别人又说："世乱此无主。"他答道："梨无主，吾心独无主乎？"当家贫时，即亲身耕田，粟熟则吃粟，不熟则吃食菜羹与稗糠；稍有剩余，即分给族人及贫苦学生；别人如赠送礼物，倘一毫不义，决不接收，为人之耿介廉洁可见一斑。

许氏献身蒙古政府，始于蒙古宪宗五年，即宋理宗宝祐三年，是时他已四十六岁。从这一年起，到他死的前一年止，共计服官二十六年。此二十六年中，关于教育事业的合计四次：一为提举，三为祭酒。提举所掌的是地方一路的教育行政大权，祭酒所掌的是中央的国子学教育行政大权。除服官以外,退休时也曾私设讲坛,到处有成绩,受学生的欢迎与爱戴。死之时为元世祖至元十八年,享年七十三岁。以其平日教导之殷,感人之盛,所以怀人不论贵贱少长皆哭泣于其门,四方学士闻讣聚哭,有由数千里来哭祭墓下的。教育家当年本极清苦,果能尽心职业,爱惜后进,死后不无相当之荣哀。在封建时代,人间究竟尚有几分道义与感情存在,享身后之精神的报酬,古今此例很多,不仅许氏一人。

二 品质论

许氏虽未明白如张横渠所说"天地之性"与"气质之性",但观他平日的言论,确有这样的主张。他说,"人之良心本无不善,由有生之后,气禀所拘,物欲所蔽,而其私意妄作,始有不善"。(《小学》《大学》)"良心"是天赋与人类的一种形体,中间蕴藏着天地万物之理,谓之"性",亦谓之"明德"。此性,是"虚灵明觉",神妙不测,与天地一般,此又是本着程伊川"性即理"的说法——就是天地之性。天地之性原来纯粹至善的,只因受生之初,机会不等,而禀气遂有差异——有清的有浊的,有美的有恶的。这就是气质之性。受生之初,其气禀得清的,则为智;禀得浊的为愚;禀得美的为贤;禀得恶的为不肖。全清全美,明德全明,谓之圣人;全浊全恶,明德全昧,谓之恶人。清美之气,所得的分数,便是明德存得的分数;浊恶所得的分数,便是明德堵塞了的分数。清的分数、浊的分数、美的分数、恶的分数,参差不齐,多寡不一,所以人类的品质便有千万般的等第。但大概区分,可得三品:明德止存得二三分的,则为下等品质;存得七八分的,则为上等品质;存得一半,则为中等品质。此各种品质,虽得自受生之初,并非固定了的,原可以变化的。所谓"明德在五分以下,则为恶常顺,为善常难;在五分以上,则为善常顺,为恶常难;明德正在五分,则为善为恶,交战于胸中而未定,外有正人正言助之,则明德长而为善;外有恶人恶言助之,则明德消而为恶"。由此得一结论:人之良心本来是善的，其所以为恶者，一因气禀所拘，一因物欲所蔽。所以教育的功用有二：一则培养已有的善端，开发未来的善端；一则防止未来的恶端，革除已有的恶端。所谓"圣人设教使养其良心之本善，去其私意之不善，其上者可以入圣，其次者可以为贤，又其次者不失为善人"。（均见《小学大义》《对小大学问》《论大学明明德》《论生来所禀》）

三　教育论及教授法

"用人当用其所长，教人当教其所短"，这是许氏对于教育主张的一句名言。所谓短者即明德不全。明德全明的人，不教而善，谓之上等品质。明德不全的人，即中等以下的品质，须有教育而后能进于善，所以教人当教其所短。教其所短，即特别注意低能儿童的教育，凡天资愚笨、性情不良，全包括在内，与提倡天才教育者适相反对。当许氏第二次掌国子祭酒时，世祖特择蒙古子弟命他教授。他得了这个差事，非常喜悦地说："此吾事也。国人子大朴未散，视听专一，若置之善类中，涵养数年，将必为国家用。"（见《本传》）许氏可谓注重低能教育的教育家了。

关于教授方法，有数点可以叙述。（1）教儿童当培养他们的羞耻心，所谓"知耻近乎勇"。儿童有了羞耻心，则有所爱憎，施行奖惩，方有效力。当惩罚时施行惩罚，儿童因有所畏惧，遂不敢为恶；当奖赏时施行奖赏，儿童因有所羡慕，遂乐于为善。否则羞耻全亡，勿论如何施教，全不中用了。许氏尝言为学者以治生最为先务，有了生理，则可以少分其向学之诚实，亦所以养其羞耻之心。（2）教儿童当因材施教。人类品质不一，有夙成的，有晚成的，有可成其大的，有可成其小的，有性情近于此科而远于彼科的。人品千万不一，绝不可施以划一的教法。因材施教，不仅适应其个性，还须按照其学力。不仅因其个性与学力，还须随其动机因势利导，躐等固然不好，强注亦非良法。所以许氏平日教人，总以"因觉以明善，因明以开蔽，因其动息以为张弛"（见《本传》）。（3）教授要有次序。许氏把教育分为两个阶段，一为小学教育，一为大学教育，先小学而后大学，乃一定的次序。小学教育，以朱子的《小学》及《四书》为教材，以洒扫、应对、进退为实地练习；大学教育，以《诗》《书》《易》《春秋》为教材，讲求修己治人之道。许氏是崇拜朱子的，这一点是完全模仿朱子教人之法。

许氏亦善于教授之人，平日讲学，取渐进不取急进，务了解不务贪多。以慈母的心肠对待儿童，以宽容的态度淘养诸生，以热忱耿介的精神感化群伦。史言"其言煦煦"，可以想见其教诲之亲切；史言"恳款周折"，可以想见其诲人不倦之精神。所以先生每到一处，勿论贵贱贤不肖，莫不乐从与游，随材施教，皆有所得。离开之后，从游诸子哭泣不忍舍去，服念其教如金科玉条，终身不敢忘，许氏可谓元代仅有的良善教育家了。牧庵姚氏评曰，"语述作先生固不及朱子之富，而扶植人极、开世太平之功，不惭德焉"，所谓扶植人极即指教育之功说，可谓定评。

第四节　刘静修（1249—1293）

一　刘因与许衡之比较

元代学者，以鲁斋、静修及草庐三人为著。草庐身世较晚，且为南方学者，元朝初年所借以立国的惟鲁斋与静修二人，此黄百家在《静修学案》里所说的几句话。静修即刘因的别号。刘氏为保定容城人，祖先屡代服官于金国，与许鲁斋同为北方学者。许氏臣事元朝，官阶几至宰相，功业炳然，而享年又永，门生故吏满朝野，所以名位大著。刘氏家世虽然贵显，而己身则以恬静为怀，终身不肯出山，享年又不永，所以影响所及比较许氏相差很大。以宋儒比较，许氏如同朱晦庵，而刘氏好似张南轩。他们同传赵江汉之学，但许氏一生崇拜朱子，为程、朱的正派；刘氏颇服膺周濂溪，而性行近于邵尧夫，此又一不同之点。后来的人以许氏北面臣事蒙古，颇有贬辞。其实他们祖先皆以汉族臣事金人，事元与否有何高下？且刘氏亦曾拜赞善大夫之命，再看他上宰相的书，何尝存心于宋，与金履祥辈之绝对不臣元者迥不相同，而金氏诸人才算富有民族思想的教育家。

二　生活小史及其思想

刘因字梦吉，尝爱诸葛孔明静以修身之语，把他的住室表名"静修"，故别人称他为静修先生。静修以宋理宗淳祐九年生于容城，死时为元世祖至元三十年，享年只四十五岁，较宋儒张南轩还少活三岁。史称刘氏"天资绝人，三岁识书，日记千百言，过目即成诵。六岁能诗，七岁能属文，落笔惊人"（见《本传》），可以想见其天才了。他的《希圣解》作于弱冠时期，所以表示他一生的志愿的。刘氏开始读经学时，研究训诂注释之说，尝不满意。及得宋儒周、邵、张、程、朱、吕诸人的遗书，一见能发现内中的精义，而极端称许。尝评论宋儒之所长，曰"邵至大也，周至精也，程至正也，朱子极其大、尽其精而贯之以正也"，但他所服膺的还是以周子的学说为宗。刘氏终身不愿做官，至于至元十九年稍一应裕皇之请，在宫中教授近侍子弟，不到一年即以母疾辞归；故其二十五年之教育生活全属私人讲学——以其家庭为学校。"师道尊严，弟子造其门者，随材器教之，皆有成就"（见《本传》），由此数语，吾人于刘氏讲学的态度与方法可见一斑。

刘氏的著作有：《四书精要》三十卷，《诗》五卷，号《丁亥集》——是他自己撰的；又有《文集》十余卷及《小学四书语录》——门生故友所录的；《易系辞说》是他在病中时的作品。他的思想分见于《希圣解》《遂初亭说》《宣化堂记》及《驯鼠记》等编，皆收在《静修文集》里面，而《希圣解》尤称为静修思想的中心。在《希圣解》里面，假托梦中与三神人相问答：一为梧溪拙翁，似指周濂溪；一为西洛无名公，似指邵康节；一为西土诚明子，似指张横渠。问答结果，卒折服于拙翁"士希贤，贤希圣"之教。何以能够希圣呢？据拙翁所说，凡民与圣贤原无两样，同禀健顺五常之性，后来所以不同的，一在有欲，一在无欲。所以我们要希求圣贤，只要做到"无欲"二字就行了，人人可以做到无欲，即人人可以为圣贤。希圣是刘氏为人的标准，即是他教人的目的，而"无欲"二字乃修养的工夫。做到无欲，自然与物无竞；做到与物无竞，才能物我两忘，而相与安然并存，最后物我一体了。此种工夫随时随地可以修养，修养成功而代天宣化时，亦随时随地可以表现，不拘物于出处，亦无分乎进退。此恬静的思想在二十余年的私人教授中，一定能够自由表现，刘氏的教育可谓恬静的教育了。

第五节　金履祥（？—1303）与许谦（1270—1337）

一　金许之关系

我们所叙元代教育家六人中，真正怀有民族思想，不肯以汉族华胄北面臣事蒙古的，只有金履祥与许谦二人，虽然他们生长在鲁斋、静修诸人之后。以时代论，他们自然是元代的人物；但以精神论，尚不愧为宋朝的遗民。金氏字吉父，婺州兰溪人，婺州即现今浙江金华县。许氏字益之，原籍本在京兆，五世祖南迁金华，遂与金氏为同乡。金氏生于何年，史书未载，但以他的成就及器量推测，决非短寿人，至少年在六十岁以上。（元成德七年上距蒙古围襄阳三十五年，是时金氏曾进捣虚牵制之策。此时以前彼已师事王柏、何基，学业早有成就，想必年已三十矣。以此推之，金氏享年至少在六十岁以上。）他去世时为元成宗大德七年，以六十五岁计算，其生年当在宋理宗淳祐初年。许氏即金氏的高第弟子，生于元世祖至元七年，卒于顺帝至元三年，享年六十八岁。

金氏幼年得力于家庭教育，天资敏睿而肯于勤学，凡天文地形礼乐田乘兵谋阴阳律历等书，莫不研究，少年为一才气纵横之志士。在年近三十时兴趣一变，始倾向性理之学。当初师事同郡王柏，后来又从王氏直登何基之门，王氏为金氏的老师，而何基等于太老师。讲论数年，学问所造益深。当时尚有志匡复宋室，屡进奇策，卒不能用，其后遂屏居山中，不复与问世事。在仁山之下，一面著书，一面讲学，以传斯道于将来。三十年的隐居生活，即其私人教授生活。门下士很多，而以许氏为高第，学者以他尝隐居仁山之下，故称曰仁山先生。平生著作很多，而以《通鉴前编》及《论孟考证》二书为最有关系的作品。

许氏幼年境遇很苦，生数年死了父亲，不到十岁，宋室灭亡，家族亦遭兵乱，随着破毁了。侨寓他乡，无力买书，乃借别人的书，分部昼夜勤读，虽病也不废。但初无师传，有疑无从就正。后来知道乡先生金仁山深明道学之要，遂拜金氏为老师，委身而学。后来所学益博，品节之高与老师相等，而收获更大。三十岁以后，即开门授徒，设讲坛于八华山中，四方学子，闻风接踵而来，远自幽、冀、齐、鲁，近则荆、扬、吴、越，前后著录不下千余人。综计讲学时期三十余年，而以一身系社会的重望者垂四十年，史称"其晚节独以身任正学之重，远近学者以其身之安否为斯道之隆替"（见《本传》）。由此看来，许氏的思想与人格可以为当时民间的重心——其讲学方面，亦可谓元代有数的教育大家。

黄氏编《宋元学案》，将北山四先生并为一案。北山四先生即是以师弟相传的金华四先生——由何基传授于王柏，再传于金履祥，三传于许谦，每传一代而学术更昌明一代。何基为黄勉斋的弟子，黄氏又亲受业于朱子，金氏可谓朱子的四传弟子，许氏可谓五传弟子了。元代教育诸家虽多宗程、朱，若论其嫡派，须推仁山与白云二先生，白云先生即许氏的别号。

二　金氏的修养论

金氏私人讲学近三十年，平日所讲贯的多关于哲学思想，尤重"理一分殊"之说。关于教育学理的发表，只有性论及修养论两点。性论见于所编《孟子性命章讲义》，分天地之性与气质之性为二，与许鲁斋主张略同，但说理精深过于鲁斋。修养论见于所编《复其见天地之心讲义》，立言较性论更为透辟详明。金氏说"天地之心者何也？仁也，生生之道也"。宇宙万物，生生不已，循环无穷，乃是天地之心。此心即是仁心，即是天理；有此仁心才可以见人性，推此心而扩充起来，谓之完人，谓之圣人。教育的功用，一面教者的责任，在说明此心、启发此心；一面学者的工夫，在培养此心，扩充此心。但此心如同浩气一样，与天地终古，与宇宙并存，只因吾人被物欲所惑，视听所蔽，所以不常看见。如要复见此心之明，莫如修养。如何修养，莫如以"静"，故"静"之一字即是金氏修养方法。静的工夫，要"收视反听，澄心定虑"。在此种情形之下，"玩索天理，省察初心"，必有柳暗花明之景象起来。天理复现了，即是仁心——天地之心，由此谨持不失，再加以扩充，于是天理彰而人欲泯，斯谓之完人，而教育才算成功了。所以他说："学者须是于此下耐静工夫，察此一念天理之复，充此所复，天理之正，而敬以持之，学以广之，力行以践之，古人求仁之功盖得诸此。"

三 许氏的讲学要旨

仁山先生尝告许氏说："吾儒之学理一而分殊，理不患其不一，所难者分殊耳。"又说："圣人之道，中而已矣。"许氏一生学问，完全遵守这两句话，身体而力行。"理一"是学问的大纲，"分殊"是学问的细目，舍弃细目而高谈大纲，此象山以来许多学者所患笼统的通病，结果必落于释氏之空谈。许氏是朱学的嫡传，所以特别致力于分殊之辨，无论巨细精粗，靡不研究；不务新奇，不尚异同，每事每物，只求合于中道即为可行。所以他《送古愚序》上说："夫圣人之道，常道也，不出于君臣、父子、夫妇、昆弟、朋友应事接物之间，致其极则中庸而已耳；非有绝世离伦、幻视天地、埃等世故如老佛之所云者。"许氏一生自修是如此，一生教人也是如此。学者求学当以圣人为准的；要学圣人必先得圣人之心，圣人之心全在四书，四书之义莫不备于朱子，所以吾人读书必以四书——朱子集注的四书——为基本科目。概括起来，许氏讲学的大要，不外四点：一以五性人伦为本，二以开明心术、变化气质为先，三以为己为立心之要，四以分别义利为处事之制。第一点是教育宗旨，即所以求圣人之心；第二点是训练的工夫，即为善去恶之意；第三点是教人力求实际学问，不务虚名；第四点分别义利即分殊之辨，为君子、为小人皆从此分，属于人格的陶冶，尤为许氏所斤斤致意的。

第六节 吴草庐（1249—1333）

一 生活小史

吴澄字幼清，抚州崇仁人。崇仁与金溪同属于现今江西豫章道，则吴氏与南宋陆象山可谓同乡人了。吴氏生于宋理宗淳祐九年，即元朝统一中国前二十七年，死于元顺帝元统元年，即元朝灭亡前三十六年，享年八十五岁。说他是元朝初年的人物也可，说他是元朝后期的人物也可，其实在他三十岁以前还是一个宋朝人。他幼年时代，颖悟而又勤学，当三岁时他的祖父即授以古诗，能诵数百篇。年甫五岁，出就外傅，每日读书数十余言，一阅过即能成诵。到十五岁时，遂有志圣贤之学，不爱科举业。吴氏受教育较早，其省悟处也较一般人为早。二十二岁，中了乡试的选。二十四岁，开始在山中设帐，从事于教授生活，其后时局大乱，乃隐居于布水谷数年。自此以前，吴氏尚纯粹为宋朝的一个青年学者。元朝统一中原十年以后，访求江南人才，始由程文海把他荐送到燕京，而吴氏时已四十岁了。但吴氏冷于宦途，虽经元廷诸臣屡次劝驾，而终以他故辞去，综计在元只做官两次：一在江西，当儒学副提举三个月；一在京师，当国子监丞及司业约三年，而行年已为六十多岁的老人。吴氏自二十五岁起到老死为止，六十年间，除两次三年多的宦业外，全为私人讲学时期，而两次宦业亦不外教育，论终身以教育为生活者，吴氏可谓当之而无愧。元朝名儒，前有许鲁斋，后有吴草庐，可谓两个顶柱，但论功业之大，吴不如许；论教授之专，则许却不如吴。草庐即吴氏的别号。

总计吴氏讲学的地方，有乐安、宜黄、福州、龙兴、扬州、袁州、真州、永丰、建康及燕京，约十处。或以特被延聘，或以过从所及，或临时演讲，或居住讲学，每到一处，四方学子莫不闻风远赴，如蚁聚雨集，此史书所谓"出登朝署，退归于家，与郡邑之所经由，士大夫皆迎请执业，而四方之士不惮数千里蹑履负笈、来学山中者，常不下千数百人"（见《元史·本传》）。讲学之余，即执笔著书，到老不倦，所以他一生的著作也很丰富，此一点恐要算元代学者之最了。在国子司业职任内，吴氏曾参酌宋儒胡、程、朱三家的成法，定为教法四条，即将国学课程分为四系，令学生自由选入。一为经学系，包含《易》《书》《诗》《仪礼》《周礼》《礼记》《春秋》二传等科目。二为行实系，包含孝、悌、睦、姻、任、恤六目。三为文艺系，包含古文及诗等科目。四为治事系，包含选举、食货、水利、数学、礼仪、乐律、通典、刑统等科目。但法制业已草定，因事辞归，卒未施行。

元代朱学风气极盛，我们以上所举各家，皆是崇拜朱子的，而吴氏则是会合朱、陆两家学说为一的一个学者。他在《送陈洪范序》上有一段话："朱子之教人也，必先之读书讲学。陆子之教人也，必使之真知实践。读书讲学者，固以为真知实践之地，真知实践者亦必自读书讲学而入。二师之为教一也，而二家庸劣之门人各立标榜，互相诋訾，至于今学者犹惑。呜呼甚矣！道之无传，而人之易惑难晓也！"（《草庐文集》）由此一段话，可以证明他是朱、陆二家的调和派。所以他论为学的基础，绝对主张陆子"尊德性，明本心"之说；论研究的工夫即主张朱子"格物诚意"之说，至于论性则又主张程子"性即理"之说。

二　性　论

吴氏论性并无创见，不过一则主张程子的"性即理"之说，一则解释张子的"天地之性与气质之性"二句的意义。他说天地之大，不外阴阳二气。二气流行，变化无穷，于是有形。而二气之所以变化不乱的则有理为之秩序，而秩序即是理。故气外无理，理外亦无气。理在天地曰元、亨、利、贞，赋于人曰仁、义、礼、智，谓之性。形聚而后有人的身体。性寓于人的体中，如同理寓于天地的气中，所以说性即天理。天理没有不善，故人性亦没有不善；天理只有一个，故人性没有不同的。但吾人受气之初有清有浊，成质之后有美有恶，此等清浊美恶的程度万有不齐，所以人的气质亦万有不齐。气质至清至美的人，本性之真无所污坏，谓之上圣；气质至浊至恶的人，本性之真完全污坏，谓之下愚。除此二等以外，中间或清或浊，或美或恶，分数多少万有不齐，本性之受污坏亦参差不一，此世间人类的个性所以有千差万别。以张子的解释，前者所云"性即理"，乃天地之性，孟子常言性善，即指这个性说的；后者所云"气质万有不齐"，乃气质之性，告子所谓生之谓性，荀子所谓性恶，扬子所谓善恶混，及一般人所谓性缓性急，性刚性柔，种种不一，即指这个性说的。但吴氏以为气质之性，不过受生之初，所禀受的一种气质，原不得谓之性，成年以后，若此种气质固定不复变易，遂成为第二天性了。假如有良善的教育，极力涤除，勿使气质害性，使本性之真日就光明而扩充，工夫久了，气质变好，本性自恢复其初了，所谓"善反之则天地之性存焉，故气质之性君子有弗性者焉"。

三　教育论

吴氏教育论，虽兼采朱、陆两家学说，但以陆子为基础。"圣人教人使人顺其伦理，克其气性，因其同，革其异，所以同其同也"（《送某教谕序》），这几句话即吴氏的教育宗旨。"伦理"即天理、即本性，凡人皆相同的，气质是因人而异的。顺适儿童的本性，即因其同者而利导。变易儿童的气质，即革除其不同者使归于同。简单一句话：教育宗旨，一方在培养儿童相同的善良的天地之性，一方在消除他们相异的不良的气质之性。要达到这个目的，须先明其本心；因天性附着于心中，倘心为物欲所蔽，昏而不明，而本性也受其污坏。必也使心地清明，一尘不染，待根本肃清了，则已有的善良可以发育滋长，外面的事事物物可以明白认取。心为一身的主宰，教育第一步在先明本心，此吴氏之学所以又称求心之学。他说：

> 夫学孰为要，孰为至？心是也。天之所以与我，我之所以为人者在是，不是之求而他求焉，所学何学哉？圣门之教，各因其人，各随其事，虽不言心，无非心也。孟子始直指而言先立乎其大者。噫！其要矣乎，其至矣乎！邵子曰"心为太极"，周子曰"纯心要矣"，张子曰"心清时，视明听聪，四体不待羁束而自然恭敬"，程子曰"圣贤千言万语，只是欲人将已放之心约之使入身来"，此皆得孟子之正传者也。（《草庐精语》）

他又说：

> 夫人之生也，以天地之气凝聚而有形，以天地之理付畀而有性。心也者，形之主宰，性之郭郭也。此一心也，自尧、舜、禹、汤、文、武、周公传之以至于孔子，其道同。道之为道具于心，岂有外心而求道者哉？而孔子教人未尝直言心体，盖日用事物莫非此心之用，于其用处各当其理，而心之体在是矣。操舍存亡惟心之谓，孔子之言也，其言不见于《论语》之所记，而得于孟子之传，则知孔子教人非不

言心也，一时学者未可与言，而言之有所未及耳。孟子传孔子之道，而患学者之失其本心也，于是始明指本心以教人。……此陆子之学所从出也。（《草庐精语》）

观他这两段说法，偏于陆子明心之学极其显然。但不说承继陆子，而说直接孔、孟，且谓这种学说为古代圣贤相传之大道，此吴氏掩护偏于陆子之消，亦所以自高其价值的意思。

求本心在回复本性，本心清明以后怎样呢？第二步则在读书穷理，关于朱子的学说也必兼采。他说："若曰'徒求之五经而不反之吾心，是买椟而弃珠也'。此则至论，不肖一生切切然惟恐其堕其窠曰。学者来此讲问，每先令其主一持敬以尊德性，然后令其读书穷理以道问学。有数条目警省之语，又采择数件书以开学者格致之端，是盖欲先反之吾心而后求之六经也。"（《草庐精语》）此数句话，即先明本心而后读书穷理——先尊德性而后道学问的意思，朱、陆兼采，不过有先后次第。道学问而不尊德性，则属于闻见之知、记诵之学，如无源之水、无根之草，所得皆是死知识。但若只尊德性而不道问学，则又流于空虚，不免为释氏异端之学。要内外合一，本末兼顾，所知方为真知，所学才是实学。所以他说："盖闻见虽得于外，而所闻之理，则具于心，故外之物格则内之知致。此儒者内外合一之学，固非如记诵之徒博览于外，而无得于内；亦非如释氏之徒专求于内，而无事于外也。"（《草庐精语》）

吴氏虽反对记诵之知，亦反对空虚之学，他是最重实践的。在日用人伦上求知识，亦在日用人伦上实践所得的知识。换一句话，行以求知，知必本于行。不从行上求知，谓之假知识；知不本于行，谓之死知识。所以他说："穷物理者多不切于人伦日用，析经义者亦无关于身心性情，如此而博文，非复如夫子之所以教，颜子之所以学者矣。"（《草庐精语》）他更有一段话说得最明显，我们引在下面作一个结束：

今不就身上实学，却就文字上钻刺，言某人言性如何，某人言性如何，非善学者也，孔、孟教人之法不如此。如欲去燕京者，观其行程节次，即日雇船买马起程，两月之间可到燕京，则见其宫阙如何，街道如何，风沙如何，习俗如何，并自了然，不待问人。今不求到燕京，却但将曾到人所记录逐一去挨究，参互比较，见他人所记录者有不同，愈添惑乱。盖不亲到其地，而但凭人之言，则愈求而愈不得其真矣。(《草庐精语》)

本章参考书举要

（1）《元史》的各家本传

（2）《宋元学案》的《江汉学案》《静修学案》《草庐学案》《北山学案》

（3）《理学宗传》的《元儒考》

（4）《许鲁斋集》

（5）《静修文集》

（6）《吴草庐集》

第四编　半封建时代中期的教育

第三期　明（1368—1643）

第二十九章　蒙古帝国瓦解与汉族主权恢复

一　革命后之新统治者更专制化

从1277年以来，汉族在蒙古帝国政府的压迫之下，任其蹂躏与宰割者，差不多有百年之久。蒙古政府之对于汉民族，在政治方面施行高压手段，在教育方面施行柔化政策，所以百年之间汉民族只有屈伏，只有呻吟，没有抬头欢呼的日子。到了元朝后纪，一班贪污权奸，无知番僧，扰乱社会的秩序，破坏民众的经济，更无所不用其极。压迫到了极点，自然发生革命运动，况当时尚有民族主义为推动主力，号召尤属容易，所以十余年间就把旷代无比的蒙古帝国政府打倒了。当时革命军虽然蜂起云涌，但最后完全统一于朱元璋的旗帜之下，组织了朱明政府来统治中华民族。久受异族压迫的民众，现在革命已成功了，国家主权已夺回来了，应当过着一点自由的生活，得着一点解放的教育，哪知道朱明政府之专制更严刻于蒙古政府。中国自秦始皇帝开了官僚政治新纪元以后，千余年来，帝王权力日增一日，到了明朝可算登峰造极。我们民众所受的政治与教育，不见有丝毫的进步，只见去掉一个压迫者，又来了一个压迫者，民族革命不过为一二野心家作工具罢了。从前帝王虽专制，而国家大政尚由宰相主持；到了明朝，大权集中于皇帝一人，宰相仅备顾问而已。从前君臣会见，莫不对坐；至宋朝群臣朝见皇帝，尚有站立之权；到了明朝，立也不敢立了，非跪不可。帝王高坐在上，群臣匍匐于下，说话且须小心谨慎，倘不幸于一言半语，冒犯了皇帝的虎威，就立刻有在殿廷之上被打的危险。这一班朝臣莫非厕身士大夫阶级，而被君王视之如犬马，明朝帝王的淫威可以想见。士大夫既被视如犬马，至被压迫于士大夫之下的民众真蝼蚁之不若了。

二　专制淫威下之士大夫的习气

在农业经济的社会没有崩溃以前，士大夫阶级的势力绝无动摇的日子，且随着历史的推进而势力愈见巩固。这一阶级，在政府就是官僚，在乡村便成豪绅，而豪绅之欺压民众、作威作福，不亚于政府中的官僚。明政府的开国者朱元璋大帝本由流氓阶级出身，以流氓崛起而为帝王，统治全国各阶级的民众，其政治之专制独断化也是自然的趋势，无足怪了。我们推究这个趋势的原因有二：一因士大夫阶级同是知识分子，他们在社会上及政治方面的势力具有很长的历史，他们喜标榜，又好议论，且具有一种夸大的气习，对于下层的民众及流氓阶级素来是压迫的，是看不起的。朱氏自己出身本来微贱，今一旦以武力起为帝王，反来统治他们，要使他们不敢轻视，不敢夸大，非用极端的严厉的手段不能有效，不能巩固其帝王之业。二因朱氏以贫寒出身，知道民间的疾苦，深知土豪劣绅在地方之权威，民众时时受其欺压的。今日虽然做了皇帝，对于其自己所从出之被压迫的小民阶级不无几分同情，非用极端的严厉手段，不足慑服这一班土豪劣绅使不为恶。所以明朝帝王虽然专制，直接受其压迫的不过是一班士大夫阶级，而下层民众有时还有叫苦申冤的机会。士大夫阶级既然受着极大的压迫，他们又不得不做官，不得不寄食于政治以图生存，所以他们只有屈伏，只有献媚，只有忍气吞声受帝王之驾驭与鞭笞。因此明代士子的气习，是卑躬屈节的，是寡廉鲜耻的，是忍气吞声的。帝王之积威既已养成，依附于帝王肘腋下的一班群小，也仗着帝王的积威，对待士大夫亦如帝王。这一班士大夫反守着"君要臣死,不敢不死"的信条,勿论如何受辱,反以为应分,反以为荣誉,真堪笑了!但他们在政府里面对着帝王,虽极尽卑躬屈节的能事,一旦到了地方,不是贪官污吏,就是土豪劣绅,于下级民众则又作威作福起来了。下级民众纵有叫苦申冤的机会,无如"天高皇帝远",从何处申诉起!所以在明代是很显然的形成三个阶级:上为帝王,中为士大夫,下为庶民,一层压迫一层,构成当时的社会形态。

第三十章　明代学风之三变

一　社会讲学的趋势

明代初年政府虽然改组，而社会情形未见有什么变更，所有学术思想，依然承继宋、元的程、朱旧说，而政府里面也以程、朱之说号召全国。代表时代的人物有曹月川、薛敬轩、吴康斋、胡敬斋诸人，不过他们都是谨守绳墨、笃行践履的一班教育家，对于思想界上贡献很少，即有时发表些言论，也不过蹈袭宋、元诸家的糟粕。可是自弘治以后，则渐渐变了。主动者初为陈白沙，后为王阳明。陈氏以"体认天理"为宗，其影响虽不及王氏之大，但得他的弟子湛甘泉给他一提倡，势力非同小可——差不多与王学争天下，谓之江门学派。王氏以直接透达的思想，提倡"致良知"的学说，又借他自己的煊赫的地位为之推动，讲学二十余年，门生弟子遍天下，而王学遂为一时的雄风——后世称为姚江学派。此两派约近于陆子，而不与陆学尽同，不过于朱学衰敝之后，另辟的一条新门径。王学出而朱学势力日衰，自嘉、隆而后，笃信程、朱不为迁移的无复几人了。但朱学却非绝对消灭，在社会方面的势力还是根深蒂固，且与阳明同时出了吕泾野、罗整庵诸人，而整庵尤为王学的劲敌。万历以后，思潮又变，一因王学到了末流愈讲愈空疏，流弊很多；一因国势日弱，外患日逼，王学末流不足以挽此颓风，于是东林一派人出了世。东林诸子确实是对王学末流所生的反动，拥护朱学而不同于朱学，他们都是一班豪杰风的学者，且极力提倡气节以挽救时弊为责任的。自此以后，程、朱学说仍然延续下去，以至于清朝初年。不过明末还有一位刘蕺山，他在思想界的地位为阳明以后第一人，他的学说是融和程、朱、陆、王为一家的，其融通渗透处有时驾乎阳明之上，可为本期末了放一异彩。

二　国家教育的趋势

至于国家教育的趋势怎样？在太祖初年，本来极力提倡学校教育，凡由国子监毕业的，即可予以出身，即可出而服务政治。但再传之后，科举盛而学校日微，天下学子莫不趋附于科举一途，科举遂完全支配了教育界，学校仅成为有名无实的机关了。科举以四书五经为范围，以程、朱学说为标准，论文以八股为程式。思路既窄，而工夫又机械，凡猎取官位、奔走场屋的人们，莫不按此标准与方法为进身的阶梯。国家以此取士，父兄以此教子，于是天下皆养成空疏割裂及机械无实用的人才了。有明三百年，除了少数讲学大家外，全国读书人莫不埋头于八股，讽咏于《四书五经大全》，其他一概不懂。所以到了末年，虽经东林诸人之提倡，亦不足以挽救危亡。这种趋势自然受了国家教育政策的影响，也是封建社会才能产生的。

第三十一章　明代教育制度及其实况

第一节　概　论

明代帝王的专制淫威既如彼，士大夫的寡廉鲜耻又如此，在他们的政府之下所施行的教育，自然没有新的希望，除了继承前代的学说及制度外，他们所增加的只有"专制"与"机械"，其结果不过养成在朝为顺臣、在野为豪绅的一班士大夫。在半封建时代，这种现象历朝相同，我们勿庸对此特持苛论，不过此时较为显著罢了。但明代的教育制度之完备，及初年办理学校之严格，比较前朝确实进步，我们也不能一笔抹煞。

明朝开国的教育制度，多出于刘基、宋濂等文臣的谋议，计划非常详备，凡入学、升格考试、教导、管理及给假等等皆有定章。不仅学制详备超越唐、宋，即待遇学生之优厚，与管束学生之严紧，也非前代所可比拟。自隋、唐以来，学校与科举虽称并行，但两者的关系却不紧切，有时有学校而无科举，有时有科举而无学校，或轻或重，殊不一定。到了明朝，情形则与前不同。他们视学校为重，视科举亦重，两者不可偏废，虽学校有时可以直接取得出身的资格，而科举出身必要经过学校一期的培养，而始有应试的资格。此明朝教育制度与前不同的地方，亦即隋、唐以来之科举制度到明朝才有此一大进步，才与学校发生密切的关系。这种制度一直行到清朝三百余年未曾大改。

学校教育分中央与地方两等。中央教育，有国学、宗学，有武学。

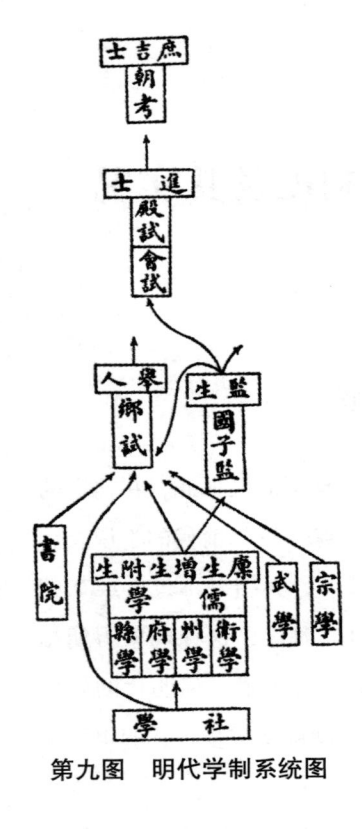

地方教育，有府、州、县三级所立的学校，也有宗学及武学，此外还有卫学及社学。国学名国子监，属大学性质，府、州、县立的学校似属于中学性质，社学属于小学性质；这一类的学校，统名儒学，谓之直系，其他旁支各校，性质各异，制度也不一定。惟府、州、县学的生员才有应科举的资格，而社学办理不久，就已停废，所有小学教育，从此则尽由民间自办了。试看右面的学制系统图，当更明了。……学校之外，还有书院，不过没有宋、元两代的发达，且在嘉靖万历年间经过几次摧残，更难维持不衰。但到晚年，首善与东林二书院曾出过许多人才，在社会上很占有一部分势力，闹过一次党祸，这也是宋、元所没有的。

第九图　明代学制系统图

教育行政机关，与元代没有什么差异。关于学校方面，在中央属于国子监，长官称"祭酒"；在地方属于提举司，长官称"提学官"。提学官每省设置一员，管辖全省各级学校。此外各府、州、县设有儒学教官，管辖各学的学生，有时也担任教课。关于科举方面，在中央属于礼部，在地方属于各省地方长官，不过每逢乡试时由中央另简大臣赴各省主考，地方长官不过备位监试而已。至于书院制独立于学校与科举之外，主持的领袖称"山长"，与宋、元全同。

第二节　国子监

中央大学初名国子学，其后改名国子监。太祖建都南京，即建校址于鸡鸣山下,名曰京师国子监。迨后成祖把国都搬到北京了,即在北京建设京师国子监,将原来的改名南京国子监,于是国子监有两所,而太学生有南北监之分了。现把该监办法分述于下:

一　入学资格及手续

凡入国子监读书的,名叫监生。监生之资格有四:一为举监,二为贡监,三为荫监,四为例监。前二种为常例,生员较多;后二种为变例,生员很少。举监是由举人充当,凡在京会试下第的举人,由翰林院择其优者送入监内读书,谓之举监。这一种监生,一面读书,一面还领教官的俸给,到下次会试仍可出监应试的。(是时会试有副榜,大抵署教官。故令入监者亦食其禄也。)贡监是由地方学校的生员选贡到国子监来肄业的。照洪武初年的规定,凡天下府、州、县各学,每年贡举一名,到监肄业,谓之岁贡。到嘉靖以后,名额略有变更:府学每年举二人,州学每二年举三人,县学一年举一人。当初贡举时,必考其"学行端庄,文理优长者"为标准,其后只以在学所食廪米年限较久者为标准。弘治以后,举人多不愿入监,监生人数日少,加以岁贡生员因限于成例,大率皆颓唐老朽之徒,在监毫无成绩,于是有人提议令天下府、州、县各学于岁贡之外另选年富力强,累试优等的生员,不拘廪膳或增广,三年或五年选贡一名入监,谓之选贡。荫监是品官子弟或勋戚子弟送入监内读书的学生。例监是较后的例子,或以监生缺额,或因国家有事,人民如有捐资于政府者,政府特准他们的子弟送入监内读书,这种监生又谓之民生。自开了选贡之例,监内顿呈一种生气,而岁贡不免相形见绌。但自开了纳粟之例,流品遂杂,而监生在社会上的地位遂日渐轻了。

二　名　额

明代监生名额没有明显的统计可查,但由盛而衰,由多而少,是可以看得出来的。据南京祭酒章懋在弘治中的奏章上说"洪、永之间，国子生以数千计，今在监科贡止六百余人"，是监生名额，初年本有数千，到了中年已减至六百余人了。又据嘉靖时教育长官的话："今国子缺人，视弘治间更甚。"又据调查，"隆、万以后，学校废弛，一切循故事而已"，则知自嘉靖以后，生员之递减较弘治间当更甚。再考明朝的《地理志》，除都督府及卫所不计外，共有府一百四十，州一百九十三，县一千二百四十六，各府、州、县学每年贡送一名，岁贡生当有一千五百八十人之谱。加上举监与恩监，约计五百名，合计有二千一百人之谱。且当时边徼如云南、四川的土官生，国外如日本、琉球、暹罗诸国的留学生，每年当不下二百人。还有四百九十三卫的学生每年可贡三百人之谱。由此，我们得一结论，明代太学生除选贡及例贡较后不计外，当国家鼎盛时，名额至多亦不过三千人，是明代学规较前代严格，而生徒之盛反不如宋代发达之时，但较元代则增加多了。

三　课程及教法

自永乐年间，制定《四书五经大全》以后，四书五经遂为明代各学校的主要教材。国子监内除四书五经外，还加授刘向《说苑》及律令、书数、御制大诰。此外还有习字一科，字法以二王、智永、欧、虞、颜、柳诸帖为蓝本。但我们考查永乐年间的掌故，除颁行《四书五经大全》外，还颁行了《性理大全》一书，而明初政府方面又规定以程、朱学说思想为标准，我想《性理大全》一书也必被采入为监内的教科书，虽然史书上没有明文规定。监生除读书习字以外，每月朔望还有习射一科，等于现今的课外活动，并分别奖励。担任教课的有祭酒司业及博士助教诸人。除朔望二日例假外，每日皆有课业。课业分早午二次：第一次在晨旦举行，由祭酒司业率领属官全体出席。祭酒司业坐在堂上讲演，学生拱立静听。第二次举行于午餐后，此时则为会讲、复讲、背书、论课，大概由博士助教等担任。诸生入监肄业每月有月考。考试内容，每月试五经及四书大义。

四　编制考课及升级

全监共分六堂，即六斋之意。六斋中以正义、崇志、广业三斋为初级，以修道、诚心二斋为中级，以率性一斋为高级。凡诸生只通四书未通五经的，编入初级肄业。在初级肄业一年半以上，如文理条畅者则升入中级。在中级肄业一年半以上，如经史兼通、文理俱优者，则升入高级。到了高级，则有积分，积分即每次试验的成绩。每季于孟、仲、季三月考试三次：孟月试本经义一道；仲月试诏诰表内科一道；季月试经史策一道、判语二条。每次试卷分三等：文理俱优的给予一分；理优文劣的给予半分；文理俱劣的无分。在一年之内，积满八分了为及格，不满八分的为不及格。及格的人准予毕业，政府给一张出身资格——毕业证书，可派充相当的官职；不及格的仍留堂肄业。但如有天资特异、学术超群的学生，则可不拘年限，奏请皇帝破格录用。开国之初，因政府注意学校，监生在监毕业后，直接授职的很多。再传以后，社会人士倾向于科举，不仅监生多往应乡试，即入监读书者也日渐零落了。

五　教职员及管理

监内设有祭酒、司业及监丞、博士、助教、学正、学录、典籍、掌馔、典簿等官，他们分掌的职务，与前代无异。其管理规则颇为严格：凡上课、起居、饮食、衣服、澡浴及告假出入等事，皆有定规。每班设斋长一人，管理斋务事宜。斋长有集愆簿，登记学生平日不规则情事，以犯规次数的多寡而定其处分的轻重。凡省亲或完婚，可给假回籍，期限以道里远近为差，逾限者谪罚。学校管理既取严格，对于教职员人选亦很慎重，尤其对于司业一席特别重视——以大学士尚书或侍郎充当，故南北国学成材很多。

六　待　遇

明朝待遇监生较前代优厚：（1）膳食由国家供给；（2）衣服冠履衾被也由国家按时发给；（3）每逢令节，必有节钱赏给；（4）已婚的养及其妻子，未婚的如为历事生，则赐钱婚聘；（养及妻子为孝慈皇后积粮以待诸生者）（5）凡省亲回籍，每人赐衣一件，赐钱一锭，以作川资。有时对于边远土官生及外国留学生且厚赏他们的仆从，以资劝奖。明朝学校内容勿论好坏如何，由以上种种看来，初年诸帝提倡教育的热心尚觉差强人意。

七　历　事

历事即实习吏事之意。凡国子生在监肄业十余年，即分派到各机关实地练习，谓之历事生。历事三个月后，由所司考核，分列上、中、下三等：上、中二等送吏部候补，下等仍留监再习。这与古代希腊、罗马学校，凡学生满了在学期，即派入公共场所练习相当时期方准毕业，毕业后才有服务的经验，同一有价值。考当时的历事机关不同，因之名称各异，有正历、杂历及长差等名目。

第三节　郡县学校

一　学校类别

明代地方行政区划别为二类：第一类分省、府、州、县四级，属于内地的；第二类分边及卫所二级，属于边疆及特殊地方。此外更有特殊的，如宣慰司、军民府及土官司等，又可以说是第三类了。当时地方教育所到的区域，以第一类为主，第二类较少，第三类更少。第一类的行政区划虽有四级，而教育区域只有三级——府、州、县。由府设立的曰府学，由州设立的曰州学，由县设立的曰县学，由卫设立的曰卫学，通名曰"儒学"。全国有府一百四十，有州一百九十三，有县一千二百四十六，每府、州、县各设儒学一所，共有儒学一千五百七十九所。卫学的设立与前不同，它们是联立的——有四卫共设一所的，有三卫或二卫共设一所的。全国有四百九十三卫，平均以三卫一所计算，约有一百八十四所。以一二两类区域的学校相加，明代地方学校，最盛时合计有一千七百余所。各府、州、县的学校之规模虽有大小，而它们的性质并无大小，似乎皆相当于近代中等学校的性质，所以彼此不相统属，皆有升入中央国子监的资格。

二　名额及资格

学生在学分三等资格：第一等名廪膳生，第二等名增广生，第三等名附学生。廪膳生与增广生名额多寡相等，附学生无定额。凡京府学校，每校廪增生员定为各六十名；凡外府学校，廪增生员定为各四十名；凡州学各定为三十名；凡县学各定为二十名。全国一千五百七十九个府、州、县学，除附学生不计外，共有学生七万三千五百名。若每校平均有附生十名，合计有七万五千余名了。到宪宗成化时，规定卫学条例：四卫以上军生八十名，三卫以上军生六十名，二卫或一卫军生四十名，有司儒学军生二十名。平均卫学每所六十名，以一百八十四所计算，卫学学生亦有一千一百余名。两类相加，可推知当时全国地方的生员至少有七万六千余名之谱。但这个数字当然不大真确，凡边外特府及土司等地，我们尚未统计，若要全体计算起来，总不下八万人，因明代提倡学校教育较前代为力，当时学生亦应较多于前代。我们再看《明史·选举志》上所说，"盖无地而不设之学，无人而不纳之教，庠声序音，重规叠矩，无间于下邑荒徼，山陬海涯，此即明代学校之盛，唐宋以来所不及也"，可想而知了。

三　课　程

洪武初年所定课程，生员专治一经，以礼、乐、射、御、书、数设科分教。到二十五年，重行规定，颁布于天下，计分礼、射、书、数四类：（1）关于礼的课程，有经史律诰礼仪等书，凡生员皆须熟读精通；（2）关于射的课程，凡朔望日演习射法，由长官引导比赛，中的、中采皆有奖赏；（3）关于书的课程，为书法，依临名人法帖，每日习五百字；（4）关于数的课程，务须精通九章之法。

四　考　试

诸生入学以后，有月考、岁考、科考三种。月考每月由教官举行一次，与前代通行法没有什么差异。明代地方学校所与前代不同的为岁、科二考。此二种考试皆由提学官举行。提学官掌管一省的教育行政大权，任期三年，两试诸生。第一次考试为"岁考"，别诸生成绩为六等。第一、第二两等发给奖励，第三等平常，第四等惩责，第五等降级，第六等除名。凡诸生当初考取入学肄业时，谓之附学生；经过岁考后，以一等前列补廪生，其次则补增广生。若考到第五等，原是廪生的降为增生，增生的降为附生，附生的降为青衣。第二次考试为"科考"。科考提取岁考时所取一二等生员来复试，结果分为三等。考取到第一等成绩了，方有应乡试的资格，其次亦有补廪增及奖赏等办法。这两种考试，虽同属于提学官，而性质大不相同。岁考是考查学生在学的成绩的，相当于现今学年试验；科考是挑选少数俊秀生徒以应科举的，相当于现今毕业试验。前者考后，虽有奖赏与进级，但仍留原校肄业；后者考取第一等了，即直接应乡试，不必再留原校。

五　待遇及升格

明代待遇国子监生固极优厚，待遇府、州、县学的学生亦然。洪武初年，除教官按等支俸外，凡师生每名每月支廪米六斗，另外由有司供给鱼肉。到洪武十五年，规定学田之例，师生廪米较前又增加了。凡府、州、县有田租入官的，皆令拨归所属学校的基金，谓之学田。这种基金亦分四等：凡府学定一千石，州学八百石，县学六百石，应天府学一千六百石。每学设一会计专员经管收支。学校经费既然增加而且确定，所以师生的月廪由六斗也增加到一石了。明代学校的规定，使教育经费与政费划开，这一点值得注意！诸生初进校，就有廪米；到后来向学的人数日增，于是于额外加取一倍，谓之增广生，以原额名曰廪膳生；再后向学的愈多，又于额外增加，谓之附学生，此廪、增、附三等名称之由来。到后来，把增加的名额成为定例，凡初次取入的通称附生，其廪、增二等则以岁、科二考的高下逐次递补。这一班生员，虽以升入国学为正当途径，但为定章所限，应科目的人数反多，升入国学的人数反少；因为每届三年，凡科考一等的皆有应科目的机会，而升入国子监的，非在学廪膳生食米年限最久的不能充选。升大学的机会既少，所以明代诸帝虽然极力提倡学校教育，而再传之后，天下士子莫不趋向于科举。

六　学规及惩罚

明代政府所以待遇学生这样厚者，期以养成实学，为国家治术人才之用的。他们所谓实用人才，不仅长于学问，尤在优于品性，除月考、岁考外，平时还有稽考簿。稽考的内容分德行、经艺及治事三种：三种兼长的，列入上等簿；长于德行而短于经艺或劣于治事的，列入二等簿；如经艺与治事兼长，而德行或有缺陷的则列入三等簿。所谓德行，自然是要能孝亲敬长，谨守绳墨不敢犯上作乱的学生，才是优等学生。学生如果在学十年，学业仍无所成，或犯有大过的，则罚充为吏，且要追缴学费。明太祖犹恐日久玩生，乃颁禁例八条于全国学校，将此禁例刻勒卧碑，置在明伦堂上，令全国师生务必谨遵。倘有违犯的则以违制论。我们听了这一句话也觉毛骨悚然。

七 教 官

每府学设教授一人，训导四人。每州学设学正一人，训导三人。每县学设教谕一人，训导二人。此项教官，或由下第举人充当，或由贡生充当，但以俸给微、地位轻，举人多有不愿就的，故以贡生为多。据明初统计，全国共有教官四千二百余员，当其盛时，尚有五千二百余员，至于边徼卫学及土司尚未计算在内。

第四节 其他学校

一 宗 学

宗学之设，不分中央与地方，亦不以普通行政区域为限，大概校址在两京所属的地方。学生以世子、长子、众子及将军、中尉等官的子弟为合格，这一干人的子弟凡年在十岁以上俱应送入宗学读书。内中教材以《皇明祖训》《孝顺事实》《为善阴骘》诸书为主科，以《四书》《五经》《史鉴》《性理》等书为辅科。教师以王府长史、纪善、伴读、教授等官中之学行优长的选充。主管宗学行政的有宗正一人，其后又增设宗副二人。这一班宗学子弟的衣冠，就提学官考试及应乡试皆与其他儒学生员差不多完全相同。后来宗室渐多，"颇有致身两榜，起家翰林者"。

二 武 学

武学创设于洪武年间，当初即于大宁等卫儒学内设置武学科目，教导武官子弟。到英宗正统中，乃正式设立两京武学，规模大备，到庄烈帝崇祯时，又命天下府、州、县皆设武学。此后武学虽然遍全国，不久而明室就亡了。入学资格，以都司卫所应袭子弟年满十岁以上者，由提学官选送入学；或都指挥等官年长失学的亦令五日来学听讲一次。内中分六斋，即居仁、由义、崇礼、宏智、惇信、劝忠。设教授、训导各一人，担任管教事宜。学科分两类：以《小学》《论语》《孟子》《大学》为一类，《五经》《七书》《百将传》为一类。每人于各类中任习一书，对于大义务使通晓。明代立国方针，是右文左武，所以武学课程与儒学无大差异。内中待遇及考试，与儒学生员相同。

三　社　学

明代官立小学曰社学，设立于乡镇，凡民间幼童十五以下可送入读书。课程为《四子书》之类，兼读御制大诰及本朝律令，并讲习冠婚丧祭等礼节。教师即聘请地方儒生充当。生徒之俊秀的亦有补儒学生员的资格。这种小学始于洪武八年，到弘治十七年加以推广，令天下府、州、县治所一律设立，但行之不久，就被停废，小学教育乃由民间自办了。

第五节　科　举

一　科举之手续

明代科举比较以前，有一显然不同之点：从前是科举与学校"相并而行"，现在是"相辅而行"。此时的知识分子，凡是要取得科名，非进学校不可。换一句话说，非由学校出身，不能应科举，虽然间或也为童生开一条乡试的路径，究属例外。这个时期的制度，虽然较以前完备，而科目制度简单——只有进士一科。考试的手续也分做三步：第一步在各省会举行，名曰"乡试"；第二步在京师由礼部举行，名曰"会试"；第三步在殿廷举行名曰"殿试"。每三年举行一次，谓之"大比"，乡试定于子午酉卯年的秋季，会试定于辰戌丑未年的春季，殿试则在会试完毕后接着举行。当大比的年月，各府、州、县的学生，经过科考认为有应乡试的资格者，齐集省会，按期入场应试。取中以后，谓之"举人"。此中试的举人以及从前各届中试的举人，皆可预备行装，赴会京师，应会试。当会试时，凡国子监的举监生也可与地方举子一同应试。取中了以后，随时由天子复试于殿廷，复试取中了称做"进士"。这一般中试的进士，分三甲发榜：第一甲只有三名，赐进士及第；第二甲若干人，赐进士出身；第三甲若干人，赐同进士出身。第一甲第一名称曰"状元"，第二名称曰"榜眼"，第三名称曰"探花"；这三名是最荣贵的进士了。乡试派主考二人，同考四人，由教官充当。会试派主考二人，同考八人，多由翰林充当。殿试本由天子主考，但皆派翰林或优于文学的大臣充阅卷官，天子不过挂一名义为定进士前列之上下罢了。殿试对于会试所取录的姓名，或有所去留，或变更名次，但通常变更很少。

二　考试之内容

明代科举考试的范围，较前更狭。内中可分为三类：一为经义，二为当代的诏诰、律令，三为史事及时务策。经义中只限于《四书》及《易》《书》《诗》《春秋》《礼记》五经。开国之初，《四书》以朱子集注为主，《易经》以程传朱子本义为主，《书经》以蔡氏传及古注疏为主，《诗经》也是以朱子集注为主，《春秋》以左氏、公羊、穀梁及胡安国、张洽五人所传为主，《礼记》以古注疏为主。到永乐年间，颁布《四书五经大全》，为科举考试的唯一教本，废除注疏不用，此后于是纯粹以宋儒程、朱学说为中心了。乡试举行于八月，会试举行于二月，皆分三场考试，每场所试内容及分量完全相同。第一场考试：四书义三道，每道限二百字以上；经义四道，每道限三百字以上。第二场考试：策论一道，限三百字以上；诏诰表内科一道；判语五条。第三场考试：经史时务策五道，俱限三百字以上，但力有未足的可许减少二道。

试卷的文体略仿宋代的经义，语气模仿古人，体格多用排偶。这种场屋的文体，通谓之"制义"，流俗名曰"八股"。据顾炎武所考，八股文的形式始于成化以后，在此以前，场屋文字不过类演传注，或对或散，初无定形。自成化以后以至清朝末年，数百年间皆为八股所支配，而天下聪明才智之士，莫不消磨在这里面。

第六节　结　论

明太祖虽以游僧出身，不大了解字义，但取得帝位以后，对于学校教育则非常注重。国子学的设立在统一天下以前三年，及统一天下后二年，又命全国府、州、县皆设置儒学；所以朱明政府成立不到十年，全国学校业已林立。他有鉴于元代学校的废弛，很想从严整顿，在洪武二年曾对中书省下了一道指令，虽系命令天下地方一律设学，也含了整顿学风的意思。他说："学校之教，至元其弊极矣。上下之间，波颓风靡，学校虽设，名存实亡。兵变以来，人习战争，惟知干戈，莫知俎豆。朕惟治国以教化为先，教化以学校为本。京师虽有太学，而天下学校未兴，宜令郡县皆立学校；延师儒，授生徒，讲论圣道，使人日渐月化，以复先王之旧。"（《明史·选举志》）洪武十五年颁的卧碑禁令八条，整顿学风尤为严厉。从表面上看，好似洪武大帝非常提倡学校教育，其实他的目的在网罗天下优秀分子于学校，以消灭他们的暴戾恣睢之气，而子孙帝王万世之业庶能长保。所以他以训练"忠顺臣仆"为其教育宗旨，试看他对待士大夫阶级的态度就可想而知了。

专制帝王开办学校固有其特殊用意，但明初以办理的认真，尚能表现一点成绩，不过再传以后，社会人士多趋于科举，学校也走到元代的"名存实亡"之旧路了。科举发达以后，虚荣牢笼之术，较前代更盛，而缺点亦最多。我们只举摘其重要的三点：（一）考试的范围太狭，（二）试文的格式太呆，（三）政府的任用太促。明代乡、会两试，虽明定三场之制，实际只能算得一场。因为当时的习惯，只重头场，如头场的卷子做得很好，能中主试者的意旨，就有被取的希望，其余二、三两场的卷子视为不足重轻。头场考试的范围，虽然限于四书、五经，其实只有四书一经。此四书一经中可以出题的不过一二百道，只要将这一二百道题平日完全作好了，或熟记前人所作的文章，到入场时，十分之九可以猜中；若是猜中了，只要抄誊一番，十分之八九便可以侥幸获取。所以地方的富家巨族，平日常延请经师到家设馆，其目的不在教他们的子弟如何读书，是要教师替他们的子弟做夹带。教师入馆以后，即选择四书中可以出题之处各拟一篇，令生徒熟读牢记，到入场时，考题相同，即可全篇抄去，一旦侥幸获取了，便是贵人。（当时规定各人于五经中任习一经，视投考时填写某一经，即于该经内出题。各人所习经不同，皆只习一经，其余四经可以不读。）这一种贵人，对于本经原文，全然不晓；即或能读一经，其他四经亦属茫然莫晓；即或四书五经都能背诵，亦不知其全经大义之所在；况能背诵全经者百不得一，而一经不知者比比皆是。既不科以真实的学问，哪能取得有用的人才，以这种幸进速成之士，而委以政权，怎得不偾事？此顾先生所谓"率天下而为欲速成之童子，学问由此而衰，心术由此而坏"。考试的范围限制这样的狭隘，既率全国士子不肯读书；而试文的格式又规定非常呆板，士子虽肯读书，所读亦属流俗肤浅之书，所习尽是机械无用之文，则更坏了。所谓机械无用之文，即当时场屋所通行的八股。八股是怎样一种形式？我们只看顾先生《日知录》所举弘治九年会试进士所出"责难于君谓之恭"，便可以知道一个大概。这种文字，只重形式，不取实质，专意模仿古人的语气，毫无创作的精神，汩没个性，柔化民族，其贻害更甚于唐之诗赋，宋之策论；此顾先生所谓"八股之害等于焚书，而败坏人才有甚于咸阳之郊所坑者"（见《日知录·科举》）。这一班读书分子既无实学，可反骄贵。他们一旦取得科名以后，便自以为社会上的优秀分子、特殊阶级，可以享受一切特权，可以骄傲天下民众了。这一个毛病，由于政府任用太促、宠遇太过的缘故。士子在殿试取得进士以后，天子即授状元以修撰，授榜眼、探花以编修，二、三甲即可考选庶吉士。考选了庶吉士以后，即可进入翰林院，或拔入馆选，或命其观政，俨然将来的宰辅，为满朝之所推许，而自己亦以此自期待。此《明史》所谓"非进士不入翰林，非翰林不入内阁，而庶吉士始进之时已群目为储相"，可以想见当时进士之地位了。不仅进士有这样的骄贵，就是乡试取中以后，凡举人在地方已属威风不小。他们已取得了士大夫的资格，可以不耕而食，不织而衣，可以欺压民众、颐指气使了。说到这里，我们又要引出顾先生的话来："科名所得十人之中，其八九为白徒，而一举于乡，即以营求关说为治生之计。于是在州里则无人非势豪，适四方则无地非游客，而欲求天下之安宁，斯民之淳厚，岂非却行而求及前人者哉？"

本章参考书举要

（1）《明史》的《选举志》

（2）《五礼通考》的《学礼》

（3）《续通典》的《选举三》

（4）《续文献通考》的《学校考》

第三十二章　初明教育家及其学说

第一节　概　论

在有明初年,教育家有渑池的曹月川、河东的薛敬轩、崇仁的吴康斋及吴氏弟子陈白沙、胡敬斋、娄一斋等人。一斋门下虽出过一代思想界的雄风王阳明,他本人的事迹可记的却是很少。白沙虽同为康斋的弟子,他的思想已走到了中明的领域。除开这两人外,所以在本章我们只摘取四人,因为只有此四人的精神才是一致的,可称为程、朱的信徒。不过明初的程、朱已不是宋、元的程、朱了,例如曹、薛、吴、胡诸人,勿论他们的口里和心里表示得对于程、朱如何信仰,他们的精神却不能与程、朱完全相合,他们与程、朱相合的:一为主敬的修为,二为下学的工夫。他们所与程、朱不同的,即尊德性重于道学问,涵养重于致知。因为他们全是实践主义者,以刻苦自修、躬行实践为学问,不主张多读死书以夸博雅的一班教育家。他们的教育主张,只要用克己复礼的工夫,炼得自己成一个模型的人物——循规蹈矩、守死善道的君子,教育就算成功了。这种教育,既不主张记诵,在古籍里头讨生活;亦不主张高谈阔论,专务虚玄;是要以实际生活为环境,以己身为对象,以日积月累的精神从事于修为工夫的。这种教育,本近于"教育即生活"的主义,但除康斋一人外,其余全是文雅式的生活,绅士派的教育。康斋实行耕读主义,从劳作里面求知识,验修养,似从前代许鲁斋"学者以生活为急务"一语得来,而后来颜习斋的实习主义可从吴氏得来。

总之，明初的教育家，伟大之点虽不若宋儒，但他们全是抽出朱、陆之实在点，形成躬行实践主义者，显然演为一代的风气，是无可疑的；因为此时已非程、朱之旧，所以有弘治以后的学风之大变。这四人中，除敬轩外，对于性论全不大讨论，而敬轩谓"天下无性外之物，而性无不在"，此种广大而不精微的论调，在陆、王辞典中才能有过，程、朱决不肯道的。

第二节　曹月川（1376—1434）

一　生活小史

宋代理学以周濂溪为开山老祖，元代理学以赵江汉为开山老祖，曹月川即明之濂溪、元之江汉，因为他是明代最早的一位理学家，他也是本期最早的一位教育家。

曹氏名端，字正夫，是河南渑池县的人。自幼即喜研究天文学，如《河图》《洛书》《太极图》之类，尝作《月川交映图》以比太极，故学者称他为月川先生。月川生于洪武九年，三十三岁始中乡试，获得举人的资格。三十四岁赴京会试，以取得副榜之故，委派往霍州为学正，自此始从事于地方教育生活。先生从事地方教育生活，前后共计二十一年，两为霍州学正，一为蒲州学正。第一次在霍州，自己丑至丁酉，教授了九年，因两遭内难，把职辞了。第二次以服丧期满之后，改调到蒲州，由壬寅至甲辰，教授了三年。第三次以受考绩之后，又回到霍州，以至于老死，执教鞭者又九年，先生是一个谨守绳墨的教育家，是一个躬行实践的教育家，每设帐一处，莫不本其体验的工夫，教化生员以孔门之大道，所以学者翕然归服，到处受人欢迎。当乙巳年受了考绩之后，霍、蒲两州学生，争先奏请政府，要求先生重来他们本州设教，卒以霍州所请在先，为霍人所得，是蒲人最丧气的。第二次回到霍州，又当了九年教官,到甲寅之年,先生遂病死于客乡之官所了,刚刚活了五十九岁。当先生死耗传出时,霍州人罢市巷哭,虽童子亦皆流涕,门人为服心丧三年,先生平日感人之深可以想见了。

二　论学大旨

曹氏为程、朱的信徒,一生学问重在克己自修,身体力行;平日教导学生,也是本着这个方法;所以于学理方面,不过蹈袭前人的糟粕,没有新的发挥。关于教育理论,我们只可以提举两点出来;修养重在"动机",求学本着"体验"。他因为提倡动机论,所以修养之道,要从心上做工夫,即从心之萌上着力。"萌"即动机,吾人的行为所有好恶善恶皆在一萌上来分辨,关系是极危微,而工夫是极谨严的。他说:"为仁之功,用力特在勿与不勿之间而已。自是而反,则为天理;自是而流,则为人欲。自是克念,则为圣;自是罔念,则为狂。特毫忽之间,学者不可不谨。"(《月川语录》)这一段话,是他最透彻的动机论。要使动机不坏,必谨慎于一萌之顷。要使所萌皆善,无一点私欲,须于做事时件件不离一"敬"字。吾人能够敬以处事,则心地纯一明静,邪念不生,人欲自无,于是表现于外的无一非善。以此做工夫,即可以"入孔门的大路"。教育的目的,在入圣人之门,学为圣贤。吾人要达到这个目的,既不可悠悠忽忽,亦不在多读书,死记些圣经贤传。工夫是要从实地体验,忧勤惕励向前去做。圣经不过告吾人以入门的知识,得到了知识,就要心领神会切实去做,非仅得到知识就算完事。所以他说"六经四书圣人之糟粕也,始当靠之以寻道,终当弃之以寻真"(《月川语录》)。忧勤惕励,就是无一毫懈怠。既知道体验,尤须下勤奋的工夫,所谓"人要为圣贤,须是猛起,如服瞑眩之药以黜深痼之疾,真是不可悠悠","圣人之所以为圣人,只是这忧勤惕励之心,须臾毫忽不敢自逸"。(《月川语录》)

第三节 薛敬轩（1389—1464）

一 生活小史

薛瑄字德温，号敬轩，山西河津县的人，是河东学派的领袖，也是明代北方首屈一指的教育家。薛氏生于太祖洪武二十二年，死于英宗天顺八年，享年七十六岁，较南宋朱子多活五年。他的家庭，可以说是一个教育家庭，因他的祖父以教授为生，他的父亲也是以教育为生——前者所从事的私人教育，后者所从事的地方政府教育。薛氏初出母怀时，格外奇特，幼年又极聪明，所读书史一过目即能背诵。当十二岁时，从他的父亲薛贞到荥阳官所，受业于魏希文、范汝舟二儒，得读濂溪诸书，于是慨然有志于圣贤之道，以教育为己任，不肯从事于科举之学，其为程、朱之学，即从此时开始。后来以遵从父亲的意思，勉应乡试，中了永乐庚子第一名；明年入京会试，又得了进士第，此时薛氏年已三十三岁了。薛氏一生服官凡五次——在湖南一次，在山东一次，在南京一次，在北京两次。初次为监察御史，出监湖广银场，对于宋、元理学，攻苦研究，日夜风雪不辍。在山东任提学佥事，即管理学校事务，很合他的志愿。到任开始，即以朱子的《白鹿洞书院学规》开示学者。每训育诸生，则先力行而后文艺，因材施教，优秀的乐其宽，低劣的惮其严。在职并不久，而诸生受其人格的感化，至呼为"薛夫子"。在京师两次，一忤宦官王振，已处死刑，因厨丁营救，遂放还乡里；一忤权奸曹石辈，乃自动请老致仕，故他的乡居生活也是二次。乡居生活，即是他的私人讲学生活，第一次居乡讲学六年，第二次居乡讲学八年。每次讲学，弟子自远方而来学的总是上百余人，洛阳的阎禹锡、咸宁的张鼎，尤为薛门中之著者。

薛氏性情刚毅，守正不阿，一生以继持世道人心为己任，与朱晦庵很相类似，所以他对于朱子极端崇拜。他说："使尧、舜、禹、汤、文、武、周、孔、颜、曾、思、孟、周、程、张子之道昭然明于万世，而异端邪说莫能杂者，朱子之功也。韩子谓孟子之功不在禹下，余亦谓朱子之功不在孟子下。"(《读书录》)可谓推崇备至了。其实他较朱子更觉细谨，不仅视听言动不肯轻忽，即坐立的方向及器用的位置稍有不正，他的心中就感觉不安似的。道学到了此时，业已模型化了，真不愧为薛夫子！薛氏常说"自考亭以还，斯道已大明，无烦著作，直须躬行耳"(《明史·儒林列传》)；所以一生没有什么著作，只有札记式的《读书录》二十卷。

二 性 论

薛氏论性完全本于程伊川的"性即理也"一句话。在宋代以前，讲论"性"之一字的，异说纷然，各各不同。自程伊川提出"性即理"一句口号出来，又经朱晦庵加以切实的宣传，千载以来成了定论，即反程、朱的陆、王派也没有显然的异议，而薛敬轩拥护尤力。他说："宋道学诸君子有功于天下万世者，不可胜言。如性之一字，自孔子以后，荀、扬以来，或以为恶，或以为善恶混，议论纷然不决，天下学者莫知所从。至于程子'性即理也'之言出，然后知性本善而无恶；张子气质之论明，然后知性有不善者乃气质之性，非本然之性也。由是性之一字大明于世，而无复异议者，其功大矣。"(《读书录》)他不仅这样的拥护，且把性的意义极力扩充。先儒只说性具于心，薛氏则谓性在天下。性即是理，凡物有理，即凡物有性。这个性不仅具于心中，凡耳、目、口、鼻、手、足之类，皆具有此性，凡天地万事万物亦皆具有此性。譬如君臣、父子、夫妇、长幼、朋友为物，而其人伦之理即为性。譬如耳、目、手、足之类为物，而其动静之理即为性。总括一句说："天下无性外之物，而性无不在。"理是什么？他说"只是合当如是便是理"，凡事物之当然、动静之咸宜即是理。此理原出于天，故曰"天理"。不过在天曰命，在人曰性，所以呼天、呼命、呼理或呼性，不过是一物的异名。理无不善，故性无不善，也可以说"善即性也"。不仅性与理为一，即性与气亦不可分着两样，性与气也是一致的。他说："盖理气虽不相杂，亦不相离。天下无无气之理，亦无无理之气。气外无性，性外无气，是不可二之也。若分而二，是有无气之性、无性之气矣。"（《读书录》）薛氏把性的意义扩充到这样广泛，简直跑到了自然界的形而上学里面，与人类的天性之说毫不相干了。

三 修为论

薛氏对于修为方面也提出了两个字的口号——"知止"。知止并不是止足的意思，他解释得很广泛：

> 知止所包者广。就身言之，如心之止德，目之止明，耳之止聪，手之止恭，足之止重之类，皆是。就物言之，如子之止孝，父之止慈，君之止仁，臣之止敬，兄之止友，弟之止恭之类，皆是。盖止者止于事物当然之则，则即至善之所在，知止则静安虑得，相次而见矣。不能知止，则耳目无所加，手足无所措，犹迷方之人，摇摇而莫知所之也。知止则动静各当乎理。（《读书录》）

止既谓止于事物当然之则，即凡吾人所应做的事情，尽心竭力去做，就谓之止。换一句话：止即注意集中于合理的事情上之义，某事为我所当做，即注全力在某事上面；此时应做什么事，即注全力在什么事上面；某一部分应当如何动作，即务必如何动作。做其所应当做的谓之"止"，做其所不应当做的就非止了。做其所应当做，且尽心竭力去做，毫不务及以外，谓之"知止"；虽做其所应当做，而杂念丛生，精神不能贯注，就非知止了。所以他所谓"知止"的意义很广泛，很活动；即随时随地注意你所应当注意的事情，毫不要务乎其外。能够做到这一地步，则中心有一定的主宰，态度自然安详，一举一动无不恰当——修养的工夫可以说是成熟了。要达到知止的地步，则要一个"敬"字。他说："人不持敬，则心无安顿处。人不主敬，则此心一息之间，驰骛出入，莫知所止也。"又说："只主于敬才有卓立，不然东倒西歪，卒无可立之地。"（《读书录》）敬即收敛此心不使散漫，把捉此心不使驰骛，而使心有所树立，有所安顿。心有所树立与安顿，则知所止了；所以居敬又是知止的工夫。

别的儒者把居敬、穷理分为二事，薛氏则认为一事。他说："初学时，见居敬、穷理为二事。为学之久则见得居敬时敬以存此理，穷理时敬以察此理，虽若二事，而实则一也。居敬有力，则穷理愈精；穷理愈得，则居敬愈固。"（《读书录》）由此看来，居敬又是穷理的工夫，穷理借居敬而愈切实，虽有时分而为二，也须交相为用。所以他说："程夫子所谓涵养须用敬，进学在致知者，正欲居敬穷理交互用力，以进于道也。"（《答李贤司封事》）

四　教育论

观薛氏教子一书，则知他是以"伦理"二字为教育宗旨。他说："人之所以异于禽兽者，伦理而已。何谓伦？父子、君臣、夫妇、长幼、朋友五者之伦序是也。何谓理？即父子有亲、君臣有义、夫妇有别、长幼有序、朋友有信五者之天理是也。于伦理明而且尽，始得称为人之名。苟伦理一失，虽具人之形，其实与禽兽何异哉！……圣贤忧人之陷于禽兽也，如此；其得位者，则修道立教，使天下后世之人，皆尽此伦理；其不得位者，则著书垂训，亦欲天下后世之人皆尽此伦理。"（《薛敬轩集·戒子书》）这种常谈之常谈，本无叙述的价值，不过中国学者的教育主张，自周代以至明朝，二千年来，毫无改变，可以推知中国历史之不进步。但他的教育宗旨虽然陈腐，而他的求学方法却极切实。他是一个实践主义者，所以不尚空虚，力求实学。所谓实学，不是谓能多记些知识，多读些圣贤经传，是要能够本着圣贤所垂训的道理切实去行的。这些道理虽然载在圣贤经传上，但所载的不过一种名，而道理之实则具于天地万物之中。所以要求实学，必从日常生活上切实体验出来，时时体验即时时实行，处处体验即处处实行。他说："工夫切要在夙夜饮食、男女衣服、动静语默、应事接物之间，于此事皆合于天则，则道不外是矣。"又说："为学时时处处是做工夫处，虽至陋至鄙处，皆当存谨畏之心而不可忽。且如就枕时，手足不敢妄动，心不敢乱想，这便是睡时做工夫，以至无时无事不然。工夫紧贴在身心做，不可斯须外离。"（俱见《读书录》）我们由这两段话看来，可以想见薛氏做工夫的切实。如果以此为教育，则教育即生活，是很有价值；不过他的生活，全为文雅的生活，又近于修道式的生活。他最反对以书本为知识，以作文为学问，而全无修养的科举之士。"学举业者读诸般经书，只安排作时文材料用，于己全无干涉。故其一时所资以进身者皆古人之糟粕，终身所得以行事者，皆生来之气习，诚所谓书自书，我自我，与不学者何以异"（《读书录》），这一段痛切语却可以发人深省。

本节参考书举要

（1）《明儒学案》的《河东学案》
（2）《理学宗传》的《薛子》
（3）《明史》的《儒林列传》
（4）《读书录》
（5）《薛敬轩集》

第四节　吴康斋（1391—1469）

一　生活小史

康斋名与弼，字子傅，江西崇仁县人，是国子司业康溥的儿子，他生于洪武二十四年，八九岁为儿童时，在乡塾读书，已经表现不凡。年近十九岁，承父命来京师，从学于文定杨溥。杨氏授以《伊洛渊源录》，遂慨然有志于圣贤之道；及读到程伯淳"见猎心喜"一句，而志气益壮。他以为圣贤也是一个人，只要立志，哪有学不到的，乃废弃举子业，专门从事于圣贤的工夫。这个时候，谢绝一切人事，独居小楼上，日夜展开四书五经及诸儒语录，玩索而善读，体贴于身心，足不下楼达二年之久，可谓专一而勤了。当二十一岁时，还家结婚，往来都是粗衣敝履，没有一点骄泰气，别人也不认识他是司业的儿子。

吴氏自结婚以后，学业稍有成就，乃从事于教育生活。他的教育生活是从田园中过来的，即一边耕田，一边教书。他不肯徒托空言，亦不肯寄食他人，所以一生与学生躬耕于农亩，以自食其力。勿论饮食的粗细，衣服的好坏，莫不与弟子相共。耕田就是读书，读书就是耕田，教育简直是与生活一致的。有时天气不好，他披着蓑衣，戴着斗笠，负着耒耜，与诸生在雨中并耕，畅谈乾坤，并谓乾坤八卦等象，即可于所耕的耒耜上看出。耕罢以后，即解犁归来，又与诸生饭粝共食。当这个时候，贫贱也忘了，劳苦也忘了，甚至一切世事都忘了，不仅教育生活化，且有孔门风雩咏归的气象，吴氏可谓写实的教育家了。但吴氏的教育并非艺术化的，乃是刻苦化的，他之躬耕及与弟子并耕，正所以表示他们刻苦自励的精神。陈白沙是他的出色弟子。当陈氏在他门下读书时，康斋必教他早起，必教他做些家庭琐事。有一天早晨，刚能辨日光，康斋即手自簸谷，而陈氏尚未起床，康斋乃大声呵斥曰："秀才若为懒惰，即他日何从到伊川门下，又何从到孟子门下？"康斋为学的精神，及对于弟子训练之严谨，由此可以推见一斑。不仅教陈氏如此，凡在吴氏门下的人们，必要躬亲细事，从工作里头求知识，非在书本上求知识的。

吴氏过这种的教育生活——田园的教育生活，将近五十年。在他六十八岁时，年纪老了，朝中有一班当道交相推荐，皇帝也想请他辅教太子，他以时机不宜，入京不久，仍然款段回乡，从事于旧日生活。不过从前很贫，长年典借度日，自此稍受国家的廪禄，较以前稍稍宽裕一点。到宪宗成化五年，以寿终，一共活了七十九岁。

二　修为论

吴氏是张横渠、李延平一流的人，少时性情刚忿，气象豪迈，到中年以后则恍然一团和气，如光风霁月了。他的性格所以有这样剧变的原因，全靠他自己修为的工夫。他一生在修为方面用过很大的苦功，差不多一生就在修为方面苦做工夫。黄宗羲说："先生之学，刻苦奋励，多从五更枕上汗流泪下得来。及夫得之而有以自乐，则又不知足之蹈之、手之舞之。盖七十年如一日，愤乐相生，可谓独得圣贤之心精者。"（《明儒学案·师说》）我们再看他所作的日记，真可以想见他的修为工夫之苦了。他的修为工夫，即颜渊的克己复礼工夫。他说："圣贤所言，无非存天理，去人欲。圣贤所行亦然。学圣贤者，舍是何以哉？"则知他的克己复礼工夫，即以"存天理，去人欲"为目的。要达到这个目的，非刻苦奋励不能有成；非一心于道，勿动于外物，随时随地痛下工夫，不许有毫厘间断，不能有成；非经过几次困难，受过几次挫折，使志气益加磨炼，不能有成。所以他的修为工夫，要专一，要诚笃，要安贫吃苦，要心平气和，且要不使有毫里的间断，且要从困苦忧患中益发养成，这简直带了一种苦行味。"一事少含容，盖一事差，则当痛加克己复礼之功，务使此心湛然虚明，则应事可以无失，静时存养，动时省察，不可须臾忽也。苟本心为事物所挠，无澄清之功，则心愈乱，气愈浊，梏之反复，失愈远矣。"他一段日记，已把他自己的修为工夫，完全写出。简单些说，即是静时存养，动时省察，不可须臾忽的工夫。吴氏思想一禀宋人成说，绝无新的表现，厌恶笺注浩繁，有害无益，所以不轻于著述，即著述也不过敷衍陈说而已。所以他是一个实行的教育家，更可以说是一个苦行的教育家。想到哪里即做到哪里，做到哪里即教到哪里，他平日所做的即其所教的。做为圣贤即教以圣贤，这个圣贤是从身体力验、刻苦奋励得来，不是凭口说凭书本得来。这个圣贤是要做一辈子，毫无间断地得来，不是一曝十寒或始勤终怠得来。所谓"敬义夹持，明诚两进，而后为学问之全功"，则又是朱子的下学工夫。

本节参考书举要

（1）《明史》的《儒林列传》

（2）《明儒学案》的《崇仁学案一》

（3）《理学宗传》的《吴康斋》

第五节　胡敬斋（1434—1486）

一　生活小史

吴康斋讲学崇仁，弟子很多，而以陈白沙、胡敬斋、娄一斋三人最著。白沙多带禅门语气，已另成一派；一斋亦稍近于陆子；至善体康斋学说而得其真传的，只有敬斋一人。敬斋名居仁，字叔心，是江西余干县的人，因他平日讲学的工夫以居敬为主，所以学者称他为"敬斋先生"，他是生长于农业家庭，家计贫寒较康斋更甚，所以他的严毅清苦的性格，安贫乐道的精神，较康斋尤为自然。他每日必立课程，详书一日生活之得失；行动必中绳矩，虽器物之微亦必区别精审——他是这样谨严的一个学者。在他弱冠的时候，即厌弃科举，有志于圣贤之学，闻康斋讲学于崇仁，所以往游其门。学业稍有成就，乃回乡在梅溪山中盖一所房子，自己也讲学起来。他在山中除讲学事亲之外，不干外事，四方学子闻其名来从他学的也多了。他的讲友，有娄谅、罗伦、张元祯等辈，常与他们以研究的精神，相会于弋阳的龟峰，余干的应天寺。当时提学李龄、钟域相继请他主讲白鹿书院，诸生又请他到贵溪讲学桐源书院。淮王欣慕他的名声，特别馆他到府中请讲《易经》，他皆谢绝。所以他一生教育事业，完全在私人讲学中过去，暗修自守以布衣终其身，绝不涉及官厅的意味，这与他的老师康斋"以学名于世，受知朝廷"者又有不同。胡氏生于宣宗宣德九年，卒于宪宗成化二十年，享年仅五十一岁。著有《居业录》一书，议论纯正，设使天假以长寿，其造诣当更未可量。

二 修为论

康斋一生学问在"涵养省察"四个字，敬斋一生学问在"居敬穷理"四个字。居敬属于修为方面的工夫，穷理属于研究方面的工夫。胡氏把敬的工夫看得极重要，所以对于敬字一义讲得很清楚。吾人所以修养，其目的在存天理于此心之中，使心与理合而为一。能够使心与理一，则动静语默自然恰当。要使心与理一，必要收敛此心使在腔子内，则精神才专一，态度才安详，而无昏乱狂荡之病。要达到这个目的，只有居敬的工夫。敬即"主一无适"的意思，即约束此心，收敛此心，使内中有一个主宰的意思。内中有主宰，则不致于虚寂；主一无适，则外物不得动摇。这种工夫，是与生命同流的，不能有一时一刻间断的，所以他说"敬为存养之道，贯彻始终"。所谓"涵养须用敬，进学在致知"，是未知之前，先须存养此心，方能致知。又谓"识得此理，以诚敬存之而已"，则致知之后又要存养，方能不失。"盖致知之功有时，存养之功不息"（《居业录》）。因敬与生命同流，所以他是该动静、兼内外的。静时须敬，动时也须敬；在内要敬，在外也要敬。所谓"敬该动静：静坐端肃，敬也；随事检点致谨，亦敬也。敬兼内外：容貌庄正，敬也；心地湛然纯一，亦敬也"（《居业录》）。至于"端庄整肃，严威严恪，是敬之入头处；提撕唤醒，是敬之接续处；主一无适，湛然纯一，是敬之无间断处，惺惺不昧，精明不乱，是敬之效验处"，一段话，则又形容敬之步骤。

胡氏于主敬之外，兼反对佛、老之说，尤其于儒、释之辨再三致意。他说，"学一差便入异教"，即把存心的工夫讲错了。释氏讲存心要使此心空无一物，以至于绝思绝虑。这种状态如同死物，不是儒家的气象。儒家之所谓存心，既不是放荡于外，又不要空寂于内。内中有主宰而非空寂，行为一循天理而不放荡，这才是儒家的气象。这种气象完全由主敬得来，胡氏本人确也达到了这一地步。他对于儒、释之辨再三致意，颇含有一番卫道的精神，他是一个热心的卫道主义者。他说："高者入于空虚，卑者流于功利，此二句说尽天下古今之病，自古害世教只有此两班人，正学不明，名教无主，学者才要心上用功，便入空虚，才有志事业便流入功利，盖见道不明，以近似者为真故也。"（《居业录》）这该是多么沉痛的刺人语，由此可以推知其他的教育主张了。

三　求学方法

胡氏虽为康斋学说的真传，但他的性格颇近于程伊川，他的修为工夫，亦本于伊川的"涵养须用敬"一句得来，不过他最钦佩的还是程明道。至于他的求学方法，则又本着朱晦庵的"穷理以致其知"的工夫。他说："凡事必有理，初则一事一理，穷理多则会于一。一则所操愈约，制事之时必能挈其总领，而理其条目，中其机会而无悔吝。"（《居业录》）求学在穷理，穷理须从万事万物一件一件地去穷究，待穷究得多了，自然能够融会贯通，发现一个共通的道理出来。穷理是下学工夫，必要下学才能上达。穷理又是归纳的研究法，必要从万殊上一一去研究，才能会而为一本。若不用此笨拙的方法，谬想一步登天，非学问难成，便要流入异端，所以他说："学者须从万殊上一一穷究，然后会于一本。若不于万殊上体察，而欲直探一本，未有不入异端者。"（《居业录》）穷理既是从万殊上一一去研究，所谓万殊，当是指着生活的环境中各种实在事物，从这事物方面实地去研究一般的道理，并非悬空寻得一个道理来。所以读书是穷理，讲论也是穷理，思虑

是穷理，行事也是穷理，不过各自所得的程度不同罢了

本节参考书举要

（1）《明史》的《儒林列传》

（2）《明儒学案》的《崇仁学案二》

（3）《居业录》

（4）《理学宗传》的《胡敬斋》

第三十三章　中明教育家及其学说

第一节　概　论

明代开师门讲学的风气，始于正、嘉之际，成、弘以上虽有讲学，各皆谨守绳墨，未尝以此相号召。自正、嘉至于隆、万，百年之间，士论庞杂，学风大变，虽然良莠不齐，而明代学术界的光彩确在这一个时期足足放射出来。这一个时期，我们称之为中明。在中明时期，我们选择陈白沙、湛甘泉、王阳明、罗整庵、吕泾野五人，及王门弟子数人。除王门弟子外，此五人中，约分着三派：（1）白沙与甘泉为一派，（2）阳明为一派，（3）整庵与泾野又为一派。此三派中，以阳明学派的势力最大，所揭"致良知"之旨，直捷简易，一扫宋儒以来程、朱之繁重，使社会耳目一新，于是风靡了全社会，而全社会读书分子差不多被此说所鼓动。第一派议论在朱、王之间，势力也非同小可，而王学之产生，亦由第一派有以开其先河。以上两派，皆是朱学末流的一种反动。但在王、湛两家风靡天下之际，居然有罗、吕二氏出来拥护程、朱，与炙手可热的敌党抗争，可谓疾风中的劲草；不过他们所讲的已非程、朱之旧了。在这五人中，除白沙外，对于心性二字皆有论列；阳明谓心即理，整庵与泾野均谓性即理，甘泉则谓心性同为一体——阳明与甘泉属于唯心论者，整庵与泾野属于惟性论者。在修养方面，白沙主静，要从静中养出个端倪来；甘泉以敬为主，以随处体认天理为工夫；阳明则主省察克治。在教育理论方面，只有阳明与泾野二人注意过，所论也极有价值。阳明以"致良知"三字为教育主义，以知行合一为学习工夫；儿童教育尤在于培养其活泼的天性，养成爱动爱唱爱游戏生气盎然的儿童——此种种议论，从前教育家很少说过，与朱子的训练主义更不可以比拟。泾野关于教育理论有两点：学习重下学工夫，教授主个性发展——他最喜孔子的教法，也是朱子的呆板方式。至于王门弟子，人数虽多，喜言本体，略却工夫，对于教育方面绝少贡献。但在教育生活方面，此数人者皆不愧为一代的教育家，各人有各人的精神。

第二节　陈白沙（1427—1500）

一　生活小史

吾人叙述明代教育家已四人了，他们都是笃信程、朱，谨守绳墨，愈讲愈陈腐，内中看不出一点生气来。能在思想上表现一点生气，表现一点自我精神的，则要始于陈白沙。陈氏是儒家的精神，是禅门的工夫，是老、庄的态度，是集合各家的学说而形成他自己的人格的一个人。他的思想极其圆通与高明，不是一孔之儒所能比拟，胡氏疑他误入于禅，刘蕺山说他作弄精魂，皆属己见，而白沙不能承认的。白沙在儒家中，似周濂溪与陆子静之间的人物，天资聪慧异常，用过苦工，经过训练几二十年，所以卒能求得一贯之理，既非空疏，又不支离，当然非薛、胡诸人所能及了。但白沙所以形成这样一个伟大人物，于他所处的环境不无关系。

陈氏是广东新会人，名献章，字公甫，所居白沙里，故世称白沙先生。白沙距海不远，在海岸所生长的人才，天资思想较在内陆当有不同。陈氏生于宣宗宣德二年，是一个平民家庭，在他出世的前一个月，他的父亲已死去了。他的母亲抗节鞠养，所以他后来对于母亲极尽孝诚，终身不肯留京做官，一方由于性情恬淡，一方为不忍远离他的母亲。他以英宗正统十二年举广东乡试，第二年赴京会试，结果不佳。过了数年，离京南下，往崇仁从学于吴康斋。从康斋时，陈氏年已二十七岁。康斋乃程、朱学派，性情严毅清苦，白沙与他不合，所以不到一年，他就告辞老师回到他的故里了。回家以后，筑阳春台为书室，攻苦研究，费尽十余年的工夫，前数年谨守旧法，毫无所得，其后乃自静中自求而得之，他的一生学问，也成功于此时自得上面。后来遭遇家难，于宪宗成化二年由家来京，复游太学。当此之时，陈氏年已四十，受入学试验，以诗和杨龟山的"此日不再得"为题，大为祭酒邢让所赏识，谓"真儒复出"，由是白沙之名震动京师，京师学子纷纷及门受教，而陈氏的教育生活从此开始了。不久南归故里，专门讲学，以他思想的精到及娓娓不倦的精神，感人最深，所以四方学者来学的日多。贺钦为给事中，乃辞官还家，奉白沙肖像于别室，朝夕瞻拜，其崇拜之深可想而知。陈氏活了七十三岁，死于孝宗弘治十三年，平生不肯著作，与象山相似，著名弟子有李承箕、张东所、贺钦、湛若水诸人。

二　学习论

白沙平生不肯著述，我们要研究他的思想，只有从他所与朋友的几封信札及几篇语录里面去寻。在这些上面，最关重要的有两点：一为原理论，即描写道之性质与作用；一为方法论，即说明求道的工夫。前者属于哲学范围，此时勿庸讨论；后者可以属于教育范围，正是我们所要叙述的。白沙关于教育方面的发表，也只有一种研究的方法——求道的工夫，我们名之曰学习论。"白沙之学，以虚为基本，以静为门户，以四方上下、往古来今穿纽凑合为匡郭，以日用常行分殊为功用，以勿忘勿助之间为体认之则，以未尝致力而应用不遗为实得。"（《白沙学案》）黄氏这一段话描写白沙研究的工夫可谓透彻，但还不如白沙自己所说的切实。在他答复赵提学的书信上有这一段话：

仆年二十七，始发愤从吴聘君学，其于古圣贤垂训之书，盖无所不讲，然未知入处。比归白沙，杜门不出，专求所以用力之方，既无师友指引，惟靠书册寻之，忘寝忘食，如是者亦屡年，而卒未得焉。所谓未得，谓吾此心与此理未有凑泊吻合处也。于是舍彼之繁，求吾之约，惟在静坐。久之然后见吾此心之体隐然呈露，常若有物，日用间种种应酬，随吾所欲，如马之御衔勒也。体认物理，稽诸圣训，各有头绪来历，如水之有源委也。于是焕然自信曰：作圣之功，其在兹乎？有学于仆者，辄教之静，盖以吾所经历粗有实效者告之，非务为高虚以误人也。（《白沙文集》卷三）

由这一段话看来，白沙当初发愤为学，也是读书穷理，用过了下学的工夫。因为研究数年没有结果，乃改变方法，从静坐体认入手。静坐是收敛精神，统一意志，去掉一切胡思乱想的念虑，迨意志统一了，心地清明了，则头脑才可以冷静，成见才可以扫除，心中才无挂碍。然后以客观的态度，从日用常行中察见人情物理。必须从日用常行中察见人情物理，是一种体认的工夫。能够从此体认，则合于人情物理的即合乎天道，懂得人情物理的即懂得天道，于是学问庶有成就，而入圣之功亦不远了。但这种体认的工夫，殊非易事，但亦不能看得太难了，只在日用间随时体认，自然有得，着意理会反不成功。这种工夫不能把捉太紧，但亦不能过于散漫，只要勿助勿忘，久之自然有得。这种工夫，不能由书本内寻求，亦不可以言语传授，只在学者各人深思而自得。在体认的过程中，必有几次怀疑的时期——近代所谓学习高原期。有了高原期就是进步的征兆，陈氏也承认，且极赞许。他说："前辈谓学贵知疑，小疑则小进，大疑则大进。疑者觉悟之机也，一番觉悟，一番长进，更无别法也。即此便是科级，学者须循次而进，渐到至处耳。"（《与张廷实书》）

由这样看来，白沙求学的工夫，第一步须静坐，要从静坐中养出个端倪来。端倪养出来了，才可以商量第二步的工夫。这是从周濂溪"主静以立人极"而来的。这里所谓端倪，即他在别处所说的"大本"或"大总脑"。从静坐中养出个端倪，即抓住了为人的大本，学问的大总脑。他说："学问大总脑要见，见则便自快活，更肯向前，下面节节推去，无非一个道理。"（《语录》）是要有大总脑的。又说："文章、功业、气节果皆自吾涵养中来，三者皆实学也。惟大本不立，徒以三者自名，所务者小，所丧者大，虽有闻于世，亦其才之过人耳，其志不足称也。学者能辨乎此，使心常在内，到见理明后自然成就得大。"（《书漫笔后》）是要立大本的。这种论调，与象山所提倡孟子"先立乎其大者"的一句话相同；至于由静坐入手，则又是兼采宋儒诸家的下手工夫；所以说白沙是融合诸家的一位"极高明"的学者。但他虽然教学者从静坐入手，却不是静的教育家，他是极尽活泼与自然的一位教育家。

第三节　湛甘泉（1466—1560）

一　生活小史

湛氏名若水，字元明，是广东增城人，学者称为甘泉先生。生于宪宗成化二年，死于世宗嘉靖三十九年，先阳明六年而生，后阳明三十二年而死，完全与阳明同时，而享寿可大他三十八岁，仅差五年到一百岁。自二十七岁，中了广东弘治五年的乡试之后，即拜白沙为老师，研究心性之学，不愿作政治生活。迨后以母命勉游南京，入国子监读书，随同会试，中了弘治十八年的进士及第第二名，而先生年已四十岁。这个时候，阳明在吏部讲学，先生与吕泾野等学者互相倡和，在先生与阳明个人的讲学生活始于此时，而明代讲学之盛、门户之分也从此大开风气。迨后奉命出使安南，不久以后母丧归葬，在南方住了七八年。世宗即位，宣他进京，派为侍讲，第二年升南京国子祭酒，始正式担任国家教育。湛氏本无心于政治，但他的官运却也很好，后来历任南京吏、礼、兵三部尚书，到七十岁时才以老故谢绝政治生涯。总计湛氏自四十岁以后，五十五年间，无日不讲学，无日不授徒，不愧为"志笃而力勤"的一位教育家。我们要把他的教育生活分着数段时，当四十岁以后为第一期，在北京讲学；当五十岁以后为第二期，在家乡讲学；当六十岁以后为第三期，在南京讲学。自七十岁以后二十五年间，谢了政治生活，专门从事于私人教育；他于是周游各郡，讲学变成流动式的，因之他的及门弟子亦遍天下。湛氏为白沙的高足弟子，足迹所到，必建书院纪念白沙，对于其老师可算崇拜尽致了。他的讲学方法，颇有特别。当他在乡居丧时，筑西樵为讲舍，凡生徒来斋从学时，先令习礼，过了三天然后允许听讲。当开讲之初，还须澄心静坐片刻，把精神收敛，把注意集中，才开口讲书，这与昔日陆子在象山讲学时方法略同。湛氏与阳明交情颇深，自在北京定交后，虽彼此以讲学相倡和，而两家宗旨各异——阳明以致良知为主，甘泉以随处体认天理为宗，所以当时学风分王、湛二派，虽湛门之盛不及王门，亦犹昔日陆之与朱了。

二 心性说

甘泉在南京讲学时，作了一幅《心性图说》，一方面说明心之本体，一方面也含了驳倒阳明论心的意思。他说"盖阳明与吾看心不同：吾之所谓心者，体万物而不遗者也，故无内外；阳明之所谓心者，指腔子里而为言者也，故以吾之说为外。"（《答杨少默书》）"体万物而不遗"一句话，即甘泉说明心体的一句总语。吾心不是在腔子内，也不是在腔子外，它是与天地万物一体的。宇宙只是浑然一气充塞流行，这种一气之浑然，就是心，没有内外，没有终始。这个心体，"洞然而虚，昭然而灵"，内中没有一物，而不遗一物，所以与天地万物同体。这个心体是具有生理的，生生不息的，此中生理谓之性，其实心性只是一物；故曰"性也者心之生理也，心性非二也"（《心性图说》）。譬如谷种，其体谓之心，其所具生意谓之性。这种生意发表出来谓之情，发出而得其正，则有恻隐、辞让、羞恶、是非种种情绪，这几种情绪就是仁、义、礼、智诸德目之造端。由这看来，心即自然之浑体，藏着无限的生意，生生不息，流行不已，就谓之性；心与性实为一物，故心性皆是至充至沛、至明至善的。但吾人后来为物欲所蔽，有时遂"窒然而塞，愦然而昏"了。虽然昏塞，而本体之虚灵固无不在，要回复本体，不假外求，只要吾人一朝觉悟，把物欲灭去，而本体之虚灵自见，此甘泉所论心性的大意。

三　修为论

湛氏平生讲学揭出"随处体认天理"之旨，他的修为主义亦可以"随处体认天理而涵养之"一句话包括。什么叫天理？他说："人心一念萌动即是初心，无有不善。如孟子乍见孺子将入于井，便有怵惕恻隐之心，怎见处亦是初心复时也。……若识得此一点初心真心便是天理，由此平平坦坦持养将去，可也。"（《语录》）又说："古今宇宙只是一理，生生不息，故曰动静无端，阴阳无始，见之者谓之见道。"（《语录》）我们由以上两段话，再参以他的其他语录，代为解释如下：吾人本心之所以充满善机，无限仁义，以有生生之理在。此生生之理即是天理；具于吾心谓之初心，充乎天地谓之元气，而它是无时或息、无往不在的；所以他又说"若见得天理，则耕田凿井，百官万物，金革百万之众，也只是自然天理流行"（《语录》）。宇宙只是天理一气之流行，草木所以能遂其生，就是涵有此天理，吾人所以求为圣贤亦在乎涵养此天理之正，但平日往往为私欲所蒙蔽，所以应当体认出来。体认的工夫要使吾人对于天理默识心通，使此心与所感触之事物，契合为一，就是天理流行。这种工夫，虽不难，亦不易；要勿忘，亦勿助，顺其自然之势而体认之。体认天理，要使心中无一事，而天理自见，不是着意想像的，想像则陷入于安排了。体认天理，不是静的工夫，空守其心，它是合动静的。体认天理不仅认识天理而已，还要能够实行，它是兼知行的。但天理是整个流行的，无微不至的，凡一草一木，莫不有天理的存在，一语一默，莫不有天理的功用，所以要"随处体认"。他说："自意心身至家国天下，无非随处体认天理。"（《语录》）"自一念之微，至事为之著，无非用力处也。"（《语录》）"所谓随处体认天理者，随已发未发，随动随静，皆吾心之本体，盖动静体用一原故也。"（《语录》）此即随处体认天理之意，随时随处把天理体认出来了，再加以涵养的工夫，则心广体大，修养纯全，才是圣学，才可以学为圣贤。

湛氏既揭出"体认天理"一语为求学的要旨，他的门人又给他定出三个步骤——立志、煎销习心、体认天理。但他以为这只是一事。他说："此只是一事。天理是一大头脑，千圣千贤共此头脑，终日终身只是此一大事，更无别事，立志者，立乎此而已；体认是工夫以求得乎此者；煎销习心以去其害此者，心只是一个。……志如草木之根，具生意也；体认天理如培灌此根，煎销习心如去草以护此根，贯通只是一事。"

湛、王两家皆讲格物，但湛氏谓王氏训"格物为正念头"之意，容易陷入空虚，表示反对。他自己训"格物为体认天理"，体认兼知行，所以必须学问思辨行之功，从学问思辨行中随处体认，较从正念头切实多了。湛氏不仅"格物"二字当作体认天理解释，连"慎独"二字也当着体认天理解释，甚至一切工夫，皆以体认天理四字来解释，这种绝对的一元论，只有唯心的学者才说得出来。孙夏峰评论他"所论以自然为本体，以勿忘勿助为工夫，大抵得之师门为多"（《理学宗传·湛甘泉》），自是正论。但湛氏最反对静的工夫，他说：

　　古之论学未有以静为言者，以静为言者皆禅也。故孔门之教皆从事上求仁，动静着力。何者？静不可以致力，才致力即已非静矣。故《论语》曰，执事敬；《易》曰，敬以直内，义以方外；《中庸》戒慎恐惧慎独，皆动以致其力之方也。何者？静不可见，苟求静焉，駸駸乎入于荒忽寂灭之中矣。故善学者必令动静一于敬，敬立而动静浑矣，此合内外之道也。（《答余督学书》）

白沙论修养以静为要，甘泉则以敬为主，谓敬可以包动静，单主静不仅支离，亦且不通——这是师弟不同的一点。

第四节　王阳明（1472—1528）

一　生活小史

自朱子死后二百七十二年，中国又出了一位伟大的教育家曰王阳明。王子生于明宪宗成化八年，卒于世宗嘉靖七年，是明朝中叶的人物，是十五、十六两世纪之间的人物。他的学问，近则渊源于周、程，远则脱胎于孟轲。他的思想略近于象山，但其伟大精深的成就则非象山所能企及。他平生很佩服晦翁的精神，但二人却有显然的差异：晦翁是重经验的，阳明则重直观的；晦翁是二元论者，阳明则为一元论者；晦翁所采的归纳法，阳明所用的演绎法。但论到研究的精深，门徒的众多，及影响思想界的远大，阳明可谓晦翁以后第一人。晦翁一生著作宏富，阳明不肯著作与象山同；但以学者而兼军事家，在军事方面能奏奇绩，树立伟大的勋业，则又非朱、陆二人所能及了。但阳明在明朝虽建树了非常的伟业，开辟了崭新的学说，在当时只落得谤毁满身，以伪学相目的结果，与程、朱暮年同一惨淡，道高毁来，不禁古今有同慨！

王子名守仁，字伯安，阳明是学者对他所称的外号。他生于浙江余姚，在当时算得一个很名贵的家庭。他的曾祖父槐里公以明经贡入太学；祖父竹轩公以处士封翰林修撰，在学术方面颇有著作。他的父亲龙山公以成化辛丑年的进士及第第一名，屡为侍讲，做官至南京吏部尚书。史称龙山公"气质醇厚，平生无矫言饰行，仁恕坦直，不立边幅，与人无众寡大小，待之如一"（《海日先生行状》），我们就可以知道是一个很有修养的道德君子，宽宏大量的上品公卿。王子生长在这种名贵的家庭，勿论先天的遗传，或后天的环境，都较一般儿童格外优厚，所成就的机会自然较多。他的思想特殊，一生奇迹非常之多；生到六岁时，才能言语，如果他真正走入宗教界，一定会成一个圣者，是可以想象的。在他一生之中，思想屡变，行为亦屡变。当少年时代，气概不凡，有吞牛之志，很想做一个义侠，或做一个军事家。他之走入儒家里面，研究宋儒学说，实在结婚之后。平生没有一定的师傅，在十八岁时，从洪都婚后回浙，经过广信，由娄一斋的启示，知圣人可学而至，才有志于圣贤之学。阳明后来的成就，虽在当时非任何人所能范围，但一斋为吴聘君的高足弟子，思想学说近于陆象山，阳明的思想，受了他的暗示，是无可疑的。不过此时他的意志犹未安定，为学亦没有得到切实的门径，所以出入辞章、佛老，反复数次，一直到三十四岁，与湛甘泉定交于京师，对于儒家学术始有坚决的信仰，立志做圣贤的工夫了。当这个时候，武宗昏聩，国家政权，为宦官刘瑾所把持，王子以进士出身为兵部主事，因仗义执言，触犯了刘瑾，遂被贬谪到贵州的龙场驿当驿丞。龙场在万山丛棘中，苗瑶杂处，瘴疠蛊毒交侵，为人情所不能堪。阳明以士大夫之身，被窜到此，就是宦官想给他一条死路罢了。此时王子已三十七岁。在是年以前，他还是谨守朱子的循序格物之说。这个刺激，这种环境，也许时势有意造英雄，在困衡动忍之际，九死一生之中，因以大彻大悟，创造一种新的学说出来。这种新的学说即历史上有名的"良知说"，而王子以后遂成就为一个极端的唯心论者——唯心的一元论者。王子初抵龙场，为武宗正德三年春季，约计住了二年，于四年末了才离开此地，五年三月到庐陵知县任所。在庐陵仅治七个月，成绩卓著。于是年十二月又升为南京刑部主事，时年三十九岁。自此以后，官运渐佳，屡次升调，时而南京，时而北京。到四十五岁，派出为地方封疆大吏——巡抚南赣汀漳等处，他的丰功伟绩与他的良知论从此一日煊赫一日，而他之受毁受谤、遭怨遭尤的事情也就不能使他一日安居了。由正德十二年正月前赴任所，转徙征调，合计在江西过了五年的生活。在五年之内，剿灭山洞诸贼，讨平宸濠叛藩，功业过于煊赫，为小人所妒忌，几遭陷害。此时王子急想勇退，屡次请求回籍省亲，借得休养，到正德十六年九月始被批准。过了不久，昏聩的君王死了，继位者为世宗皇帝，比较武宗稍觉贤明，而王子业已年逾五十，成了一副衰老的身体，可是他的学问之大成及他的及门弟子之极盛，却在此时期以后。在越共计讲学六年，到五十六岁时，病体日衰，而政府偏要他带兵去征思田，不能使他安享暮年，我想是时王子的心里是很苦的。嘉靖六年九月，王子由越中出发的前夕，且与他的高足弟子证道于天泉桥上，作为临别的赠言。是年十一月到梧州，第二年二月就平定了思田。当时大病日剧，王子一面呈请告老，一面扶病北旋，行到南安，不能久留，这位教育界的明星，思想界的泰斗，乃与此世长辞了。灵柩运回原籍时，所经过的地方，士民老少莫不遮道痛哭；会葬之时，门人自远方而来的一千余人，足以想见其教育感人之深。政府方面因此对他更加妒忌，说他所讲的尽是伪学，且下诏禁止，这又与朱子当年的景况有不期然而自同了。王子享五十七岁，平日著作不多，后世收集的《王文成公全书》三十八卷，以论学理论为多，其中以《传习录》为其思想的结晶。

二　教育生活

王子自三十四岁讲学起，到老死为止，合计讲学了二十三年，但纯粹讲学时期只有从五十岁以后回乡的六年。除了六年的纯粹讲学时期，其余十七年全是从事于政治生活，于从政之余随时讲论，所以弟子亦随着老师周游以问道。王子在这十七年中，或窜夷荒，或任小官，或迁调两京，或总领师干，勿论清闲与繁忙，不问忧患与安乐，而讲学的工作未尝一日停止。因为他的讲学生活是整个的，不是分裂的，我们要分做几个段落，只有按照他的思想之变迁为标准。王子是一个思想最敏锐不肯安于陈说的教育家，所以在求学时代思想凡三变，在讲学时代思想也是三变；不过每变更一次，他的思想更深进一层。我们且举他的讲学三变：（1）自龙场至滁州一变，为第一期；（2）自南京至江西又一变，为第二期；（3）自讨平宸濠至退居越中又一变，为第三期。第一期由三十七岁到四十二岁，共计五年。在此时期，发明了良知之旨，力讲知行合一之说。且体段较高，以默坐澄心为学的，排去一切枝叶，使学者自悟性体。第二期由四十三岁到四十九岁，共计七年。在此期中，深悔从前过高之失，力矫从前空虚之弊，所以只教学者存天理去人欲为省察克治实功——格物致知之功。第三期由五十岁到五十七岁，共计八年，专倡"致良知"之说，盖自平宸濠以后，所受激刺过多，王子一本天理良心勇往直前，不顾毁誉利害，卒能战胜难关，他以为这由于推行良知的效能，所以教人为学之方又一变了——这一变也可说成了他的晚年定论。王子当五十岁时，才揭出致良知三字，较从前格物致知更其简易。自此省亲回乡，年事已高，造诣日精，且因在野较闲，所以游学之士四方咸集，凡余姚附近寺庙皆是王门弟子的卧铺，环坐听讲的常三百余人，一时之盛，真可与昔年考亭比隆。

　　王子性情极潇洒，颇有濂溪的态度，曾点的风味。常借山水名胜之区，作他的讲习之会。这种情况，在他共有两次：一在滁州，一在会稽。我们把《阳明年谱》里头的两段话抄来，也足以令千载下的人们景慕不置。"滁州山水佳胜，先生督马政，地僻官闲，日与门人遨游琅琊瀼泉间，月夕则环龙潭而坐者数百人，歌声振山谷，诸生随地请正，踊跃歌舞，旧学之士皆日来臻，于是从游之众自滁始"，这是在滁州讲学的一段佳话。"中秋月明如昼，先生命侍者投酒碧霞池上，门人在侍者百余人。酒半酣,歌声渐动,久之,或设壶聚算,或击鼓,或泛舟,先生见诸生兴剧,退而作诗,有'铿然舍瑟春风里,点也虽狂得我情'之句"这是在会稽天泉桥上的一段佳话。而天泉桥尤足为阳明学说的一大纪念地,盖先生于出征思田的前夕,率钱、王二弟子证道的地方,所谓有名的天泉证道问答。在这晚上,王子自知病体已重,恐怕一去不返,很高兴地给他们以自己平生学问的结晶,所以说这一次可为王子的临别赠言,亦可为他的临终遗嘱。

三 心即理说

从前陆子"心即理也"一句口号,自然要被绝对的唯心论者王子所采用;王子不仅采用这一句口号,并且把它的意义更扩大了。他说:"夫物理不外于吾心,外吾心而求物理,无物理矣。遗物理而求吾心,吾心又何物耶?心之体性也,性即理也。故有孝亲之心即有孝亲之理,无孝亲之心即无孝亲之理矣。有忠君之心即有忠君之理,无忠君之心即无忠君之理矣。理岂外于吾心耶。"(《答顾东桥书》)这是解释"心即理"一个名词的。凡万物之理皆包含于吾心之中,吾心之中即具有万物之理;外了吾心即无物理,舍了物理亦不成其为心了,所以说心与理是一件东西。不仅心与理是一件东西,凡天地万物与心皆是一件东西。他说:"夫在物为理,处物为义,在性为善,因所指而异其名,实皆吾之心也。心外无物,心外无事,心外无理,心外无义,心外无善。"(《与王纯甫书》)这一段话,说得更扩大,更简当。一切东西皆是心境,皆是心之幻象,可以说"心在则有天地万物,心灭天地万物也灭了"。

王子于陆子"心即理"之外,又援用孟子的"良知"说,自己引申一句口号——"良知即天理"。即谓心即理,又说良知即天理,则"心即良知"了。心既是良知,则心无不善,而心性为一,故性无不善;于是心、性、理、良知等名词皆成了一件东西,不过所说不同,故命名各异。如果要分别这些名词,还是引王子自己的话来解释。他说:

性一而已；自其形体也谓之天，主宰也谓之帝，流行也谓之命，赋于人也谓之性，主于身也谓之心。(《答学生陆澄》)

知是理之灵处，就其主宰说便谓之心，就其禀赋说便谓之性。(《答学生惟乾》)

良知是天理之昭明灵觉处，故良知即是天理。(《答学生欧阳崇一》)

就以上三段，我们总结起来：心是一种浑体，廓然大公、寂然不动的浑体。但是极其灵觉，一感便通；极其昭明，无物不照；极其广大，无远不届。就此浑体之本身说谓之性；就其能够作吾人的精神主宰说谓之心；就其昭明灵觉处说谓之知；就其纯粹至善说谓之良知；就其动静咸宜、自然恰当之点说，谓之天理——其实只是一个心。

《大学》上所载"格物、致知、正心、诚意"几个字，王子与朱子所解释亦不尽同。朱子以前两种属于外感方面，后两种属于内心方面；王子则把它们全属于内心方面来说。他答程、朱学派罗整庵的书上说：

理一而已：以其理之凝聚而言，则谓之性；以其凝聚之主宰而言，则谓之心；以其主宰之发动而言，则谓之意；以其发动之明觉而言，则谓之知；以其明觉之感应而言，则谓之物。(《文集》卷三)

答他的学生徐爱说：

身之主宰便是心，心之所发便是意，意之本体便是知，意之所在便是物。(《传习录》中)

把"心、意、知、物"全属于内心方面，当着精神作用，自宋、元以来只有王子这样讲过，到后来刘蕺山更说得微妙了。总之，吾人的精神作用，以心为主宰，心即天理之本体；这个本体只要不为私欲所蒙蔽，由它所发出来的无不恰当，无不合于天理。我们要求事事物物皆合于天理，也只有在吾人本心上求，这个本心如同规矩尺度，一切皆以它为准则，应用没有穷尽。良知既为一切的准则，应用无穷；所以发而为事父则为孝，发而为事君则为忠，发而为万事则无往而不当。

四 致良知主义的教育论

王子讲学第一期多讲格物、致知，第二期多讲省察、克治的实功，第三期则专讲"致良知"三个字——立论虽前后不同，主张却是一贯的。不过他的学力与年俱进，所以愈讲愈精进、愈直接；我们就可以把这"致良知"三字包括他一生讲学的宗旨，也可当着他的教育主义。王子尝说，心之昭明灵觉处便是"知"；因为昭明灵觉，所以能知是非、辨善恶。此昭明灵觉之点即天理之本体，由这一点所发出来的，无不合于天理，故曰"良知"。这个良知，以其本体说，就是天理，以其状态说，就是未发之中。它的性质，非动非静，常呈一种定性，无内无外，只是一点极其活泼的元气；它含着无限的生意，具有纯全的美德。这个良知，自圣人以至愚夫愚妇莫不相同，凡婴儿初生时此心只有一片天理流行，更无别物，所以没有一个不知爱他的父母。圣人之所以为圣，只是良心常在，天理纯全，一切行动无一不由其良心上发出，而所发出来的无一不合于天理。至于一般人，或为习俗所染，或为私欲所惑，此心失了昭明灵觉，所以就不良了，所以做出许多不善的行为来。教育的目的在学为圣人，即在恢复各人固有的良知推行于人伦日用上，所以教育宗旨，就在致良知。致良知即把各人固有的良知设法扩充，便可以至于圣人。但出世以后，除圣人以外，多少有些私欲掺杂在里面，良知常为所蔽而不明，在扩充之前还须加以洗刷之功。所以致良知的"致"字，实包含消极、积极两方面：消极方面是去人欲，积极方面是存天理。换一句话，致良知即是去人欲、存天理的工夫。怎样去人欲？怎样存天理？他说：

> 省察克治之功则无时而可间。如去盗贼，须有个扫除廓清之意。无事时将好色、好货、好名等私逐一追究，搜寻出来，定要拔去病根，永不复起，方始为快。常如猫之捕鼠，一眼看着，一耳听着，才有一念萌动，即与克去，斩钉截铁，不可姑容与他方便，不可窝藏，不可放他出路，方是真实用功，方能摘除廓清。到得无私可克，自有端拱时在。（《传习录》上）
>
> 此间讲学，却只说个必有事焉，不说勿忘勿助。必有事焉者，只是时时去集义。若时时去用必有事的工夫，而或有时间断，此便是忘了，即须勿忘。时时去用必有事的工夫，而或有时欲求速效，此便是助了，即须勿助。工夫全在必有事上，勿忘勿助只就其间提撕警觉而已。……所谓时时去集义者，只是致良知。（《答聂文蔚》）
>
> 君子之学无间于动静。其静也常觉，而未尝无也，故常应。其动也常定，而未尝有也，故常寂。常应常寂，动静皆有事焉，是之谓集义。（《答方叔贤》）

所引前一段，是去人欲的工夫，后二段是存天理的工夫。前者如捕盗贼，务必求其廓清，不留丝毫余地；后者即是集义，时时刻刻存一"必有事焉"，无间于动静。这种工夫虽分两层，其实是一贯的，革尽人欲而天理自然存在，复得天理而人欲也就退听了。利根之人，只要时刻存个天理在心中，日日长养，而人欲自消；钝根之人，去人欲尤先于存天理，非先下一番克治的实功不能培养良知。所以他说：

> 吾辈用功只求日减，不求日增。减得一分人欲，便是复得一分天理，何等轻快脱洒，何等简易。（《传习录》上）

他又指责他的学生孟源好名之病说：

> 此是汝一生大病根。譬如方丈地内种此一大树，雨露之滋，土脉之力，只滋养得这个大根。四旁纵要种嘉谷，上被此树遮覆，下被此树盘结，如何生长得成？须是伐去此树，纤根勿留，方可种植佳种。不然，任汝耕耘培壅，只滋养得此根。（《传习录》上）

王子自谓致良知，是从心髓入微处用工夫，是有根本的学问。学问在根本上用力，积日累月，逐渐扩充，自然应用无穷；也只有在根本上用力才有效果。在根本上用力就是下学工夫，下学工夫做到了，自然上达，上达用不着做工夫，也不能做工夫，且做出来亦没有用处。关于所谓下学工夫——根本的学问，王子有两段话说得最有价值。

> 立志用工如种树然。方其根芽，犹未能干；及其有干，尚未有枝；枝而后叶，叶而后花实。初种根时，只管栽培灌溉，勿作枝想，勿作叶想，勿作花想，勿作实想。悬想何益，但不忘栽培之功，怕没有枝叶花实。（《传习录》上）
>
> 是故君子之学，惟求得其心，虽至于位天地、育万物，未有出于吾心之外也。……譬之植焉，心其根也，学也者，其培壅之者也，灌溉之者也，扶植而删锄之者也，无非有事于根焉耳矣。（《紫阳书院集序》）

教育只从心上栽培灌溉，待得良知纯全了，扩充起来，自然晬面盎背，自然笃实光辉，自然事父而能孝、事君而能忠，自然不计利害一本良心行事，这与孟子的培养主义同一功用。所以他极反对世儒义外之学，他以为他们教人只在事事物物去寻讨，没有根本的学问，虽暂时外面修饰得好看，终必归于萎谢。王子这种工夫不是静的、死板的、空虚的，它是极其活泼实在的，且必从日用伦常方面着力才能验其效果。王子一生的学问就是从他的功业上体验出来的。我们再引一段话来结束这个题目：

> 我何尝教尔离了簿书讼狱，悬空讲学。尔既有官司之事，便从官司的事上为学，才是真格物。如问一词讼：不可因其应对无状，起个怒心；不可因其言语圆转，生个喜心；不可恶其嘱托，加意治之；不可因其请求，屈意从之；不可因自己事务烦冗，随意苟且断之；不可因旁人谮毁罗织，随人意思处之。这许多意思皆私，只尔自知。须精细省察克治，惟恐此心有一毫偏倚，杜人是非，这便是格物致知。簿书讼狱之间，无非实学，若离了事物为学，却是著空。（《传习录上·答某属官》）

五　知行合一论

在实践派的意见，所谓学习，并不是读书，是学做为人，怎样做一个道德纯全的圣贤——尤其王子是这样主张。王子虽不反对读书，他绝不以读书为学问，读书不过是收敛心思，在学习过程中占很小一点地位。学习既是学做为人，总不离于躬行实践，所以他提倡"知行合一"的口号出来。这一个口号，在普通有两种解释：一是知与行同时并进，一是知与行是一件事情。第一种解释，知行虽说并进，犹是两件东西，所以一元论的王子是主张第二种解释的。他说：

> 凡谓之行者，只是着实去做这件事。若着实做学问思辨工夫，则学问思辨亦便是行矣。学是学做这件事，问是问做这件事，思辨是思辨做这件事，则行亦便是学问思辨矣。若谓学问思辨之，然后去行，却如何悬空先去学问思辨得，行时又如何去得个学问思辨的事。行之明觉精察处便是知，知之真切笃实处便是行。若行而不能明觉精察便是冥行，便是学而不思则罔，所以必须说个知；知而不能真切笃实便是妄想，便是思而不学则殆，所以必须说个行。原来只是一个工夫。（《答友人问》）

这是说知而不行谓之妄想，行而不知谓之冥行，所以知行合一起来，才是学习的实功。他又与学生徐爱有一段问答关于知行合一的解释：

> 爱问："今人只有知事父当孝、事兄当弟者，却不能孝、不能弟，知行分明是两件。"曰："此已被私欲间断，不是知行本体，未有知而不行者，知而不行，只是未知。圣人教人知行，正是要复那本体，故《大学》指个真知行与人看。说，'如好好色，如恶恶臭'，见好色属知，好好色属行，只见好色时已自好了，不是见后又立个心去好。闻恶臭属知，恶恶臭属行，只闻恶臭时已自恶了，不是闻后别立个心去恶。"（《传习录》上）

以恶恶臭、好好色来解释知行合一，较前更切实。知如刺激，行如反应，一感便应，知行成了一个极迅速的感应弧。所以他又说"知是行的主义，行是知的工夫。知是行之始，行是知之成"（《传习录》上）。王子提倡这个口号，一方固在教人免蹈妄想冥行的毛病，他方便注意于行为的动机。他对黄直说：

> 今人学问只因知行分作两件事，故有一念发动虽是不善，然却未曾行，便不去禁止。我既说个知行合一，正要人晓得一念发动处便即是行了。发动处有不善就将这不善的念克倒了，须要彻根彻底不使那一念不善潜伏在胸中。此是我立言宗旨。（《传习录》下）

行为论者，以为虽有恶念，只要未曾去做，不得谓之病。王子是动机论者，他以为一念之差虽未曾见于行为，也算是大病了，因为罪大恶极之人，均是起于一念之差。所以动机就是行为，行为即寓于动机里面，吾人如不肯为恶，就要不许有丝毫恶念存在；能够彻根彻底把私欲完全克治去了，良知复明，天理纯全，自然不会为恶了。

因知以圣其行，从行以实其知，合知行的全部谓之学习，这是王子有名的发明。但此不过是他的学习原则，关于学习方法也有几点可取的地方：（1）学习要有头脑，即立定一个中心去学习，学习有了中心，如衣之有领，一举便张，以免支离之弊；如舟之有舵，一提便醒，以免猖狂之失。这个中心就是致良知，吾人处世为人，处处以致良知为主，则无往不宜。（2）学习要鞭辟近骨，切己用力实干。吾人做一件事，须把全副精神放在那件事情上面左敲右击，前攻后打，如猫之捕鼠，不获不止。王子最注意这一点，平日屡屡对他的弟子极力地提醒过："诸公在此，务要立个必为圣人之心，时时刻刻须是一棒一条痕，一捆一掌血，方能听吾说话句句有功。若茫茫荡荡，譬如一块死肉，打也不知得痛痒，终恐不济事，回家只寻得旧时伎俩而已，岂不惜哉！"（《传习录》上）这样沉痛醒人的话，陆子也尝讲过。（3）学习要各随分限所及。逐步渐进,不可躐等以求速效。他说:"我辈致知,只是各随分限所及。今日良知见在如此,只随今日所见扩充到底;明日良知又有开悟,便从明日所知扩充到底。如此方是精一工夫。"(《传习录》下)知一步行一步,随知随行,仍是知行合一的原则。

六 教授法

王子一生不忘格物致知,所以他平日所讲不出《大学》的范围。但亦按照学生的程度分为两级。凡初入门听讲的,授以《大学问》以指示圣学之全功,使他们知道为学的路径。到了从游日久、有了相当程度时,则随时指点,或提举最简当的口号,使他们自家揣摩。对于程度最高的学生,只加一番点化之功,给一种暗示,使其自己了悟,甚至于点化都不用。他说:"学问也要点化,但不如自家解化者,自一而百当。不然,亦点化许多不得。"(《传习录》下)即或有时授给,也要随人能力所及,使他们容易了解;若不察其能力,授以过当的知识,不能消化,反是害了。他说:"与人论学,亦须随人分限所及。如树有这些萌芽,只把这些水去灌溉;萌芽再长,便又加水。自拱把以至合抱,灌溉之功皆是随其分限所及。若些小萌芽,有一桶水在,尽量要倾,便浸坏它了。"(《传习录》下)

七 儿童教育论

王子提倡培养主义,不仅对高等教育,即对于儿童教育也是一样;不过在前者从学理方面讲培养,在后者以兴趣方法讲培养。他是要养成一班爱动爱唱爱游戏,天机活泼,生气盎然的儿童,这样的儿童才是有用的人才,培养成这样的儿童,才是有价值的教育。他说,从前教育儿童,本来是根据儿童心理,发展他们的个性,极其活泼有兴趣的。譬如儿童爱唱,教他们以歌诗;儿童爱动,教他们以舞蹈;儿童爱游戏,教他们以习礼。这样,儿童视学校如乐园,视师长如父母,莫不乐于来学、乐于受教，日日在欢欣鼓舞里面过生活，身心不期然而自发育，如草木萌动之初，日日在春风雨露之中，不知不觉潜滋暗长起来。到后来教育日坏，教者全不顾及儿童的心理与个性，只知督责课诵，严加管束，见有不守法的儿童，则鞭挞绳缚，如待拘囚。这样一来，儿童视学校如牢狱，视师长如寇仇，视读书如畏途了。这种教育，把纯全活泼的儿童，不是养成死板的样子，就是养成偷惰或欺诈的习惯。要矫正这种毛病，一方须采取古代教育的优点，一方面还须适合时代的情况，所以王子对于儿童教育有一个系统的计划。

（1）训练标准。孝、悌、忠、信、礼、义、廉、耻八目。

（2）教材大纲。诗歌、习礼、读书三类。诗歌之意：可以表现意志，陶冶性情，舒畅郁气。习礼之意：可以训练秩序，活动血脉，锻炼筋骨。读书之意：可以开发知识，收敛心思。

（3）日课。每日功课分为五节：一考德，二背书诵书，三习礼或作课艺，四复诵书讲书，五歌诗。考德一节以谈话式举行，犹现今小学课前谈话之意。歌诗分班每日举行一次，习礼分班每二日举行一次。

第五节　罗整庵（1465—1542）与吕泾野（1479—1547）

一　绪　言

程、朱之学，自明代中叶以来，已成为强弩之末了。当是时，阳明以"致良知"为提倡，甘泉以"随处体认天理"相号召，议论新出，工夫简单，适足以救程、朱支离之弊；于是二家学说风靡了全国，全国知识分子不归于王则归于湛。其能笃守程、朱之说不为时代所转移且敢与王、湛抗衡的只有罗整庵与吕泾野二人。吕氏之学出于薛门，以"穷理实践"为主，态度平易，无所不容。罗氏所讲格物致知之学，乃由自己苦研得来，博洽精深，笔锋又极尖锐，时常驳倒王学，诚为当时王学一大劲敌。

二　罗整庵

罗氏名钦顺，字允升，号整庵，是山西吉县的人。生于宪宗成化元年，死于世宗嘉靖二十六年，是八十三岁的高寿。二十八岁中壬子乡试第一，二十九岁就举了进士第一甲。第二年派为南京国子司业。当时祭酒为张枫山，张氏亦讲学之士，二人相互提倡，所以太学一时称极盛，而罗氏讲学时期即从这个时候开始。研究学问的人对于政治生活常觉淡薄，不久罗氏请求辞职还乡养亲，反触了宦官刘瑾的怒气，把他的一切官职都夺了。世宗即位，刘瑾被诛，罗氏以原官起任，不久迁为南京吏、礼二部尚书，此时他已五十八岁了。在部不过二年，因父死归葬，以后遂不肯再出做官。此后二十余年间，一方研究，一方讲学，完全老于家乡。罗氏性情严整，行为端正，而生活亦极简素，所以在当时有"如精金美玉，无得致疵"之赞扬。在三十岁以前，他曾用心研究过佛学，自三十岁以后，始由佛转入于儒，又苦心研究数十年，直到六十岁而始自信有成。所以他的学问，不但擅长儒术，且精于佛学，在儒家中对于佛学研究最深而攻击中肯的，要以整庵为第一。但罗氏虽为儒家中的程、朱学派，他的思想亦不与朱子尽同，平生所笃信的最是程伯子，除程伯子以外，凡宋、元以来的各大家无一不受他的批评，而批评象山尤多，所以对于当时阳明之学指摘不遗余力。他的学问最精粹的为理气论，其次则为心性说，两者均属于哲学范围，而后者于教育较有关系，所以我们不得不略叙一下。

罗氏说："心性至为难明，是以多误。谓之两物又非两物，谓之一物又非一物，除却心即无性，除却性即无心。惟就一物中剖分得两物出来，方可谓之知性。"（《困知记》）由此一段话看来，罗氏对于心性两个字颇费了研究的工夫。在他的解释，心性二字是同一件东西而各有分际。性如《易》所谓"至精"之处，心如《易》所谓"至神"之处。

因为至精，所以"无有远近幽深，遂知来物"；因为至神，所以"寂然不动，感而遂通天下之故"，其实是一体。罗氏又说："盖虚灵知觉，心之妙也；精微纯一，性之真也。"（《困知记》）心性为同一体，此体之虚灵明觉处谓之心，此体之精微纯一处谓之性。譬如视觉器官为目，目是一个体。此体未视时，即无所感时，则寂然不动。一有所感，即有所视。目之所以视，由于目体之虚灵明觉，目之所以能视，由于目体之精微纯一。所以同一目体，自其虚灵明觉处说谓之心，自其精微纯一处说谓之性。换一句话说：就其可视说谓之心，就其能视说谓之性，其实只是一个物体，不过在一体上有两个分际，故有两种说法，但这种分际不能以体用二字来区分。所以他说："夫心者人之神明，性者人之生理，理之所在谓之心，心之所有谓之性，不可混为一也。"（《困知记》）一般人所以别体用，是以动静状态说，当静止状态时谓之体，当活动状态时谓之用。罗氏亦尝说体用，说动静，不过他是以情意欲为动的，心性为静的，所谓用当指情意欲等名词说，而心与性还是一体。

罗氏论性，是主张程、朱的"性即理"说，所以他反对陆子的"心即理"说，又反对王子的"良知即天理"说。他以陆子的"心即理"是不知性为何物，王子的"良知即天理"是误解了良知。孟子所谓良知是不学而知的一种知觉，即近世本能之知，非良善之知，若谓良知是良善的知觉即天理，那就错了。且孟子所谓"爱亲敬长"的"爱敬"二字即天理，"知爱其亲，知敬其长"的两"知"字是不虑而知的良知。天理是体，良知是用，以良知即天理，是以用为体，实在是大错。况知只有一种，知恻隐羞恶与知视听言动同是心的妙用，若以前者为天理之良知，后者为知觉，别知为二，更是错误。他以为陆、王所讲的都是心学，即虚灵明觉的一点，他们只求到虚灵明觉而止，以为明心可以见性，不必别用工夫。这种顿悟的直觉的学问，当然是程、朱学者所反对的，所以罗氏为学，费尽思考之功，平日教人亦重思考一方面。他以为一切学问知识由直觉而得的很少，由思考而得的特多，除了圣人生知安行以外，没有不经过困知勉行而能够成功的。所以他说："夫不思而得，乃圣人分上事，所谓生而知之者，岂学者之所及哉。苟学而不思，此理终无由而得。凡其当如此自如此者，虽或有出于灵觉之妙，而轻重长短类皆无所取中，非过焉斯不及矣。"（《困知记》）又说："良心发现乃感应自然之机，所谓天下之至神者固无待于思也。然欲其一一中节，非思不可，研幾工夫，正在此处。"（《答允恕弟》）

三　吕泾野

吕氏是陕西高陵人，名柟，字仲木，学者称为泾野先生。生于宪宗成化十五年，死于世宗嘉靖二十一年，完全与罗整庵同时，而寿命差不多短他二十岁。吕氏在儿童时当过县学生，即有志圣贤的学问。二十三岁中弘治辛酉年的乡试，第二年以会试落第补入太学，当过几年太学生；到正德三年再应科举，乃取得进士第一名，授官修撰。吕氏为人廉正，学问道德且传播于国外。做官三十余年，安守清贫如故。从政之暇，即以讲学为事，所以他的教育生活也是三十余年。综计吕氏一生讲学可以分做四个段落：一在家乡高陵，二在解州贬所，三在南京官所，四在北京国子监。在高陵讲学，年约四十二三岁，是得罪宦官刘瑾，辞职还乡的一个时期。在此时期，先筑东郭别墅以会四方学者，后来学生发达，别墅容不了，添筑东林书屋一所，可以想见其学生之盛了。在解州讲学，由四十六岁到四十八岁，是以议大礼得罪了世宗的一个时期。在此时期，他是被谪贬为解州判，兼管州事，于从政之余，一方面施行社会教育，一方面从事书院教育。在解州三年，"民俗士习，翕然改观"。三年之后，调入南京，解州士民哭泣相送，人格感化的成绩到处可见。因为有这样的成绩，才有升迁的机会，自此以后吕氏的政治生活渐渐顺适。在南京九载，"与湛甘泉、邹东廓共主讲席，东南学者尽出其门"（《学案》）。追后调入北京，为国子祭酒，掌管国家最高教育机关，此时吕氏年已五十多岁了。以正心修身、忠君孝亲为宗旨，以四书五经及《仪礼》等书为教材，爱学生如子弟，而管束极严，为明代有数的祭酒。

吕氏为渭南薛思庵的门人，思庵为薛敬轩的学侣，所以他的学问是接敬轩之传的。吕氏态度平和，虽然笃守程、朱学说，而对于别派并不攻击。他说："不同乃所以讲学，既同矣，又安用讲耶？"这是与罗整庵不同的地方。他平日所讲的也是格物致知，对于性理方面很少发表，即以格物为穷理一点也是老生常谈，毫无新的贡献，他之所以吸引学子及其成就，实在是他的人格感化的一点。但我们要取他关于教育方面的言论稍足叙述的约有两点：一为学习法，二为教授法。关于学习，他是主张下学工夫的，不尚空谈，不务高远，要从切身近处做起，要从语默作止处验来。求学即是做事，做事即是求学，能于做事中去求学才见得学问真实，方为有用的学问。且一切学问或修养要从动处磨炼，才能成功，而世人分求学与做事为二，那就错了。关于教授方面，他是提倡个性教育的，所谓因材施教。他说："人之资质有高下，工夫有生熟，学问有浅深，不可概以此语之。是以圣人教人，或因人病处说，或因人不足处说，或因人学术有偏处说，未尝执定一言。"（《答学生问阳明良知教人》）若不随学生资质学力所到斟酌诱进，而规规于一方，刻数字以必人之从，纵不失败也太偏了。所以吕氏最佩服孔子教人的方法，对于阳明单一以"良知"教人表示反对，即对于朱子老是以"诚意正心"四个字教导皇帝的办法也认为大错特错。下面一段话，他说得最好：

> 或问朱子以"诚意正心"告君，如何？曰：虽是正道，亦未尽善，人君生长深宫，一下手就教他做这样工夫，他如何做得，我言能如何入得。须是或从他偏处一说，或从他明处一说，或从他好处一说，然后以此告之，则其言可入。若一次聘来也执定此言，二次、三次聘来也执定此言，如何教此言能入得。告君要有一个活法，如孟子不拒人君之好色好货便是。（《语录》）

吕氏关于教育学理的两点，尤以第二点为有价值，其余则无可述了。

第六节　王门弟子

一　绪　言

阳明为唯心派的一元论者，一生讲学虽只二十余年，但在程、朱学派衰微之后，以单刀直入法警醒天下人心，而天下人心卒被他的学说所鼓动，于是门徒之盛远驾程、朱。黄太冲著《明儒学案》，罗辑王门弟子之著者按照地域，别为浙中、江右、南中、楚中、北方及粤闽六处，合计不下七十多人，而止修、泰州两处尚别立为学案。在《浙中学案》里，以徐横山、王龙溪、钱绪山等人为选；在《江右学案》里，以邹东廓、罗念庵、欧阳尚野、聂双江、刘两峰等人为选；在《南中学案》里，以王心斋、黄五岳、朱得之、戚南玄、周道通、冯南江为选；其余各处皆有选首。阳明平生讲学凡三变，最后归本于"致良知"三个字，意在修明本心，讲求根本之学，以救程、朱末流支离的毛病。哪知弟子众多，品汇不齐，多喜专言本体，忽却工夫，甚至放诞无归，如同野狐禅一流，王学到了末流遂为天下所诟病，只有江右一派，笃守师说，传授王学不失师门的正宗。

王门弟子中，年龄最长的，有董萝石，入门最先的有徐横山，性行最特异的有王心斋。董氏名沄，字复宗，号萝石，是浙江海盐人，其年龄且长于老师数岁。晚年，听了阳明良知之说，恍然大悟，叹为不虚此生。在岁尽雨雪之时，离开了家庭，从阳明讲学至七十七日而死于书舍，这也算是师门中的一个异人。徐氏名爱，字曰仁，号横山，余姚之马堰人。生于宪宗成化二十三年，死于武宗正德十二年，只活了三十一岁。他享年虽短而资性聪慧，学力已到解悟的程度，为王门中的颜子，对于王学之宣传颇有功绩。自他死后，阳明常想念不置，师弟的情感亦如当年孔门之颜渊。王氏名艮，字汝止，号心斋，泰州之安丰场人。幼年贫困，尝从他的父亲经商；在经商时，怀着《孝经》《论语》《大学》刻苦发奋，逢人质疑，日久若有所领悟。在三十八岁时，因友人的介绍，始往江西拜见阳明。当请谒之初，气势岸然，登上座与阳明相抗辩，经两次折服，才下拜称弟子，王氏可为孔门中之子路了。其后拱卫师门学说，行为奇特，也与子路相似。王氏对于教育学理虽没有贡献，但倡出淮南格物论，以安身安心为要旨，矩吾身而规天下国家，持论超出师门的范围，发前人所未发，自属一种创论。

二 钱绪山

钱氏名德洪，字洪甫，浙之余姚人。生于孝宗弘治九年，死于神宗万历二年，享年七十九岁。当阳明平濠归越时，钱氏年正二十六岁，约了同邑弟子数十人，会阳明于中天阁，同请学为弟子。王门中自徐横山死后，以钱氏与王龙溪二人为最高足，此二人师事阳明历时最久，于师门关系亦最深。当是时，凡四方好学之士，远来王门求学的，皆先由钱氏与龙溪"疏通其大旨，而后卒于文成，一时称为教授师"。当阳明出征思田时，留他们二人居守越中书院，迭主讲席。第二年，阳明死于道路，钱氏服心丧三年之后，才赴廷对，取得进士，派出为苏州教授，后求召进京来，补国子监丞，寻升刑部主事，稍迁员外郎。其后以得罪权贵过了一次的监狱生活，在监狱中仍不忘讲学。出狱以后，不复仕进，在野三十年无日不讲学，凡江、浙、宣、歙、楚、广名区奥地，皆有他的讲舍。七十岁以后，以年老气衰，始不出外远游。

有名的天泉证道问答，话于阳明出征思田之前夕。当是时，师门教法每提如下四句：

无善无恶心之体，有善有恶意之动，知善知恶是良知，

为善去恶是格物。（《龙溪学案》）

绪山以为定本不可稍易，龙溪以为这是权法，他说：

体用显微，只是一机，心意知物只是一事。若悟得心是无善无恶之心，意亦是无善无恶之意，知亦是无善无恶之知，物亦是无善无恶之物。

前者谓之四有论，后者谓之四无论。二人相论不决，因乘阳明将要启行之便，相与踵门请求解答。阳明喜他们来意之佳，谓二者皆有至理，前者为中根以下的人说法，后者为上根人说法，宜互取为用。由两论看来，亦可以推知钱、王二氏的性格与学力，所以黄氏谓"龙溪从见在悟其变动不居之体，先生只于事物上实心磨炼，故先生之彻悟不如龙溪，龙溪之修持不如先生"（《绪山学案》）。由是王学分两派，亦以钱、王二氏为代表。

钱氏切实不蹈空虚，但平日所论仍是多说本体，少说工夫，对于教育方面的理论则绝少。所言本体，在发挥"良知"说，所言工夫在说明"致"之工。他以心之本体乃纯粹至善的东西，良知为至善之著察，故良知亦至善。至善之体，即虚灵之体，不可以恶名，亦不可以善名，故曰"无善无恶"。此体自然流行不息，通昼夜之道。"良知不假于见闻，故致知之功，从不睹不闻而入，但才说不睹不闻，即着不睹不闻之见矣。今只念念在良知上精察，便是是非非无容毫发欺蔽。"（《会语》）但这一类的话全属哲学范围，可勿庸多述。

三　王龙溪

王氏是浙江山阴人，名畿，字汝止，号龙溪。少于绪山二岁，自孝宗弘治十一年至神宗万历十六年，享有八十六岁的高龄。龙溪与绪山师事阳明同时，出处进退亦常相共，同为师门中的助教者，同为师门中的传道者。但两人的性情各不相同，若以绪山为狷者，则龙溪好似狂者。龙溪自阳明心丧期满之后，与绪山同赴廷对，取得进士，官至郎中。但仕途淡漠，在林下四十余年，无日不讲学，自两都及吴、楚、闽、越、江、浙皆有讲会，与绪山同为天下学者所宗仰。

阳明说："吾教法原有此两种：四无之说为上根人立教，四有之说为中根以下人立教。上根者即本体便是工夫，顿悟之学也；中根以下者须用为善去恶工夫，以渐复其本体也。"（《龙溪学案》）龙溪近于上根之人，所以他平日持论趋归于四无。四无之说，凡意、知、物皆归于心，工夫即在心之本体，从心上立根即先天之学。心即良知，由心而发，无往不善。所以他说：

> 吾人一切世情嗜欲，皆从意生。心本至善，动于意始有不善。能在先天心体上立根，则意所动自无不善，世情嗜欲自无不容，致知工夫自然易简省力。若在后天动意上立根，未免有世情嗜欲之杂，致知工夫转觉烦难。颜子先天之学也，原宪后天之学也。（《语录》）

修养从心体上立根，教育也是从心体上培养。他又说：

> 古人之学，一头一路，只从一处养。譬之种树，只养其根，根得其养，枝叶自然畅茂，种种培壅灌溉，条枝剔叶，删去繁冗，皆是养根之法。（《语录》）

但这一番话，仍是师门的旧说，并非由他自己创论。王门弟子虽盛，除王心斋淮南格物略有创获外，其余皆是推衍师说，或超出范围；对于教育理论太觉隔阂，所以我们不多举了。

本章参考书举要

（1）《明史》的各家本传

（2）《明儒学案》的各家学案

（3）《陈白沙集》

（4）《湛甘泉集》

（5）《王阳明全集》

（6）《传习录》

（7）《罗整庵文集》

（8）《困知记》

第三十四章　晚明教育家及其学说

第一节　概　论

王学初出，虽能一新社会之耳目，但到了末流，则放诞无所归宿，驱天下尽为矫诬不学、任性自适之徒。社会无一切实学术与精神，将何以维持久远？放诞之极，而东林诸子以起。东林诸子虽不完全笃守程、朱，但个个尚气节、讲实在，确能一扫王学之陋习，是王学末流的一大反动。迨后来，刘蕺山讲学于证人书院，有弟子黄梨洲、全谢山、万氏兄弟，有宏城孙徵君，昆山顾炎武，莫不提倡气节，以讲求实学为宗旨，明朝虽亡，而士气之壮烈，确受了这一班讲学豪杰之士的影响。我们在本章，除东林诸子外，只录刘蕺山一人为本期的殿将，其他诸子，皆死于清初已定之日，为有清一代学术界之先河，故留在下期另述。东林诸子中只取顾宪成、高攀龙及孙慎行三人，合蕺山为四。此四人中，当以蕺山学力最深，所论心理、教育创获最多，为阳明以后第一人。东林诸子，也谈心性，谈修养，较王门诸子个个切实。如顾氏之识性，高氏之复性，孙氏之心性气一体，皆有独到的地方，不过缺乏教育学理论。阳明派以良知为本体，程、朱派的罗整庵以良知为作用，而顾氏则以良知介乎体用之间，这一点也是与前人不同的。总之，对于心性的解释，及修养的论证，较从前均有进步，不过全是对成人说法，为学力有相当程度的人说法，对于儿童教育则没有人能注意到，是一种缺点。

第二节 东林学派

一 绪 言

东林书院在江苏无锡，是宋儒杨龟山讲学的地方。五百年以来，这个书院久已破废，到明神宗万历年间，由本地学者倡议修复，他们即借此地重开讲席，东林书院之名由此大著。倡议修复的为顾氏兄弟，讲学同志有高氏、孙氏、钱氏一班学者。这一班学者皆是以讲学挽回世道人心的；换一句话，他们皆是以"教育救国"为目的的。论他们的地位，全是士大夫阶级；论他们的品格，全不失为正人君子。他们个个以学问而兼气节，不是书生派的教育家，乃是豪杰风的儒者，有血性，有气概，有操守，讲学不肯忘却政治的学者。因为不肯忘政治，所以往往以时政为讲学的资料，而他们本人也不时出入于政海，于是无锡之东林书院不知不觉在北京政府里头占一部分势力了。当是时，正是神宗晚年，他们眼看见朝政日非，小人势力日长，愈发为激烈的言论，忌恨他们的小人们遂指为东林党，因运时会的人又从而附和起来，于是东林党的名声喧腾于天下。其实，在东林讲学的不过数人，因为与在朝小人对立，所以凡属言论正直一点的士大夫皆被目为东林党人，而东林书院当初不过一私人讲学的机关，后来竟变成政治团体了。但这一派人，所讲的学问是王学的反应，所负的气节是时政的反应。他们都是拥护程、朱学说，对于王学加以攻击的，但他们彼此之间的主张各有不同，亦不是与程、朱学说完全一致的，所以我们称之曰"东林学派"。刘蕺山说："东林之学，泾阳导其源，景逸始入细，至淇澳而集其成矣。"（《东林学案》）我们在本节里头亦列举这三人为代表。

二 顾宪成

顾氏名宪成，字叔时，泾阳是他的别号。他是无锡人，昆仲有四个，本人行三。第四弟名允成，字季时，学问品格与他相似，倡议修复东林书院即他们兄弟二人，可谓难兄难弟了。泾阳生于世宗嘉靖二十九年，死于神宗万历四十年，享年六十三岁。他以万历四年中乡试，八年登进士，时为三十一岁，从此出入于朝野，转调于政治生活。生来一副忠肝义胆，敢发谠论，不避权贵，当三十八岁时，以上疏得罪了执政大臣，谪贬到桂阳州当判官。第二年，移理处州，后来又转调泉州。考其政绩，称为公廉第一，于是又调进京擢为考功司主事。在万历二十二年，又以好说话得罪了执政大臣，遂被削夺官职，放归田里了。此时顾氏已四十四岁，以直言被废，声名益高，他也乘此机会到处讲学，思以在野之身唤醒士民，挽救危亡。东林书院之修复，在他削籍的第十年，内中办法一律遵守《白鹿洞书院学规》，其实他的讲学成绩自此以前已振振有声了。

顾氏是一个热心于世的忧国分子，所以他平日讲学亦以有益于实用为目的，不是徒尚空谈的。"官辇毂，念头不在君父上；官封疆，念头不在百姓上；至于水间林下，三三两两，相与讲求性命，切磨道义，念头不在世道上；即有他长，君子不齿也。"（《东林学案》）由他这几句话看来，可以想见其为人了。我们把他的学说，可以提出两点来说说：一关于性善的，二关于修养的。

顾氏以性为本体，以情为用，以良知为才——介乎体用之间。本体之性为天所赋予，是至善的，所以发而为用之情与才也是至善的。"孩提之童，无不知爱其亲也；及其长也，无不知敬其兄也。亲亲仁也，敬长义也。"由孟子这一段话所指：仁义为性，爱敬为情，知爱知敬为才。性是"无为"，而才与情是"有为"；情是"有专属"，而才是"无专属"；所以才介乎体用之间。良知即才，所以良知也是介乎体用之间，但其质为善的，三者是一样。性不但是善的，而性即善；性与善是一不是二，所以他说："语本体只是性善二字。"（《小心斋札记》）善并没有特别意义，不过是万德之总名；性乃纯一之天理，万德皆备，故曰性善——性与善是一致的。性与善既一致，则不善的东西必不是性；换一句话，凡吾性所本有的谓之善，凡吾性所本无的便谓之恶了。心乃根柢于性，性即心之体，所以心也是善的。不过有时心为私欲所引诱，多趋于恶，但本体未尝不善。由此论证，所以他认阳明"无善无恶心之体"一句话落于禅宗，有违儒家的说法，辩难不遗余力。

"吃紧只在识性。识得时不思不勉是率性，思勉是修道。识不得时，不思不勉是忘，思勉是助，总与自性无干。"（《小心斋札记》）顾氏一生为人的工夫就在"识性"二字。识得性时，着意是好的，不着意也是好的。怎样识性，"当下即是"，因为"合下具足，所以当下即是"。"合下"以全体言，凡现在、过去及未来皆包括在内。"当下"以对境言，只论现在，不论过去及未来。凡整个时间，无论古今，或一瞬一刻，皆具有至理。皆是天理流行，所以"合下具是"。但吾人多为私欲所蒙蔽，虽然人人"具足"，未必人人"即是"；虽未必"即是"，亦不害于"具足"。只要吾人于现时此地看得清白，识得性来，朝着天理行走，吾人的行为就是至善的，就合乎天理，所谓"当下即是"。在平时随时随地如此用力；在变时，也随时随地如此用力。平时用力，是在源头上探索；变时用力，是在关头上打通。探索得源头则关头亦通，打通得关头则源头自清。

三　高攀龙

在这个时候，海内大儒，以高、刘并称，高氏所成就虽不及刘蕺山之大，但出处进退之雍容，及修养工夫之纯熟，二人实无高下可分。高氏名攀龙，字存之，别号景逸，与顾泾阳同乡，也是无锡的人物。他生于世宗嘉靖四十一年，较顾氏晚生十二岁。当二十五岁时，还听过顾氏的讲授，他们似有很浅的师生关系。高氏以万历十七年登进士，二十年入官为行人，当时以一疏打倒张世则的《大学古本初义》，对于程、朱之学曾极力拥护过。第二年，以直言得罪阁臣，被贬到揭阳为添注典史。揭阳一谪,帮助他的学问之进修确实不小,差不多与阳明的龙场之谪同其功用。当此之时,高氏年仅三十二岁,在途中走了二月,在谪所住了半年。我们观他自序求学工夫,艰苦严密,应该有后来的成就。在谪半年后归家,而顾氏已放归田里了,于是二人相与讲学于东林书院。东林书院虽由顾氏倡议复修,而内中一切规程多由高氏手订,且在内中讲学时期,后者亦较前者为长。高氏自被贬以来,在林下以讲学为生,共计二十八年,一直到熹宗即位才起用为光禄寺卿,这时年已六十岁了。在京做官不到五年,因与在朝奸党不合,遂被削籍还为平民。当是时,东林党之名已成为奸党的眼中钉,东林书院即是他们的怨府,高氏被削之后且封锁他的书院,教育之被摧残可见一斑。第二年,奸党大捕东林党人,正人君子逐一受害,高氏不忍辱身于贼手,乃于饮酒后,投于园池中,从容自杀。自杀时曾有遗书给他的门生,内中有这一句话——"平生学问至此亦少得力",我们可以想见其工夫了。

高氏之学,以复性为宗,以格物为要,以居敬为工夫,以静坐为入德之门;他平日教人亦不外这标准。换过来说,"复性"是他的教育宗旨,"格物"是他的学习方法,"居敬"与"静坐"是修养的工夫。他以性为本体,认它为天理,为至善,为天所禀赋,完满无缺的,与顾氏的意见相同,不过说的更复杂、更精透。同时并指出心、气、情等名词及与性的关系来。他说:"中者心之所以为体,寂然不动者性也。和者心之所以为用,感而遂通者情也。"(《未发说》)这是以性为体,以情为用,总名曰心。又说:"心气分别譬如日,广照者是气,凝聚者是心,明便是性。"(《会语》)这是认心、性与气三者为同一物,不过作用不同。又说:"气之精灵为心,心之充塞为气,非有二也。"(《讲义》)这又认心与气为同一物了。又说:"存养此心纯熟,至精微纯一之地,则即心即性,不必言合。"(《论学书》)是又以心与性为同一物了。又说:"性者天理也,外此以为气,故气为老氏之气;外此以为心,故心为佛氏之心。圣人气则养其道义之气,心则存其仁义之心,气亦性,心亦性也。……性形而上者也，心与气形而下者也。"（《气心性说》）若全合乎天理，则心、性、气三者是一样的，不过性属于形而上的，心与气属于形而下的。我们归纳起来，吾人生命的活动全靠精神作用，这种精神作用充塞于全身的谓之气，团聚于中而能主宰一切的谓之心，表现于外发而有喜、怒、哀、乐的谓之情。凡此三者之所充塞、所主宰、所发现，有条不紊，极合于道理的谓之性，所以性为一切精神作用的本体；这个本体是善的，所以由它所生的心、气、情等精神作用也是善的。反转来说，若心、气、情不是由性所生，难免不为恶，恶即无有源头的东西——随着环境猖狂的东西。吾人的精神作用所以随意猖狂不本于性，由于本性为私欲所蔽，失了作用。吾人要有好的行为，即有规则的精神活动，必要回复天然自有之本性，所以"复性"为教育宗旨。怎样复性？在于格物。格物即穷理，穷得理明，则私欲自去而性即可复。"但程、朱之格物，以心主乎一身，理散在万物，存心穷理相须并进。先生谓才知反求诸身，是真能格物者也，是与程、朱之旨异矣。"（《学案》）

至于修养居敬的工夫亦与程、朱稍异。程子说："主一之谓敬，无适之谓一。"高氏则谓"心无一事之谓敬。"他是要以心中无一点事情为极功的，得到心中无一点事时才谓之敬。如何能使心中湛莹无一事，则有赖于修养工夫。修养第一步莫如静坐，静坐是"唤醒此心卓然常明，志无所适"的工夫。志无所适，则精神收敛，杂念自去，昏气自清，于是心地澄澈空明，本体自然呈现。此时所呈现的仍是毫无一物，此之谓敬。到得敬时，"遂与大化融合无际，更无天人内外之隔了"。但做到这个地步殊不容易，必有数十年涵养之功才行。他说："大圣贤必有大精神，其主静只在寻常日用中。学者神短气浮，便须数十年静力方得厚聚深培"（《自序》），所以他以静坐为初学入门法。

四 孙慎行

孙氏名慎行，字闻斯，号淇澳，是常州武进县的人。生于世宗嘉靖四十四年，死于崇祯八年，享年七十又一岁；我们所举东林三人中，以孙氏出世较晚，而年寿最高。孙氏以万历二十三年成进士，时仅三十一岁。初授翰林院编修，逐次擢升至礼部侍郎，并署部事，时为万历四十一年，而孙氏年已四十九岁。第二年辞职回籍，在乡闲住了七年。天启初，又以礼部尚书召他来京供职。孙氏亦豪杰风的学者，眼看朝政日非，往往直言抗争，不顾利害，声色震撼宫廷。当时朝廷有三案之争，孙氏为红丸事，弹劾宰辅尤力，而卒以此得罪奸党。奸党已下令要把他充军到宁夏，巧逢庄烈帝继位，得以不行。过了八年，庄烈帝很想起用他，召至京来，未及视事而死了，与高景逸比较总算幸运。

孙氏学力与高氏不相上下，但他不是程、朱信徒，似乎是直接孟子的另一派学者。他的特异处，在论理、气、心、性三点。他以为：天命只有一种而没有不齐，性只有一种而没有不善。心亦只有一种而亦无不善。而世人往往说"天命者除理义外，别有一种气运之命，杂糅不齐；因是则有理义之性，气质之性；又因是则有理义之心，形气之心"，这全是观察错误。他说，理义之命固然齐一，而气运之命未尝不齐。在表面上看，虽有寒暑错杂、治乱循环、死生得丧种种不一，但天道福善祸淫，全是一段至善，此至善者，一息如是，终古如是，在万有不齐之中有此一点真主宰，万古常存，可见气运之命也是齐的。他又说："性如一粒种子，生意是性，生意默默流行便是气，生意显然成像便是质。如何将一粒分做两项，曰性好气质不好。"（《淇澳学案·困知钞》）这一段话说得极好；由这一段看来，所谓性、气、质皆是一体的三现象，全是至善的。一般人即分理义之性与气质之性为二，又说气质之性不善，不但支离，且根本错误。至于孟子所说肥硗雨露人事不齐，因之所生蕣麦显有差异，乃是孔子所谓"习"，而世误以为气质，故有"气质之性有不善"的谬解。他又说："人心道心非有两项心也，人之为人者心，心之为心者道，人心之中，只有这一些理义之道心，非道心之外别有一种形气之人心也。"（《淇澳学案·困知钞》）理义之性以外更无气质之性，故理义之道心外更无形气之人心，盖性与心同为天命所赋予，即为理义之实，没有不善；所有不善者皆是后天之习。若于道心之外别有一种形气之人心，也是以习惯为本然，与前者陷于同一误谬，不可不辨。孙氏对于心性的辩证大概如此，其他更与教育无关，我们只好从略。

第三节　刘蕺山（1578—1645）

一　生活小史

明末大儒虽高、刘并称，而刘氏的学问比较高氏的更为精深，在刘氏之后，虽教育家继起有人，但在思想界上要以刘氏为殿将。刘氏在明代可谓阳明以后第一人。刘氏名宗周，字启东，号念台，学者称为念台先生。他是以孤童起家，家庭极其贫寒，但父母两家都是很讲学问的。他的父亲刘坡是一个诸生，他的母亲章氏是理学家章颖的女儿。章氏怀念台仅五月，而刘坡已死了。念台既生，他的母亲以家贫不能生活，把他带到外祖家抚养，但此时他的祖父母尚在。到了十多岁，以祖父母衰老之故，遂归家奉事两老，一切家中事务皆由他自己一人去做。母亲章氏看到他的儿子体质孱弱，非常担心，以致忧虑成疾，而又无钱诊治，此时母子二人的心情殊觉可怜。刘氏一面读书，一面奉事二老，而章氏对他亦抱很大的希望。迨念台举了进士，成名归家时，而他的母亲已去世了。举进士时为万历二十九年，他年已二十四岁，于是居家守丧，一面奉事二老，过了七年才补行人。自此以后，他就出入于政治生活，在外做到京兆府尹，在内做到御史大夫，但每次皆以好为直言，不能久于其位，忽然而入朝，忽然而还乡。刘氏生当明朝末年，当时权奸坏乱朝政，把国家弄到不可收拾；而清军日逼关外，明朝的宗社一天危险一天，明朝的领土一天削小一天。刘氏目睹这种时局，更是激励他的国士之怀，忠义之气，愈发为谠论而愈不见用于政府。迨杭州失守，他决意以身殉国，投入水中，因水浅被人救起，后乃绝食二十三日而死。死时为福王弘光元年，距生于神宗万历六年，享年六十又八岁。

刘氏幼小时从学于外祖章颖，年长乃师事许孚远，后来与东林高景逸诸教育家共相讲论，北京首善书院他也参与过。他一生做官的次数虽多，时间不长，还乡以后即从事于教育事业，讲学授徒。他的学问非朱非王，以居敬为主，以慎独为要，颇近于周、程。他不反对阳明的良知之说，可是反对阳明派的良知的流弊，而攻击得很厉害。他是浙江山阴人，尝在他的家乡与门人弟子组织证人会，筑起蕺山书院，讲论所以为人的道理，所以后人又称他为蕺山先生。他幼年体质虽弱，但因修养得力，所以到后来身体反强了。他绝食期间，无日不与弟子讲论，气象一如平日，虽学力有素，也是正气鼓动，千载下犹当景仰其为人！

二 心理说

刘氏关于心理的解释，比较以前一班学者都进步，虽然缺乏科学的说明，但有许多独见的地方。我们可把他的解释别为四步叙述于下：

（1）心之本质。心是什么？刘氏以为从前的人有两种见解：一种人以心为性，而心成了极玄妙的东西；一种人以血气之属为心，而心成了极可仇视的东西，这都是错误。原来心与性及血气不可分开，但不能把性及血气认为心。充满天地间皆是一气之流行，此流行之气因凝聚而有种种形体，谓之万物。人不过万物中的一物，所以与他物不同的，因其体最灵。人体所以最灵，因为宅虚而气清，此宅虚而气清之处名之曰"心"。心为一身之主，统全身之气，但它的地位不过方寸。此方寸之心，中空而四达，其象如太虚，所以最灵。心有种种性质，此性质即谓之性；心有种种机能，此机能即谓之性。所以心与性实为一物，但不可把性当心。我们若要强分，不过说心具有形体，而性乃虚位，所谓心是形而下的，性是形而上的。心如钟一样，因其中空，所以能鸣，而鸣的机能谓之性。心如镜一样，因其体明，所以能照，而照的机能谓之性。

心如水一样，水源本清，清即水之性，此心与性的关系，亦是心与性的区别。凡人心所同然的谓之理，此所同然之理乃是生而有的，不是因习而成的，谓之性，故曰性即理。但只可说性即理，不可说性为心之理，若说性为心之理，则又别心与性为两件东西了。心也是一气，所以不同于血气之属的，前者乃寂然不动、至诚无伪的本体，而后者多杂物感，不免有偏执，而其为气则两者是同一的。吾人之身统于心，心为生生之主，人类一切活动，宇宙一切妙用，莫不由此心所发生。心是至神至灵的东西，所谓"极天下之尊而无以尚，享天下之洁净精微、纯粹至善，而一物莫之或撄者，其惟人心乎！"（《原学》）

（2）心之内容。心之内容即是说明心的构造，心的种种机能。心虽只径寸，可是其大无限；虽为虚体，可是其妙无穷。刘氏说："统而言之则曰心，析而言之则曰天下、国、家、身、心、意、知、物。惟心，精之合意知物，粗之合天下国、家与身，而后成其为觉。"（《语录》）从粗一方面说，是心与"天下、国、家及身"四种为一体；从精一方面说，是心与"意、知、物"三种为一体。此处所谓心之内容是从精一方面说的。试举一球体强为比喻：凡此球的总体谓之心；蕴藏于心中而有好善恶恶的机能者谓之意；进一层蕴藏于意中而有知善知恶的机能者谓之知；再进一层，蕴藏于知中，纯粹至善体物而不遗的谓之物。故物在知中，知在意中，意在心中，球面层层而扩大，球心步步而入微，其实是一件东西，所区别的不过最初一点机能。此不过就心之未发时说明它的本体之内容，若就已发时说则有种种表现。心是浑然之体，它的机能在"思"，因为能思，所以常是醒而不昧。致思而有得谓之"虑"，虑稍带已发的性质，与"思考"一词相同。思考之后有两种结果：一是贯通了曰"觉"，一是认识了曰"识"，认识之后再加以忆起谓之"想"，故想与思的程度不同。心本寂然，受了外物的刺激而为之一动谓之"念"，此动初起而即能把持，好像有主宰在里面的谓之"意"，虽动而能主持到底不为外物所迁移的谓之"志"。心既是活物，必有种种机能，凡机能之出于自然而不能禁止的谓之"欲"。欲非坏的东西，欲之所以坏乃纵欲而过的关系。若随其自然，全其自然，没有过与不及的毛病，则谓之"理"了，谓之"性"了，故曰性即理。凡"情"是欲之显著处，"才"又是情之显著处，至于"气"与"质"则更显著了。因为更显著，则不能无习，所以各人的气质万有不齐，但推溯其本源仍是虚灵一体的心，此虚灵之体是万古不变的。

由此看来，心的机能极多，妙用无穷，但最可注意的为"意"与"念"两种机能，意是好的，念是坏的。他说："心意知物是一路，不知此外何以又容一念字。今心为念，盖心之余气也，余气也者动气也。动而远乎天，故念起念灭，为厥心病，还为意病，为知病，为物病。故念有善恶而物即与之为善恶，物本无善恶也。念有昏明，而知即与之为昏明，知本无昏明也。念有真妄，而意即与之为真妄，意本无真妄也。念有起灭，而心即与之为起灭，心本无起灭也。故圣人化念还心，要于主静。"（《语录》）又说："意者，心之所以为心也。只言心，则只是径寸虚体耳，着个意字方见下了定盘针，有子午可指。然定盘针与盘子终是两物，意之于心只是虚体中一点精神，仍只是一个心。"（《语录》）念是浮气，起灭无常，为害心的东西；意为心之主宰，凡心之所以为心以其有意在；所以念当化而意要诚。

（3）心之活动。径寸虚体的心，性最灵而气最清，生意周流无间。内中有一个主宰名曰"意"，意之于心好似指南针之于罗盘一样。心中具有喜、怒、哀、乐四气，当其未与外物接触时，此四气相为循环，不能截然划分，只是一点机能。一旦受外物的刺激，则随感而应，受了哪一种刺激即以相当之气反应，所谓"当喜而喜，当怒而怒"。此喜、怒、哀、乐四气只是程度的差异，不是性质的分别，所以喜、怒、哀、乐中各有喜、怒、哀、乐。当其未发时，四气仍然存在，所谓静而无静；当其已发时，四气并非表露，所谓动而无动；只是一点元气，生生不已，周而复始的状态。心之官主思，心之主为意，倘能主常存在、官不失职，则四气的流行随感而应，不假丝毫做作，无往而不合于中和之道，所谓"天理流行"，正是这样意思。在这种现象之下，谓之至善也可以，谓之至诚也可以，此中原没有什么恶的成分，一般人所谓恶者就是此四气当外发时有过与不及的程度。过与不及就失了中和，所谓"偏至之气"。由偏至之气初一萌动时只争一些子，所谓"乐而淫，哀而伤"。倘若于未萌时不加存养，在已萌时不加善反之功，则一切罪恶由此而出，偏至不已，其结果之相差"容有十百千万倍蓰而无算者"。到了此时，谓之习了，早已失去心之本性了。所以到这步田地的，只因官失其职，心没有主，若是求诸无有一毫的偏至之气或暴气时，莫如致思而诚意。

三　慎独的修养论

刘氏以"慎独"二字为修养的极功。独是什么？他说，"夫人心有独体焉，即天命之性，而率性之道所从出也"（《证人要旨》）。又说，"独即天命之性所藏精处"（《语类》五）。又说，"独体只是个微字"，"就知中指出最初之机，则仅有体物不遗之物而已，此所谓独也"，"静中养出端倪，端倪即意、即知、即独、即天"。（俱见《语录》）可知独乃心体中最中之物，此物只有一点端倪，其体极微，其质极精，这个东西即天命之性。其实就是心灵中最灵的一点，极微极精，非从静中体认则看不出来，即体认出来了亦只一点端倪，实无一物。但这点端倪，具有喜、怒、哀、乐四气，吾人所有活动皆从这里面发源。倘若此端倪坏了，喜、怒、哀、乐所发必不正，于恐惧、好恶、忧患、忿懥种种不和的情绪都发生了，所以吾人要加"慎"的工夫。怎样叫做慎呢？他说："无事，此慎独即是存养之要；有事，此慎独即是省察之功。"（《语录》）慎独就是存养省察，存养是无事时的慎独，省察是有事时的慎独。独体至微，平日若无一点事，倘能时时不忘存养，自有端倪发现，自能由中道和。但独体又至神，偶一感动，念头即起，真有"一触即发，稍纵即逝"的神情。倘能于念头一萌之顷即下省察的工夫，而本体亦自清明，所谓"慎独之工，只向本心呈露时随处体认去，便得全体莹然，与天地合德"（《语类》六）。慎独是一种静的修养法，所以刘氏对于周濂溪、李延平及朱晦庵诸人关于静的修养极表赞同。对于濂溪，则曰："周元公主静立人极之说，尤为慎独二字传神。"（《天命章说》）对于延平，则说："自濂溪有主静立极之说，传之豫章延平，遂以看喜、怒、哀、乐未发以前气象为单提口诀。夫所谓未发以前气象，即是慎中真消息，但说不得前后际耳。盖独不离中和，延平姑即中以求独体，而和在其中，此慎独真方便门也。"（《语录》）对于朱子，则说："朱夫子尝言学者半日静坐，半日读书，如此三年必有进步可观。今当取以为法。然除却静坐工夫亦无以为读书地，则其实亦非有两程候也。"（《读书记》）慎独虽然从静中、微中做工夫，但此工夫不外一"敬"字，我们看他《证人要旨》上一段话："夫一间居耳，小人得之为万恶渊薮，而君子善反之，即是证性之路，盖敬肆之分也。敬肆之分，人禽之辨也，此证人第一义也。"说得何等厉害，简直以"敬肆"二字为分人禽的关头。再看他临死时的两句话："为学之要，一诚尽之矣，而主敬其功也；敬则诚，诚则天。"由此看来，敬是修养的第一工，也是为学的第一义。

四　证人主义的教育论

在《证人要旨》的开头，刘氏有这样一句话："学以学为人，则必证其所以为人；证其所以为人，则必证其所以为心而已。"（《语类》一）教育的目的即在令学者做一个人，"证其所以为人"，是学习做人的方法；"证其所以为心"，是方法的主脑。人即圣贤，圣贤乃完全人格的象征，圣贤之所以完全由于他的心之完全。"完全之心"并没有什么特殊，不过"一元生意，周流无间"。证其所以为心，即在养此一元生生之气周流无间而已。养到这步田地，即是完全了，即是圣贤了，这是刘氏的教育目的。

目的既定，即要立志，立志是做人的第一步。刘氏谓吾人生在社会中，如舟泛大海，倘不立志，则四顾茫茫，不知怎样行驶；如能立得志定，则有目标可指，有方向可寻，前途虽远，必有达到的一日，所谓"志立而学半，君子早已要厥终矣"。志立以后，还有三个程序。第一步要坚守。坚守有两种意义：一种要有毅力能坚持，虽中途遇着困难也不可折回；一种是要认清路线了死守这条路，其他虽有捷径亦不可贪图便宜，随意变更。第二步要安定。吾人既已上了我所认清的路线，既已在中途朝着前面驾驶，就当把全副精神放在这里，随时体认，就地研究，但得安然行其所事，而不为事情所拘执。第三步则要达到目的地了。工夫已渐成熟了，物无定而我有定，一切似为我所化了，内中一元生生之意自然周流无间了。所谓"优焉游焉弗劳以扰也，厌焉饫焉弗艰以苦也，瞬存而息养，人尽而天随，日有孳孳不知年岁之不足也，庶几满吾初志焉，则学之成也"（《证学杂解》）。这是刘氏关于学习进程的解释，即孟子的"盈科而后进"的意思。

刘氏最反对一班徘徊歧路的学者。他说："这等学者，上之不敢为尧、舜，下之不屑为桀、纣，却于两个中择个中庸自便之途，以为至当，岂知此生早已落桀、纣一途矣。"（《第一义说》）人间只有两条路，不为尧、舜便是桀、纣，不为君子便是小人。痛快地说，不做人，便是禽兽，绝没有中立的地让你徘徊，让你取巧，稍一徘徊便走进禽兽一途了。这一班人所以徘徊不决的，由于内中私欲太多，把他一点生气圈得死死的，把他一副真面目蒙蔽得尽尽的，所谓"凡一切悠悠忽忽，不激不昂，漫无长进者，皆是看来全是一团人欲之私，自封自固，牢不可破"（《第一义说》）。这都是由于不立志、不发愤的原因，倘能立志发愤做一个人，从苦处打去，则"起脚便是长安道，不患不到京师"（《第一义说》）。刘氏是一个立志做人的人，所以对于当时一班不肯做人及徘徊歧路的人们非常痛心，常常发为大声疾呼的论调。

教育既是令学者学做一个人，当然是为己不是为人，所学一定是向内着力，不是向外驰求。可是现在一班学者完全与这个意思相反，一意向外驰求，求富贵，求功名，甚至于气节也是有所为而为，把自己的身心性命抛到九霄云外，这还算是一个人吗？这还算是受了教育的吗？刘氏自己觉得非常痛心，有很沉痛的一段话，意义亦很浅近，我们不妨直接抄在下面：

今为学者下一顶门针，即"向外驰求"四字便做成一生病痛。吾侪试以之自反，无不悚然汗浃者。凡人自有生以后，耳濡目染，动与一切外物作缘，以是营营逐逐，将全副精神都用在外，其来旧矣。学者既有志于道，且将从来一切向外精神，尽与之反复入身来，此后方有下手工夫可说。须知道不是外物，反求即是，故曰：我欲仁，斯仁至矣。无奈积习既久，如浪子亡家，失其归路，即一面回头，一面仍往旧时缘，终不知在我为何物。又自以为我矣，曰吾求之身矣，不知其为躯壳矣。又自以为我矣，曰吾求之心矣，不知其口耳矣。又自以为我矣，曰吾求之性与命矣，不知其为名物象数也。求之于躯壳外矣，求之于耳目愈外矣，求之于名物象数外之外矣，所谓一路向外驰求也。所向是外，无往非外，一起居焉外，一饮食焉外，一动静语默焉外；时而存养焉外，时而省察焉外，时而迁善改过焉外。此又与于不学之甚者也。是故读书则以事科举，仕宦则以肥身家，勋业则以望公卿，气节则以激声誉，文章则以动听闻，何莫而非向外之病乎？学者须发真实为我心，每日孜孜汲汲，只辨在我家当。……于此体认亲切，是起居食息以往，无非求在我者。及其求之而得，天地万物无非我有，绝不是功名富贵、气节文章，所谓自得也。"（《向外驰求说》）

学者所以向外驰求，所以徘徊歧路，由于志不立。所以志不立，由于私欲蒙蔽，外面的习染日深，内面的本心亏欠日多，渐渐不能认识自己，不能分辨人禽了。吾人要立志去私欲的蒙蔽，莫如复其本性，使心有主，心有主则外面撄心的东西自然不敢近来，而吾人自不外求了。所以他又说，此心"不能不囿于气血之中，而其为几希之呈露，有时而亏欠焉"，"是以君子贵学也。学维何？亦曰与心以权，而反之知，则气血不足治也。"（《原学》）

五　读书法

关于读书一层，刘氏也极力主张，且取法朱子的半日静坐、半日读书法。他说："学者诚于静坐得力时，徐取古人书读之，便觉古人真在目前，一切引翼提撕匡救之法皆能一一得之于我，而其为读书之益有不可待言者矣。"（《读书法》）借圣贤的格言以证实吾心，由吾心以推到圣贤之心，才知圣贤与吾是同一样的心理，此心理即天理，而吾人做人更有把握了。这是读书的益处，但必于静中体验方能有得于心，否则书自书而我自我，两不相干。但他又以为朱子先格物而后致知，好似先读了书而后反正于吾心，未免把读书与正心诚意分为两事，近于支离；不若于读书时当下讲求读书之理，则此心即明于读书之下，较为直接。（见《学言下》）但以上全是讲的大学教育，即读书法也是要到程度较高时才能学得。刘氏另有关于一般人读书法的一段意见，即把所读的书分为三个阶段：第一阶段，先读《小学》，次读《大学》，再次读《中庸》，再次读《论语》，再次读《孟子》。《小学》是儿童的基础知识，《大学》是纲领，《中庸》较为精蕴，再照着《论语》《孟子》的话躬行实践。第二阶段，于以前五部书读完了，再读五经——《易》《诗》《书》《礼》及《春秋》，这五部书全是发挥心的机能的。第三阶段所读的为《四书》及《纲目》，读《四书》所以溯其源流，读《纲目》所以考其世变的，到了这一步，凡圣贤的道理皆一一领会于心，心中自有一种自得的妙趣。除此以外，如有余的工夫，对于诸子百家也可以涉猎，不过对于异端曲学是要绝对排斥的。至于每读一书所用的程序，不外《中庸》上所说"博学、审问、慎思、明辨、笃行"五个步骤。这是刘氏对于他自家的儿童所教训的一段话。

本章参考书举要

（1）《明儒学案》的《东林学案》及《刘蕺山学案》

（2）《明史》的《儒林列传》

（3）《理学宗传》的各家本传

（4）《刘子全书》

陈青之
中国教育史
下

陈青之 ◎ 著

河南人民出版社
·郑州·

第五编　半封建时代后期的教育

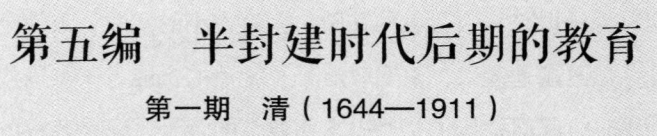

第一期　清（1644—1911）

第三十五章　清帝国之政治与教育

一　高压的政治

明朝自万历以来，因帝王的昏聩，宦官宵小的乱政，致使全国社会皆被糜乱，盗匪遍地起来，朱明政府失了统治的机能，于是满族以新兴的民族利用时机起而替代了。所以本期教育的背景，只是政权的移转，统治民族的变更，于农村经济不发生丝毫影响，而变形的封建社会依旧保持原来的状态。满洲民族征服了内外蒙古、中国本部及西藏、回疆等地，支配了汉、蒙、回、藏全民族，在东亚组织一大帝国。他们当初尚未完全脱离游牧生活，亦曾知道自己以后进的民族统治一切，必不为先进民族——尤其是汉族——所能心服，乃不惜逞其战胜的威力，施行种种高压手段，而汉、蒙、回、藏等民族终究屈伏了。它的高压手段，除对于其他被支配民族单纯以兵力外，对于汉族则用种种政策。我们举其较为显著的计有三种：一为防守政策，二为变俗政策，三为屠杀政策。关于第一种，凡各省重要地带即设立驻防将军，防制汉人的反动。关于第二种，一则变易汉族原来的衣冠为满洲的衣冠，一则强令汉族男子仿照满俗剃发结辫，倘有反抗的，格杀勿论。关于第三种，凡稍涉反动性的文字，或被他们认为有嫌疑的文字，即大肆屠杀，往往株连几十、几百以至几千人。中国帝王的专制，到明朝已经是登峰造极，哪知到了此时又加一层种族的界限，压制更甚于前，这种政局直至二百年后才渐渐松懈。

二　笼络的教育

　　满洲民族比较人口不及汉族十分之一。比较文化更是不能望其项背，以低级的民族、极少数的人口来统治高级的民族、极多数的人口，绝不是单凭武力能够收效的。他们的统治者也看到这一层，于是在政治方面虽施行高压手段，但在教育方面则采用笼络手段。他们的笼络手段是看透了汉人的心理，利用了汉人的弱点，所施行的一种教育。中国社会的势力全在一班士大夫阶级及土豪手中，这一班人大都属智识阶级，也即社会的优秀分子。清统治者知道他们最崇拜的是孔、孟，所以建都北京之初，即仿照明朝开设学校，崇祀孔、孟，且以祀孔的典礼与尊祖、敬天并重。又知道明末王学已不为他们所重视，渐有回到宋儒程、朱的旧路的倾向，所以康熙大帝首先提倡《朱子学说》，并把朱子列入十二哲里面，配飨孔子，及刊行他的著作《朱子全书》。又知道他们最爱科名，所以极力提倡科举，授以各级学位及给予领有学位者以特别荣誉与权利。还有一班明末遗老，或负有气节的士君子，对于故国的观念非常强烈，未必肯于屈就这种常套。清统治者于是又破除常格，另开特科，来网罗这一班人物借以收拾民心。社会知识分子最容易引用到书籍里面，清统治者于是极力奖励著作，或诱引他们在宫廷里面编辑类书，使他们常年埋头于故纸堆中，自然没有反抗的精力。总之他们的教育政策，一切皆是笼络的，意在使汉族除了不敢反抗外，并且要使一班人皆乐于就他的范围。这一种政策，结果也是收了成功。但他们的教育不但对于汉族采用笼络手段，即对于蒙、回、藏各族也是一样。例如对于蒙、藏，则崇拜喇嘛教，对于回族则崇拜穆罕默德教，依然是蒙古帝国之"因其俗以柔其人"的办法。清统治者一方面利用被统治民族的弱点以笼络他们，一方面保持其本族固有的优点，如勇敢善战、朴实耐劳的精神，常作为训练的资料，如本族语言亦列为一般学校的教材。但他们自入关以来，不久就被汉族文化与习俗所同化，也学汉人作八股、咏诗词，不仅昔日勇敢善战、朴实耐劳的精神完全丧失，即本族语言亦被废弃，这一点恐怕是清开国诸君所不及料的。

第三十六章　清代学风之复古

清三百年间，为中国学术史上极灿烂的一个时期，也是中国旧学总结束的一个时期。其学术势力较大、足以演成学风的，计有四派：一为性理学派，二为考证学派，三为今文学派，四为古文派。第一派流行于清初，著名人物有孙夏峰、李二曲、汤潜庵、张杨园、陆桴亭、陆稼书等人。前三人兼采朱、王，后三人则极力崇朱而黜王。第二派倡导于清初，称霸于清之中叶，到末年犹有余风。开山老祖为顾亭林，继起人物有阎百诗、胡朏明，到中叶而大盛。此派到了中叶，乃分吴、皖两系：吴系以长洲的惠定宇为盟主，门下有余萧客、江声等人；皖派以婺源的戴东原为盟主，门下有段玉裁、王氏父子等人。其余或出入于吴、皖两系，或独树一帜。到末了，还有俞曲园、孙仲容、章太炎等人，作此派的中流砥柱。第三派发生于中叶以后，到末年而此风大炽，代表人物有庄存与、崔东壁、康有为等，而以康氏为中坚。第四派倡导于清初之方望溪，成熟于中叶之姚姬传、恽子居，到末年有曾涤生等人为他们大张其军。这四派中，以第二派势力最大，由清初到清末，延长三百年的时间，尤以在中叶为极盛，横绝一世，差不多占了当时学术界的全面积，所以梁启超称他们为清代学术界的正统派。第四派的人们以文章擅长，可以说是艺术的；只因他们平日喜谈义理，崇拜程、朱，常以"文以载道"的题目来号召，知识界上附和的人们很多，确能自成风气，所以我们也列在这里。此处还有颜习斋、李恕谷、王昆绳等人，以实行为号召，反对一切空谈及记诵之学，可称为实行主义者。但他们重苦行，所实行的尽是一些古礼古法，与时代潮流不合，所以再传之后就消沉了。

此外还有专讲史学的，在清初有万氏兄弟，在乾、嘉之际有章实斋，以势力过弱，未能演成学风。黄梨洲虽有史学特识，而学术宏博，不限于一派，其所以传世的尤在于性理学与经世。

清帝国承明末王学空疏之后，学术界上遂发生一大反动。所以当帝国初年，一班学者力排王学，推尊程、朱，其学风乃由明以返于宋——即我们所说的第一派。反动潮流既起，迨后愈演愈剧，遂不可制止，于是有第二派学者产生，舍弃程、朱、陆、王而专讲贾、马、许、郑，其学风又由宋以返于汉了。这一班学者，抛开了所谓微言大义，专从古代制度名物上做工夫，以怀疑的态度、科学的方法，把所有古代的经籍一一重新估价与整理，于是发现了许多伪品，理出了许多条理，而二千年来怀疑莫决、真伪难分的问题也由他们给以凿实的解决。这种治学的工夫，直接成功了考证学业，间接给予后来研究学术者以不少的怀疑精神。怀疑不已，于是今文学者起，更由东汉以返于西汉，甚至由两汉以返于周、秦，直达孔、孟的真面目，把后世一切附会臆造的学说完全解除。如茧抽丝，层层向内，愈内愈解放，这是清代学者治学的方式。此所以梁氏以本期学术界运动的方式比之欧洲十四、十五世纪的文艺复兴运动，是一种解放运动，并且是以复古为解放的运动。到末了，欧风东渐，国人思想渐渐改变，遂舍弃古董旧学而致力科学，这与本期性质完全不同，我们留待后一期另述。

本期学者有讲学二十年的，有讲学三十年的，甚至毕生从事于讲学的，他们的治学途径虽然不同，而多以教授为生，把他们列入教育家当可无愧。关于教育理论，以性理派学者发表最多，且有许多进步的贡献，为前代性理学家所不及；其次则为古文派的学者。考证学派除了戴氏外，均无理论，而戴氏对于性理的解释，特别出新而又近于情理，且超过宋、明以来一切性理学者的见解。今文学派以政治活动为职志，影响于教育界上的只在于他们的开辟的思想与革命的胆量。其余可以从略了。至于国家教育的倾向，重科举而轻学校；及一班浅尝之士舍弃一切实学而日读八股习小楷，以猎取"科第"，则较明代更甚。

本章参考书举要

（1）《国朝先正事略》

（2）《汉学师承记》

（3）《清朝学案小志》

（4）《耆艾献征录》

（5）梁启超：《清代学术概论》

第三十七章　清代教育制度及其实况

第一节　概　论

清朝的教育制度完全采取明朝的办法，学校与科举相辅而行。不过明朝初年对于学校教育看得格外重要，办理也很严格，到中年以后，一般读书的人们趋重在科举，学校教育差不多等于具文，于是演成重视科举而忽视学校的趋势。这种趋势直演到清朝二百多年而更厉害，所以学校教育之在清朝可说完全是一个具文。

清帝国虽包括五大民族，但他们的心目中只看到满、蒙、汉三个民族较为重要，所以他们的教育政策亦多半注意在这三个民族上面。满族立于统治者的地位，蒙古族与他们接近，被认为同调的民族，所以他们对于这两族的教育极力以保存国俗为宗旨，例如翻译汉文为满、蒙的语言，加重骑射的训练，皆是提倡民族固有的精神的。对于汉族的教育完全以笼络为政策，以养成御用的知识分子、听从呼唤指使的官僚阶级为宗旨。例如顺治九年所颁发全国学校的一块卧碑，在序文上有这样几句话：

> 朝廷建立学校，选取生员，免其丁粮，厚以廪膳，设学院、学道、学官以教之，各衙门官以礼相待，全要养成贤才，以供朝廷之用。诸生皆当上报国恩，下立人品。

卧碑上的教规计有八条，第二条则曰：

> 生员立志，当学为忠臣清官。

但在消极方面，还要防止学生的反动，于是在卧碑第八条又规定这样几句：

> 生员不许纠党多人，立盟结社，把持官府，武断乡曲；所作文字不许妄行刊刻，违者听提调官治罪。

这是多么周密的防闲。到了康熙时，中原完全征服以后，乃施行一种柔化政策，又颁下《圣谕十六条》于各学校，无非提倡忠孝节义，教天下学子以敦本励行的一番教训（见后第三节）。这十六条圣谕，到雍正即位时，又特别申述了一道，谓之《圣谕广训》。这一部书，从此以后，就成了清朝的圣经，教育上训练的标准，全国臣民思想的重心了。每逢岁科考试，学政必令生员敬谨默写一道，看他们熟读了没有。每逢令节或其他机会，地方官吏必要对着军民人等敬谨宣讲一次，看他们遵守了没有。这种强制的教育政策，与回教祖"左手捧经，右手拿刀"的办法，毫无二样，但是柔弱的汉族被他们这种教育政策已征服得不少了。

此期的学校，在中央有国子监，有宗学，有旗学。国子监一方为国家最高的学校行政机关，一方为大学生读书的地方。宗学又分宗学及觉罗学二种，清廷贵胄学校以这为最高。旗学一类的学校种类很多，有设在中央的，有设在满、蒙等处的，内中大小繁简也不一致，大致为满、蒙八旗及汉军八旗子弟读书的机关。以上宗学及旗学二类成一特殊系统，多不属于国子监管辖。在地方学校分二级：第一级为府学及直隶州学，第二级为州学及卫学。但此不过就地方行政来分级，而学校本身全属于中等性质，各不相属，直接受本省的学政管辖，间接受中央的国子监管辖。此外还有地方的义学、社学及小学，有时开办，有时停办，毫没定规，等于具文。

书院制度较明代稍觉普遍，且一律由政府接办，由政府监督，差不多等于地方大学性质。此制起于五季之乱，历八百多年至此而渐改形色了。科举是清廷牢笼汉人的唯一妙计，完全因袭明朝的办法，且较前代提倡尤力，社会人士趋向尤重，其弊害也较大。关于教育行政机关，明、清两朝差不多完全相同。在中央，主管学校的为国子监，主管科举的为礼部。在地方，每省设一提学道，以提学使主持之。不过到雍正以后，地方制度殊有变更，即裁撤提学道，改提学使为提督学政，其性质在各省为客体，三年一任期，其地位与督抚对敌，较从前提学使的地位崇高多了。

第二节　国子监

国子监本是掌管全国学校的最高行政机关，可又是直接办理大学的教育机关，以国立中央大学而兼教育部，明、清两代大致相同。清代国子监自顺治皇帝建都北京的第一年，即行成立，本节专就大学的性质来说，把它的内容分段叙述于下。

一　入学资格及手续

本学学生的资格全由地方各学学生考选进来。考选时，分贡生及监生二类，而贡生又分拔、副、优、岁、恩五贡。拔贡生每十二年考选一次，凡各学生员于岁科考试时，得过了两次优等，而又文行兼优者，方有被选的资格。岁贡生大约每年选送一次，以各学廪膳生员食饩年久的，依次送补。恩贡生没有一定的岁期，凡国家遇着庆典吉事，特发恩旨，即以本年的岁贡作为恩贡生，贡入太学。优贡生亦无定期，或三年举选一次，或五年一次，凡廪增二等生员于岁科考试得了最优等者，即可送到太学，谓之优贡生。以上四贡，全限于府、州、县学生员，初选由各直省学政举办；取中后，造册送到中央礼部，经过复试，果所选不滥，才送到国子监，为太学生。副贡生每三年举选一次，不经学政的手续，凡乡试取得副榜的人员即贡送到国子监。不过这一等人被送到中央以后，还须经礼部复试一次，优者派官，次优者送学，这一点是与拔贡生相同的。监生又名优监生，与优贡生所经的手续完全相同，不过在原学资格为廪增上等者准作贡生，称为优贡生；在原学资格系附学及附生二等者，准作监生，称为优监生。太学生的资格除五贡一监外，另有功贡生、荫监生及准贡生、准监生四种。凡地方各等人民有从军得过功绩的，他们的子弟不论学业，即可升入太学，谓之功贡生。凡家庭先辈有勋劳于国家的，子孙不必有生员的资格，按特例准作监生，谓之荫监生。至于准贡及准监二种，更无生员的资格，乃系用金钱买得来的，谓之纳粟贡、监。凡荫监、准贡及准监等生，其目的只在取得太学生的资格，可以直接应乡试，不必进到太学里面读书的。

二　名　额

太学生总计人数若干，清代典章没有显明的规定，只有《大清会典·国子监》一栏里面：

在学肄业者百五十六人，在外肄业赴学考课者百二十人。

这样一句话。由这一句话，勿论在学或在外，合计尚不到三百名，但我们不相信本期的太学生竟少到这步田地。我们再查《学校》一栏内，有这样详细的说明：除京师及盛京二处的八旗贡生特殊规定外，只就直省统计。全国十八直省合计一百八十四府，六十四州，十六厅，一百五十属州，十属厅，一千三百零一个属县。拔贡生每府学选一人，每州县学各选一人，再以十二平均，除去一二等直接派官外，常年在校学生至少有一百名。岁贡生每府学选一人，每州学三岁选二人，县学二岁选一人，平均起来，至少有六百五十名。副贡、优贡及优监虽无定额，合计至少有一百五十名。至于八旗贡、监及顺天府各县学所选的贡、监，合计不下十名。总计起来，常年在学学生至少应有九百名，而国子监所说的数目何以三百人尚且不足？或者清朝政府原视学校为具文，不过照例设此一机关发给学位，以笼络希求荣名的读书分子罢了。若拿此数目以与明代比较，实在相差悬远，由此可以观察两代学校教育之趋势。

三　编制及课程

太学编制分为六堂，即率性、修道、诚心、正义、崇志及广业。每堂设助教一人，学正一人，担任教课事宜。此系完全抄于明朝的，但办法尚不及以前的详备。至于课程，则仿宋朝安定的办法，分经义及治事二科。经义科以御纂经说为主要教材，兼教诸家的学术。治事科教兵刑、天官、河渠、乐律一类的材料。每生各习一项，务求综晰其源流，详论其得失。修业期限，分坐监实际的日数，与共计修学日数。坐监实际的日数以各生原来资格的高下定为短长，例如恩贡生须坐监六个月，岁贡生坐监八个月，选拔贡生内如系廪膳生者坐监十四个月，如系增附生者坐监十六个月，其他等级尚多。合计实际坐监及在外日数，大约以积满三十六个月为毕业期间。但贡生积满了十四个月，监生积满了二十四个月，如有愿就儒学的教职及州县的佐贰者，准由监移送吏部，分班考选。在监修满三十六个月以后，大概经一番毕业试验，取中前列的，即时保荐录用，次等的册送移吏候补。如未曾修满三十六个月，而又不愿就教职的，遇了乡试之年，可随同举人在顺天府应乡试。

四　教授及考课

在太学直接担任教课的，有博士、助教、学正、学录等教官。有讲书、覆书、上书、覆背诸课，内容不外四书五经、《性理》及《通鉴》

等书，每月举行三次。祭酒、司业则于每月朔望两日举行释奠以后，则各升堂讲经一次。平日则由助教、学正、学录课以制义——八股文及策论。除此以外，凡监生每日务必练习楷书六百字以上，且须端楷有体。

考课分月考与季考：月考一月举行一次，由司业主试；季考三月举行一次，由祭酒主试。凡月考列在一等者给予成绩一分，列在二等者给予半分，以下无分。但如有"五经兼贯，全史精熟，或善摩钟、王诸帖"者，虽作文不及格，亦准给予一分。在一年之内，积满八分者为及格，但名数每年不得过十人。及格以后，由监按照原有资格分别咨送吏部，在吏部历满考职后，按照成绩分别补用。在一年之内，如积分不及格而愿留监再学者，得听其自便。

五　管理及待遇

清政府对于学生管理极严，与明朝相同。在顺治初年，即颁发国子监的规则十八条，除考课教授及修学期限已述于上外，对于谒庙典礼及师生相见典礼也有规定，对于给假及防止学生越轨行动也有规定。兹扼要抄录数条如下：

（一）祭酒、司业职在总理监务，严立规矩，表率属员，模范后进。

（二）监丞职在绳愆，凡教官怠于师训，监生有戾规矩，并课业不精，悉从纠举惩治。

（三）博士、助教、学正、学录职在教诲，务须严立课程，用心讲解，如或怠惰致监生有戾学规者，堂上官举觉罚治。

（四）监生入监后，遇有省亲、定婚及同居伯、叔、兄长丧而无子者，许告假归里，立限给以假票，违限迟旷，本监行文提取计日倍罚。

（五）监生有不守监规，及挟制师长，出入衙门、包揽钱粮等事，按律治罪。

清朝国子监即明朝国子监的旧所，原有号房五百二十一间，凡监生均可在监寄宿，凡膳食、文具均由政府供给，亦与明朝大致相同，但待士之优厚与明廷比较相差很多。

第三节　地方学校

一　学校类别

清帝国直辖的领土，包括中国本部、满洲全部内外蒙古及青海、新疆、西藏等地，比较明代差不多大了一倍。地方行政区划也分两类：我们以中国本部及满洲一部分为第一类，以其他的地方为第二类。第一类的行政分为参互的四级：最高级为直省，省以下为道，道以下为府及直隶州，府及直隶州以下为属州及属县。但学校区划只有下层的二级，而省与道二级则不设学校，在府称府学，在州称州学，在县称县学，总名曰"儒学"。此二级三类的儒学，不相统属，其性质与近代中等学校相似。在省、道之下还有特殊地方，取名直隶厅及属厅二级的，所立儒学与州县学相等。第二类的行政分为若干部落，每一部落统辖若干旗，多半为满、蒙、回、藏等民族住地，学校教育尚属幼稚，我们本节所述的大概完全关于第一类。此外另有两京（京师与盛京）及两直府（顺天府与奉天府）所属的属县，亦设有儒学，与第一类情形相同。清朝盛时有府一百八十四，有直隶州六十四，有直隶厅十六，有属州一百五十，有属厅十，有属县一千三百零一，每一治地设儒学一所，统计共有儒学一千七百二十五所，比较明代不相上下。但省会地方虽不设学，却有书院，到中叶以后，道亦设书院，于是书院遍天下，而儒学反寂然不足轻重了。

二　名额及资格

各学学生资格别为三等，初次考进去的曰附学生员，进学以后由附生补为增广生员，再由增生补为廪膳生员。士子未曾进学以前，称为童生。每次录取生员的名数随各地情形不等，但每次皆有定额。京师地方，满、蒙二族共定为六十名，汉军三十名。盛京地方，满、蒙二族共定为十一名，汉军八名。直隶省的顺天府所属大兴、宛平二县县学，均定为二十五名。直隶省的其余各府府学，定额二十三名，大州州学及大县县学与府学名额相同。其次州、次县的儒学又分三等：大学十八名，中学十五名，小学十名。江南、浙江二省的府学均定额二十五名，大州、大县名额相同。其次州、次县的儒学亦分三等：大学二十名，中学十六名，小学十二名。其余各直省所属府学及大州州学、大县县学，均定额二十名，其次州、次县亦分三等：大学十五名，中学十二名，小学八名。全国有儒学一千七百二十五所，每所平均十六名，合计有生员二万七千六百名，加上两京学生一百零九名，总计全国地方生员约有二万七千七百名之谱，以与明代比较差不多短少二倍。至于廪、增二等生员的名额也有规定：京师地方满、蒙二族共为六十名，汉军三十名；盛京地方，满、蒙二族共六名，汉军三名；各直省府学定额四十名，州学三十名，县学二十名，卫学十名。以上定额，凡廪、增二等人数相同。此外各府、州、县另有武学生员，附属于儒学内，仍由学政监管，名额不定。

三　入学手续

凡童生入学，经过三次考试：初次由本州或本县的长官考录，册送到上辖之府或直隶州；再由府或直隶州的长官考录，册送到本省学政；最后由学政于岁、科二试时考录优秀若干名，送入儒学，谓之附学生员。这是就各直省所属说的，至于两京的满、蒙二族及汉军各旗，则由本旗佐领考录，册送到学政复试；顺天府所属大兴、宛平二县，由知县考录，册送知府，转送学政复试。由学政考取以后，才有入学的资格，俗呼"秀才"，这一次岁科俗名"小试"，等于现今之入学试验。关于童生入学试验的内容，头场考试书艺二道，二场考试书艺一道及论一道。论题以《孝经》或《小学》为范围，书艺即八股文。但考取满洲生员，则以骑射为主，意在保持他们固有的国俗。

四　教材及考课

地方儒学所规定教材，据《大清会典》所载为："《御纂经解性理》《诗》《古文辞》及《校订十三经》《二十二史》《三通》等书"。据《皇朝文献通考》所载，为"《四子书》《五经》《性理大全》《资治通鉴纲目》《大学衍义》《历代名臣奏议》《文章正宗》等书"。前者系大部书，后者系小部书，总之不外儒家学术，宋、明学说一系的材料。这些书，由政府颁行于各直省儒学，并许书贾刻板流行。"若非圣贤之书，一家之言，不立于学官者，士子不得诵习。"（《大清通典》）至于淫词小说，他们认为有伤风化，不但不准士子诵习，即坊肆刊行或民间流藏，也须一律查禁。诸生自初次取中以后，虽名曰入学，实际不留学肄业，不过于相当时期应考课就是了。此项考课，分二种，一为岁考，一年一举行；一为科考，间岁一举行，皆由中央所委派之学政主试。岁考的内容，为书艺二道，经艺一道，若在冬日则减试书艺一道。科考的内容，为书艺、经艺及时务策各一道。岁考等于现今学年考试，试卷分为若干等级，列入优等的则有奖赏，如附生补增生，增生补廪生，列入劣等的则依次递降。最优的或入学食廪最久的，则升入中央太学，如拔贡、优贡之类。科考等于现今毕业考试，试卷亦分若干等，列入优等的则许以应乡试的资格，但科考也有分等给奖的。至试卷的内容，字须正楷，文须模仿圣贤的语气，如代古人说话一样，理解要清晰，格律要雅正，否则不取。

五　待遇及升格

清朝对于学生的待遇，比较明朝相差得多，除升格以外，只有补给廪膳一种。至于地方儒学生员的升格，也是仿照明朝的办法，但又复杂一点。综计升格有三条路：一是住书院，二是贡成均，三是应乡试。贡成均即升入中央太学，又别为五类，兹先列图于左，再加以说明。凡府、州、县三学统称儒学，为国家教育的最低级，亦为最基本的一级。由此出身，可以住书院，可以升太学，可以应乡试。书院不算一级，等于一种补习学校性质，所以没有学位，其升太学或应乡试，与儒学同。国子监虽属大学性质，须有儒学生员优等资格方能应选，但遇乡试之年仍与儒学生员一律应乡试。惟由乡试到会试而殿试，得选后，其资格才最高。除书院外，每一级一系，皆赏给学位，以资奖励。但此数种并非一条直系，乃各自成系统，不过自国子监及书院以下，皆属学校性质，自乡试以上才是科举性质。

第十图　清代学制系统图

六　学　规

清政府对于汉族的教育，以养成"忠臣清官"为宗旨，前已叙述过了。他们对于地方儒学的学规，亦不外乎这一意义。兹将雍正九年所颁的卧碑及康熙三十九年所颁的圣谕十六条，抄写在下面：

（一）卧碑文八条　（1）生员之家，父母贤智者，子当受教；父母愚鲁或有为非者，子既读书明理，当再三恳告，使父母不陷于危亡。（2）生员立志当学为忠臣清官。（3）生员居心忠厚正直，读书方有实用，出仕必作良吏。（4）生员不可干求官长，交结势要，希图进身。（5）生员当爱身忍性，凡有司官衙门，不可轻入。（6）为学当尊敬先生，若讲说皆须诚心听受。如有未明，从容再问，毋妄行辩难。为师亦当尽心教训，勿致怠忽。（7）军民一切利病，不许生员上书陈言，如有一言建白，以违制论。（8）生员不许纠党多人，立盟结社，把持官府，武断乡曲，所作文字不许妄行刊刻，违者听提调官治罪。

（二）圣谕十六条　（1）敦孝弟以重人伦，（2）笃宗族以昭雍睦，（3）和乡党以息争讼，（4）重农桑以足衣食，（5）尚节俭以惜财用，（6）隆学校以端士习，（7）黜异端以崇正学，（8）讲法律以儆愚顽，（9）明礼让以厚风俗，（10）务本业以定民志，（11）训子弟以禁非为，（12）息诬告以全良善，（13）戒窝逃以免株连，（14）完钱粮以省催科，（15）联保甲以弭盗贼，（16）解仇忿以重生命。

第四节　其他学校

除以上中央国子监及地方各儒学外，还有学校三类：一为宗学，二为旗学，三为各种特殊学校。内中办法，为清廷的特异，兹略一说明于下。

一　宗　学

此类学校一望而知其为宗室贵族子弟读书的地方。但清室皇族姓觉罗氏，于宗学外还有觉罗学，乃贵族中之贵族者，此两学之内容为：

（1）宗学。此学开办于顺治九年，到雍正二年始有较详的学制。凡王、贝勒、贝子、公、将军及闲散宗室子弟，如年龄在十岁以上十八岁以下，皆可送进去读书。但如年龄已超过十八岁，而平日已经读过了书的贵族子弟，亦有入学的资格。校址在京师左右两翼官房，每翼立一满学，一汉学，共有宗学四所。每学派王公一人为总管，其下设正教长一人，教长八人，皆以宗室中行尊年长者充当。再下设教习若干人，直接担任教课事宜。课程分三科：一为清书，每学有清书教习二人；二为汉书，每学十人有汉书教习一人；三为骑射，每学设骑射教习二人。考课分月考与季考两种：月考每月举行一次，分别等第，申报注册；季考于春秋二季由宗人府来人亲与主试。每月所用文具及冬夏冰炭等物，均由学校供给。修学以三年为期，期满及格，分别引见皇帝录用。此学属于宗人府，一切奖惩大权均由该府执行。

（2）觉罗学。当初只有宗学，皇族子孙一律与其他宗室子孙同入一学。到后来，他们以皇族子孙逐年增加，势难兼容，乃于雍正七年于宗学外，又创办一种专为皇族子孙读书的觉罗学。入学年龄与宗学大致相同，课程亦分清书、汉书及骑射三科。每旗设满、汉学各一所，每学设统管一人，由王公充当；副管二人由觉罗中的老成练达、品行端方者充当。其下设清书教习一人，骑射教习一人，汉书教习每学学生十人设一人。待遇与宗学同。此学初仅设在京师地方，到乾隆二年于盛京地方也设立起来了。

二　旗　学

旗学即八旗学校，名目很多，有八旗官学、八旗义学、景山官学、咸安宫官学、盛京官学、黑龙江官学、八旗蒙古唐古特官学等等。内中办法很简单，彼此相差不多，我们只举出二三种说说就够了。

（1）八旗官学。京师八旗分为四处，每处设官学一所，专教亲贵以外的八旗子弟。创办于顺治元年，到康熙时才规定生员名额，满洲、蒙古各四十名，汉军生员由四十名，减为二十名。（按：此学名额系根据《皇朝文献通考》所载，与《大清会典》颇有出入。）课程与宗学大致相同，不过此学属国子监管辖，故每十日须赴监考课一次。春秋二季特重骑射，每五日演习一次。雍正二年，于本学外又添设八旗蒙古官学，每旗设立一所，专教蒙古语言。

（2）八旗学堂。本学近于半官立性质，似为八旗贫苦子弟读书之所。八旗分左右两翼，每翼各于公所内设立学堂二所，一汉学，一满学。汉学设汉书教习二员，满学设满书教习二员，听八旗贫苦子弟的志愿自由选入。

（3）八旗义学、景山官学、咸安宫官学。此等学校的办法，与宗学大致相同。内中设满、汉教习若干人，以进士、举人及恩拔副贡生充当。修业期限定为三年，期满得分别录用。

三 算法馆及俄罗斯学馆

此处所谓特殊，系与当时一般学校内容的特殊，不是近代所谓的特殊学校。兹举算法馆及俄罗斯学馆二种为例：

（1）算法馆。这是清代研究自然科学的唯一学校，隶属于国子监。但内容简单，仅设汉助教一人，专司教课，学生名额没有明文规定，可以想见当时人们对于科学的兴趣。

（2）俄罗斯学馆。此学也隶国子监，专教俄罗斯子弟的。内容也极简单，只设满、汉助教各一人，分任教课。清代国外派遣学生来国留学的，据典章所载只有琉球一国，至于安南、朝鲜与中国差不多同文同种，子弟来学是一件普通事，所以未曾特书。至于特为俄罗斯设立一学，专教他们的子弟，则清初中、俄关系之密，可以想见。

第五节 书 院

书院之在清代初年，并不注重，到中叶以后，才逐渐趋重起来。不过本期的书院性质，与以前不同：在宋、元、明三代，书院多由名儒学者私人设立，政府不过从旁加以奖励与维持；在清代，则成为完全官立的教育机关。我们只看乾隆元年所诏各省整饬书院的一段话，便可以知道它的性质：

> 书院之制所以导进人才，广学校所不及。我世宗宪皇帝命设之省会，发帑金以资膏火，恩意至渥也。古者乡学之秀始升于国，然其时诸侯之国皆有学。今府、州、县学并建，而无递升之法，国子监虽设于京，而道里辽远，四方之士不能胥会，则书院即古侯国之学也。

由这一段话看来，当时书院似相当于省立高等学校或大学，为本省各儒学生员升学的机关。其实不然。因为书院不给学位，住过了书院的生员与没有住过的生员同样可以应乡试，同样可以贡成均，我以为不过是一种补习机关。但当初一省只有一所，设立在省会，到后来书院遍设于全国，一省往往有数所之多，于是有省书院及道书院等名目。内中所聘教习，皆地方名儒硕学；平日有官课、有私课，办理较为认真，成绩亦日著。于是各府、州、县学学生皆愿进书院读书，书院变成教育士子的学校，而原有之儒学则名存实亡，仅为春秋二季祀孔时一个释奠习礼之地了。

第六节 科 举

一 绪 言

清代科举以国家情形复杂，故科名也较明代复杂。我们可别为三类：第一为特科，第二为常科，第三为翻译科。特科如山林隐逸科、博学鸿词科及经济特科，大半在网罗明末遗老以消灭他们恢复故国的思想所特设的。此类不限一定的程式，亦没有定期，举行的次数也很少。翻译科意在提倡满洲、蒙古文字，借以保存他们的国俗，这是满洲统治阶级所特有的，其程式确与常科同，但只限于特别情形。清代科举所最重要而最普通的，仍是常科一类。此类又分文科、武科两种，所以表示文武并重。但在事实上还是右文左武，也是积习使然，到末了武科更属无用，所以取消时较文科为早。兹先叙常科，后叙翻译科，特科从略。

二　常科之手续

清代常科手续差不多与明代完全相同。考试时也是分三步：第一曰乡试，举行于顺天府及各直省；第二曰会试，举行于京师；第三曰殿试，举行于天子殿廷。三年举行一次，举行的年月，应试者的资格及奖给中式的学位，与明代初无二样。殿试放榜以后，还是有朝考考选庶吉士及入馆读书，也是一样。不过有两点与明代不同的：（1）明代乡试有"充场儒生"一例，清代则非儒学生员不能应试。（2）国子监的贡、监生在明代地位较高，可以直接应会试，但在清朝只能与生员一律应乡试了而后应会试。

三　常科之内容

乡、会两试一律分为三场。每场考试的内容，不仅顺治与乾隆两时不同，即《皇朝通典》《通考》及《大清会要》三书所载亦有不同。我们若是根据《会要》所载，则乡会试第一场试书艺三道、论一道，第二场试经艺四道、五言八韵排律一首，第三场试时务策一道。举子平日可以自由选修，各占一经，考试经艺则按照本经出题。对于解经的标准，《四书》以朱子集注，《易经》以程、朱二传，《诗经》以朱子集传，《书经》以蔡氏传，《春秋》以胡氏传，《礼记》以陈澔集说为主。由这一点看来，可知清廷教育完全以宋儒学说——尤其以程、朱学说为标准。乡、会试试验律诗，始于乾隆二十年。按顺治年间的规定，乡、会试第二场有判五道，诏诰表内科一道，没有律诗——这是清代科举的一小小变更。殿试时由天子御制策问，令贡士条举以对，试目较为简单。总之凡三试，关于经书文以雅正为佳，关于诗的作品以清华为尚，关于策对以切实为主。

武科乡、会试的年月，与文科完全一致——乡试定于子午卯酉年，会试定于辰戌丑未年。不过考试的内容大有不同：分术科与学科两类，尤以术科为主，第一、第二场考试术科，第三场考试学科。第一场术科试骑射，第二场试步射。学科试论二道，试策一道。论题一道以《论语》《孟子》为范围，一道以《孙子》《吴子》及《司马法》为范围。

四　翻译科

清廷除常科外，对于八旗满、蒙子弟另有一种鼓励的法子，即如能将汉文译成满文或蒙古文者，一律给以秀才、举人及进士等名号，与常科同。我们无以取名，因名曰翻译科。每三年之内，考取秀才二次，举人一次，进士一次。考试翻译秀才的内容，满洲人初试马步箭，正式试验则译《四书直解》三百字为满文；蒙古人不试术科，只将清字日讲四书限三百字，译成蒙文。翻译满文的乡、会试仍分三场：第一场将《四书释义》《易经解义》《性理精义》《孝经衍义》《大学衍义》《古文渊鉴》《资治纲目》等书限二百字内出题三道，译成满文；二场由汉主考官或判论或表策，自拟二篇，令举子翻译；三场翻译于入场后，取现到通本一道为题。但开始照例必考试马步箭，方准入场。翻译蒙古文的乡、会试较为简单，第一题翻译清字日讲四书三百字，第二题翻译清字奏疏一道。总之满洲翻译科是译汉文为满文，蒙古翻译科是译满文为蒙文。两科乡、会试均合为一闱，一在东文场考试，一在西文场考试，而出榜时也是一榜张挂。此翻译科只是清政府的一种特殊科举，其内容仍不脱离宋儒学术以外，则知清廷之推崇程、朱已由手段而变为目的了。

第七节　结　论

清代教育以科举为重，全国知识分子——勿论士族的或庶民的——莫不趋向于科举一途，地方儒学不过为"科举入门"——取得应科举的资格罢了，可说是科举的初步。儒学既等于具文，平日不负实际教育的责任，那么在未入学以前的一段教育怎样办呢？这一段教育完全由民间自由处理，政府毫不过问。所谓由民间自由处理，即是由有子弟的父兄自由选择良师，教育他们的子弟，名曰"私馆"。富贵之家，私馆即设在他们的家庭里面，一家聘请一教师；贫寒之家，则联合一村或数村开设一私馆，聘请教师来教，或由教师自开私馆，令附近子弟自由来学。此项私馆分两级：低级是专教儿童的，又名"私塾"；高级是专教成人的，又名"经馆"。

私塾中的课程分读书及习字二类。读书以《三字经》《千字文》及四书等书为教材，而以《三字经》为最初入门人人必读的一本书，若是女生，则读《女儿经》。儿童年龄稍大一点，或将以上各书都读过了，预备将来加入士族阶级，则加读五经及《千家诗》；不预备加入士族阶级，只求为一稍识字的庶民，则加读《幼学》及各种实用杂字。习字最先写"上大人"，其次写"六十花甲"，或"五言绝句"，其次则写"百家姓"。儿童初入私塾，由教师用朱笔开一红影本，教儿童执笔在上填黑；迨后则用墨笔开黑影本，令他们以白纸蒙上，照样写就。教法只有课读与背读两样，讲解时很少。每日上午读书一次，下午读书一次，中午时每日写字纸一张。此项私塾的儿童，多半走读，寄宿的很少。其师资不过地方粗识字义的自由农民，还没有走上士族阶级一途，只借此为生活而已。修学的长短，随儿童家长的志愿，教师没有限制的权力。在一年之内，分三个学期，或五个学期，放假大概在清明、端阳、重阳等节气前后。

至于经馆，则地位大不同了。师资至少在秀才以上，或地方的硕学经师，差不多他们都是已经列入士族阶级了的知识分子或豪绅。学生则由儿童而入于成人时期，年龄有至三十岁以上不等。他们入馆读学大概是预备将来投考儒学、从事科举的，或投考失败而再来补习的。内中课程分读书、讲书两类：如五经、《古文观止》及选印《墨卷》等书，皆须读熟成诵的；如《四书味根录》《五经合纂大成》《御批通鉴辑览》及其他诗文，是由教师讲解的。他们没有习字，以作文代习字，作文不外练习"制义"，即八股。作文的时间，大概每月六篇，每逢三七日须作文一篇，但亦不定。此项经馆学生，少则七八名，多至二三十名，他们都是成年人，他们皆是将来的士族阶级，而经师已为士族阶级了，所以他们在社会上很有一点势力。经馆在一地方，形成了一个土豪劣绅的集团，他们除了读书之外，即实演其豪绅的行为——包揽词讼，欺压民众，一切作奸犯科的事情，他们都做得出来。所以某地有了经馆，不是该地方的幸福，实是该地方的灾害。经馆的修业无限期，听学生自由出入，或三年五年，甚至一年半载，也可以走的。在一年之内，分三个学期，或两个学期，大概随各地方习惯去定。

以上种种情形，却不限于清朝一代，我想自有科举以来，即有同样的罪恶，不过以前史书记载缺乏，而清代尚可从故老口中探求出来。国家实际上所负的教育责任，只有书院一种。清代书院的性质，即等于前代学校的性质。国子监初虽规定坐监月数，到后来也只是具文。

本章参考书举要

（1）《大清会典》

（2）《大清通礼》

（3）《皇朝通典》

（4）《皇朝文献通考》

第三十八章　清代教育家及其学说（一）

第一节　概　论

　　本章所举教育家五人，除陆稼书一人完全为清代学者外，其余都没有臣服过清廷，可以说是明末的遗民。但他们皆是性理学派，他们的学说影响于清初的力量较大，又皆及见清廷第二代帝王康熙大帝而后死，所以我们叙述清代的教育家，以他们五人为首。此五人中，又可分着两派：孙夏峰与李二曲二人，是折中于朱、王两家之间的，他们的学说含着明末思想的成分很丰富，所以排在最先；张杨园、陆桴亭及陆稼书三人是反对阳明，崇拜程、朱的，到了稼书反王尊朱的旗帜尤为鲜明，已经在攻击阳明学以回复宋学之旧了，所以排在次首。至于这班人的教育主张之特点：（1）一律提倡实学，要从人伦日用上切实做工夫，不尚空谈，不主浮夸。（2）多半注意到儿童教育，以儿童教育为成人教育的基础，要成就一个良好人才，及培养良好风俗，务必自教育儿童始。（3）对于教法及读书法，也有相当的注意。（4）尤其是桴亭对于小学教育与大学教育的理论，及读书的主张，处处有价值，足以打破历来学者抄袭陈旧的烦闷，令吾人读了耳目一新——足为本章的特色。其余关于教育宗旨及性论等项，所论不多，亦极平常，不过因袭前人的说话而已。

第二节　孙夏峰（1584—1675）

一　生活小史

孙氏生于明万历十二年，死于清康熙十四年，享有九十二岁的高龄。假使他在六十一岁时便死，那完全为明朝的人物，乃鼎革以后又活了三十一岁。他的思想是融和考亭与姚江为一的，且近于甘泉一派，恰恰是明末思想界的产品。不过他的教育生活影响于清朝初年很大，凡清初的北方学者，差不多大半受其洗礼，我们援江汉之例，所以列入清初教育家第一人。

孙氏名奇逢，字启泰，号钟元，是河北容城县人。燕、赵地势高亢，往往产生慷慨悲歌之士。先生少年尚节义，喜任侠，或亦北方之强者。他的祖、父两代皆取得科名，列入士族阶级；他有昆仲四人，两兄一弟皆为邑庠生，己则于十七岁时领得乡荐。他们虽不很阔绰，总算是容城里较大的士绅家族，因此得与鹿伯顺论交，得与左、魏诸公为友，无形中受了他们忠义之气的感化，所以能够成就他这一副急公仗义的身手。当熹宗天启五六年间，魏阉乱政，先生年已四十一岁，乃冒大危险，举幡击鼓，以营救左、魏诸公，义声震于海内。哪知后来折节为理学，气质一变而为极和气、极平易的教育家了。其实先生自二十八岁以后，就开始研究理学，而气质的变易则在四五十岁以后。初年笃守程、朱学说，迨后才倾向阳明学，这个倾向也是受了鹿伯顺的影响，因为鹿氏是信仰阳明的。先生自四十岁以后，声名早已鹊起，明廷屡次请他出山任事，他总不肯出；到了清朝，也是屡请不出，综计前后共征十一次，而他终守清贫，做一个自甘淡泊的教育家，所以时人皆称他为"征君"。

先生讲学生活，自二十九岁起，到老死为止，综计六十余年。在京师讲学二次：一自二十九岁至三十二岁，约五年；一自三十八岁至三十九岁，约二年。在易州、双峰及百楼间，往来讲学，共六年，自五十五岁至六十岁。到了晚年，六十七岁时，慕苏门百泉的胜景，又迁到夏峰，隐居讲学了二十五年。除此以外，或在故里，或在江村，往来讲学，约计二十余年。双峰地势可以避盗贼，先生因明末盗贼蜂起，来此避乱，一方守御，一方讲习，自此门人反日益多了。夏峰在河南辉县有田庐数顷，是卫河使马玉笋赠与的。先生晚年得此机遇，遂为终老之计，率子弟躬耕，而自己则讲诵不倦。有亲友来从游时，他亦给田他们耕耘，不数年此地遂成一小小村镇。清初理学家而兼名臣的汤潜庵，就是在此时从学于先生的，夏峰先生的称号也是此故。"其持身务自刻砥，与人无町畦。有问学者，随其高下浅深，必开以性之所近，使自立于庸行。上自公卿大夫，及野人牧竖，工商隶圉，武夫悍卒，壹以诚意接之；因此名在天下，而人无忌嫉者。山中花放，邻村争置酒相邀，咸知爱敬。"这是李元度编先生事略所称先生的一段话，我们由此可以想见此老之为人，及晚年的生活一斑。至其求学的精神，到老不倦，且随年龄而加进。尝自述"七十岁工夫较六十而密，八十工夫较七十而密，九十工夫较八十而密"（《本传》），气魄之壮确是超人一等。

二 教育要旨

夏峰《教子家训》有这样一句话："古人读书取科第，犹第二事，全为明道理做好人。""明道理做好人"六个字，恐怕就是他的教育宗旨。好人是什么样的人？自低一层说，做到忠厚和平循循规矩的士绅阶级，便是好人。我们只读他的《孝友堂家规》及《教子家训》两篇言论，即可以看得出来。自高一层说，好人就是圣人，请看他在《四书近指》序上开首的一段话：

或问："学何为也哉？"曰："学为圣人而已。"曰："圣人可学而能乎？"曰："可。孟子曰：'乃所愿，则学孔子也。'"曰："仲尼日月也，犹天下不可阶而升也，焉能学？"曰："日在天之上，心在人之中，天与日月不可学，亦学吾之心而已。心以天地万物为体，欲在日用饮食之间，故曰不离日用常行内，直造先天未画前。尽心知性以知天，而圣人之能事毕矣。"

人心即天地之心，愚民与圣人莫不相同。不过圣人天理常存，能尽此心；愚民多半被物欲充塞，不能尽此心。假令吾人能够明得道理，就可以尽心知性；能够尽心知性，就可以知天，就可以与天通，就可以学到圣人。"故为天地立心，为生民立命者，圣贤之事也。"（《语录》）

吾人虽渺小，而此身关系很重，"前有千古，以身为承；后有千古，以身为垂"（《语录》）。此身既然有这样重的关系，所以教育为必要。受了教育才能扩大吾人之身，在空间能与天地万物合为一体，在时间能与上下古今联为一气，做到第一等人，才不愧天地父母生我一场。且退一步说，要扶持名教，有益于社会，也须教育造就一班好人。再一退步说，要回复个人的善性，矫正不好的习气，也须借教育的力量。其实三种功用只是一种，把他在九十一岁时答门人的一段话来证明："学问原是全体大用、一了百当之道，学者只从事于此一事，更无不尽。所谓一事者，复性而已。"（《年谱》）但教育虽为必要，而儿童教育尤关重要，因为吾人一生之为好为坏，全在儿童时期所受的教育如何。且儿童初生，原来本好，因得不着好的教育，所以学坏了。他教诲他的孙子说：

孩提知爱，稍长知敬，此性生之良也。知识开而习操其权，性失初矣。古人重蒙养，正以慎所习，使不漓其性耳。今日孺子转盼便皆长成。此日蒙养不端，待习惯成性，始思补救，难矣。（《家训》）

> 尔等未离孩提稍长之时，正在知爱知敬之日。为兄者宜爱其弟，为弟者尔爱其兄，大家和睦，敬听师言，行走语笑，各循规矩。程明道谓洒扫应对皆精义入神之事，莫谓此等为细事也。圣功全在蒙养，从来大儒都于童稚时定终身之品，尔等勉之！（《家训》）

关于教人的方法，孙氏采取两种——诱掖与磨练。对于初学的人，施行诱掖法，"但据现在一念，多方接引，绝不苛求，如孔子成就互乡童子，孟子引齐宣王"之类。对于学力较深的人，则施行磨练法，"通照其平时细加简点，毫不假借，如孔子成就及门诸弟子，孟子谓乐正子徒哺餟"之类。（《语录》）

三　修为论

修为论就是讨论做人的工夫，也可以说是求学的工夫。夏峰对于这个工夫讲论的很多，约之不外"随时随处体认天理"八个字。这八个字的表面虽与湛甘泉所举相同，但阐发意蕴的地方，不尽相同。我们先将夏峰的原文引两段出来，再加以解释。他说：

> 问"学下手处"。曰："日用食息每举一念，行一事，接一言，不可有违天理、拂人情处，便是学问。随时随处体认此心此理，人生只有这一件，所谓必有事也。"（《语录》）

> 学人用功，莫侈言千古，远谈当世，吃紧处只要不虚当下一日。自子而亥，时虽不多，然事物之应酬，念虑之起灭，亦至变矣。能实实省察，有不处非道富贵之心，有不去非道贫贱之心，常常不放，则自朔而晦，而春而冬，自少而老，总此日之积也。一日用力而力足一日，一日不用力而心放矣。澄心静观，自子而亥，至者几时，放者几时，此际戒慎之功，岂容他

人着力。(《语录》)

由这两段看来，可谓发挥尽至了。所谓"随时"就是当下一日，"随处"就是眼前一着，"体认天理"就是切实省察自己的行为，以求无违天理与拂人情之处。在当下一日的眼前一着，打点清楚，不使有丝毫放肆，不使有丝毫不合于天理人情。但这种工夫，不是静的观察，是动的体认，是要从"日用食息"上面切实体验出来。在日用食息上随时随处用力，终身行之而不懈，这才是夏峰的修为工夫。若是离开了日用食息，或是侈言千古、远谈当世，或是悠悠忽忽、空言一贯，皆与夏峰的意旨不合。这种工夫，尚实际不尚理想，重躬行不重口说。理想虽高，口说虽巧，而未曾躬行实践过，就不是实在的学问，所成就的人才就非有用之才。"古人吃饭着衣，便是尽性至命。吾人谈天论地，总非行己立身！"(《励学文》)这两句话，便足以概括他的修为主义。

第三节　李二曲(1627—？)

一　生活小史

李二曲名颙，字孚中，是明末的遗民，是清初的大儒，是学兼朱、王的一位教育家。他以明天启七年生于陕西盩厔县，十六岁就死了父亲(父名从信，以壮武从军为材官，于崇祯十五年讨贼殉难于河南襄城)，家境贫寒，母子二人生活且难维持。是时二曲只粗解大义，以无力缴学费，从师数人，皆被拒绝。赖有贤母彭氏亲自教导，纵令日不举火，也不令他失学，而他因此更加发愤。家中无钱买书，乃向人借书来读，凡经、史、百家以至佛、老之书，无不观阅，其结果竟成一代大儒。他的父亲以忠君死难，他的母亲以节义自守，且日以"忠孝节义"的话勉他，因此铸成他的人格，天性至孝，感情极富，节义之概溢于面背，一生誓死不肯臣事清廷。自三十岁以后，他已从事于讲学生活，在四十岁以前，他的学行业已响鸣于天下了。当时清廷为康熙大帝，屡开特科，借以罗网一班明末遗民，二曲亦在罗网之列。承宣大吏尝以威吓利诱的手段逼他就范，但他誓死不屈，卒能保持其初衷。康熙九年，他的学生骆钟麟为扬州守，乘他在襄城掘骸之便，请来常州讲学，所以东南人士遂得仰见其风采，亲聆其讲说。每到一处，从游极众，在常州一带日夜讲演了三个月，卒以思亲心动，匆匆北返了。自此以后，足迹不大远行，常筑一垩室自居，自名"二曲垩室病夫"，所以学者称他为二曲先生。二曲死于何年，史书没有明文可考，但看他于康熙二十七年在其父亲忌日，犹率两子设馔祭过了一次的，则他至少活了六十二岁。此六十多岁的老翁，纯粹是一个平民，讲学生活至少有三十年之久，康熙大帝很钦佩他的学行，亲赠以"关中大儒"四个大字，李氏可以当之而无愧。

二　灵原论

李氏论性也是遵守孟子的性善说，也是折中程子的性兼气质说，毫无新的贡献，对于性与心的区别及关系，未尝谈及。不过在《学髓》里面曾拟设了一个本性图，且再三说明此图之意义。大意是：人生最有价值的只是一点"灵原"，这一点东西是绝对的浑然一体的，又是纯粹至善无一毫人欲之私的。"与天地合其德，与日月合其明"，与时间同其长久，吾人初生即具此灵原，吾人既死而它依旧永存。当它念头未起时，极其精微，具有万理，吾人一切感觉及能力皆由此发生。当它念头初起时，又极其危险，非常活动，所有善的恶的、公的私的，莫不由此显现。念头初起，合于天理便是善的念头，起于人欲，便是恶的，但勿论念头如何，吾人本来的一点灵原未尝不善。本来既然是善

第十一图　二曲本性图

的，何以能发生人欲之念而有恶的行为呢？

他答复如下：

> 天地之性，人为贵。人也者，禀天地之气以成身，即得天地之理以为性，此性之量本与天地同其大，此性之灵本与日月合其明，本至善无恶，至粹无瑕。人多为气质所蔽，情欲所牵，习俗所囿，时势所移，知诱于物，旋失厥初，渐剥渐蚀，迁流弗觉，以致卑鄙乖谬，甘心堕落于小人之归。甚至虽具人形，而其所为有不远于禽兽者，此岂性之罪也哉。（《悔过自新说》）

吾人所以发生恶念，其原因有二：一方由于先天的气禀，一方由于后天的物诱。禀受之初，倘是气质已偏了，再加以环境的引诱，引诱不已，因之成为小人，因之近于禽兽。但结果虽然这样坏，而其本来的一点灵原，仍然完存，未尝丝毫损坏。譬之明镜，外面虽蒙些尘垢，而光体未尝不在，只要把一些尘垢洗剔干净，这个镜子依然透明可照。由此看来，李氏以吾人本性只是一点灵原，纯粹至善的，因"气禀"与"物诱"的缘故，才有种种恶的行为发生，而恶之形成不过起于最初之一念，所以这一念最是吃紧，教育的工夫就当在这一点上着力。

三 悔过自新与讲学

"悔过自新"四个字，是李氏对于教育的意义之解释。吾人本性如同明镜，当其原始之初，意念未起之时，一尘不染，莹澈无瑕，而又能明照万物，所以又名灵原。倘能永远保持原状，虽有意念而所起无不善，则他的行为自然合于天理，也是一尘不染，莹澈无瑕。只是圣人才有这样程度，至于一般人多半受了物诱的引诱，环境的习染，有了尘垢，有了瑕疵，就与原状不相同了。这种尘垢或瑕疵，李氏谓之

"过"。过悔而新自常,犹如垢去而明自见,所以教育的意义就是教人悔过以自新。但吾人的过失勿论大或小,全是起于一念之顷,一念不善,滋长起来,就为害无穷,可以悔过的工夫须于"起心动念处"下手。他说:

> 同志者苟留心此学,必须于起心初念处潜体密验:苟有一念未纯于理,即是过,即当悔而去之;苟有一念稍涉于懈,即非新,即当振而起之。若在未尝学问之人,亦必且先检身过,次检心过,悔其前非,断其后续,亦期至于无一念之不纯,无一息之稍懈而后已。(《悔过自新说》)

但过与善界在几微,非至精至明不能剖析,吾人一向纷纭烦扰,如何能够于动念初起处即觉察而悔改之,所以悔过的初步还须一段静坐的工夫。静久则精神自能收敛,收敛时则心自明澈,可以察觉其隐微,可以主持其动念。在此念头初起之顷,是善的,则用力存养;是恶的,则用力克去。存养善念固然是新,克去恶念而新亦自见。但悔过的初步虽须静坐,却不是空虚的,是要从日用常行中用力;不是高谈的,是要从极浅极近处用力。于日用常行中极浅极近处澄心体察,切实改悔,"悔而又悔,以至于无过之可悔;新而又新,以至于日新之不已"。如此用力,继续不已,到了最后,人欲全消,所发无非天理,工夫才算成熟,教育才是成功。到了此时,可以穷理尽性,以至于命,可以优入圣人之域。

关于教育宗旨,李氏是主张培养"明体适用"的通儒的。明体而不适用,谓之腐儒;适用而不明体,谓之霸儒;既不明体,又不适用,谓之异端;通儒是既明体而又能适用的。怎样谓之明体适用?他说:

> 穷理致知,反之于内,则识心悟性,实修实证;达之于

外,则开物成务,康济群用,夫是之谓明体适用。(《盩厔答问》)

换一句话,"明体"即是"穷理尽性","适用"就是"至于命",能穷理尽性以至于命了,才是明体适用,才是有德有能的通儒,而工夫仍不外于"悔过自新"四字。关于明体所应读的书,则"先观象山、慈湖、阳明、白沙之书,阐明心性,直指本初,以洞斯道之大源,然后取二程、朱子及康斋、敬轩、泾野、整庵之书玩索,以尽践履之功。"(《先正事略》)关于适用所应读的书,则有《大学衍义》《文献通考》《资治通鉴纲目大全》,及农田水利等书,以为经国济民之工具,由此亦可以知二曲之不偏于一家之说了。李氏一生以昌明圣学为己任,所以对于讲学看得非常重要。"讲学"二字也可以当做"教育"解释,故他认为教育是很重要的。他说:

天下之大根本莫过于人心,天下之大肯綮莫过于提醒天下之人心。然欲醒人心,惟在明学术,此在今日为匡学第一要务。洪水猛兽,其为害也止于身;学术不明,其为害也根于其心,非大有为之君子以担当斯道,主持名教为己任,则学术何自而明,心害何自而极?天下之治乱由人心之邪正,人心之邪正由学术之明晦,学术之明晦由当事之好尚。(《匡时要务》)

这一番沉痛的语句,不是明明以天下治乱的责任放在教育上面吗?有了好的教育,才有好的学术;有了好的学术,才有好的人心,人心正了而天下自治。所以他又说:

立人达人,全在讲学;移风易俗,全在讲学;拨乱反正,全在讲学；旋乾转坤，全在讲学；为上为德，为下为民，莫不由此。此生人之命脉，宇宙之元气，不可一日息焉者也。（《匡时要务》）

四 反观自省的教学法

二曲既以悔过自新为工夫，这种工夫须自己体验，自己省察，方能办到，所以他的教学法采用"反观自省法"。病痛只有自己才知道，知道自己的病痛之所在了，当下施以克治工夫，则病痛自去。非他人所能代办，也无庸他人代办。且各人所受的病痛也不一样，有好声色的，有好货财的，或好名好高的，若教者施以同一药方，这等于庸医杀人，不如教以一个原则，令受病者各因病自治，比较可靠多了。关于这种教学法，他有一段说得很痛快：

问入门下手之要可得闻乎？先生曰，我这里论学本无定法，本无一定下手之要，惟要各自求入门自图下手耳。……只要各人回光返照，自觉各人受病之所在，知有某病，即思自医某病，即此便是入门，便是下手；若立一个入门下手之程，便不对症矣。（《两庠汇语》）

教育就是治病，病去了则身心才能复原，才能健全。苟所病不除，即"终日讲究只成画饼，谈尽药方仍旧是一个病夫"，所以他有这一番慨叹，病要"自克自治，自复其元"，教者不过略施提撕唤醒的力量，不是代人为谋的，这种自发活动的教学，颇有相当的价值。

李氏在关中书院讲学很久，订有会约，分讲授规程及自修学程两部，无妨节录于下：

（一）讲授规程 （1）每年四仲月会讲一次。（2）开讲以击鼓为号，退席以击磬为号，各击三声。（3）讲前及讲后各对孔子及先贤，举行四拜仪式。（4）座次以年龄为序。（5）开讲之初，须静坐片晌，把心志收敛了，然后申论。（6）讲后如有怀疑，或肯于研究者，可到讲者私寓问难。

（二）自修学程　（1）每日须早起。（2）每日默坐三次：早起一次，午饭后一次，夜晚就寝时一次，每次以焚香一炷为限。（3）每日读书亦分五节：早饭前读经书，早饭后读四书，午饭后读《大学衍义》及《衍义补》，申酉之交如精神疲乏时，则择诗文之痛快醒发者从容朗读，以振作精神，夜晚灯下阅《资治通鉴纲目》或濂、洛、关、闽及河会、姚泾语录。（4）公置功过簿一本，逐月记载同学的言行之得失，公同评判。（5）每月初一及十五两日开会一次，相与讨论功课及评判得失。

第四节　张杨园（1611—1674）

一　生活小史

张氏名履祥，字考夫，是浙江桐乡县的人，他所住的村庄名杨园村，所以学者称他为杨园先生。杨园可算明末清初的一个贫苦教育家，生于明朝万历三十九年，死于清朝康熙十三年，一共活了六十四岁，在明、清两朝差不多各有一半的生世。他在明朝仅一县学生员的资格，当明统灭亡之年，他将进三十四岁，自此以后即不复求活动，隐居江、浙间，为私人讲授生活以终老。他始终维持民族固有的人格，死守"忠臣不事二君"的信条，照他的志愿应列为明末处士一流。但他的思想是反王学而崇朱学的，即反明学而复宋学的，实开清代学术复古运动之先声，所以在哲学史或教育史方面，则当认为本期的人物无疑。杨园幼年本是一个孤童，九岁就死了父亲，由祖父及母亲训育成人，十岁以前完全在家庭受教育，十一岁以后才出门求学，一共从师五人。从刘蕺山先生问学时，年已三十四岁，正当北京陷落、福王监国之年。但受教不过四五月，蕺山殉国，而杨园亦避乱以归隐了。他的讲学生活，始于二十三岁，以至老死，合计不下四十年，设馆差不多有十处之多，不外浙江、江苏各县近海一带。一面讲学，一面躬亲操作，是学者，是绅士，又是自耕农民，与吴康斋差不多同一行径。虽一度从过刘蕺山，但他是程、朱的信徒，平生极端反对王学的。对于程子则遵守"存心致知"四字，对于朱子则遵守"居敬穷理"四字。他说：

> 程门四字教，曰存心，曰致知。朱门四字教，曰居敬，曰穷理。居敬所以存心也，穷理所以致知也，一也，而朱益紧切矣。学者舍是更无学法，未有入室而不由户者。（《初学备忘》上）

他平日是主张实事求是的，是提倡实学的教育家，所以力讲笃实践履，最反对广交游、盗虚声的一班虚伪学者。讲学四十年，及门之士也很多，但没有一次正式举行师弟子之仪式，他认为这是明末士大夫所常蹈的交游气习，借讲学以相号召，把讲学的真义完全失掉，所以力加矫正。张氏中年求学格外勤苦，一面讲学，一面自修，尝终夜不就枕席者十余年，所以精力早衰。平生短篇著作很多，思想总不脱离程、朱的范围，死后由门人编辑成书，名曰《杨园全集》。

二 教育论

张氏平日是"祖述孔、孟，宪章程、朱"的，所以他的思想即是孔、孟的思想，他的方法即是程、朱的方法，对于教育并没有特殊意见。私设讲坛四十年，所以谆谆训练学生的，不外"辨心术""求实学"两点，前者是为人的始基，后者是为人的工夫。他说：

> 读书先要正其心术，心术者为木之根、谷之种。根先坏，千枝万叶总无着处，种稂莠，栽培滋养适为害耳。（《初学备忘》下）

> 学者起足第一步须是路途不错，此处一错，无所不错。（《愿学记》二）

"心术"即"思想"，吾人的行为随心术为转移，即受思想的支配。如果思想纯正，所闻所见皆以充实此纯正之思想，则所行所为自然纯正。如果思想不纯正，所闻所见适以助长此不纯正之思想，则所行所为尽属坏事。所以儿童开始受教时，即学者开始为人时，就当教他们辨别心术，何者为正，何者为不正，对于正与不正辨别清楚了，即从正的一点立根。从此一点立下根基，譬如走路一样，路途正，所走皆是正路；譬如种谷一样，种子良，所生必是嘉禾。哪一种心术才算正，哪一种才算邪呢？据他的意见，不外善恶义利之分。吾人存心向善为义，则谓之正的心术；吾人存心向恶为利，则谓之邪的心术。所谓向善为义，就是肯做一个有道的君子；所谓向恶为利，必然走入自私自利的小人一路，所以这一点关系极其重要。辨心术也可以说就是"立志"，开始立一个什么志向，就可以做一个什么人，所谓"凡初为学先须立志，志大而大，志小而小，有有志而不道者矣，未有无志而有成者也"（《初学备忘》上）。心术辨正以后，即志向立定以后，务须脚踏实地做去。所谓"人既有志，正须下笃实工夫，方得称志"（《愿学记》二）。所谓"此志一定，却须坚确不移。凡平日诵读讲习，与夫目之所见，耳之所闻，其为我志所愿，勉而求之；其为非我志所愿，决而去之，自能向上"（《初学备忘》上）。实学即切己为人之学，用苦吃苦挣的精神，实下进德修业的工夫。这种工夫，不是如名士之纯盗虚声的，也不是如学究之博闻强记的，也不是如怠惰者之悠悠忽忽的，更不是如禅家学者之一几而顿的。这种工夫，即孔子下学而上达的工夫，即朱子居敬穷理的工夫，以不敢一刻少懈的精神，从人伦庶物上点点做去，不要浮夸，不要等待，不要间断，要绵密，要坚实，今日如此用力，明日也是如此用力，时时刻刻莫不如此用力，迨日久纯熟，自然一旦豁然贯通，即是成德的君子。这种学问，就与为人一致，这种教育就与生活一致，诚所谓无一念非学问，无一事非学问了。

以上两点，是他看为最重要，平日对学生谆谆训诲不忘的。此外还有几点：（1）关于训练方面，他尝举几个德目以开示学者。"立身四要：曰爱、曰敬、曰勤、曰俭"（《训子语》上），这是陶冶品性的标准。"教子弟只四语是纲领：入则孝、出则弟、言忠信、行笃敬"（《备忘》二），这是处世为人的标准。至于"辨心术、明义理、治性情、正容德、谨言语、慎事为"（《备忘》一）六条中，除一二两条已说明于上外，其余四条皆是关于品性陶冶的。（2）关于教材方面，不外宋儒学术，而以《小学》及《近思录》二书为入门必读之书。"学者不从二书为门庭户牖，积渐以进，学术终是偏枯，立身必无矩法"，这是他在《初学备忘录》所指示于他的门人的话，可以知道他对于这两书的注意了。除此以外，如《颜氏家训》，如《白鹿洞规》，如《二程全书》，如宋儒各家语录，皆是必读的书。他在三十三岁时，编了一部书名《经正录》，是取朱子《训学斋规》《白鹿洞规》，司马温公《居家杂仪》及朱子《增损吕氏乡约》四种编辑而成的。在这书的凡例里面，并叙了这几句话：

《斋规》为小学之事，蒙养以正作圣之基，故居于首。《洞规》大学之事，由小学而及于大学，不躐等也。师舍是无以教，弟子舍是无以学，二者所以修身也。《杂仪》齐家之事，故次之；《乡约》御邦家之事，故以终焉。（《年谱》）

由这几句话，不仅知道他平日教授学生的程序，即训练学生的标准也可推见一斑。（3）关于师资方面，他也有两点意见：一为选择师资，"须择老成之士有品行、有学识者，方能造就得子弟"（《备忘》一）。二为教师须负全责教诲弟子，善于教导。若"子弟教不率从，必是教之不尽其道，为父兄师长者但当反求诸己，未可全责子弟也"（《备忘》一）。至于借设教以相号召，或无教导的能力者，皆不是良教师。（4）读书法。张氏谓读圣贤的书，当要以圣贤的言行作为吾人立身的规矩准绳，须时刻照着去行。以这种态度来读圣贤的书，所以第一步务必读熟，不要贪多，不要求速。第二步提取书中的要领，慢慢地涵泳其意味。涵泳之时，一方"体之于心"，一方"验于身"，务求古人的言行与日用行习贴切，务求日用行习与古人的言行一致。倘此中发现有未安的，则"静以思之，详以问之"，终必"见得圣贤所说道理无非先得我心之所同然"。由此积渐以厚，则读书才有用处，方是实学。

三　修养论

张氏为人，是主张居敬穷理的，是要检点克治的，所以他的修养也是本着这种精神——苦吃苦挣的精神，须当"夙夜匪懈"，须当"无终食之间违仁"。换一句话，一日存在须当做人一日，一息存在须当一息不敢少懈，所谓"言有教、动有则、昼有为、宵有得、瞬有存、息有养"的工夫。这种工夫，他自己确实能够做到，史称他"平居虽盛暑，方巾深衣，端拱若泥塑，或舟行百步，坐不少欹"（《先正事略·名儒篇》），我们就可以想见这位道学大家的古怪样子。但他关于修养论所说的确是透辟痛快，有精神、有血脉，足以订顽贬愚，而言词又极浅近，吾人无妨直接抄录二段于下。他尝说：

吾人自着衣至于解衣，终日之间，所言所行，须知有多少过差。自解衣至于着衣，终夜之间，所思所虑，须知有多少邪妄。有则改之，此为修身第一事。

又尝说：

> 吾人一日之间，能随时随事提撕警觉，便不到得泪没。当睡觉之初，则念鸡鸣而起为善为利之义，平旦则念平旦之气好恶与人相近否，日间则念旦昼之所为不至梏亡否，以至当衣则思不下带而道存之义，临食则念终食不违之义，及暮则思向晦瞑息以及夜以继日记过无憾之义。如此，则庶几能勿忘乎。若其稍忘，即自责自讼不已。（均见《学案小识》）

由上两段话看来，张氏夙夜匪懈的工夫，真有如昔日颜子之无终食间违仁及曾子之一日三省的遗风，其行为虽不免呆板，但亦不愧为笃实人格者。

第五节　陆桴亭（1611—1672）

一　略　传

陆桴亭是明末一个处士，与张杨园的行径相同，始终未臣服过清朝。但杨园在明朝犹取得县学生的资格，其生平事迹有年谱可考，而桴亭处境更穷，名尤不显，直到清乾隆以后，经海内学者阐发幽光，才与陆清献并称为清初朱学正宗的二陆。因为这个原因，所以关于他的生活史，无多事迹可述。桴亭名世仪，字道威，是江苏太仓县人。虽笃守程、朱学说，可是志气豪迈的一位学者，与杨园之迂拘古板，自有不同。在明末北京陷落时，曾上书当道，建平寇的计策。南京陷落以后，感故国沦亡之痛，遂凿一地穴，在里面建一所亭子，取名桴亭，自己隐处其中，故后世称他为桴亭先生。康熙庚子年间，他已五十岁了，曾讲学于东林书院数年，到丙午年又讲学于昆陵，后来又归而讲学于其里中。我们把他的生活分析起来，在明亡以前，其前半生尚有志于功业；在清廷建设以后，其后半生则始专力于讲学，以教育寄其怀抱。他与杨园同年生，早死二年，享寿六十二岁。对于教育学理的贡献，极为切实合理，且有些地方格外新色可取，已开了近代教育思想之端，比较以前一班教育学者要进步多了。至于他做人为学，都是非常切实，寸步而进，终身不息的，真有昔日朱子居敬穷理的精神，亦足令人景仰。

二　本性之研究

陆氏自二十七岁始从事于本性的研究，到四十九岁方得到一个定论。在此二十二年中，对于本性的认识，经过了四次转变，即达到了四层的进步，可算为用心之勤了。在二十七岁以前，他只跟随当时教师的谈说，承认性有两种，"有义理之性，有气质之性"。并喜欢同禅家及别家讨论人生以上，或未生以前的性体。自二十七岁以后，开始研究程、朱学说，对于"性"之一字才想自己立定主张，探出一个究竟。此时所得力的，为"理先于气"一句话。这句话的解释，即"理居先，气居后；理为主，气为辅"，自以为理气二物，分得条理清晰，不相紊乱了。这是他对于本性的研究之第一层的进步。迨后他又觉得照这样说法，未免将理气分得太开，未能融合为一。再下工夫，才悟到"理一分殊之旨"，理与气是一贯的，不过理只一个而气有千万不同。这是第二层进步。迨后，他又怀起疑来了，既是理一而分殊，则人与万物之性有何同异，如何同异？因读朱子"论万物之一原，则理同而气异；论万物之异体，则气犹相近而理绝不同"两句话，于是又识得"天地万物本同一体处"的道理，则人与万物之所以同，及所以异，又了然了。这是第三层的进步。到了这一步，对于性的认识，如理与气，及人与物，似有相当的明澈，但于"性善"二字仍守陈说,是就"继之者善"说的。照这样说法,则性与气质仍旧是可以分离的。到四十九岁以后,再加玩索,又有一番觉悟。性是不离气质的,一说到性便属于气质了;若离气而言性,则性无着落,亦不成其为性了。孟子所谓"性善",是就"成之者性"说的,是就有生以后说的,是合了气质而言的。于是得到一个结论:

性为万物所同,善惟人性所独,性善之旨正不必离气质而观也。

第十二图　桴亭性命图解

这是他最后的进步。拿这个结论,遍与宋儒诸家的性说比较与参证,于是对于自己的主张,相信益坚,但犹不敢发表。到了五十六岁以后,人已渐渐老了,在康熙丙午年间,讲学于昆陵时,才以二三十年所研究的结果公布于社会,并将他的思想之变迁的经过也一一说明。这种研究的精神及有系统的叙述,是从来论性的人所未曾有的。(见《学案小识》)

凡宇宙万象莫非一气之流行,流行之所以然谓之理。此"理与气在天为天之命,在人为人之性"。性与命是一体,都是包摄理气的。吾人禀受天命而为"性",既有是性则由性生"情",由情生"意",意之坚决处谓之"志",志之浩然盛大处谓之"气",合情、意、志、气等要素,再加以扩充了谓之"才"。此六种不是并立的,是递生的、演成的,其原始则谓"性",其集成则谓"心";所以心是统性、情、意、志、气、才六种而言的,是合神与形而名的。(见《答友人问》)如果我们以图表示,则有上图。

三　小学教育

　　陆氏的教育理论，以关于小学为最进步。他定小学教育为十年，以五岁至十五岁的儿童为受小学教育时期。在此时期的儿童，生机活泼，一片天籁，且富于可塑性，最易被人引诱。教者应当顺着他们的天性与兴趣，依照正常的轨道，因势利导，将来才可以成就一个"人"。古代"人心质朴，风俗淳厚"，儿童至七八岁时知识尚未大开，所以定八岁为入学始期。近代人心风俗皆较以前复杂，儿童的知识发达亦较早些，若仍迟至八岁始入小学，与儿童发达不相合，施教必感困难，所以应定以五六岁为入学始期。

　　关于儿童的训练，宜主宽不宜主严，盖这个时候正是他们身心发达时期，过于严了，阻丧了他们的意志，有碍发育，不如持以宽和的态度，逐渐诱导，较有效力。他又以朱子的"去其外诱，全其真纯"八个字为训练的纲领。外诱如"樗蒲、博弈及看搬演故事之类"，皆为不正当的事情，而最易引诱儿童。儿童一被引诱，即放荡而不习正业了，所以应当杜绝；外诱杜绝了，真纯自然可全。但要杜绝儿童的外诱，首先就要为父兄师长的自己没有外诱，能够以身作则，而儿童且无亲外诱的机会，他们自然易就正轨，以全其真纯。

　　关于儿童的教材，陆氏似若分为两期：在十岁以下为第一期，在十岁以上为第二期。第一期的教材，有读物、歌舞及写字三项；第二期，有读本及礼乐二项。从前小学教师多以朱子所辑《小学》一书为初学儿童读物，他认为很不适宜。他的理由是：该书内容尽属高深学理，不是儿童所能懂的；内中所引礼节多为古礼，与时代不合，不能应用；且开卷难字太多，尤不便初学。若以此书为初学儿童读物，只是令他们茫然不晓，徒足以耗费时光而已。在陆氏的意见：当五六岁的儿童初入学时，语音尚未清朗，不能诵读长句，应编一种字句很短的韵语，作为儿童读物。该读物的内容，须选择适合于儿童兴趣，及不与时代相背的材料，以韵语的格式、浅近的文字，编成三字一句或五字一句，取名《节韵幼仪》。照这样办，儿童才容易通晓。年龄稍长，加课以《小学》、四书等书。儿童天机活泼，最喜歌舞，教师宜乘时教导，以发展其天能，以鼓舞其兴趣；且歌舞即礼乐的初步，此时习会了歌舞，将来升歌习礼更有根底。儿童习字，宜仿宋人教小儿习字法，先令儿童影写赵子昂大字《千字文》。年龄稍长，再令习智永《千字文》。字数由少而多，初为影写，后乃临写，每日如此，练习久了自然运笔如飞，不至走样。且写字时不仅教他们写得好，也可以多识生字，而收记诵之功。儿童到十岁以后，所读的内容更丰富了，不仅四书、五经在所必读，即天文、地理、史学、算学之类也宜选择较有价值的编成韵语了，令他们诵读。陆氏以儿童在十五岁以前，记忆力最强，此时是他们诵读的时期，也是记忆的时期，宜选择人生必需的教材，令他们多读熟记，不可错过。至于礼乐一项的教材，也须重编，宜参酌古今之制，把冠、昏、祭及乡饮、乡射诸礼的内容编辑成一部礼书，又把文庙乐舞及宴饮、升歌诸仪编成一部乐书，与读本同时学习，遇了令节，或重典，或闲暇的日子，特别演习。升歌习礼的价值，不仅是模仿古人，且可以"涵养气质，熏陶德性"，无形中增加训育的效能最大。

关于小学教法，陆氏主张"即读即教法"，即是"知行并进法"，尤其对十岁以下的儿童必须采用。他说：

> 如头容直，即教之以端正头项；手容恭，即教之以整齐手足；合下便教他知行并进，似于造就人才之法更为容易。

这种教法我们可名为"知行并进，训教一致"的办法，颇合于教育原理。关于礼乐的教法，他主张"由粗以及精，因年而进"之法，亦有价值。

除以上各条外，陆氏对于小学教育还有两点意见：一为家庭教育，二为女子教育。他认家庭教育是辅助学校教育的，不仅居在辅助的地位，且居在并行的地位。当儿童未入学以前，或出学门以后，均在家庭生活，倘家庭没有相当的教育，随他们作恶习非，甚至于家人"戏教以打人、骂人，及玩以声色玩好之具"，气习先已教坏了，再入学校，想图矫正，殊不容易，所以家庭教育至关重要。如洒扫、应对、进退等事，亦家庭所应当教的。至于女子教育，他也看得很重要，女子也必须受教，但他对于女子教育的观念则不同男子。他说：

教女子只可使之识字，不可使之知书义，盖识字则可理家政、治货财，代夫之劳，若书义则无所用之。

又说："'无非无仪，惟酒食是仪'一语，真教女子良法。"原来他主张女子教育是只令识些文字了，可以料理家务，做一个无才便是德的贤妻良母罢了。至于书义勿庸多读多懂，因为没有用处，不仅没有用处，且恐坏事哩。法人卢梭著《爱弥儿》（*Emile*）一书，提倡自然主义教育，处处表现不朽的价值，而对于女子教育则轻视极了，其主张很与陆氏相似。由此，你们可以得到一个结论，凡未曾脱离封建时代思想的人物，勿论他的教育理论如何进步，而对于女子教育总是畸视的。（均见《思辨录·小学类》）

四 大学教育

陆氏说："予以为古人之意，小学之设是使人由之；大学之教，乃使人知之。"（《思辨录·小学类》）这是他对于小学与大学两段教育的解释。儿童在十五岁以前，智力尚未发达，小学教育不过指导他们如何动作，如何读书，如何生活。到了十五以后，进了大学，才教以学理的研究，及研究一切之所以然。教育宗旨，在教学生怎样做"人"，换一句话，即教他们做一个圣贤。但这个宗旨，在小学时代不能讲明，因为他们不能听懂，所以课《幼仪》、授《小学》，用知行并进的法子，不过矫正他们的行动与习惯，引导他们向着圣贤路上走就是了。到了大学时代，一方面教以怎样为圣贤，一方面教以所以为圣贤；且一方面由听讲而得，一方面更要由自己研究而得。但"人"不是容易做的，"圣贤"不是容易学的，在这时期所以进学之始便须立志。他说：

> 学者欲学圣贤，须是立志第一。志是入道先锋，先锋勇，后军方有进步，志气锐，学问乃有成功。（《思辨录·立志类》）

意志决定了，即着手做工夫，不要期待，不要选择，"只在这所在、这时候做去"。做人的工夫是什么？不外"居敬穷理"四个字。勿论千圣千贤的道理，总不出此四字的范围，所以吾人应当依此四字做去。但此四字中，居敬是工夫的主宰，穷理是工夫的进步，以居敬的态度来穷理，在穷理的进程中不忘居敬。照这样做去，思想才纯一，工夫才切实，这才是实学，这才是程、朱的教法，这才可以为圣贤。

大学校址宜择一国中胜地，风景佳美，远离城市，才宜于研究学问。学校之旁还须多建房屋，为学生寄宿，一则可以朝夕听讲，二则可以互相观摩。大学的课程宜仿湖州学的办法，分科教授。如经义一系，则又分为《易》《诗》《书》《礼》《春秋》等科；治事一系，则又分为天文、地理、河渠、兵法诸科。每科设一科长，聘请专门名家充当；另设学长一人，以总其成。如此办法，则大学才有成绩，人才可从此养成。否则学生散处四方，教师不过滥竽充数，如明末学校的情形，学校徒有其名，怎样望其有成功？

五　读书法

他的《思辨录·格物编》里，关于读书方法，讲论颇详，很有些可取的地方。我们无妨分条叙述于后：

（一）读书分年。陆氏把吾人读书生活分做三节，每节十年，共计一生可读三十年的书。第一节，自五岁至十五岁，这十年谓之诵读时期。第二节，自十五岁至二十五岁，这十年谓之讲贯时期。第三节，自二十五岁至三十五岁，这十年谓之涉猎时期。十年诵读之书，为《小学》、四书、五经、《周礼》、《太极》、《通书》、《西铭》、《纲目》、古文、古诗及各家歌诀。十年讲贯之书，为四书、五经、《周礼》、《性理》、《纲目》、本朝事实、本朝典礼、本朝律令、《文献通考》、《大学衍义》、《大学衍义补》、地理书、水利农田书、兵法书及古文古诗。十年涉猎之书，为四书、五经、《周礼》、诸儒语录、二十一史、本朝实录及典礼律令诸书、诸家经济类书、诸家天文、诸家地理、诸家水利农田书、诸家古文、诸家诗。以上各书，力能兼的则兼习，不能兼习则涉猎诸书可以从略。

（二）读书分类。以上各书，只是分期学习，可未曾分类，而分类也要紧。分类之法，如研究史学，凡关于史学诸书列为一类；如研究经学，凡关于经学诸书，别为一类。这样分类读法，"不惟有益，且兼省心目"。

（三）读书分等。书籍愈传愈多，吾人一生不能遍读，务必分别轻重，哪些书是非读不可的，哪些书可以读可以不读的。陆氏分别轻重为三等：（1）如四书、五经、《性理》、《纲目》等书，最重要，这是终身所当诵读不忘的。（2）如水利、农田、天文、兵法诸书，为次要，亦须一一寻究，得到内中的要领。（3）其余子史百家等书，性质更次，不过观其大意而已，不必一一诵读。

（四）读书须穷理。读书不在背诵文字，夸示博雅，若以此态度读书，陆氏所谓"玩物丧志"。吾人读书，须要穷理，所谓穷理，要求得书中的义理，与己身相合，又与事实相合。求与己身相合，须拿书中所说的放在自己的身心上体贴；求与事实相合，须按照书中所说的切实做去。如此读书,才能嚼得出滋味来,才觉得古圣贤所说的句句亲切,才能因读书以指导其行为,因读书以涵养其品性。

(五)读书要开辟。读书要不为书所困,能使书为我用,这非有开辟的心胸不能办到。陆氏关于开辟心胸的一段话,写得极好,我们可以直接抄录出来:

凡人读书用工,或考索名物,或精研义理,至纷赜难通,或思路俱绝处,且放下书册,至空旷处游衍一游衍,忽地思致触发,耆然中解,有不期然而然者,此穷理妙法。又或发愤下帷,三冬两夏,满腹中诗书义理盈溢充足,却出来游衍一两日,真觉得水流花放,云行鸟飞,满空中是活泼地景象。此孟子所谓生矣境界,不知手之舞之,足之蹈之者也。(《思辨录·大学类》)

(六)读书要宁静。在闹市的地方读书,殊不相宜,地方越宁静越好。陆氏主张在山中读书,果能离家入山,把一切俗事抛开了,而读书才能宁静,才能专一。在这时候,计算应读何书,计算读书几年,然后分年来读,每年读一项,每项作一结束。如此读法,不仅十年,即三五年之后,亦必有相当的成绩。

第六节 陆稼书(1630—1692)

一 生活小史

前二节所述杨园、桴亭二人,尚不离为明末的处士,至稼书则完全为清初的人物了。稼书生于明崇祯三年,死于清康熙三十一年,一共活了六十三岁。当鼎革之际,他不过年方十四岁的一个少年而已。这个少年，姓陆氏名陇其，稼书是他的别号。他是浙江平湖人，屡代为官宦之家，在幼年时代曾受过很好的家庭教育。他的政治生活，亦不算怎样发达，当四十一岁时才中进士，以进士的资格补过两次知县，拜过八次御史。知县生活共有九年，一在嘉定二年，一在灵寿七年，以清廉为本，两处成绩卓著，尤以在嘉定的治绩评为天下第一。至入都拜御史时，他已六十一岁了，为期不久，不过年余之谱，便罢官归了故乡。综计陆氏一生政治生活，不过十一年，而他的教育生活则有三十一年——自二十一岁开始设帐，到老死为止，除去服官时期外，全为私人讲学时期。但在服官期内，亦未尝离开教育生活，如在灵寿当知县时，且规定讲学条例，编有《松阳讲义》，可说从二十一岁起到老死为止，此四十余年中无日不在讲学。不过陆氏讲学的时期虽长，而讲学的声势并不大，因为他是一位提倡实学的教育家，不肯呼朋引类、虚张声气以为号召的。

二　性格及思想

"平湖陆稼书先生，以名进士两为邑令，八拜御史。其正学清德，惠政嘉谟，浃洽于人心，流传于士口，称之为醇儒、为循吏、为直臣，至有目之为圣人者。"这是他的门人侯开国在《三鱼堂全集序》上赞扬他的几句话。陆氏"积诚励行，风清格高"，所做一事，即尽瘁一事，确不愧为本色的贤士大夫，如他的门人之所赞扬。但我们以为陆氏时代的价值还不仅此，他是以提倡实学，振饬学风，拥护朱子为宗旨的一位大教育家。

清初程、朱的忠实信徒，世人皆以二陆并称，但桴亭虽力辟王学，态度尚属和缓，而稼书则处处以尊朱黜王相号召，旗帜鲜明，词气严峻，真有非打倒王学不止之气概，真有如昔日孟子"辟杨、墨，闲先圣"之遗风。陆氏以学术关乎风教，风教关乎国家的兴亡。明朝之所以遭破亡，由于士风太坏，一般人失了正常的教化；而风教之坏由于阳明及其门徒倡为放诞诡异的学说，援儒入墨，以伪乱真。王氏以有力者的地位，登高一呼，而其学又极简易，所以天下读书人莫不乐于趋从，天下读书人皆口谈王学，渐渐放弃规矩，师心自用，甚至于礼法也不遵守了。读书人为民众的领袖，而皆不讲实学，不守礼法，教化安得不坏！这种学术之败坏人心，等于清谈之祸晋，明朝安得不亡！要挽救人心，当然从振饬学风着手；要振饬学风，当然力尊朱子，以朱子的实学矫正王学的空疏，以朱子的绳墨矫正王学的放诞。所以他对汤潜庵说："今之学者必尊朱子而黜阳明，然后是非明而学术一，人心可正，而风俗淳。"在他的《外集经学篇》里面，亦说："今之论学者无他，亦宗朱子而已，宗朱子者为正学，不宗朱子者即非正学。汉儒不云乎，诸不在六艺之科、孔子之术者，皆绝其道勿使并进，然后统一可纪，而法度可明。今有不宗朱子之学者，亦当绝其道勿使并进。朱子之学尊，而孔子之道明，庶乎知所从矣。"以朱学为教育标准，以此标准来振饬学风，挽救人心，把关系说得这样重大，而提倡又尽毕生的热诚，陆氏对于朱子可谓真正的忠实信徒。至于效董子之"学术一尊"主义，已含了一种学阀的风味，但总不失为一个热心于风俗教化的教育家。

三　儿童教育之重要

"崇尚实学，培养淳风"，为陆氏的教育宗旨。要培养社会的淳朴风气，须社会上有一班循规蹈矩、讲求实学的读书分子为表率。要使社会上的读书分子循规蹈矩、讲求实学，须平日有这种习惯；这种习惯的养成，其关键全在童子时代，所以童子教育最关重要。陆氏推论当时风俗败坏而未已的，都是由于当时儿童没有受过好的教育。当童子时代，为父兄师友的，平日既不教以洒扫、应对日用伦常之事，朱子所集《小学》一书弃而不读，即或每日课以四书，亦不过借此为应科举取利禄的阶梯。至于孔、孟之如何教人为人，是不管的。迨他们年龄稍长，为父兄师友的，则教以如何应科举，如何取利禄，如何立奇异，挑动他们专用机诈的心机,奖励他们崇高浮华的趋向,至于学问之实在不实在,行为之正道不正道,是不问的。科举考试的日子来了,一旦侥幸获取,便自以为学问已成,无所不能,不复知人间尚有当读之书及当为之事。这一班人,自己既莫明其妙,以他们去领导社会、表率群伦,则风俗怎样不坏,社会怎样不乱。我们一推论其原因,则由于昔日童子时代的教育受坏了,所以当今最要紧的莫如童子教育。童子应当教些什么呢?他说:

> 教之道必以《小学》为基址,以濂、洛、关、闽之书为根本,以先王浑醇厚朴之文为彀率。使自孩提有识,即浸灌于仁义中正之中,游衍于规矩准绳之内,如水之汪洋浩渺而不得越乎其防,则文章不期正而自正,风俗不期厚而自厚矣。(《历科小题永言集序》)

陆氏又说:

> 吾每教童子作文,未尝不战战兢兢,惟恐一言之病中于其心,异日将硕大蕃滋,邕茂修达,不可救药。盖今之聪明,当扩充于范围之内,不当扩充于范围之外。(《历科小题永言集序》)

由这两段话看来,陆氏教儿童是当立一标准,要他们遵守的,定一范围要他们在里面活动,不可逾越的。他的标准就是程、朱,他的范围就是宋儒学说,凡能谨守绳墨的才是好学生,否则便是不好的学生。当儿童时代,能谨守绳墨,到了成人时代便是循规蹈矩的士君子,才是讲求实学的人才;这种人才必不放诞猖狂,犯上作乱。影响所及,风俗自然淳朴,国家自然安定,这是陆氏的教育理想。所以他平日教人"必授以《小学》及《程氏读书分年日程》,俾学者循序致功"(《先正事略》),以期达到他的理想。吾人以为陆氏的教育理想固高,但他的头脑究竟腐败,尤以不许逾越范围,未免过于束缚儿童的智力之发展,所有教育理论以与桴亭所论的比较,相差远了。

本章参考书举要

(1)《清儒学案》的各家学案

(2)《先正事略》的各家本传

(3)《夏峰全集》

(4)《李二曲先生集》

(5)《张杨园先生全集》

(6)《思辨录》

(7)《论学酬答》

(8)《陆稼书集》

(9)《三鱼堂全集》

第三十九章　清代教育家及其学说（二）

第一节　概　论

本章的教育家也不少，我们为避免重复计，只选取黄梨洲、顾亭林及颜习斋、李恕谷四人作代表。黄、顾二人不是理学家，是有志用世的经世学者，我们可以称他们为经世学派。他们是富有豪杰气的学者，最称热血的志士，种族观念非常强烈，中年皆参与过民族复兴运动，事虽不成，但终身是不肯与清政府合作的。他们对于学风的趋向，皆由反明以达于宋，但梨洲因其门户关系，尚未直接攻击王学，而亭林对于王学则攻击诋毁，不遗余力。他们对于学术的兴趣，皆趋重在经学方面的研究，但梨洲作《明儒学案》尚喜谈心性，而亭林则绝不愿讲求这一套腐话，并提出"经学即理学"的口号，谓"舍经学而言理学者，乃堕于禅学而不自知"（《先正事略·本传》）。总之注重博学多识，以反明学之空疏，注重经世致用之学以反宋、明理学家之腐败，则两人是走在一条路线上的。关于教育方面，在学理上两人毫无特殊的研究，不过对于教育制度皆提出了改良的意见——经世学者往往只能如此。梨洲的特点，在以学校为监督政府的机关，为社会舆论的中心，而立于一种特殊地位。亭林的特点，在采用科学的方法，研究学问，重客观而不取主观，重创造而反对因袭，一扫明末八股的陋习，而开清代考证学的先锋。

颜、李二人则较黄、顾更进一步。他们不仅反对王学，连朱学也反对；不仅反对朱学，且反对一切后儒之法，直接模仿孔、孟的教法。他们以诗书、六艺为教材，以习礼、习乐为教法，不空谈性命，完全重在实习实行，故我们称这一派为实用主义者。他们自身皆能吃苦耐劳，以身作则，所演习的礼节虽不脱古代的仪式，而以动作易口说，面目为之一新，也是本期教育史上的一点特色。

第二节　黄梨洲（1610—1695）

一　生活小史

　　黄氏名宗羲，字太冲，号梨洲，是浙江余姚人。他是忠臣黄尊素的长子，生长在明末很有身份的一个家庭。尊素与杨、左诸人为同志友，同死于魏阉之乱，且亦理学名家，曾与刘蕺山相往还，可知梨洲在幼小时所受家庭教育已与一般人不同。"初锢之为党人，继指之为游侠，终厕之于儒林，其为人也盖三变而至今"（《年谱》），——这是梨洲自题的几句话，自是的当。他的父亲尊素之遇害，梨洲年仅十七岁。当十九岁时，袖长椎入京，手刃父仇，忠义慷慨之气在此时已大露头角。当二十岁时，正式游学于蕺山之门，邀约吴、越知名之士六十余人，相与切劘，对于其师之学敌石梁陶氏之说施以猛烈的攻击。当三十五岁时，北京陷入于闯贼了，即在吴中纠合同志，召募义勇，且率家人子弟共赴国难，自此从事于勤王的生活，奔走播迁了五六年。当此之时，先生一心以勤王保族为职志，终不得逞，而魏阉余党且时施构害，屡遭危险，然先生忠义之气不为少挫，且于得闲时一面著述，一面讲学。先生讲学生活，虽始于三十岁以后，而在四十岁以前完全为党人游侠一流。自四五十岁以后，看破清廷统治力太强，明室恢复之无望，才折节敛气，复举证人书院开讲会，专门于教育生活，发挥其先师蕺山之绪余，而变做一位名理派的儒者了。虽然为一儒者，而昔日豪气依然存在，讲学于江、浙间，好以师门为标榜，大江以南门弟子遍天下，差不多在当时为东南思想界之中心。

先生生于明万历三十八年，死于清康熙三十四年，享年八十又六岁，综计讲学生活不下五十年。先生学问赅博，于各家书籍无不窥阅，在刘氏之门最称高足弟子。虽为刘氏高足弟子，终以经学、史学擅长，而对于史学尤有特识，开清代研究史学者之先锋。平生著作宏富，合计三十余种，八百多卷，而以《明儒学案》及《宋元学案》为有系统之学术史，影响于教育思想者不少。至于《明夷待访录》一书，内中除关于教育主张外，尽量发挥其民本主义的政治哲学，对于二百余年后之排满革命思想之启示，影响尤大。

二　言心与性

蕺山之学在明末虽自成一派，究不出阳明心学的范围。梨洲为蕺山的忠实信徒，平日对于政治与教育的主张虽标榜"通经致用"，而对于心与性的解释依然偏于阳明一派。他以心为一切主宰，充塞乎宇宙，心之活动变化不测，此宇宙形色所以万殊。吾人修养只在心之本体上用工夫，所谓"穷理"即穷此心之万殊，非穷万物之万殊；迨此心本体通达灵明，万物莫不毕照，盖心如规矩，有了规矩自然能范围一切方圆。

天地万物莫非一气之流行，吾人耳、目、口、鼻之运动，恻隐、羞恶之表现，亦此大气流行之一。大气在天地，有春、夏、秋、冬之运转，而秩然有条不紊者，名之曰理。大气之在吾人，有耳、目、口、鼻之运动，恻隐、羞恶之表现，亦秩然有条理者，名之曰性。故曰"理是有形之性，性是无形之理"（《与友论学书》）。换一句话，在宇宙者谓之理，在人类者谓之性，其实莫非此一气之流行。性既为气之秩然有条理者，所以吾人以善名之；此性之善无人不有，无时不存。所以他说"夫性之为善，合下如是。到底如是，扩充尽才而非有所增也，即不扩充尽才而非有所减也，不为尧存，不为桀亡"（《致陈乾初论学书》）。

三 教育主张

先生论心学虽采阳明、蕺山之说，但论教育则力辟明代学者的空疏无用。他的主张是要博通经史，明之于心，致之于实用。"读书不多无以证斯理之变化，多而不求诸心则为俗学。"（《先正事略·名儒本传》）即由博而约的工夫，其目的则在致之于实用。先生志在用世，所以平日教学者亦以经世相期许，而对于当时空疏无用的学风，曾有一次很痛切的攻击：

> 儒者之学，经纬天地，而后世乃以语录为究竟，仅附答问一二条于伊洛门下，便厕儒者之列，假其名以欺世。治财赋者则目为聚敛，开阃捍边者则目为粗才，读书作文者则目为玩物丧志，留心政治者则目为俗吏；徒以生民立极，天地立心，万世开太平之阔论铃束天下。一旦有大夫之忧，当报国之日，则蒙然张口如坐云雾。世道以是潦倒泥腐，遂使尚论者以为立功建业，别是法门，而非儒者之所与也。（《赠编修弁玉吴君墓志铭》）

这一段话固然是对于当时王学末流之空疏无用痛下针砭，也就是他的教育主张，讲学宗旨。梨洲不仅不满意于当时的学风，且对于当时的教育制度亦表示不满，并在积极方面提出自己的意见。他的教育意见分学校与取士两类，于学校则主张扩大其意义，于取士则主张广开其门径。吾人试按照《明夷待访录》上所载分类叙述于下：

（一）学校。据梨洲先生的主张，学校不仅为养士之机关，且为政府与社会衡论一切是非的场所，学校是超政治的一种组织，同时又是监督政府的最高机关。负学校行政责任的首领，在太学称"祭酒"，在郡县学称"学官"，他们的地位应尊于一切政府官吏。太学祭酒推择当世大儒充当，或就退休的宰相充当，其重要与宰相相等。除平日处理学校政务及制造舆论外，再逢朔日，公开讲演一次，此时祭酒南面讲学，天子率领百官咸就弟子之列，北面听讲。讲学以外，凡关一国政治的得失，祭酒可直言陈述，令负有责任者采纳改良。郡县学官不由政府选除，由地方公议推请名儒主持，其资格不限阶级，自布衣以至宰相之谢事者，只要学行相称，皆可充当。学官的权限非常扩大，在学校以内，如教师的聘请，学生的考试及升降，校舍及校产的管理；在学校以外，如书籍的检定，出版的审查，名胜古迹的保管，先贤陵墓祠宇的修饰与表彰，民间吉凶仪式的规定，及风俗的改良，一切地方的学校教育与社会教育，皆在学官职责范围以内。除此以外，每逢朔望等日，举行公开讲演一次，凡一邑的缙绅士子，皆须到会，郡县官吏亦就弟子之列，北面听讲。在这个时候，凡关于地方政治的得失，亦得直言纠绳，贡献主张于地方政府。

在学官之下，郡县学设有五经师及兵法、历、算、医、射等科教师，皆由学官择聘。郡县学多设在郡县城内，凡城外人口稠密之大市镇，亦得设学置经师。凡经师所教，皆属于高等学校性质。其外还设立小学，为民间儿童受教的地方，充当小学教师的谓之蒙师。除原有学官外，凡地方寺观庵堂，勿论在城在乡，一律取消，大的改为书院，小的改为小学，所有产业即拨充学校经费。

由以上看来，先生对于学校的性质，是扩充到极大，对于学官的地位与职权又提升到极高。但同时对于学生的权利亦非常注重，学官有品行不良及不称职的，学生可由公决而更换之；郡县长官年少无实学，且乱施压力于学官及各儒者，学生可群起而驱逐之。学校是社会的中心，学生可以在规律之内发挥民权，这种教育思想含着极重大的革命意义。

（二）取士。明代政府取士，只科选一途，而既取之后任用太骤。梨洲先生深致不满，乃立一改良的标准，"宽于取士，而严于用人"。所谓"宽于取士"，即为士子多辟几条出路，而国家得以尽量收罗人才。先生所拟出路共有八条：一为科举，二为荐举，三为太学，四为仕子，五为郡邑佐，六为辟召，七为绝学，八为上书。出路既多，士子进升的机会多，凡有一技一能者，庶不致湮没无闻，国家得以治理，社会得以安定——先生以为。但一方虽广开门径，一方还要防止浮滥，所以又有"严于用人"的限制。在严于用人的原则之下，八条门径皆有规定，而以改良科举之法为较详。改良科举的办法，系采取朱子的《贡举私议》，以分年、分科考试为原则。每次分四场：第一场试经，第二场试子，第三场试史，皆分年各考试数种；第四场试时务策三道，不分年。试经仿唐代墨义的办法，而稍为变通，即凡答经文者须先条举注疏大全，及汉、宋诸儒之说，然后以己意申加按语，作结论——或折中诸家之说，或自由发表创见，不要拘守一家的说法。梨洲谓照这样办法，既可以免掉空疏的毛病，又可以养其自由研究的精神。

第三节　顾亭林（1613—1682）

一　生活小史

　　昆山亭林先生，名炎武，字宁人，生于明万历四十一年，死于清康熙二十一年，享年七十岁，与黄梨洲完全同时。两人皆为明末遗老，不肯臣事清朝者，但梨洲豪迈，而先生耿介绝俗。先生状貌奇特，双瞳子中白而四边黑，三岁因病又眇一只右眼，其貌似不足称，但其博学多识，志大气刚，差不多推为清初第一人。他的家世虽不及梨洲高贵，但也算是缙绅之家的子弟，七岁入蒙学，十一岁读《资治通鉴》。嗣母王氏颇有学识，当十七岁时，以其嗣父的未婚妻资格自请归来守节，作寡妇生活，性情亦算特别。平日以古今忠臣烈士的传记训诲先生，当南京陷落，绝食死难时，她又遗嘱以勿事二君为勉勉，则先生的性情为嗣母王氏所陶铸者为不少了。先生是一位明体达用的通儒，富于民族思想的志士，一生遍游关山险要，以寄其怀抱。四十五岁以前，多在江南一带，四十五岁以后，足迹遍北方各省，凡边塞地方尤所注意。到晚年，乃卜居于陕西的华阴，即以此终老。

先生精力绝伦，最精于经学与音韵学，为清代考证学的开山老祖。一生极不满意陆、王空疏虚诞的学法，对于阳明学派攻击尤烈。他说：

> 今之君子，聚宾客门人数十百人，而一皆与之言心言性，舍多学而识以求一贯之方，置四海困穷不言而终日讲危微精一之说，戎弗敢知也。（《答友人论学书》）

试过细玩索这一段话，该是何等痛切。所以他平日不言理学，不谈性命，只讲求实用，讲求通经致用的学问。亦不肯多开讲会，号召门徒，他以为这是学者纯盗虚声的手段，徒足以鼓动人心，败坏风俗——这是与梨洲相左的地方。平生著作宏富，以《日知录》一书尤为毕生精力荟萃之作。关于教育论文，除《日知录》外，散见于《亭林文集》中，留待下面另述。

二 教育思想

亭林先生看出明末社会有两大毛病：一为学者徒尚空谈而无实用，二为流入狂禅而不讲气节。后者为王学末流所演出的现象，前者除了王学的影响外，还有教育制度的关系。当今社会以士族阶级为中坚，倘这一班人既空疏无用，而又寡廉鲜耻，失了中坚的资格，结果必致于亡国以亡天下。亡国不过"易姓改号"，其祸尚小；亡天下则"仁义充塞，而至于率兽食人，人将相食"，其祸最烈。他是具有极大抱负的一位贤士大夫，既看出当时两大毛病，而这毛病已演出极不良的结果，所以不惜大声疾呼以图挽救。挽救的方法，对于前者则提倡能够致用的实学，对于后者则提倡尊廉尚耻的美风。观其《与友人论学书》，处处以有用之学及移风易俗为言；观其《日知录·世风篇》内，屡屡以名教廉耻为倡，可以知其宗旨之所在了。我们归纳起来，他的言论，不外"博学于文，行己有耻"八个字，这八个字就是他的教育原则。他说：

> 愚所谓圣人之道者如之何？曰博学于文，曰行己有耻。自一身以至于天下国家，皆学之事也；自子、臣、弟、友以至出入、往来、辞受、取与之间，皆有耻之事也。呜呼！士而不先言耻，则为无本之人；非好古而多闻，则为空虚之学。吾见其日从事于圣人而去之弥远也。（《与友人论学书》）

以"博学于文，行己有耻"为原则，其目的在养成"成德达材，明先王之道，通当时之务，出为公卿大夫，与天子分猷共治"（《亭林文集·生员论》上）的治术人才。这种人才，有学有行，有为有守，在朝可以治国安民，在野可以移风易俗，不必高谈心性，而心性之理自在辞受取与之间。

三　对于教育制度的建议

亭林先生对于当时的科举制度，深表不满。他所视为毛病的有四点：（1）考试的程序太多，非常特异之才无由拔出。（2）考试的范围太狭，则浅学无识之徒稍一预备，皆可侥幸中式，难以培养实学。（3）程文的格式太板，一则违反作文的原则，二则徒以养成抄袭剿说，及浮诞无根的习惯。（4）取士太滥，而任用又太骤，结果生员遍天下，皆为害民乱政的蠹贼。四点毛病中，尤以第三、第四两点为最。

改良的方法亦有四：（1）取消岁贡与举人二法，以辟举及生儒两制为取士的途径。辟举之制，不问生员与否，只要学行优良，皆得由地方政府荐之于中央。生儒之制，平日养之于学校，迨学业有相当的成就，即可由地方政府遴选送入中央，直接应礼部试验，不必经乡试一道手续。(2)生员养于郡县学校,待遇从优,而名额从减,每人挑选亦极严格,在礼部取中以后,虽成进士,所授不过簿尉亲民之职,则士子幸进速成之心自然可以消弭。(3)试题范围须扩大,"凡四书、五经之文皆问疑义,使之以一经而通之于五经;又一经之中亦各有疑义。四书、五经皆依此发问,其对者如朱子所云通贯经文,条举众说,而断以己意。其所出之题,不限盛衰治乱,使人不得意拟,而其文必出于场中所作,则士之通经与否可得而知,其能文与否亦可得而验矣。"(《日知录·科举》)(4)取消八股程文,令士子自由创作,而俊异之才自然可出。总之,政府以实学为教,士子则以实学为学。政府取士力求严格,而士子亦必束身自爱,奋勉有加。行之数年,则真才实学自然养成。按亭林先生这种改良意见,与梨洲所见大同小异,不过梨洲偏重在学校方面,而先生偏重在科举方面。

四　研究方法

亭林所以推为清代考证学的祖师,他的学术思想所以影响于后代的,一方由于其实学之提倡,他方更在于其科学的研究方法。他平日颇推崇朱子,不仅所谓"博学于文",秉着朱子的"下学上达"之教,即研究学问的精神亦与朱子近似。我们把他的科学研究法列举数条于下:

(一)贵有创造。先生谓著书之所以难,在能"自成一家言",即是从研究中有心得,有创见,以自己所有的心得与创见自由发表而为文章,才能"自成一家言"。例如"司马温公的《资治通鉴》、马贵与的《文献通考》,皆以一生精力成之,遂为万世不可无之书。"(《日知录·艺文》)创造的反面即因袭或剽窃,这是亭林所最痛恶的。他说:"有明一代之人,其所著书无非窃盗而已。……今代之人,但有薄行而无俊才,不能通作者之意,其盗窃所成之书必不如原本,名为钝贼何辞?"(《日知录·艺文》)所以在他的改良科举意见里面,有这样说法"盖救今日之弊,莫急乎去节抄剽盗之人","今日欲革科举之弊,必先示以读书学问之法"。(《日知录·科举》)所以他自己一生著作，完全按照这种精神，绝无一语蹈袭古人，尤以《日知录》一书为最好的例子。"愚自少读书，有所得辄记之，其有不合时，复改定，或古人先我而有者，则遂削之"，由他自序其《日知录》的一段话，即可以看出他力避蹈袭的精神了。

（二）多方实证。每著一篇书，或研究一个问题，必从多方搜取证据。证据分本证与旁证两类："列本证、旁证二条，本证者诗自相证也，旁证者采之他书也。二者俱无，则宛转以审其音，参伍以谐其韵。"(《音论》)这是他自述治音韵学所用的法则，关于其他著述也是一样。亭林不仅从书籍里面寻找证据，并从地理或社会方面实地考察。全祖望说："凡先生之游，载书自随，所至厄塞，即呼老兵退卒，询其曲折，或与平日所闻相合，即发书而对勘之。"(《鲒埼亭集·亭林先生神道表》)《天下郡国利病书》及《肇域志》等书，莫不本此精神作成，这种客观的实证法，值得赞美。

第四节 颜习斋（1635—1704）

一 生活小史

实用主义的教育之提倡者，当推博野的颜习斋先生。先生对于宋、明理学诸家一律反对，除了胡安定一人外；他的主张是要直接仿照孔子的教法，以诗书六艺为教的。既是以实用主义相号召，所以他都是以身作则，能够吃苦耐劳，能够节制嗜欲，做一个实行者，凡宋、明学者的雍容自得的态度，静坐读书的习惯，完全破除了。他的这种思想，虽因看不惯明末性理之学的空疏所起的反动，但他的性质却于他所处的环境及幼年所受的教育很有关系。

习斋名元，字浑然，生于明崇祯八年。他的父亲名昶，原籍博野，以贫无聊赖，投入蠡县某胥吏朱家为养子，遂为蠡县人。在习斋年将四岁时，颜父因与朱翁感情不相融洽，乘清兵入关的当儿，亡命辽东，以后不知下落。过了数年，朱翁续配，生了一个儿子，待遇颜氏母子更薄，颜母又难安于其家，因此改了嫁。当此之时，先生才十二岁，所以少年时代是很孤苦的。先生年将弱冠时，朱翁经过一次讼案，家产荡尽，凡一家生活费用全由他担负。先生一面读书，一面耕田种菜，劳苦淬砺，以奉养他的恩祖父母。在这困苦忧患中，自然经过很大的磨练，逼得他对于人生社会上另有一种认识。加以幼年时所从的塾师为一异人——善于骑射剑戟及百战神机之术，而又以治医为生之人。所以在他三十岁以前，性质特殊，兴趣屡变，忽而学仙，忽而学医，忽而学兵，后来又研究理学，到最后才归于实用。

  习斋先生自二十三岁至三十四岁的十年间，专心研究宋、明性理之学——初喜陆、王，后信程、朱。将他的书屋取名思古斋，自称思古人，对于程、朱的信仰是极高的。当三十四岁时，遭恩祖母的丧事，从丧礼中感觉朱子家礼之不合人情，由此大悟宋、明性理之学及讲学之法皆错了，皆不是孔、孟的旧说。于是幡然改悔，舍弃宋、明学者的一切成法，直接以孔、孟之学为学，直接以孔、孟教人之法为法，把思古斋改为习斋，特别注重一个"习"字，所以世称习斋先生。先生教书生活始于二十四岁，当初自然谨守程、朱成法，至十年之后，特标异帜以来，很能引起社会上的注意，所以从游的人也很多。康熙三十四年，先生已五十七岁，南游洛阳，与理学诸家开了一次辩论。三十三年，肥乡郝公聘请主教漳南书院，再三推辞不了，才应命前往，在这里即实行他的教法，习乐习礼起来，计划也很大，但不到半年，因水灾之故遂辞职归里。再过十年，先生乃终老，享寿恰近七十。先生以养子的地位，十七岁取得县学生员的资格，终身未曾做官，以耕田而兼教书的生活，坚苦奋斗一生，其教育主张虽在当世特放一异彩，但不再传而即淹没，可知习俗之力的伟大。

二　论性质

习斋先生反对宋儒之说有二：一为性的解释，二为讲学的方法。我们暂把第二点放在以后讨论。先生认性与气质是一件东西，性固然是善，气质也是善的。气质为二气四德所结聚而成。二气即程、朱所谓"气"，四德即程、朱所谓"理"即"性"，是气即性之质，性即气之理，既说性善，又说气恶，此乃不通之论。那么，恶是怎样来的？他以恶是从外面所生的，即由外面环境的引诱，吾人的感官被它蒙蔽了，失了正常的作用，于是有恶之名。不过环境之所以引诱，由于气质之本然力量未曾养得纯熟的缘故，否则恶亦引诱不来。先生并以视觉器官及视觉来说明气与性之关系，有一段话解释得极好：

> 譬之目矣，眶疱睛气质也，其中光明能见物者性也，将谓光明之理专视正色，眶疱睛乃视邪色乎？余谓光明之理固是天命，眶疱睛皆是天命，更不必分何者是天命之性，何者是气质之性。只宜言天命人以目之性光明能视，即目之性善；其视之也，则情之善；其视之详略远近，则才之强弱；皆不可以恶言，盖详且远者固善，即略且近者亦第善不精耳，恶于何加？惟因有邪色引动，障蔽其明，然后有淫视，而恶始名焉。然其为之引动者性之咎乎，气质之咎乎？若归咎于气质，是必无此目而后可全目之性矣，非释氏六贼之说而何？（《存养编》）

先生后来并以衣水及墙壁等实物来比喻性与气质之关系，总不外认气为性之体，性为气之用，二者实是一物，原来皆善，恶是后来习染一类的话，我们勿庸多引。至于宋儒"学以变化气质之说"，他也认为有毛病。气质既然是善的，何用变化？所谓"变化"二字，只可当着培养解释，将嫩濯的气质培养到壮盛，将枯槁的气质培养到丰润，如"德润身睟面盎背施于四体"一样。若谓"变化气质之恶以复性",乃是不通之论。譬如衣服谓之气质,蔽体御寒等作用谓之性。衣服原无污秽,后来所着污秽,当然是由外面染上的,教育不过洗濯后来所染的污秽,于衣之本质毫无变化,当不难明了。

三 习行主义的教育论

宋、明诸儒既以气质为恶,所以全部的教育都在变化气质上面做工夫,这种工夫又偏于讲论,所讲论的不外性命之理。性命之理勿论讲得如何通透,终是镜花水月,难以捉摸,即有所捉摸,不过高谈元妙而已,于实际生活无关,结果尽教成一班无用之腐儒。习斋先生的教育宗旨是要造成全体大用的通儒,这种人才,五官健全,气象活泼,能耐劳苦,具有实在学力而能实用的。吾人要培养这一等人才,须一洗宋、明理学家的陋习,直接模仿周公、孔、孟的教法。所谓周公、孔、孟之教:重实习,不重讲论;重力行,不重涵养;重活动,不重静坐。即或有所讲论,也只可以讲明性命之作用,不能讲论性命之理由。所谓性命之作用,即诗书六艺之类。详细些说,性命之作用即尧、舜之六府三事,周公之三物,孔子之四教,及兵、农、钱、谷、水、火、工、虞一类的知识。总之应以社会国家实用的知识为教材,教学生如何习行,在习行的进程中遇着不懂时才加以讲说,所讲亦不过占习行的时间十分之一二。以这样为教,注重一个"习"字,体格也锻炼了,气象也活泼了,知识又切实,自然能够教成一班有用的通儒。先生关于教育很有价值的一段话,我们写在下面:

> 仆妄谓性命之理不可讲也,虽讲人亦不能听也,虽听人亦不能醒也,虽醒人亦不能行也。所可得而共讲之、共醒之、共行之者,性命之作用——如诗书六艺之类而已。即诗书六艺亦非徒列坐听讲,要惟一讲即教习,习至难处来问,方再与讲。讲之功有限,习之功无已。……惟愿主盟儒坛者,远溯孔、孟

之功如彼，近察诸儒之效如此，而垂意于习之一字，使其为学为教，用力于讲读者一二，加功于习行者八九，则生民幸甚，吾道幸甚。（《存学篇》）

先生一方面提出自己的主张，一方面攻击宋、明诸儒的教法。他说："宋、元来儒者却习成妇女态，甚为可羞。无事袖手谈心性，临危一死报君王，即为上品矣。"（《存学篇》）这都是看不惯明末王学末流的空疏，而发此过激之论的。先生谓即或讲性命之理也当放在作用之后，若先讲理而后讲作用，未免难易倒置，于教育原理不合。即先把性命之理讲懂了，后来亦无法教以六艺之术，一因为自以为高明不肯作此琐繁事，二因强不知以为知，三因筋骨已娇脆，亦不能日日习礼习射了。最后他以学琴一事为譬，更见明快：

譬之学琴然，诗书犹琴谱也，烂熟琴谱，讲解分明，可谓学琴乎？故曰以讲读为求道之功，相隔千里也。更有一妄人指琴谱曰"是即琴也，辨音律，协声韵，理性情，通神明，此物此事"，谱果琴乎？故曰以书为道，相隔万里也。（《存学篇》）

所以先生于宋儒中只取胡安定，以安定分科设教，重实学不重空言。至于教育目的，仍是学为圣人，所谓"全体大用之儒"，就是"圣人的本领"，没有新意。

四　教　法

先生既以习为学，所以平日教诸生也特重一个习字。所习的什么？年龄幼小的，教他们学习洒扫、应对、进退等仪节；年龄较大的，教他们分日习礼、习乐、习射、习御、习书、习数，此外所要研究的，不外兵、农、水、火、钱、谷等类有用的知识。假如我们走进习斋去参观，架上所布置的不是《性理大全》，是诗书六艺之书；室内所陈列的，不是太极八卦图，是琴瑟管弦及弓箭之类；师弟所演习的，不是瞑目静坐，是进退揖让，或歌讴舞蹈一类的动作，虽然不脱一套古礼，但总呈一堂活泼气象，有威有仪，比较宋、明理学家之静的教育有价值多了。在他四十一岁时，因门人来学的逐日增加，订了一个教规，共计二十一条，可以分着五类。第一类关于道德方面的有四：（1）孝父母，（2）敬尊长，（3）主忠信，（4）申别义。第二类关于品格方面的有三：（1）禁邪僻，（2）慎威仪，（3）肃衣冠。第三类关于课业方面的有九：（1）勤赴学，（2）重诗书，（3）习六艺，（4）敬字纸，（5）习书，（6）讲学，（7）作文，（8）六日课数，（9）戒旷学。第四类关于社交方面有五：（1）行学仪，（2）序出入，（3）轮班当值，（4）尚和睦，（5）贵责善。内中所要注意的有二点：关于课业方面分讲与习两类，每日讲说两次，习字一次，六艺则分日学习。"轮班当值"一条，即服务之意，如洒扫、汲水、燃火一类的事务，多半由十五岁以下及程度较劣的学生充当。但勿论何人，如犯了过失，则罚令做这些小事，又寓有惩罚之意。先生又以当世社会所通行的儿童教科书——《三字经》开章便说"人之初，性本善"，是宋儒所编，不合儿童之用。他自己写了一部《三字书》，嘱他的门人李恕谷押的韵——共有一百二十七韵，三百五十一字。他的全部教育主张，皆包含在这里面，虽然比较浅近切实，但完全返乎周、孔之古，没有新的发明。

第五节　李恕谷（1659—1733）

一　生活小史

习斋有高第弟子二人：一为李恕谷，一为王昆绳。昆绳名源，工于文章，性情恢奇，归于游侠一流，于教育方面毫无表现。恕谷名塨，字刚主，生于河北蠡县，是最能遵守习斋家法的一个人。他的父亲明性，是明朝的诸生，极讲孝道，世所称"孝悫先生"。习斋也是一个纯孝子，孝悫晚年认识了他，所以把自己的儿子拜他为老师。恕谷生于顺治十六年，儿童时已受了很好的家庭教育，拜习斋之门已是二十一岁了。二十三岁即在家中开设私馆，教授生徒，二十七岁时始往京师讲学，三十二岁中了顺天府的乡试，以后仍旧继续他的教授生活。他的性情也是特殊，忍苦耐劳，差不多与他的老师一样。家中虽极贫困，但不肯做官，于讲学之外往往兼务农、行医以维持生活。他也很善于耕稼，领了他的妻妾子妇，在田中一齐耕作，有时收获虽丰，他们的用度还是极其俭约。到六十岁才做了通州学正一点小官，做了两个月就辞职归家了。在中年时，李氏迁居到博野，一方为习斋建祠堂，一方在那里收召后学，所以他在博野的时间很长。但他的学问很博雅，所从教师很多，不止习斋一人，不过以习斋之学为主要，他的教授方法及对于教育主张，完全采取习斋的。他活了七十五岁，卒于世宗雍正十一年。平生著作很富，关于教育方面的，有《大学辨业》四卷，《圣经学规》二卷，《小学稽业》五卷，及论学杂著数篇。

二　讲学大要

李氏讲学完全遵守习斋的家法，重实用，重习行，对于朱、王两家一律反对，尤其反对王学。他反对朱、王之说有两点：一谓他们的太极、良知等说过于虚想，不切实际，且没有事实证明，不足为凭；二谓专主静坐读书，既与社会隔绝，又失了活泼气象，结果养成一个无用的白面书生而已。关于第一点，他以画鬼与画马来比喻：

> 管廷耀问学。予曰：画家言画鬼容易，画马难，以鬼无质对，马有证佐也。今讲河洛、太极者，各出心手，图狀纷

然；而致良知者又猖獗自喜，默默有物，皆画鬼也。子志于学子臣、弟友、礼乐、兵农，亦画马而已矣。(《李氏遗书·论学》)

关于第二点更有很沉痛的话：

耽志读书，则不嫖不赌耳，非圣贤专以读诗书成也。读阅久则喜静恶烦，而心板滞迂腐矣。……可知学文不专书册，而谓解书册不足言学矣。故起诮者之口曰白面书生，曰书生无用，曰林间咳嗽病猕猴，而谓诵读以养心误矣。(《恕谷后集·与人论读书》)

由这二点看来，李氏是不以专门读书为学问的，反对静坐，反对性命、良知等说的，他是要以习行为学问，讲学有证据，读有用的书，做有用的人。古人教人为学，只是教人如何做人，如何做事，以期为世大用；乃朱、王一班讲学者，注重诵说，提倡静坐，结果造成一班无用的病夫。吾人负有教育后生的责任，所以应当力辟朱、王以挽此颓风。按李氏所说较习斋更为激烈，可惜仍旧"法古"，没有新辟的精神。

关于他自己学习的订有课表三种：一种订于二十三岁，名"一岁常仪功"，即周岁学业自课表。内容在分日习六艺：一日习礼，三日习乐，五日习律，七日习数，九日习射。一种订于二十四岁，名"日课"，即身心自修表，共列十三条，大要关于言笑坐立及性情方面的修养。一种订于二十九岁，才是真正日课，即"每日三分商治道，三分究经史，三分理制艺，一分习医，而以省身心为之主"。(均见《年谱》)

关于教学生学习的，亦订有三种：一种订于康熙二十年，名"修学规"，共计十八条，与习斋所订教规大同小异。一种订于雍正元年，名"为学课程"，只有五条，是应一位学生的请求而订的。一种名"恕谷学教"，是最普通的一种教规，他自己说此教规是斟酌习斋的修改而成，所以共计十七条，也是大同小异。

关于教材，李氏自编了两种：一种是为小学生用的，名《小学稽业》；一种是为大学生用的，名《圣经学规》。这两种书颇有价值，井井有条，逐步渐近，比较习斋进步多了。《小学稽业》共分五卷。第一卷为小学四字韵语，仿佛概论。第二卷共分八段，即：食食、能言；六年数数、方名；七年别男女；八年入小学、教让；九年教以数日；十年学幼仪、一切日常生活的知识。第三卷为"学书"。第四卷为"学计"。第五卷又分三段，即：学乐、诵诗、舞勺——关于十三岁儿童的学程。《圣经学规》分着二卷：第一卷有《论语学规》三十九条，《中庸》三条，《孟子》十一条；第二卷有《尚书》三条，《易经》一条，《诗经》一条，《周礼》八条，《礼记》九条。每条录取关于论学的经文，下附以自己的解释，意在以三代以上的圣人求学教人法则作为榜样，以开示学者。

本章参考书举要

（1）《南雷文案》

（2）《明夷待访录》

（3）《亭林遗书》

（4）《日知录》

（5）《颜李遗书》

（6）《李恕谷集》

（7）《清儒学案》的各家本案

（8）《先正事略》的各家本传

（9）梁启超：《清代学术概论》

第四十章　清代教育家及其学说（三）

第一节　概　论

考证学启蒙于康熙初年，到乾隆时而大盛。由乾隆而嘉庆，由嘉庆而道光，这三朝一百多年，由政府的蓄意提倡，由利禄的有力驱使，加以二三宿学为之推动与宣扬，风气所播，上下成习，虽荒村学究，莫不谈经服古，这一学派于是占了学术界的全面积。开山老祖为昆山顾氏，继续努力的有太原阎氏、德清胡氏、至长洲惠氏、婺源戴氏遂集此学之大成。这一学派人才太多，若是一一叙述，殊嫌重复，且有些于教育史上无大关系；所以我们抛开启蒙时期，逼直从全盛时期叙起。在全盛时期，也只取长洲惠氏及婺源戴氏两系为代表，嘉定王、钱二氏介于惠、戴两系之间，略与惠氏接近，合计十人，其余一概从略。惠氏一系，绝对墨守汉儒家法，对于宋、明理学——勿论程、朱，陆、王——一概攻击，可称作纯粹汉学家。戴氏一系，于汉学的成绩虽较惠系为大，但于理学只攻陆、王之空疏，并不反对程、朱，且对于朱子的渊博处表示相当的崇拜。尤其居考证学派的盟主地位的戴东原氏，于性理学且有崭新的发明，透彻的了解，力反宋、明理学家的陋说，而自辟一种"戴氏哲学"，影响于教育思想方面颇为伟大。这一学派虽自命为实学，其实大家的精神完全消磨在故纸堆中，于实际生活毫无关系。他们性情尚多耿介，行为亦多狷洁可风，虽多涉猎过政治生涯，但皆以讲学著述为本业，对于诱掖后进、鼓动风气，个个皆具有相当的热心，所以吾人也可以教育家称他们。至于他们一班人所贡献于教育上的，除戴氏外，没有什么教育理论，却在于他们的研究方法。他们所研究的对象虽然不能纯属于科学，但他们确实采用了科学方法。这种方法的唯一条件要"客观"，在客观的条件之下，须有证据、有比较、有综合，才能由假说而成为定论；且要能自树立，能自辟新境，不为成见所拘，不为陈说所囿，才有价值。考证学派在学术方面所以奏空前的伟绩，全赖有这种方法与精神；这种方法与精神，实给予后来研究学问者以许多启示，与宋儒空谈"玩索"或"体验"者完全两样。

第二节　吴中惠氏

一　绪　言

惠氏先代本为甘肃扶风人，在南宋初年，随高宗南迁，定居于浙江湖州；再传五代，又迁于吴县，遂为江苏籍了。他们屡代以经学名家，即取经术为教授，颇有汉代经师家的遗风。开始以经术教授者为朴庵先生，由朴庵先生一传到元龙，再传至天牧，三传到定宇，官阶以元龙、天牧二代为盛，而经学到定宇则更达于精深。朴庵名有声，尚为明时人，是一个岁贡生，以九经教授于乡里。元龙，名周惕，一字研溪，已为清代人物了。他在清廷已取得庶吉士的资格，本可以位至列卿，只以不习满洲文，仅做了几任知县完事，可算倒霉。但以少传家学，长又师事徐坊、江琬诸人，又遍游四方，与当代名士往还，所以学术日进，很有著述。由元龙而传至其子若孙，则惠氏经师家之门户乃屹然高耸。

二　惠士奇

士奇先生字天牧，自号半农居士，生于康熙十年，卒于乾隆六年，活了七十一岁（1671—1741年）。十二岁便善诗，二十一岁补了博士弟子，三十八岁始成进士。在成进士以前，学问已有深造，凡六艺九经诸子及《史》《汉》等书莫不博通。三十八岁以后，屡主文衡，而以在广东成绩最大，声名亦由此鹊起。拜广东督学之命，他已四十九岁。在广东提督学政任内，消极方面，以廉洁自誓；积极方面，以经学为提倡。提督学政的职权，在管理一省教育行政，兼司考试，而先生以提倡学术、奖掖后进、开化地方为己任，颇具教育家的精神。到任之日，即颁布教条，以九经为主要教材，凡诸生来学能背诵五经及背写《三礼》《左传》的，皆给以奖励。三年之后，粤东士子弃时文而专攻经术的日多，明学空疏之病为之一扫。在职六年，培养的人才不少，当地人士也至为感戴；所以于他离开广东之后，留下了不少的去后之思。

三　惠定宇

定宇先生名栋，号松崖，是天牧的次子，是惠氏家学之大成，是清代汉学家之泰斗。但仅以县学生员终老林泉，一生以私人讲学为业，门生弟子遍东南，又是一位纯粹的教育者。先生生于康熙三十六年，二十岁顷补了诸生，二十四岁随天牧于广东官所。天牧讲学粤中，门徒济济，而以苏珥、罗天尺、何梦瑶、陈海六为高材生，称惠门四子。这四人与先生为莫逆之交，但论到学问该洽，则皆自以为远不及，盖此时先生的学业已有很大的成就。惠氏屡代传经，家中藏书甚富。先生既生长在这饶有书味的家庭，而又天性笃志好学，所以有这样伟大的成功。在幼小时，自经史诸子百家杂说，以及释、道二藏等书，无不窥阅，着意探讨；五十岁以后，才为专门的研究，以经术为本务。经术之中，以《易经》一门学力尤邃，所著《周易述》一书，尽三十年的精力，易稿四五次，犹不许为定本，这种研究的精神殊足以令吾人钦佩。惠氏虽以屡代科甲出身，两世入词馆，但天牧以晚年遭谗，罚令毁家修城；所以到先生时，家境已极贫寒了。先生虽"凝重敦朴"，或亦感于清廷之喜怒无常，所以不问世事，宁守淡泊，专门以著述讲学寄托其精神，较为闲逸。但他所讲为专门汉学，与汉代经师家的兴趣同样，全在故纸堆中讨生活。平生著述颇多，虽对于古书的真伪若辨黑白，古书的意义有新解释，其探讨阐发之处，全具科学的精神；但对于学理方面绝少贡献，且评断是非，全以古今为标准，似若凡汉儒以上所说皆是对的，不免有些褊狭之见。但惠门弟子传其学业有成的很多，即王鸣盛、钱大昕、戴震诸人亦曾执经问难，则惠氏家学之影响于当代学风，盖亦不小。先生一生未尝远离家乡，只晚年赴北京一次。及应两淮盐运使的聘请往邗上讲学一次。至乾隆二十年去世，享年六十又二岁。

四　惠门弟子

惠氏受业弟子，以余萧客、江声为最知名。余氏字仲林，别字古农，为吴县人。状貌奇伟，顶有二肉角，疏眉大眼，口侈多髯如革。性情亦极特别，负有奇才，而终身不得志。幼年受母氏的教育，以家贫不能买书，为一书店主人所赏识，赠以许多经史，因此更引起其读书的兴趣，闭户潜修，博览群书。年二十二岁，受业于松崖先生之门。后来设馆于同县朱氏之家，朱家藏书极富，因得遍读四部之书，学业由是益博。尝往元妙观阅道藏经，往南禅寺阅佛藏经，日夜诵习，精神亏损太甚，双目为之失明，然已著述不少了。目力既失，不复能著述，乃以经术教授乡里，闭目口授，门徒极盛，时人称为"盲先生"。

江氏字鳄涛，后改叔沄，与余氏为同乡。少时与其兄震沧同学。即对于《古文尚书》有怀疑，中年师事松崖先生，得读所著《古文尚书考》及阎氏《古文疏证》，乃知古文及孔传皆晋时人伪作。于是集汉儒诸家之说，成《尚书集注音疏》一书，其所发明往往为阎、惠二人所未及。性情耿介，不慕荣利，终身不为括帖事，以著述讲学老其身。在晚年，自以性情不与世俗合谐，取艮背之义，自号艮庭，学者称艮庭先生。

第三节　江永（1681—1762）

　　清代考证学的盟主，应推婺源戴氏；而戴氏的学问多半出于其同乡江氏。清之江、戴，与汉之马、郑，同以师弟而皆为一代经师大儒，相距一千五百年间，而有此后先相辉映的一对人物表现于中国寰宇内，确是教育史上的一种特色，但江氏的学力超过于马氏，戴氏的学力亦超过于郑氏。戴氏不仅为一代经师，且富有创造的思想，于学理方面很多贡献；而江氏对于宋学亦有极深的渊源；他们实兼考据与义理为一的一代学术界的巨子，则前贤应当让后生了。

　　江氏名永，字慎修，是安徽婺人。平生著作满家，约计近二十种，凡有一百七十八卷。史称他"读书好深思，长于比勘，于步算钟律声韵尤精"（《先正事略》及戴震《江先生传》）。先生对于周、秦以前的礼制，用力很深，仿照朱子《仪礼通传经解》编了一部《礼书纲目》，凡八十八卷。又集注了朱子的《近思录》十四卷，自谓此注是此录的牡钥。先生生长在朱子的原籍，对于本乡先贤不免有很深的印象，他平日未曾攻击过宋学，这两部书就是他的理学的表现，也许暗示自己为朱子的继述者——我们在他自序这两部书里头的语气，可以发觉出来。

　　先生总算是一个贫穷的教育家。平生未曾有过政治生活，自二十一岁补县学生员，至六十二岁始充岁贡生，而竟以此终老。在诸生时代，即从事于私人讲学生活，于自己家乡私设讲坛，一面著书，一面授徒，既不问外事，而亦没有问事的机会。终身在教育方面讨生活者垂六十年，开皖系学者之先河；至于性情的恬淡，行为的谨练，比较马氏诚超人一等。先生生于康熙二十年，死于乾隆二十七年，享有八十二岁的高龄。

第四节　戴东原（1723—1777）

一　生活小史

戴氏名震，字东原，少于他的老师江氏四十一年，当他往从游时，江氏已是六十一岁的老人。戴氏与元和惠氏齐名，而其学力实超过于惠氏。戴氏所生的环境远不及惠氏，惠氏世承家业，研究容易；戴氏的学业有同崛起，而成就这样的伟大，总算是豪杰之士了。戴氏又是个奇人，生到十岁才能言语，但一读书则过目不忘。善于推究，一字不得其义不肯放手，此时读《大学章句》，即以《大学》的作者一问难住了他的塾师。十六七岁即有志于圣贤之学业，已博通群经。但他所谓圣贤之学与宋儒不同，他是要从圣贤遗下来的制度名物里面去研究，以求所谓"圣贤之道"——关于这一点可从他的《年谱》及《郑学斋记》中看出来。戴氏一生研讨与讲学，皆不超乎这条门径；不仅戴氏，凡清代考证学家也多半遵守这一门径。这是本期的一种特别学风，此时名物度数以及训诂、音韵等专门学科所以特放异彩，原因在此。他的考运不佳，二十九岁始补县学生，四十岁始领乡荐。领乡荐以后，屡次会试不中，直到五十三岁，蒙高宗的特视，许与会试中试者一体殿试，赐以同进士出身。但他的学问久已名满天下，在五十岁以前，即以举人的资格被召充四库馆的纂修官。成进士不久，以用心过度，积劳成病，乃于乾隆四十二年死于官所，享年仅五十五岁，可谓学术界的一大损失。戴氏除在京师四库馆当纂修官外，一生以讲学为业，凡北京、山西、扬州、邵武以及其家乡，皆有其讲学的踪迹。及门弟子较惠氏尤多，而以金坛段氏、高邮王氏为最著。一生著作宏富，以《原善》及《孟子字义疏证》二书为发表其哲学思想的创作，关于他的教育理论我们也从这里面搜讨出来。

二　性理新解

戴氏之所以伟大，不仅在其精审的考证，尤在于其创获的哲学思想。他的哲学思想，于其《原善》《论性》《孟子字义疏证》等篇中，及与当代学者往还的信札里面，反复辩说的很多；而以《孟子字义疏证》三卷所说更为精粹。戴氏原来的意思是不满意于宋儒"理"字的解释，后因"理"字以溯及"性"字，再因"性"字以推广到"理"和"欲"字，于是"情""才"及"善"等类的字，凡关于千年来理学的公案，莫不重行解释一番，组成很自然的人生哲学。我们在此地，还是按照旧样，以"性"字为纲领，逐一叙述于下。他说：

> 有天地然后有人物，有人物于是有人物之性。人与物同有欲，欲也者性之事也。人与物同有觉，觉也者性之能也。事能无有失，则协于天地之德理至正也。理也者性之德也。（《原善》卷上）
>
> 性者分于阴阳五行，以为血气心知品物，区以别焉。举凡既生以后，所有之事，所具之能，所全之德，咸以是为本，故易曰成之者性也。（《孟子字义疏证》卷中）
>
> 人生而后有欲，有情，有知，三者血气心知之自然也。给于欲者声色臭味也，而因有爱畏。发乎情者喜怒哀乐也，而因有惨舒。辨于知者美丑是非也，而因有好恶。声色臭味之欲资以养其生，喜怒哀乐之情感而接于物，美丑是非之知极而通乎天地鬼神。……是皆成性然也。（《孟子字义疏证》卷下）

由这三段话看来，凡人与物皆本阴阳五行以成，阴阳五行即天地。人物受生之初即有人物之性，性是与生俱来的。性是所以区别人与物或人与人之品类的命名，与人物的本身是同一的，非自别于人物而另有一物。人物有血气心知，即有血气心知之性，凡人物本身所有之内容即其人物之性。人生有"欲"，有"情"，有"知"，这三样全是人的本性。欲是性之"事"，表现于声色臭味。情由欲而生，也是性之"事"，发而为喜怒哀乐。知又名"觉"，是性之"能"，可以判断美丑是非。欲、情、知三样可归纳为事和能两种，这两种全是人的本性，是自然有的。欲和情是通于耳目百体的，知是通于心的。通于耳目百体者而能顺其自然，谓之"其事无失"；通于心者而能达于必然，谓之"其能无失"。事能没有差失，则可与天地之德相协和，谓之"性之德"，此即吾人所谓"理"。故理并非一种特殊东西，凡事物之有秩序、有条理者即谓之理。事能没有差失，即知、情、欲三样皆能得其中正而为有秩序的合于常道的表现时，则谓之合于理。凡事与能全是自然的，谓之血气心知之性，凡德是必然的，谓之天地之性——天地之性为血气心知之性的中正者，其实是一物。我们可列表于下：

理（义理）	知	情	欲
	美丑是非	喜怒哀乐	声色臭味
	心知	血气	
	能	事	
	血气心知之性		
德……天地之性……必然 ← 自然			

第十二表　东原性理新解

血气心知之性既属于自然，内中所有情欲等事也是人生自然的。凡人生自然有的，必是人生之所需要的；凡人生所需要的，决不可遏止或消灭，所以情欲不得谓之私，更不得谓之恶。吾人所以与禽兽不同的，有两种本能：一为"恕"，一为"节"。凡我所欲的，同时必要推及他人与我有同欲，谓之"恕"。既推及人与我有同欲必要节我之欲，以从人之欲，谓之"节"。既能恕，又能节，则情得其平，而社会得以安宁，是为依乎天理。情欲既能依乎天理，"强恕而行"，"有节于内"，由"自然"以达于气，"必然"使人人各遂其欲，各得其情，此孟子之所谓"人之性善"，为戴氏所折中的。换一句话，凡情欲能与天下人共同的，则谓之善，吾人的情欲既能依照天理——既恕且节，必能够与天下共同。这种共同之心，就是人的本性，所以他又说：

善以言乎天下之大同也，性言乎成于人人之举凡自为，性其本也。所谓善无他焉，天地之化，性之事能，可以知善矣。（《原善》卷上）

人有天地之知，能践乎中正，其"自然"则协天地之顺，其"必然"则协天地之常。孟子道性善，察乎人之材质所自然有节于内之为善也。（《读孟子论性》）

由这样看来，人性之所以为善，一方以它所具之情欲不是坏的，一方又有依照天理节制情欲的本能。不过吾人因所处环境不良，或材质较差，难免有任情纵欲的行为——过量的发泄；于自己有过量的发泄，于他人则有侵略的行动，这样才谓之恶了。所以"善"非别物，乃情欲之适当的发泄——依乎天理；"恶"非别物，乃情欲之过量的发泄——纵乎人欲。最良的教育，在"通民之欲，体民之情"（《与某某书》），使人人各遂其欲，各达其情；如有过量时则设法为之节制，以达到孟子"养心莫善于寡欲"的程度。但节制时至多不过至于"寡"，切不能说

"无",更不可言"灭"。"无欲"与"灭欲",是宋儒援释氏的陋说,违反人情,戕贼人生的意义,更非天理了。

欲与觉为性之事能,属于血气心知之性,一般人所谓"材质"。理为性之德,属于天地之性,一般人所谓"理义"。所以性之内容是包含材质与理义两种而言的,心要兼材质与理义才可以言人性之全——戴氏是这样主张的。所以他说,"古人言性,不离乎材质,而不遗理义"(《读孟子论性》)。戴氏言性多半折中孟子的说法,不仅对于宋儒的见解不肯同意,即对于告子与荀子二人的言论亦表示反对。他说:

> 凡达乎《易》《论语》《孟子》之书者,性之说大致有三:以耳目百体之欲为说,谓理义从而治之也;以心之有觉为说,谓其神独先,冲虚自然,理欲皆后也;以理为说,谓有欲有觉,人之私也。(《原善》卷中)

由第一说,所以产生荀子的"性恶论"来;由第二说,所以产生告子的"性无善无不善论"来;由第三说,则为宋儒"性即理"的根据。戴氏以为这三说全错了。材质由阴阳五行而成,即性所由别,乃性之事与能;离了材质就没性了。事能没有丧失其本然之德,即为理义,理义乃事能之中正者,材质之全德者,人心之同然者,遗了理义则性亦不全。所以必该两种,才可以言人性之全。告、荀二家之所以错,乃遗理义而主材质;宋儒之所以错,乃遗材质而主理义,均与孟子所说不合。

人性既然是善的,所有人类之性相同不相同呢?戴氏谓人性虽善,只能相似不能相同,不过人与人的差异较小,人与物的差异较大。所谓"人与物成性至殊,大共言之者也。人之性相近,习然后相远,大别言之也。凡同类者举相似也"(《孟子字义疏证》卷中)。人与物同由五行阴阳分之以成形,不过人类所禀是完全的,所以其性全;物类所禀不完全,所以其性限于一曲。但人性于全之中,也有智愚、厚薄、清浊的不等,往往限于一曲，不过可以由教育的力量，使不全者变而为全，此人类所以较所有其他有生之物为优秀。

总之，戴氏承认人性是善的，是包含材质与理义而得其全的。理义乃人性之"必然"，不是勉强加入的；情欲乃人性之"自然"，不可以罪恶看待的。理不是如宋儒所说，"具众理而应万事"之理，凡顺乎人情的就谓之理，凡事得其条理的就谓之理。理义为人心之所同然，但它是客观的判断，不是如宋儒以一己的意见为理。理亦不是与欲相对的，它是与欲并行的，欲之有节而得其中正者就谓之理。天理不是人欲的反面，它是自然的条理，它是顺乎人情的人欲，故人欲之顺者就是天理。由以上种种看来，戴氏所说虽有许多折中孟子的主张，但创获的地方却也不少，独辟新解，力反千年来宋、明理学的旧说。尤其对于"理"字的解释，特别新颖有力，推翻了宋儒"性即理"的口号，销毁了他们以"理"字为杀人的利器，打倒了千年来"天理"二字的权威，在性理方面，在伦理方面，放射一道解放的火花，使吾人读了顿时头脑一新。依他的解释，则人类才有生趣，才有情味。社会的维系不是理，亦不是法，全靠着人类生而有的同情心；所以他这种理论的价值，贡献于思想方面，影响于教育原理方面，比较他的考证学大得多了。

三　教育的意义

戴氏把性的内容认识清楚了，于是由性以论教育；教育是救人性之偏失的。性之大别分事与能，事属于欲，能属于知。欲的偏失为放纵，知的偏失，为愚昧；放纵由于私，愚昧由于蔽，这是人生两大毛病，人之所以不能尽其才，原因在此。所谓"天下古今之人，其大患，私与蔽二端而已。私生于欲之失，蔽生于知之失，欲生于血气，知生于心"（《孟子字义疏证》卷上）。救欲的偏失，工夫在一"恕"字，引起其同情心，使他自节于内，由多欲变而为寡欲，由独享化而为共享。所谓"去私莫如强恕"（《原善》卷下），所谓"君子之教也，以天下之大共，正人之所自为"（《读易系辞·论性》）。救知的偏失，工夫在一"牖"字，启发其心知，开通其愚昧，增益其德性，自能使愚者转变为明，柔者转变为强，所谓"解蔽莫如学"（《原善》卷下），所谓"惟善可以增益其不足，而进于智"（《孟子字义疏证》卷上），所谓"学以牖吾心知，犹饮食以养吾血气，虽愚必明，虽柔必强"（《与某某书》）。但去私虽在强恕，却不是如宋儒以消极的工夫，克制人欲，他是要用积极的工夫，体其情以遂其欲，不过使人人得到一个正轨就行了。解蔽虽在学问，却不是如记问家只求强记，不求消化，一味生吞梗咽下去，他是要如孟子的培养工夫，逐渐培养，日长月益，自然能使愚者转明，曲者得全。所以他说：

苟知学问犹饮食，则贵其自化，不贵其不化。记问之学，入而不化者也。（《孟子字义疏证》卷上）

学以牖吾心知，犹饮食以养吾血气，虽愚必明，虽柔必强。可知学不足以益吾之智勇，非自得之学也，犹饮食不足以长吾血气，食而不化者也。（《与某某书》）

四　戴门弟子

集清代考证学之大成的戴氏，及门弟子较惠氏的所造亦多宏达，如任大椿、孔广森、段玉裁、王念孙辈皆为一代硕学鸿儒，而以段、王为尤显著。段氏金坛人，名玉裁，字若膺，一字懋堂。十三岁为诸生，很受学使尹元孚的知遇，尹氏授以朱子《小学》，遂有志于学问。二十七岁成进士，二十九岁始在京师入戴氏之门，三十五岁与戴氏往山西，主讲寿阳书院。其后两拜知县，一在贵州玉屏县计三年，一在四川巫山县，计九年。四十七岁以后，遂退居家乡，不复与问时事了，专门讲学著述以至老死。平生讲求古义，对于小学研究尤精，所著《说文解字注》一书，最为脍炙人口。段氏生于雍正十三年（1735年），享年八十有余。

王氏高邮人，名念孙，字怀祖，学者称古膼先生。生于乾隆九年，较段氏少九岁。他的父亲王安国，官至吏部尚书，以经学而为名臣；他的儿子王引之，屡官礼部尚书，又以名臣而为硕学；他自己亦以进士资格官至四品，学问精核且超过他的同门金坛段氏。王氏毕生以著述自娱，于音韵、小学及校雠等学无一不精专，创获之处尝为惠、戴二氏所未及。除汉学外，还工于河道水利，前后任治河工程者十余年，王氏可谓多才多艺之士了。一生历乾隆、嘉庆、道光三朝，享有九十岁的高龄。

第五节　王鸣盛与钱大昕

一　两人的传略

在考证学派中，于惠、戴二系外，有两人为我们所不能忽略者，一是王西庄，二是钱竹汀。此二人不仅为考证学派中的两个健将，且同属于极名贵而又很恬淡的教育学者，他们生平的一切，且处处有相同之点，真是学术史上的一种异观，令吾人有合叙的必要。王氏名鸣盛，字凤喈，晚号西庄，是江苏嘉定人。钱氏名大昕，字晓征，晚号竹汀，也是江苏嘉定人。王氏生于康熙五十九年，死于嘉庆二年，活了七十八岁；钱氏生于雍正四年，死于嘉庆九年，活了七十七岁，两人差不多完全同时，而享寿之大只相差一岁。他们生而颖悟，当儿童时皆有"神童"的称呼，皆以十余岁补诸生，皆以二十余岁领乡荐，惟成进士则钱氏较早于王氏者数年。他们的官阶同至三四品而止，且同居于清要的地位，同主过学政，不过王氏所主学的次数较钱氏稍短罢了。他们的学力差不多没有上下，但两相比较，则钱氏所得尤为该博。两人皆长于经史，除此以外，王氏兼工诗文，钱氏尤嗜金石文字。史称钱氏"博极群书，不专治一经,而无经不通,不专攻一艺,而无艺不精",且处处有创获,不似王氏一意以许、郑家法为满足,可知尤为健者,所以戴东原称他为当代学者中的第二人。

二 两人的教育生活

王氏教育生活可分着两期:自三十九岁至四十一岁的三年间,为第一期;自四十三岁以后,到老死为止,共三十余年,为第二期。第一期初在宫廷里面充日讲起居注,后来被派出京典试福建乡试,全属于国家教育生活。自典试福建还朝以后,大概有些恃才傲物,受人攻击,降了官阶,因此不免有些愤懑。不久,巧逢他的母亲死了,遂借故还乡,不复出山问世。母丧以后,迁居到苏州,以卖文为生,深自敛藏,不愿与当时贵人往还。但以其名位久张之故,四方学子前来受业的望风云集,而他的声望更高了。在此时期中,王氏一面著书,一面讲学,粹然为一代经师大老,而"偃仰自得者垂三十年"。

钱氏教育生活亦可分着两期:自三十四岁至四十九岁为第一期,约十五年;自五十岁至老死为第二期,约三十年。前者属于国家教育生活,后者属于私人讲学生活。在第一期充过山东、湖南、浙江、河南四省乡试的主考官,充过会试的同考官,又充任广东省的学政,且教授过了皇子读书的。在第二期,历主过钟山、娄东、紫阳等书院的讲席,而以主讲紫阳的时期最长,有十六年之久。钱氏较王氏尤为淡泊,对于教育青年、启迪后进,具有十分的热心,归田三十年,门下之士积至二千人,讲席之盛可以想像了。

这两人虽有很长久的教育生活,究竟不是纯粹教育家。他们所讲授的不过只在考证学的范围里面,对于教育理论完全隔阂,如钱氏以小说为败坏风俗,以语录为辞气鄙倍这一类的话,尤为可笑。他们即有理论,也极肤浅,这些地方似难与宋、明学者比较了。

本章参考书举要

（1）《汉学师承记》的各家本传

（2）《先正事略》的各家本传

（3）《耆献类征》的各家本传

（4）《戴氏遗书》

（5）《高邮王氏遗书》

（6）《经韵楼集》

（7）《潜研堂文集》

第四十一章　清代教育家及其学说（四）

第一节　概　论

本章教育家包着两派：一为古文学派，一为史学派。古文学派自康熙以至乾、嘉，代代有人，虽不能与正统派的考证学家争雄，而以"文以载道"的口号号召天下，一班青年学子受他们的影响却也不少。内中，我们特提出方望溪与姚姬传二人为代表。另一派为章实斋，章氏本无所属，而又不同于其他各派，但因他以史论擅长，我们所以称他为史学派。方、姚二氏一生以讲学为业，对于教育理论虽少发表，而其品格高尚，足以表率群伦，维持风化，在封建社会里面确是大可称述的。章氏性情特殊，遭际不佳，一生讲学时期也很长。他的思想极其宏通，在教育理论方面，教授取自动主义，学习重在行事，这一类的话颇有价值。不过总不脱离中古时代的思想，对于女子教育，所论太近于鄙陋一点。

第二节　方望溪（1668—1749）与姚惜抱（1731—1815）

一　方望溪

方氏桐城人，名苞，字灵皋，老年自号望溪，学者称他为望溪先生。先生生于康熙七年，以世代宦学，读书很早，年将十岁，五经便能成诵。二十二岁，补县学生；三十二岁，举乡试第一；三十九岁，成进士第四名。一生除两为修书总裁，一为内阁学士兼礼部侍郎约五年外，全在讲学期间。他的讲学生活，始于二十六岁，到老死为止，差不多有了五十年之久。当康熙五十年，先生正四十四岁，以嫌疑逮至京师坐牢一年，释出之后，留在宫中教授皇子及王子，仍是教育生活。七十五岁，归老乡里，杜门著书，而杖履求教的依然不免。先生身体长瘦，目光如电，胆弱的人一见辄生畏惮。但为人忠厚，一举一动，皆有礼法。晚年尤好学，每日必有课程，诱导后进，凡有所讲说，常娓娓不倦，不愧为纯正教育家的态度。

先生善为古文，在诸生时代，业已名动京师。他的文章自成一格，"简而中乎理，精而尽乎事，隐约而曲当乎人情"，品格之高可以上继韩、欧。尝以"文所以载道"勉学子，所估文章的价值全看它的内含有无此种成分。先生为学，兼治汉、宋，而以程、朱为宗，不喜陆、王一派的学说，其性情刚直，行为方正，也为程、朱学说所陶铸。交游中有王昆绳、李刚主等人。彼等皆实行主义者，颇菲薄程、朱，尝与先生作学术的攻辩，其结果卒被先生折服。平日最喜研究三礼，著有《礼记析疑》《周官集注》《春秋通论》及《望溪集》等书。

二　姚惜抱

姚氏名鼐，字姬传，尝以自己所住的房子取名惜抱轩，所以学者又称惜抱先生。先生生于雍正九年，晚望溪六十三岁，也是桐城人。好为古文，文格与望溪相类，在当时汉学鼎盛时期，他们却另树一帜，故世称他们为"桐城学派"。先生不仅文章与望溪相类，其为学兼治汉、宋，折中程、朱及品格高尚之处，无一不类。

先生成进士于乾隆二十八年，时方三十二岁。其后，为山东、湖南两省的乡试副考官二次，为会试同考官一次，做官至刑部郎中，曾参与过四库全书馆的纂修。但他的性情恬淡，四十三岁以后，即辞官南旋，专门从事于讲学生活。自乾隆三十八年起，主梅花、紫阳、敬敷、钟山等书院讲席者四十多年，门生遍东南，其道德文章之被仰望，如同泰山北斗。当嘉庆庚午，先生年已八十岁，以督抚荐举，重赴鹿鸣宴。嘉庆二十年，老死于钟山书院，享年八十五岁。平日讲学以"扶树道教，昌明正学"为宗旨，所为文章亦以"载道"为主，所治经学以阐发义理为要。尝把学问分着义理、考证及文章三类，此三类各有功用，不可偏废；所以对于当时考证学者之专求古人名物制度、训诂书数这一类的学问，非常攻难，说他们是玩物丧志。先生著有《惜抱轩文集》，及《经说笔记》等书；所编《古文辞类纂》，尤为后世文章家所取法。

先生与望溪，平日所论，只关于哲理、伦理的发挥，及学派的分析与文章的作法，对于教育理论殊少贡献，但他们一生沉埋于教育生活里面，其品格与行为亦足以表率后进，较有理论的教育家更足称述。

第三节　章实斋（1738—1801）

一　略　传

章氏晚姚氏七岁，乾隆三年，生于浙江会稽县。名学诚，字实斋，在清代学者中另成一派。他的性质比较特殊：在二十岁以前，好似一个低能儿，读书骏滞，苦无所成；自二十一岁以后，则豁然大开其窍，读书为文进展极速，对于史书尤具特别的兴趣与慧心。不仅性质特殊，即一生遭际也特殊。少年久不能志，屡应乡试不中，在国子监读书五年，碌碌无所表现，更为同学所不理。到了三十岁以后，得着祭酒欧阳瑾的特别赏识，章氏的才学始渐为国人所注意。但此时场屋的机会仍不见佳，再过十年始中乡试，明年接手成进士，章氏已四十一岁了。成进士以后，依然过他平日的落魄生活，除了讲学以外，就是著述。有一次游河南，中途遇着盗贼，把他四十四岁以前的稿子完全丧失，更觉可惜。

章氏自四十岁起，综计一生讲学二十余年，而以在北方所讲时间较久，定州的武定书院、清漳的清漳书院、永平的敬胜书院、保定的莲池书院、归德的文正书院，皆有他的足迹。五十三岁以后，由湖广总督毕沅的聘请，来武昌编修史籍。于笔作之暇，兼以讲学，住了五年，给了湖北学子的印象不少。嘉庆六年老死，活了六十四岁。

章氏具有史家的天才，"六经皆史"一句名言，诚发前人未发之奥。有名的《文史通义》一书，着手于三十五岁，他的全部思想大抵皆包括在这里面。他是一位思想宏通的学者，平日讲学汉、宋兼修，朱、陆并采，对于专攻考证学的戴东原颇有不满。他又是一位扶持正教、拘守礼法的教育家，对于浪漫的袁简斋格外攻击。在章氏的著作里面，关于教育理论的文字很多，我们归纳为两点，写在下面。

二　教学大意

怎样谓之学？章氏说："学也者，效法之谓也。"（《文史通义·内篇·原学上》）怎样谓之效法？章氏又说："平日体其象；事至物交，一如其准以赴之，所谓效法也。"（《文史通义·内篇·原学上》）为学的目的，在使吾人的行为适当其可，即求合于为人的准则。如何才能达到这种目的？平居无事时，体会为人的道理；到了处事接物时，则拿平日所体会的与事实相参照，以求得到一个极合理的境地，这就是效法，这就是学。换一句话，所谓学即学做人的意思。至于学做人的方法，章氏分着两点：一从行事上学，二从诵读上学。关于第一点，即从日用生活上求个适当其可；关于第二点，即在参考古昔圣贤在日用生活上求个适当其可的法则；而后者又重于前者。但人生禀气有厚薄，智慧有大小，不能人人皆能自知适当其可的准则，于是教育应此需要而发生。施教者谓之先知先觉。先知先觉者施教时，非教生徒舍己以从人，不过教他们自知适当其可之准；故"教"不过提示之意，提示生徒以能自知自行而已。先知先觉者不仅应有教育个人的能事，且负有教育社会的责任。所谓教育社会即维持风气之意，此章氏所谓"学业者所以辟风气也，风气未开，学业有以开之；风气既弊，学业有以挽之"（《文史通义·内篇·天喻》）。关于儿童教育，章氏不主张示以题目蹊径，应将利钝、华朴杂陈于儿童之前，令他们自择。照此办法，则门径阔大，儿童才可自由发挥其个性，而不致为环境所拘牵。儿童读物，不外经、史两类。经解先读宋人制义，兼参以贴墨大义，由浅入深，使儿童易于领受。史论先读《四史论赞》，次及晋、宋以后的史论。因《四史论赞》本着左氏假设君子推论的遗意，词深意婉，其味无穷，于陶冶性情亦有借助。

三　女子教育

章氏以女子教育的目的与男子不同，是要养成闺门以内的贤妻良母的，所以应该以"静"为方针，以"礼"为根本。所谓静即幽闲贞静之类，能够把受教的女子都养成这种态度，才是善良的教育，这种女子才可以做贤妻良母。静的反面就是动，女子而好动是章氏最反对的，因为好动就失了幽闲贞静的态度，恐要发生不好的影响。礼即是礼教，所谓"德言容功"之类。先施以妇德、妇言、妇容、妇功种种教诲，把她们的心思耳目全束缚在这礼教里面；有余力，再施以诗文等文字教育，才无流弊。否则礼教不讲，徒在文字上面逞其才华，不仅无益于女子，反有伤于风化。此章氏所谓"学必以礼为本，舍其本业而妄托于诗，而诗又非古人所谓习辞命而善妇言也，是则即以学言，亦如农夫之舍其田，而士失出疆之贽矣，何足征妇学乎？"（《内篇·妇学》）但章氏的"由礼以及于诗"，并非指一般女子而言。他把女子分着两等：凡生而秀慧能通书的女子，则可由礼以通于诗，其目的可学到班姬、韦母一流的女子；如女子生而质朴，则不必多受教育，但使粗明内教不陷于过失就行了。章氏这种论调，仍是中古时代的思想，与他的史论的价值，不可以道里计，所以他还是一个史论家。

本章参考书举要

（1）《方望溪全集》

（2）《姚惜抱诗文集》

（3）《章氏遗书》

（4）《章实斋先生年谱》

（5）《先正事略》的《方望溪》及《姚姬传先生事略》

（6）《清儒学案》的方、姚两先生学案

第六编　初期资本主义时代的教育

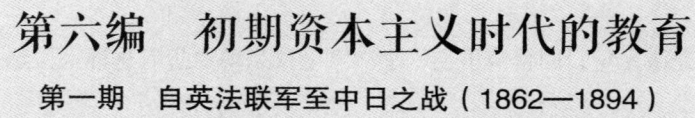

第一期　自英法联军至中日之战（1862—1894）

第四十二章　社会之变迁与新教育之产生

第一节　社会的变迁

一　外　因

在光绪元年，因台湾事变，李鸿章上德宗的奏折有这样一段话：

> 今则东南海疆万余里，各国通商传教，往来自如；麋集京师及各省腹地。阳托和好之名，阴怀吞噬之计，一国生事，诸国构煽；实为数千年来未有之变局。轮船电报之速，瞬息千里；军器机械之精，工力百倍；又为数千年来未有之强敌。外患之乘，变幻如此，而我犹以成法制之，譬犹医者疗疾，概投之以古方，诚未见其效也。

这一段话，描写当时门户业已大开，描写西人来中国通商传教已成习惯，描写各省内地均有外人居住，描写帝国主义者武器之厉害，描写他们对中国阴怀侵略的野心；并认定为中国数千年来从未有过的变局；且知道我们仍若拘守成法绝难以应付环境而图自立，可谓绘影绘声了。本期确为中国"数千年来未有之变局"的一个时期，这个变局开端于1840年的鸦片之役。在这一役以前，西洋也有教士来我内地传教，西洋也有商人来我沿海通商，中西文化也时常交换与沟通，但不能使中国数千年来立国的基础发生影响，不得称做"变局"。由这一役以后，则局势大变了。但仅是鸦片之役，不过为变局的开端，如庭院古树只被微风吹动了几片枝叶一般，尚未摇动其本干。自此以后，接着有英、法联军之役（1858年及1860年），接着有天津教案之起（1870年），接着有伊犁事件之发生（1871年），接着有台湾之变，接着有马江之乱，五十年来，东西帝国主义者接二连三地相逼而来，使中国人受着空前没有的撼动。这种撼动，如同狂风猛雨，四面攻打，把竖立数千年的古树震撼得差不多至于倾斜，于是中国局势从此大变了。第一为心理上的变动，第二为物质上的变动。在心理方面，从前以天朝自居的，现在知道海外还有强国，他们的武力实在比较自己厉害；从前以文明自诩的，现在知道列强的科学进步实足惊讶，须当降心相求；从前只知受四邻朝贡的，现在却被敌人攻打了，更当讲求抵御的方法。在物质方面，从前抱守闭关主义的，现在因被迫而开放门户了；从前以农业立国的，现在要讲求商业政策及工业制造了；从前以国内自足经济为生活的，现在要与全世界发生经济关系了。由心理的变动，允许西人来内地通商传教，容纳西洋的科学知识，模仿列强的新式武器，因以促成产业的进步。由物质的变动，商业经济逐渐替代了农业经济，科学制造逐渐战胜了八股词章，昔日荒村野港，今已变为繁盛市场，因以促成思想的发达。因外力的压迫，打动心理，推进物质，而心理与物质又交相影响，于是演成了本期今日之社会，这是一个什么社会？本期社会是由数千年以农业经济为基础的封建社会变成以商业经济为主要的商业资本主义社会，此李氏所以惊为"数千年来未有之变局"。

二　内　因

本期社会之变迁，除了列强以武力及经济的压迫所造成之局势外，还有内因存在。内因有二：一为人口的增加，二为内乱的迭起。清朝自康熙大帝建设帝国以来，历雍正到乾隆三朝，一方培养国内的实力，一方向外面发展，经一百余年的休养生息，于是人口一天增加一天。据宣统年间的统计，在康熙五十年，仅有人丁二千四百六十余万，即有人口一万三千五百四十余万；到了乾隆四十年，则有人口二万五千六百万了，已增加一倍以上；到了道光二十二年，则有四万一千四百万了，较乾隆四十年差不多又增加一倍。（《国风报》第九号《中国人口问题》）人口这样突飞地增加，于是发生两件事情：或是移殖，或是内乱。东南各省的人民，自明末以来，即有纷纷向海外移殖的事实——大半移殖在南洋群岛。到清朝中叶，因人口的蕃滋，移殖运动更形发达。这个时期，移殖分两条路线：一向东南，仍往南洋群岛；一往东北，迁居于东三省一带。东北一支，从事于荒地的开垦，依然守着昔日农耕生活，于社会之进步毫无助力。东南一支，多半经营商业，又与西洋诸民族日相接触，这一般侨民头脑所含的就不是昔日的思想了。他们拥有巨大的资本，富有经商的能力，直接间接皆可以促成中国内地产业之进步。内乱之起，一方由于人口的过剩，他方也由于政治的腐败。清帝国因帝王专制太甚，养成官僚阶级两种劣性：一为畏懦，二为贪污。以畏懦为心，则遇事只求敷衍；以贪污为怀，则于民大事剥削。由第一个恶习，演成百般废弛；由第二个恶习，弄得民不聊生；所以自乾隆末年，内乱的种子业已下得很深。加以过剩的人口日受饥荒的压迫，素日不满意于政府的草泽英雄，以饥民为群众，莫不蠢蠢欲动，洪、杨之徒所以于1850年揭竿而起。洪、杨势力消灭以后，接着有教匪、回匪，扰乱遍十余省，经年不绝。由这些内乱，又产生了两个结果：第一，清政府的弱点完全暴露，这一班执政的腐朽已无统御全国的能力；第二，讨平洪、杨大乱，固然由于带有宗教性的湘军，而赖西洋新式武器的帮助却也不少，于是国人对于西洋科学进步的认识增加了一种力量。总结起来，内因第一，由人口的过剩，影响物质的变迁；内因第二，因内乱的迭起，影响心理的变迁；物质又与心理互为影响，加以外力的压迫，所以造成中国"数千年来未有之变局"——商业资本主义社会。这个社会到第二期更形发达，且同时发生工业资本主义。

第二节　新教育之产生

国际情形既然改变了，社会的经济组织既然变迁了，则旧日的生活方式许多也要应时代的需要随着改变。旧日的生活方式既要改变，在旧生活里头所产生的旧教育，到现在当然感觉不适用了。梁启超在《戊戌政变记》的按语里面，有这样一段话：

> 经义试士始于王安石，而明初定为八股体式。尊其体曰代孔、孟立言，严其格曰清真雅正。禁不得用秦、汉以后之书，不得言秦、汉以后之事；于是士人皆束书不观，争事帖括，至有通籍高第而不知汉祖、唐宗为何物者，更无论地球各国矣。然而此辈循资按格，即可致大位作公卿，老寿者即可为宰相矣，小者亦秉文衡充山长为长吏矣；以国事民事托于此辈之手，欲其不亡，岂可得乎！况士也者又农工商贾妇孺之所瞻仰而则效者也，士既如是，则举国之民从而化之，民之愚国之弱皆由于此。昔人谓八股之害甚于焚书坑儒，实非过激之言也。（《戊戌政变记》卷一，第三十九至四十页）

张之洞作《劝学篇》，也有同样的一段话：

> 科举自明至今，行之已五百余年，文胜而实衰，法久而弊生。主司取便以藏拙，举子因陋以徼幸，遂有三场实止一场

之弊。所解者，高头讲章之理，所讲者坊选程、墨之文，于本经之义，先儒之说，概乎未有所知。近今数十年，文体日益佻薄，非惟不通古今，不切经济，并所谓时文之法度文笔而俱亡之。今时局日新，而应科举者拘瞀益甚，傲然曰，吾所习孔、孟之精理，尧、舜之治法也，遇讲时务经济者尤鄙夷排击之，以自护其短，故人才益乏，无能为国家扶危御侮者。（《劝学外篇·变科举》）

旧时教育以科举为主脑，科举所注重的是八股，此外还当讲求小楷。以八股小楷为学业，以坊选程文为教材，以孔、孟口吻为模仿，以猎取科第为目的——举国读书分子毕生的精力和思想完全消磨在这上面。这样闲暇的空疏的教育，只有在闭关时代农村经济的社会里面才能适用，现在门户大开，万国往来，火车轮船驰驱的迅速摇花了目力，长枪大炮轰击的猛烈震破了耳鼓，哪能容许你静坐书房，再作无病的呻咏，读八股，写小楷，以求封建的科举之虚荣，此旧时教育所以要崩溃了。且中国到了清末季，旧时教育流弊之极，不仅不适于新的生活，就是在旧社会里亦属无用，其结果，正如梁氏所谓"不知汉祖、唐宗为何物"，张氏所谓"非惟不通古今，不切经济，并所谓时文之法度文笔而俱亡之"。

当时中国人，自经1840年的鸦片之战及1860年的英、法联军之役，虽两次失败，结下许多城下之盟，并未减少几许自大的心理，不过把他们昔日顽固的头脑击开了一些新的感应结子，使他们知道强敌之强，使他们知道敌人新式的枪炮实在较自己旧式的弓箭厉害，应当讲求对付的方策。他们的对策仍不外昔日"以夷制夷"四个字，既采这种对策，势不得不"取人之长，以补我之短"，此李鸿章所谓"我非尽敌之长，不能制敌之命，故居今日而言武备，当以其人之道还治其人；若仅凭血气之勇、粗疏之材，以与强敌从事，恐终难操胜算"（《创设武备学堂折》）。既知道自己的武器之短了，使用旧式武器的技能同时也归无用了，于是联想到训练旧式技能的旧时教育也无法独存于今日。

由以上两个原因，一为应付新生活的要求，一为抵御强敌的企图，致使支持千余年来的神圣教育发生动摇，以致于将近崩溃，而新式教育于是应运而诞生。促成新式教育的动机为英、法联军之役，而总理衙门即创设于此役后的第一年，而京师同文馆即创设于此役后的第二年，所以我们写本期的教育史，以英、法联军之役为起点。

第四十三章　萌芽期的新教育之趋势及种类

第一节　概　论

新教育之产生，既为应付新生活的要求，所以要学习外国语言文字，要学习天文算学。既为抵御强敌的企图，所以要学习轮船枪炮的制造，要学习海陆军的战术，也要学习天文算学。前者可以称做"方言"的教育，后者可以称做"军备"的教育。方言的教育既为应付新生活，其目的可别为三项。第一，要造就翻译人才，以应付中外交涉；有了此项人才，一则可以免敌人之欺蒙，二则可以免通事之操纵。第二，受了方言教育，可以由西洋的语言文字以谙悉其国情，遇有中外交涉时方能收知己知彼之效。第三，既要"尽敌之长以制敌之命"，则必要多读西籍以便尽习西洋科学知识及新式的战斗技术；但原文西籍不能使人人遍读，要期速效，势必提倡译述，此施行方言教育亦可训练译述人才，专事于西籍译述的工作。此三项目的中以第一项造就翻译人才为最初的动机。军备的教育既为抵御强敌，其抵御的计划则分为海陆两方面，当时以海上的防御尤为重要，且为中国昔日素所缺乏的，所以特别注重水师人才的训练及船政的设施。当时国人既趋重翻译兼译述的人才，海陆军的将才，及制船造械的技术，所以"方言"与"军备"两种教育成了本期的教育思潮。——这两种思潮一直到宣统末年，还有很大的势力。

由以上所述的趋势，于是产了两类的新式学堂，及有派员出洋游历和派遣学生留学外国的事情。所谓两类的新式学堂：第一类为学习方言的方言学堂，第二类为学习军备的水陆军学堂。方言学堂，如京师同文馆、上海广方言馆、广州同文馆及湖北自强学堂皆是。军备学堂又分做两种：（1）为训练海军人才的水师学堂，如福建船政学堂、天津水师学堂等；（2）训练陆军人才的，如天津武备学堂、山西武备学堂、湖北武备学堂等。此外广东还有此类的学堂一所，是兼水陆两种并设的，名广东水陆师学堂。以上各种学堂，自同治元年创立的京师同文馆，到光绪二十一年设立的湖北武备学堂，恰有三十五年的历史。在这三十五年中，虽然创立了几所新式学堂，采用了几许新的教材，究竟是零星的创造，枝节的模仿，没有系统的制度，没有完备的等级。（虽然有上海、广东方言馆的学生，可以升入京师同文馆肄业，仍是昔日国子学与郡县学的办法，实无明显的等级。）我们如要列它们应入何等，只可说是一类不相统属的专门学校，其目的只在造就特殊人才及干部人才，于国民教育毫无关系。

这样教育，我们可以叫做新教育的萌芽期，所有学堂，完全是半新半旧的过渡式的学堂。派员出洋游历始于光绪十三年，其考查目的在各国的"地势险要，防守大势，以及远近里数、风俗、政治，水陆炮台、制造厂局，水轮、舟车、水雷、炮弹"，或"一切测量格致之学"。派遣幼童留学外国始于同治十一年，其目的在学习外国的"军政、船政、步算、制造诸学"。两事目的在尽敌水陆军备之长了，归来以制敌之命，仍不外一种军备教育。

第二节　方言教育

一　京师同文馆

清廷以英、法联军两次压迫，逼近京、津，东北又有俄人乘机南下侵略，感觉外交棘手，遂于咸丰十一年创设总理各国事务衙门，由王大臣组织，专门办理外交事务。总理衙门即于成立的次年——同治元年——奏明皇帝，请在北京开设京师同文馆，造就翻译人才，以当交涉之选。开始设立，只有练习英语的英文馆；到第二年扩充门类，又开设法文、俄文两馆，并将乾隆时内阁所开设俄罗斯文馆归并在内，统名京师同文馆。此时完全学习语言文字，到了同治五年，又由总署王大臣奏请添设一算学馆，练习天文、算学。他们说：

> 此次招考天文算学之议，并非务奇好异，震于西人术数之学也。盖以西人制器之法，无不由度数而生，今中国议欲讲求制造轮船机器诸法，苟不借西士为先导，俾讲明机器之原、制作之本，恐师心自用，枉费钱粮，仍无补于实际，是以臣等衡量再三而有此也。（《皇朝道咸同光奏议》卷六《变法类·酌议同文馆章程疏》）

由这段话看来，此时同文馆不仅是单纯地造就翻译人才，且涉及军备教育方面了。其内容大要如下：

（一）资格。专取正途人员，如举人及恩拔副岁优等贡生，并由此出身之五品以下京外各官，其年在三十岁以内者为合格。如有平日讲求天文、算学，自愿来馆学习，亦可不拘年龄。

（二）学程。内中规定八年的肄业期间，其学程：第一年，认字、写字、浅解辞句、讲解浅书；第二年，讲解浅书、练习句法、翻译条子；第三年，讲读各国地理及史略、翻译选编；第四年，讲求数理启蒙及代数学、翻译公文；第五年，讲求格物几何原本、平三角、弧三角、练习译书；第六年，讲求机器、微分积分、航海测算、练习译书；第七年，讲求化学、天文、测算、万国公法、练习译书；第八年，讲求天文、测算、地理、金石富国策、练习译书。以上各科，以西语为必修科，自始至终，皆当勤习；至于天文、化学、测地诸学，则可分途讲求，其期限以一年或数年不等。

（三）考课。考试分月课、季考、岁考三种。月课、季考以二日完毕，岁考以三日完毕，皆有实物赏赐。每届三年，举行大考一次，列入优等者保升官阶，列入次等者记优留馆，列入劣等者除名。

（四）假期。馆中教习皆聘外国人充当，凡遇礼拜休业日，即加添汉文功课，或试作论策，或翻译照会，以备他日办公之用。

（五）待遇。除膳食、书籍、纸笔等件皆由馆内供给外，每月加给薪水银十两，考试列优等者且有奖赏。

（六）寄宿。各员勿论京外，一概留馆住宿，其有应送差使及考试等事，仍准照旧办理。

按由以上所述看来，馆规虽极严格认真，其实全盗虚声，毫无成绩，到后来不过徒有其名了，所以御史陈其璋于光绪二十二年有疏请整顿同文馆的建议。

二　上海广方言馆

此馆设于同治二年，由江苏巡抚李鸿章奏请。李氏奏疏中有这样两句话：“京师同文馆之设实为良法。……拟请仿照同文馆之例，于上海添设外国语言文字学馆。”可知此馆与京师同文馆的性质和目的是相同的。不久收到清廷的答复，并要广州将军查照办理，于是将军瑞麟即于同治三年开设同文馆于广州了。上海方言馆的目的确重在学外国语言文字，与京师同文馆相同，但内容殊不一样：（1）同文馆资格专选取正途人员，此馆所选系近郡年在十四以下的俊秀儿童；（2）同文馆以西文为主课，只利用礼拜休业日讲授中文，此馆则将经史小学列入正课。此馆章程计分九条：（1）辨志；（2）习经；（3）习史；（4）习小学；（5）课文；（6）习算；（7）考核日记；（8）求实用；（9）学生分上下两班。

广州同文馆设于同治三年，其目的与上两馆不同：它是专为培养八旗子弟翻译人才而设的。学生不过数十人，每十人中以旗籍八人、民籍十人为标准。当初只授英文，兼授浅近的算学，后来添立了东、法、俄三馆，学生名额逐渐增加，到光绪三十一年乃改名译学馆。

三　湖北自强学堂

继上海、广东两处方言馆而起的，有湖北自强学堂。此学堂由湖广总督张之洞于光绪十九年奏请设立于武昌省城，内容较以前各馆均觉完备，我们把它的章程择要写在下面：

（一）分斋。此学堂功课分方言、算学、格致、商务四科，每科分斋讲授，共有四斋。但当招生之初，只许方言一斋的学生住堂肄业，其余三斋则依书院旧制，寄宿堂外，不必逐日听讲，只按月来堂考课。其后以教授困难，将算学一科改归两湖书院讲习，格致、商务停办，实际所存的只有方言一斋，故又称做方言学堂。

（二）名额。方言一斋教授英、俄、德、法四国的语言文字，谓之四门。每门学生定额三十名，共计一百二十名，分堂授课。

（三）资格。以"资性颖悟，身家清白，先通华文，先通儒书，义理明通，志趣端正"者为合格。

（四）修业期限。学生以在堂修满五年为毕业，其未毕业以前有借端退学，或改习不正当业务者，追缴其在堂时一切用费。

（五）教习。英文、法文两门，因中国传习已久，由国人充当；俄文、德文两门则聘请俄员、德员为教习，并以华员为助教。

（六）管理。大致有三：（1）学生必"以华文为根柢，以圣道为准绳"。（2）凡在诵堂时须听教习约束，在斋舍时须听提调约束。（3）进堂以后，须专心致志，诵习本课，不准在堂兼作时文试帖，不准应各书院课试，不准应岁科小试，但得请假应乡试。

（七）待遇。除饭食、书籍、纸笔等均由学堂备办外，每名每月给膏火银五元。

第三节　水师教育

一　福建船政学堂

福建总督左宗棠于同治五年创办福建船政局于马尾时，即于附近附设船政学堂一所，训练水师人才。此学堂初名求是堂艺局，分为二部：一称前堂，一称后堂。前堂以练习造船之术为目的，采用法文教授，又谓之法国学堂。后堂以练习驾驶之术为目的，采用英文教授，又谓之英国学堂。其课程分三类：（1）主科，即练习造船驾驶之术；（2）辅科，即英、法语言文字及算法、画法；（3）训练科，凡《圣谕广训》《孝经》必须诵读，兼习策论，以明义理而正趋向。内中待遇极优，学成以后，即授以水师官职，或派遣出洋学习。此事计划初定，左氏奉命他调，以沈葆桢继任，沈氏亦具新政的热心，故成绩尚佳。此学校即中国海军学校之起源，清末及民国初年海军人才多半由此出身。

二　天津水师学堂

此学堂分驾驶、管轮两科，均用英文教授，兼习操法及读经国文等科。开办于光绪七年，由李鸿章经理，其办法虽与福建艺局大致相同，但只习应用，不习制造，其性质殊不一致。计此学堂之创设，上距福建艺局开办时为十五年，自有此学堂，而海军人才遂渐渐移于北洋了。

三　广东水陆师学堂

距天津水师学堂开办之后六年，广州又有水陆师学堂之产生。此学堂成立于光绪十三年，由两广总督张之洞创办，其办法较以前大有进步。

（一）分科。水师分管轮、驾驶两项：管轮堂学习机轮理法制造运用之源；驾驶堂学习天文海道，驾驶攻击之法——一律以英国语文为主。陆师分马、步、枪、炮及营造二项，一律以德国语文为主。

（二）分等。张氏仿王安石的三舍法，别学生为三等：一称内学生，挑选通晓外国语文算法之博学馆旧生充当，定额三十名。一称营学生，遴选曾在军营历练、胆气素优之武弁充当，定额二十名。一称外学生，挑选业已读经史、能文章、年在十六以上三十以下之文生充当，定额二十名。

（三）学课。除各科主要功课外，每日清晨须读四书五经数刻钟以端其本；每逢礼拜修业的日子，还要读习书史，试以策论，使这一班学生皆通知中国的史事及兵事，以适于应用。

第四节　陆军教育

一　天津武备学堂

李鸿章氏当清末同、光之际，在政治上负全国之重望，在军事上为北洋之重心。他自咸丰年间，因借英、美兵力讨平了太平军，对于西洋新式武器及科学知识之进步已有很深的崇拜；再经几次外交的挫败，更知非模仿西洋不能自立，所以对于军备的讲求，具有极大的抱负。距天津水师学堂五年又在天津开办武备学堂，即其抱负之表示。此学堂的办法一律模效德国陆军学校，所以教师也遴选德国军官充当。学生系由各处的营弁挑选而来，如广东、广西、四川、安徽、直隶各处都有弁兵送来，其标准以精健聪颖、略通文义者为合格。如有文员愿习武事者，一并录取。内中课程，分学科及术科两种：学科则研究西洋行军新法，如后膛各种枪炮，土本营垒行军及布阵分合攻守等知识；术科则赴营实习，演试枪炮阵式及造筑台垒等技能。学到一年以后，发回各营量材叙用；迨第一批毕业，再挑选二批，赓续不断。但此学堂初次所招全系弁目，不能直接听讲，须用翻译转授，这是与水师学堂不同的地方。迨后把修业期间逐渐延长，入学资格也逐渐改良——招选良家年幼子弟。李氏之后，继以袁世凯，虽中经庚子拳匪之变，全校被毁，但北洋军阀莫不由此发源，遂以支持清末及民初二三十年的政局，我辈也沾了不少的余润。写在此处，能不发生特别的感想？

二　湖北武备学堂

张之洞氏在当时也是提倡军备教育最力的一个人，所以在广东创设水陆师学堂，在湖北又设立武备学堂。此学堂开办于光绪二十一年，其课程也是分学科与术科两类：学科谓之讲堂功课，为军械学、算学、测绘、地图学、各国战史、营垒、桥道、制造之法及营阵攻守转运之要；术科谓之操场功课，为枪队、炮队、马队、营垒、工程队、行军炮台、行军铁路、行军电线、行军旱雷、演试测量、演习体操等事。教习也是聘请德国军官充当。学生除学习主科外，如逢暇日，则令他们诵读四书，披览读史兵略，以"固中学之根柢，端毕生之趋向"——这是他在广东时所惯用的。学生资格专选"文武举贡生员及文监生，文武候补候选员弁，以及官绅世家子弟，文理明通，身体强健"者入学肄业——这是与天津不同的地方。学生定额一百二十名，入堂以后，有月课、季考及年终大考——这又是与他的自强学堂同样的办法。

第五节　留学教育

中国有留学教育，始于曾国藩的幕宾容闳之建议。容氏是一位广东籍的华侨，曾在美国受了七年教育，对于美国情形比较熟悉，具有以美国新教育转移中国旧社会之抱负。回国以后，虽经营商业，然时时不忘建议派遣学生赴美留学的计划。迨同治二年，曾国藩想在上海建设一广大机器厂，召容氏商办，遂乘机提出这个计划，卒被曾氏采纳。当初正式建议时，为同治六年，被清廷批准时为同治九年。曾氏乃派陈兰彬与他为赴美留学生的监督，经营出国事宜，至同治十一年，第一批学生遂乘长风遵海洋而西渡——是为中国学生留学外国之始。当初规定以一百二十名为定额，分四年派遣，每年派遣三十名；每届学生留学以十五年为限。学生年龄以自十二岁至十六岁为标准，赴美留学目的，以学习"军政、船政、步算、制造诸学"。但学生到了美国，除学习军事科学外，还得兼习中学——课以《孝经》《小学》《五经》及《国朝律例》等书；每逢节日，还要由监督召集学生，宣讲《圣谕广训》；还要望着阙门行拜跪礼；还要瞻拜孔子的神位。学生按年陆续出发，一共出发了三期，共计九十个学生。到光绪二年，守旧党吴子登为监督，以留美学生沾染洋气，不肯向他叩头，他遂造出一些无谓的诽语中伤学生。清廷被他愚弄，乃于光绪七年，把所有的学生通通招回国来了，直到甲午之役才恢复过来，这确是本期留学中的一段趣史。

　　本期留美以外，还有留欧之事。派遣学生赴欧洲留学始于光绪元年，为沈葆桢奏派。沈氏时为闽浙总督，按照船政学堂定章，派遣福建船政学生数人，前往法国学习船政的。到第二年，李鸿章与沈氏合奏，作为第二次的派遣，才定出章程来。所派学生分两种：一为制造学生，计十四名，外附制造艺徒四名，前往法国学习制造；一为驾驶学生，计十二名，前往英国学习驾驶。两种学生，各以三年为期，期满回国叙用。在欧洲留学的学生，也有监督；课余之暇，也要兼习史鉴等有用之书，这与留美学生须另受本国教育大致相同。不过所派遣的皆系船政学堂的优等学生，在国内于语言文学及基本知识已有根柢者，这是比较初次派往美国进步的一点。同年李氏曾单独派遣武弁卞长胜等七人同赴德国军营学习兵技。到了七年，他又奏派船政学堂分赴美、法等国一次，其办法与同治二年大致相同，其后则应列入第二期，我们此外勿容多述了。

第六节　结　论

本期所有新教育的设施，我们已叙述一个大概了，究竟新教育的成绩如何？最好，拿出当时人的批评作论证。郑观应在光绪十八年间，有这样一段文章：

广方言馆、同文馆虽罗致英才，聘请教习，要亦不过只学语言文字，若夫天文、舆地、算学、化学直不过粗习皮毛而已。他如水师武备学堂，仅设于通商口岸，为数无多；且皆未能悉照西洋认真学习，良以上不重之故，下亦不好。世家子弟皆不屑就，恒招募窭人子下及舆台贱役之子弟入充学生。况督理非人，教习充数，专精研习曾无一人，何得有杰出之士，成非常之才耶？（《皇朝经世文三编》卷二《西学附注》）

李端棻在光绪二十二年，《请推广学校折》也说：

夫二十年来，都中设同文馆，各省立实学馆、广方言馆、水师武备学堂、自强学堂，皆合中外学术相与讲习，所在而有。而臣顾谓教之之道未尽，何也？诸馆皆徒习西语西文，而于治国之道，富强之原，一切要书，多未肄及，其未尽一也。格致制造诸学，非终身执业，聚众讲求，不能致精。今除湖北学堂外，其余诸馆，学业不分斋院，生徒不重专门，其未尽二也。诸学或非试验测绘不能精，或非游历察勘不能确。今之诸馆未备图器，未遣游历，则日求之于故纸堆中，终成空谈，无自致用，其未尽三也。利禄之路，不出斯途，俊慧子弟率从事括帖，以取富贵；及既得科第，遂与学绝，终为弃才。今诸馆所教，率自成童以下，苟逾弱冠，即已通籍；虽或向学，欲从末由，其未尽四也。巨厦非一木所能支，横流非独柱所能砥，天下之大，事变之亟，必求多士，始济艰难。今十八行省只有数馆，每馆生徒只有数十，士之欲学者，或以地僻而不能达，或以额外而不能容；即使在馆学徒一人有一人之用，尚于治天下之才万不足一，况于功课未精，成就无几，其未尽五也。此诸馆所以设立二十余年，而国家不收一奇才异能之用，惟此之故。（《皇朝道咸同光奏议·变法类·学校》）

陈其璋在光绪二十二年《请整顿同文馆疏》中曾说：

计自开馆以来，已历三十余年，问有造诣精纯、洞悉时务、卓为有用之才乎？所请之洋教师果确知其教法精通，名望出众，为西国上等人乎？授受之法固不甚精，而近年情弊之多，尤非初设馆时可比。向章有月考有季考，今则洋教师视为具文。……学生等在馆亦多任意酣嬉，年少气浮，从不潜心学习。间有聪颖异人者，亦只剽窃皮毛，资为谈剧。及至三年大考，则又于洋教习处先行馈赠，故作殷勤，交通名条，希图优等。（《皇朝道咸同光奏议·变法类·学校》）

由上三段话看来，本期新教育成绩之良否可想而知。概括起来，其缺点不外：（1）诸生未曾认真学习，所习只是皮毛；（2）教师未能认真教授，所有月课季考等于具文；（3）武备水师学堂没有身家清白的学生，所来入学的全是些无业贱民；（4）学堂开办太少，既不分斋授课，又无充分设备，以资实验。至于成绩不良的原因正如梁启超所谓：

不务其大，不揣其本，即尽其道，所成已无几矣。又其受病之根有三：一曰科举之制不改，就学乏才也；二曰师范学堂不立，教习非人也；三曰专门之业不分，致精无自也。（《时务报》卷五《论学校》一）

其实，根本结核在于旧教育势力过大，为其障碍。吾人试瞑目一想当时情形：科举依然举行，八股照旧考试，小楷犹是练习，四书、五经、《孝经》及《圣谕广训》犹必日日诵习。在这么大的旧教育势力之下，想施行与它相冲突的新教育，当然没有法子发达。且当时亦无新教育学者为之鼓吹，所提倡新政的不过身经外交之冲的几位封疆大吏，所以开办三十余年，除少数部分外毫无成绩可观。中华民族神经已疲乏了，非再有长枪大炮猛烈的轰击是不会惊醒的，这只有拭目以看第二期。

本章参考书举要

（1）《皇朝经世文编》

（2）《皇朝道咸同光奏议》

（3）《光绪政要》

（4）《李文忠公奏议》

（5）《张文襄公奏议》

（6）《时务报》

（7）《西学东渐记》

第六编　初期资本主义时代的教育

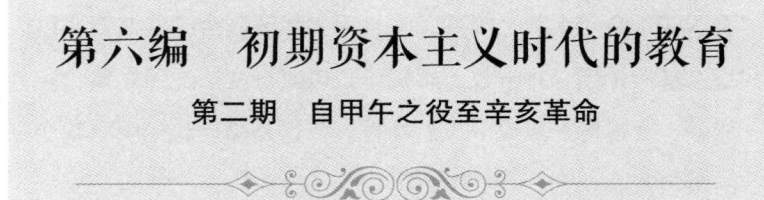

第二期　自甲午之役至辛亥革命

第四十四章　外力之压迫与新教育之勃兴

第一节　外力压迫之警醒

"吾国四千余年大梦之唤醒，实自甲午战败割台湾偿二百兆以后始也。我皇上赫然发愤，排群议，冒疑难，以实行变法自强之策，实自失胶州、旅顺、大连湾、威海卫以后始也。"这是梁启超记戊戌政变时开头劈首的两句警语。

在同光之际，李鸿章一班头等疆吏，因多与外国接触，看见他们的坚船利炮，惊为"数千年来未有之变局"。所以他们一面开方言馆，训练交涉人才，一面创办水师和武备学堂，训练海陆军人才，以为抵制。当是时，帝国主义者虽小试了几次炮轰政策，而中国民族惊为"变局"的却只有这极端少数的几个人，大多数犹是熟睡未醒；这几个人所震惊的也不过看见了外国人的几只坚船，几口利炮，至于外国的政治的进步和科学的精深，毫未了解；所以那个时期所谓新教育只有方言与武备两件事情。整个民族既未醒来，敌人的炮火稍稍停息以后，应付目前而起的新式教育究竟敌不住千余年来的科举，究竟敌不住五百年来的八股；所以到了末了，连那不备不全的几所方言馆和水陆师学堂也视为具文，而老大狮王依然熟睡不起了。哪知到了1894年以后，帝国主义者又卷土重来，不断地环攻。首先发难的为东邻日本，在这两年，为着朝鲜问题，把中国的海陆两军打得大败。依1895年的《马关条约》，把朝鲜拉开了，把台湾和澎湖列岛割走了，还要对他们赔款二百兆两，东三省也失去了许多利权。这样一来，才把睡狮惊醒了，一班少年知识分子才觉得不能再酣睡了，必要讲求图存之道了。但是官僚阶级仍是昏迷不悟。再过三年，到了1898年，帝国主义者更进一步，对中国实行其瓜分政策。德国租占胶州湾，俄国租占旅顺、大连，法国租占广州湾，英国又割去九龙半岛，沿江沿海一带地方，又被他们一一划着为其势力范围，又订下了种种不平等条约。这样一来，中国简直失了独立国的资格，已成了列强的殖民地，于是比较头脑清醒一点的官僚阶级也被惊醒了。

当此之时，全国上下，有一句最流行的口号"变法自强"，大家都以为要图自强非变法不可。在新进知识分子方面，以康有为、梁启超等为领袖；在官僚阶级方面，以张之洞、袁世凯等为领袖。康有为于1895年在北京、上海等处组织强学会，梁启超于1896年在上海创办《时务报》，一方面鼓吹新思想，一方面介绍新知识。以他沸沸的热血和刀锋动人的笔与舌，果然唤醒了不少的民众，不到一年，继强学会而起的各地学会一时簇起，而变法自强的思想于是弥漫于全国。官僚阶级的领袖张之洞代表官僚阶级的思想，于1898年作了一部《劝学篇》刊行于世，其主张虽然与康、梁不同，但变法自强的目的则彼此一样。康、梁等于是趁着机会，更进一步，拿着光绪帝为傀儡，施行他们的变法自强之策，但官僚阶级的顽固党及皇室领袖依然执迷不悟，所以戊戌维新仅成昙花一现。再过两年，到了1900年，因拳匪之乱，引起排外风潮，于是帝国主义者又大施其环攻政策起来了。这一次帝国主义者实行大联合，占据了京、津，赶走了顽固领袖西太后，结下了世界各国所难忍受的《辛丑条约》，要中国赔款四百五十兆两，并要改组清政府。这一次，把中国民族压迫得太凶了，把清帝室骇得亡命了。到了此时虽顽固党也知非变法不可了。从甲午到庚子，七年中受过了三次炮轰，这千年睡狮才完全惊醒，才安心抛开封建时代的生活，才尽量地迎纳资本主义进来,他们都觉得非如此不能生存于今日之世界,于是一切新政、新法、新教育皆从此一一模仿起来。

第二节　新教育之勃兴

一　变法与兴学

此时全国上下所觉醒的是什么?大家皆知道列强之强,不仅在船坚炮利,制造精奇,其关系实在于他们的法度政治的优良,中国之弱,不仅由于船不坚,炮不利,其关系实在于我们的法度废弛,政治腐败;所以"变法自强"四字在此时成了全国上下一致的呼声。既要采取列强新的法度政治,必要有新的人才方能运用。但是现在一班官僚阶级及候补官僚,无一人不是在旧式教育里面培养出来的,他们的精力,在三十岁以前已为八股小楷消磨殆尽,他们除了写小楷、诵八股、应科举以外无他能力,除了谨守成例、趋事长官以外无他本领,今日一旦责此辈以励行新的法度政治,这无异于责令瞎子引路,必不可能。必要有了新的人才,方能运用新的法度政治;必要有了新的教育,方能培养此项人才;又必要有了新政治的企图,方能建设此项教育;所以"变法"与"兴学"在此时成了相连的关系,两样事情是要同时并举的。同治以来,未尝没有兴学,只因政治方面没有新的企图,所以虽有学堂,等于虚设;且从前所办的学堂全是枝枝节节,没有整个的教育计划,没有久远的教育设施,哪能培养真实有用的人才——这种计划与设施尤与法度政治有连带的关系。所以此时勿论新进知识分子或比较头脑清楚的官僚,于陈述变法里面必包含兴学,于讲求兴学时必涉及新政。汪康年在光绪二十二年,发表《中国自强策》,内阁十一部中就有立教部以掌学校之事;康有为在光绪二十四年上《统筹全局》一疏,十二局中就有学校一局;张之洞与刘坤一在光绪二十七年,《筹议变法》三疏,开始即请设立文武学堂；袁世凯在光绪二十七年，《条陈变法》里面也有崇实学一条。像这一类的例子，举不胜举，由此，我们就可以想见这一时期的空气了。

二　新教育系统之成立

就新教育方面说，本期十六年中，又可分着两个小期：自甲午至庚子的六年为前期，自庚子至辛亥的十年为后期。前期的教育比较第一期稍形进步：已具了正式学校的性质，已有了等级的区分，如天津中西学堂之分二等，南洋公学之分四院，湖南时务学堂之分两类，山东大学之分三斋，皆是第一期所未有的。但这些学堂全由个人提议开办，自成风气，毫无系统，且等级究不完全，亦没有正式的大、中、小学等名目。到了后期，则更其进步了。以等级说，有初等教育、中等教育、高等教育。以系统说，则由小学上升中学，由中学上升高等，由高等上升大学。以统属说，小学直辖于州县劝学所，中学与高等直辖于直省提学使司，大学直辖于京师学部。这种整个系统的组织，倡议于光绪二十一年李端棻的《请推广学校折》，复议于光绪二十四年康有为的《统筹全局疏》，产生于光绪二十八年张百熙的《钦定学堂章程》，完成于光绪二十九年张之洞等人的《奏定学堂章程》。自有《奏定学堂章程》以后，本期的新教育可谓有了完全的系统，其后虽略有修改，但大要不出它的范围，就是辛亥革命以后，民国学制系统，亦完全由此损益而成的。

三　旧教育崩溃

此处所谓旧教育，其形式有书院、有儒学、有科举；其内容有八股、有诗赋、有小楷。书院与儒学是读书分子受教的地方，科举是他们出身的门径；八股及诗赋、小楷是他们学习的材料——书院及儒学以这些教育他们，科举以这些考试他们。这一类的旧教育，它们的历史各有长短不同：儒学来自西汉，科举与诗赋来自唐朝，书院来自宋朝，八股来自明朝，小楷来自乾隆以后，而汉、唐取士也往往注重书法。清朝自乾隆以来，是集旧教育之大成的一个时期，也是旧教育之总结束的一个时期。这些旧教育，其形式和内容虽有种种，但势力之大还是科举，其次则为八股，而八股和科举到末了差不多结合为一，所以近人往往以科举和八股来代表旧教育。科举在当初原是替代选举以取士的方法——一种考试制度。其缺点，在正面，不过使士类习为奔竞请谒；在反面，因趋重科举，致使学校教育无形废弛。自与八股结合，则科举变为机械的、空疏的教育，其结果致使士类束书不观，头脑昏聩，养成全国无一实学有用之人了。八股之外再加以小楷，于是科举更为消磨国民精神的利器、杀人的教育；凡趋于这一途的学子，其结果必成为老朽的、机械的、半生不死的人生。诗赋是闲雅的教育，书院是山林的教育，儒学自创始以来就有名无实：这三种虽无大害，但亦只能适存于封建社会时代。现在中国的社会已进到了商业资本主义，加以列强的工业资本的势力猛烈地向内侵略，把中国数千年来的农村经济搅乱得不能自立，昔日封建时代的旧教育，勿论与国民有害与否，早已发生了动摇不复能维持了，到了本期，自然瓜熟蒂落，结果只有抱蔓而归。八股废于光绪二十四年五月，诗赋、小楷废于同年六月——这两种其后虽因戊戌政变逐渐恢复，但庚子以后依然停止了。

科举的废除，分着三个步骤：一为改良其内容，二为递减其中额，三为完全停止。第一步萌芽于光绪十三年，当时清廷依御史陈秀莹的奏请，于每届乡会试时酌取算学人才若干名——此为变更科举内容的初步，但八股与诗赋、小楷依然如故。自甲午一役以后，一班新进知识分子如康、梁等，对于科举的毛病始施以猛烈的攻击，所攻击的焦点则为以八股取士。自胶澳被占以后，康、梁又上书或面奏，力陈八股之害，于是清廷乃于光绪二十四年五月初二日，毅然下诏废除八股，凡乡会试及生童岁科各试一律改试策论——这是本期变法中的第一快举。同年六月一日，清廷又因张之洞、陈宝箴的建议，凡素来科举所特重的诗、赋、小楷也被取消了。第二步始于庚子之变以后。这一次失败，虽官僚及封疆大吏，也知道科举的积弊太深了，或请改良其内容，或请递减其中额，或请完止停止，屡有奏议。刘坤一与张之洞于光绪二十七《筹议变法》三疏中，第一疏即有分年递减科举中额，改由学堂的建议。到光绪二十九年，袁世凯与张之洞又有分科递减的奏请，同年上《奏定学堂章程》时亦以递减科举为请——到此时，科举的权威已扫地无余了。当是时，全国舆论，皆以为阻碍学堂之进行的莫过于科举，科举一日不废除则人人怀着观望的态度，学堂即一日不能进行。到了光绪三十一年，袁世凯、张之洞、赵尔巽一班封疆大吏又联名奏请，清廷看见大势所趋，无法抵柱，遂于这一年八月决然下诏停止。儒学不久已无形取消，书院自光绪二十四年以来逐渐改为学堂，自此年科举明令停止以后，昔日封建时代的教育于是一笔勾销，而新式的学校教育乃勃然而兴起。

本章参考书举要

（1）《皇朝道咸同光奏议》

（2）《光绪政要》

（3）《戊戌政变记》

（4）《奏定学堂章程》

（5）《时务报》

第四十五章　本期教育思潮与宗旨

第一节　中学为主西学为辅的思潮

　　时势逼迫至此，不得不变法了。要变法不得不兴学；要兴学不得不接收西方的文化。但中国民族是历史的民族，最富于保守性，且历来以文化自夸的民族，今日因外力的关系，一旦"舍己而芸人"，绝非他们所能甘心。既不能完全舍己而芸人，又不得不舍己以芸人，在此思想冲突之中，于是产生了一种调和思想。调和的结果，就是中西并取：对于西方文化，只可接收其科学，接收其技术，接收其法度；对于己国文化，仍当保守其礼教，保守其伦常，保守其风俗。换一句话说，他们所接收的只是西方物质文明，对于自己的精神生活，大家一致保守，不肯失坠。思想的趋势既然如此，所以在当时演成一句口号："中学为体，西学为用"——本期的教育思潮亦是这八个字。这种思潮，在本期十六年中，勿论新进知识分子或官僚阶级，大体上全是一致的，虽从分析方面看各有主张。我们勿妨引出几位有力者的主张，以资证实。

　　光绪二十二年，孙家鼐在《议复开办京师大学堂折子》上说：

　　　　中国五千年以来，圣神相继，政教昌明，决不能效日本之舍己芸人，尽弃其学而学西法。今中国京师创立大学堂，自应以中学为主，西学为辅；中学为体，西学为用；中学有未备者以西学补之，中学有失传者以西学还之；以中学包罗西学，不能以西学凌驾中学。此是立学宗旨，日后分科设教，及推广各省，一切均应抱定此意，千变万化，语不离宗。(《皇朝道咸同光奏议》卷七《变法类》)

光绪二十四年张之洞所著《劝学篇》内也有这样两段话：

今欲强中国，存中学，则不得不讲西学。然不先以中学固其根柢，端其识趣，则强者为乱首，弱者为人奴，其祸更烈于不通西学者矣。(《内篇·循序第七》)

中学为内学，西学为外学，中学治身心，西学应世事，不必尽索之于经文，亦必无悖于经文。(《外篇·会通第十三》)

光绪二十四年清廷所颁"定国是"一诏也有同样的话：

嗣后中外大小臣工，自王公以及士庶，各宜努力向上，发愤为雄。以圣贤义理之学植其根本，又须博采西学之切于时务者，实力讲求，以救空疏迂谬之弊。(《戊戌政变记》卷一)

光绪二十四年梁启超代拟《京师大学章程》内中也说过：

中国学人之大弊，治中学者则绝口不言西学，治西学者亦绝口不言中学；此两学所以终不能合，徒互相诟病，若水火不相入也。夫中学体也，西学用也，二者相需，缺一不可。体用不备，安能成才。且既不讲义理，绝无根柢，则浮慕西学，必无心得，只增习气。前者各学堂之不能成就人才，其弊皆由于此。(《近代中学教育史料》第一册)

光绪二十九年张百熙等在《奏定学堂章程》原奏上说：

> 至于立学宗旨，勿论何等学堂，均以忠孝为本，以中国经史之学为基，俾学生心术壹归于纯正，而后以西学瀹其知识，练其艺能，务期他日成材，各适实用，以仰副国家造就通才，慎防流弊之意。（《奏定学堂章程》）

我们由上面几段话看来，可知"中学为体，西学为用"八个字在当时的势力；由此八个字更可以推知当时新教育的精神了。这种思潮直到民国初年，尚有很大的势力。

第二节　教育宗旨

有了某种教育思潮才能产生某种教育，而教育宗旨又是某种教育产生之后才以文字确定——此是本期新教育的特性。在光绪二十八年以前，本期尚无确定的教育宗旨。到光绪二十九年，颁布《奏定学堂章程》，才以"忠孝"二字为宗旨。在学务纲要上说：

> 京外大小文武各学堂，均应钦遵谕旨，以端正趋向，造就通才为宗旨。

此次遵旨修改各学堂章程，以忠孝为敷教之本，以礼法为训俗之方，以练习艺能为致用治生之具。

内中所谓"端正趋向"，所谓"礼法"，皆是射着"忠孝"二字说的。就我们前节所引原奏"至于立学宗旨，无论何等学堂，均以忠孝为本，以中国经史之学为基"一语看来，更知忠孝二字是他们立学的宗旨。

但此种宗旨，在当时只是附带提及，且忠孝二字含义太泛，包括不全，未能尽合于当时的需要。到了光绪三十二年学部正式规定明确的教育宗旨，由政府颁示全国。此时所定的教育宗旨，分二类五条：第一类为"忠君""尊孔"二条，第二类为"尚公""尚武""尚实"三条。前二条，他们以为是"中国政教之所固有，而亟宜发明以拒异说者"；后三条，他们以为是"中国民质之所最缺，而亟宜针砭以图振起者"。这五条十字的宗旨，仍是"中体西用"的教育思想，不过比较具体罢了。

第四十六章　教育行政机关的组织

第一节　概　论

清廷关于教育行政机关的组织，原来没有完备的制度。除了中央礼部以外，地方没有管理教育的正式机关。礼部也不是专管教育的，它是掌管五礼的主要机关，对教育方面所负的责任只有科举考试一事。国子监虽为专管全国教育的主要机关，但在礼部隶属之下，所管只有关于国学或乡学一方面的事情，对于科举毫无过问之权。（稽考全省生童的提督学政，由京官出使，是一种巡视的体例，并无正式机关之组织。）现在学堂一日发达一日，新教育的设施比较科举时代烦重多了，从前不完不备的教育行政制度当然不能适用了，此本期所以有新的教育行政机关之组织。

本期新教育行政机关之组织，萌芽于光绪二十四年，完成于光绪三十二年。在萌芽之初，中央设管学大臣一员，一方面主持京师大学堂，一方面统辖全国各学堂。这种办法，好似以京师大学为教育部，以管学大臣为大学校长而兼教育部长的一种性质。到了光绪二十九年，《奏定学堂章程》颁布以后，由鄂督张之洞等人的建议，改管学大臣为总理学务大臣，其大学堂方面另派专员管理；在学务大臣之下，设立六处属官，分掌各项教育事宜。这样办法，好似中央已有了统辖全国教育行政的正式机关，但此仍是临时性质，且地方除了依旧提督学政以外，毫无设施。再过二年，到了光绪三十一年，自科举制度经明令取消以后，由山西学政宗熙的建议，乃取消学务大臣，于京师六部之外另成立学部，设有尚书侍郎等长贰官员，与旧有六部同样组织，于是统辖全国的正式教育行政机关始产生了。到三十二年，又由直督袁世凯、云南学臣吴鲁等人的建议，将各省提督学政一律裁撤，另设提学使司，专管全省教育事务，于是统辖全省的正式教育行政机关又产生了。同年，由学部侍郎严修的建议，于府厅州县治所设立劝学所，统辖并督率各府厅州县教育之进行，而地方也有正式机关了。自此以后，掌管国家教育的行政机关，依照普通行政区别也分着中央、省会及府厅州县三级，层层相属，统系分明，数千年久不完备的教育行政机关至此才有完备的制度之制定。

第二节　中央教育行政机关

一　学　部

学部位在礼部之上，掌管全国各项教育的政令，最高长官为尚书，其次则为左右侍郎，均为政务官。在尚书侍郎之下，设有各项事务官，如左右丞、左右参议、参事官及郎中员外郎等等。部内的组织，分为五司十二科，每司设郎中一人，每科设员外郎一人，分掌本部事务及全国各项教育。此外设有视学官，轮流出京视察各省教育，没有定员。其他编译图书、调查学制以及督理京师学务，皆设有专局，由部派员兼理。昔日礼部所辖的国子监及天文台，亦拨归学部管辖。我们将五司十二科的名目开列于下，便知它们职掌的性质：

（1）总务司，内分机要、案牍、审定三科；

（2）专门司，内分专门政务、专门庶务二科；

（3）普通司，内分师范教育、中等教育、小学教育三科；

（4）实业司，内分实业教务、实业庶务二科；

（5）会计司，内分度支、建筑二科。

二　视学官

在学部官制初次颁布时，即拟有视学官的名目，到宣统元年始将视学官的章程规定出来。当时分全国为十二视学区域：（1）奉天、吉林、黑龙江三省；（2）直隶、山西二省；（3）山东、河南二省；（4）陕西、四川二省；（5）湖北、湖南二省；（6）江苏、安徽、江西三省；（7）福建、浙江二省；（8）广东、广西二省；（9）贵州、云南二省；（10）甘肃、新疆二省；（11）内外蒙古；（12）青海、西藏。每区派视学官二人，按年份往各区视察，限三年以内视察一周，但在新教育尚未发展的区域如青海、西藏等处，可以暂缓视察。此项视学官不设定员，以部中人员或直辖学堂管理员、教员职分相当者派充。

第三节　地方教育行政机关

一　省教育行政机关

在提督学政裁撤以前，自光绪二十九年至光绪三十一年二三年之间，省会地方有一临时教育行政机关——学务处或学校司，专管本省学堂的建设及进行，隶属于督抚之下。自学政取消改设提学使司以后，前项临时组织即行取消。提学使司设提学使一员，统辖全省学务，位在布政使之次，按察使之前，归督抚节制。该司机关设在省会，内置学务公所，分设总务、专门、普通、实业、会计、图书六课。公所设议长一人，议绅四人，辅佐提学使参划学务，并备督抚咨询。议绅由提学使延访本省学望较崇的绅士充选，议长由督抚咨明学部奏派。各课设课长一人，副课一人，由提学使派充。此外另设省视学六人，承提学使的命令，巡视本省各府厅州县的学务。

二　府厅州县教育行政机关

此级的教育行政机关取名"劝学所"，但它的历史却有两个时期：一是在《地方自治章程》颁布以前，为第一期的劝学所；一是在《地方自治章程》颁布以后，为第二期的劝学所。我们按照时期先后分述于下：

第一个时期，自光绪三十二年至宣统元年，共计四年。劝学所为各厅州县的教育行政机关，它的职权不仅掌管各本厅州县的教育行政，并有诱劝地方人士建立学堂推广教育的责任。每所设总董一人，由县视学兼充，受本地方官的监督。在总董之下，设劝学员若干人，由总董禀请地方官札派。每厅州县划分若干学区，每学区由总董选择本区品行端正、热心教育的绅衿充任劝学员，负责推行本区的一切学务。

第二个时期，为宣统二年至三年，共计两年。这一期的劝学所有两种变更：一是设立所在的推广，即厅州县之外加了一个府设；二是职权范围的缩小，即将从前独立机关变为地方官辅助的机关。后者变更的原因是：自《地方自治章程》颁布以后，关于地方学务由地方自治职权办理，劝学所既为政府机关，当然不便管理地方自治的事，所以旧日章程就不适用了。此次新订章程，只规定劝学所为府厅州县教育行政辅助机关，辅佐地方官办理官立学堂及其他教育事业。但对于地方学务并非完全无权过问，当时也有两类的规定：（1）在自治职未成立的地方，对于自治学务，有代其执行之责；（2）在自治职已成立的地方，对于自治学务有赞助监督之权。劝学所的职权既然缩小了，其长官的名称也随着改变——改总董为劝学员长，以劝学员长兼充县视学。

本章参考书举要

（1）《学部官报》

（2）《学部奏咨辑要》

（3）《奏定学堂章程》

（4）《光绪政要》

（5）《大清新法令》

第四十七章　学校制度及实施

第一节　概　论

新教育之有系统的组织，始于光绪二十八年张百熙在管学大臣任内所拟的《钦定学堂章程》。该章程共计六件：（1）京师大学堂章程，（2）考选入学章程，（3）高等学堂章程，（4）中学堂章程，（5）小学堂章程，（6）蒙学堂章程。按照该章程所拟，将整个教育分着三段七级：第一段为初等教育，分着蒙学堂、寻常小学堂及高等小学堂三级；第二段为中等教育，只有一级；第三段为高等教育，分着高等学堂或大学预备科、大学堂及大学院三级。蒙学堂即改良的私塾，规定儿童自五岁入学，至九岁升入寻常初等小学堂，十二岁升入高等小学堂，十五岁升入中等学堂，十九岁升入高等学堂或大学预备科，二十一岁升入大学堂，再三年可升入大学院。自初入学堂至大学毕业，共计二十年。大学堂三年毕业，内分政、艺二科，大学院属于研究高深学术的机关，学习无有定期。此外还有实业教育，分简易实业、中等实业及高等实业三级；还有师范教育，分师范学堂及师范馆二级。按此项章程虽曾经正式颁布，但未及施行，到第二年颁布《奏定学堂章程》以后，遂等于废纸了。

张百熙在管学任内，很能热心尽职。如慎选教习，吸引新进，筹划经费，制定章程，拟在丰台建筑大规模新式大学校舍，种种设施，皆能负一般的时望，而新进的青年亦多趋赴。这样一来，被清廷满、蒙旧人内怀猜忌，乃派守旧党荣庆与张氏共同管学，以分张氏的权势。荣庆以蒙人资格，兼入枢府，权位远出张氏之上，有意更改从前的办法，恰逢张之洞因事入京，清廷乃下令之洞与二管学大臣重拟学堂章程，此《奏定学堂章程》之由来。张之洞夙以提倡新学自负，拜此新命，气焰熏天，乃远采日本学制，近酌钦定旧章，再参以己意，凡历数月，易稿七次而始章就。此项新章，名虽三人共拟，其实由之洞一手包办，内中前后述及教育宗旨的地方，完全是他自己的一副头脑的表现。此项新章的内容，含着复古的性质极其浓厚，但从学制本身上说，确比旧章完备多了；学部成立以后，在枝节方面虽略有修改，而清末新教育制度，莫不以此为标准。

《奏定学堂章程》颁布于光绪二十九年十一月二十六日，共计十六册，计二十余种。自竖的方面看，整个教育也是分着三段七级：第一段为初等教育，分为蒙养院、初等小学及高等小学三级；第二段为中等教育，只有中学堂一级；第三段为高等教育，分为高等学堂或大学预备科、分科大学及通儒院三级。除蒙养院半属家庭教育，殊非正式学堂外，儿童自七岁入小学，至三十岁通儒院毕业，合计二十五年。自横的方面看，除直系各学堂外，另有师范教育及实业教育两系。师范教育分初级及优级两等，合计修学八年。实业教育除艺徒学堂及实业补习普通外，分初等实业、中等实业及高等实业三等，合计修学十五年。此外在京师还有译学馆及外省的方言学堂，属于高等教育段，约计修学五年。此外还有进士馆，为新进士学习新知识设立的；有仕学馆，为已仕的官员学习新知识设立的，修业约计十三年，属于高等教育段，以其不是由中小学层累而上升，故不列入学堂系统之内。

现在为清醒眉目起见，除将《奏定学堂章程》所定各级各种学堂提要分节叙述于下以外，更将此次学制系统图附载于后。

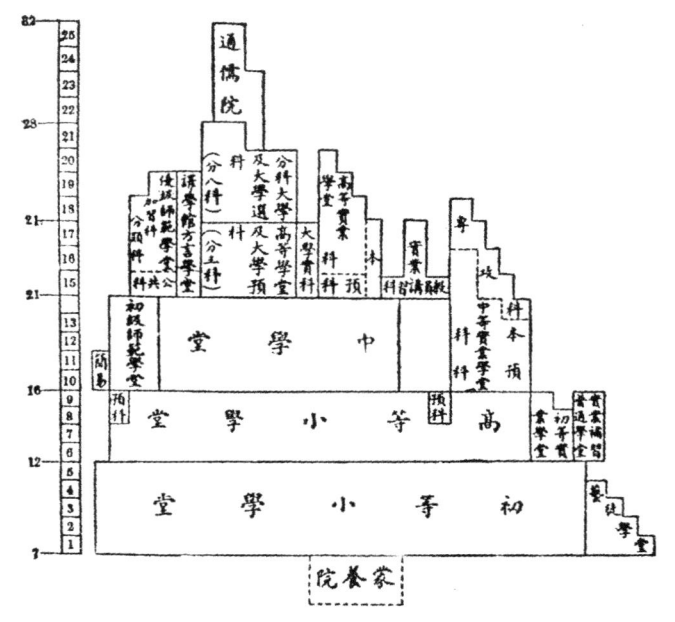

第十三图　癸卯学制系统图（光绪二十九年）

第二节　直系教育

一　绪　言

自蒙养院至通儒院，共有三段七级的学堂，是正轨的，是直线的，我们假名之曰"直系教育"。在光绪二十四年五月二十二日，有这样一道谕旨："将各府厅州县现有之大小书院，一律改为兼习中学西学之学校。至于学校等级，自应以省会之大书院为高等学，郡城之书院为中等学，州县之书院为小学。"此次章程规定直系各学堂设立的原则，即按照这道谕旨的标准。至于大学与通儒院合设一处，在京师；蒙养院系半家庭教育的性质，当以普及为宜，不限定区域。除初等小学及通儒院外，一律须令学生贴补学费，但纳费多少视各地学堂情形酌量办理。兹将各级学堂及两院的教育宗旨、入学资格及年龄、课程及修业年限，并将中、小学堂的课程表分段叙述于下。

二 蒙养院

此院规定儿童受教育的最初一步，其宗旨"在于以蒙养院辅助家庭教育，以家庭教育包括女学"。儿童入院年龄，以三岁至七岁为度，每日授课不得过四点钟。蒙养院即外国所谓幼稚园，以女子师范毕业生为保姆。但中国此时既不宜设女学，所以蒙养院只好暂时附设在育婴堂及敬节堂内。凡各省府厅州县以及巨大市镇，如有此项善举者，每堂均须附设蒙养院一所，即于该堂内的乳媪及婺妇作为保姆。此项保姆，未必即有保育教养婴儿的知识，先由官厅派员讲授保育教导之事，或发给女教科书及家庭教育书，令她们自相传习。一年以后，学习有成绩者，发给保姆凭单，勿论在此堂内附设的蒙养院或私人家庭内，皆可以执行保姆的业务。该章程又规定：在蒙养院未及遍设以前，家庭教育最为重要，所谓"蒙养家教合一"。家庭教育的责任，全在女子，此时中国，既不宜设立女学堂，唯有刊布女教科书，令她们在家庭自相传习。家中女子如不识字时，则由她的丈夫为之讲说。讲习以后，有子女者，可以自教其子女，则家家皆有一蒙养院了。此项女教科书，为《孝经》、四书、《列女传》、《女诫》、《女训》及《教女遗规》等等。至于婴儿应读何书，如何教法，未曾明白规定。

三 初等小学堂

儿童受教育的第二步为初等小学堂，凡国民年龄在七岁以上者皆可入学。此级学堂，以"启其人生应有之知识，立其明伦理、爱国家之根基，并调护儿童身体令其发育"为宗旨。其中又分为两类：一为完全科，一为简易科。完全科五年毕业，其必修学科有八：（1）修身；（2）读经讲经；（3）中国文字；（4）算术；（5）历史；（6）

地理；（7）格致；（8）体操。此外视地方情形，尚可加授图画、手工一科或二科，列为随意科。简易科也是五年毕业，其科目有五：（1）修身、读经合为一科；（2）中国文字科；（3）历史、地理、格致合为一科；（4）算术；（5）体操。以《孝经》、四书、《礼记节本》为完全科必读之经书，第一年每日约读四十字，第二年每日约读六十字，第三、第四两年每日约读一百字，第五年每日约读一百二十字，总共五年应读十万一千八百字。至于时间的分配，每星期读经六点钟、挑背及讲解六点钟，合计十二点钟。另有温经的课程，每日半点钟，在自习室内举行，不列讲堂功课之内。高等小学亦同。以古诗歌代音乐科，"须择古歌谣及古人五言绝句之理正词婉能感发人者"令儿童讽诵，作为音乐教材。

第十三表　《奏定学堂章程》初等小学堂必修科课程表

科目＼年级	第一年级		第二年级		第三年级		第四年级		第五年级		共计
修身	摘讲朱子《小学》刘忠介诸人等有益风化诗歌	二	同前	二	同前	二	同前	二	同前	二	一〇
读经讲经	读《孝经》《论语》每日四十字	一二	读《论语》《学庸》每日六十字	一二	读《孟子》每日一百字	一二	《孟子》及《礼记节本》每日百字	一二	《礼记节本》每日百字	一二	六〇
中国文字	习字，附讲动静虚实各字之区别	四	积字成句之法	四	积句成章之法	四		四		四	二〇
算术	二十以下之算术加减	六	百以下之算术加减乘除	六	常用之加减乘除	六	加珠算	六	教小数	六	三〇
历史	乡土之大端故事及本地古先名人事实	一	同前	一	历朝年代国号及圣主贤君之大事	一	本朝开国大略及列圣仁政	一		一	五

续表

科目\年级每周时数	第一年级		第二年级		第三年级		第四年级		第五年级		共计
地理	讲乡土之道路寻筑古遗迹山水	一	同前	一	本县本府本省之地理山水	一	中国地理幅员大势	一	中国地理与外国毗连之关系	一	五
格致	讲乡土之动植矿	一	同前	一	重要动植矿之形象	一		一	人生生理及卫生之大略	一	五
体操	有益之运动及游戏	三	除上外兼普通体操	三	同前	三		三		三	一五
合计		三〇		三〇		三〇		三〇		三〇	五〇

此项学堂之设立，以府、厅、州、县之各城镇为原则。在创办之初，至少大县城内必设三所，各县著名大镇必设一所，名曰"官小学堂"。至于私人集资建立，由个人者曰私小学堂，由团体者曰公小学堂。官设小学堂永不令学生贴补学费，虽未实行强迫教育，亦寓有义务教育的意义了。学级编制分三种：凡儿童的工夫深浅同等，能编为一班者，称单级小学堂；凡儿童的工夫不等，须编为二级以上者，称多级小学堂；在一日内，分儿童为两起授课者，称半日小学堂。

四 高等小学堂

高等小学为儿童受教育的第三步，以"培养国民之善性，扩充国民之知识，壮强国民之气体"为宗旨。照章以在初等小学堂毕业升入者为合格，但开办之初，凡十五岁以下，略能读经而性质尚敏之儿童，亦有投考的资格。学习年数以四年为限。学科凡九：（1）修身；（2）读经讲经；（3）中国文字；（4）算术；（5）中国历史；（6）地理；

（7）格致；（8）图画；（9）体操。此外视地方情形，可加授手工、商业、农业等科目为随意科。修身教材以四书为主，经学教材以《诗经》《易经》及《仪礼》的《丧服经传》为必读之书。凡儿童读经，每日约读一百二十字，每年应读二万八千八百字。总计四年应读十一万五千二百字。仍以古诗歌代替音乐科，不过诗歌字句可选读较长的——五七言均可。

此项学堂的设立，以州县为原则，但巨大村镇，能筹款多设更佳。儿童在此项学堂毕业，已可取得出身的资格，故入学肄业时须令贴补学费。

第十四表　《奏定学堂章程》高等小学堂必修科课程表

科目＼每周时数＼年级	第一年级		第二年级		第三年级		第四年级		共计
修身	读《四书》兼读有益风化之诗歌	二	同前	二	同前	二	同前	二	八
读经讲经	读《诗经》每日约一百二十字	一二	《诗经》《书经》每日约一百二十字	一二	《书经》《易经》每日约一百二十字	一二	《易经》及《仪礼节本》每日一百二十字	一二	四八
中国文字	读古代习楷书习官话	八	同前	八	作短篇记事文习行书	八	兼作说理文	八	三二
算术	加减乘除及诸等数	三	比例百分数	三		三	百分算术日用簿记	三	一二
中国历史			二		二		二		八
地理	中国地理	二	外国地理						八
格致	动植矿及自然之现象	二	寻常物理化学之形象	二		二	兼授生理卫生		八
国画	简易之形体	二	同前	二		二	简易之几何图	二	八
体操	普通体操有益之运动兵式体操	三	同前	三		三		三	一二
合计		三六		三六		三六		三六	一四四

五　中学堂

儿童由高等小学升入中学，已到教育的第二阶段了。此项学堂，以"施较深之普通教育，俾毕业后不仕者从事于各项实业，进取者升入高等专门学堂，均有根柢"为宗旨。学程以五年毕业，其学科凡有十二：（1）修身；（2）读经讲经；（3）中国文字；（4）外国语；（5）历史；（6）地理；（7）算学；（8）博物；（9）物理及化学；（10）法制及理财；（11）图画；（12）体操。修身教材，摘讲陈宏谋《五种遗规》：（1）《养正遗规》；（2）《训俗遗规》；（3）《教女遗规》；（4）《从政遗规》；（5）《在官法戒录》。经学教材，以《诗经》《书经》《易经》及《仪礼》之一篇（《丧服经传》）为必读之书。音乐仍以古诗歌替代。

此项学堂，以府立为原则，如各州县皆能设立一所更善。每堂学生名额以四百人以下三百人以上为合格，但于经费充裕学舍宏敞者可增至六百人。

第十五表　《奏定学堂章程》中学堂必修科课程表

科目＼年级/每周时数	第一年级	第二年级	第三年级	第四年级	第五年级	共计
修身	摘讲陈宏谋《五种遗规》 一	同前	一	一	一	二	五
读经讲经	《春秋左传》每日二百字 九	同前	九	九	九	《周礼节本》第日二百字 一二	四五
中国文字	读文、作文、习楷书、行书 四	同前	四	同前兼习小篆 五	三	兼讲中国历代文章名家	一九
外国语	讲解文法、会话、作文、习字 八	同前	八	八	六	六	三六

续表

科目\每周时数\年级	第一年级		第二年级		第三年级		第四年级		第五年级		共计
历史	中国史	三	中国史及亚洲史		本朝史及亚洲史	二		二		二	一一
地理	总论及中国地理	二	中国地理	三	外国地理	二	同前	二	地方学	二	一一
算学	算术	四	算术代数几何簿记	四	代数几何	四			几何三角	四	二〇
博物	植物动物	二	同前	二	生物卫生矿物			二			八
理化							物理	四	化学	四	八
国画	自在画用器画	一	同前	一		一		一			四
法制及理财										三	三
体操	普通操兵式操	二		二		二		二		二	一〇
合计		三六		三六		三六		三六		三六	一八〇

六　高等学堂

高等学堂以"教大学预备科"为宗旨，每日功课六点钟，三年毕业。其学科分为三类：以预备升入经学科、政法科、文学科及商科等大学者为第一类；以预备升入格致科、工科、农科等大学者为第二类；以预备升入医科大学者为第三类。第一类的学科凡有十目：（1）人伦道德；（2）经学大意；（3）中国文字；（4）外国语；（5）历史；（6）地理；（7）辨学；（8）法学；（9）理财学；（10）体操。第二类的学科，凡有十一目：（1）人伦道德；（2）经学大意；（3）中国文学；（4）外国语；（5）算学；（6）物理；（7）化学；（8）地质；（9）矿物；（10）图画；（11）体操。第三类的学科，凡有十一目：（1）人伦道德；（2）经学大义；（3）中国文字；（4）外国语；（5）拉丁语；（6）算学；（7）物理；（8）化学；（9）动物；（10）植物；（11）体操。到了第三年，另外设有选科及随意科，凡三类学生皆可加习。

此项学堂以各省城设立一所为原则，由中学堂毕业生升入。升入以后，修满三年，考试及格即可升入分科大学。但此时学堂初办，尚无合格人才升入大学肄业，所以在京师大学内先设预备科，与各省高等学堂同一性质。

七　大学堂

由高等学堂或大学预备科毕业了，再进一步，则为大学堂。大学堂以"谨遵谕旨，端正趋向，造就通材"为宗旨，内中分立八科，又称分科大学堂。学堂设立在京师者须八科全备，设立在外省者不必全备，但至少须置三科，方许设立。各分科大学修业年限，除政治科及医科中的医学门各须四年外，其余各科各门均以三年为限。兹将八科各门的学科分列于下：

（一）经学科大学。此科大学分十一门，理学一并附在里面：（1）《周易》学门；（2）《尚书》学门；（3）《毛诗》学门；（4）《春秋左传》学门；（5）《春秋三传》学门；（6）《周礼》学门；（7）《仪礼》学门；（8）《礼记》学门；（9）《论语》学门；（10）《孟子》学门；（11）理学门。以上各门，由学生各自专习一门。

（二）政治科大学。此科大学，只分二门：（1）政治门；（2）法律门。由学生各自专习一门。

（三）文学科大学。此科大学，共分九门：（1）中国史学门；（2）万国史学门；（3）中外地理学门；（4）中国文学门；（5）英国文学门；（6）法国文学门；（7）俄国文学门；（8）德国文学门；（9）日本文学门。由学生各自专习一门。

（四）医科大学。此科大学只分二门：（1）医学门；（2）药学门。由学生各自专习一门。此项医学与近日医科大学专攻西医者不同，凡内科、外科、妇科、儿科皆参考中国至精的医书，方能适合本国人的体质及生活，其余各科当择译外国善本教授。

（五）格致科大学。此科分六门：（1）算学门；（2）星学门；（3）物理学门；（4）化学门；（5）动植物学门；（6）地质学门。由学生各自专习一门。

（六）农科大学。此科分四门：（1）农学门；（2）农艺化学门；（3）林学门；（4）兽医学门。由学生各自专习一门。凡农学各门，皆以实验为主，故讲堂功课较他科为少。

（七）工科大学。此科分九门：（1）土木工学门；（2）机器工学门；（3）造船学门；（4）造兵器学门；（5）电气工学门；（6）建筑学门；（7）应用化学门；（8）火药学门；（9）采矿及冶金学门。由学生各自专习一门。

（八）商科大学。此科分三门：（1）银行及保险学门；（2）贸易及贩运学门；（3）关税学门。由学生各自专习一门。

以上各科大学中，每门课程又分三类——主课、辅助课及随意科。每门以本门研究法为主课，以与此门相关之学为辅助课。例如经学科的《周易》学门，主课为"《周易》研究法"，辅助课为"《尔雅》学""《说文》学"一类的材料。随意科则不拘科门，性质极其宽泛。各科学生到毕业时，均须自著论说一篇，与毕业课艺，一律缮呈学堂当局，作为毕业成绩的参考。但工科大学学生除呈验毕业课艺及自著论说外，还要制一计划图稿。

八　通儒院

最高学府为通儒院，须有分科大学毕业的资格，或学力与此相等者，方能升入肄业。此院不单独设立，即设立在京师大学堂内，其宗旨与大学堂相同。学生入院，只在斋舍研究，随时向教员请业问难，没有讲堂功课。但每到年终，须呈验平日所研究的情形及成绩于分科大学监督，以备考核。规定研究期限为五年，其毕业程度以"能发明新理，著有成绩，能制造新器，足资利用"为标准。院内不收学费，如有学生为研究学术，必须亲至某地方考察时，经大学会议议决，尚可酌量支给旅费。

第三节　师范教育

一　绪　言

中国近代之有师范教育，始于南洋公学。该学创办于光绪二十三年，四院中首先设立师范一院，即近代师范教育的开始；但此不过为局部的设施。在这几年，梁启超在上海刊行《时务报》，亦极力鼓吹师范教育，但尚未经政府采纳。直到光绪二十八年，张百熙的《钦定学堂章程》，始正式规定师范教育系统，但不过附设于直系各学堂内，尚未成为独立的组织。至本章程，才把师范教育划开，使自成系统，独立起来。独立的师范教育，分优、初两级：优级略高于高等学堂，初级略高于普通中学堂。每级内部各分设数种学堂，比较普通高等、中等学堂的办法复杂，此次章程，要以此处为较完善。初级师范除私立，优级师范除加习科外，一律不收学费。毕业以后，各有效力于教育的义务，其服务年限与地点各不一致。兹将各级的宗旨，入学的资格，各科课程，修业期限及毕业后之义务，逐一分述于下。

二　初级师范学堂

此为师范教育的第一级，招收高等小学堂毕业生来堂肄业，以"派充高等小学堂、初等小学堂两项教员者入焉；以习普通学外，兼讲明教授管理之法"为宗旨。但在小学尚未发达以前，暂时可就现有之贡廪增附生及文理优长之监生内考取。此项学堂为小学教育普及的基础，须限定每州县必设一所，但开办之初，可先就省城地方暂设一所。省城师范学堂应设两种：一为完全科，五年毕业；一为简易科，一年毕业。前者入学年龄，以十八岁以上二十五岁以下为合格，后者以二十五岁以上三十岁以下为合格。州县师范学堂除完全科外，宜急设十个月的师范传习所。此项传习所，招收专教私塾的生童，以省城之初级师范学堂及简易科毕业生成绩较优者为教员，分往传习，毕业后可充小学副教员。初级师范完全科设立在省城者，师范生以三百人为足额；设立在各州县者以一百五十人为足额。完全科的学科共有十二目：（1）修身；（2）读经讲经；（3）中国文学；（4）教育学；（5）历史；（6）地理；（7）算学；（8）博物；（9）物理及化学；（10）习字；（11）图画；（12）体操。此外可视地方情形尚可加授外国语、农业、商业、手工之一科目或数科目。以古诗歌替代音乐，与普通中学相同。凡师范生毕业后皆有充当小学教员的义务。（1）服务的地点：如在省城学堂毕业者应有从事本省各州县小学堂教员之义务；如在州县学堂毕业者，应有从事本州县各小学堂教员之义务。（2）服务的年限：如师范生由官费毕业者，本科生六年，简易科生三年；由私费毕业者，本科生三年，简易科生二年。

除上所设外，在师范学堂内，并应添预备科及小学教员讲习科：前者为考入完全科而普通学力未足者，补习之用；后者为由传习所毕业已出为小学堂教员而自觉学力缺乏者，及向充蒙馆塾师而并未学过普通学亦未至传习所受过教法者补习之用。此外凡初级师范学堂，皆可设置旁听席，以便乡间老生寒儒来堂观听，得着普通教育知识及教法大要，即可便易多开小学。此外每一学堂，必有附设小学堂一所，以供师范生实地练习。凡师范生不纳学费。

三　优级师范学堂

此为师范教育的第二级，以造就"初级师范学堂及中学堂之教员、管理员"为宗旨。入学资格分两种：（1）以初级师范学堂毕业及普通中学堂毕业生为原则；（2）在开办之初，可暂收本省之举贡生员之中学确有根柢，年在十岁以上二十五岁以下者为例外。此种学堂，京师及各省城宜各设一所，学生名额暂定最少二百四十人。其学科分为三节：（1）公共科，为初入学时学习的课程；（2）分类科，为入学第二年后学习的课程；（3）加习科，为分类科课程毕业后加习的课程。前二节，学生必须学习；后一节加习与否，可听其自便。公共科及分类科学生在学费用，均以官费支给。

公共科的学科凡八：（1）人伦道德；（2）群经源流；（3）中国文学；（4）东语；（5）英语；（6）辨学；（7）算学；（8）体操。以上各科，如系第一项资格学生，限以一年毕业；如系第二项资格的学生，限以三年毕业。

分类科的学科分为四类：第一类以中国文学、外国语为主，第二类以历史、地理为主，第三类以算学、物理、化学为主，第四类以植物、动物、矿物、生理为主。第一类学科凡十三科：（1）人伦道德；（2）经学大义；（3）中国文学；（4）历史；（5）教育学；（6）心理学；（7）周、秦诸子；（8）英语；（9）德语；（10）辨学；（11）生物学；（12）生理学；（13）体操。此外，还有二随意科：（1）法制；（2）理财。第二类学科凡十二科：（1）人伦道德；（2）经学大义；（3）中国文学；（4）教育学；（5）心理学；（6）地理；（7）历史；（8）法制；（9）理财；（10）英语；（11）生物学；（12）体操。此外还设有德语一随意科。第三类学科凡十二科：（1）人伦道德；（2）经学大义；（3）中国文学；（4）教育学；（5）心理学；（6）算学；（7）物理学；（8）化学；（9）英语；（10）图画；（11）手工；（12）体操。此外还设有随意科二：（1）德语；（2）生物学。第四类学科凡十四科：（1）人伦道德；（2）经学大义；（3）中国文学；（4）教育学；（5）心理学；（6）植物学；（7）动物学；

（8）生理学；（9）矿物学；（10）地学；（11）农学；（12）英语；（13）图画；（14）体操。此外还有随意科目二：（1）化学；（2）德语。以上各类的课程，每类限三年毕业。

加习科的学科凡十科：（1）人伦道德；（2）教育学；（3）教育制度；（4）教育机关；（5）美学；（6）实验心理学；（7）学校卫生；（8）专科教育；（9）儿童研究；（10）教育演习。以上各科，限以一年毕业。

除以上三节外，还有专科及选科等名目，但课程此时尚未规定。凡优级师范学堂，必有附属学堂两种：一为附属中学，一为附属小学，以供优级生实地练习。凡分类科毕业生，均有效力本省及全国教育职业的义务，其义务年限暂定六年；义务期满，准升入大学堂肄业。

第四节　实业教育

一　绪　言

实业教育在光绪二十八年《钦定学堂章程》内已自成系统，到了本章程则规定更较详备。本章程分实业教育为三类：一为正式实业学堂，一为补习实业学堂，一为实业师范。第一类又分初、中、高三等，每等各分数科。第二类又分普通补习及艺徒二种。除艺徒学堂免收学费及实业教员养成所由官厅供给一切费用外，其余各实业学徒皆须贴补学费。兹将各种实业学堂的宗旨、入学资格及年龄、课程、修业年限及毕业各项，逐一叙述于下。

二　初等实业学堂

此项学堂分设三种：一为初等农业学堂，二为初等商业学堂，三为初等商船学堂。皆等于高等小学堂的程度。招收年在十三岁以上之初等小学堂毕业生。初等农业以"教授农业最浅近之知识、技能，使毕业后实能从事简易农业"为宗旨。课程分普通科及实习科两类，通限以三年毕业。普通科课程凡有五科：（1）修身；（2）中国文理；（3）算术；（4）格致；（5）体操。实习科课程凡有四科：（1）农业；（2）蚕业；（3）林业；（4）兽医。初等商业，以"教授商业最浅近之知识、技能，使毕业后实能从事于简易商业"为宗旨。三年毕业，不分科。初等商船，以"教授商船最浅近之知识、技术，使毕业后实能从事于商船之简易职务"为宗旨。课程分航海、机轮二科，限以二年毕业。

以上三种学堂，现时以附设于中等各实业学堂及普通中小学堂内，不必单设。

三　中等实业学堂

此项学堂分设四种：一为中等农业学堂，二为中等工业学堂，三为中等商业学堂，四为中等商船学堂。皆等于普通中学堂的程度，皆有本科生及预科生两种。本科生三年毕业，招收年在十五以上已修毕高等小学堂之四年课程者；预科生二年毕业，招收年在十三岁以上已修毕初等小学堂之五年课程者。中等农业学堂，以"授农业所必需之知识、艺能，使将来实能从事农业"为宗旨。其预科课程之科目有八：（1）修身；（2）中国文学；（3）算术；（4）地理；（5）历史；（6）格致；（7）图画；（8）体操。此外，并可加设外国语。其本科课程之科目有五：（1）农业科；（2）蚕业科；（3）林业科；（4）兽医科；（5）水产科。但本科可酌量地方情形，节缩至二年以内或展长至五年以内。中等工业学堂，以"授工业所必需之知识、技能，使将来实能从事工业"为宗旨。本科课程分为十科：（1）土木科；（2）金工科；（3）造船科；（4）电气科；（5）木工科；（6）矿业科；（7）染织科；（8）窑业科；（9）漆工科；（10）图稿绘画科。中等商业学堂，以"授商业所必需之知识、艺能，使将来实能从事商业"为宗旨。预科、本科皆不分科。中等商船学堂，以"授驾运商船之知识、技能，使将来实能从事商船"为宗旨。本科课程分为二科：（1）航海科；（2）机轮科。

除以上四种外，在中等各实业学堂内，酌设别科、选科及专攻科三种。别科即简易科的性质，以简易教法讲授该实业必需之知识。选科不分种别，可就各实业中之一事项或数事项增置若干科目，使生徒选习。专攻科即精习课程，为已毕业于本实业学堂尚欲专攻一科目或数科目之学生学习之用。

四　高等实业学堂

此项学堂分设四种；一为高等农业学堂，二为高等工业学堂，三为高等商业学堂，四为高等商船学堂；皆等于普通高等学堂的程度，招收年在十八岁以上、二十二岁以下之普通中学的毕业生。高等农业学堂以"授高等农业学艺，使将来能经理公私农务产业，并可充各农业学堂之教员、管理员"为宗旨。课程分预科及本科，前者一年毕业，后者三年毕业。本科课程又分四科：（1）农学科；（2）兽医学科；（3）森林学科；（4）土木工学科。高等工业学堂，以"授高等工业之学理技术，使将来可经理公私工业事务，及各局厂工师，并可充各工业学堂之管理员、教员"为宗旨。课程亦分预科及本科，前者一年毕业，后者三年毕业。本科课程又分十三科：（1）应用化学科；（2）染色科；（3）机织科；（4）建筑科；（5）窑业科；（6）机器科；（7）电气科；（8）电气化学科；（9）土木科；（10）矿业科；（11）造船科；（12）漆工科；（13）图稿绘画科。高等商业学堂，以"施高等商业教育，使通知本国、外国之商情、商事，及关于商业之学术、法律，将来可经理公私商业及会计，并可充各商业学堂之管理员、教员"为宗旨。课程亦设预科及本科，前者一年毕业，后者三年毕业，皆不分科。高等商船学堂以"授高等航船机关之学术技能，使可充高等管驾船舶之管理员，并可充各商船学堂之管理员、教员"为宗旨。课程不设预科，只有本科。本科又分航海及机轮二科，前者五年半毕业，后者五年毕业。

除以上四种外，在各学堂内，可附设专攻科，为毕业生尚欲精究之用。

五　实业补习普通学堂

此项学堂，近于中学堂的程度，以"简易教法，授实业所必需之知识、技能，并补习小学普通教育"为宗旨。招收已经从事各种实业，及打算从事各种实业之儿童入堂肄业，但其学力须具有初等小学堂以上之程度方能合格。课程分普通科及实习科两类，实业科又分农业、工业、商业及水产四科，统限以三年毕业。此项学堂不必单独设立，可附设中小学堂或各种实业学堂之内。

六　艺徒学堂

此项学堂，近于高等小学堂之程度，以"授平等程度之工业技术，使成为善良之工匠"为宗旨。招收十二岁以上，略知书算之幼童来学肄业，他们的资格不限于已否在初等小学堂毕业者。内中普通课程凡八科目：（1）修身；（2）中国文理；（3）算学；（4）几何；（5）物理；（6）化学；（7）图画；（8）体操。但以上八科中，除一二两科必修外，其余可听生徒自由选习。毕业无定期，以六个月以上，四年以下为限。此项学生多半已有本业，只欲以其余暇来堂补习应用之知识、技能为目的。学堂为图他们便利起见，授课时间应略有变通；或于夜晚，或于放假日，或择雪期、农隙等闲暇时节举行。

七　实业教员讲习所

此项讲习所，以"教成各级实业学堂及实业补习普通学堂艺徒学堂之教员"为宗旨。招收中学堂或初级师范学堂的毕业生来所肄业，修学的期限各科不一。内中分三部，（1）农业教员讲习所，二年毕业；（2）商业教员讲习所，二年毕业；（3）工业教员讲习所，完全科三年毕业，简易科二年毕业。凡讲习所的学生，在学一切费用均由官厅供给，毕业后须服务六年。

第五节 学堂行政组织及教职员

一 绪 言

在学制系统未成立以前，各学堂行政组织无一定章程。从一般习惯看，大概一个学堂的行政首领叫做监督，监督之下有总教习，总教习之下有分教习。监督概由现任或候补官员兼领，只负建设筹款及一切重大计划的责任。总教习的职权极大，凡订定课程、聘请教习、取录学生及内部一切办法，皆由他主持。在新教育第一期，各学堂总教习，多聘西人充当；迨后添设华员一名，于是一个学堂就有两总教习了。

自新学制成立系统以后，所有各级各种学堂的行政及管教员，才有完备的组织及统一的名称。监督逐渐脱离职官专管学堂，教习逐渐由华员替代。内中行政组织的区别，只以等级为标准了，不以种类为标准，大概高等学堂以上，为一等组织，规模宏大；自中等学堂以下为二等组织，规模狭小。但学堂行政首领，自中等学堂以上，统称监督；自中等学堂以下，统称堂长。至于蒙养院及艺徒学堂，均非单独设立，组织更其简单，我们可以从略少叙。

二 一等组织

此项组织，又分大学堂与高等学堂两类。大学堂设总监督一人；总管全堂各分科大学事务，统率全学人员。分科大学每科设监督一人，受总监督的节制，掌本科之教务、庶务、斋务一切事宜。每分科，在监督之下，设立三部：一为教务，设教务提调一人，其下设正教员、副教员若干人；二为庶务，设庶务提调一人，其下设文案官、会计官、杂务官等人；三为斋务，设斋务提调一人，其下设监学官、检查官、卫生官等人。此外天文台、植物园、动物园、演习林、医院及图书馆各机关，均设经理官一人。全学设一会议所，议决大学一切重要事务。各分科设一教员监学会议所，议决关于各本科一切重要事务。

高等学堂设监督一人，统辖各员，主持全学教育事务。监督之下分三部：（1）关于教务者，设教务长一人，其下设有正教员、副教员、掌书官若干人；（2）关于庶务者设有庶务长一人，其下设有文案官、审计官、杂务官若干人；（3）关于斋务者，设斋务长一人，其下设有监学官、检查官等人。优级师范学堂及高等实业学堂的行政组织，完全与此相同，不过优级师范添设了附设中小学堂的办事官，是其特异。

三　二等组织

此项组织分中等学堂与小学堂两类。中等学堂设监督一人，统辖全学员、董司事、人役，主持一切教育事宜。监督以下不分部，只设教员若干人，分教各种科学，此外设有掌书、文案、会计、庶务等员。如备有学生斋舍的学堂，另设监学二员，以教员兼充。初级师范学堂，除添附属小学办事官一人外，其余全同。

小学堂设堂长一人，主管全校教育，督率堂内教员及董事、司事。堂长之下，设有正副教员，或专科正教员若干人。但如学堂狭小、学生名额在六十以下者，教员即由堂长兼充。

四　师　资

新教育初行，除监督外，自总教习以下，概用洋员，所有教育业务，差不多全在外人手中。庚子以来，新式人才逐渐产生，于是渐由洋员移归于华员。据《奏定学堂章程》，所规定各级学堂的教员标准为：

（1）大学堂分科正、副教员，暂时除延访有各科学程相当之华员，其余均聘请外国教师充选。（2）高等学堂的正教员与大学堂相同，其副教员则以华员充当。（3）优级师范学堂的正副教员的资格完全与高等学堂相同。（4）普通中学及初级师范学堂的正副教员，暂时只可择游学外国毕业、曾考究教育法理者充任，或择学科程度相当之华员充当亦可，不必限于师范毕业生。（5）高等小学堂的正副教员，暂时以简易师范生充选；初等小学堂的正副教员，暂时以师范传习生当选。（6）实业学堂的正副教员，各按等级与相当之普通学堂资格相同。

第六节　管理考试及奖励

一　管　理

本章程除学务纲要里面涉及关于管理学生的事务外，并订有各学堂管理通则八章，我们摘出五个要点来说说。第一，关于品行的考核；第二，关于皇帝的爱戴；第三，关于礼节的遵守；第四，关于行为的防闲；第五，关于制服的规定。关于第一点，凡学堂考核学生的成绩，必另立品行一门，用积分法与学业成绩一并计算。考核品行的方法，分言语、容止、行礼、做事、交际、出游六项，随时随处皆按照这六项考核。在讲堂内，由教员考核；在斋舍，由监学及检查官考核。关于第二点，在讲堂及礼堂内，悬挂《圣谕广训》，平日勿论教员及学生务必一律遵奉。每逢朔日，由监督教员传集学生至礼堂行礼如仪以后，须敬谨宣读《圣谕广训》一道。凡有庆节，在举行礼节以后，如有宴会还由各教员或学生恭致祝词，宣讲"尊崇孔教，爱戴大清国之义"。关于第三点，每逢朔日、元旦日、庆祝日、纪念日及开学、散学等日，必举行相当礼仪：对万岁牌或至圣先师牌位，一律举行三跪九叩礼；学生对教职员举行三揖礼。除此以外，在平时，学生对教员或长官亦须举行一揖礼或拜跪礼。关于第四点，对于学生的行为设有种种禁例：（1）不准预闻不干己事；（2）不准干预国家政治及本学堂事务；（3）不准离经叛道，妄发狂言怪论，以及著书妄谈，刊布报章；（4）不准充报馆主笔及访事人；（5）不准私自购阅稗官小说，谬报逆书；（6）不准联盟纠众，立会演说，及潜附他人党会。关于第五点，凡学生一律着制服。制服分帽子、衣服、鞋子、衣带，及被褥等等，皆有定式，一律由学堂制备发给，以归划一。

以上五点中尤以第二、第四两点为最严重。由第二点看来，简直是一种宗教式的训练，《圣谕广训》等于耶稣教的《圣经》了。由第四点看来，又是一种愚民式的教育，不准干预政治与联盟立会，这无异暗示当时革命党的势力业已潜滋暗长，青年学生最易受其鼓动，所以特别严防。其实，这种办法毫无用处，后来推翻清政府的多半就是此时所极力防范的青年学生。

二 考 试

凡学堂考试共分五种：（1）临时考试；（2）学期考试；（3）年终考试；（4）毕业考试；（5）升学考试。临时考试，或一月一次，或间月一次，由各教员自行酌定。学期考试每半年一次，由本学堂监督或堂长会同各教员于暑假前执行。年终考试，一年一次，由本学堂监督或堂长会同各教员于年假前执行。年终考试后，计算全年各门分数，及格者准其升级，不及格者留级。毕业考试又分两项办法：在中学堂以下，由所在地方官会同本学堂监督或堂长及各教员于毕业时期举行；高等学堂以上，则由政府另派大臣来堂监考。如高等学堂毕业，则奏请皇帝简放总裁会同督抚学政详加考试；如大学堂分科大学毕业，则奏请皇帝简放总裁会同学务大臣详加考试——此即仿照科举乡会试的办法。升学考试，如小学升中学，先由本中学堂初试，再经学政复试，以定去留；如中学升高等学，除本高等学堂初试后，须经督抚会同学政复试，以定去留。至于高等学堂与大学的毕业考试，非常慎重，已寓升学考试之意，故由高等升大学，由大学升通儒院，反较平常。

三　各学堂计分法

凡各种考试，皆以百分计算，即各门平均分数，以一百分为极则。此项平均分数分着五等：凡满八十分以上者为"最优等"，满六十分以上者为"优等"，满四十分以上者为"中等"，四十分至二十分者为"下等"，在二十分以下者为"最下等"。前四等皆谓之及格，最下等不及格。凡计算平均分数法，除临时考试外，皆以平日品行分数列入学科，合并计算。譬如学科有十三门，则加入品行分数为十四门，将所得各门分数相加，以十四除之，为平均分数。凡平时考试，取得最优等、优等者，则依名次，升讲堂座位；中等列其后；下等降座位，更列其后。凡年终考试，取得最优等及优等者，则升级；中等、下等则留级；最下等减品行分数十分之一，若三次最下等者则令其出学。凡毕业考试取得最优等、优等及中等者照章分别给奖，考列下等者留堂补习一年再行考试，分别按等办理。第二次若仍列下等者给以修业凭照令其出学。考列最下等者给以修业凭照，令其出学。

四　奖　　励

奖励学堂毕业生的出身，始于光绪二十七年政务处与礼部的会议学堂出身一疏，到光绪二十九年《奏定学堂章程》，遂将所有各级各种学堂毕业，奖励办法正式规定了。除初等小学堂应属于义务教育不给奖外，自高等小学堂以至通儒院，一律给予出身奖励。奖励的办法分二种：（1）自高等学堂学生以上，于毕业考试手续完毕后，即可给予奖励；（2）自中学堂学生以下，须经升学考试升入官设之上级学堂后方可给予奖励。奖励出身分四等：凡在大学堂及通儒院毕业者，应奖给进士；凡在高等学堂及与此程度相当之学堂毕业者，均应奖给举人；凡在中学堂及与此程度相等之学堂毕业已升入上级学堂者，均应奖给优拔等贡生；凡在高等小学堂及与此程度相等之学堂毕业已升入官设之上级学堂者，均应奖给廪增附生。被给奖之考试分数，分最优等、优等、中等、下等、最下等五个等级，须考列前三等者方有奖励，考列后二等者无奖。如学生在师范学堂毕业者，给奖时加上"师范科"三字，如"师范科举人""师范科拔贡"之类。除奖励外，还定有种种官衔，也是按照各学堂的等级来分等，就是师范学堂及实业学堂的毕业生同样，加以某种官衔。此项奖励的实行，始于奖励出洋游学日本的官员及学生，到后来，勿论国内、国外、东洋、西洋，凡高等小学以上的学堂毕业后，经过合格考试，莫不奖给出身；于是一批旧的进士、举、贡生员未了，又年年增加了无数的新的进士、举、贡生员，说来真是趣话。

第七节　结　论

此项新章，开卷有《学务纲要》一册，对于整个教育，逐一提要说明，并补足各项章程所未备的很多，令人读了便可以知道一个大概。我们综合全部章程，更将其要点摘出八条，归为四类，写在下面：第一类，封建思想极其浓厚；第二类，科举遗毒依然保存；第三类，民族意识渐渐表现；第四类，提倡君权，抑制民权。关于第一类共计三点。（1）经学钟点规定特多。除大学堂专设经学科及高等学堂和优级师范学堂设有经学大义及群经源流外，中、小学堂所占授课时间尤为特别。中学堂及初级师范学堂每周授课三十六小时即有读经讲经九小时，已占全课程四分之一；高等小学堂每周授课三十六小时即有读经讲经十二小时，更占全课程三分之一；初等小学堂每周授课三十小时，即有读经讲经十二小时，且占全课程五分之二——真可以惊人了。（2）只有男性片面的教育。关于女子的教育，通章没有规定地位，只在蒙养院的蒙养家教合一章里面，规定"以家庭教育包括女学"一句话，女子只能在家庭受教育，勿庸特设学校，若正式设立女学，恐沾染西方的习气，有伤风化。（3）中学以下始准私人设立学堂，高等学堂以上须完全由官立以示郑重。一方面提倡新教育，一方面又限制设立，种种矛盾，皆由封建思想太深的缘故。关于第二类为学堂毕业奖励。一方面废止科举，一方面又把科举的办法和荣名搬到学堂里面来，可以想见科举遗毒之深入人心。关于第三类共计两点：（1）小学堂学习本国语言文字为主，勿庸兼习洋语。《学务纲要》上说"初等高等小学堂以养成国民忠国家、重圣教之心为主，各科学均以汉文讲授，一概勿庸另习洋文，以免抛荒中学根柢"，此民族教育之一。（2）各学堂皆须练习官话。所习官话以《圣谕广训》一书为标准，意在统一全国语言，使感情由此融洽，此民族教育之二。关于第四类，如禁止私立学堂习政治、法律及兵操，禁止学生干预国政，皆是抑制民权主义的教育；又如每逢节日宣读《圣谕广训》，各学堂均应钦遵谕旨，及以忠孝二字为敷教之本，皆是提倡君权主义的教育。

本章参考书举要

（1）《钦定学堂章程》

（2）《奏定学堂章程》

第四十八章　学部成立后学堂教育之推进

第一节　概　论

学部设立于光绪三十一年十一月，距光绪二十九年《奏定学堂章程》的颁布，整够两年。当《奏定学堂章程》颁布以后，国家教育制度虽然规模大备，其实尚未见诸实行。自学部成立以来，负专责的有了人，于是全国教育渐呈活气，进步大有一日千里之势；自此以后，也可以当着另一个时期。计自光绪三十一年十一月，至宣统三年九月，在此六年中，学部所办的成绩却也不少。我们此处仅就关于学校教育范围以内举其重要者，汇为四点：（1）对于女子教育之正式规定，（2）对于小学教育之极力提倡，（3）对于师范教育之比较注意，（4）对于本国学堂之设法推广。关于第一点，如光绪三十三年之制定女子小学堂及女子师范学堂章程，于是女子教育在学制上始有地位。关于第二点，如光绪三十四年之特许小学堂招生时资格从宽；宣统元年颁布《简易识字学塾章程》，编定国民必读课本，规定小学堂教员之检定和优待办法；宣统元、二两年之两次改良小学堂章程；宣统三年之规定小学经费章程：这一切皆比较从前进步些。关于第三点，如光绪三十一年广东教忠学堂改为初级师范学堂之类；光绪三十二年之通行各省尽力推广师范生名额，并要撙节游学经费以全力办理师范学堂；宣统二、三两年之两次变通初级师范学堂章程，光绪三十二年及宣统二年之两次变通优级师范学堂章程：皆是比较以前切实些。关于第四点，如光绪三十二年，屡次咨行各省将军督抚，对于以后学生出洋游学，务必严加限制，以便节省游学经费尽力移办国内学堂的种种办法，亦有价值。此外，如光绪三十二年教育宗旨之重定，同年，法政学堂脱离大学堂而独立，光绪三十四年京师优级师范学堂脱离京师大学堂而独立，宣统元年京师大学堂筹办分科大学，宣统二年拟定试办义务教育章程：皆是学部成立以后之进步的表现。不过此时却有一个开倒车的倾向，即宣统二年，在各种学堂之外，另成立了一个存古学堂系统。其意或在特别造就一班保存国学的人才出来了，借以挽救狂澜；哪知不到两年，清廷推翻，而此项所以保存国学的学堂也随着云亡了。

第二节　女子教育与简易学塾

一　女子小学教育之正式规定

女子小学堂以"养成女子之德操，与必需之知识、技能，并留意使身体发育"为宗旨。内分高、初两等，分设、并设均可，并设者取名女子两等小学堂。女子初等小学入学年龄以七岁至十岁为合格，高等小学入学年龄以十一岁至十四岁为合格。初等小学的课程凡五科：（1）修身；（2）国文；（3）算术；（4）女红；（5）体操。此外以音乐、图画为随意科，可酌量加入。高等小学的课程凡九科：（1）修身；（2）国文；（3）算术；（4）中国历史；（5）地理；（6）格致；（7）图画；（8）女红；（9）体操。此外，以音乐为随意科，可以酌量加入。两等小学修业年限均定为四年，但每周授课时间，初等以二十四点至二十八点为限，高等以二十八点至三十点为限。两学堂的级数各以六学级为限，并设者以十二级为限，每学级的名额不得超过六十人。以上皆系本科，除本科以外，可依地方情形，设半日班及补习科。

女子小学堂的行政组织及管教员，均与男子学堂大致相同。但有两点可注意：（1）须与男子小学堂分别设立，不得混合；（2）凡堂长、教习均须以女子充当，不过可设置男子经理1人，管理学堂一切规划、措置及公文书件收支等项，并学堂外一切交涉事务。此外关于训育方面与男子不同者，另有三点：（1）不许违悖"中国懿嫟之礼教"，不许沾染"末俗放纵之僻习"；（2）禁止缠足的恶习；（3）女子性质及将来之生计皆与男子殊异，所施教育务须各有分别。

二 女子师范教育之初步成立

此时所颁布的女子师范学堂的章程，只有初级一种，以"养成女子小学堂教习，并讲习保育幼儿方法，期于裨补家计，有益家庭教育"为宗旨。学生入学的资格规定如下：（1）须毕业女子高等小学堂第四年功课者；（2）须年在十五岁以上者；（3）须身家清白，品行端淑，身体健全，且有切实公正绅民及家族为之保证者。课程凡十三科：（1）修身；（2）教育；（3）国文；（4）历史；（5）地理；（6）算术；（7）格致；（8）图画；（9）家事；（10）裁缝；（11）手艺；（12）音乐；（13）体操。但音乐可作为随意科。每周定为三十四点钟，以四年毕业。每班学生以四十人为限，每学堂不得过二百人。以上为师范本科，除本科外，可酌设预备科，收纳在女子高等小学堂二年级以上、年在十三岁以上有志入师范之女生。凡师范科当设附属女子小学堂及蒙养院一所，以便师范生实地练习。内中教习可聘外国女子充当，但本国教习是否禁止男子充当没有明文规定。此项学生不收学费，学生毕业后须服务三年，即在毕业后三年期内有充当女子学堂教习或蒙养院保姆之义务。

关于训育方面之要点：（1）使将来能适合于女子学堂教习及蒙养院保姆之用；（2）务时勉以"贞静、顺良、慈淑、端俭"诸美德，使将来成为贤妻良母；（3）务期遵守中国向来的礼教和懿嫟风俗，凡关于一切放纵自由之僻说——男女平等、自由结婚或为政治上之集会演说等事，务须严切屏除；（4）务须注意于身体的强健，不许缠足，对于已缠足的女子尤须劝令逐渐解放。

三 简易识字学塾章程之颁布

此项学塾，具有下列几种性质：（1）是半日学校；（2）是义务学校；（3）是平民补习学校；（4）又是一种私塾的改良学所。其意在普及教育于民间，使无力读书的贫寒子弟或年长失学的民众，得到一个求学的机会。设立的地方分两种：一附设于官立、公立、私立各学堂内，一租借祠庙及各项公所另行开办。课程分三科：（1）简易识字课本；（2）国民必读课本；（3）浅易算术——珠算或笔算。此外还有体操为随意科。授课时间，每日以二时至三时为限，或于上半日，或于下半日，或于放假期内举行。毕业期限分两种：（1）为幼年贫寒子弟，以三年为原则；（2）为年长失学的民众，自一年至三年，长短听便。此项学塾一律不收学费，学生毕业以后，有志升学者得升入初等四年级。

第三节 中小学与师范教育

一 小学教育之变更

小学教育自学部成立以来，变更了两次：一在宣统元年三月，一在宣统二年十二月。前者只变更了初等小学堂的章程，后者把两等全变更了。变更的原因很多，而以旧章所规定的科目太多，读经时间太重，不合于儿童教育，所以两次所变更的都以课程为主要。我们按照时间的先后叙述于下：

第一次将初等小学分为二科三类：一为完全科，照旧五年毕业；二为四年毕业的简易科及三年毕业的简易科。完全科的课程分为修身、读经讲经、中国文学、算术、乐歌及体操六科；仍以手工、乐歌为随意科；其原有之历史、地理、格致三科，则编入文学读本内教授。关于读经一科有三种变更：（1）教材略为缩减，只授《孝经》《论语》及《礼记节本》三种；（2）时间略为减少，前两年不读经，到后三年每周读经十二小时；（3）教法原只有讲解、诵习两项，现在改为讲解、背诵、回读、默写四项。关于国文一科，钟点较以前加增数倍，第一年级每周授课十八小时，第二年级每周授课二十四小时，第三、四、五年级每周授课皆十二小时。至于全课程，每周授课时间亦略有变更：第一年仍为三十小时，自第二年至第五年，皆定为三十六小时。暑期日，以半日温习旧课，以半日休息。简易科的课程，以修身读经、中国文学及算术三科为必修科，仍以国文钟点占最多；其体操一科，如学堂设在城镇者也列为必修科，设在乡村者暂作随意科；原来的手工、图画二随意科仍旧。此项课程，勿论三年毕业或四年毕业，皆可适用，不过授课时，把教材略有伸缩。至授课时刻及放假日期，与完全科一样。

此项新章颁行一年，又觉有些不便，乃于宣统二年又变更一次。将三类的初等小学并为一类，一律定为四年毕业，从前所有简易科名目一律取消。课程以修身、读经讲经、国文、算术、体操五科为必修科，以图画、手工、乐歌三科为随意科。读经讲经钟点较前更少，前两年无有；第三年读《孝经》《论语》五小时，第四年读《论语》，也是五小时。至授课时间：第一、第二两年，每日四小时，每周二十四小时；第三、第四两年，每日五小时，每周三十小时。

高等小学的课程亦酌加修改：以修身、读经讲经、国文、算学、历史、地理、格致、图画、体操九科为必修科；以手工、乐歌、农业、商业四科为随意科。关于读经一科，教材及钟点较以前略为减少，第一年读《大学》《中庸》《孟子》三经，第二年读《孟子》《诗经》二经，第三年读《诗经》《礼记节本》二经，第四年读《礼记节本》一经。前三年，每周读经十一小时，第四年，减为十小时。其余，没有什么变更。按以上两次所变更的要点有：（1）初等小学的年限缩短，（2）必修课程的名目削减，（3）读经一科大为减少，国文的钟点加多，（4）增加了乐歌一科。除第一点外，皆比较以前进步。

二　中学堂之分文实两科

宣统元年修改小学堂章程时，中学堂章程也随着修改。修改中学堂的原奏有这样几句话："臣等公同商酌，筹度再三，远稽湖学良规，近采德国成法，揆诸学堂之情形，实以文、实两科为便。盖与其于升学之时多所迁就，何如于入学之始早为区分；与其蹈爱博不专之讥，何如收用志不纷之效。"此时学部当局的意见，以为大学堂及高等学堂既已分科，中学不分，将来难于升学；且中学生年龄已长，兴趣与志愿各不相同，原定中学课程过于繁重，易蹈博而不精之病；所以仿照德国中学的办法，分为文、实两科。课程仍照原章十二门分门教授，不过按照文、实的性质，各分主课与通习二类。文科以读经讲经、中国文学、外国语、历史、地理五科为主课，以修身、算学、博物、理化、法制、理财、图画、体操八科为通习。实科以外国语、算学、物理、化学、博物五科为主课，以修身、读经讲经、中国文学、历史、地理、图画、手工、法制、理财、体操十科为通习。主课各门授课时刻较多，通习各门较少，学生初入学时即行分科学习，皆以五年毕业。到宣统三年，又将文、实两科的课程改订了一番，把读经的钟点减少，把外国语的钟点加多，但每周授课仍旧三十六小时。

三　师范教育之变更

"方今振兴教育，以小学堂为基础，而教员亟宜养成，故师范尤要"，这是学部在光绪三十二年三月，通行各省将军督抚，请推广师范生名额一电中开首一句话，也就是变更师范教育组织的原因。

（一）关于初级师范的变更。自是年通行各省，要他们在省城师范学堂内，至少迅设一年卒业的初级简易科，以应急需；以后，到宣统二年，因完全科有了陆续毕业的学生，乃将简易科停办。到宣统三年，因增加初级小学，或半日小学师资，又添设了两类的小学教员养成所：一为临时小学教员养成所，一为单级教员养成所。前者以一年以上、两年以下为毕业期，后者又分甲乙两种——甲种一学期毕业，乙种两学期毕业。

（二）关于优级师范学堂之变更。在《奏定学堂章程》内，原有优级师范设选科的名目，不过办法未曾规定。自光绪三十二年三月，学部通行各省推广师范学生名额一电中，乃将选科办法说及了一个大概。选科分为四类：（1）历史地理；（2）理化；（3）博物；（4）算学。每类学生定额五十名，皆以二年毕业，以"养成府立师范学堂中学堂教习"为宗旨。到本年六月，遂正式拟定了选科章程：（1）优级师范学堂选科之设，以"养成初级师范学堂、中学堂之教员"为宗旨；（2）每省设学堂一所，学生名额最少须满二百人；（3）学生入学资格以曾由师范简易科毕业，或在中学堂修业有二年以上资格者为合格；（4）课目分本科及预科，预科一年毕业，本科二年毕业。到宣统二年，因教育发达以后，选科毕业不能胜任中学教员，又通行各省，除边远省分外，一律俟现时各学堂选科生毕业后，专办完全科。

此外，在光绪三十二年，还有一种组织。在师范学堂内，添设五个月毕业的体操专习科，以"养成小学体操教员"为宗旨。课程分体操、游戏、教育生理及教授法等科。学生定额一百人。

第四节　高等教育

一　法政学堂之分设

《奏定学堂章程》，在大学堂内，有政治一科；其外有进士馆，没有法政专设学堂的名目。自光绪三十二年，学部因给事中陈桂庆的建议，遂有正式的法政学堂的组织。首先设立的为京师法政学堂，即以进士馆的馆舍为堂舍。在开办之初，课程分为二类四种。第一类为正式的，分预科及本科二种；第二类为临时的，分别科及讲习科二种。正式的法政学堂略高于高等学堂的程度，预科两年毕业，本科三年毕业。招收预科生以中学堂毕业生为合格，两年毕业以后升入本科，本科课程又分法律、政治二门。别科一项，略带速成性质，专为各部院候补候选人员及举贡生监年岁较长者设立的，限以三年毕业，不设预科。讲习科一项，则程度更低，专为各部被裁人员及新任职员设立的，学科及修业年数皆不限定。前三种，皆须经过考试始能取得入学的资格；后一种，只由各衙门咨送，不必经过考试。当是时，因立宪的呼声日迫，急需此项人才，学部于是通行各省一律添设法政学堂，到宣统二年又奏准私人设立。自此以后，法政学堂遍于全国，完全与大学堂脱离而独立了。

二 存古学堂之另一系统

存古学堂之创设，始于光绪三十一年，鄂督张之洞。张氏本是以"斯文"为己任的一个人，眼见西洋文化有逐渐打倒东洋文化的危险，遂在武昌城内创设存古学堂，以保国粹而挽狂澜。当初所立课程，分经学、史学、词章及博览四门，到光绪三十三年，详定章程，把博览一门取消，只存三门。迨后江苏巡抚陈启奏乃在江苏应声而起了，到了光绪三十四年，掌山西道监察御史李浚再进一步，建议清廷，请饬各省一律仿照鄂省开设存古学堂一所。学部即行采纳，于分年筹备折内，拟定自宣统二年起，通行各省，一律开设；所以到了那一年，四川总督赵尔巽就在四川遵办，而存古学堂遂在各学堂系统之外另成一个系统了。到了宣统三年，学部又把张氏所定的章程修订了一番，我们摘录其要点如下。（1）宗旨及设立：存古学堂以"养成初级师范学堂、中学堂及与此同等学堂之经学、国文、中国历史"教员为宗旨，并以预储升入经科大学之选。每省以设立一所为限。（2）编制及修业年限：存古学堂分设中等科及高等科，前者五年毕业，后者三年毕业。（3）学年入学资格：中等科以高等小学堂四年毕业生为原则；以读完五经、文笔通适之高才生为例外，但旧日之贡生生员中文优长者，经考试取中后亦可插入三年级；高等科以举人之中文优长兼习普通学者为合格。（4）名额：每级至少须满六十人，否则应从缓设。（5）课程：分经学、史学及词章三门，各门勿论中等或高等，均分主课、辅助课及通习课三类。经学门以经学为主课，以史学、词章为辅助课，以算学、舆地、外国史、博物、理论、体操、农业大要、工业大要，商业为通习课，但在高等科，于通习课中则减去农、工、商等大要的科目。史学门以史学为主课，以经学、词章为辅助课，其通习课与经学门全同。词章门以词章为主课，以经学、史学为辅助课，其通习课除减去理科一类科目外，与前两门全同。

三　京师大学堂之完成

京师设立大学堂，倡议于光绪二十一年，至二十四年始正式成立。当时由军机处及总理衙门拟具章程八十余条，派孙家鼐为管理大臣，极力筹备。孙氏即借景山下马神庙四公主府为基址，派张元济为总办，美人丁韪良为总教习，并将原章稍稍改变。戊戌政变，西太后把所有新政一律取消，只留大学堂一所未曾废止，但不到二年庚子祸作，大学堂遂无形停办了二年。辛丑以后，清廷旧党皆已稍稍觉悟，兴学之声浪又高潮起来了，遂派张百熙为管理大臣去接办。张氏很具了一番兴学的热心，一面辞去丁韪良，另聘吴汝纶为总教习；一面筹建广大的校址。首先成立大学预备科及速成科：前者分政、艺二科，后者分仕学、师范两馆。并草拟全学章程六件，于光绪二十八年奏准通行，即一般所称的《钦定学堂章程》。到光绪二十九年，颁布《奏定学堂章程》，改管理大臣为学务大臣，以孙家鼐充当，另派张亨嘉为大学堂总监督，而京师大学堂至此始成独立机关。但进仕及师范两馆，先后分开为法政学堂及优级师范学堂，所存者只一预科。到了宣统元年，筹办分科大学，设经科、法科、文科、格致科、农科、工科、商科共七科；各科除经科由各省保送举贡考入外，一律以预科及译学馆毕业生升入。至二年，才正式开学，有学生四百余人，筹备十五年以来之京师大学堂自此始具世界各大学之雏形。

第五节　结　论

在写完学校教育以后，我们得了五点结论：关于好的方面共计两点，关于坏的方面共计三点。

关于好的方面者：第一就是新教育在本期有长足的发展，学堂与学生数字迅速增加。本期新教育虽自甲午、乙未以来已有时代先觉者大声疾呼，虽在戊戌年间已由政府发号施令，但政府有整个的计划及督促各省实地施行，要从辛丑议和以后。自辛丑至辛亥，十年之内，所有各种学堂、各项教育，均能逐一依次举办。依照学部历次统计，作概要的计算，学校数已达到五万二千五百余所，学生数已达到一百五十六万五千余名。这种迅速的发展，不仅前期没有，就是到了后期也难与比较。第二就是中国教育自数千年来到本期才有完备的制度。关于这一点，又分着两项说：一为教育行政机关的组织，我们已在前章说过了；二为学校制度的组织。在教育程度幼稚的时代，一个民族的学校教育只有大学、小学二级，没有中学的名目。且他们所注重的多半只有大学一级，所谓大学也只是成年人的教育。（当时虽有国学、乡学之别，此不过学生资格及教材不同的关系，并非等级的区分。）到了本期，凡初、中、高三个阶段的学校完全具备，且每段在纵的方面又分数等，在横的方面又分数种，而联结起来又完成一整个系统。所以除了特殊的教育又特别专门研究以外，本期的学校制度大体上总算是比较完备。

关于坏的方面者：第一，本期新教育，完全为模仿的，没有一点创造精神；一部学制，除了极少欧、美化以外，所模仿的差不多完全是日本式的——也可以说本期新教育就是日本式的教育。光绪二十八年的《钦定学堂章程》，整个从日本学制里头抄来。光绪二十九年的《奏定学堂章程》，除了张之洞附加了自己的几分经古教育以外，也是完全照抄的。以该章程内容看来，各级各种教育，规模宏大，不仅当时国家没有那大力量，就是民国以来也没有到此程度。学部成立以后，虽已感觉前项章程不合于社会情形及国民生计，屡有修改，而整个制度依然如旧。一般留学毕业生，受了资本主义的数年教育，茹古不化，回到国来，又以他们个人所受教的来施教于国人，更使教育与实际生活格格不入，而学校与社会判若鸿沟。第二，本期表面上虽号称新教育，而骨子里面仍是旧教育的势力来支配。此项旧教育势力别为两类：一为科举，二为礼教。本期教育始于1895年，到了1905年才以明令正式取消科举；科举虽然取消了，而学堂的毕业考试莫不仿照科举形式，毕业奖励又皆给以科举出身。这种学堂科举化的办法，不仅为官僚阶级的主张，就是知识分子亦多表赞同，科举在当时势力之大可以推想而知。礼教包含经学及其他一切复古思想。在《奏定学堂章程》内，经学课程所占时间最多，执政者皆认为最主要的课程，学部成立以后，虽屡经削减，所占时间仍居重要地位。除了经学以外，所谓"修身"，所谓"人伦道德"，莫非维持礼教讲论复古的思想的表现。自光绪三十二年，张之洞在湖北创立存古学堂以来，一倡百和，到了宣统年间，在学制方面完成一个独立的系统——这一点尤其是复古主义之最露骨的地方。第三，关于女子教育之偏视。在光绪三十三年以前，女子教育在学制上简直没有地位。《奏定学堂章程》包括女子教育于家庭教育之中，且说"中外习俗不同，此时未便设立女学"。到光绪三十三年，学部始正式规定女子教育章程，但只有女子师范及小学两项，而中学及大学尚没有地位。且屡次通令各方面，预杜所谓"弊端"，不许她们参加运动，不许她们登台演唱，不许她们排队游行，好像这种种行动都足以惹起弊端似的。总之，本期的女子教育，尚未脱离闺秀教育，还是极端的贤妻良母主义。

本章参考书举要

（1）《学部官报》

（2）《学部奏咨辑要》

（3）《光绪政要》

（4）《教育杂志》

（5）《国风报》

第四十九章　留学教育

第一节　游学与游历

游学教育，在前期只是萌芽，到了本期，则骤然走到最高潮的阶段；所以除了"变法兴学"以外，游学一事，也是本期全国上下一致的呼声。封疆大吏如张之洞、袁世凯、王之春等人，知识分子如康有为、梁启超、张謇等人，部院大臣如张百熙辈，或对清廷陈上章奏，或对社会发表时论，个个莫不以留学的利益来鼓吹来号召。这些人中，尤以张之洞说得最痛快。他说：

> 出洋一年，胜于读西书五年，此赵营平百闻不如一见之说也。入外国学堂一年，胜于中国学堂三年，此孟子置之庄岳之说也。（《劝学篇·游学》第二）
>
> 学堂固宜速设矣，然非多设不足济用。欲多设有二难：经费巨，一也；教员少，二也。求师之难，尤甚于筹费。天下州县皆立学堂，数必逾万，无论大学、小学断无许多之师，是则唯有赴外国游学之一法。（《变法自强第一疏》）

但首先提倡的还是一班新进知识分子。他们自甲午一役以后，深深感觉中国非变法不足以图强，非兴学不足以变法。但骤言兴学，完全聘用外人，既非善策，而中国怎能降下如许新知识人才，于是又感觉到非广派青年学生出洋游学不足以兴学。新进知识分子提倡于先，封疆大吏继起于后。一倡百和，风气喧腾于全国上下，于是大家都感觉游学为当今第一要政。但派遣游学有三层限制：第一，出洋游学，必先习外国语言文字为研究学问的工具，年事已长的人，口舌已强，学习极感困难，非派遣青年学生不可；第二，国家一旦变法，一切新政新教，所需人才不下数万，目前万难筹得如此巨款，培养数万游学人才；第三，即或有力能够筹出如此巨款，资送青年学生出洋游学，也必待三年或五载方能收其成效。现在列强四面环攻，日益加紧，变法兴学迫在眉睫，怎能安然坐待三五年了再图振兴，所以于提倡游学之外更当提倡游历，而游历一事，尤为目前救济急需之图。游历与游学不同之点如下：（1）游学是长期的永久的性质，游历是短期的暂时的性质；（2）游学所派遣的概属于青年子弟或学生，游历所派遣的或为亲贵，或为职官；（3）游学以正式研究各种科学为目的，游历的目的则只在考察各国的政治法度，以便期月回国了立行新政之急需。既有此项急需，所以本期在学部成立以前提倡游历的空气非常高涨。但自学部成立以后，只有游学一事，继长增高，而游历遂不为要图了。

本期所谓留学教育，是指着游学一事说的。游学又分着两个阶段：在学部未成立以前，公费自费，漫无限制，文科理科，毫无标准，出洋游学的人数虽多，概系省自为政，人自为法，可以说是没有系统的时代；自学部成立以后，才规定了出洋留学的资格，规定了公费的标准，颁布了管理的章程，限制了学习的范围——勿论出游东西各国，而政府才有统一的办法。兹将各种办法择要分节叙述于下。

第二节　资格与学科

一　资　格

当时风气初开，锢蔽的人们仍以远涉重洋为畏途，所以政府为鼓励此项人才起见，只要有志远游，不限资格，一律可以资送，并可鼓励有钱的人自备资斧出洋游学。迨后风气渐开，不仅毫无危险，并且由此可以获求荣利，找得出路，于是自备资斧出洋游学的就纷纷多起来了。这一项人在国内更没有一定的资格。且因是时国内学堂初开，尚没有正式学堂毕业的人才，严限资格，也是势所不能。出洋游学既不限资格，只要稍有知识或是举贡生员，稍经考选，便可获得公费派遣，否则只要家产充裕也可以自备资斧。此种人在国内既无普通学识，且多不习外国语言文字，出国之后，还须补习语言，先学普通知识，再进正式学堂，于国家于个人皆不经济，所以自端方、戴鸿慈等大臣游历回国以后，即有游学限制资格的建议。学部根据他们的建议，才于光绪三十二年二月，通行各省将军督抚，以后选送学生出洋游学必须限定资格。此次所定的资格，分长期、短期两项：（1）关于长期游学者，除学习浅近工艺仅须预备语言于学科勿庸求备外，凡入高等以上学校及各专门学校者，必具有中学堂以上的毕业程度，且通习所游之国的语言，方为合格；（2）关于短期者，除游历官绅，此少宽限制外，凡习速成科者，勿论政法或师范，必须中学与中文俱优，年在二十五岁以上，于学界、政界实有经验者，方为合格。除以上所规定外，一律不得以公费选派。到本年六月，学部又通行各省，将短期一项一律停派，勿论官费、自费皆不得资送，由此以后，出洋的资格限定较严，非具有中学堂以上的毕业资格，不能随便出洋学习了。（《学部官报》第二期）

二　学　科

前期派遣生徒游学，所学科目，除武备——制造驾驶及军备——外，则为语言文字，这与国内的军备和方言两种教育遥相应和。到了本期，政府才注意实业的研究，乃于光绪二十五年，由总理衙门拟定出洋学生肄业实学的章程。所谓"实学"，即农、工、商等科的专门学业，即讲求富强的根本学业。但事实却不然。本期游学教育，虽东西各国皆有学生，要以前往日本的居最多数。其原因有三：（1）因日本路近费省，容易前往；（2）因日本与中国同文，容易学习；（3）因日本国内的风俗习惯与我大致相同，于生活上极感方便。有此三种原因，所以提倡者以日本为先，自动者亦以日本为多，而中土人士乃纷纷东渡了。这一班东渡的人士，志在贩取舶来品回国出售，借获大利，所以大多数是学习速成科，其次则为普通学。速成科不外法政与师范两门，只要一年半毕业了，就可以回国取得差事，不仅于所谓"实业"无关，且在一年半之内除补习语言所费时间外，实在所得能有几何；所以到了学部成立以后又有学科的限制。学部于光绪三十四年所定学科的标准，以农、工、医及格致四科为限，勿论东西各国，凡出洋学生能按照此四科正式入高等以上学校者，方能给予官费。但此项标准定于光绪三十四年，不过是一个大体的规定，其实学生在各国所学科目实较此四科为多。例如在日本则以学习师范、法政及警务为多；同年在美国又定以十分之八习农、工、商、矿等科，以十分之二习法政、理财诸学，未能一律。

第三节　管理与奖励

一　管　理

　　政府对生徒有统一的管理章程，始于光绪三十二年。在这一年以前，全是省自为政，某省派了若干学生在某国游学，即派一专员前往该国照料监察，谓之"游学监督"。本期以游学日本的人数最多，程度极不整齐，而内容又甚复杂，所以对日本游学管理比较欧、美注意。在光绪二十八年，即由外务部派汪大燮为日本游学总监督，这是政府统一管理的办法，但尚没有一定的章程。到了光绪三十二年，始由学部拟定管理日本游学章程，于驻日公署设游学监督处，以出使日本大臣为总监督，另派专员为副监督。到光绪三十四年，又以使臣外交烦重，乃将前项章程修改。修改的章程，乃取消总副监督的名目，减轻出使大臣的责任，其监督处仍设于公署内，另派专员为游学生监督，全权办理游学事宜，不过受使臣的节制罢了。关于欧洲方面，在光绪三十三年，曾由学部派蒯光典为游学监督，全权办理全欧游学事宜，不受使臣的节制。到了宣统二年，蒯氏辞职回国，学部遂仿照游学日本的成例，拟定管理欧洲游学生监督处章程一份，其内容与光绪三十四年修改的章程大致相同。至于美国，因本期游学的人数不多，没有如日本、欧洲那种详细的管理章程，只令出使大臣照料而已。管理的内容，大概分学生成绩的高下、功课的勤惰、品行的优劣三项。关于学生之入学毕业或转学、退学皆有考察的责任；住居、饮食或疾病、死亡皆有照料的责任。至于学费的数目及给领或补剥，也有详细的规定。（均见《学部官报》）

二　奖　励

游学生在外国学校毕业了也有科名的奖励，与在国内学堂毕业者意义相同。此种奖励章程，颁布于光绪三十二年，由学部拟定。同年，鄂督张之洞也拟了一份鼓励游学生毕业章程，曾经政府颁布施行，但只限于游日本一国。两项章程的内容，不大相同，依学部的规定，凡在东西各国正式高等以上学堂毕业，回国后须受政府的一番考试。考试列入最优等的给予进士出身，列入优等及中等者给与举人出身。凡给予出身者，并加上某科字样，如文科毕业者则称文科进士、文科举人；如法科毕业者则称法科进士、法科举人；其余依此类推。当时社会所呼"洋进士""洋举人"就是从此来的，现今外交界的名流如王宠惠、颜惠庆一干人等，在当时都戴过了洋进士的冠带的。

第四节　结　论

　　本期的留学教育，以日本为最盛，据学部于光绪三十二年的概算，留日学生计有一万二三千人。但在同年，根据各校的统计，约有六千余名；又据《日本学制五十年史》上所述，游日学生亦以本年为最多，其数实超过七千人，则学部所述不免有些夸张。其次则为欧洲，以英、德、法、比、俄五国较多；再次为美国，但皆没有确实的统计。关于留学经费，各国殊不一致。在日本留学的经费分三等：以在官立大学校肄业者为第一等，每人每年学费日金五百元；以在官立高等专门学校肄业或在官立大学只习选科者为第二等，每人每年日金四百五十元；以在私立高等以上学校或习普通学科者为第三等，每人每年日金四百元。在欧洲游学的，经费分五国：（1）英国，每人每年一百九十二镑；（2）法国，每人每年四千八百法郎；（3）德国，每人每年三千八百四十马克；（4）俄国，每人每年一千六百二十卢布；（5）比国，其数与法国同。在美国游学，每人每年规定学费美金九百六十元。但欧、美六国所定数目，系按照在专门以上学校做标准，若尚在学习预备科而未入正式班者，则以此数的五分之四发给。我们对于游学的人数没有确实的统计，对于当时各国的币制没有精确的比较。姑且一律以概数平均作一假定如下：在日本留学的，每年平均五千人，共需学费日金二十三万五千元，合华币亦二十三万五千元；在欧洲留学的每年平均五百人，共需学费九十六万法郎，三十八万四千马克，十一万二千卢布，一万九千二百镑，合华币一百零七万五千余元；在美国留学，每年平均三百人，共需美金二十八万八千元，合华币五十七万六千元。东西共计，每年平均需用学费一百八十八万六千余元，加上日本游学监督处经费每年二万六千六百六十元，欧洲游学监督处经费每年五万二千八百元，总计每年共耗国库一百九十六万三千余元，其余川资及临时费用尚不在内。再以十倍之，则本期十年之内，所耗国帑共有一千九百六十三万余元。以此巨大款项，应当培养出整千整万的有用人才，回国了把中国改造一番。但我们略一考查其实际情形，则知事实与期望往往相反。学部在光绪三十二年十月拟定管理日本游学章程有这样一段话：

> 游学日本各生以无人稽查之故，所入之校视如传舍；认定学科，意为迁移；甚或但往应考，而平日潜行回国，借抄讲义，而本人并不上堂。（《学部官报》第八期）

端方、戴鸿慈在同年十二月更有一段痛心话：

> 我国游学之弊害，盖不胜言矣！普通之未解，国文之未谙，外国语言文字之不习；官费者既以请托得资，自费者遑复检查合格，既无矜慎选材之意矣。游而不学，辍业而嬉者姑具勿论。其或心艳虚名，身循故事，喜民校之规则纵驰，阅数月而辄得证书，借以标榜为名，侈谈学务；陋者不察，辄相引重。又或去来飘忽，作辍靡常，毕业者仅计年期，后至者又循故辙。其最高者，稍涉语文，躐跻大学。选科虽复无定，得证仍自有期。夫以卒业得证之要事，而仅凭外交手段之抑扬。监督既拥虚名，而不能实施其干涉；学部又未定规则，而无由实验其课程。进其人而试之，既无当其所学；循旧例而用之，亦不见其所长，将以兴实学、得真才必无幸矣。宜其流弊日深，不得其益，徒得其害也。"（《条陈学务折》）

平日在学的情形既不良如此，自然难得有好的成绩。低者意在取得洋进士举人，可以高其门第；高则或剽窃西学一二皮毛，以夸示于国人；再较优一点的，则将资本主义的制度或教育，整个搬来硬用于社会的组织不同的中国，此端、戴二氏所以有"不得其益，徒得其害"之叹。

本章参考书举要

（1）《道咸同光奏议》

（2）《光绪政要》

（3）《学部官报》

（4）《新教育》

（5）舒新城：《近代中国教育史料》第一册《游学》

第五十章　本期教育家及其学说

第一节　概　论

本期的政治主张,有三派:一为民主共和派,二为君主立宪派,其他则力主维持旧制——君主专制。本期的教育主张有二派:君主立宪派提倡国民教育主义,君主专制派仍持人才教育主义。至民主共和派,在政论方面虽为最急进,可是在教育方面的表现很少,所有言论亦无关于教育,所以本期只得从略。主张人才教育主义的,有张百熙、张之洞、吴汝纶一班人,我们以张之洞为代表。提倡国民教育主义的,有康有为、梁启超、汤觉顿一班人,我们以梁启超为代表。

中国历来的学者全是提倡贤人政治,把国家政权交给少数贤明的士大夫,使无知无识的愚民安居乐业,就可以致天下于太平,所以那时的教育只注意少数优秀分子。张氏虽以提倡新学自命,但以所受旧式教育过深,仍未丝毫脱离封建时代的头脑;且业已身居高位,为本身利害计,也不得不讲贤人政治,不得不力持人才教育主义。梁氏的政论虽不及民主共和派的急进,但他所受的旧教育比较尚浅;生在海滨,又尝亡命海外,受了新潮流的影响不少;且以一介书生,在现时政府之下亦没有取得相当的政治地位,自然容易接受潮流,提倡国民教育主义。张氏因主张人才教育主义,所以力主干涉,反对女学,取缔报馆。梁氏因提倡国民教育主义,可以力尚自由,力倡女学,主张广开报馆,多设学会。张氏因主张人才教育主义,所以对于高等教育的设施,特别重视。

梁氏因提倡国民教育主义，所以对于初等教育的教法，特别重视。至若对于当时"中学为主西学为辅"的教育思潮，张、梁二氏的态度，差不多是完全一致的。

第二节　张之洞（1837—1909）

一　略　传

张氏字香涛，生于清道光十七年，是直隶南皮县的人。十六岁领乡荐，二十七岁成进士。这个时候，正当清代考证学鼎盛以后，今文学新起的时期，而张氏所学不与他们尽同。张氏富于强记能力，好为博览，喜为词章，所学兼采汉、宋，对于宋、明理学特别提倡，而所最不同意的则为公羊学。这个时候，正当清廷势力陵夷，列强相继压迫的时期，张氏为人有大略，为学以通经致用为主，对于当时政治及国际情形尤喜留心研究。在他成进士的第五年，被派充浙江乡试的副考官，接手授湖北学政。同治十六年，又被派充四川乡试的主考官，接手授四川学政。由光绪元年至七年，在京任司业侍讲及阁学等职务。自光绪七年以后，他的地位陡增，专任封疆大吏了二十余年。这二十余年中，计任山西巡抚三年，两广总督六年，两江总督前后二年，其余皆在湖广总督任内。他调任湖广总督，始于光绪十五年终于三十三年，除中间临时两调两江外，前后约计十七年，为清代总督中在一地方任期最久的一个人。张氏好功名，喜作为，对于提倡教育，培植人才尤具热心。每到一处，必有所建设，所建设的关于教育事业尤多；当时居高位而讲新学者咸推张氏为第一人，而张氏亦以通新学自命。自光绪三十三年以后，被召入京，供职中枢，兼管学部，此时所谓位极人臣，而张氏年已七十一岁了。三年之后死于京师任所，享有七十三岁的高寿。晚年自号抱冰老人，湖北人士在武昌蛇山下为他筑抱冰堂一所，至今尚有纪念的。

二　教育生活

张氏虽不是一个纯粹教育家，而对于教育方面的建设却较多于其他事业。综计他自成了进士以后的生活，可以分着四期：第一期为学政时代，第二期为司业侍讲时代，第三期为总督时代，第四期为学部尚书时代。除了第三期，其余三期所任的全是教育职务；第三期虽非教育职务，而对于教育方面的设施，却比较其他各期的成绩为大，所以我们说他全在教育里面过生活亦不为过。

在学政时代，为三十二岁至三十八岁，共计两任。第一次任湖北学政，开经心书院于武昌；第二次任四川学政，开尊经书院于成都。是时四川的士习很坏，专尚浮謷，不知讲求实学，平日只以时文帖括猎取科名为事。张氏到任，即以教育的力量竭力矫正。他的工作除开书院以直接教育优秀人才外，还有三点：（1）建尊经阁，广置书籍；（2）开印刷局，刊行经史诸书；（3）他自己又著有《輶轩语》及《书目答问》，指示学者以读书的门径。四川的士习由他矫正了不少，颇有昔日文翁治蜀的遗风。

在总督时代，为四十五岁至七十岁，共计三次。第一次在广东约计六年。关于文化教育，设有广雅书院；关于军事教育，创有水陆师学堂。第二次在湖北，前后约计十七年。此十七年中，建设特多，也可以分着两期：自光绪十五年至二十二年为前期，自光绪二十四年至三十三年为后期。在前期所建设的，多无系统，如两湖书院、自强学堂及武备学堂等类。到了后期，则进步多了，所开设的各项学堂皆是有系统的：直系方面，有小学、中学及高等学堂；旁系方面，有两级师范学堂及两种实业学堂。此外对于改革教育的建议也很多，如发表教育思想的《劝学篇》，是在此时——光绪二十四年——出版的；有名的《变法三疏》，是在此时——光绪二十七年——与刘坤一会奏的；开新教育完备制度之祖师的《钦定学堂章程》，是在此时——光绪二十九年——与张百熙等人编订的；含着复古运动的存古学堂，也是在此时之末——光绪三十三年——创立的。第三次在江苏，前后约计二年，也开设有武备、农、工、商、铁路、方言及军医等学堂。当是时，虽变法兴学的空气腾播于朝野上下，但各省多未举行，所举行的也不完备。张氏在湖北十余年，不惜财力，竭力经营，所有教育设施皆开各省风气之先，各省讲求新教育的莫不来湖北取法。湖北不仅省内教育较各省为发达，即留学教育也超过各省数倍。当时留洋学生以往日本为最多，据光绪三十二年的统计，留日学生全国各省共计五千四百余名，湖北所派学生即有一千三百六十余名，占了四分之一。所以湖北在当时有先进省之称。张氏不仅举办教育事业，且能亲身讲学，对于培植人才、奖掖后进，尤其热忱，以硕学而居高位，在职又久，所以当时湖北知识分子莫不受着他的熏陶。湖北新教育较各省发达之早，由于张氏；湖北人士存古思想之深，亦由于张氏，张氏在湖北近代教育史上总算是最有关系的一个人物。

在司业侍讲时代，为三十九岁至四十五岁，以无实权，故对于教育没有成绩。在学部尚书时代，为七十岁以后。此时总揽中央教育大权，除颁发命令督责各省推行新教育外，关于教育官制，所制定的也很多。最有关系的，如颁布教育宗旨，及正式规定女子教育的地位，也是这个时代的美举。但张氏此时以年老气衰，遇事多有敷衍，其积极的精神已大不如前了。

三　教育思想

张氏虽以提倡新学自命，我们解剖他的头脑，却是旧时代的人物。此处所谓旧时代即指封建时代说的。封建时代的特点在有很深的阶级思想；此项思想所包含的，不外三纲五常之说。所谓三纲，即君为臣纲，父为子纲，夫为妻纲，我们可以归纳为君权、男权两类。所谓五常，即仁、义、礼、智、信，在人类社会中相处的一般道德。合三纲五常之说叫做"礼教"——儒家的伦理主义。张氏既是旧时代的人物，所以对于礼教绝对拥护。在拥护礼教的原则之下，于是有三种主张：提高君权，而抑制民权；重视男权，而轻视女权；特尊儒经，而攻击异说。

张氏提高君权，重视男权，在《劝学篇》里有一段话：

  五伦之要，百行之原，相传数千年，更无异议；圣人所以为圣人，中国所以为中国，实在于此。故知君臣之纲，则民权之说不可行也；知父子之纲则父子同罪，免丧废祀之说不可行也；知夫妇之纲，则男女平权之说不可行也。……诚以天秩民彝，中外大同，人君非此不能立国，人师非此不能立教。乃贵洋贱华之徒，于泰西政治、学术风俗之善者，懵然不知，知亦不学；犹援其稗政弊俗，欲尽弃吾教吾政以从之，饮食、服玩、闺门、习尚，无一不摹仿西人，西人每讥笑之。甚至中土文学聚会之事，亦以七日礼拜之期为节目。近日微闻海滨洋界，有公然创废三纲之议者，其意欲举世放恣黩乱而后快，怵心骇耳，无过于斯。中无此政，西无此教，所谓非驴非马，吾恐地球万国，将众恶而共弃之也。（内篇《明纲》第三）

张氏特尊儒经，也在《劝学篇》里有一段话：

  盖圣人之道，大而能博，因材因时，言非一端，而要归于中正；故九流之精皆圣学之所有也，九流之病皆圣学之所黜也。……大抵诸家纰缪易见，学者或爱其文采，或节取一义，苟非天资乖险，鲜有事事则效，实见施行者。独老子见道颇深，功用较博，而开后世君臣苟安误国之风，致陋儒空疏废学之弊，启猾吏巧士挟诈营私软媚无耻之习，其害亦为最巨。……故学老子者病痿痹，学余子者病发狂。董子曰："正朝夕者视北辰，正嫌疑者视圣人。"若不折中于圣经，是

朝夕不辨而冥行不休，坠入于泥，亦必死矣。（内篇《宗经》第五）

因为要提高君权，自然抑制民权，于是在教育方面演成专制主义。所以当他编定学堂章程时，一方规定"京外大小文武各学堂，均应钦遵谕旨，以端正趋向造就通才为宗旨"（《学务纲要》），及"教习学生一律遵奉《圣谕广训》"（《各学堂管理通则》）；一方又规定"各学堂学生不准干预国家政治，及本学堂事务，妄上条陈"（《各学堂管理通则》），及"私设学堂，不准讲习政治法律专科，以防空谈妄论之流弊"（《学务纲要》）。因为要重视男权，自然要轻视女权，于是在教育方面演成偏重主义。所以当他编定学堂章程时，不规定女子有教育的地位，并且说："中西礼俗不同，不便设立女学"（《学务纲要》）。到后来，虽勉应社会的需要，设立女子小学及女子师范学堂，而对于女子的行动却严定种种限制——不准男女同校，不准女子排队游行及登台演说，不准男教员充当女学堂教习。因为特尊儒教，所以在学堂章程里特别规定各级学堂以很多读经的钟点，并且说：

外国学堂有宗教一门。中国之经书，即是中国之宗教。若学堂不读经书，则是尧、舜、禹、汤、文、武、周公、孔子之道，所谓三纲五常者尽行废绝，中国必不能立国矣。学失其本则无学，政失其本则无政；其本既失，则爱国爱类之心亦随之改易矣，安有富强之望乎。故无论学生将来所执何业，在学堂时经书必宜诵读讲解。（《学务纲要》）

光绪时代，是旧思想将见崩溃，新思想已经萌芽的一个时代。在这种潮流之下，若是对于旧思想仍然绝对地拥护，而对于新思想一概置之不理，必不适合于潮流；于是当时社会上产生了一种流行的口号——

"中学为主，西学为辅"或"中学为体，西学为用"。张氏本以维新人物自命，虽头脑顽固，也不能不迎合潮流。他说：

> 中学为内学，西学为外学；中学治身心，西学治世变；不必尽索之于经文，而必无悖于经义。如其心圣人之心，行圣人之行，以孝弟忠信为德，以尊主庇民为政，虽朝运汽机，夕驰铁路，无害为圣人之徒也。如其昏聩无志，空言无用，孤陋不通，傲狠不改，坐使国家颠跻，圣教灭绝，则虽弟佗其冠，神襌其辞，手注疏而口性理。天下万世皆将怨之，言之曰，此尧、舜、孔、孟之罪人而已矣。(《劝学外篇·会通》)
>
> 以忠孝为敷教之本，以礼义为训俗之方，以练习艺能为致用治生之具。(《学务纲要》)
>
> 大指皆以中学为体，西学为用，既免迂陋无用之讥，亦杜离经叛道之弊。(《奏议四十七·两湖经心两书院改照学堂办法片》)

以上三段话，皆是张氏"中学为主，西学为辅"的主张。所谓中学，包含三纲五常之说；所谓西学，指着法制技艺而言。以中学治身心，而以西学应世变，谓之中西会通；虽中西会通，仍以中学为教民化俗的主体，为吾人思想的中心，是有轻重先后的。若中西平列，或西重于中，则失了"中学为主，西学为辅"的意义，也是张氏所反对的。所以他又说：

> 今欲强中国，存中学，则不得不讲西学。然不先以中学固其根柢，端其识趣，则强者为乱首，弱者为人奴，其祸更烈于不通西学者矣。……今日学者必先通经，以明我中国先圣先师立教之旨；考史以识我中国历代之治乱、九州之风土；涉猎子

集，以通我中国之学术文章；然后择西学之可以补吾阙者，西政之可以起吾疾者取之，斯有其利而无其害。（《劝学篇·循序》）

至于立学宗旨，无论何等学堂，均以忠孝为本，以中国经史之学为基；俾学生心术壹归于纯正，而后以西学沦其知识，练其艺能，务期他日成材，各适实用，以仰副国家造就通才，慎防流弊之意。（《重订学堂章程折》）

时代的思潮是一天一天地向前进，而张氏的头脑早已固定。到了光绪末年，张氏年纪已老，已有不克与时代相追逐的气力了，于是昔日迎合潮流者此时渐与潮流发生冲突；武昌蛇山下之存古学堂，就是张氏与时代潮流翻脸的确实表现。在他创立存古学堂的奏折上有一段表示其愤忾的话：

伏读历年屡次兴学谕旨，惟以端正趋向为教育之源。一则曰敦崇正学，造就通才；再则曰庠序学校，皆以明伦。圣训煌煌，无非以崇正黜邪为宗，以喜新忘本为戒。夫明伦以忠孝为归，正学以圣经贤传为本，崇正学，明人伦，舍此奚由。乃近来学堂新进之士，蔑先正而喜新奇，谋功利而忘道谊，种种怪风恶俗，令人不忍睹闻。至有议请废罢四书、五经者，有中、小学堂并无读经讲经功课者，甚至有师范学堂改订章程声明不列读经专科者。人心如是，习尚如是，循是以往，各项学堂经学一科虽列其目，亦止视为具文，有名无实。至于论说文章，寻常简牍，类皆捐弃雅致，专用新词。驯致宋、明以来之传记词章皆不能解，何论三代。此如籍谈自忘其祖，司城自贱其宗。正学既衰、人伦亦废，为国家计则必有乱臣贼子之祸，为世道计则不啻有洪水猛兽之忧，此微臣区区保存国粹之苦心，或于世教不无裨益。

张氏的思想既是这样，他的教育主张自然是"人才主义"的教育，与旧时代无异，所以在《学务纲要》里开宗明义第一句，就规定"京外大小文武各学堂，均应钦遵谕旨，以端正趋向，造就通才为宗旨"。所谓"通才"有二种意义：一是培养经国济民的人才；二是培养中西兼通的人才。此项人才平日应受的教育有二：一要新旧兼学，二要政艺兼学。如四书五经、中国史事、政书地图之类，谓之旧学；西政、西艺、西史谓之新学。如学校地理、度支赋税、武备律例、劝工通商，谓之西政；算绘矿医、声光化电，谓之西艺。新旧各学不可偏废，政艺两途随个性而为区别。学成之后，为国家的领袖人才，足以经国济民，方为有用的教育。这就是张氏的教育宗旨。

第三节　梁启超（1873—1928）

一　略　传

梁氏字卓如，自号任公，学者称任公先生。生于清同治十二年，死于民国十七年，只活了五十六岁。他是广东新会人，十余岁游康有为之门，曾与康氏作今文学运动。是时康氏以公羊学号召生徒，提倡所谓孔子的大同主义，对于伦理思想及政治制度，很想别有所创造，门人受他这种学说的鼓动不在少数。他的高足弟子，则梁启超与陈千秋齐名，陈氏所学尤精，可惜不幸早死，后来帮助康氏维新运动的，所以独有梁氏了。在戊戌政变之前，梁氏曾与康氏在上海组织强学会，开办《时务报》。这个时候，梁氏年仅二十三岁，善于文词。其所作文，另出一种体式，浅近流畅，气充辞沛，而议论又极新颖，具有煽动人心之极大魔力，凡当时青年思想莫不受其影响，论文字鼓吹之力，当时要以梁氏为首功。维新运动失败以后，梁氏出亡日本，益作文字的宣传，先后创办《清议报》及《新民丛报》，唤醒民众发表政见较前尤力。直到辛亥革命，梁氏方始回国，袁世凯在北京组织政府时，他曾做了一任财政总长。民国五年参与过讨袁之役，在政治方面颇具功绩。民国八年，出游欧洲，参观战迹及大战后世界之趋势。返国以后，思想又为之一变。自此以后，梁氏乃抛开政治生活，专门从事于著述与讲学者七八年。长期讲授的地方，为南开与清华两大学，其余则为公开讲演，无有定期。每到一处，听众满座至不能容，可以想见其魔力。梁氏的学问博而杂，不限一家，凡政治、经济、历史、哲学无不窥阅，晚年尤喜研究历史与佛学。平日尝以提倡东方文化自任，晚年此志益坚，钻研益力，仅活了五十六岁而死，是他所未及料的。他的思想随时变迁，故没有一贯的主张，但无论如何变迁，其为旧时代的学者，是无法否认的。他的思想在民国以前与在民国时代歧异很大，本期是在民国以前的一期，故本章只叙他在民国以前的思想；他之对于教育的贡献，其影响于教育思想的亦以本期为最大。

二　国民教育主义

本期是科举与学校两种制度的交替时期，梁氏在上海开办《时务报》时，极力反对科举制度，提倡学校教育。在他所作《变法通议》一文里，对于整个教育，并提出一个很有系统的意见。内中分政、教、艺三纲，分学堂、科举、师范、专门、幼学、女学、藏书、纂书、译书、文字、藏器、报馆、学会、教会、游历、义塾、训废疾、训罪人十八目。教育业务虽分有十八目，而一切皆归本于学校教育，所谓"亡而存之，废而举之，愚而智之，弱而强之，条理万端，皆归于学校"——此梁氏提倡学校教育之理由。他的学校教育主张，除女学外，大致与张氏所论相同，但他的教育主义则与张氏完全两样。张氏是提倡人才教育主义的，梁氏则为国民教育主义者；中国人之注意到国民教育，且极力提倡者，要以梁氏为最早的一人。

梁氏的国民教育之意义有二：一是要使全国之民皆受教育，二是训练全国之民皆有国家思想。中国历来多是贤人政治，在此种政治之下的教育全是人才主义的教育。只要造就些优秀人才帮助皇帝以抚治人民就行了，至于一般民众有知识与否可以不必过问。梁氏以为现在世界进步，与昔日绝对不同，列强已发达到了民族帝国主义的阶段，着着向我进逼。非全国上下群策群力不足以谋抵抗。要使全国上下共谋抵抗，须人人有抵抗的知识与技能方能办到，所以现在教育方针应当改变，改昔日人才主义的教育为国民教育主义，由国家力量使教育普及到所有民众。

中国现在之所以积弱屡受列强压迫的，不仅教育之不普及，更由于中国人没有国家思想。中国人所以没有国家思想，一方由于地理环境之养成，一方也由于历来教育之错误。他说：

> 昔者吾中国有部民而无国民；非不能为国民也，势使然也。吾国巍巍然屹立于大东，环列皆小蛮夷，与他方大国，未一交通，故我民常视其国为天下。耳目所接触，脑筋所濡染，圣哲所训示，祖宗所遗传，皆使之有可以为一个人之资格，有可以为一家人之资格，有可以为一乡一族人之资格，有可以为天下人之资格，而独无可以为一国国民之资格。（《饮冰室文集·新民说》）

数千年来的教育，只是遗传的、文雅的、利禄的，不仅没有国家思想，且没有确定的宗旨。即近今创办新教育已三十年，其课程虽政艺兼设，而思想之不进步如故，问办教育者以宗旨，亦不过人云亦云而已。教育宗旨既未改变，纵使教育普及，所授与的智能仍是升官发财的智能，所培养出来的人才仍是部民的人才，这种教育再办三五十年亦无救于今日之中国。要救今日之中国，务须改变教育宗旨，培养一班新国民——所谓"新民"。新民是对旧式时代的人民而言，他们的精神是进取的，他们的思想是自由的，他们的行动是独立的，他们的团体生活是有组织的，他们的道德是公德重于私德的，他们是极富于国家观念，爱国家重于爱家族的，且对于世界民族而能表现一种特别性质的。以此标准规定国家教育宗旨，以此宗旨对于全国人民施行一致的教育，使全国之民成一特色而富有国家观念的民族，此梁氏之所谓新民，此梁氏之所谓国民教育。施行国民教育的模范国家，在古代有雅典与斯巴达，在近代有英吉利。梁氏以为中国今日之教育宜采取英国式的，因为英国是兼雅典、斯巴达两国的优点而全有的。

三　儿童教育

梁氏在光绪二十二三年之间，所发表关于儿童教育的意见，在当时可算很有价值的文字。内中首先举出西人教儿童方法的良善，以反证中国学究误人子弟的罪恶。他说：

> 西人之为教也，先识字、次辨训、次造句、次成文，不躐等也。识字之始，必从眼前名物指点，不好难也。必教以天文地理浅识，如演戏法，童子所乐知也。必教以古今杂事，如说鼓词，童子所乐闻也。必教以数国语言，童子舌本未强，易于学也。必教以算法，百业所必用也。多为歌谣，易于上口也。多为俗语，易于索解也。必习音乐，使无厌苦，且和其血气也。必习体操，强其筋骨，且使人人可为兵也。日授学不过三时，使无太劳致畏难也。不妄施扑教，使无伤脑，且养其廉耻也。（《时务报·论学校五》）

这种适合儿童心理的教法，何等活泼，所以造就的国民，皆为活泼进取的国民。我们反观中国蒙童教师——学究——所施行的教法怎样？

今之教者，毁齿执业，鞭笞馫挞，或破头颅，或溃血流，饥不得食，寒不得息。国家立法，七年曰悼，罪且减等。何物小子，受此苦刑！是故中国之人，有二大危：男女罹毒，俱在髫年，女者缠足，毁其肢体；男者扑头，伤其脑气。导之不以道，抚之不以术。地非理室，日闻榜掠。教匪宗风，但凭棒喝。遂使视黉舍如豚笠之苦，对师长若狱吏之尊。

这种教法，再不彻底改革，不仅足以亡国，且足以亡种族。若要救亡，若要保国强种，"非尽取天下之学究而再教之不可，非尽取天下蒙学之书而再编之不可"。于是梁氏提出一个意见：一为规定儿童应读的书籍，二为规定教授儿童应取的方法。关于儿童应读的书籍凡分七类：（1）识字书；（2）文法书；（3）歌诀书；（4）问答书；（5）说部书；（6）门径书；（7）名物书。每类皆附论以各种教法，而以一二两类所论为最善。例如教授儿童识字，先调查社会所通行的文字，约计二千多字；然后分为形、声、意三类，以此为标准分别授与初识字的儿童。如第一类字以声为主者，必先令学字母而后拼音；第二类字以形为主者，必先令学独体而后合体。以此施教，不出一月，凡应用的二千多字皆能使他们认识。例如教授缀法，由教者先口授俚语，令儿童以文言答出，有辞不达意的，即为削改。所授的内容，先取粗切的事物，渐进于浅近的议论。所授的字数，初授一句，渐至三四句以至十句；两月之后乃至三十句以上，即可成为小篇文章了。梁氏并拟了一张教学功课表，凡儿童初入学时，即教以识字，俟中西有用之字皆认识了，然后按照此表施行。此表专为八岁以上十二岁以下的儿童读书用的，若能照此教学，到了十二岁以上，则可升中学、大学了。这张功课表我们不妨抄录于下，也可以知道他所论教法的一个大概。

（1）每日八下钟上学，师徒合诵赞扬孔教歌一遍，然后肄业。

（2）八下钟受歌诀书，日尽一课，每课以诵二十遍为率。

（3）九下钟受问答书，日尽一课，不必成诵，师为解其义，明日按所问而使学童答之，答竟则授以下课。

（4）十下钟，刚日受算学，柔日受图学。

（5）十一下钟受文法，师以俚语述意，令学童以文言答之，每日五句渐加至十句。

（6）十二下钟散学。

（7）一下钟复集，习体操，略依幼学操身之法，或一月或两月尽一课，由师指导，操毕听其玩耍不禁。

（8）二下钟受西文，依西人教学童之书，日尽一课。

（9）三下钟受书法，中文、西文各半下钟，每日各二十字，渐加至各一百字。

（10）四下钟受说部书，师为解说，不限多少。

（11）五下钟散学，师徒合诵爱国歌一遍，然后各归。

（12）每十日一休沐。

四　女子教育

在光绪二十九年，张之洞改定学堂章程，谓中西礼俗不同，未便设立女学以前，梁氏在上海早已鼓吹女子应受教育。他所持的理由有四：（1）中国四万万人，女子居其半。女子没有知识，不能自立，全须待养于男子，男子终岁勤劳，所有收入尚不足以赡养他的妻子，以致男女皆困。人人因累于妻子而受困苦，此中国所以无人不忧贫。此就生产方面说，女子应受教育。（2）中国之大，人数万万，户数千万，寻求良好和睦的家庭，万不得一，其不知不睦的原因，多起于姑嫜妯娌之间。这一班女子，并非生性低劣，实由她们尽日牢守在极小的家庭圈限中，既不受教育，而耳目从未与社会接触，所以养成一种狭隘的器度。此就改良家庭方面说，女子应受教育。（3）女子性情温柔，与儿童相近，且善体儿童的心理，善会他们的意趣，而儿童之爱母亦较甚于爱父，故西人小学教育多由女子担任。中国儿童，在家庭既无母教，入学校又无女教师，所以多不如西方儿童的幸福。此就家庭教育与儿童幸福方面说，女子应受教育。（4）女子受了教育，不仅使她们善教儿童，并要使她们善育儿童——育养健强的儿童。西人讲求种族学者必以胎教为第一义，中国古人也有主张胎教的。现今前识之士，莫不以"保国保种保教"三者相呼号，求达此目的，非提倡女学、讲求胎教不可。此就强国保种方面说，女子也应受教育。且女子智力并不劣于男子，假能使她们从事于学，必有"男子所不能穷之理，而妇人穷之；男子所不能创之法，而妇人创之"。我们要提倡女子教育，务必广兴女学；要广兴女学，务必破除"女子不出外"的信条。倘此信条不破除，则女学必不发达，纵令给女子以相当的教育，其见闻仍不出闺阁之外，虽有异质，亦属无用。但同时他所草拟女学堂章程，对于男女的界限、内外的分别，限制极严，虽适应环境，亦可以推见梁氏当时的思想之程度了。

本章参考书举要

（1）《张文襄公全集》

（2）《饮冰室文集》

（3）《劝学篇》

（4）《时务报》

（5）《新民丛报》

第六编　初期资本主义时代的教育

第三期　自民国建元至欧战告终（1912—1918）

第五十一章　民国成立后七年内之教育背景与教育

第一节　辛亥革命与教育

一　光荣的革命

清朝末年，兴学的动机完全出于被动。在人民方面，因列强之层层的压迫，年年的环攻，感觉非变法兴学不足以挽救祖国的危亡。在政府方面，因潮流所趋，民智日开，感觉非变法兴学不足以挡塞人民的耳目而维持其统治阶级的地位。但政府与人民此时被动的动机虽相同，急于兴学的感觉虽也相同，而两方的利害关系则彼此不同，因为两方的利害关系不同，所以政府与人民反因兴学而破裂。政府为维持其自身的利益计，所以一方面广兴学堂，一方面又极力杜绝新思想，不准学生干预国政，不准学生立会演说，不准学生订阅不利于政府的报章。可是青年学生两条腿子一踏进了学堂门，他们的头脑马上发生了变化，最爱干预国政，最爱立会演说，最爱阅读带有刺激性的文字，政府的防范愈密，而学生的反动愈大，尤其是出洋留学生，两脚一履新土，他们的心目中就不知有清政府了。当此之时，领导青年思想的有两派：一为康、梁派，一为同盟会。自甲午以后，康、梁的言论思想对于青年学生影响极大，凡在三十岁以下的读书分子差不多没有一人不受他们的撼动；但自庚子以后，同盟会的言论思想在国内渐渐发生力量了。前者的主张，只在政治的改革——由君主专制改为君主立宪；后者的主张，则要革命——一方面铲除专制政体，他方面还要推倒清统治阶级，且想对于现社会的经济组织谋一突飞的改造。以清统治者的腐败，及其历来设施之不能满足人民的需求，更加以下级民众所遭受贪官污吏及种种虐政的痛苦，则后者的主张更为新进青年所欢迎；欢迎这种思想发而为行动的，则以留日学生为最踊跃。自由、平等的思想一天一天由西风吹进海内来，民族主义的意识一天一天在各人的脑袋中澎湃起来，到了1911年，时机已大成熟，所以武昌义旗一举，全国响应，而清政府如同摧枯拉朽般地倒塌了。这一次革命，其价值不仅在打倒了三百年的清政府，实在还推翻了数千年的君主专制政体，而建设民主共和的新国家。自此以后，树立五色国旗，凡五族人民皆能享受同等的权利，去掉了贵族统治阶级，打破了三纲五伦的旧礼教，立下了自由、平等的政治原则。

二 革命后的教育

自民军革命获了胜利，国人的精神为之一壮。自共和政体树了模型，国人的耳目为之一新。在此五色旗帜之下的人民，所有言论与态度由是大为改变了。他们觉得：共和国家以人民为主体，凡属国民皆有参与国事的义务。国家的政体改变，国人的言论与态度改变，由是革命以后的教育也随着改变了。第一是人民对于教育态度的改变。在清朝专制时代，教育是官治主义的，人民不过拱手受命，依法照办；到了民国，则变为民治主义的了，大家莫不很热心地讨论参加、建议和改良。第二是教育思想的改变。从前以忠君尊孔为教育宗旨，现在以公民道德为主要了；从前学校教育尚不脱科举的习气，现在取消了科举的奖励，废止了读经的科目，才是真正的新式教育了。第三是教育政策的改变。专制时代以政府为中心，所有教育，不是愚民政策即是柔民政策，不是笼络主义即是驾驭主义；到现在，共和时代以人民为中心，所有教育，在培养国民基础，训练国家有用人才，树立共和政治的真精神。当此之时，树立民国教育的新基础，足以称为教育界的元勋者，当推第一任教育总长蔡元培氏。蔡氏登台之后，即办了两件有关系的事情：一为发表民国教育意见，一为招集中央教育会议。前者，虽属于他个人的教育主张，但民国时代的教育界莫不受这种主张的影响——如公民道德教育、军国民教育及实利教育，在当时即被采纳；美感教育及世界观教育到民国八年以后确已大受其影响。后者，凡民国成立以来，所有教育宗旨、制度及一切革新，莫不由此次会议产生，其关系更大。蔡氏的思想比较前进，他以为民国的教育应与专制时代不同。在他所召集的中央教育会议席上，曾发表下面一段话：

> 民国教育与君主时代之教育，其不同之点何在？君主时代之教育方针，不从受教者本体上着想，用一个人主义或用一部分人主义，利用一种方法，驱使受教者迁就他之主义。民国教育方针，应从受教者本体着想，有如何能力，方能尽如何责任；受如何教育，方能具如何能力。从前瑞士教育家裴斯泰洛齐有言："昔之教育，使儿童受教于成人；今之教育，乃使成人受教于儿童。"何谓成人受教于儿童？谓成人不敢自存成见，立于儿童之地位而体验之，以定教育之方法。民国之教育亦然。（《教育杂志》第4卷第6号）

以人民为主体的教育，在当时业已采用；以儿童为中心的教育，当时一般人尚未十分了解，一直到五四运动以后，才演为一时代的思潮。

第二节　复古运动与教育

一　不断的复古运动

但我们不可过于乐观，老实说，辛亥革命，中国只挂上了一块"共和"二字的招牌。中国社会，自海通以来，虽然踏进了商业资本主义，虽然沿海一带也有工业资本的萌芽，但因腹地太广，交通不发达，农村生活尚占百分之八十以上。农村经济既未根本动摇，依附农村经济所产生的半封建时代的一切形态——风俗、制度及伦理观念等等，犹是根深蒂固。民国成立之初，为革命的空气所弥漫，为革命的炮声所震动，社会耳目好像焕然一新。民主政治的声浪，自由、平等的学说，一时喧腾起来，好似中国民族从此换了新生命。哪知一切半封建时代的旧势力，依然潜伏在农村旧社会里面，观看风色，候着机会，好图恢复。袁世凯就是这个时期的总代表，蔡元培说他是代表中国的"官僚""学究"及"方士"三种社会（见《新青年》第二卷第四号），我以为在封建时代所有社会上的一切旧势力都被他代表了。

当孙中山在南京组织新式政府之时，当清廷下诏退位之后，袁氏在华北拥有重兵，顾盼自雄，国人为求和平统一起见，所以把国家大权拱手让渡给他。袁氏自取得政权以后，即在北京组织政府，向着旧社会方面迈进，于是树植私党，压制民权，颁下尊孔读经的命令，制定祀天祭地的典礼，所有昔日的一切风俗、习惯、制度逐一恢复原状。这个时候，中华民国所存留的，只有一方五色国旗，及两字共和招牌。民党方面，看出了袁氏的企图，乃于民国二年，兴起二次革命，不幸势力不敌，革命失败，而国会从此被解散了。自二次革命失败以后，袁氏的地位日益巩固，一班代表封建思想的知识分子，贪图富贵的官僚阶级，及神话时代的方士阴阳之流，群相蚁聚于袁氏旗帜之下，倒转车轮，尽力向后驰驶,遂于民国四年的末了,取消共和招牌,改民国为帝国,拥袁氏为皇帝。这是第一次的复古运动。当民国五年,梁启超、蔡锷等人从云南兴起义师,把袁氏打倒以后,再挂上共和招牌,民主政治好似进了一步。其实,袁氏虽倒,而他所代表的势力并未丝毫动摇,所以不久又有康有为、张勋等人乘着机会,扶起宣统废帝,图谋复辟,这是第二次的复古运动。但清朝帝室久已失了人心,这次运动,较第一次的势力薄弱,所以不到一月就被段祺瑞举兵打倒了。段氏打倒复辟运动之后,政府实权遂落在他的手中,他乃继袁氏而为北洋军阀领袖,种种设施皆向独裁方面迈进,而武人专政比较从前更形露骨,于是旧日势力又逐渐弥漫起来。段氏虽不敢明目张胆称帝僭号,但思想腐败,行为专断,为旧势力之强有力的拱卫者,较前人简直看不出两样,所以在当时有袁氏复活的谈资,这可以说是第三次的复古运动。民党方面,孙中山等不满意段氏之所为,乃号召一班旧国会议员,在广州兴起护法军,组织军政府以与北京政府对抗。自此以后,十多年来,南北分裂,内战屡起,政治既无统一的机会,所有社会事业完全归于停顿。

二 复古时期的教育

本期七年中,共有三次复古运动,每复古一次,即引起内战一次,甚至于多次。因屡次的内战,政治无法进行,所以教育事业也常呈停止的状态,我们若拿本期与前期比较,则教育进步的速度,民国初年尚不及前清末年之大。每复古一次,关于"读经"与"尊孔"两个问题即重提一次,而主张读经之意,为的是要尊孔,所以这两个问题实是一个。关于读经一事,袁世凯主张最力。在民国三年,他所特定的《教育纲要》中,以读经应列入中小学课程里面,反复致意,果然到民国四年修改中小学校法令时,就把读经一科目恢复了。除他以外,一班顽固书生及一部分国会议员,附和袁氏,也时时为应声虫之鸣。他们还要奖励"忠孝节义",规定这四个字为国民教育之方针。关于尊孔一事,则更普遍了。除了袁世凯、康有为等人主张最坚定以外，汤化龙是主张的，梁启超是主张的，蓝公武一干人也是主张的，差不多除了少数头脑较新的学者外，没有一人不是同样主张。我们试举蓝公武一段话作为尊孔论者的代表：

　　故愿救今日之社会，则不可不求所以制裁人心之权威。吾党遍求之于中国六千年文明之中，而得不可动之权威有二：一曰天道，二曰孔子。……（蓝氏在民国四年《辟近日复古之谬》一文，其思想突变，与此文判若两人，但此文确足以代表此时一班尊孔者之心理）孔子我民族之至圣也：孔子以前之文化至孔子而大成，孔子以后之文化至孔子而肇始。我民族六千年之文化实赖孔子以有今日，微孔子则我民族特有之礼教，早绝灭于二千年前矣。盖孔子为我民族文化之代表，思想之中心；孔子存则文化存思想存，孔子亡则文化亡思想亡，其与我民族之关系夫岂教学之隆污而已哉。（《庸言》第五号《中国道德之权威》）

　　尊孔的结果：一则以孔教列入宪法定为国教，二则恢复学校祀孔的典礼，三则设立孔教会以广宣传。第一项目的虽未完全达到，第二项目的在民国初年早已实行——学校祀孔典礼自民国成立以来并没有废除；至于孔教会自此以后则已遍于国中了。

　　关于普通思想方面，论其进步，在民国初年不过昙花一现，自二年以后则渐渐向后移转。这个时候，一般人的脑袋中，除了君臣一伦用不着外，并没有什么解放的影子，犹在旧日的习俗之下过那呆板的日子。学校的科名奖励虽然取消了，而士大夫身份犹为一般读书分子所向慕。"士为四民之首"的一句古调，所有在学学生及由学校出身的人们，且日日在高唱着。一般学生进了小学，为的要升中学；进了中学，为的要升大学；进了大学，为的有官做：因为入学读书之目的在于猎取官僚的资格，与科举时代没有两样。他们平日在学校里，只为读书，不会做事；只会呼仆使婢，不肯亲身下驾服役。学校教育是造就士族阶级的——官僚候补者，凡学生、教职员、政府官僚及社会上一般人民全是这样看着。

本章参考书举要

（1）《教育杂志》

（2）《庸言》

（3）《新青年》

（4）《国风报》

第五十二章　教育思潮与宗旨

一　教育宗旨与思潮之关系

在本期七八年内，教育总长的人物更换五六次，而对于教育抱有主张的，只有三人：一为蔡元培，二为汤化龙，三为范源濂。蔡氏是浙江人，为一位教育哲学家，在他初次就职时所发表他的教育主张，内中包括五种教育主义：军国民教育、实利教育、公民道德教育、美感教育及世界观教育。前三种是当时教育界上一般人所要求的，后二种才是他本人的主张。汤氏是湖北人，为一位政治家，可是对于教育有极坚实的主张，在民国三、四年间，上对大总统，下对各省教育行政机关及学校，屡次表示他的"国民教育"意见。范氏是湖南人，为一位教育实行家，干练有才略，历任教育总长，极力提倡"军国民教育"主义。

本期教育思想有三个潮流：一为军国民教育，二为国民教育，三为实用主义教育。由第一种教育，派生而为勤劳主义；由第二种教育，派生而为公民教育；由第三种教育，派生而为职业教育；凡此三种，皆可称为本期的三大思潮。这三大教育思潮，虽起伏前后不一，但每一主义之发生，全国上下莫不群相注意，发而为议论，施之于运动。范源濂氏可为军国民教育思潮的代表，汤化龙氏可为国民教育思潮的代表；各有时代为之背景。至于蔡元培氏，他的思想超出时代以上，在当时虽提倡美感与世界观的教育，而附和者无人，所以这两种主义不能认为当时的教育思潮。

本期教育宗旨规定了二次：第一次在民国元年九月，第二次在民国四年二月。民国元年所定的教育宗旨，为"注重道德教育，以实利教育军国民教育辅之，更以美感教育完成其道德"二十九个字。这二十九个字的宗旨，是教育部采纳中央教育会议的议决案，由部令颁布的，内中包含蔡氏初次发表五种教育意见中的四种。此四种教育主义：所谓"道德教育"，即后来公民教育所由产生；所谓"实利教育"，即后实用主义所由产生；所谓"军国民教育"，正是当时的思潮。迨后来，袁世凯征服民党以后，乃于民国四年，自定一种宗旨，以大总统的命令颁布下来。这一次的教育宗旨，共有"爱国""尚武""崇实""法孔孟""重自治""戒贪争""戒躁进"七条十八个字。这个宗旨，第一条与当时的国民教育思潮相应和，第二条与当时的军国民教育思潮相应和，第四条是他的复古主义之表现，第六、第七两条是他对反对党有所为而发表的，只有第五条自治稍含有几分法治的意思。但这一次所颁布的教育宗旨，到民国五年，随袁氏一齐送终了，于是元年的宗旨自五年以后依然恢复。教育宗旨，多半为官定的，有一部分代表时代的思潮，有一部分简直不合于时代，论其效力远不及教育思潮，我们在下面所以只就本朝的三大思潮说说。

二　军国民教育

此项教育思潮共有两起：第一起在宣统末年民国初年之间，第二起在民国四、五年之间。在前期的后半期，军国民教育的呼声极高，一直到本期初年势犹未衰，故本期第一起的教育思潮是赓续着前期的，却不是创始的。代表这一起思想的为各省教育总会，蔡氏以潮流所趋，难于抹煞，故于发表意见时承认此种主张，于规定教育宗旨时采纳此种主张。到民国四年，欧战激烈的炮火之声兴奋了国人的血液，"二十一条"之骤然提出惊醒了国人的睡梦，大家皆觉得非尚武不足以立国，非图强不足以雪耻。于是在政府方面，袁氏颁下尚武的教育宗旨；在社会方面，全国教育联合会议决军国教育实施方案，而第二起的思潮发生了。全国教育联合会的议决方案共分两项：第一项关于教授者有九条，第二项关于训练者有十二条，我们写在下面供作参考。

（一）关于教授者：（1）小学校学生宜注重作战之游戏。（2）各学校应添授中国旧有武技。（3）各学校教科书宜揭举古今尚武之人物及关于国耻之事项，特别指示提醒之。（4）各学校乐歌宜选雄武之词曲，以激励其志气。（5）师范学校及各中等学校之体操学科时间内，宜于最后学年加授军事学大要。（6）中等学校以上之兵式枪操最后学年，宜实行射击。（7）中等以上学校体操应取严格锻炼主义。（8）各科教授材料与军国民主义有关者，应随时联络，以输入勇武之精神。（9）遇有特别材料与本主义有重大之关系者，得特设时间讲授之。

（二）关于训练者：（1）小学校学生宜养成军国民之性资及军人之志趣。（2）中等以上学校学生宜具有充当兵役之能力。（3）各学校须注意学生体格检查。（4）高等小学以上学生应一律穿制服。（5）中等以上各学校管理参用军用规则。（6）各学校应养成勤劳之习惯。（7）各学校应规定礼仪作法之形式，以严正为准，教员学生一律遵守，养成雄健齐整之校风。（8）各学校应养成粗衣淡食之习惯，施行忍耐寒暑之操作，并奖励海水浴或冷水浴。（9）各学校宜特设体育会。（10）各学校宜由教职员率同学生励行各种运动游技。（11）各学校应搜集或制作国耻纪念物特表示之，以促警醒。（12）各学校应表彰历代武士之遗像，随时讲述其功绩。

这一起由四年到五年，全国人民均有这种呼声。范氏再登上教育总长交椅上，更极力提倡。他的办法，与全国教育联合会所议决的大致相同。在这个时候，有提倡勤劳主义的，有提倡少年义勇团的，名目不一，都是应运这种潮流而起的种种运动。但自六年以后，此种思潮渐渐向下低落；到了民国七年，欧战告终，大家都自欺欺人地说："公理战胜了强权！"于是军国民主义，就用不着了。

三　国民教育

在民国三、四年之间，又起了一种教育思潮，叫做"国民教育"主义。这个时候，大总统是袁世凯，教育总长是汤化龙，他们二人对于此主义均极力提倡，民众方面在《教育杂志》上也常常发表国民教育的意见，但三方面的意见各不相同。在民众方面，我们援引贾丰臻的一段话作为代表。他说：

> 国民教育者，十九世纪以来最流行之名词也，有国家必有国民，有国民必有教育。国民既尽人皆受教育，则断不能举国皆为官吏、皆为圣贤、皆为英雄，故断之曰国民教育。盖国民教育者，如饥之于菽粟，寒之于布帛，而不可一日离，故其间有至不可少之条件焉：（1）国民教育乃义务教育，谓国民之受教育如纳税、当兵之不得免除者也。（2）国民教育为儿童将来生活计，而授以必需之知识技能也。（3）国民教育乃国家教育人民，与家庭教育子女无异：家庭纵贫苦，子弟不可不读书；国家虽困穷，人民岂可不入学乎。（《教育杂志》第七卷第四号）

我们如果以贾君这篇文章可以代表民众方面的意见时，则民众所谓"国民教育",并没有特别的意义,只是给一般儿童以生活上必需之知识技能——给他们以最低的相当的生活权能——的一种教育。这种教育,凡属国民,皆有享受的权利,故谓之国民教育。自家庭方面看,父母必须令他们的儿童往受这种教育,故又谓之"强迫教育"。自国家方面看,政府必须给所有国民的儿童以充分受这种教育的机会,故又谓之"义务教育"。但袁氏的意见却与这不大相同。他说:

> 凡一国之盛衰强弱,视民德、民智、民力之进退为衡;而欲此三者程度日增,必注重于国民教育。本大总统既以兴学为立国要图。今兵氛渐消,邦基粗定,提倡斯旨,岂容踌躇。矩矱本诸先民,智慧求诸世界,使中国民族为大仁、大智、大勇之国民;则必于忠、孝、节、义植其基;于智慧技能求其阙;尚武以备军人资格;务实以儆末俗虚浮;矢其忠诚,以爱国为前提;苦其心志,以猎官为大戒;厚于责己,耻不若人;严则如将领之部其弁兵,亲则如父兄之爱其子弟,此本大总统对于学校之精神教育,——尤竞竞于变化气质,而后种种学业乃有所施也。(《教育公报》第八册《大总统申令》)

立定一个模型以陶铸全国之民,使全国人民陶铸得如此模型一般样,此即袁氏所谓国民教育。这种模型要具有大仁、大智、大勇的资格;这种资格以"忠孝节义"四字为基础,即以此四字为模型的特性。又须有智慧以谋生,能忠心以爱国,能实事求是而不虚浮,其纪律严明身体强勇之处,如同军人一般。以具备这种资格之民才是理想的国民,施行这种教育时谓之国民教育。至于汤氏所谓国民教育则又不相同。他说:

> 凡一国之成立,能维持永久而无失者,必其国民有特殊之风俗、历史、地理为造成其特性之主因。涵孕濡育,笃生

圣哲，发挥此特性以立人伦之极者，是谓国民模范人物。被之谓道德，施之于庠序，保存光大此特性，并不戾乎世界人类之公性者，是谓国民教育。国民教育以国民道德为本根；国民道德之渊源肇于国民特性，而集其成于出类拔萃之模范人物也。……我国立国数千年，其间几经动摇簸荡，而此泱泱雄大之国民性卒能卓然不可磨灭，历史已有明证。惟求之历史人物，致广大而尽精微，极高明而道中庸，足以赅我国民性之全表示于世界各国，而为我国教育上之模范者，莫大于孔子。……本总长深维国民教育与国民特性之关系，不能不以数千年所奉为人伦师表者，为道德之准绳。（《教育公报》第一册《饬京内外各学校中小学修身及国文教科书采取经训以孔子之言为指归文》）

窃谓今后生存之计，惟有以全国一致之决心，养成全体国民之品性，与其生活能力，以从事于世界之竞争，庶几国民得以保持其生存，而国家有巩固健全之望——此其事必自国民教育始。国民教育者，对于全体国民为之修养其品性，发展其生活能力，以适应夫世界竞争之趋势者也。（《教育公报》第二年第四期《呈拟订国民学校令呈请核定公布文》）

汤氏的意见，一方面发扬国民固有的特性，光大起来，以夸耀于世界；一方面培养他们的生活能力，强固起来，使能适应于世界竞争之趋势，以巩固其国家，施行这种教育才是国民教育。中国的国民性"泱泱雄大"，以道德为本根，以孔子为模范。不以道德为本根，则国民无特性之价值；不以孔子为模范，则国民无中心之信仰。所以国民教育，必以道德为训练、以孔子为标准，然后国民才有根基，才有表率，才能团结成为一特殊的国民，以与世界各民族共存共荣。

与汤氏主张相同的，在民国四年还有一位署名凤兮者。他在《大中华》杂志上发表国民教育的意见：

> 苟欲救亡，舍养成立国之实力无他道；而欲养成立国之实力，更非施行国民教育不为功。
>
> 夫战争制胜之国，莫不具有下列二因：（1）国民有伟大之人才，（2）国民公共之爱国心发达。斯二者又莫不与国民教育有密切之关系。盖无善良之社会，则不能陶铸伟大之人才，而造成善良社会者，国民教育也。无常识之人民，断不能发生爱国之思想，而养成人民之常识者，国民教育也。（第一卷第七期《今后国民教育之研究》）

此位极力鼓吹其主张以后，并提出两项办法：第一，在消极方面要力求排除关于国民教育之障碍物；第二，在积极方面要力谋国民教育之实行。关于第一项者：一要国民教育不可视为官吏之预备；二要不可以文学为唯一目的；三要不可取放任主义；四要于国民学校外不可特设预备学校；五要小学校取消读经。关于第二项者：一要恢复地方自治机关以利进行；二要设立地方独立教育行政专官以专责成。这与汤氏的主张，不谋而合。

我们由上种种看来，民众方面所谓国民教育，只是义务教育、人生教育；袁、汤二氏的主张皆有训练主义，而袁氏的尤为严格。以袁氏的主张，一变就是军国民主义，所以他提倡尚武。以汤氏的主张，一变就是国家主义，所以他又说：

> 征之者何？国民之爱国心是也。赴之者何？国民之自觉力是也。所以征之赴之者何？国民适用此爱国心自觉力，而淬其品性，砥其才智能力，尽瘁于社会事业，以祈贯达夫吾人所信仰之国家主义，而为多数幸福之先券者是也。（《教育公报》

第二册《为欧洲战事训饬各学校文》）

梁启超在《大中华》杂志上发表《个人主义与国家主义》一文时，更把国民教育渗入到国家主义的神髓里面了。他说：

> 保护税则与生计独立，乃国家主义之政策也。此外，尚有一从精神以启发国家主义者，则国民教育是也。……国民教育直接所发生之结果，即全国人民皆有服兵役之义务是也。……推国家主义之精神，则父母不得有其子，妻妾不得有其夫。国家之特设教育，所以造就国民也；父兄之所诏勉，勉其为国民也。盖国家既为世界之个人，则个人自为国家之骨骸矣。（《大中华》第一卷第三期）

到民国五年，"公民教育"一名词，声浪极高，差不多成了一时的教育思潮。这种教育，就是汤氏国民教育主义的派生，我们引当时教育言论者朱元善的一段话为代表，就可以看得出来。他说：

> 所谓公民教育者非他，乃确认个人为组织国家之分子，而借教育训练之力以完成其堪任公民之资格而已。换言之，即在唤起国家观念，以矫正其淡冷国事之弊，使之对于国家有献身奉公之精神，对于一己有自营自主之能力，此公民教育之义务也。……如何而拥护此国体？如何而完成此政体？使之名符其实，且避免一切险象，以奠国基于磐石之安，实不能不惟公民是赖，然则公民教育之尤切于我国，益可知矣。（《教育杂志》第八卷第四号《今后之教育方针》）

自公民教育思潮喧腾以后，把从前各学校的修身科目逐渐打倒，一律代之以"公民学"的科目。自八九年以后，全国各学校的功课表上简直寻不出"修身"二字的影儿，也可以想见这个思潮的力量之不弱了。

四　实用主义的教育

实用主义的教育，倡导于黄炎培，附和于庄俞，在民国二三年间已演为思潮，至六年以后此项思潮业已成熟，遂将实用主义一变而为职业教育。中国自甲午战败，倡兴学堂以来，到民国初年已有二十年的历史。在清朝君主时代，所有学堂教育，固然未能脱离科举习气，就是辛亥革命以后，表面上虽号称民国，改建共和，而一般人们犹保留着半封建的头脑，所以他们仍是以学校为士大夫阶级的养成所。学校既未脱离旧日的习气，所有教授、管理、训练，只是态度的、身份的、文雅的、虚夸的，无一事切于实际生活。但由学校出身的数目比较由科举出身的数目，其倍数逐年加多，国家哪能容纳如此巨大数量的士族阶级皆给以官做。且社会的经济力量，商业资本已压倒了一切，由学校出身的士族阶级，纵还有"士为四民之首"的一个观念，可是再不能拿它作口号施行从前身份的权威。社会一天一天地演进，而学校教育犹是因袭不变，于是学校与社会相隔日远，学校教育尽归无用，一班由学校培养出来的青年不仅没有谋生的技能，且反失了谋生的能力，其结果皆变成新式流氓。这种教育越发达，势必致使国家愈穷，社会愈乱，推究其毛病，只是"虚而不实"四字的教育误尽了一切。这种毛病，在黄氏以前已有人看到了，在民国元年蔡元培发表教育意见时，有这样一段话：

> 实利主义之教育，以人民生计为普通教育之中坚。其主张最力者，至于普通学术悉寓于树艺、烹饪、裁缝及金、木、土工之中，此其说创于美洲，而近亦盛行于欧洲。我国地实不发，实业界之组织尚稚，人民失业者至多，而国甚贫，实利主

义之教育固亦当务为急者也。(《教育杂志》第三卷第十一期《新教育意见》)

蔡氏感觉"人民失业至多而国甚贫",所以把实利主义定在教育宗旨里面。但蔡氏只看见"人民失业至多而国甚贫",所以须要开发实业以图救济,却未曾看到一般教育的根本毛病,亦未曾说出实用主义,当时亦未能演为思潮。到民国二年,黄氏的眼力却进了一步。他说:

> 教育者,教之育之使备人生处世不可少之件而已。人不能舍此家庭,绝此社会也,则亦教之育之,俾处家庭间、社会间,于己具有自立之能力,于人能为适宜之应付而已。析言之,即所谓德育者宜归于实践;所谓体育者求便于运用;而所谓智育者,其初步一遵小学校令之规定,授以生活上所必需之普通知识技能而已。乃观今之学子,往往受学校教育之岁月愈深,其厌苦家庭、鄙薄社会之思想愈烈,扞格之情状亦愈著。而其在家庭社会间,所谓道德、身体、技能、知识,所得于学校教育堪以实地运用处,亦殊碌碌无以自见。即以知识论,惯作论说文字,而于通常之存问书函意或弗能达也;能举拿破仑、华盛顿之名,而亲友间之互相称谓弗能笔诸书也,习算术及诸等矣,权度在前弗能用也;习理科略知植物科名矣,而庭除之草不辨其为何草也,家具之材不辨其为何木也,此共著之现状,固职教育者所莫能为讳者。然则所学果何所用?而所谓生活必需者,或在彼不在此耶。(《教育杂志》第五卷第五号《学校采用实用主义之商榷》)

黄氏认从前的教育为"虚名的教育""玩物的教育""平面的教育",所以提倡实用主义,一反从前不切实用的毛病,此种教育,在使学校的教材、训练及一切教育皆切于实际生活，使学生出了学校能够直接谋生活。自黄、庄二氏大声一提倡，全国教育界观念为之一变，大家也摇声应和，而"实用主义"四字遂成为最时髦的名词了。勿论各学校办理的实际情形如何，而对外必标榜实用主义；勿论各书店所编的教科书内容如何，而题端必曰实用主义；所以袁世凯在民国三年特定教育纲要时，也说"教育宗旨，注重道德、实利、尚武，并运之以实用"。此项思潮到民国六年以后，愈唱愈高，黄氏等更进一步改"实用主义"的口号为"职业教育"的口号，由"理论"的变为"实行"的了。

本章参考书举要

（1）《大中华》

（2）《教育杂志》

（3）《教育公报》

（4）舒新城：《近代中国教育思想史》

第五十三章　本期教育制度

第一节　教育行政组织

一　中央教育机关

革命军在南京组织临时政府时，即改从前的学部为教育部。自南北统一，中央政府仍都于北京，教育部亦由南方迁到北方了。第一任教育总长即蔡元培，当草创之初，组织尚未完备。后来经几次修改，到民国三年七月，汤化龙为教育总长时，始将完备的官制公布出来。由此次公布的官制，教育部直隶于大总统，其职权在管理教育学艺及历象等事务，置总长一人为政务官，置次长一人为事务官。内中组织，分一厅三司。厅名总务厅，掌管关于统计、会计、文牍、庶务及图书编审等事务。三司一为普通教育司，掌管关于小学、中学、师范实业、盲哑残废学校及关于地方学务机关等事务；二为专门教育司，掌管关于大学、专门学校、历象、留学及各种学术团体等事务；三为社会教育司，掌管关于图书馆、博物院、动植园、美术馆、体育游戏场、感化院及其他一切社会教育事务。每司置司长一人，总务厅不设专官。此外，置有参事三人，拟订本部的法律命令；置有视学十六人，视察全国学务。（见民国八年《教育法规汇编·官制类》）

二　省会教育机关

民国成立，各省提学使司改为教育司，总管全省教育事务。自民国二年实行军民分治以后，把教育司隶属于行政公署，已失了独立的地位；到民国三年，又将各省教育司取消，仅在巡按使公署政务厅下设一教育科，其地位更不足轻重了。但自民国四年以来，各省地方教育逐渐发达，教育界感觉教育行政机关有专设的必要，汤化龙亦有意采纳此项建议，但不为袁氏通过，未曾办到。到了民国六年，在徐世昌时代，始恢复教育独立机关，正式设立教育厅，公布暂行条例及组织大纲。由以上两项的规定，教育厅直隶于教育部，设厅长一人，执行全省教育行政事务。内中组织，分为三科，每科置科长一人。第一科，掌管收发文牍，整理案卷，编制统计，及综核会计、庶务等事务；第二科，主管普通教育及社会教育；第三科，主管专门教育及外国留学事项。此外，置有视学四人至六人，掌管视察全省教育事宜。（见同书《官制类》）

三　县治教育机关

自民国成立以后，把从前所有府、厅、州、县等名目一律取消，只留"县"一名目，为地方行政单位。县之教育机关，在民国初年，依照前清末年的旧制，除少数县份保留劝学所外，所有地方教育差不多全划归自治机关管辖。即设有劝学所的，其范围极狭。自民国三年，袁政府取消地方自治，渐觉地方有完全添设教育机关的必要；到民国四年遂将昔日劝学所一律恢复了。此项机关，隶属于县公署，设所长一人，劝学员二人至四人，辅佐县知事办理全县教育行政事宜。但此时教育普及的呼声渐高，故于同年七月又由教育部颁布地方学事通则，组织地方学务委员会，办理自治各区学务，而学务委员会与劝学所又成了并立的形式。

第二节　学校系统

民国成立，蔡元培为教育部长时，召集各省教育界人物，在北京开中央教育会议，规定了一个学制系统，附有九条说明，曾于元年九月颁布，谓之壬子学制。迨后，由元年至二年，陆续颁布各种学校令，与前项系统各有出入，综合起来又成一个系统，谓之壬子癸丑学制。这个学制，可算本期的中心学制，并且一直行到十年以后。其后虽小学校于民国四年经一次改造，大学于民国六年经一次修正，但于壬子癸丑学制的根本上无有什么影响。

壬子学制以七年入小学，到二十四岁大学毕业，整个教育年限共计十八年，较癸卯学制减少了二年。下面取消了蒙养院，上面取消了通儒院，中间高等学堂一级也取消了，加上了专门学校与大学平行。我们可以把这七条说明抄录在下：

（1）小学校四年毕业，为义务教育，毕业后得入高等小学校或实业学校。

（2）高等小学校三年毕业，毕业后得入中学校或师范学校或实业学校（小学校及高等小学校设补习科，均二年毕业）。

（3）中学校四年毕业，毕业后得入大学或专门学校或高等师范学校。

（4）大学本科三年或四年毕业，预科三年。

（5）师范学校本科四年毕业，预科一年。高等师范学校本科三年毕业，预科一年。

（6）实业学校分甲乙二种，各三年毕业。

（7）专门学校本科三年或四年毕业，预科一年。

壬子癸丑学制，整个教育期仍是十八年，共分三段四级。一为初等教育段，分初等小学校、高等小学校二级，共计七年；二为中等教育段，只有一级，四年或五年；三为高等教育段，亦只一级，内分预科、本科，共计六年或七年。此外，在下面有蒙养园，在上面有大学院，不计年限。我们再从横的方面看，也是分着三系：一为直系各学校，由小学而中学，由中学而大学或专门学校；二为师范教育，分师范学校及高等师范学校二级，所居地位为中、高二段；三为实业学校，分甲、乙二种，所居地位为初、中二段。此外，还有补习科、专修科及小学教员养成所，皆是此三系中的各种特别或附设的教科，谓之旁支。我们以此为标准，分节叙述于下，至于民国四年的小学教育之变更及其他复古的规定，当另节述之。

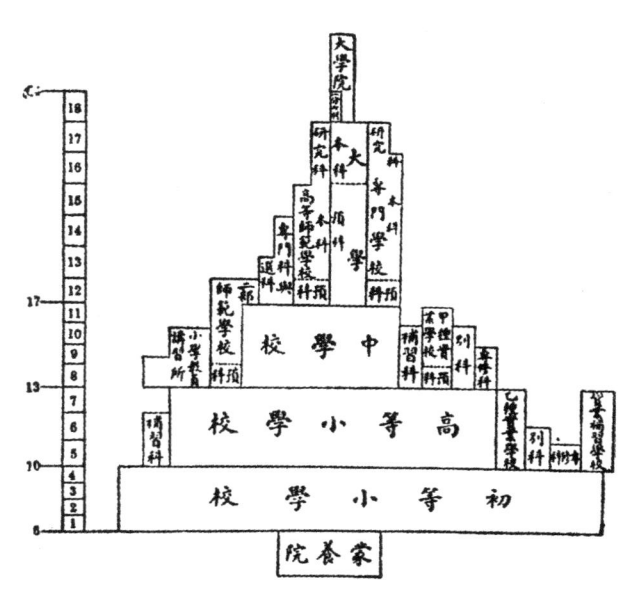

第十四图　壬子癸丑学制系统图（民国元年至二年）

第三节　直系教育

一　小学校

据民国元年九月公布的《小学校令》分总纲、设置、教科及编制、经费及就学等章，我们提要写在下面。（1）小学校以"留意儿童身心之发育，培养国民道德之基础，并授以生活所必需之知识技能"为宗旨。（2）小学校分初、高两等：初等小学校由城、镇、乡设立，高等小学校由县设立。（3）修业期限，初等小学定为四年，高等小学定为三年。（4）初等小学之教科目凡七门，为修身、国文、算术、手工、图画、唱歌、体操；此外，女子加课缝纫。高等小学之教科目凡十门，为修身、国文、算术、本国历史、地理、理科、手工、图画、唱歌、体操；此外，男子加课农业，女子加课缝纫。但高等小学视地方情形，得改农业为商业，或加设英语。（5）小学校里面得添设补习科。（6）儿童以满六周岁的次日至满十四岁止，凡八年为学龄期，凡达到了学龄期的儿童应送入初等小学校受教育——这一条规定已带了强迫教育的性质。（见《教育杂志》第四卷第八期）

二　中学校

《中学校令》也是元年九月颁布的，内中的要点：（1）中学校以"完足普通教育造成健全国民"为宗旨。（2）中学校以省立为原则，县立为例外，由省设立者称省立中学，经费由省款支给；由县设立者称县立中学，经费由县款支给。专教女子的中学称女子中学校。（3）中学修业年限定为四年。（4）中学校的学科目，为修身、国文、外国语、历史、地理、数学、博物、物理、化学、法制、经济、图画、手工、乐歌及体操十五门。女子中学，加课家事、园艺、缝纫，但园艺可以从缺。（5）第一年每周授课三十二小时，第二年授课三十三小时，第三、第四两年各授课三十四小时。（6）中学校入学资格，须在高等小学校毕业及与有同等学力者。

三　大　学

民国元年十月颁布了一道《大学令》，到民国六年又修改了一次，这两种制度在本期皆有试行的，所以教育部法规里面将这两道功令一并存留。我们按照颁布的先后，分别摘要出来。

（甲）元年的《大学令》。（1）大学以"教授高深学术，养成硕学闳材，应国家需要"为宗旨。（2）大学分为文、理、法、商、医、农、工七科。设立时以文、理二科为主，须使文、理二科并设，或文科兼法、商二科，或理科兼医、农、工三科中的二科或一科者，方得名为大学。（3）大学设预科及本科：预科学生入学资格以在中学校毕业或经试验有同等学力者为合格，本科学生入学资格以在大学预科毕业或经试验有同等学力者为合格。（4）预科修业三年；本科按各科的性质，三年或四年不等。（5）大学为研究高深学术起见，除预科及本科外，另设大学院。大学院学生以在大学本科毕业者为合格，修学不定年限。（6）大学本科生毕业了，得称学士。大学院生在院研究有特别成绩时，经大学评议会或教授会认可，得遵照学位令授以学位。（7）大学设校长一人及各科学长一人；师资分教授、助教授及讲师三种。（8）大学各科设有讲座，以教授担任，但是教授不足时，助教或讲师亦可担任。（9）大学里面设有评议会，以各科学长及各科教授组织之，评议大学内一切重大问题，这与癸卯学制的大学会议性质相近，即后来教授管校的起源。

（乙）六年的《大学令》。（1）宗旨相同。（2）所分七科与前全同，但设立的限制比较活动，只要办有二科以上者皆可称大学，如仅设一科则称为某科大学。（3）大学设预科及本科，其入学资格亦同。（4）修业年限缩短了一年，本科为四年，预科只二年。（5）大学院也不定年限，但不设讲座，只聘有导师，分条研究，定期讲演讨论。（6）、（7）、（8）、（9）四条全同。

（丙）二年的《大学规程》。以上所述，只为功令，在民国二年一月，又颁布了一个《大学规程》，把所有各科分门及科目规定得很详细。例如文科分为哲学、文学、历史学、地理学四门；理科分为数学、星学、理论物理学、实验物理学、化学、动物学、植物学、地质学、矿物学九门；法科分为法律学、政治学、经济学三门；商科分为银行学、保险学、外国贸易学、领事学、税关仓库学、交通学六门；医科分为医学、药学二门；农科分为农学、农艺化学、林学、兽医学四门；工科分为土木工学、机械工学、船用机关学、造船学、造兵学、电气工学、建筑学、应用化学、火药学、采矿学、冶金学十一门。

（丁）大学区域。本期七年，对于大学区域划分数次，但皆因政局常常变动，掌管人员不能久于其位，所以只有计划而未曾施行。在民国三年五月，袁世凯制定《教育纲要》时，拟分全国为四个大学区域，尚未曾划定。此时任教育总长的是汤化龙，汤氏自己乃划分为六个大学区：（1）北京，（2）南京，（3）广州，（4）济南，（5）成都，（6）福州。在民国五年，张一麐为教育总长时，也曾于二月照汤氏的计划提及过，亦未实行。到了本年七月，范源濂继任总长，又分全国为七大学区：第一区为直隶、山东、河南三省，分科大学设在北京；第二区为江苏、安徽、江西三省，分科大学设在南京；第三区为山西、陕西、甘肃三省，分科大学设在太原；第四区为湖北、湖南、四川三省，分科大学设在武昌；第五区为浙江、福建、广东三省，分科大学设在广东；第六区为云南、贵州、广西三省，分科大学设在云南；第七区为东三省，分科大学设在奉天或吉林。

四　专门学校

在壬寅、癸卯两学制里面，高等教育段，有高等学堂一级，在大学之下，与大学预备科的性质完全相同。到了本期，即将这一级学校取消了，由法政学堂的推广，变生而为许多专门学校。此项专门学校，其修业期限只少大学两年，入学资格与大学相同，其性质差不多与大学相同。据民国元年十月由教育部所颁《专门学校令》，内中要点如下：（1）专门学校以"教授高等学术，养成专门人才"为宗旨。（2）专门学校之种类为法政、医学、药学、农业、工业、商业、美术、音乐、商船及外国语等。（3）入学资格须在中学毕业或经试验有同等学力者为合格。（4）专门学校得设预科及研究科。（5）又据各种专门学校的规程，其修业年限，概为四年——本科三年、预科一年。研究科全规定为一年以上。

第四节　师范教育

一　师范教育之变迁

民国成立以后，关于教育，变迁很大。（1）从前的优级师范学堂现在改为高等师范学校；初级师范学堂改为师范学校；临时及单级两种小学教员养成所改为小学教员讲习所，到民国四年十一月因初等小学改为国民学校，又把它改为师范讲习所：这是名称的变迁。（2）从前的优级师范学堂以省立为原则，现在的高等师范学校改为国立；初级师范学堂从前以府立为原则，现在的师范学校以省立为原则；到民国四年又取消简易科：这是设置的变迁。（3）高等师范学校内，将从前的公共科改为预科，分类科改为本科，加习科改为研究科；师范学校将从前的完全科改为第一部，简易科改为第二部，完全科中又添设预科的名目：这是编制的变迁。设置既然变迁，则经费的拨给已随着变迁了。其余细目上的变迁，我们在下面随时附述。

二 师范学校

《师范教育令》颁布于民国元年九月，内中包括男女师范学校及男女高等师范学校种种纲要。同年十二月，颁布《师范学校规程》，此项规程到民国五年一月又修正了一番，成为本期办理师范学校的标准。我们将一切要点条举在下面：（1）师范学校以"造就小学校教员"为目的，女子师范学校以"造就小学校教员及蒙养园保姆"为目的。（2）教养师范生的要旨：第一，要"谨于摄生，勤于体育"，以培养健全的身体；第二，要"富于美感，勇于德行"，作为性情的陶冶与意志的锻炼；第三，要使"明建国之本原，践国民之职分"，养成爱国家、遵宪法之教员；第四，要使"尊品格而重自治，爱人道而尚大公"，以养成独立博爱之教员；第五，要使"明现今之大势，察社会之情状，实事求是"，以培养趋重实际之教员；第六，要使"究心哲理，而具高尚之志趣"，以培养其世界观与人生观；第七，要使他们"悟施教之方"；第八，所有教材"要切于学生将来之实用"；第九，要养成他们的"自动之能力"。（3）编制分本科、预科，本科又分第一部与第二部。预科一年毕业；本科第一部四年毕业，第二部一年毕业。（4）预科之学科目为修身、读经（按读经一科系民国五年袁氏特加，五年的规程已将读经取消矣）、国文、习字、外国语、数学、图画、乐歌、体操，女子师范学校加课缝纫。（5）本科第一部之学科目为修身、读经、教育、国文、习字、外国语、历史、地理、数学、博物、物理、化学、法制、经济、图画、手工、农业、乐歌、体操，但农业视地方情形得改授商业。女子师范学校，则加课家事、园艺、缝纫等科，但园艺亦可从缺。（6）本科第二部之学科目为修身、读经、教育、国文、数学、博物、物理、化学、图画、手工、农业、乐歌、体操，女子改农业为缝纫。（7）入学资格：第一部预科以高等小学毕业生为原则，或年在十四岁以上与有同等学力者；本科以预科毕业生升入为原则，或年在十五岁以上与有同等学力者；第二部，以中学校毕业生为原则，或年在十七岁以上与有同等学力者。（8）学生待遇分公费生、半公费生及自费生三种，而以公费生为原则；公费生不仅免纳学费，且由本学校供给膳宿等费。（9）学生毕业后，有在本省充当小学校教职之义务，其义务年限不等。如系男子，第一部本科公费生须服务七年，半费生五年，自费生三年，第二部生二年。如系女子，第一部本科公费生五年，半费生四年，其余与男子同。（10）师范学校应设附属小学校，女子师范除小学校外，还须设附属蒙养园。

此外，在师范学校内，得附设各种讲习科：（1）副教员讲习科；（2）正教员讲习科；（3）蒙养园保姆讲习科。第一种，以养成小学副教员为目的，其入学资格须有高等小学校毕业之程度，讲习年限为一年以上。第二种，以养成小学校正教员为目的，其入学资格以有国民学校许可状或与有同等学力者，讲习年限为二年以上。第三种，另行规定。按，此项讲习科皆附设于师范学校内，如有单独设立的则称某种讲习所。

三　高等师范学校

此项学校的功令颁布于元年九月，规程颁布于二年二月，内中要点如下。（1）高等师范学校以"造就中学校师范学校教员"为目的。（2）内中分预科、本科及研究科：预科一年毕业，本科三年毕业，研究科一年或二年毕业。（3）预科之科目为：伦理学、心理学、教育学、英语、体操。（4）本科又分国文部、英语部、历史地理部、数学物理部、物理化学部、博物部六部。国文部的教科目为：国文及国文学、历史、哲学、美学、言语学。英语部的教科目为：英语及英语学、国文及国文学、历史、哲学、美学、言语学。史地部的教科目为：历史、地理、法制、经济、国文考古学、人类学。数理部的教科目为：数学、物理学、化学、天文学、气象学、图画、手工。理化部的教科目为：物理学、化学、数学、天文学、气象学、图画、手工。博物部的教科目为：植物学、动物学、生理及卫生学、矿物及地质学、农学、化学、图画。以上各部可加授世界语、德语及乐歌为随意科，英语部可加授法语。（5）研究科的科目此时尚未规定，只说"就本科各部选择二三科目研究之"。（6）预科生入学资格以中学校毕业生为原则，本科生由预科毕业生升入，研究科生由本科毕业生升入。（7）此外，除本科外，得设专修科，修业年限定为二年至三年，其入学资格与预科相同。（8）学生待遇分公费生及自费生二种，而以公费生为原则；公费生除免纳学费外，并由本学校供给膳费及杂费。（9）服务年限亦随待遇而不同：本科公费生须服务六年，专修科公费生须服务四年；所有自费生均视公费生减半。（10）高等师范学校，须设附属小学校及中学校，女子高等师范学校除小学校、中学校外还须设附属蒙养园。

高等师范学区，本期亦经数次划分。在民国二年六月，范源濂教育总长任内，曾拟划分全国为六大区域，而更以各附近省份的师范教育行政合并办理。哪六区呢？（1）直隶区域，以察哈尔、热河、山东、山西、河南等省附入；（2）东三省区域，以蒙古东部附入；（3）湖北区域，以湖南、江西等省附入；（4）四川区域，以陕西、甘肃、云南等省附入；（5）广东区域，以广西、福建、贵州等省附入；（6）江苏区域，以浙江、安徽等省附入。此外，蒙古、西藏、青海等地，另行组织；至新疆一省则另划一区。后来中国六所国立高等师范即由此计划产生；民国三年五月，袁氏所订《教育纲要》中的六大高等师范区与此全同；民国四年二月，汤化龙在教育总长任内，所计划六大区域亦与此全同。（以上均见民国八年《教育法规汇编·普通教育类》）

第五节　实业教育

一　绪　言

本期的实业教育对于前期也有很多变迁。从等级方面看，只有甲乙两种，甲种实业等于普通中学程度，乙种实业等于高等小学程度，比较前期减少一级。从种类方面看，除了农业、工业、商业及商船四种实业学校外，还订有实业补习学校；此与前期大致一样。不过与前期较相差异的有两点：（1）关于初等实业一级，较前期加多商船一种；（2）前期另有实业教员讲习所，本期的壬子、癸丑制把它取消，到民国四年，又将此项学校恢复，取名实业教员养成所。修业年限，前期三等合计十一年至十二年半；本期两种合计六年，差不多减少了一半。本期除正系外，凡农、工、商各项学校，皆得另设别科及专修科，前者以二年为限，后者以一年为限，皆未说明附设于甲种学校，或乙种学校，想两种学校均得单独设立。再分叙于下。

二 乙种实业学校

照民国二年八月的《实业学校令》上说，实业学校以"教授农、工、商业必需之知识技能"为目的，不过"甲种实业学校，施完全之普通实业教育，乙种实业学校施简易之普通实业教育"。乙种实业以县立为原则，但城、镇、乡及私人亦可设立。此项学校分农业、工业、商业、商船四种，各以三年毕业。乙种农业学校又分为农学科、蚕学科、水产科等科；工业学校，又分为金工科、木工科、藤竹工科、染织科、窑业科、漆工科等科；商业学校，不分科；商船学校又分航海科及机关科。农业学校之通习科目为修身、国文、数学、博物、理化大意、体操、实习，并得酌加地理、历史、经济、图画等科目；工业学校之通习科目除加经济、图画及外国语外，余与农业学校全同；商业学校之通习科目为修身、国文、数学、地理、簿记、商事要项、体操，并得酌加他科；商船学校之通习科目为修身、国文、数学、体操，并得酌加他科。其余所有各项学校之分科的科目太多，不必备录。其入学资格，须年在十二岁以上有初等小学校毕业之学力者为合。

三　甲种实业学校

此项学校以省立为原则，亦分农业、工业、商业、商船四种。每种皆有预科及本科：预科一年毕业，本科三年毕业。预科入学资格须年在十四岁以上、具有高等小学毕业之程度者为合，本科学生由预科升入。预科不分科，到本科则又分作数科。农业学校预科的科目为修身、国文、数学、理科、图画、体操；工业学校预科的科目除加授外国语外，其余全与农业学校同；商业学校除酌加地理、历史外，其余与工业学校全同；商船学校预科的科目，亦与工业学校大致相同。甲种农业学校本科之学科，又分为农学科、森林学科、兽医学科、蚕学科、水产学科；其通习科目为修身、国文、数学、理科、图画、体操，并得酌加历史、地理、外国语、唱歌等科目。甲种工业本科之学科又分为金工科、木工科、电气科、染织科、应用化学科、窑业科、矿业科、漆工科、图案绘画科；其通习之学科与农业相同。甲种商业本科不分科，其学习科目为修身、国文、数学、外国语、地理、历史、理科、法制、经济、簿记、商品、商事要项、商业实践、体操，并得酌加他科目。甲种商船本科所分与乙种全同，其通习之科目又与农工业学校相同。

四　实业补习学校

此项学校与乙种实业学校的性质相等，但有时可教授与甲种实业学校的程度相等之学科。其目的为"已有职业或志愿从事实业者，授以应用之知识技能，并使补习普通学科"而设。此项学校亦包括农、工、商业等种类，内中学科为农业一类者称农业补习学校，为工业一类者称工业补习学校，其余照此类推。学科目分通习及别习两种：通习科目为修身、国文、算术；别习科目即关于各本校之实业科目，入学资格须年在十二岁以上有初等小学毕业之学力者为合。此项学校得附设于小学校实业学校或其他学校之内，不必单设。

五　实业教员养成所

此项养成所以"造就甲种实业学校教员"为宗旨,分农业教员养成所及工业教员养成所二种。修业年限定为四年,所有学科目得参照农、工两种专门学校规程办理,但须酌加教育学、教授法等科目。学生入学资格以中等学校毕业生或与有同等学力者为合。学生在学不纳学费,所以毕业后须在本省服务三年。此项养成所,勿庸单设,应附设于性质相当之专门学校以内,其经费由省款支给。(以上均见《教育法规汇编·普通教育类》)

第六节　结　论

前清末年,留学教育以日本为最发达。这一班留日学生,学习速成科的占百分之六十;所谓速成科,不外法政与师范两种。习法政速成科的学生,以孙中山在日本的倡导,许多加入政治活动,在辛亥革命时,他们参加革命运动的人数极众。习师范速成科的学生,他们得投机之先,陆续回到国内兴办教育。既有这两种情形,所以在民国初年,政府方面多为日本留学生的势力,而本期教育界也被日本留学生所占有。当民国元年,第一任教育总长蔡元培,对于教育颇具改革的热心,本想采用欧、美制度,但附和的人很少,经几次会议的结果,还是趋重于日本学制。所以从学制方面看,本期的教育仍是日本式的,因袭前期的。其所与前期不同的,不过改学部为教育部,改学堂为学校,改监督堂长为校长,改两级师范学堂为高等师范及师范学校,改初、中、高三等实业学堂为甲、乙两种;改一年两学期为三学期,缩短了些修业年限,减少了些读经钟点,扩充了些女子教育罢了。此项教育制度,除了小学一部分自民国四年特有变更外,一直施行到民国十年;自十一年学制系统改革案公布以后,此制才被废除。但我们原以教育思潮为标准,所以关于本期的时间划分只到民国七年欧战告终为止。自欧战终止以后，中国教育思潮因全世界的人类思想急骤改变而改变，此时制度固然存在，但因思想的簸荡业已发生动摇了。

本章参考书举要

（1）《教育法规汇编》

（2）《教育杂志》

（3）《教育公报》

（4）商务印书馆：《最近三十年之中国教育》

（5）《近代中国教育史料》第二册

第五十四章　小学教育之改制

一　绪　言

自壬子癸丑学制颁布以后，施行了三年，到了民国四年小学教育忽有一种变更。这个时候，正是袁世凯炙手可热之秋，他想把他的封建思想以教育方法建筑起来。在民国三年五月，由他自己特定了一个《教育纲要》，内中分总纲、教育要言、教科书、建设及学位奖励五项，包含着复古的思想非常浓厚，如尊尚孔、孟，崇习陆、王，恢复从前各级学校读经科目及单设经学院，不一而足。这个纲要，关于小学教育改单轨制为双轨制。此项学制分小学为两种，一种学校为一般儿童只获得求生的普通知识技能而设，另一种学校为预备有力升学的儿童而设。前者带有平民教育的性质，谓之国民学校，后者带有贵族教育的性质，谓之预备学校。此项纲要由国务院颁发到教育部，教育部长汤氏即遵照他的意旨，且参以己意拟出三道法令：一为《国民学校令》，二为《高等小学校令》，三为《预备学校令》。前两道令颁布于民国四年七月，即为平民受教育的学校；后一道颁布于四年十一月，即为贵族受教育的学校。预备学校分前后两期：前期修业四年，后期修业三年，合计七年，其期限恰与国民学校及高等小学校合计之年限相等。但此项学校不及施行，到民国五年十月，与《教育纲要》一并取消了。至于国民学校与高等小学校所规定确较民国元年规定的完备许多，自此以后，全国小学即以它为标准，且以它取名了。我们勿妨简略地写几条在下面。（见《教育公

报》第一年第九期至第二年第九期）

二　国民学校

此项学校以"施行国家根本教育，以注意儿童身心之发育，以施适当之陶冶，并授以国民道德之基础，及国民生活所必需之普通知识技能"为本旨。由自治区设立，其校数以足容本区学龄儿童为准，经费即由各该自治区筹给。自治区区董有管理全区学务之权，但设立时及内中办理或有变迁须呈报县知事，经其认可。儿童自满六岁之翌日至满十三岁止，凡七年为学龄。凡达到了学龄的儿童，他们的父母或其监护人皆有使他们就学之义务；否则不达到学龄的儿童不得令入国民学校。教科目为修身、国文、算术、手工、图画、唱歌、体操，女子加课缝纫。勿论男女，均以四年毕业。在国民学校内，准男女同校，但男女同级受课只限于第一、第二两年级。此项学校得设补习科及附设蒙养园。此外，在施行细则里头，关于教授训练，规定得极其详细，颇有教育的价值，但带着极浓厚的国家主义思想，或者是汤氏自己的主张。兹将其授课时间表列于下（见下页）：

三　高等小学校

此项学校以"增进国民学校之学业，完成初等普通之教育"为宗旨。以县立为原则，但自治区力能设立者亦得设立。教科目为修身、读经、国文、算术、本国历史、地理、理科、手工、图画、唱歌、体操；男子加课农业，女子加课家事；一律以三年毕业。入学儿童以曾经在国民学校毕业或与有同等学力者为合格。此项学校亦得设立补习科。此外，在施行细则上，关于教授训练各方面，所拟亦极详细，以其过多，只得从略。（见《教育法规汇编·普通教育类》）

第十六表　民四国民学校授课时间及教材大要表

学年 每周教授时数及教材大要 教科目	第一学年 每周教授时数	第一学年 教材大要	第二学年 每周教授时数	第二学年 教材大要	第三学年 每周教授时数	第三学年 教材大要	第四学年 每周教授时数	第四学年 教材大要	共计 共计
修身	二	道德之要旨	二	道德之要旨	三	道德之要旨 公民须知	三	道德之要旨 公民须知	一〇
国文	一〇	（发音）简单文字之读法书法及日用文章之读法、书法、作法、语法	一二	简单文字之读法书法及日用文章之读法、书法、作法、语法	一四	简单文字及日用文章之读法、书法、作法、语法	一四	简单文字及日用文章之读法、书法、作法、语法	五〇
算术	五	百数以内之数法书法二十以内之加减乘除	六	千数以内之数法书法百数以内之加减乘除	六	通常之加减乘除（珠算加减）	五	通常之加减乘除及简易之小数诸等数加减乘除	二二
手工	一	简易制作	一	简易制作	一	简易制作	一	简易制作	四
图画			一	单形简单形体	一	单形简单形体	男二 女一	简单形体	男四 女三
唱歌	四	平易之单音唱歌	四	平易之单音唱歌	一	平易之单音唱歌	三	平易之单音唱歌	六
体操	四	游戏	四	游戏普通体操	三	游戏普通体操	三	游戏、普通体操	一〇
缝纫					一	运针法通常衣服之缝法	二	通常衣服之缝法补缀法	三
总计	二二		二六		男二九 女三〇		男二九 女三〇		男一〇六 女一〇八

本章参考书举要

（1）《教育法规汇编》

（2）《教育杂志》

（3）《教育公报》

第五十五章　本期教育之实际情形

第一节　各种学校之概况

一　数量之统计

在前清时代，只限中等以下的学堂得由私人设立，凡高等以上的学堂，全归官厅办理。革命以后，把办学的权限开放了，除高等师范学校一种以外，一律允许私人开办。国人只骛高远与虚名，全不讲求实用，设学的权限既开放了，所以一班人纷纷起来开办大学。在民国元、二两年间，私立的大学及专门学校，一时蜂起，到处林立，而私立中小学反觉大为沉寂。革命之后，大家莫不爱谈政治，组织政党，研究政治学理，于是法政人才最感需要，所以此时私立学校中，尤以法政专门为最多，据当时的统计，陆续到部禀请立案的不下六十余处。但此种风气，到民国四、五年以后，渐渐沉下去了。我们算到民国五年为止，国立大学只有北京大学一所，省立大学不过有北洋大学及山西大学二所；国立专门学校北京只有四所，各省公立的不过二十二所；至于私立大学，在北京只存四所，在武昌只有中华大学一所。

据教育部民国五年的统计——四年度的统计，全国中学共有四百零三所；内中省立的占十分之五，县立的占十分之四，私立的占十分之一。省立中学以直隶、河南两省为最多，东三省及云、贵两省较少。县立中学以湖南一省为最多，私立中学以京师及江、浙两省为最多。全国中学学生共计五万九千八百三十五名。较宣统三年约增一倍，四年中的毕业生共计一万二千七百八十三名，较宣统三年约增三倍；经费数共计三百六十二万三千四百七十元。但以上所列，多半属于男子的学校，至于为女子设立的只有京师及苏、闽、鄂、黑等省，以与男子中学比较，殊不可以道里计。全国小学校以四川一省为最多，其次为直隶、湖北、山东等省，以新疆、绥远二省为最少。合计高、初两等男女学校，为十万六千六百五十五所，较宣统三年约增二倍。至于小学男女儿童数为三百四十四万三千六百八十三名，较宣统三年约增三倍。

据同年的统计，全国师范学校，除北京师范及北京女子师范为教育部直隶二校外，各省报部立案的约计一百四十一所。内中以江苏、奉天两省为多，其次为浙江、湖南、四川、广东、云南，再次为直隶、山东、河南、山西、安徽、湖北、吉林等省，以黑龙江、陕西、福建、甘肃、广西、贵州等省为少，而新疆一省尚未设立。现有学校以江苏、奉天、湖南等省为最多，四川为最少。合计在学学生数为二万一千一百三十七名，加上直隶二校二百六十名，共有二万一千五百九十七名，较宣统三年约增二倍；毕业生数为三千四百八十五名，较增四倍。高等师范学校自元年改为国立以后，较前清末年，数目大为减少。当初计划拟分全国为六区，每区设立高师一所；只以经费困难之故，在民国五年以前只成立北京、武昌二所，在五年以后又成立南京一所；至于省立所存留的，尚有直隶、四川、山东、湖南、广东、河南、江西共七所。不过自省立各校渐渐停办之后，由教育部所计划的国立数校乃依次开办。

民国成立以来，以实业学校最无起色，比较前清末年是一种退步。我们专就本期说吧，据同年的统计，校数以河南、山东等省为多，成绩以江苏、浙江等省为优。至于实业学校的种类，以农业居多数，工业较少，商业更少，商船学校则更不多见。我们总计起来，据教育部四年度的统计，全国学校共有十二万九千七百三十九所，共有学生四百二十九万四千三百五十一名，经费支出三千七百四十万六千二百一十二元。

二　学校内部之虚伪

本期各学校所设科目虽多，但没有一科切于实用的；教材的内容既肤浅，教材的编制又机械；国文选的是古文，一切科学教本完全采取极死板的文言。中小学多有读经一科，即无读经，而修身一科不外宋儒所辑的儒家格言。论到程度，中、小学尚勉强敷衍，而大学及专门学校极不整齐，尤以私立专门学校为尤坏；真有如张东荪所谓"中学等于小学，高等复等于中学，而大学专门更等于高等，于是全国之学校无程度之差别，仅名目之异同而已"（《庸言》第二十三号）。张氏又说："今之中、小学校，在学及卒业者，语其积极之恶德，如奢侈、冶游、滋闹；语其消极之恶德，如不健全之思想，不充分之知识。国家内多一此种之人，则社会上多一废物，吾常谓中国全国之学校皆为废物之制造厂。"（《庸言》第二十三号）这虽是语带感情，不免言之过激，但此时教育之不切实用，是无可否认的；著者的中学生生活就在此时期经过，回想那时的教育，犹有余酸。不过此时还有一种现象：中等学校以上的功课，英文钟点格外居多，在一个星期的自习时间，至少有五分之三用在英文一科上；其余各科，上课时则把书本打开，退课后就束之高阁，等到临考的时候，才用心温习一遍。盲目地模仿，不管有用与无用，只问别国设立与不设立；本期比较前期是没有什么进步的。著者在当时，也是撑着舌头随人之后，日日读英文，到今日仍觉无一实用，固然不能以一概全，但也可以推知当时学校学风趋势之一斑。

三　教授法之进步

但本期有一显著的进步，即小学教授法之改良。前期的教育，虽然改成了讲堂制，但教授方法多半采用注入式，教师在讲台上口讲指画，学生在座位上抄写静听；国文及读经等科，有时还须背诵，革命以后，方法才逐步改良。在民国元、二年间，始由注入式改为启发式，这个时候，以能采用赫尔巴特的五段教授法者为最时髦；三、四年以后，一般人觉得五段教授法太呆板了，于是有自学辅导法和分团教授法的运动；到民国五年，又有自动主义、自治主义、自习主义等名目，与上项运动其实是一个途径。这种运动，所历时间较久，自设计教学法由美国搬进中国来以后，才渐渐消沉下去。设计教学法，萌芽于民国六、七年之间，到九、十两年间，风行一时，比较趋新一点的小学校，莫不试行此法，装潢门面；自民国十一年以后，虽后进的道尔顿制钻进了中、小学里面来，而此法的势力尚未十分衰退。

还有一点，我们应当补叙在这里。在前段，我们不是说本期的教科书编制和内容均不合用吗？可是本期各学校完全采用有系统的教科，这也算是一种进步。在科举时代，原没有教科书的名目，他们所选为教材的不过几本成书。成人读四书五经，儿童读《三字经》《百家姓》，习举子业者则呻咏高头讲章。前清末年，虽将书院一律改为学堂，除少数教员自编讲义及间或有几本头绪不清的新式教科书外，多半还是采用的成书。到了本期，则不同了，除了大学讲义与成书兼用外，各级学校，各种学科，莫不采用较有系统的教科书，这种教科书，或由书店代编，或由教育者自编，或由教育部专编。

四　女子教育之依旧

前期由政府设立的正式女子学校，只有小学及初级师范两种，本期所扩充的也不过两种：一为女子中学，一为女子职业学校。女子职业学校即等于男子的甲、乙两种实业学校，至于专门以上的女子学校，本期尚未设立。女子在学人数与男子比较，相差很大，据教育部四年度的统计：初小女生占初小男女生总数百分之四点四弱；高小女生占男女总数百分之四点四强；设有女子中学的地方，只有京师及苏、闽、鄂、黑等省；女子职业学校更属寥寥无几。到民国七年度的统计：初小女生的百分比与前相等；高小女生的百分比为百分之五点五四，仅较四年度稍增了百分之一点一；其他各种学校尚没有确数的统计可资比较。中国女子教育多发轫于外国人所办的教会学校，故教会各种女校较政府公立或国人私立的均早。本期公立的虽无大学，但由教会设立的已有三所——一为北京协和女子大学又名燕京女子大学，二为南京金陵女子大学，三为福州华南女子大学，自家的教育由外人先我而倡办，这也是吾人之一种羞耻。至于女子教育宗旨，仍未脱贤妻良母主义，我们读当时《教育杂志》，观一般人所呼号的，就可以证明其对于女子教育之观念。例如在民国七年八月，有自署天民所作《今后女子教育之方针》一文中，有这样两句话："女子不必使其离失家庭而徒务高尚之教育，应使其人人以良妻贤母自期，同时对于社会国家尽其重大之任务，则女子唯一之天职于是乎在。"（《教育杂志》第十卷第八号）汤化龙在民国四年一月，关于整理教育方案三十则，第二十三则里面说："女子注重师范及职业，并保持严肃之风纪。今且勿骛高远之谈，标示育成良妻贤母主义。"（《教育公报》第八册）范源濂在民国五年十月教育总长任内，于整肃风化一端，对于女子的禁令有下数条：（1）不准剪发；（2）不准缠足；（3）不准无故请假；（4）通学者不得过十四岁；（5）不准自由结婚。我们观（1）（4）（5）各条，可以想见范氏之思想，也可以想见当时一般人对于女子教育之观念。由以上看来，女子教育，本期实无进步，不过依旧罢了。

第二节　义务教育与国语运动

一　义务教育

中国之有义务教育的计划，实自本期开始。在前期《奏定学堂章程》内的初等小学章程,曾稍一提及过:"东西各国儿童有不就学者,即罚其父母,或任保护之亲族人。此时初办,固邅难一概执法以绳,而地方官绅及各乡村绅耆,要当认定此旨。"(《计年就学章》第三节)但此不过看见东西各国有义务教育的办法,只引用来以便提倡小学。到宣统三年,全国教育会联合会议,有"实行义务教育之预备方法"一案;而学部改订筹备教育事宜清单,亦明定于宣统三年拟订试办义务章程,宣统四年推广义务教育。这也不过腾诸口说,并未施行,且亦没有详细的计划。民国元年七月,蔡元培召集之中央教育会议,才将义务教育明白规定,并于同年九月以部令正式公布了。文中这样说:

> 儿童自满六岁之翌日起,至满十四岁止,凡八年为学龄。学龄儿童保护者,自儿童就学之始期,至于终期,负有使之就学之义务。(《小学教育令》第五章第二十九条)

在同年同月,部令公布之学校系统内,对于义务教育规定得更明显:"小学校四年毕业,为义务教育。"但此不过规定了儿童就学的年龄及义务教育的年限,至于详细计划,要到民国四年以后才有。民国四年一月,袁世凯以大总统的名义颁布之《教育纲要》,在总纲里面,有"施行义务教育,宜规定分期筹备办法,务使期成功,以谋教育之普及"一句话。并由国务卿以公函转达教育部,嘱部遵令办理。此时教育总长汤化龙氏遂拟定义务教育施行程序三十一条,分两期办理。自本章程颁布之日起至本年十二月止,为第一期。此期拟办事项,凡分二类:一为颁布各项规程——规定义务教育之要则,为办学的准绳;二为调查各地教育现状——察核义务教育最近之状况,为整顿之根据。自五年一月至十二月为第二期。此期拟办事项,约分地方及中央两部:关于地方的,为师资的培养、经费的筹集、学校的推广;关于中央的,为核定各地陈报之办法,通筹全国义务教育之程限。自教育部此项计划公布以后，于是各省有规定计划的，有由计划而试办的，其中以山西一省进行最力。山西省的义务教育计划，自民国七年始，分四年逐渐推广，到民国十年，全省各村镇的义务教育一律办理完竣。到民国八年，教育部乃采仿山西省的办法，规定令行各省分期筹办。共分七期如下：

（1）民国十年，省城及通商口岸办理完竣；

（2）民国十一年，县城及繁镇办理完竣；

（3）民国十二年，五百户以上之乡镇办理完竣；

（4）民国十三年，三百户以上之市乡办理完竣；

（5）民国十四、十五两年，二百户以上之市乡办理完竣；

（6）民国十六年，一百户以上之村庄办理完竣；

（7）民国十七年，不及百户之村庄办理完竣。

此项计划虽然规定，但因政治不统一，内战时常发生，在事实上皆未能如期举行。且各省情形不同，虽有试办，也先后不齐。自本期以后，内战更多，民国二十年以来，不仅不识字儿童占百分之八十，即义务教育也没有人鼓吹了。按本期专门研究义务教育的为袁希涛，袁氏是江苏宝山县的人，在民国七、八年曾当过教育次长，现已死了。其次为陈宝泉，陈氏天津人，较袁氏肤浅。

二 国语运动

国语运动，在民国以前十多年已经发生，至民国九年以后才告成功。黎锦熙把这个运动分着四个时期，各有运动的中心。第一期在前清光绪二十四年上下的十年间，为"切音"运动时期，以卢戆为代表。第二期在光绪三十四年上下的十年间，为"简字"运动时期，以王照、劳乃宣为代表。第三期在民国七年上下的十年间，为"注音字母与新文学"联合运动时期，可以说以吴敬恒、王璞及胡适等人为代表。第四期在民国十七年上下的十年间，为"国语罗马字及注音符号"推进运动时期，可以说以钱玄同及黎锦熙为代表。此项运动，初由"切音"运动变而为"简字"运动，后来又变而为"注音字母"运动，本期就是注音字母运动的时期。此项运动的目的，当初只在求达"言文一致"，后来变做"国语统一"，最后则变成语言文字的革命，在与教育的普及发生最大关系；本期的目的还只在求"国语统一"，所以称做国语运动。

"国语统一"的运动，在前清末年已开了端倪：一是学部奏改筹备事宜清单，规定自宣统三年起逐年筹备国语统一事宜；二是各省教育总会联合会，议决有统一国语方法一案；三是中央教育会议也议决了统一国语办法的方案。此时以王、劳两氏竭力运动的结果，造成许多空气，引起社会及政府的注意，其势不小，但不久因辛亥革命而暂归于停顿。民国成立以后，旧事重提，蔡元培在元年中央教育会议席上，以教育总长的资格对众演说时，曾提及国语统一的问题，于是大会里面就有采用注音字母的议决案。该案议决由部召集各省于音韵之学素有研究及通欧文两种以上的人才共同制定字母，以谋国语统一进行之初步。追后，教育部依照议决案召集各省代表组织"读音统一会"，以吴氏为会长。此会成立于民国二年二月，虽会长屡次更易，但已制成了三十九个注音字母，字形由章炳麟创的例——为统一国语的最初标准。不过此项字母虽被议决制定，却未曾正式颁布，又因政局不定，运动往往归于停顿。直到民国四年，代理会长王璞呈请在京开办国语传习所，招生传习，但力量只限于北京一隅。再过一年，到了民国五年，由国语运动者在北京组织国语研究会，于是国语运动又勃兴起来了。全国教育会联合会受了此项运动的感动，于六年在杭州开第三届大会时，遂议决"请教育部速定国语标准，并设法将注音字母推行各省区，以为将来小学国文科改国语之预备"。而江苏省教育会也议决一个"各学校用国语教授案"，不待教育部的命令随即实行了。加以自七年以来，平民主义的教育思潮如狂风怒涛，更使国语运动加增了不少的力量。教育部看着大势所趋，再不能坐视不理，于是办下两件事情：（1）在七年六月召集全国高等师范学校校长来京会议，议决高师附设国语讲习科，专教注音字母及国语；

（2）在同年十一月二十三日，正式公布注音字母。我们把当时公布的三十九个字母抄在下面：

声母二十四

ㄍ　（见一）古外切，与浍同，今读若格，发音务促，下同。

ㄎ　（溪一）苦浩切，气欲舒出有所碍也，读若克。

ㄫ　（疑）五忽切，兀高而上平也，读若愕。

ㄐ　（见二）居尤切，延蔓也，读若基。

ㄑ　（溪二）本姑泫切，今苦泫切，古畎字读若欺。

ㄏ　（娘）鱼俭切，因崖为屋也，读若腻。

ㄉ　（端）都劳切，即刀字，读若德。

ㄊ　（透）他骨切，义同突，读若特。

ㄋ　（泥）奴亥切，即乃字，读若纳。

ㄅ　（帮）布交切，义同包，读若薄。

ㄆ　（滂）普木切，小击也，读若泼。

ㄇ　（明）莫狄切，覆也，读若墨。

ㄈ　（敷）府良切，受物之器，读若弗。

万　（微）无贩切，同万，读若物。

ㄗ　（精）子结切，古节字，读若资。

ㄘ　（清）亲吉切，即七字，读若疵。

ㄙ　（心）相资切，古私字，读私。

ㄓ　（照）真而切，即之字，读之。

ㄔ　（穿）丑亦切，小步，读若痴。

ㄕ　（审）式之切，读尸。

ㄏ　（晓一）呼旰切，山侧之可居者，读若黑。

ㄒ　（晓二）胡雅切，古下字，读若希。

ㄌ　（来）休直切，即力字，读若勒。

日　（日）人质切，读若入。

介母三

一　于悉切，数之始也，读若衣。

乂　疑古切，古五字，读若乌。

凵　丘鱼切，饭器也，读若迁。

韵母十二

丫　于加切，物之歧头，读若阿。

乙　阿本字，读若疴。

世　羊者切，即也字，读若也。

ㄟ　余支切，流也，读若危。

历　古亥字，读若哀。

幺　于尧切，小也，读若傲，平声。

又　于救切，读若讴。

马　乎感切，嘾也，读若安。

尢　乌光切，跛曲胫也，读若昂。

ㄣ　古隐字，读若恩。

乙　古肱字，读若哼。

儿　而邻切，同人，读若儿。

以上三十九个字母，各分五声：阴平无号，阳平以 ˇ 为符号，上声以 ∪ 为符号，去声以 ˋ 为符号，入声以 ´ 为符号。自公布以后，国语运动算解决了第一步，全国小学莫不以它为教授，借它拼音汉字，但国文改为国语还在九年以后。此项字母读写的次序，在民国八年由教育部又重行排列过一次。其次序如下：

ㄅㄆㄇㄈ　ㄉㄊㄋㄌ　ㄍㄎㄫㄏ　ㄓㄔㄕㄖ　ㄗㄘㄙㄧㄨㄩ

ㄚ ㄛ ㄝ　ㄞ　ㄠ　ㄡ　ㄢ ㄟ ㄤ ㄥ　ㄦ

ㄛ母之音应读为O，但当时有些人读为V的。国语研究者如汪怡、钱玄同、黎锦熙等，以为一字两读，殊欠统一，而代表V音诸字却不可无；于是他们把ㄛ字头上加上一点，变为ㄜ字，读若V，以原来的ㄛ字读若O，自此注音字母变成四十个字了。这是民国九年加上去的。

本章参考书举要

（1）《庸言》

（2）《教育杂志》

（3）《新教育》

（4）《最近三十年之中国教育》

（5）《教育公报》

（6）《中国教育统计》

第六编　初期资本主义时代的教育

第四期　自五四运动至三一八惨案（1919—1926）

第五十六章　一九一九年之解放运动

第一节　何谓解放运动

一　运动之意义及历程

民国八年（1919）的五四运动，本是一种学生爱国运动，可是在此地我们要叫做它是"解放运动"。什么是解放运动？凡思想的解放、态度的变更及人生的再造，此种种运动打成一片的运动，就叫做解放运动。中国的解放运动，从浅义方面说，是一种于1860年的英、法联军以后，倡导于1894年的中、日战争以后，到1911年的辛亥革命始收功效——这不过是政治上的解放。从深义方面说，中国的解放运动，不过萌芽于1915年（民国四年），倡导于1917年，到1919年而爆发，到1921年而成熟。这一次运动，才把中国人的思想大大地解放了，自1915年，到1923年的七八年之间，谓之解放运动时期。在此七八年的一个短时期中，而以1919年的五四运动之际为最高潮，且此项运动确由五四运动的力量大促其成功，而五四运动恰当着此项解放运动时期的中间时期，所以我们以1919年的五四运动，作为思想解放运动的代表。

甲午战争以后，虽经康、梁等人大声疾呼，唤醒了不少的民众，但他们的口号不过"变法兴学"，于中国传统的伦理思想，并未提及。辛亥革命以后，虽改君主为民主，把三纲五伦，弄得残缺不全，但不全者只是政治法律的关系，除君臣一伦失了效力外，其余的是丝毫没有动摇。所以自辛亥革命以来，全国只悬了一方五色国旗，社会仍然保持着半封建时代的状态，人民仍然固守着半封建时代的思想。对于旧伦理思想，首先发难的是陈独秀，应声而起的有胡适、钱玄同一班人。陈氏以青年为宣传思想的对象，所以他的宣传品即取名《新青年》。他的工作，第一步训练青年以毁墙撤壁的胆量；第二步宣布墙壁的罪状，示以必须撤毁的理由；第三步则率同青年拿着武器对圈着他们使他们生活不舒服的墙壁实行撤毁。所以他说：

儒者三纲之说，为吾国伦理政治之大原，共贯同条，莫可偏废。三纲之根本意义，阶级制度是也。所谓名教，所谓礼教，皆以拥护此别尊卑明贵贱制度者也。近世西洋之道德政治乃以自由平等独立之说为大原，与阶级制度极端相反，此东西文明之一大分水岭也。自西洋文明输入吾国，最初促吾人之觉悟者为学术，相形见绌，举国所知矣。其次为政治，年来政象所证明已有不克守缺抱残之势。继今以后，国人所怀疑莫决者，当为伦理问题。此而不觉悟，则前之所谓觉悟者，非彻底之觉悟，盖犹在惝恍迷离之境也。（《新青年》第一卷第六号《吾人最后之觉悟》）

孔子生长封建时代，所提倡之道德，封建时代之道德也；所垂示之礼教即生活状态，封建时代之礼教，封建时代之生活状态也；所主张之政治，封建时代之政治也。封建时代之道德礼教生活政治所心营目注，其范围不越少数君主贵族之权利与名誉，于多数国民之幸福无与焉。（《新青年》第二卷第四号《孔子之道与现今生活》）

这腐旧思想布满中国，所以我们要诚心巩固共和国体，非将这班反对共和的伦理文学等等旧思想，完全洗得干干净净不可。（《新青年》第三卷第三号《旧思想与国体问题》）

这个时候，经陈氏几次大炮开放以后，接手胡适起来作文学革命的运动，接手钱玄同等人起来为国语的宣传。这种种运动结合起来，演成整个的思想革命——解放运动。学说思想传播的力量大于飓风，果然煽动了不少的青年学生，但社会的一般民众尚未撼动。到了1919年的5月，经北京学生一番惊人的群众运动，有似炸弹一击，把将要倒坏的藩篱炸得粉碎，而中国民族的思想才得着真正的解放。自此以后，他们的态度完全改变了，对于旧的一切都要追问一个理由了。这种解放的思想、活跃的人生，完全自五四运动以后才能普及，五四以后的思想，与五四以前绝对两样，所以我们直接称五四运动为解放运动。

二　运动之原因及目的

此次解放运动，虽由于二三先觉之士提倡之初，但亦有内外两种原因。内在的原因，由于现行的政治失了人民的信仰，外来的原因由于时代潮流的簸荡。中国自1860年被英、法联军战败以后，以为非模仿西艺不足以图强；乃逐一模仿了，而国弱如故。自1894年被日本战败以后，以为非变法兴学不足以图强；乃逐一变法兴学了，而国弱如故。自1900年初被八国联军战败以后，以为非革命不足以图强；乃共和政治的招牌挂上了四五年，仍然受帝国主义的压迫。乃至1917年，俄国革命，1918年，德、奥战败。俄国革命推倒了专制魔王，建设劳农政府，给中国青年以不少的刺激。德、奥战败，大家以为公理战胜了强权，和平的声浪更给中国民众以极大的欢呼。由后者，知道国人从前提倡的军国民主义无用了，以后应当讲求和平，提倡平民主义。由前者，知道中国辛亥革命，是法国式的革命，太不彻底，与俄国十一月的革命比较，不觉相形见绌。青年学生，已不满意于现在的状态，欧战以后，更给不满意的程度以强力；再加二三学者乘时大声一呼，于是众山响应，而解放运动爆发了。至于运动的目的，在铲除封建社会，建设民主社会——政府要民主的，伦理要民主的，教育要民主的及一切制度和思想皆要建筑在民主的基础之上。换一句话，此次解放运动就是民主运动。

第二节　解放运动与教育

一　平民主义的教育思想之风行

在五四运动以前，国人对于教育的态度，只是国家的、强武的。在五四运动以后，国人对于教育的态度，一变而世界的、和平的了。此时世界的潮流趋向于民主的，即是平民主义的，所以教育也归到平民主义。中国平民主义的教育思想，固然自五四运动以后大为风行，但在五四运动以前已有人提倡。提倡较早的还是陈独秀，其次则为蒋梦麟。陈氏说：

> 吾国今日之教育方针，将何所取法乎？盖教育之道无他，乃以发展人间身心之所长，而去其短，长与短即适与不适也。以吾昏惰积弱之民，谋教育之方针，计惟去短择长，弃不适以求其适。易词言之，即补偏救弊，以求适世界之生存而已。外览列强之大势，内鉴国势之要求，今日教学相期者，第一当了解人生之真象，第二当了解国家之意义，第三当了解个人与社会经济之关系，第四当了解未来责任之艰巨。准此以定今日教育之方针。依此方针，说其义如下：（1）现实主义，……（2）唯民主义，……（3）职业主义，……（4）兽性主义，……（《新青年》第一卷第二号《今日之教育方针》）

陈氏不是教育专家，当然没有蒋氏说得光鲜，但他发表这一段话的时候正是民国四年，欧洲大战方酣，我们国家尚在高唱军国民教育呢。

蒋氏说：

> 欲得永久之和平，必以平民主义为基础。……欲图永久之和平，必先解决教育之根本问题。……此次世界大战之结果，平民主义已占胜势，世界潮流且日趋于平民主义。平民主义愈发达，则其和平之基础愈巩固。故欲言和平之教育，当先言平民主义之教育，欲言平民主义之教育，当自养成活泼之个人始。（《教育杂志》第十一卷第一号《和平与教育》）

当此之时，俄国业已革命，欧战业已停止，正是和平空气弥漫天空的时候，正是平民主义高唱入云的时候。中国方面，经蒋梦麟等人一提倡，接手五四运动发生了，接手杜威博士东来了。五四运动是击开平民之花的锤子，杜威博士是饱含平民主义的使者，万弩一齐放射，所以此时中国平民主义的教育之思潮也跟着世界的潮流风行于全国了，虽乡村小学也标榜"德谟克拉西"几个字，装潢门面。

什么是平民主义的教育？我们只有请本主义的专家杜威博士来解，比较妥当些。杜威说：

> 什么叫做平民主义的教育呢？就是我们须把教育为全体人民作想，为组织社会的各分子作想，使能成便利平民的教育，不成为少数贵族阶级或者有特殊势力的人的教育。
>
> 我们实施平民教育的宗旨，是要个人受着切己的教育。实施平民教育的方法，是要使学校生活真正是社会生活。这样看来，人民求学的主旨，就是求生活的道理，这是真正的目的。至于文字等原不过用作工具，我们把它当作机械看罢了。"
> （均见《杜威五大讲演》）

> 平民主义的社会是要使各个人居于平等的地位，而参与有

利于社会的事体，并且使社会自身有与其他团体自由交际的充分机会。像这样的社会，必须有一种特别的教育，使各个人对于社会的关系与管理，有直接的兴趣，并且养成各个人有贡献于社会幸福的习惯。（《平民主义与教育——教育上平民主义的观念》）

由此看来，平民主义的教育，是反特殊阶级的教育，反训练主义的教育，是要使教育平民化，使教育方法也平民化，并要以此教育培养富有平民主义精神的公民。此种思想提倡以后，北京师范大学教育研究科特出一种《平民教育》刊物，助其声势。不久，由该校学生创办类似补习的一种学校，取名"平民学校"，意在实施平民教育，其实已失平民主义的意义了。此地一倡，各处响应，凡中等以上的学校莫不附设了平民学校，由是平民学校之名风行一时。

二 自动主义与自治主义

随平民主义的呼声而起的，有自动主义与自治主义。自动主义以儿童为中心，所有学校的课程及操作，全由儿童自发活动，教师只处于辅导的地位。由儿童自发活动，可以培养他们的创造能力，可以开发他们的自我表现，可以增高他们的学习兴趣。这种主义应用到教法上的，有设计教学法及道尔顿制实验室。自动主义包含学校的整个活动，自治主义则专就管理方面说的。旧式的管理法，不承认学生有自治能力，由学校定出了许多条规，令他们一一遵守，学生的行为完全是被动的、受拘束的。现在不仅培养学生的自治能力，并且承认他们有这种能力，把学校一切规则及团体生活中应守的秩序，交给他们自己遵守、自己约束，教师不过从旁指导其进行及矫正其错误。提倡这种主义，可以提高他们的责任心，可以培养他们法治的精神，可以增加师生间的感情。这种主义应用到学校生活上的，有学生自治会及各种合作社的组织。自五四运动以后，这两个主义也是风行一时，办学校者以此提倡，当学生者以此要求。但提倡过度，或仿行失当，自动变为乱动，自治变为放任，且进而干涉学校行政——这种情形亦屡见不一。

三　国语运动之成功

在民国六年至十二年的六年当中，为国语运动最高潮的时期，亦即为此项运动之成功的时期。本期成功之点有二：一是中、小学的"国文"科目一律改为"国语"科目；二是全国各种社会里面的文学，一律由"文言"改用"语体"，除了少数的衙门公文。国语运动，自民国六年追溯到发生之初，至少有二十年来的历史。在二十年中，所有进行全是迂缓的、曲折的，在社会上所起的反应是很微弱的，但至民国六年以后则突飞猛进，数年之间，披靡全社会，差不多有使河山顿改颜色的情况。我们推究此中的原因，不外两点：（1）受了平民主义教育思潮的影响；（2）受了新文化运动的影响。平民主义的教育含义很广，但为一般人所最先了解的一点，即在打破从前特殊阶级的教育而使教育平民化。这个意思是在整个民族之内，所有平民皆应受教育，于是教育由特殊的要求变而为普及的要求了。教育既要求普及，所谓"引车卖浆之徒"，"瓮牖绳枢之子"，也得要进学堂，读教科书。到了此时，从前与说话不一致的"国文"，自然不能适用，此所以有"国文"改为"国语"的成功。新文化运动含义也极广，我们从广义方面说，就是"思想解放"；从狭义方面说，则以"文学革命"为主干。文学革命应推功于陈独秀、胡适二人。陈氏的《文学革命论》上说："推倒雕琢的阿谀的贵族文学，建设平易的抒情的国民文学，推倒陈腐的铺张的古典文学，建设新鲜的立诚的写实文学，推倒迂涩的艰深的山林文学，建设明了的通俗的社会文学。"（《独秀文存》）胡氏的《文学革命运动》里面说："若要造国语，须先造国语的文学，有了国语的文学，自然有国语。……真正有功效有势力的国语教科书便是国语的文学，便是国语的小说诗文戏本。国语的小说诗文戏本通行之日，便是中国国语成立之时。……中国将来新文学用的白话，就是将来中国的标准国语。造将来白话文学的人，就是制定标准国语文学的人。"（《胡适文存》）陈氏所论只在一般的文学之革命，而胡氏所论则已涉及学校里面的国语教科书了。但胡氏所论只在文学革命——变文体为语体，而陈氏所论则连思想解放一起包括了。文学革命固然直接地革除旧式的陈腐文体，而思想解放则更根本地推翻一切旧习惯，此两种运动皆足以达到我们上面所说的第二点的成功，也就是达到国语运动的成功。关于第二点的成功，属于广义的教育，姑且从略，我们把关于狭义的教育——第二点的成功——说明本期的经过。

在国语运动的组织方面，民国元年至五年，有读音统一会，产生了三十九个注音字母。民国五年至十二年，有国语研究会，产生了文学革命，公布了注音字母。民国八年至十二年，改中、小学国文科为国语科，成功了新文学运动。此外全国教育会、研究会，不时与它们遥相应和。在公布注音字母以前的经过，我们在前期已说明过了，改国文为国语，则由于八年全国教育会联合会及国语统一筹备会的建议。民国九年一月，教育部采纳了他们的建议，遂训令全国各国民学校，先将一、二年级的国文改为语体文。训令如下：

> 案据全国教育会联合会，呈送该会议决推行国语以期言文一致案，请予采择施行；又据国语统一筹备会，函请将小学国文科改采国语，迅予议行，各等因到部。查吾国以文言纷歧，影响所及，学校教育因感受进步迟滞之痛苦，即人事社会亦欠具统一精神之利器。若不急使言文一致，欲图文化之发展，其道无由。本部年来对于筹备统一国语一事，既积极进行；现在全国教育界舆论趋向，又咸以国民学校国文科宜改授国语为言。体察情形，提倡国语教育，实难再缓。兹定自本年秋季

起，凡国民学校一、二年级，先改国文为语体文，以期收言文一致之效。合亟令行该署转令遵照可也。（《教育公报》第七年第二期）

这种训令虽只限于小学一、二年级，但却是一种创举，值得我们大书特书。在民国以前，所有学校正式的教材，大半是四书五经。民国纪元以来，自大体上说，学校虽废止了读经的课程，但所有教科书仍旧一律用的死板的文言。民国六、七年以来，因新文学的运动，教育界上的人们于是有改学校国文为国语的要求，但非正式的。自此项训令于九年一月公布以后，学校教科之采用国语遂成为法令了。教育部并于同年同月把《国民学校令》及《国民学校施行细则》已修正了。修正的细则第四条上说：

国语要旨，在使儿童学习普通文字，养成发表思想之能力，兼以启发其德智，首宜教授注音字母，正其发音；次授以简单语词、语句之读法、书法、作法；渐授以篇章之构成，并采用表演、问答、谈话、辩论诸法，使练习语言。

读本宜取普通语体文，避用土语，并注重语法之程序。其材料，择其适应儿童心理并生活上所必需者用之。（《教育公报》第七年第二期）

同年四月，教育部又颁布一道训令，凡国民学校各年级，截至民国十一年止，凡旧日用文言所编的教科书——国文、修身、唱歌等等，一律废止；即至十一年以后，凡国民小学各种教材一律改为语体文。民国十二年，全国教育会联合会所组织之课程标准委员会，起草中、小学课程纲要，关于国语的要点，据黎锦熙说：

（1）小学及初中、高中，一律定名为"国语科"。

（2）小学读本，取材以"儿童文学"为主。

（3）初中读本，第一年语体约占四分之三，第二年四分之二，第三年四分之一。

（4）高中"目的"之第三项为"继续发展语体文的技术"。（《最近三十五年之国语运动》）

自此以后，凡中、小学的国文科皆由国语科替代了，其他各科也逐渐改用语体文了，专门以上的学校的讲义，也有许多采用语体文的。这一个时期，当教育总长的为张一麐、傅增湘等人，他们都很热心提倡国语，所以本期的国语运动，教育部是与社会一致的，这也是成功迅速的一个小原因。

四　男女同学之普及

为女子正式设立学校始于前清光绪三十三年，当时由学部规定只有女子小学及女子师范两种，但绝对禁止男女同校。男女同学之允许始于民国元年，但只限于初等小学，高等小学以上照旧分别设立。民国四年，袁世凯所颁布的《国民学校令》，男女同学虽继承元年的规定，但另有一种限制：在一、二年级准许男女同级授课，自三年级以上只准同校不准同级。自五四运动以来，思想大为解放，社会习惯差不多完全改观，男女社交公开皆认为正当的要求，于是"男女同学"一个问题成为青年所最热望解决的问题。男子所住的大学首先开放女禁的为北京大学，时为民国八年，但只许女生旁听，尚未准入本科及预科，而女生肯往旁听的人数也很少。到第二年，广东一省才实行开放女禁，所有男子所住的大学皆兼收女生。至十年以后，北京各国立大学一律兼收女生，于是风气大开，全国无论各种大学皆允许男女同学了，民国元年至八年所开放的只限于初等小学，民国八年至十五年所开放的为专门大学，而高等小学也同时开放了，但中等学校仍旧分别设立。部章对于中等学校到此时虽尚未允许男女同学，但至五四运动以后，北京各大学附设的平民学校却是男女兼收；自十年以后，比较新进的私立中学也男女兼收了，如北京群化中学且实行男女同班。社会的进步往往先于政府，于此可见，但这也只限于少数地方的少数学校。自小学以至大学，所有全国各级各种学校，一律打破男女的界限者，则自民国十六年，国民革命军成功以后——才算真正的普及。

本章参考书举要

（1）《新青年》

（2）《新潮》

（3）《新教育》

（4）《教育杂志》

（5）《教育公报》

（6）《杜威五大讲演》

（7）《平民与教育》

（8）《胡适文存》《独秀文存》

第五十七章　教学法之进步

一　设计教学法

设计法英语叫做Project Method，是一种有理智的、有目的的活动方法，应用于教育方面始于1916年，美国哥伦比亚大学的师范学院。发启的人我们可以引克伯屈（W. H. Kilpatrick）教授为代表。美国在教育方面试行不到两年就传入中国来了，于是在民国九、十两年间风行一时，一方固然证明中国教育在方法上有长足的进步，其他方面也可以表现中国人专骛新奇、崇拜美风的心理。此项方法应用于教育方面所包含的意义是什么？北京师范大学教授李建勋解释的尚好：

> 设计法之目的在使儿童于学校内所授之"书""读""算"等科目外，增以关于普通事物之知识；关于公共生活上之社会理想及技能；关于个人或社会成功利益上之一定态度。达此目的之要件：一曰儿童之自然行动，二曰兴趣及成功，三曰引起兴趣、指导动作之先生。运用此三者之程序，有目的、计划、实行、判断四阶段。所谓设计法者，大体如是而已。简言之，设计法者，即有目的的学习之大单元也。自此法出后，教授上起一大革命：向之以教科为本位，强儿童以必习者，今改为以儿童为本位，化教科为动作矣；向之以编制三段、五段之教案，输入预备之材料为正规者，今改为以配置适当环境，

唤起欲得反应为能事矣；向之认教师之机能为教授者，今乃认教师之机能为指导矣。(《设计教学法辑要本序》)

此种教学法是用在小学的一种教法的改良，它的特点，在打破从前的学科制，代以与儿童生活有关的问题或事体为组织教材的中心，此项教材凡关于学校的教科及其他社会生活上的知识和技能，全能包括在内，融和为学习的大单元。每举行一设计时，皆有预定的目的，及一定的计划，此项目的与计划，或由儿童自拟，或由儿童与教师合拟，但总以儿童为活动的中心，出于他们的自发活动。它的原则，即本着杜威所说，"教育即生活，学校即社会"两句话。依着问题或事体的性质，可别设计为数类。由克伯屈的分法有四：第一类以包含着一个观察与一种计划为目的的设计，如造一只船，写一封信，演一出戏之类；第二类以享受某种美的经验为目的的设计，如听一个故事，或一种音乐，与欣赏一幅画图之类；第三类以训练智慧上的能力去解决某种问题为目的的设计，如寻出露水是否由天空落下来的之类；第四类以使知识或技能达到某种程度为目的的设计，如写字希望达到书法尺度的第十四级之类。又有按照人类的天性分类的，如筋肉的设计，理智的设计，及感情或艺术的设计等等，所分人各不同，殊无多大关系。中国最先试行的，始于南京、苏州、南通一带，而以南高附小俞子夷提倡最有力，在他所著《一个小学十年努力记》可以看出。

二　道尔顿实验室制

美国新教学法，继设计法而输入中国的有道尔顿实验室制，英文叫做The Dolton Laboratory Plan，简称道尔顿制，即由美国的道尔顿中学校而得名的。创始者为帕克赫斯特女士（Miss Parkhurst），试行时在1920年，至1922年即输入到中国来了。中国最先仿行的为吴淞中国公学中学部，主持最力者为舒新城，他并著有《道尔顿制概观念》及《道尔顿制讨论集》及在《教育杂志》上常常发表宣传的文字，不到一二年，此制也传遍全国了，高仁山于民国十四年在北京私立之艺文中学校，即专为试行此项教学法的。

设计教学法以在小学施行为合宜，道尔顿制以在中学施行为合宜，但后者传到中国以后，一班追逐时髦的教育家也在小学里面施行起来了。设计教学法的特点在打破学科制，而时间不大限制；道尔顿制的特点在打破钟点制，而学科须截然分清。道制的原则，据创始者说有三点：一是"自由"；二是"协调"；三是"知而后行"。他的办法如下：（1）凡可以施行此制的学科，每科应辟一作业室，或称实验室，所有关于该科的参考书籍及图表应充分陈储在该室内；（2）每科设一专科教员，专任各该科的指导员；（3）在每学期开学之前，由各科指导员各将本科必须学的教材编成半年的或全年的计划，依学月及学周列为表解，张挂在各本科作业室内，名曰某科作业表，由学生按月按周自行学习；（4）除上作业表外，还有学生用的、指导员用的及学校教务方面用的表格很多；（5）学生自由入作业室分段研究，做成记录，交给指导员修改，评定成绩；（6）指导员于必要时随时召集学生讲演或讨论；（7）其他语言科及技能科须要按时讲授者，还依钟点旧制。这是道尔顿制的大概办法。

此制的精神，在打破旧式的钟点制，令学生自定预算，自由学习与研究，教师只从旁面负指导的责任。它的优点，可以培养儿童自动研究的精神，自定预算的能力，及给予自由学习的机会，并能免除排列课表的麻烦。它的缺点，于懒惰学生容易养成儿童敷衍塞责、贪求速效的恶习；于勤敏学生终日在作业室翻阅书籍，容易养成专在书本讨生活的书呆子，于人生实际生活反多隔阂。这种教学法，与中国昔日书院制限相近似，并没有特别的新奇，不过有一整个的计划，较书院制稍稍科学一点罢了。

三　教育之科学的研究

张子高在南京高等师范学校教育研究会，讲演近五十年来中国之科学教育分着四个时期：第一期自同治初年至光绪二十年，为制造的科学教育；第二期自光绪二十一年至三十年，为书院的科学教育；第三期自光绪三十一年至民国初年，为课本的科学教育；自民国八年以后，才算真正的科学教育时期，谓之第四期。（见《科学教育发达略史》附录》）著者的意见，中国自有新教育设施以来，科学教育只可分着两个阶段：自五四运动以前，只有课本的科学教育；至五四运动以后，才有真正的科学教育。所谓真正的科学教育，消极方面，在打破从前以自然学科为科学及社会学科为非科学的观念；积极方面，在以科学的方法，培养科学的精神，以训练一班富有科学头脑的人才，并使所有教育完全科学化。提倡此种科学教育的，以任鸿隽为最早，任氏在民国三年《科学月刊》上即发表了《科学与教育》一篇文字，末尾有一段话：

> 要之科学之于教育上之重要，不在于物质上之知识，而在其研究事物上之方法；尤不在研究事物之方法，而在其所与心能之训练。科学方法者，首分别事类，次乃辨明其关系，以发现其通律。习于是者，其心尝注重事实，执因求果，而不为感情所蔽、私见所移，所谓科学的心能者此之谓也。此等心能，凡从事三数年自然物理科学之研究，能知科学之真精神，而不徒事记忆模仿者，皆能习得之。此心能求学，而学术乃有进步之望；以此心能处世，而社会乃立稳固之基，此岂不胜于物质知识万万也。吾甚望言教育者加之意也！（第一卷第十二期）

这一段话，在提倡科学方法，训练科学精神，自此时至五四运动以前，应和此种理论而作同样的提倡的也很多，但为国人旧习所范围，所生效力很少。自五四运动以后，国人思想解放，尽量地接收西洋文化，于是真正的科学教育时期到了。

真正的科学教育到本期才发生，本期也只可以说是科学教育的萌芽时期。此种萌芽时期的工作可分着两方面：（1）以纯粹科学的方法研究教育；（2）专门着手于自然科学的研究。第一方面，包括儿童心理和教育心理的研究，及教育统计和各种测量的制造和应用。此项研究，以南北两高等师范为中心，在南高方面，有俞子夷、廖世承、陈鹤琴等人，在北高方面有张耀翔、刘廷芳等人。他们从事于心理和测验的研究，始于民国七、八年间，中国之有正式的科学研究恐怕只在此时开始了。到十二年，美国教育测量专家麦柯尔（W. A. McCall）教授来华，专门从事于测量的制造，于是更引起国人很浓厚的兴趣。麦氏本由中华教育改进社聘请东来，到中国以后，曾走过内地各重要城市，最后还是以南京及北京为研究的中心。他的工作：第一步拟了一道教育测验的计划；第二步组织两班研究生，招收各大学高级学生训练测验的人才；第三步则实行编造各种测验量表及应用方法。麦氏在华仅及两年，以有教育界热心的帮助与合作，于是成就了五十多种测验，有名的TBCF制也是在此时创作成功的。凡测验必须应用统计，于是统计的工作也连带研究起来了。在此时，测验与统计，国人从事的极一时之狂热，陆志伟所订正的《皮奈西门智力量表》，俞、廖、刘、陈诸人所编造的中、小学各种测验，莫不完成于此时，交由商务印书馆代印代售，以备全国各级大小学校采用，不过这种热度到十五年以后就消沉下去了。

关于第二方面的工作，发生于民国十年。当是时，美国教授孟禄（Paul Monroe）博士来华调查教育，观察中国从前所谓"科学教育"的错误，在与国人讨论集中，有许多的建议——多半关于自然学科方面，于是理科的设施又引起教育界的注意了。孟氏并介绍美国科学专家推士（Tuiss）东来，帮助中国发展自然科学。推氏于民国十一年到中国，两年之内，足迹走遍十省，经历二十四城市，二百四十八校，演讲二百七十六次，除组织科学研究会外，并拟了一道《考查及改进中国自然科教学之计划》一书，国人给予热烈的反应虽不及麦柯尔，而中国对于自然科学之有系统与组织的研究可算从此发轫的。中华文化基金会，以美国退还的庚子赔款，在七年之内，每年提出十五万元，设立物理、化学、动物学、植物学、教育心理学五种学科的讲座，分配于北京、南京、武昌、成都、广东、奉天各国立大学——这是推士来华对于自然科学具体的设施之一种。此外，如中国地质调查社、生物研究所及各省的科学实验馆，皆在此时先后成立，至今尚有不断的工作，较第一方面传得觉能耐久一点。

本章参考书举要

（1）《设计教学法辑要》

（2）《道尔顿制讨论集》

（3）《科学杂志》

（4）《教育杂志》

（5）《孟禄博士中国教育讨论集》

（6）《中华教育界》

（7）《教育丛著》

第五十八章　教育制度之改造

第一节　概　论

教育思想改变了，教育方法也改变了，从前呆板的教育制度受了连带的影响，当然无法永存。中国自施行新教育以来，大半采取的日本学制；但此项学制之不能满足中国人的要求，自辛亥革命以来就有人提议改革。最初提议改革的为蔡元培，蔡氏在民国元年中央临时教育会议席上发表了酌采欧、美学制的意见，只因当时留日派的学生过多，没有通过。民国四年，袁世凯制定《教育纲要》，指定将现行学制变通一部分，分中学为文、实两科，后来因他倒得太快，也没有实行。但同年四月，湖南省教育会已有提议改革学校系统的方案。迨后，全国教育会联合会及中华教育改进社，每届年会，均有改革学校系统的议案。民国十年，全国省教育会联合会开第七次会议于广东，提出改革学校系统方案的计有广东、黑龙江等十省。讨论的结果，以广东省教育会的提案为根据，提交下届会议复议。下届会议即第八次联合会议，规定于十一年十月在济南举行。教育部观察大势所趋，学制改革殊觉刻不容缓，乃乘济南会议之前，于十一年九月自动地召集各省教育界的人物来京讨论学制改革问题，谓之"学制会议"。此项学制会议，亦以广东省的提案为根据，稍加改变。到后来，教育部遂归纳教育部及济南两方面所议决的方案，斟酌损益做成新方案，呈请大总统以明令公布。公布《学校系统改革令》在十一年十一月一日，但在此令公布之前，有些省份对于新学制已自动地改行了。

此次新学制比较从前不同的，不妨预先提出来。第一，小学教育缩短了一年——七年改为六年，从前国民及高等等名目一律取消，只称高级、初级，合办者称完全小学校。第二，中学的变更最大：一方面加长了修业年限——四年改为六年，一方面把它分为两级——初级与高级，又一方面中学采用选科制。第三，师范教育的变更亦大：从前五年的师范学校改为六年，或单办后期三年的师范，或于高级中学设师范科；把从前高等师范程度提高，改称师范大学。第四，从前实业学校一个系统取消了，以职业学校替代，内中也分高级、初级。第五，大学校没有什么变更，修业还是以四年至六年为限，不过取消预科制了。我们统计起来，直系各学校，自小学入学之日起到大学毕业为止，共计受得十六年或十八年的教育，比较壬子癸丑学制不相上下。此外，从前的蒙养园现在改名幼稚园。关于教育行政制度机关的变更，只改县级劝学所为县教育局，另设特别市教育局，其余一律照旧。省区方面，在十一年的学制会议，本已议决于省教育厅之下设立参议会，协议地方教育事宜，但只有议案，并未施行。

第二节　学校系统

一　标　准

此处所谓标准，即从前的教育宗旨。民国元年所颁布的教育宗旨，内有军国民教育一条，自平民主义的思潮风行以来，全国教育界已认为不合潮流。首先提议变更教育宗旨的，为中华教育改进社，他们于民国七年建议为"养成健全人格，发挥共和精神"十二个字。到八年四月，教育调查会蔡元培、范源濂等，关于教育宗旨研究案，亦采上面十二字为宗旨，并加以六条说明。他们的说明是：

所谓健全人格者，当具下列条件：（1）私德为立身之本，公德为服役社会国家之本。（2）人生所必需之知识技能。（3）强健活泼之体格。（4）优美和乐之感情。

所谓共和精神者：（1）发挥平民主义，俾人人知民治为立国根本。（2）养成公民自治习惯，俾人人能负国家社会之责任。

过了一个月，全国省教育会联合会第五次会议，提议请教育部索性把宗旨废掉，以"养成健全人格，发展共和精神"二语定为国家教育本义，即以本义代宗旨，但均没有采纳施行。此次学制系统改革令，于是规定了教育标准七条，我们写在下面：

（1）适应社会进化之需要。

（2）发挥平民教育精神。

（3）谋个性之发展。

（4）注意国民经济力。

（5）注意生活教育。

（6）使教育易于普及。

（7）多留各地方伸缩余地。

二 系统图及说明

这一次的改革学制，取名壬戌学制。除标准七条外，还有系统图一幅，说明二十九条。说明共分四节：初等教育、中等教育、高等教育及附则。内中纲要已在前节概论里面提出来了，现在只抄录前三节二十七条的原文在下面，一看便可以了然，其余还有注意之点附述在最后。

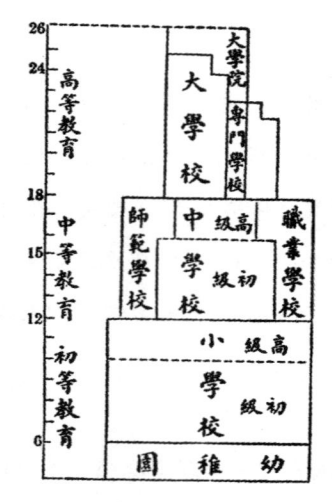

第十五图　壬戌学制系统图（民国十一年）

（一）初等教育：

（1）小学校修业年限六年。

（2）小学校得分初、高两级，前四年为初级，得单设之。

（3）义务教育年限暂以四年为准，各地方至适当时期得延长之。义务教育入学年龄，各省区得依地方情形自定之。

（4）小学课程，得于较高年级斟酌地方情形，增置职业准备之教育。

（5）初级小学修了后，得予以相当年期之补习教育。

（6）幼稚园收受六岁以下之儿童。

（7）对于年长失学者宜设补习学校。

（二）中等教育：

（8）中学校修业年限六年，分为初、高两级，初级三年，高级三年。但依设科性质，得定为初级四年，高级二年，或初级二年，高级四年。

（9）初级中学得单设之。

（10）高级中学应与初级中学并设，但有特别情形时得单设之。

（11）初级中学施行普通教育，但得视地方需要，兼设各种职业科。

（12）高级中学分普通、农、工、商、师范、家事等科，但得酌量地方情形，单设一科，或兼设数科。

（13）中等教育得用选科制。

（14）各地方得设中等程度之补习学校，或补习科，其补习之种类及年限，视地方情形定之。

（15）职业学校之期限及程度，得酌量各地方实际需要情形定之。

（16）为推广职业教育计，得于相当学校内，酌设职业教员养成科。

（17）师范学校修业年限六年。

（18）师范学校得单设后二年或后三年，收受初级中学毕业生。

（19）师范学校后三年，得酌行分组选修制。

（20）为补充初级小学教员之不足，得酌设相当年期之师范学校，或师范讲习科。

（三）高等教育：

（21）大学设数科，或一科均可，其单设一科者称某科大学校。

（22）大学校修业年限四年至六年，各科得按其性质之繁简，于此限度内斟酌定之。医科大学校、法科大学校修业年限至少五年，师范大学校修业年限四年。

（23）大学校用选科制。

（24）因学科及地方特别情形，得设专门学校，高级中学毕业生入之，修业年限三年以上，年限与大学同者待遇亦同。

（25）大学校及专门学校得附设专修科，修业年限不定，凡志愿修习某种学术或职业，而有相当程度者入之。

（26）为补充初级中学之不足，得设二年之师范专修科，附设于大学校教育科或师范大学校，亦得设于师范学校或高级中学，收受师范学校及高级中学毕业生。

（27）大学院为大学毕业及具有同等程度者研究之所，年限无定。

由此制看来，师范教育有六种：一是完全六年的师范学校，二是后期三年的师范学校，三是高中师范科，四是师范专修科，五是师范讲习科，六是师范大学。前五种全属初级性质，后一种是高级性质。此项说明，另有三个附注。由附注一小学可以展长一年；由附注二从前乙种实业改为初级职业学校；由附注三从前甲种实业改为高级职业学校。合说明与附注看来，职业教育共有五种：一是初级中学职业科，二是高级中学职业科，三是职业学科，四是大学职业专修科，五是小学的职业预科。补习教育有二种：一是小学的补习学校，二是中学的补习学校或补习科。此外还有附则二条，第一条是要"注重天才教育"，第二条是要"注意残废教育"。对于前者，应变通修学年限及课程；对于后者，应开设特殊学校，如盲哑学校之类。

第三节　中小学课程标准

一　绪　言

此次课程标准，不是官定的，是由人民公同拟制的。在民国十一年十月济南第八次全国省教育会联合会议席上，议决了一个议案，组织新学制课程标准起草委员会。当场选举了袁希涛第五人为委员，自同年十二月至十二年四月，开了三次会议，起草了两种课程纲要：一是小学的，二是初级中学的。关于高级中学及师范、职业等学校的课程纲要，则另请专家起草，到六月于是完全刊布，即本期改革学制的课程标准。关于大学及专门学校的课程，则由各该校自定。此项课程标准，小学与初中尚觉简单，高中师范及职业等校因分科太繁，我们只能以最简的方法叙述几点。

二　小学课程标准

小学课程分为国语、算术、卫生、公民、历史、地理、自然、园艺、工用园艺、形象园艺、音乐、体育十一科目。但小学前四年——初级小学，将卫生、公民、历史、地理四科合为社会，故只有八科目。小学校授课以分数计：初级前二年每周至少授课一千零八十分钟，后二年每周授课至少一千二百六十分钟；高级每周至少授课一千四百四十分钟。各科约定百分比如第十七表。乡村小学各科目有不能独设时，得酌量合并，但国语、算术二科之授课分数不得再减。

第十七表　新学制小学课程标准表

学科目		国语			算术	卫生	公民	历史	地理	自然	园艺	工用园艺	形象园艺	音乐	体育
		语言	读文	作文	写字											
百分比	初级小学	三〇				一〇	社会二〇			一二		七	五	六	一二
	高级小学	六	一二	八	四	一〇	四	四	六	六	八	四	七	五	六	二

三　初级中学课程标准

初级中学课程，分为社会科、言文科、算学科、自然科、艺术科、体育科六学科。社会科包含公民、历史、地理三目；言文科包含国语、外国语二目；艺术科包含图画、手工、音乐三目；体育科包含生理卫生及体育二目。初级中学授课以学分计，每半年每周上课一小时为一学分，但如图画、手工、音乐、体操运动及理化生物之实验，无须课外预备者，应酌量折算。以修满一百八十学分为毕业，除必修科一百六十四学分外，所余学分得选他种科目或补习必修科目。

第十八表　新学制初级中学课程标准表

学科	社会科			言文科		算学科	自然科	艺术科			体育科		共计
	公民	历史	地理	国语	外国语			图画	手工	音乐	生理卫生	体育	
学生	六	八	八	三二	三六	三〇	一六	一二			四	一二	一六四

四　高级中学课程标准

高级中学依改革令，分为普通、农、工、商、师范、家事等科。此数科分着两类：第一类以升学为主要目的者称普通科，第二类以职业为主要目的者，则分为师范科、商业科、工业科、农业科及家事科等科。第一类又分着两组：第一组注重文学及社会科学，约等于从前的文科；第二组注重数学及自然科学，约等于从前的实科。各科各组的课程又分着三部分：一为公共必修科目；二为分科专修科目；三为纯粹选修科目。各科课程以学分计算，总计以一百五十学分为毕业。普通科两组的课程标准，如第十九、二十两表，可无庸说明。其他职业各科的课程，除公共必修科与普通科相同外，所有分科专修科目，及纯粹选修科目，由各校照实际情形自定。

第十九表　新学制高级中学普通科第一组课程简表

科目			学分
一、公共必修的	（一）国语		一六
	（二）外国语		一六
	（三）人生哲学		四
	（四）社会问题		六
	（五）文化史		九
	（六）科学概论		六
	（七）体育	（甲）卫生法	一〇
		（乙）健生法	
		（丙）其他运动	
二、分科专修的	（一）必修的	（1）特设国文	八
		（2）心理学初步	三
		（3）论理学初步	三
		（4）社会学之一种	四（至少）
		（5）自然科学或数学之一种	六（至少）
	（二）选修的		三二（或更多）
三、纯粹选修的			三〇（或更少）

第二十表　新学制高中普通科第二组课程简表

科目			学分
一、公共必修的	（一）国语		一六
	（二）外国语		一六
	（三）人生哲学		四
	（四）社会问题		六
	（五）文化史		六
	（六）科学概论		六
	（七）体育（同第一骃）		一〇
二、分科专修的	（一）必修的	（1）三角	三
		（2）高中几何	六
		（3）高中代数	六
		（4）解析几何大意	三
		（5）用器画	四
		（6）物理、化学、生物三项选习二项，每项六学分	一二
	（二）选修的		二三（或更多）
三、纯粹选修的			三〇（或更少）

五　师范学校课程标准

师范教育除高级外，具有五种形式，在前节已说明过了。现在只就后期师范学校及高中师范科的课程制一总表，因这两种师范的课程是相同的，其余三种只得从略了。关于公共必修科目，共计六十八学分，较高中普通科另外增加了音乐四学分，但亦视各校情形，得略为伸缩。关于必修科的，共计四十八学分，也有伸缩的余地。关于选修科目，又分着三组：第一组注重文言文及社会科学，所谓"文科"；第二组注重数学及自然科学，所谓"理科"；第三组注重艺术体育，所谓"艺术科"。以上三组，不必全设，但看各地方情形也可以另设他组，如职业教员组、幼稚园教员组之类。关于教育选修科目，凡以上各组均须选修，至少选修八学分。至于纯粹选修科目，则由各校自定，学分多少亦无限制。但毕业总学分至少与高中普通科相等。

第二十一表　新学制后期师范课程标准表

科目					学分
（一）公共必修科目				（一）国语	一六
				（二）外国语	一六
				（三）人生哲学	四
				（四）社会问题	六
				（五）世界文化史	六
				（六）科学概论	六
				（七）体育	一〇
				（八）音乐	四
（二）师范专修科目	（甲）必修科目			（一）心理学入门	二
				（二）教育心理	三
				（三）普通教学法	二
				（四）各科教学法	六
				（五）小学各科教材研究	六
				（六）教育测验与统计	三
				（七）小学校行政	三
				（八）教育原理	三
				（九）实习	二〇
	（乙）选修科目	（子）分组选修	第一组	（一）选修国语	八
				（二）选修外国语	八
				（三）本国史	六
				（四）西洋近代史	四
				（五）地学通论	四
				（六）政治概论	三
				（七）经济概论	三
				（八）乡村社会学	三
			第二组	（一）算术（包括珠算）	八
				（二）代数	六
				（三）几何	六
				（四）三角	三
				（五）物理学	六
				（六）化学	六
				（七）生物学	六
				（八）矿物地质学	四
				（九）园艺学	四
				（一〇）农业大意	六

续表

科目					学分
（二）师范专修科目	（乙）选修科目	（子）分组选修	第三组	（一）画图	八
				（二）手工	八
				（三）音乐	八
				（四）体育	六
				（五）家事	八
			（丑）教育选修	（一）教育史	八
				（二）乡村教育	三
				（三）职业教育概论	三
				（四）儿童心理学	四
				（五）教育行政	三
				（六）图书馆管管理法	三
				（七）现代教育思潮	三
				（八）幼稚教育	六
				（九）保育学	三
（三）纯粹选修科目					

第四节　县市教育行政机关

一　县教育行政机关

民国十一年教育部所召集的学制会议，关于县教育行政机关，有改劝学所为教育局一案，到十二年三月才将县教育局规程公布出来。共计十五条，我们摘录其要点写在下面。（一）县教育局以局长一人、视学及事务员若干人组织之。（二）局长由县知事推荐呈请省教育厅长选任，商承知事主持全县教育行政事宜。并督促属于该县之市乡教育事务。（三）县教育局长之资格：（1）毕业于大学教育科、师范大学校或高等师范学校者；（2）毕业于师范学校，并曾任教育职务三年以上者；（3）毕业于专门以上学校，并曾任教育职务二年以上者；（4）曾任中等学校校长，或小学校校长，三年以上者；（5）曾任教育行政职务五年以上，著有成绩者。（四）县教育局设立董事会，董事定额为五人，但得增加到七人至九人。此项董事须对于教育有关系之人方可合格。（五）董事会的职权：（1）审议县教育之方针及计划，（2）筹划县教育经费及保管县教育财产，（3）审核县教育的预算及决算，（4）议决局长交议事件，（5）提议关于县教育事项。（六）全县市乡，应由县教育局划为若干学区，每区设教育委员一人，受局长指挥，办理本学区教育事务。由以上看来，教育局的权限较劝学所的重大许多，而局长的地位，亦较所长提高多了。

二　特别市教育行政机关

特别市教育行政机关也是与县教育局同时议决，同日颁布，取名特别市教育局。局的权限及组织，及局长的地位，与县没有什么差异。

本章参考书举要

（1）《新教育》

（2）《教育公报》

（3）《教育丛著》

（4）《新学制课程标准》

第五十九章　三种教育之运动

第一节　职业教育的运动

职业教育的运动是由实用主义的教育转变过来的，此项运动发生于前期，到本期已届成熟了。运动的创始人为黄炎培。黄氏改实用主义的口号为职业教育的口号之理由如下：

> 一般社会生计之恐慌为一刺激，百业之不改良为又一刺激，各种学校毕业生失业者之无算为又一大刺激：凡此皆实用主义提倡之根源也。顾就抽象言，则教育不实用之害中之；而就具体言，则职业教育之缺乏，为其直接感受痛苦处。而一般社会，于其病害之总因不易觉悟，而竟心怵夫直接感受痛苦之所在，于是语以抽象的实用主义教育，不若语以具体的职业教育之惊心动目，而职业教育之声喧腾众口矣。……盖职业教育犹是实用教育也。……吾人所主张：一方提倡职业教育俾于生活上速立补习之计划，一方犹当尽力改良普通教科使归实用，庶其有济。（《教育杂志》第九卷第一号《实用主义产生之第三年》）

黄氏以为职业教育犹是实用主义的教育，同一为社会所需要，不过前者较为具体，提出这个口号来，容易打动人，容易引起社会的注意。

其实这种教育，一方固由于国内社会的需要，他方也由于欧美职业教育思潮的激荡，先经一二人的提倡，再经少数人的响应，遂造成了一种空气。

职业教育运动的中心——也可以说运动的始基——为中华职业教育社。该社成立于民国六年四月，当初设在北京，后来移在上海。发启人为黄炎培、郭秉文、范源濂等人，当时并发表了一道宣言。宣言的大义分三点：第一点，指摘现在的教育空疏无用，不仅普通学校不切实用，即号称带有专科性质的实业学校同一不切实用；第二点，为说明救济目前教育之主旨——办理职业教育的主旨；第三点，为施行职业教育的方法。我们将该宣言的大义，节录数段如下：

> 今吾中国至重要至困难问题，尚有过于生活者乎？兴学二十余年，全国学校亦既有十万八千余所，何以教育较盛之区，饿莩载途如故，匪盗充斥如故？……何以国中自小学以至大学学生之毕业于学校，而失业于社会者比比？
>
> 试观夫实业学校、专门学校、有以毕业于纺织专科，而为普通小学校图画教员者矣，有以毕业于农业专科而为普通行政机关助理员者矣。……所用非其所学，滔滔皆是。虽然，此犹足以糊其口耳，其十之六七，乃并一啖饭地而不得。实业学校者且然，其他则又何说？然则教育幸而未发达、未普及耳，苟一旦普及，几何不尽驱国人为高等游民以坐待淘汰于天演耶？
>
> 求根本上解决生计问题，厥惟教育。曰吾中国现时之教育决无能解决生计问题之希望；曰吾中国现时之教育不惟不能解决生计问题，且将重予关于解决生计问题之莫大障碍。
>
> 同人于此，既不胜其殷忧大惧，研究复研究，假立救济之主旨三端。曰推广职业教育，曰改良职业教育，曰改良普通教育，为适于职业之准备。（《教育与职业》第一期）

中华职业教育社的社务分着三类：第一类关于研究与宣传方面，为调查、研究、劝导、讲演及出版种种；第二类关于实施方面，为试办学校及博物院；第三类关于介绍方面，设立职业介绍部。由第一类，出版了一种《教育与职业》的杂志，为宣传的喉舌。由第二类，创办了一所中华职业学校，为试验的中心。这样一来，社会上的人士都注意起来了，于是全国教育会联合会在同年第三届大会，也把职业教育列为议案，通过职业教育进行计划五项：一为调查及研究，二为培养师资，三为实施职业补习教育，四为促进女子职业学校，五为小学校注重实用。自此以后，凡该会屡届大会，莫不以职业教育列为议案。到民国十年，在广东开第七届大会，竟将职业教育列入正式学制系统里面，以替代从前有名无实的实业学校。十一年九月，教育部所召集的学制会议，及十月教育会联合会在济南第八届大会，莫不采纳广东议案，详加讨论，完全决定取消实业学校以职业学校替代，并扩充其范围与性质。此项议决案，到同年十一月一日，遂正式公布了，而职业教育的运动可算大告成功。

继中华职业教育社而产生的，有全国职业学校联合会，由甲乙种实业学校、男女职业学校、补习学校、中小学职业学校及其他职业教育机关组合而成，也是促进职业教育的一种企图。此会成立于民国十年，每年有会议，每次会议皆有促进职业教育的计划。由此会又产生全国职业学校出品展览会，十一年二月展览于上海，参加的有八省，五十校；十二年八月展览于北京，参加的有九省，五十八机关；十三年五月展览于武汉，参加的有十一省区，一百五十八机关，可知一年比一年推广。至于职业学校及机关的发达，更其迅速。据民国七年度教育部的调查，全国职业学校，只有五百三十一所；到十一年据中华职业教育社的调查，全国职业学校，共计八百四十二所，四年之内增加了一倍半以上；到十五年五月，该社调查，凡职业学校、职业机关及各种职业教育，全国共计一千五百一十八所，四年之内，差不多又增加了二倍。本期教育史只到民国十五年为止，而职业教育亦以十五年为最发达。自十六年以后，正值革命期间，全国教育多受军事影响，没有统计可言；至二十年而教育部发表的职业学校，全国仅一百四十九所，可谓一落千丈了。

关于职业教育的意义和目的，由运动的人逐年变更，愈变而范围愈推广，而性质愈抽象。我们读《中华职业教育社宣言》，他们当初提倡职业教育的动机为由学校毕业的学生失业太多，其目的只在于"谋生"二字——补救失业的危险。到七年，该社又宣布职业教育的三大目的：一为个人谋生之准备，二为个人服务社会之准备，三为国家及世界增进生产力之准备。同时黄氏又规定职业教育的定义如下：

> 用教育方法，使人人获得生活的供给和乐趣，同时尽其对群之义务，名曰职业教育。（《实施职业教育要览》）

十一年，周恩润在《职业教育研究》一书中，下一定义：

> 职业教育乃准备能操一技之长，从事有益社会之生产事业，借求适当之生活。其大目的，在培养智力、意志、感情各方面，而为完全有用之人物。（《教育杂志》第十七卷第一号）

由此看来，七年的解释较六年为广泛、为抽象，十一年的解释较七年更广泛、更抽象了。到十二年以后，更将职业教育及目的简括为两句话——"使无业者有业，使有业者乐业"，较前又进了一步。但职业教育自十五年以来，从表面看，好似看着成功，但内容腐败，办法机械，已为文雅的中国人所鄙视；加以此时正当革命高潮时期，青年学子多加入政治工作，于机械的职业教育更不肯理会，所以自是年以后，职业教育的思潮,差不多已到过去时期了。黄氏目睹这种衰颓现象,有意重振旗鼓,挽回颓势,于是又标榜"大职业教育主义",可以想见其运动的苦心。他说:

> 积极说来,办职业教育的,须同时和一切教育界、职业界努力沟通和联络;提倡职业教育的同时,也须分一部分精神参加社会运动。消极说来,就算没有訑訑的声音颜色,只把界限画出来,此为职业教育,彼为非职业教育,已经不行哩。换一句话,内部工作的努力不用说了,对外还须有最大的热诚参与一切,有最大的度量容纳一切。……这样职业教育方针称它什么呢?大胆地称它"大职业教育主义"。(《教育与职业》)

第二节　平民教育的运动

在本期的前数年,教育上之平民主义的思潮,高唱入云,凡大中小学、城市乡村,莫不标榜这个口号,以求避免"为时代的落伍者"的讽刺,我们在前章已经说明过了。所谓平民主义的教育就是德谟克拉西化的教育,是根据现代平民主义的政治而来的,后因国人趋向时髦,于是由平民主义派生风行一时的平民学校。此项平民学校,多由中等以上各校的学生创办,附属于其本校之内,召集附近无力入正式学校的民众——无论男女老幼——来校读书识字,不收他们的学费,并供给以相当的笔墨纸张。这种学校,多半属于补习教育的性质,已失平民主义之真髓了,但不久又产生一种平民教育的运动。此项教育的运动,其性质与平民学校尚相近似,但于实施方面两不相干,至若规律以平民主义则更不类了。"平民主义"是一种教育思潮,"平民学校"是零星的补习教育,而"平民教育"则含有规划、有组织的运动,运动者有无政治作用我们不敢臆断,但在当时确具有一种力量是无可否认的。

什么是平民教育？据创始者晏阳初说："平民教育的目的是教人做人。做什么人？做整个的人：第一要有知识力，第二要有生产力，第三要有公共心。"（《教育杂志》第十九卷第六号《平民教育概论》）以这几句话来解释他们的"平民教育"，当然不得要领。这与"非平民教育"有何区别？又据运动中心人物陶知行说"中国现在所推行的平民教育是一个平民读书运动"（《中华教育界》第十四卷第四期《平民教育概论》），这一句话切实多了。我以为他们的平民教育，少半是读书运动，多半只是识字运动，因为他们主要的教材，只是一本《千字课》。

　　此项教育运动，据汤茂如说，可以分着三个时期。第一，自民国七年至十一年，为运动的胎胚时代；第二，自十一年至十四年，为运动的提倡时代；第三，自十四年以后，为运动的研究实验时代。运动的创始人是晏阳初，发祥地在法之巴黎。当初晏氏在法国留学，见着数十万华工在外没有知识之痛苦，因设法为华工施行补习教育。此项补习教育，不过以最简便的方法，授以极浅近而合于应用的文字，并随时讲以卫生及公民所必需的知识，颇见成效。晏氏于民国九年回国，正值国内高倡平民主义及竞办平民学校的时候，于是在国内开始为有组织的运动，标榜平民教育。最初在上海试办，渐渐推行到长沙、烟台、杭州、嘉兴等处。到民国十二年六月，熊希龄的夫人朱其慧，东南大学教授陶知行等人加入了这个运动，遂由他们发起在南京设立平民教育促进会。数月以后，武汉也成立平民教育促进会，于是各省区闻风兴起，而"平民教育"四字遂轰传全国了。在同年八月，他们乘着中华教育改进社在北京清华学校开年会的时候，就便邀集各省代表开第一次平民教育大会，议决在北京设立平民教育促进总会。当场推出总会省区董事四十人，组织董事会，由董事会选举驻京执行董事九人，以朱其慧为董事长，晏阳初为总干事。总会的会务分总务、城市、乡村及华侨四部。除总务总管一切会务外，其余三部专办教育事务，即城市平民教育、乡村平民教育及华侨平民教育。据他们的报告，平民教育已推行到二十省区，总会的普通平民教育出版物已有三十多种——这种运动的进展可算很迅速的。但自革命军打倒军阀以后，此项运动遂归停顿。

据陶知行的报告，他们施行平民教育，采取三种形式。第一为平民学校。这个是采用的班次制度，与普通学校无大区别。大班一二百人以上，用幻灯教授；小班三四十人以上，用挂图、挂课教授。第二是平民读书处。这是为不能按照钟点上学的一种变通办法，以一家一店或一机关为单位，请家里、店里或机关里识字的人教不识字的人。教的人是内里的，学的人是内里的，由自家人教自家人，不拘时间，不往外走，比较第一种办法方便多了。第三是平民问字处。第二种办法虽极活动，但不能每家每店皆能举办，因为那种办法，至少有一人识字才能办通，倘遇有家中或店中无一识字的人，那就穷了。平民问字处是补救以上两种办法之不及的，设立在有人教字的店铺里、家庭里或机关里，以备任何人随时来问《千字课》的字。比如摆摊子的人，摆在哪个平民问字处的门口，就可乘空向他们请教；车夫停在哪个平民问字处的门口，也可以乘无人坐车的时候，学几个字。

第三节　国家主义教育的运动

职业教育、平民教育及国家主义教育，可谓本期三大教育的运动。第一种运动以实用主义的思想为基础，第二种运动以平民主义的思想为基础，第三种运动以国家主义的思想为基础。但前两种运动，只是单纯教育事业的运动；第三种则含有很浓厚的政治作用，到后来竟演成了政治团体。前两种运动虽各有思想作基础，而运动者均以实施业务为主体；第三种运动则有坚强的主义，以宣传主义为运动的工作。故国家主义教育的运动，在本期，是教育的又是政治的，是一种运动又是一种思潮，此项运动是借此项思潮为先锋、为主动的。

在前期教育思潮里面，我们曾经说过"由汤氏之国民教育一变而为国家主义教育",故本期国家主义教育,虽不完全是国民教育的后身,而以"爱国思想"为主脑,则两者是一致的。与国民教育思想相随而生的,有军国民教育,替代国民教育及军国民教育的思想而起的则有平民主义的教育,而国家主义教育又是替代平民主义教育而起的一种思潮。此种思潮,发生于民国十二年,到十四、十五两年为最盛,到十六年而暂告停息,故在本期只有五年的历史。发生的原因有二:一为平民主义思潮过度的反动,二为帝国主义者压迫的激动。平民主义以自由平等为原则,其教育以在此原则之下发展个性为要点。一方发展个性,一方还要培养共性——养成适于团体生活的习惯,不过不得因团体而钳制个性或牺牲个己的利益罢了。但中国此项教育主义一提倡,只注意在个性的发展,而不顾及共性的培养,于是一班青年专以放纵利己为自我表现之口实,不遵守纪律,不服从团体;甚至高倡世界主义,对于维持国家的信条也不肯遵守。流弊所及,只知有个己,不知有他人,所以民国成立十多年以来愈演愈不统一,为矫正流弊,于是国家主义者乘时而起。当欧战初停的一二年,世界尚有几分和平空气。时机和缓以后,帝国主义者的面目又露出来了,仍旧以强权为公理,以压迫弱小民族为惯用的手段。中国名义上虽为战胜之国,而被列强的压迫和侵略依然如故,其例不胜枚举。这个时候,中国民族主义的意识突然勃兴起来,大家觉得非团结国家力量,不足以抵抗强权,非提倡尚武精神,不足以自卫,国家主义者于是起而作国家主义的教育之宣传了。

提倡国家主义教育的多半是受了欧美资本主义国家的教育的留学生,他们全是信仰国家主义者。国家主义基于爱国观念,以国家为中心,以拥护国家独立自强为最高信条,他们反对个人主义、家族主义及世界主义,因为这些主义均足以分化国家主义的力量的。为建设国家主义,所以要提倡国家主义的教育,后者是前者的工具,为前者而产生的。什么是国家主义的教育呢?据李璜说:

我们中国人也正离开家的生活而初入国的生活的时候，我们正大光明地说，当把国民的精神生活系在国家上面。换言之，就是正该当讲国家主义的教育。（《中华教育界》第十三卷第三期《国民教育与道德》）

国民教育的目的，无非是"诱发后人，光大先业"八个大字。（同书第十三卷第四期）

我们为何而主张国家主义的教育？其理由至为明了而且简单。（1）对外为抵抗文化的侵略政策。因之国家主义的教育在提起国家对外独立的精神……（2）对内为唤起全国国民的团结与活动，以共同担负今日之大患，而筹谋来日的大业。因之国家主义的教育是为中国国民在各个人的私利之上，指出全民族公私之所在。质言之，是要为今日之中国人建议一个道德上的新信仰。"（同书第十三卷第九号《再谈国家主义的教育》）

陈启天在《国家主义教育要义》一篇文章上，提出积极要求者四端，及消极反对者三事。积极要求的第一端是：

明定国家教育宗旨。国家教育宗旨在凝成国民意识，发扬本国文化，以促进国家的统一和独立。（《中华教育界》第十五卷《国家主义教育研究号》）

我们把他们的意思解释如下。国家主义的教育在唤起国民对于祖国的意识——培养爱国思想。以国民的爱国思想为基点，树立民族伟大的精神，发扬本国固有的文化，以建设强大的国家——对内统一，对外独立。为达到此项目的起见，所有教育应当属于国家的，教育政策由国家规定，教育主权由国家享有，教育事业由国家主办。教育既一切均属于国家的，所以他们反对教会教育，反对殖民教育，反对私人营利的教育，凡不在国家主管之下的及不合于国家主义的教育，应当一律收归国家办理。民国十四年的收回教育权运动，参与者虽不限于国家主义信徒，而以他们运动最力，因为这也是他们的教育政策之一。"外抗强权，内除国贼"，为国家主义者常喊的口号，他们为实行此种口号起见，所以特别提倡军事教育，使学生军队化，训练强勇的青年，以建设强有力的国家，称雄于世界。本期军事教育运动，因"五卅"惨案成为全国一致的呼声，而国家主义者利用时机特别喊得起劲，这也是他们的教育政策之一。

国家主义的教育，除个人鼓吹外，团体方面，有国家教育协会、中华教育改进社及全国教育联合会等等。第一种团体为专门宣传国家主义教育的机关；第二种团体在开年会时曾有人提议请教育部依据国家主义定教育宗旨；第三种团体也有人主张以"养成健全人格，发扬共和精神，葆有独立国性，演进民族文化"为教育宗旨，立言虽较融混，也是赞成此项主义的。此项教育的运动在十四五年虽风靡全国，但至民国十六年，国民革命军征服旧式军阀以后，严厉制止国家主义的宣传，而此项运动于是偃旗息鼓了。

本章参考书举要

（1）《职业与教育》

（2）《教育杂志》

（3）《中华教育界》

（4）《国家主义的教育》

（5）《国家与教育》

第六十章　结　论

本期教育完全是美国式的教育：凡关于教育制度、教学方法、教育思潮以及垄断教育权的教育人物，没有一处不是美国式的。故本期教育与前期显然不同之点，由美国式的替代了日本式的，或由全资本主义化的替代了半资本主义化的。

在前期，留日学生归国的很多，他们对于辛亥革命不无劳绩，因政治势力的优越遂掌握了教育全权，自小学以至大学，所有重要教职差不多全被他们把持，而以教育部为总机关。到了本期，留美学生归国日多了，他们所学似较进步，乘着时代趋势的机会，不知不觉所有教育权就很快地移转到他们手中了。还有从前留日学生为预防落伍起见，特别跑到欧美游历一趟，受点西洋的洗礼了回来再争教席的也很多。

关于教育制度方面，有壬戌学制。此学制的系统及教育标准，无一不是美国化，改造者所认为最得意的一部分如中学三三制，完全是从美国抄来的。关于教学法方面，国人所最热心仿效的，有设计教学法及道尔顿实验室制。前者创于美人克伯屈教授，在民国十五年曾聘他来华讲演了的；后者创于美人帕克赫斯特女士，在民国十四年也聘请她来华讲演了的。关于科学的研究，在民国十一年，有推士来华指导，遂成立各种自然科学研究的团体；在十二年有麦柯尔来华指导，遂制成各种测验量表。这两人也是美国教育专家。本期的教育思潮则以平民主义为代表，而美人杜威博士更被中国人尊重。杜威自民国八年五月抵上海，在中国过了二年零两个月的生活，走遍十一行省，讲演稿多至十几种，对于教育革新的言论，给中国人士以强烈的兴奋。在本期七八年中，

"教育即生活，学校即社会"两句口号，简直成了全国教育界上的家常便饭。由此看来，本期的教育，完全美国化了，其中以杜威学说的影响最大。

杜威的平民主义教育思想是以美国的民主政治为背景。这种政治以"机会均等，自由竞争"为原则，是资本主义的政治原则。此项原则，应用到教育方面，则有个性发展、自由活动等主义产生。中国民族，素来只有个性而无群性，个人的生活除对国家尽纳税一种义务外，是极其自由的。只是束缚于旧礼教范围之内，相习日久，自然养成一种呆板的不自然的态度。自平民主义的思想传入国内以来，加以国内一二先觉之士大声疾呼地一提倡，对于数千年支配民族习惯的旧礼教施以猛烈的攻击；于是一班青年如抉开了藩笼一般，不觉大为活跃起来，尽量向个性方面发展，自由方面活动。个性发展到了极点，更无团体协作的精神；自由活动到了极点，更无遵守纪律的习惯。于是自五四运动以后，全国学校，风潮屡起，没有一年不发生，而以民国十一年为最烈。学潮之起，有为内政的，有为外交的，性质种种不一，但为反对学校当局、反对考试的常居多数。每一学潮之起，少则半月，多则数月才告平息，往往以罢课作武器，于是罢课视为常事。

本期学潮之中，除了学生罢课以外，教员罢教之事也屡见不一。年来以内战迭起，政局变动无常，国家收入尽为军费之用，致教育经费一欠再欠，几至于不能维持生活。学校教职员为生计所迫，或另有作用，于是以罢教为索薪的武器，罢教也视为常事了。本期罢教的运动，萌芽于民国八年的末月，到十年、十一年两年运动最烈。此项运动起于北京，波及于全国。到十三年以后，教育经费愈陷困窘，一般教职员且更以怠工为手段，于是全国学校皆陷于不生不死的状态之中。刘薰宇于民国十六年一月，在《教育杂志》上，论"中国教育的危机"，有一段话形容得很好：

现在中国的学校，只是好像几个逃荒的难民，住在一所墙壁破漏的房子中间一样。外面是谁也可以甩一块瓦或伸只手进去的，里面是谁也预备着各走生路，不过暂时蹲在一处。（第十九卷第一号）

学生罢课，教职员罢工，自五四以后，简直是年年皆有，省省不虚。政局愈弄愈坏，教育经费愈欠愈多，教育界愈过愈穷，全国教育差不多到了破产的境地，公然到最后降下了一道催命符。这道催命符，就是民国十五年的"三一八"惨案。

中国自五四运动以来，城市方面遂发生两种相冲突的思想，当初为新旧文学之争，后来演成左倾与复古之争。在五四运动的前后，陈胡诸人提倡文学革命，主张以白话文代替文言文，一般青年莫不感受影响。自此以后，新文学运动与思想革命及教育的平民主义等等运动打成一片。在十一年以前，因此项运动的气焰万丈，全国差不多披风而靡。但自十二年以后，新文学革命虽告成功，而平民主义的弱点日益暴露，于是代表半封建思想的国家主义派应运而生；在十三、十四两年中间，因国家屡受帝国主义压迫的反应，而国家主义思想在教育界上简直有夺取平民主义而代之的趋势。但是国内政治日坏，帝国主义的压迫愈烈，不久之间，新旧两种思想各图发展，于是冲突愈不可避免。代表新的平民主义，一部分渐渐走向左倾的社会主义的路线上了。代表旧的国家主义，一部分渐渐走向复古的路线上了。这个时候，北京政府段祺瑞以奉系军阀被推为执政，教育当局提倡古典文学，主张恢复读经，禁止学校教科书采用国语，干涉学生爱国运动，反对教育界上的种种革新运动。一手捧经，一手执刀，打算与方兴未艾的社会主义思想相周旋，这个冲突一定是不可避免。民国十五年三月十八日遂发生执政府流血大惨案，青年学生以及民众被执政府的卫队枪杀了三十余人，受伤加倍，政府自己枪杀学生如此之多，总算是空前未有，不久，政府无形瓦解，本期的教育也由此告一结束了。

本章参考书举要

（1）《甲寅杂志》

（2）《东方杂志》

（3）当时京津各种新闻

（4）其他同前

第六编　初期资本主义时代的教育

第五期　自国民政府建都南京至现今（1927—1934）

第六十一章　国民革命与教育

一　国民革命之时代的要求

中国自辛亥革命以来，表面上虽推倒了数千年的帝王专制，改建五族共和的民主国家，虽列强因中国民族日见觉醒抛弃了昔日瓜分的计图，但从实际上观察，中国是一年不如一年。第一，帝国主义者以不平等条约为护符，侵夺中国种种权利，更以庞大的资本投资于中国内地，过剩的商品充斥于中国市场，于是中国在国际地位上成了次殖民地。第二，辛亥革命，名义上虽推倒了帝王专制，实质上即代之以北洋军阀，作威作福，比较昔日专制帝王更其厉害。自北洋军阀内部分裂，继起的军阀，有时彼此声援，有时互相砍杀，演成长期内乱，愈久而愈无法统一。第三，大多数民众，极受内外的侵凌压迫，与经济的榨取剥削，不仅民权无法伸张，即生计也完全破产。于是"小企业家渐趋破产，小手工业者渐致失业，沦为流氓，为兵匪，农民无力以营本业，至以其土地廉价售人"（《中国国民党第一次全国代表大会宣言》），于是流落转死者相继。

由此看来，自辛亥革命以来十多年中，中国情况不仅毫无进步，且有江河日下之势，由"军阀之专横，列强之侵蚀，日益加厉，令中国深入半殖民地之泥犁地狱"。中国人民在此水深火热之中，莫不渴望着得一良策以求自救。这个时候，我们要挽救中国的危亡，只有实行国民革命，孙中山先生所领导的中国国民党即本此要求而产生。

中国国民党以国民革命为手段，以求中国之自由平等为目的，他们所奉行的三民主义，即实现此目的的主义——民族主义所以求国际上之自由平等，民权主义所以求政治上之自由平等，民生主义所以求经济上之自由平等。他们在第一次全国代表大会所宣布的政纲，即所以实行他们的主义的。消极方面，对外打倒一切帝国主义者；对内铲除封建余孽的军阀及土豪劣绅，以及资本主义的走狗买办阶级。积极方面，对外取消一切不平等条约，重订双方平等互尊主权之条约；对内建设代表民意的国民政府，扶植农工，提倡自治，努力发展一切生产，以解决全国民众的衣、食、住、行一切重要问题。这种政策，深合于当时的国情，确为当时全国民众所迫切要求者；所以他们自十三年一月第一次全国代表大会宣言发出以后，全国欢呼，莫不渴望着国民革命军早日北伐，青年志士莫不踊跃加入国民党，参加国民革命运动。国民革命的怒潮既已奔腾澎湃，以此去打倒军阀，真如摧枯拉朽，所以自十三年国民革命军誓师北伐，至十五年已戡定长江流域，至十七年即已统一全中国。

二　国民革命之世界革命性

今日世界是资本主义与社会主义对立的时代，是帝国主义与平民主义对立的时代。中国国民党之国民革命的使命，是求中国之自由平等，以促进世界大同。这种世界革命性的国民革命，是国民党总理孙中山先生提倡的，其言要略如下：

> 中国古来常讲济弱扶倾，在中国从前强大之时，安南、缅甸、高丽、暹罗那些小国，还能够保持独立。所以中国如果再行强盛，不但要恢复自己民族的地位，还要对于世界，济弱扶倾，才尽我们民族的天职。（节录《民族主义》第六讲）

中山先生将中国民族消极的精神，改变为积极的精神，因之农、工、商大为奋起，同党军合作。自民国十三年至十七年的五年中为国民革命军最盛的时期，为中国国民党的黄金时代，亦为中国革命历史上最光荣的一页。为期虽只五年，但给予中国民族以极深的印象，对于中国民族遗传的思想起了不少的变化。

三　国民革命军最盛时期对于教育观念之改造

辛亥革命是政治思想的改造，五四运动是学术思想的改造，此次国民革命是社会思想的改造。在辛亥革命的时期中，政治思想改造，所以在教育方面，有袁氏的军国民主义及汤氏的国民教育主义之产生。在五四运动的时期中，学术思想改造，所以在教育方面，有留美派的平民主义的教育之产生。至若打破阶级思想，教育为一般民众的利益打算，朝着社会革命的前面走的，只有国民革命产生的教育思潮。辛亥革命的前后，所有教育政策及方法，尚在完全支配行动的进行中；五四运动以后，虽然已经注意到科学教育，提倡学校社会化和教育生活化，但因国家根本政策及社会根本思想未曾变更，仍不脱离支配行动的教育。至于国民革命是立在民众的基址之上为民众的利益而革命的，国民党的民生主义及孙中山的实业计划，均着眼在以科学方法为社会经济的改造，所以国民政府的教育政策，已改变从前的支配行动而进行生产行动的教育了。在五四运动以前，中国民族的思想差不多完全受孔子学说的支配；由孔子学说所产生的教育思想，总不脱离封建主义。在五四运动以后，中国民族的思想差不多完全受欧美学说的支配——尤以美人杜威学说为中心；由杜威学说所产生的教育思想，总不脱离资本主义。但勿论为封建主义和资本主义，所有教育思想和言论，全是立在支配阶级说话的，所有教育主张差不多完全与其政府的教育政策一致的；而受教育的人们——勿论儿童和成人都在他们的思想言论的笼罩之中。但自五四运动以来，已渐渐有人觉悟，自十三年中国国民党改组以来，以其革命主义随其革命军向全国宣传，教育界才有一大改造。教育政策和方法是改支配行动的为生产行动的，教育思想是改变资本主义为社会主义的，所有教育实施莫不趋重在社会化、民众化。

本章参考书举要

（1）《中山全书》

（2）《中国国民党历次全国代表大会宣言》

（3）《三民主义的连环性》

（4）《新生命杂志》

第六十二章　中国国民党之教育宗旨及教育政策

一　三民主义的教育宗旨

孙中山说：

三民主义就是救国主义。……因三民主义，系促进中国之国际地位平等、政治地位平等、经济地位平等，使中国永久适存于世界，所以说三民主义就是救国主义。（《民族主义》第一讲）

胡汉民更推广些说：

"三民主义"，小而言之是救国主义，大而言之实是大同主义。由顶点直贯到底的中心，是生存的要求；沿着生存的要求这一个中心的便是人的努力；而其努力的阶级，起点是博爱，过程是救国，终点是世界大同。我们要晓得三民主义的连环性，其总作用正是引导人们沿着进化定律而努力，由博爱起，经过国家的阶段，而终底于世界大同。（《三民主义的连环性》第四〇页）

我们由这几段简单话看来，三民主义就是革命主义，又是救世主义，又是社会主义。中国国民党负着革命的使命，所以以孙中山所倡导之三民主义为信仰的中心。教育就是完成革命，灌输和推行主义的工具，所以他们规定以三民主义为其教育宗旨。

三民主义的教育，在十五年国民政府成立教育行政委员会时，已有人注意，不过初称党化教育。到十七年五月，由第一次全国教育会议议决，始将"党化"二字改称"三民主义"。同时并由大会议决采取三民主义为教育宗旨。该项原文备载于大会的宣言里头：

恢复民族精神，发挥固有文化，提高国民道德，锻炼国民体格，普及科学知识，培养艺术兴趣，以实现民族主义。

灌输政治知识，养成运用四权之能力；阐明自由界限，养成服从法律之习惯；宣扬平等精神，增进服务社会之道德；训练组织能力，增进团体协作之精神；以实现民权主义。

养成劳动习惯，增高生产技能，推广科学之应用，提倡经济利益之调和，以实现民生主义。

提倡国际正义，涵养人类同情，期由民族自决，进于世界大同。（《全国教育会议报告》十七年五月）

此项议案议决于十七年五月。到八月曾由大学院呈请中央政治会议通过，到十八年一月，第三次全国代表大会重行规定。原文是：

中华民国之教育，根据三民主义，以充实人民生活，扶植社会生存，发展国民生计，延续民族生命为目的，务期民族独立，民权普遍，民生发展，以促进世界大同。（《教育公报》第一卷第五期）

此项宗旨，由国民政府于同年四月二十六日正式公布，定为本期的教育宗旨，二十一年四全代会且申述一道，丝毫未改，至今全国奉为典章。至于国民政府公布的令文，庄严威重，使此项宗旨增加几分强力，我们勿妨抄在下面，以作参考：

> 按奉：中国国民党第三次全国代表大会，第十一次会议，通过，确定教育宗旨，及其实施方针，饬即照办。等因。查此项决议案，关系以党建国、以党治国之根本大计，至为宏巨。兹将原案公布，著行政院令饬教育部，转饬遵照，切实施行，务期启迪全民，实现三民主义。此令！

二　党化的教育政策

中国国民党的教育政策，规定在它的教育宗旨之前，最早为民国十三年一月，到十七年五月又规定一次，十八年一月又规定一次，二十年五月又规定一次。十三年一月，第一次全国代表大会宣言对内政策十五条，内中有两条是关于教育政策的。条文为：

> （十二）于法律上、经济上、教育上、社会上确认男女平等之原则，助进女权之发展。
>
> （十三）励行普及教育，以全力发展儿童本位之教育，整理学制系统，增加教育经费，并保障其独立。（《第一次全国代表大会宣言》）

十七年五月，第一次全国教育会议，讨论共分十组，第一组为三民主义教育组，第二组为教育行政组，差不多全是关于教育政策的议案。

关于第一组的第一个议决案为"三民主义实施方案的原则案",共计十五条:

(1)发扬民族精神;(2)提倡国民道德;(3)注重国民体魄锻炼;(4)提倡科学的精神,推广科学的应用;(5)实施义务教育;(6)男女教育机会均等;(7)注重满、蒙、回、藏、苗、瑶等教育的发展;(8)注重华侨教育的发展;(9)阐发自由界限,养成服从法律的习惯;(10)灌输政治知识,养成使用政权的能力;(11)培养组织能力,养成团体协作的精神;(12)推广职业教育;(13)注重农业教育;(14)注重生产消费及其他合作的训练;(15)提倡合于人民正轨的生活,培植努力公共生产的精神。(《全国教育会讲录》十七年五月)

十八年一月,第三次全国代表大会第十一次会议,关于教育的议决案,除上述教育宗旨外,还有教育实施方针八条:

(一)各级学校三民主义之教育,应与全国课程及课外作业相连贯;以史地教科阐明民族真谛;以集合生活训练民权主义之运用;以各种之生产劳动的实习培养实行民生主义之基础;务使知识道德融会贯通于三民主义之下,以收笃信力行之效。

(二)普通教育,须根据总理遗教,陶融儿童及青年忠孝、仁爱、信义、和平之国民道德,并养成国民之生活技能,增进国民生产之能力为主要目的。

(三)社会教育必须使人民具备近代都市及农村生活之常识,家庭经济改善之技能,公民自治必备之资格,保护公共事业及森林园地之习惯,养成恤贫防灾互助之美德。

（四）大学及专门教育，必须注重实用科学，充实科学内容，养成专门知识技能，并切实陶融为国家社会服务之健全品格。

（五）师范教育为实现三民主义的国民教育之本源，必须以最适宜之科学教育及最严格之身心训练，养成一般国民道德上、学术上最健全之师资为主要之任务，于可能范围内使其独立设置，并尽量发展乡村师范教育。

（六）男女教育机会平等，女子教育并须注重陶冶健全之德性，保持母性之特质，并建设良好之家庭生活及社会生活。

（七）各级学校及社会教育，应一体注重发展国民之体育，中等学校及大学专门须受相当之军事训练。发展体育之目的，固在增进民族之体力，尤须以锻炼强健之精神，养成规律之习惯，为主要任务。

（八）农业推广，须由农业教育机关积极设施，凡农业生产方法之改进，农民技能之增高，农村组织与农民生活之改善，农业科学知识之普及，以及农民生产消费合作之促进，须以全力推行。（《教育公报》第一卷第五期）

二十年五月，国民会议通过之约法，有关于国民教育一章，共计五十二条，除第四十七条以"三民主义为中华民国教育之根本原则"属于宗旨外，其余全属于教育政策。我们择要写在下面：

第四十八条　男女教育之机会一律平等。

第四十九条　全国公私立之教育机关一律受国家之监督，并负推行国家所定教育政策之义务。

第五十条　已达学龄之儿童应一律受义务教育。

第五十一条　未受义务教育之人，一律受成年补习教育。

第五十二条　中央及地方宽筹教育上必需之经费，其依法独

立之经费，并予以保障。（见《教育益闻录》第二卷第二册）

　　同年国民政府第一五七次中常会通过之三民主义实施原则，共计八章。第一章为初等教育，第二章为中等教育，第三章为高等教育，第四章为师范教育，第五章为社会教育，第六章为蒙藏教育，第七章为华侨教育，第八章为留学教育。每章分目标及实施纲要两节，实施纲要又分课程、训育及设备三段，每段分若干条，完全为党化的教育政策，比较三全大会所通过之"实施方针"尤为详尽细密。

　　以上所录，均系整个政策的记载，还有大学院及教育部时代随时制定的军事教育、职业教育、国语教育及华侨教育等计划，不能备述。此外还有个人关于教育计划的建议，如许崇清在十五年八月所拟《教育方针草案》，十六年五月张乃燕所拟《革新教育十大原则》，同年六月韦悫也拟了十二个教育方针，但这只是些个人的意见，我们也不必赘述了。

　　由以上种种看来，我们可以得一结论。中国国民党的教育政策是多方注重的：从纵的方面看，自幼稚园以至大学各阶段有各阶段的特性，全须按照其特性尽量发展；从横的方面看，凡普通教育、师范教育、职业教育以及其他特殊情形如蒙藏教育、苗瑶教育、华侨教育等等，莫不按照其需要尽量施行。再从学科的内容上看，除普通教科外，尤注意于军事的训练、团体生活的训练及生产劳动教育的培养，更注意于生产教育及科学教育。国民教育以儿童为本位，力求普及，依照目前的国民经济程度，暂定为四年的义务教育，对于义务教育的推行尤为注意。男女教育机会均等，而"对于女子教育尤须确认培养博大慈祥之健全的母性"。（第二届中央执行委员会第四次全体会议全会宣言"关于教育的建设者"）从教会及外国人手中收回教育权，使教育脱离宗教而独立化，脱离外人而国家化。以上所有教育设施，皆统一于三民主义的教育宗旨之下；其政策的原则，力矫从前的放任主义，而代之以干涉主义。所谓干涉主义，即国家教育政策一切由国家规定，凡在本国领土之内的教育，一律须受国家的监督，遵守国家所定教育宗旨与方针切实办理。对于学生尤须有严格的训练，以培养思想统一、体魄健全、富有群性及生产技能的国民——此即所谓党化教育。

本章参考书举要

（1）《中国国民党第一次全国代表大会宣言》

（2）《大学院公报》

（3）《教育部公报》

（4）《全国教育会报告》

（5）《教育益闻录》

第六十三章　国民政府之教育制度

第一节　概　论

本期的教育制度，应分着两个时代：第一为大学院时代，自民国十六年七月至十七年十月，只有一年又三个月；第二为教育部时代，自十七年十一月至现今，约计五年。在大学院时代，政治为军政时期，教育为革命教育，一切具有革新的精神。在教育部时代，政治已入训政时期，而教育的革新精神已入休止状态，大概说来，一切都恢复旧样了。在大学院时代，为期虽只有一年零三个月，而关于本期的一切教育制度，大体均由此时规划出来。院长为蔡元培氏，蔡氏在十七年二三两月，曾拟订了大学规程、私立学校条例、中小学暂行条例及华侨小学条例与华侨视学条例种种。在同年五月，召集第一次全国教育会议，关于党化教育的实施，学校系统，起草中小学课程标准，皆有决议；后来十八年及二十一年两次所颁布的中小学课程标准，皆根据此次会议的成案起草的。尤其特异的，为教育行政制度的革新：一是中央由大学院管理全国教育及学术，一是地方试行大学区制。但此制试行不到两年，因反对人众多，遂随蔡氏而俱倒了。第一任教育部长为蒋梦麟氏，蒋氏曾在十八年四月，奉中央命令，召集第二次全国教育会议。此次会议的性质，"不是广泛的方针和原则，而是分期分项的实施方案"（《第二次全国教育会议大会宣言》），于第一次会议所决定的各种方针和原则，毫无变更。

本期为党化的教育时代，除各级学校课程加授党义外，其学校系统与前期无大差异。自纵的方面说，自六岁入小学至二十二或二十四岁大学毕业，整个教育时期，约计十八年。在小学以下有幼稚园，收受六岁以下的儿童；在大学以上有研究院，收受大学毕业生之有专门研究者，年限皆不规定。自横的方面说，在中等教育段，有普通中学，有师范，有职业，有农、工、商等科，及其各项补习学校；在高等教育段，有大学，有独立学院，及各种专科学校。此外，有华侨学校及蒙藏学校，皆属于中小学性质；有劳动学校，内分高等、中等两部；有中央研究院，为全国最高学术机关。关于民众教育方面，有补习学校，有由平民学校改称之民众学校，有各种劳工学校；此等学校的设立，不必由教育机关，或由交通部，或由农商部，或由地方工厂商会等处直接办理。

第二节　教育行政制度之一度改造

一　大学院

国民政府在广州时代，关于中央教育行政机关有教育行政委员会的组织；它的职权，在"掌管中央教育机关并指导监督地方教育行政"。内中设委员三人为干部；干部之下，设行政事务厅，依干部会议的议决，处理本委员会所管事务。至十六年，国民政府迁都南京，由委员蔡元培提议，取消教育行政委员会，在中央成立大学院，同时由中央政治会议通过以蔡氏为院长。蔡氏组织大学院的意旨，在他的《大学院公报·发刊词》里面可以看出：

　　十余年来，教育部处北京腐败空气之中，受其他各部之熏染，长部者又时有不知学术教育为何物而专务营私植党之人；声应气求，积渐腐化；遂使教育部名词与腐败官僚亦为密切之

联想，此国民政府所以舍教育部之名而以大学院名管理学术及教育之机关也。(《大学院公报》第一年第一期)

由这一段话看来，以大学院为管理全国学术及教育最高的机关，是侧重在研究方面，不但是办理教育行政就算完事。简单说，即以学术化代从前的官僚化。所以自大学院始成立时，即进行下之三点：（1）实行科学的研究与普及科学的方法，（2）养成劳动的习惯，（3）提倡艺术的兴趣。在大学院直接之下，设立中央研究院以实现第一点，设立劳动大学以实现第二点，设立音乐院以实现第三点。

大学院的性质既侧重在研究方面，所以它的内部组织也与从前教育部不同。据国民政府于十六年七月公布的《中华民国大学院组织法》，共计十一条，其要点是：（1）"以大学院为全国最高学术教育机关，承国民政府之命，管理全国学术及教育事宜，不是隶属于国民政府的，所以直称中华民国大学院。"（2）本院设院长一人，总理全院事务，并为国民政府委员。（3）本院设大学委员会，议决全国学术上一切重要问题，"此委员会以各国立大学校长、本院教育行政处主任及本院所推举的专门学者五人至七人组织之，而以院长为委员长"。（4）在院长之下，设立二处：一为秘书处，置秘书长一人、秘书若干人，办理本院事务；二为教育行政处，置主任一人、处员若干人，处理各大学区在相关联及不属于各大学区的教育行政事宜。（5）在教育行政处之下，又设六组：一为学校教育组，二为社会教育组，三为法令统计组，四为图书馆组，五为国际出版品交换组，六为书报编审组。以上五点，尤以第三点为大学院的特色，组织大学委员会，即是实现研究精神的。但此项组织法，自初次公布以后，屡有修改。第一次修改在十七年一月，即增设了副院长一人，及加入了教育行政处条例的各条，其余没有变更。第二次修改在同年四月，这一次修改，变更可大了。其重要的有二点：第一点为大学院的地位的低降，即由与国民政府平列的机关改为直隶于国民政府的机关。

第二点为内部的改组，即由二处改为五处：一为秘书处，二为高等教育处，三为普通教育处，四为社会教育处，五为文化事业处。到同年六月，又修改一次，但变更很小。不过由屡次的修改看来，大学院已有站立不稳的趋势，所以蔡氏于同年十月辞职，大学院即随着取消，到十一月以后改称教育部。教育部的组织一仍前期的旧样，我们毋庸再写。

二　大学区

蔡氏既以学术化代官僚化，在中央组织大学院，所以在地方也试行大学区制。大学区制模仿于法国学制，以一省为单位，每省设立国立大学一所，以所在省名为各大学的名称，总理本区内一切学术教育事项。试行了大学区制的省份，即取消教育厅，从前教育厅一切职权完全移归该省国立大学办理。内中组织，据十六年六月国民政府公布的《大学区组织条例》，共计九条，我们也可以略举几个要点出来：（1）依全国现有的省份及特别区，定为若干大学区；每大学区设校长一人，总理区内一切学术与教育行政事项。（2）在校长之下，设立下列各机关：一为评议会，为本区立法机关；二为秘书处，辅助校长办理本区行政上一切事务；三为研究院，为本大学研究专门学术的最高机关；四为高等教育部，设部长一人，管理本部各学院及区内其他大学专门学校及留学事项；五为普通教育部，设部长一人，管理区内公立中小学校及监督私立中小学教育事业；六为扩充教育部，设部长一人，管理区内劳农学院及关于社会教育之一切事项。以上六个机关，以第一及第三为新制的特色，即实现研究精神之意，为从前教育厅制所没有的。第六扩充教育部比较从前社会教育科的范围广大，也是新制的一点特色。此制试行的，只有浙江、江苏及河北三省，其余各省仍旧为教育厅制。新制初行始于十六年七月，蔡氏打算逐渐推广，哪知将近一年而江苏教育界乃群起反对。他们反对的理由：（1）大学教育之畸形发展，（2）经济分配之不均，（3）偏重学术，忽视教育，（4）行政效率减低，（5）易为少数分子操纵。总之大学区制，不唯不能使政治学术化，反使教育官僚化。他们根据这些理由，呈请政府取消试验。十八年，北平教育界及学生，也群起反对。政府看见反对的人太多，遂于十八年八九月间，明令停止试验，仍复教育厅旧制。自此，蔡氏的满腹志愿仅作昙花一现了。

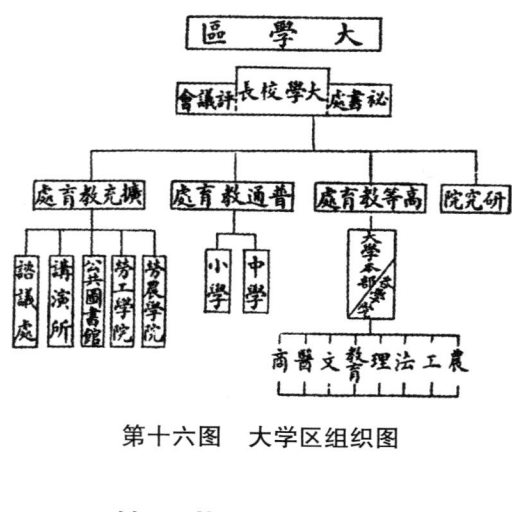

第十六图　大学区组织图

第三节　学校系统

一　原　则

本期第一次全国教育会议，讨论议案共分十二组，第二组为教育行政组。在本组内的第七条，有学校系统一案，案中又分甲乙两项，甲项为原则，乙项为组织系统，统名《中华民国学校系统》。本期所谓"原则"，即前期所谓"标准"，初次议决只有六条，后来大学院增加了一条，合为七条，与前期的标准大旨相同。我们把大学院修正了的原文写在下面：

(1) 根据本国实情。

(2) 适应民生需要。

(3) 增进教育效率。

（4）提高学科标准。

（5）谋个性之发展。

（6）使教育易于普及。

（7）留地方伸缩之可能。

二　系统图及说明

本期学校系统说明里面，分初、中、高三段，共计二十二条。此二十二条说明，即本期教育界上的根本大法，后来公布的一切组织法法规及课程标准，莫不依据此项说明产生出来，不过办法颇有出入。我们勿妨先将说明的原文抄在下面了，再加以补充。其说明如下：

甲　初等教育：

（1）小学修业年限六年。

（2）小学校分初高两级：前四年为初级，得单设之。

（3）小学课程于较高等级，斟酌地方情形，增设职业学科。

（4）幼稚园收受六岁以下之儿童。

（5）初级小学修业期满后，得设相当年期之补习教育。

乙　中等教育：

（6）中学校修业年限六年，分为初高两级：初级三年，高级三年。但依设科性质，得定为初级四年，高级二年。

（7）初级中学得单设之。

（8）高级中学应与初级中学并设，但有特别情形时得单设之。

（9）初级中学施行普通教育，但得视地方需要，兼施除师范科外之各种职业科。

（10）高级中学得分普通科及农、工、商、家事、师范等职业科；但得酌量地方情形，得单设普通科；农、工、商、师范等科得单独设立为高级职业中学校。修业年限以三年为原则。

（11）除师范外，得设相当初中程度之职业学校、初级职业中学校，以收受高级小学毕业生，修学以三年为原则。

（12）初级中学自第三年起，得酌行选科制。

（13）各地方应设中等程度之补习学校（或称民众学校）。

（14）为推广职业教育计，得于相当学校内，附设职业师资科。

（15）高中师范科或师范学校，收受三年制初中毕业生者，修业年限三年；收受四年制初中毕业生者，修业年限二年。

（16）为补充乡村小学校教育之不足，得设乡村师范学校，收受初级中学毕业生，或相当学校肄业生之有教育经验，且对于乡村教育具有改革之志愿者，修业年限暂定一年以上。如收受小学毕业生，则修业年限至少两年。

丙　高等教育：

（17）大学得分设文、理、法、医、工、农学院。

（18）大学修业年限：文、理、农各四年，法、工各五年，医七年。

（19）大学得附设各种专修科。

（20）研究院限为大学毕业生而设，年限无定。

（21）专门学校得就工业、农业、商业、美术、音乐等分别设立。

（22）专门学校招收高级中学或同等学校之毕业生。专门学校修业年限三年，经大学院之许可，得延长或缩减之。

由以上看来，初等教育与前期大致相同。中等教育除师范与职业外，关于普通初高两级也与前期没有出入。师范教育与前期不同的有三点：一是废止六年制，二是取消师范专修科及讲习科的名目，三是添设乡村师范教育。本期所规定的因有三种：一为高中师范科，二为师范学校，三为乡村师范学校。一二两种，如收受三年制的初中毕业生修业，以三年为限；收受四年制的初中毕业生，修业以二年为限。第三种如收受初中毕业生，修业年限暂定为一年以上；如收受小学毕业生，则修业至少二年，而入学年龄须在十六岁以上。职业教育与前期不同的，就是脱离了普通中学而独立成为系统，内中分初级职业学校及高级职业学校两种，其入学资格与普通中学同。除以上两种正式职业学校外，凡初级中学得附设各种职业科，高级中学得分设各种职业科。此外还可于小学内，增设职业学科，还可于相当学校内附设职业师资科。关于高等教育，分大学校及专门学校两级，修业年限与前期无大出入。所不同的有两点，即：（1）大学取消单科制而为多院制，（2）师范大学没有单独规定它的地位，只混在大学组织里面就是了。我们把系统图列在下边。

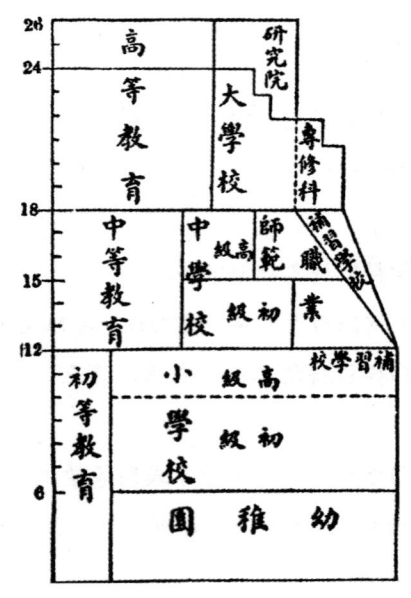

第十七图　戊辰学制系统图（民国十七年）

第四节　各项学校令及其规程

一　绪　言

本期的学制系统虽在大学院时代早已成立，但该项系统只是一个大纲，一切详细组织尚未制定。到民国二十年，朱家骅为教育部长时，对于部务的整顿，及全国教育的计划，很肯努力，于是在二十二年，制定了小学法及小学规程，中学法及中学规程，师范学校法及师范学校规程，职业学校法及职业学校规程各一份。此项法令与规程，虽根据戊辰学制，变更的地方也颇不少，而所变更的较前确系完善，对于小学尤为切实，可算是制度上的一点进步。现在全国中初两级的各项学校，莫不奉它为典章，我们可以择要补叙几点出来。

二　小学校

据《小学规程》所载，小学分着三种：一为完全小学，二为简易小学，三为短期小学。完全小学分初、高两级，以六年为修业期限，初级小学也可以单独设立。此项小学以六足岁为入学年龄，但亦可展缓至九足岁，其课程载在部颁小学课程标准内，留在下面另述。简易小学为推行义务教育的一种变通办法。教育部为推行义务教育，曾于民国二十一年制定了《第一期实施义务教育办法大纲》，规定以民国二十一年八月起至二十四年七月止，为实施义务教育第一期。在此期内，全国各县市及行政区、特别区，应指定城市及乡村各设一区或数区，为义务教育实验区，实施义务教育。在义务教育实验区内，所办之小学取名义务教育实验区小学校，经费以就地筹措为原则。此项小学编制，又分三项：（1）全日制，招收学龄儿童，多级或单级教学；（2）半日制，招收学龄儿童，上下午分级教学；（3）分班补习制，招收不能入一二两项之儿童，每两小时分班教学。前两项定四年毕业，后一项至少须修满二千八百小时，作为修业终了。此项小学课程，应以部定小学课程标准为标准，但视地方情形可减少图画、音乐、劳作等学习时间，仅授算术、常识、国语、体育等科。此项课程称为简易课程，故又名此项小学为简易小学。

简易小学，其课程虽比较简单，所教的仍为学龄儿童。短期小学则为救济年长失学的儿童而设的，可以说短期小学又为促进义务教育的一种变通办法。教育部为促进义务教育，在同年，又制定了《短期义务教育实施办法大纲》。规定短期义务教育之实施，以乡镇坊公所为主体，省市行政区特别区及县市区为试验与示范起见，应指定相当地点设短期义务教育实验区，尽先办理短期义务教育。办理此项教育之小学，称短期小学，或短期小学班。其经费也以就地筹措为原则。凡年满十足岁至十六足岁之年长失学儿童，均应入短期小学班，但不得收取学费。此项小学，采用分班教学制（上午、下午、夜间），每日授课二小时，修业年限一年。以识字为目的，其课程设国语一科，并注重注音符号。课程的内容，包含史地、公民、算术、自然等常识。

三　中学校

《中学规程》，与戊辰学制所定大致相同。所不同的，约计二点：（1）取消了四二制，此后完全采用三三制；（2）取消了选科制，勿论初高两级，所有课程一律作为必修科。并且规定了早操，规定了自修时间，规定了以男女分校或分班为原则。在学年龄，初级中学以自十二足岁至十五足岁为标准，高级中学以自十五足岁至十八足岁为标准。

四　师范学校

师范教育，据师范学校法或其规程所载，分着四种：一为师范学校，二为幼稚师范科，三为特别师范科，四为简易师范学校或简易师范科。第一种专收女生的称女子师范学校，如以养成乡村小学师资为主旨的，称乡村师范学校，均以三年为修业年限。第二种修业年限三年或四年，第三种修业年限一年，第四种年限不定。其课程除第一种已见于师范学校课程标准外，其余尚未制定出来，不过一律取消选科，与中学校相同。毕业生服务年限，照他们在校时修业年限加倍计算，服务未满限期不得升学或从事教育以外之职业。设置规定分设于城市乡村，而以多设在乡村为宜，并为推广师范教育计，得划全省为若干师范区，每一区得设男女师范学校各一所。

五　职业学校

此项学校，分初高两级：初级职业学校，以收受小学毕业生为原则，修业年限一年至三年；高级职业学校，以收受初中毕业生为原则，修业年限三年。前者以县立、市立为原则，后者以省立或特别市立为原则，但社团或工厂、商店、农场等职业机关，或私人，按照规程均可设立。设置科目，以就某业中之一科单独设立为原则，以兼设同一业之数科或合设数业为例外。除此以外，视地方需要，得于职业学校内附设职业补习班，或职业补习学校，其他与戊辰学制尽同，不必重述。

第五节　各级学校课程标准

一　绪　言

本期的课程标准编订了两次：一为民国十八年八月公布的，名《中小学课程暂行标准》；一为二十一年十月公布的，名《中小学课程标准》。前者为试行的课程标准，由十八年八月到二十年六月为试验研究时期。自二十年六月，教育部收集各省区试验的结果，另聘专家加以修正和审核，到二十一年十月，才完全告竣，作为本期的正式课程标准。本期与前期最大不同的有两点：一是增加了党义课程，且将党义融和于各科教材里面；二是另编了一部幼稚园课程，为自有新学制以来所没有的。正式标准与暂行标准最大不同的，有三点：（1）在小学方面，增加了公民训练标准；（2）在中学方面，取消了学分制，改为钟点制；（3）在中小学方面，取消了党义科目，只将党义教材充分融化于社会及自然各科之中。在各科内容方面，后者较前者更为充实，且多趋向于实际教学，扫除从前一切架空蹈虚的毛病，这也是试验研究之后的一番进步。现在我们只将正式的标准择要写在下面，至于暂行的标准有效期间业已过去，可以从略。

二　幼稚园课程标准

本标准分"幼稚教育总目标""课程范围"及"教育方法要点"三项。第一项的目标有下之四点：

（1）增进幼稚儿童身心的健康；
（2）力谋幼稚儿童应有的快乐和幸福；
（3）培养人生基本的优良习惯（包括身体行为等各方面的习惯）；
（4）协助家庭教养幼稚儿童，并谋家庭教育的改进。

第二项的课程范围分七目：（1）音乐；（2）故事和儿歌；（3）游戏；（4）社会和自然；（5）工作；（6）静息；（7）餐点。每一科目，分"目标""内容大纲"及"最低限度"三项。每项又分着数条目。第三项的教法要点，系根据儿童兴趣和需要，做成作业的中心，把各科教材打成一片，以设计教学法引起儿童的活动；从活动中施以个性的发展、群性的培养，并养成民族的观念；教师处于指导者、保育者和最后评判者的地位。

三　小学课程标准

此项标准，也分着"小学教育总目标""作业范围"及"教学通则"三项。第一项的总目为："小学应根据三民主义，遵照中华民国教育宗旨及其实施方针，发展儿童身心、培养国民道德基础及生活所必需的基本知识和技能，以养成知礼、知义、爱国、爱群的国民。"其分目有八：

（1）培养儿童健康的体格；
（2）陶冶儿童良好的品性；
（3）发展儿童审美的兴趣；
（4）增进儿童生活的知能；
（5）训练儿童劳动的习惯；
（6）启发儿童科学的思想；
（7）培养儿童互助团结的精神；
（8）养成儿童爱国爱群的观念。

作业范围，分公民训练、卫生、体育、国语、社会、自然、算术、劳作、美术及音乐十目。每目每周教学时间，以分数计算。总计低年级自一千一百七十至一千二百六十分，中年级自一千三百八十至一千四百四十分，高年级约为一千五百六十分。

第二十二表　戊辰学制小学科目及每周教学时间总表

年级\科目\分钟	低年级 一年级	低年级 二年级	中年级 三年级	中年级 四年级	高年级
公民训练	六〇	六〇	六〇	六〇	六〇
卫生	六〇	六〇	六〇	六〇	六〇
体育	一五〇	一五〇	一五〇	一五〇	一五〇
国语	三九〇	三九〇	三九〇	三九〇	三九〇
社会	九〇	九〇	一二〇	一二〇	一八〇
自然	九〇	九〇	一二〇	一二〇	一五〇
算术	六〇	一五〇	一八〇	二四〇	二一〇
劳作	九〇	九〇	一二〇	一二〇	一五〇
美术	九〇	九〇	九〇	九〇	九〇
音乐	九〇	九〇	九〇	九〇	九〇
总计	一一七〇	一二六〇	一三八〇	一四四〇	一五六〇

内中的说明有四点：（1）公民训练和别种科目不同，重在平时的个别训练。（2）各科目得依各地方情形酌量分合：如社会、自然及卫生三科，在初级小学得令并为常识一科；又如劳作科的农事、工艺作业，可单设一种，即以所设的一种命名某某科；又如美术、劳作二科，在低年级得令并为工作科。（3）总时间为适中学数，得依各地方情形，每周增多或减少九十钟。（4）时间支配，以三十分一节为基本，视科目教材的性质分别延长到四十五分或六十分。

其余各种集团活动，每周所需时间也有一个规定，如下表：

第二十三表　戊辰学制小学各科集团活动每周时间分配表

年级	低年级	中年级	高年级
分钟	一八〇	二七〇	三六〇
附注	朝会　周会　纪念周　课外活动　课外作业　儿童自治团体活动等集团作业都在内		

四 初级中学课程标准

初中课程分第一、第二两类。第一类之教学科目为公民、国文、英语、算学、历史、地理、物理、化学、动物、植物、体育、卫生、劳作、图画及音乐十五科，这是为一般情形而设立的。至于需要蒙、回、藏语或第二外国语之特殊地方，则酌减劳作、图画及音乐三科钟点，每周加授蒙、回、藏语或第二外国语三小时。倘遇特别困难时，得酌减英语每周一小时或二小时。此次既改学分制为钟点制，所以在校自习时间也列为正课，勿论住校学生或通勤学生均须一律参加。学生成绩分学业、操行及体育三项。考查学业成绩的方法，分日常考查、临时试验、学期考试及毕业考试四种。凡升级或毕业，皆以各项成绩及格为标准。

第二十四表　戊辰学制初中课程表（第一部）

科目 \ 学年学期	第一学年 一学期	第一学年 二学期	第二学年 三学期	第二学年 四学期	第三学年 五学期	第三学年 六学期	合计
公民	二	二	二	二	一	一	一〇
体育	三	三	三	三	三	三	一八
卫生	一	一	一	一	一	一	六
国文	六	六	六	六	六	六	三六
英语	五	五	五	五	五	五	三〇
算学	四	四	五	五	五	五	二八
自然　植物	二	二					四
自然　动物	二	二					四
自然　化学			四	三			七
自然　物理					四	三	七
历史	二	二	二	二	二	二	一二
地理	二	二	二	二	二	二	一二
劳作	二	二	二	二	四	四	一六
图画	二	二	二	二	一	一	一〇
音乐	二	二	一	一	一	一	八
每周教学总时间	三五	三五	三五	三四	三五	三四	二〇八
每周在校自习总时数	一三	一三	一三	一四	一五	一四	

五　高级中学普通科课程标准

高级中学的课程，也分第一、第二两类。第一类之教学科目为公民、国文、英语、中外历史、中外地理、算学、物理、化学、生物学、体育、卫生、军事训练（女生习军事看护）、伦理、图画及音乐十五科。若遇有特殊地方，需要蒙、回、藏语或第二外国语者，则减去伦理、图画、音乐等科目，以所余时间加授蒙、回、藏语或第二外国语。考查成绩方法及毕业标准，与初中完全相同。至于初高两级中学之一般目的，依照中学规程所规定者如下：

中学为严格训练青年心身，培养健全国民之场所，依照中学法第一条之规定，以实施下列各项之训练：（1）锻炼强健体格；（2）陶融公民道德；（3）培养民族文化；（4）充实生活智能；（5）培养科学基础；（6）养成劳动习惯；（7）启发艺术兴趣。

第二十五表　戊辰学制高中普通科课程表

科目＼学年学期	第一学年 一学期	第一学年 二学期	第二学年 三学期	第二学年 四学期	第三学年 五学期	第三学年 六学期	合计
公民	二	二	二	二	二	二	一二
体育	二	二	二	二	二	二	一二
卫生		二					二
军训	三	三	三	三			一二
国文	五	五	五	五	五	五	三〇
英语	五	五	五	五	五	五	三〇
算学	四	四	三	三	四	二	二〇
生物学	五	五					一〇
化学			七	六			一三
物理					六	六	一二
本国史	四	二	二				八
外国史				二	二	二	六

续表

学年\学期\科目	第一学年 一学期	第一学年 二学期	第二学年 三学期	第二学年 四学期	第三学年 五学期	第三学年 六学期	合计
本国地理	二	二	二				六
外国地理				二	二	二	六
伦理						二	二
图画	一	一	二	二	二	二	一〇
音乐	一	一	一	一	一	一	六
每周教学总时间	三四	三四	三四	三三	三一	三一	一九七
每周在校自习总时数	二六	二六	二六	二七	二九	二九	

六　师范学校课程标准

师范学校为严格训练青年身心，养成小学健全师资的场所，依照师范学校规程第二条的规定，以实行以下各项训练：（1）锻炼强健身体；（2）陶融道德品格；（3）培养民族文化；（4）充实科学智能；（5）养成勤劳习惯；（6）启发研究儿童教育之兴趣；（7）培养终身服务教育之精神。关于普通师范之教学科目为公民、国文、历史、地理、算术、物理、化学、生物、体育、卫生、军事训练（女生习军事看护）、劳作、美术、音乐、伦理学、教育概论、教育心理、教育测验及统计、小学教材及教学法及小学行政实习等科。其他关于乡村师范及幼稚师范等课程，则另有规定。

七　职业学校课程标准

职业学校为实施生产教育之场所，训练的目标如下六条：（1）锻炼强健体格；（2）陶融公民道德；（3）养成劳动习惯；（4）充实职业技能；（5）增进职业道德；（6）启发创业精神。其课程分初级、高级两种。初级职业学校暂分为下列各科：（1）关于农业者，如普通农作（稻、棉、麦作等）、蚕业、森林、畜牧、养植、园艺等；（2）关于工业者，如藤竹木工、钣金、电镀、简易机械工、电机、电料装置及修理、钟表修理、汽车修理、摄影、印刷、制图、染织、丝织、棉织、毛织、陶瓷、简易化学工业等；（3）关于商业者，如普通商业簿记、会计、速记、打字、广告等；（4）关于家事者，如烹饪、洗濯、造花、缝纫、刺绣、理发、育婴、佣工等；（5）关于其他职业者，视地方需要酌量设立。高级职业学校分为下列各科：（1）关于农业者，如农业、森林、蚕桑、畜牧、水畜、园艺等；（2）关于工业者，如机械、电机、应用化学、染织、丝织、棉织、毛织、土木建筑、测量等；（3）关于商业者，如银行簿记、会计、速记、保险、汇兑；（4）关于家事者，如缝纫、刺绣、看护、助产等；（5）关于其他职业者，视地方需要，酌量设立。凡职业学校，每周教学四十至四十八小时，以职业学科占百分之三十，普通学科占百分之二十，实习占百分之五十为原则。

第六节　毕业会考及成绩核算法

一　毕业会考

教育官厅对学校举行毕业会考，是本期近来的一种特殊制度。此制创行于民国十九年湖北教育厅，二十一年以后乃通行于全国各省。教育部初次颁布了一份《中小学学生毕业会考暂行规程》，凡已届毕业的中小学学生，须一律参加会考。二十二年九月，教育部又将此项暂行规程修正，名叫《中学学生毕业会考规程》。按照此项修正的规程，把小学会考一项取消，只留中学一项。凡公私立中学学生必须参加毕业会考，但须在本校毕业试验及格之后，方有参加的资格。会考的科目，初中与高中略有不同。凡初级中学，抽试公民、国文、算术、理化（物理化学）、生物（动物植物）、史地（历史地理）及外国语七科。凡高级中学，抽试公民、国文、算学、物理、化学、生物学、历史、地理及外国语九科（按民国二十二年部令抽考科目又有变更）。会考的成绩有二科或一科不及格者，准其参加下届各该科会考，及格后方得毕业。如有三科以上不及格者，应令留级。毕业会考应行补考的学生，如愿升学者，可准其先行升学，作为试读生，非俟参加下届补考及格后，不得作为正式学生。

二　成绩考查法

据各项规程的规定，凡中学校、师范学校及职业学校，学校考查学生的成绩，分（1）日常考查，（2）临时试验，（3）学期考试，及（4）毕业考试四种。第一种，包括口头问答、演习练习、实验实习、读书报告、作文测验、调查采集报告、其他工作报告及劳动作业八项。第二种，由担任各科教员随时于教学时间内举行，每学期至少举行二次以上，普通叫做月考。第三种于每届学期终，各科教学完毕时举行，所考范围以本学期所教学者为限。第四种于规定学年修满后举行，所考范围以本校所定全部课程为限。

三　成绩计算法

学校对学生成绩的计算法，分（1）平时成绩，（2）学期成绩，（3）学年成绩，及（4）毕业成绩四种。各科日常考查成绩与临时测验成绩相合，叫做各科平时成绩；日常考查成绩在平时成绩内占三分之二，临时试验成绩占三分之一。各科平时成绩与学期考试成绩相合，叫做各科学期成绩；平时成绩在学期成绩内占五分之三，学期考试成绩占五分之二。学生各科学期成绩的平均数，作为该生的学期成绩；每学生一二两学期的平均数，作为该生的学年成绩。每学生各学年成绩的平均数，与其毕业考试成绩相合，叫做毕业成绩；各学年成绩的平均数在毕业成绩内占五分之三，毕业考试成绩占五分之二。除以上四种成绩外，由官厅举行毕业会考的成绩，与学校毕业成绩相合，叫做毕业会考成绩；

学校各科毕业成绩在毕业会考成绩内占十分之四,会考各科成绩占十分之六。以上各项成绩,均以百分法计算,并规定以六十分为及格标准。

本章参考书举要

(1)《国民政府教育法规》

(2)《大学院公报》

(3)《教育部公报》

(4)《全国教育会议录》

(5)《教育杂志》

(6)《教育益闻录》

(7)《中小学课程标准》

(8)《最近三十年之中国教育》

(9)《湖北地方教育现行法令辑要》

第六十四章　现今教育之趋势

第一节　生产教育

生产教育的意义，发生于前期，本期初年才有人正式提倡，到近二三年来已演为很高的思潮了。（民国十一年公布之新学制标准第五条有"注意生活教育"一语，即我国生产教育之萌芽。）这种教育，近年所以演为思潮的，其背景不外"政治""社会""国际"及"教育本身"四种。

本期政治以孙中山的三民主义为政纲，三民主义以民生为中心，可以说本期政治是应以民生为中心的。政治既以民生为中心，教育亦当以民生为中心，而生产教育一项自必为政府所注意。本期最初提倡生产教育的为许崇清。许氏在民国十五年国民政府教育行政委员兼广东教育厅长任内，拟了一道教育方针草案，内中有这样几段话：

中国从来的教育，只是关于支配行动的教育；关于生产行动的教育在中国是从来所无的。

中国今后社会发达必然的唯一可能的进路，我们今后应该致力革命的一般政策，既是如此；则中国今后的教育政策，当然亦应该与这个革命的一般政策相并动，然后所施的教育才能成为确有实效的教育。而且今后的教育政策所指导的方向，亦只有与这个革命的一般政策所进取的方向相一致；然后所设施的教育才能尽致发挥它固有的价值，教育的发达才能预期。

吾人所谓知识，即是使环境顺应于吾人的要求；又使吾人的欲望或目的顺应于环境，因而构造吾人的心的倾向。知识不是只限于吾人所能意识的而止，却是当吾人解释当面的事实及现象的时候，吾人有意运用心的倾向所构成。吾人所谓道德，亦不过是在人我相交处一个社会的关系里面，体察疑问中的一切条件，人我间一切要求，又发现于意识内一切价值，而后真正把捉着的一个状态。

从这些根本事实来制定教育的原理，学校教育当与社会生活的活动和事务相结合；不独是材料的内容要与社会环境相联络，并其方法的内容亦须与社会生活相一致。

我们一面依照这个教育原理，一面因应前述革命的一般政策来拟定今后的教育方针。当面第一个紧急问题，应该就是产业教育问题。（《中华基督教教育季刊》第二卷第三期）

许氏认为中国历代的教育皆是支配行动的，今后当改变方针竭力从事于生产行动的教育；这一篇议论，对于国人历来教育观念的革命，确是很有价值的。生产教育自经许氏这样一提倡，国民政府于是深切注意。大学院院长蔡元培在十七年五月，召集第一次全国教育会议时，即有"养成劳动习惯，增高生产技能，推广科学之应用，提倡经济利益之调和，以实现民生主义"的教育宗旨之规定。十八年一月，第三次全国代表大会开第十一次会议时，接手又有"以各种之生产劳动的实习，培养实行民生主义之基础"的实施方针之决议。十九年四月，教育部长蒋梦麟召集第二次全国教育会议，所通过之改进全国教育方案，又有"在各级各类的教育内，都应注重科学实验，培养生产能力，养成职业技能"的规定。二十年六月，行政院公布国民会议议决的教育设施趋向案内，也是以生产教育为言；且规定社会教育应以增加生产为主要目标。

国民政府因要实行其民生主义，屡次会议皆以生产教育为提倡，自然能够引起国人的注意。

中国目前社会最感恐慌的，莫过于"贫"。贫的来源有二：一方由于政治不上轨道，致产业无从发达；一方由于外货充斥，致利权日益外溢。这种现象，一天厉害一天，由是农村破坏，百业凋零，失业者的数目日增，整个社会皆陷于极穷困的境地。救贫的根本办法，只有努力从各方面发达自己的产业，挽回已失的利权。要达到这个目的，除政治力量外，则应当依靠教育力量，此生产教育所以在近年最感迫切。在政府方面，提倡生产教育的，有许崇清、陈果夫、程天放等人；在社会方面，提倡这种教育的，有陶知行、罗廷光、舒新城、曹刍等人。曹氏说：

> 以四万万人口的国家，有三分之二以上的人，日日在啼饥号寒，是何等的危险！任何事没有比足衣足食的需要更迫切的了。解免这种危险，适应这种需要，只有增加生产之一法。中国是小农国家还停滞在小手工业时代，……我们唯一的方法，只有利用农产品，去换必要的工业品，渐求入超的减少，以至于出入相抵——这是工业国家必经的途径。所幸中国农业还是利用人力和畜力的农业，还未用着机器力量。同时荒地尚多，地力未尽，生产增加不是不可能的。教育和政治的力量，如集中于此点，速效可期，危亡可免。（《中华教育界》第十卷第三期《从群众潜隐的形态中寻找中国教育之出路》）

陶氏说：

> 新近依日本估计，中国每人均摊财富，只有一百零一元日金。没有开发的宝藏，当然还是无法运用，所以不算在内。同时日本每人均摊财富为一千七百三十一元，比中国人大十七倍

多。美国每人均摊财富为六千六百零七元，比中国人大六十五倍多。俄国虽穷，还在中国之上，每人均摊七百五十六元，差不多比中国人大七倍。所以中华民族的第二条出路，是创造"富的社会"；中国教育的第二条出路，是"教人创造富的社会"。……在创造富的社会中，教育之任务如下：

（1）教人创造富的社会，便是教人创造合理的工业文明，便是引导人民在合理的工业上寻出路。

（2）教人创造合理的工业文明，便是教人创造合理的机器文明，合理的机器文明，便是要人做机器的主人，不做机器的奴隶。

（3）科学是工业文明的母亲，我们要创造合理的工业文明，必须注重有驾驭自然力的科学。

（4）农业对于富力之增加，有两种方式：一是使全中国无荒废之地；二是把科学应用到农业上来，使地尽其利。最后等到工业吸收了一大部分之农人，即可使农业变成工业的农业。

（5）教后起青年运用双手与大脑，去做新文明的创造者，不教他们袖手来去做旧文明的安享者。

（6）教人同时打破"贫而乐"，"不劳而获"及"劳而不获"的人生观，这三种人生观都是造富的心理上的最大障碍。

（7）教人重订人生价值标准。农业社会与向工业文明之前进社会是不同的：纯粹的农业社会的一切是静止的，向工业文明前进的农业社会是变动的。我们要有动的道德、动的思想、动的法律、动的教育、动的人生观。（《中华教育界》第十九卷第三期《中华民族之出路与中国教育出路》）

罗氏著《教育与经济》一文，对中国今后教育应有的改革，分着五点，而以注重生产教育列为第一。他说：

开宗明义，当然以注重生产教育为最重要。拿了生产教育去代替旧式的消费教育，切切实实地讲究生产，讲究生产的增加。因为中国系以农立国，当然应以农业生产为主，工业为辅。努力于发展固有的农业，辅以近世工业，近世生产新法，借机械以增加生产能量，以求抵抗国际资本主义的侵略，而谋自给自救——此为最低限度之要求。（《新中华杂志》第一卷第三期）

　　中国历来所办抄袭的教育，不合于自己社会的需要，致无救于社会的贫穷，国人虽感觉其错误，而印象尚不深切。国人感受已往教育的错误之刺激最深的，莫如学校毕业生之无出路。十余年前，只有中学毕业生得不着出路，到现在大学毕业生亦无出路可找，甚至于出外留学归国的学生之失业的亦逐日加多。从前只有普通学校的毕业生没有职业可寻，现在连职业学校的学生出了学校亦得不着职业，且他们也不能从事职业。全国学校年年不断地招生，不断地毕业，而社会上失业的数目于是不断地增加。社会上失业者不断地增加，而国家从未想一救济的办法，于是强者为盗匪，弱者为流氓，此社会问题所以日趋险恶。这个时候，国人才知道已往教育之失当，才知提倡生产教育之刻不容缓了。程天放在他所著《改革中国学校教育刍议》一文中，有一段话说得很痛切：

　　生产落后，经济枯竭，是中国最大的危险。现在中国人衣、食、住、行的需要，都要仰给于舶来品。……照此下去，人家不必调一兵，不必发一炮，我们也非日趋灭亡不可。尤其危险的，是过去的教育，不但不能增加人民的生产力，反而减少人民生产能力。本来是个农家子弟，假如他不受教育，长大后还可以做一个胼手胝足的农夫，一受教育便再也不肯下田耕种。本来是一个工人子弟，假如他不受教育，长大后还可以做一个刻苦耐劳的工人，一受教育，便再也不肯动手作工。这种现象，到处皆是。所以大学毕业、中学毕业甚至小学毕业的学生，大多数都成为安坐而食的不生产分子。大家都往政界、教育界挤，挤不进去就失业。所以学校毕业生一年多一年，失业的人也就一年多一年，社会上不安定的状态也就一年甚于一年。这种教育，非促成亡国不可。我们现在必须以教育的力量挽回这个颓风，以教育力量增加人民的生产能力。原来能生产的，受教育后，生产能力更强。原来不能生产的，受教育后，也成为生产分子。这是中国目前第二个大需要，也是教育第二个目标。（《中华教育界》第二十卷第五期）

胡葆良在二十年暑假讲习会中，也有同样的感觉：

吾人之日用品，凡为生活之所需要者，什九皆仰给于舶来品，此我国致穷之原因，夫人人而知。挽救之法，除增加大量生产以外，更无再好办法，此生产教育所以有特殊之需要也。就教育的立场而言，过去之教育，凡人之子女一经学校毕业，即成为双料少爷小姐，而鄙视一切劳动，以生产为贱业，以消费为尊荣。此种态度之养成，于个人于社会均有莫大之不利。我国生产之落后，经济之破产，内乱丛生，外患日迫，教育亦应负其责焉。今后对于教育的设施，当看清此弊而竭力矫正之，此为生产教育特殊之背景也。（《中华教育界》第二十卷第七期《生产教育讨论》）

整个社会的贫乏，学校毕业生失业的数目日益加增，加以苏俄的劳动教育政策之对照，及政府不时的提倡，所以"生产教育"的呼声弥漫于全国了。大家皆认为这种教育为中国教育唯一的出路，也是中华民族的出路。

何谓生产教育？依当今国人一般的解释，李权时分直接、间接二类，程其保分广义、狭义二说，究不如胡葆良所说较为精当。胡氏说：

> 生产教育之意义，即运用教育方法，以养成儿童劳动的精神，启发创造的思想，培养儿童生产的兴趣，及尊敬劳作的态度，以达到生产的目的，而满足生活的需要是也。（《生产教育讨论》）

生产教育不是撇开现有学校教育而另成一种教育，是寓生产之意于所有学校教育之中。主要的在平日培养儿童以生产的兴趣，创造的思想，及尊敬劳作的态度。此即陶氏所谓"教后起青年运用双手与大脑去做新文明的创造者，不教他们袖起手来去做旧文明的安享者"。至于实施的方法，主张各有不同，有主张改变昔日教育观念及教授方法的，有主张课程改组的，有主张对于现在学制根本改革的。

第二节　乡村教育

中国人注意乡村教育，始于民国十二三年，当时有余家菊、傅保琛、喻谟烈等人。余氏不过在杂志上粗有论文发表，尚谈不上研究，用力在这上面研究的则为傅、喻二氏。喻氏在民国十四年，编了一本《乡村教育》，除说明乡村教育之意义与目的外，对于乡村生活的改良颇有陈述。同年中华教育改进社在山西开年会时，且正式提议添设乡村教育组，以便推行乡村教育。傅氏除在北京师范大学担任乡村教育教授外，逐年在杂志上继续发表的文字，较喻氏更多。但他们这些人，此时所用力的不过纸上谈兵，未尝在实际上作乡村教育的工作；且所研究的多不脱离教育范围，而当时对于这种教育的空气甚为淡薄。

自民国十六年以后，国人对于乡村教育的空气渐渐浓厚起来了，始由研究的工作而进于运动的工作，代表人物，南方有陶知行，北方有梁漱溟。陶、梁二氏虽同样注意于乡村教育，同为乡村教育运动的领袖，但他们的出发点则两不相同。"陶氏以教育为基点，故首先注意于乡村学校之改革，逐渐及于乡农乡政。梁氏则以改革中国问题为研究的对象，于发现乡村问题之重要后而注意于乡农教育。在陶氏理论上，改造乡村学校是方法，改造乡村生活是目的。在梁氏则办乡农学校，改进乡村，均是解决中国整个问题之手段。"（《新中华杂志》第一卷第一期）舒新城这一段分析，尚属恰当。我以为：且不仅出发点不同，两人的精神与态度也不一致。陶氏是注重科学的，其所创作多带西方的色彩；梁氏是研究哲学的，其所表现多含东方的精神。因为如此，所以中国乡村教育运动的理论和方式，形成了两个系统——前者以改造乡村生活为目的，后者以建设乡村社会为目的。

陶氏的乡村教育运动，以南京晓庄师范学校为根据。此校以"教学做合一"为教育的原理，以"深入民间与农民一齐生活"为理想的教育。内中组织及各种创办事业，可分着三部：（1）属于师范教育部，有小学师范院，幼稚师范院；（2）属于小学教育部，有中心小学，中心幼稚园；（3）属于社会教育部，有实验民众学校、晓庄乡村医院、农艺陈列所、中心木匠店、中心茶园、晓庄商店。其他还有民众教育研究所，乡村丛讯，及乡村教育先锋团，关于研究与运动的种种组织。这些组织，其目的皆是以教育改良乡村生活，以学校领导乡村社会，最后学校与社会合而为一。这种教育，不仅负改良与指导社会的责任，即于一扫从前文雅的书本教育之陋习，也算值得注意的。关于他们的优点，杨效春有几句赞美的话：

无论怎样，她（晓庄学校）在中国乡村教育史中毕竟是掀起巨大的波涛。她以万物为导师，宇宙为教室，生活为课程。她要打消教育与生活的分离，荡平学校与社会的围墙，破除教师与学生的界限。她的主张已经激动了全国各地从事乡村教育者的心弦，勿论他们是赞成或是反对。（《中华教育界》第二十卷第五期）

梁氏于民国十七年，在河南辉县百泉村办了一所河南村治学院，试验他的以教育建设乡村社会的理想，试行不久就被解散。解散以后，河南村治学院的化身乃脱胎于山东邹平县，换名山东乡村建设研究院。这个研究院，由山东省立，院址设在邹平，以邹平、菏泽两县为实验县区。此院的基本构造，分着两部：一为乡村建设研究部；一为乡村服务人员训练部。研究部的用意有两点：一是普泛地研究乡村建设运动及其理论；二是具体地分类地研究本省各地方的乡村建设方案。训练部的用意，就在养成到乡村去实行建设工作的人才，故平日训练的要点有三：一为实际服务之精神陶冶；二为认识了解各种实际问题之知识上的开益；三为应付各种实际问题之技能上的指授。研究部的学生，年龄较大，稍具自由研究的性资，以两年为修业期。训练部的学生，年龄较小，以一年为修业期，完全采的军事训练。除以上基本构造外，另有二种重要的设施：一为农场；二为乡农学校。农场的试验，有植棉、植桑、养蚕、养蜂、畜鸡、畜猪、凿井、开泉等工作。乡农学校又可以说是一种民众学校，专在教授当地失学的男女老少，以日用生活的常识和技能。它的教育活动，分着六项：一为精神教育活动，如精神陶冶、戒烟会及风俗改良会等；二为语文教育活动，如识字班、阅报处及演讲会等；三为生计教育活动，如农业推广、合作事业及造林、凿井等；四为公民教育活动，如史地教育、时事报告、国庆或国耻纪念及家庭改良设计等；五为健康教育活动，如国术、军事训练、清洁运动及放足运动等；六为休闲教育活动，如明月会、谈心会及新年同乐会等。其后，菏泽县分为督察区公署管辖，他们遂完全以邹平为实验区，以邹平县的县长为实验县区的主任，秉承正副院长办理邹平全县乡村的一切建设。此院完全以建设理想的乡村为目的，故他们——办理者——所做的工作，全是建设工作，即以教育为建设。我们把此院设立的旨趣抄录一段在下面，便可以知道他们所具的意义了。他们说：

> 今日的问题，正为数十年来都在"乡村破坏"一大方向之下，要解决这问题，惟有扭转这方向而从事乡村建设——挽回民族生命的危机要在于此。只有乡村安定，乃可以安辑流亡；只有乡村产业兴起，乃可以广收过剩的劳力；只有农产增加，乃可以增进国富；只有乡村自治当真树立，中国政治才算有基础；只有乡村一般的文化提高，才算中国社会有进步。总之，只有乡村有办法，中国才算有办法，无论在经济上、在政治上、在教育上都是如此。（《本院设立旨趣》）

除陶、梁二氏外，施于实际工作的，还有晏阳初氏。晏氏本是在北京创办平民教育的主要分子，从十八年起，始把城市的工作移到乡村，以河北省的定县为实施的基础。自平民教育促进会搬到定县后，从前在北京办理平民教育的主要人员一律来到定县，从事于实际工作，把内部的组织逐渐扩大与改变，于是由平民教育一变而为乡村教育了。晏氏等在定县实验数年之后，颇有成绩，引起了社会及政府的注意，二十二年河北省政府依据第二次全国内政会议决议案，以定县适合实验区之条件，因即选定为河北省县政建设实验区。同年，乃在定县成立河北省县政建设研究院，以定县为实验县，以晏氏为院长。此院的组织，分调查、研究、实验、训练四部，定县的县长即以实验部的主任兼充，受院长的指挥。凡研究院的工作人员多半是平民教育促进会的人员，两种组织实际上已打成一气了。他的目的，介于陶梁二氏之间，而大体与梁氏相同，定县的规模之大也与邹平相等。他们的办法是：应用三种方式，实施四大教育，完成六大建设，实现三民主义。所谓三种方式，即学校式、社会式、家庭式。所谓四大教育，即文艺教育、生计教育、卫生教育、公民教育。所谓六大建设，即政治建设、教育建设、经济建设、自卫建设、卫生建设、礼俗建设。以文艺教育救愚，以生计教育救穷，以卫生教育救弱，以公民教育救私，一切设施皆鉴于中国民族性的缺点及社会的毛病，而加以改革与建设的。后来者居上，他们的成绩已驾晓庄与邹平之上了。

自民国十六年，晓庄学校成立，在中国乡村教育史上可算开了一个新纪元。其后，因政治关系，办了三年，到十九年四月就被解散。但晓庄学校虽被解散，而陶氏"教学做合一"的主张已引起了国内教育家的注意，跟着晓庄学校的办法而继起的乡村师范学校，在江浙各省已数见不鲜了——现在全国各省莫不有乡村师范学校的设立。（喻谟烈于民国十七年曾在湖北倡议开办乡村师范学校，对于乡村教育不无相当影响。）民国二十一年，陶氏又在上海大场创办山海工学团，是继晓庄的精神而来的。内中的办法是把学校、工场和社会三种打成一片，即实施"教育即生活"并以教育去改良生活的办法。山东邹平乡村建设研究院开办于民国二十年三月，因省立的关系，经费充足，规模比较宏大，成绩亦大有可观。又以梁氏富于哲学思想，不断地研究，到最近比较从前已改变不少了。他们以"改进社会，促成自治"八字为口号，以"教养卫合一"为方法，以建设人类理想的社会为目标，其基本组织则以一乡一村为单位，故于二十二年七月即改乡农学校为乡学村学。乡学村学的精神即从蓝田吕氏乡约而来，富于东方伦理的精神，于新教育里面不免含有不少复古的意味。

现在全国经济枯竭，农村破产，为复兴农村计，益感乡村教育的必要。中国虽开放港口，设置商场，创办各种机器工业，已有了数十年，而农民还占全国人口百分之八十，国家经济仍以农业为基本。惟有复兴农村才可以复兴民族，故为复兴民族计，更感乡村教育的迫切。所以近年以来，乡村教育运动的高潮，与生产教育到了同一程度；这种教育运动不仅以改良乡村生活及建设乡村社会为目的，到近年且负了复兴民族的使命。在政府方面，行政院长汪精卫氏于二十二年四月，特别组织了复兴农村委员会，计划复兴农村的方法。该委员会分技术、经济及组织三组。组织组中又分设自治、教育、卫生及自卫四小组。在教育小组中，规定两个原则：一关于国民教育，应适合于农村环境之便利；二关于民众教育，应注重乡村生活之需要。其他三小组，在梁、晏二氏的主张中，都可以包括在乡村教育里面。教育部除把乡村教育规定在学校系统里面以外，并于二十二年九月，通令各省教育厅改进与发展乡村教育，也是以建设及复兴农村为论点，我们勿妨写在下面，以见其梗概。该通令：

> 查年来我国农村衰落，谋救国者莫不以复兴农村为当前之急务，惟欲农村复兴，除经济之建设外，乡村教育亦应急起直追，从事改进与发展。（《湖北教育月刊》创刊号）

因为要提倡生产教育，所以在中等段特别注重职业教育，在高等教育段专门趋重于理、医、工、农等科。因为要提倡乡村教育，所以特别注重师范教育及义务教育。此外，因生产教育而产生的，有劳动教育；因乡村教育而产生的，有民众教育。民众教育的要求，在近年也成了很高的思潮——政府与社会两方面皆有此项要求。政府方面，因孙中山以"唤起民众"为革命策略，所以对于民众运动提倡最早；要提倡民众运动，必当提倡民众教育。关于民众教育的办法，主要分着两项：一为民众学校；二为民众教育馆。民众学校的办法，教育部于民国二十一年一月公布了一个大纲，同年九月修正一次。据修正大纲，凡在十六岁以上五十岁以下之男女失学者，均应入民众学校。现在各省开办民众学校及民众教育馆的很多，而以江苏、浙江等省提倡尤力。至于它的意义，据江苏民众教育学院主持人高践四说：

> 民众教育之目的，在造成健全公民，改进整个的社会，并充实个人的生活。……民众教育的对象，偏重成人，凡成年的男女民众，不论贩夫走卒，显宦豪商，都是民众教育的对象。至于民众教育的项目，可分为健康、公民、生计、文字、家事、艺术等六项。这六项教育须相辅而行，并且实施的人应该因人、因事、因时、因地，就民众生活的需要点出发，因势利导，渐谋改进整个的社会，及充实各个生活的目的。（《最近三十五年中国之教育》）

由高氏这一段话看来，民众教育不仅是由乡村教育而产生，且能包括乡村教育。但"民众教育"一词，是中国社会特有的名称，我以为不过是从前的补习教育之推广，原无特别意义。

第三节　结　论

中国之有新教育，始于前清同治元年的京师同文馆，自同治元年到现在历时六十多年，虽教育的制度、宗旨及方法屡经变更，总不切合于中国的社会需要。教育制度多半从资本主义的国家抄袭得来的，教育方针总不脱离昔日的人才主义；平日所注意的，在城市里面所陶冶的全是文雅生活，所以新教育创办了六十多年，仍无补于中国之贫弱。近年以来，内因整个社会的贫乏与残破，外因帝国主义者的压迫与侵略，感觉民族前途的危险，国人始恍然大悟从前教育的错误。为矫正从前的错误，及挽救目前的危机，只有把教育普及到乡村里面，把教育当着发展产业的工具，使全民皆能受相当的教育，使受教育的人们皆能从事生产事业，则中国民族才有复兴的希望，此生产教育与乡村教育所以在近年成为全国上下一致的呼声。这两个呼声，总算国人对于教育的认识之一进步。

本期教育分着两个时代：自十五年至十七年为大学院时代；自十八年至现在为教育部时代。在大学院时代，是中国国民党的黄金时代，一般党员确能本着孙中山的遗志，本着中国国民党的革命主义，努力从事于革命工作与建设事业。影响所及，国人的精神为之一振，教育思想也为之一变。这个时候，社会上的一切皆有改进的可能，在教育的思想改造方面也留下了很深的印痕。十八年以后，国民党人因北伐成功，事事趋于稳定，国人从前兴奋的精神，慢慢地弛缓下来，教育界上前进的思想遂不如从前踊跃了。不久而学校的国语渐趋于文言，外国语渐重于本国语，即学校读经也公然有人主张，凡昔日所排除的，不知不觉在社会上在教育界逐渐恢复起来了。初年为厉行党化政策，凡中小学校一律课授党义，《三民主义》、《建国大纲》、《建国方略》及《民权初步》，皆为党义课程中必读的书。此外如胡汉民著的《三民主义连环性》、戴季陶著的《青年之路》及周佛海著的《三民主义理论之体系》，凡足以羽翼三民主义的作品，皆定为学生的课外参考书。除党义课程以外，凡学校各项功课，皆须与党义相联络，即是以党义为经，以其他各项功课为纬，组织成为一整个系统的党化课程。除课程教育以外，凡学生的训练，及党义教师的聘请，皆须受本地党部干涉与检定。当时党权高于一切，而党员也能奋发淬厉，全国人的思想差不多渐被统一于一党主义之下，其他各家学说自不容易起来相与抗衡。但是不久，这许多异种学说由社会的潜伏中，不觉出现于教育界上来了。左倾的有共产主义，右倾的有国家主义，最近法西斯的运动也有一部分势力。政府的教育宗旨犹依三民主义，而在学校课程方面，自二十一年以后，则放弃其昔日主张了。

本章参考书举要

（1）《中华教育界》

（2）《时事月报》

（3）《新中华》

（4）《最近三十五年中国之教育》

（5）《教育公报》

第六十五章　中国教育今后之出路

第一节　中国现在之国情

现在的中国，与欧美诸强的国情不同，与苏俄也不相同。

欧美列强的社会，已发展到极端高度的工业资本主义的阶级，它们的国民经济是以工业为主体。中国除了几个大都市稍具工业资本形式外，全国社会尚停滞在农业时代之中，我们的国民经济是以农业为主体。苏俄的国民主要经济虽与中国相同，而民族独立，国家强大，能够自由自主地谋社会的发展与民族的生存。中国民族受东西帝国主义者的压迫，国民经济受东西资本家的吸取，政治受东西列强的支配，种种不得自由发展，其名虽为独立的国家，其实已沦于次殖民地的境地。

欧美列强以产业的进步，社会上虽形成劳资两对立的阶级，而一般国民的富力较我甚高，国家经济也较我雄厚。俄国自革命以来，农民的生活逐渐改善；近又以五年计划成功，国家富力陡增数倍，差不多渐与欧美先进诸国在海外争逐市场。反看中国怎样？都市经济，在外国资本家的势力支配之下，无以自主；农村经济，受外国资本家的不断榨取，日濒于枯竭。因此，农村破产，百业凋零，全国民众除了少数军阀及在外人羽翼下的资本家外，莫不陷于非常贫穷的状态。乡村的贫农及都市的小手工业者，甚至于终年作苦，亦难以维持其最低生活的，到处皆是。

法国在十八世纪，农民呻吟在国君僧侣与地主压力之下，其痛苦与中古时代的农奴所受的一样；所以当1789年的大革命，能以自由平等的口号获得成功。俄国在1917年以前，是一个极端专制非常腐败的国家，农民受沙皇贵族僧侣及大地主的横压与榨取，其痛苦更甚于十八世纪的法国农民，所以他们革命的成功，也是得力于自由平等的呼声。中国数千年以来，在承平时代，全国农民除纳税以外，与国家不发生关系；除了抗税或其他不法行为外，日日生活于不识不知之中，一辈子受不到政府的干涉。这种农民生活，比较十八世纪的法国农民及俄国大革命前的俄国农民，自由多了。自由的日子过惯了，只有个性而无群性，只顾自己不顾别人；由是，在个人则放荡而不守秩序，在民族则涣散而不知团结。国人这种不好的习性，自民国成立以来，未曾改变。现在先进各国的国民，对于守秩序、重纪律、团结奋发的精神，训练有素，已成习惯，而我国人依然放纵、散漫、怠惰，而不知振作与团结。

意大利在大战后，所以能够一跃而为头等国家的，因为他们的国民追慕昔日罗马的雄风，加强了其民族自信力之故。德国在大战后，受凡尔赛条约的束缚，几难以自存；而国人能自信日耳曼民族为世界优秀的民族，忍苦奋斗，到现在已渐脱离那种束缚，而跻国家于国际平等地位。俄国在革命之后，以最大之努力，打破帝国主义者的包围政策，不久即取得他们的承认，此种成功多半也是得力于民族主义。中国民族，不仅懒散、放纵、没有团体生活的习惯，且将原有之民族自信力也把它丧失完了。在鸦片之役以前，民族过于自大。在庚子之乱以前，此种自信力尚保存一二。但自经庚子一役，受了八国联军的联合压迫，国人创巨痛深，深觉事事我不如人，于是民族自信力一落千丈；自此以后，国人由傲外变做惧外，由惧外变做媚外，甚至于要将中国民族历史所遗留于世界人类的一切有价值的文化完全毁弃了以从事于外人。古人说"哀莫大于心死"，此种民族自信力之丧失，不仅为我民族前途的危险，且予全人类以不幸的缺陷。

总计起来，中国的现状，可得五点：（1）国家在国际地位不平等，已陷于次殖民地的境地；（2）民族受东西帝国主义者的多方压迫,不得自由发展,民族自信力且因此而丧失;(3)国民习性过于放纵、懒散,没有团结奋发的精神;(4)社会不进步,至今犹停滞在农村经济时代;(5)农村破产,百业凋零,致使政府与人民两患贫乏。救(1)(2)两种毛病,须切实恢复民族的自信力。救(3)种毛病,须对于整个民族施行严格的训练,使一般纪律化。救(4)(5)两种毛病,须以最大之努力,用科学的方法发展全国的产业,且务使全国民众皆变做生产者。孙中山的民族主义是救(1)(2)两种毛病的,民权主义是救(3)种毛病的,民生主义是救(4)(5)两种毛病的。三民主义是社会主义的实行,即是世界主义的第一步。实行此种主义的先决条件,在于提倡民族自信力。我们应竭力反对狭隘的国家主义,我们应朝着世界主义的目的迈步前进;但内量国情,外察大势,非提倡民族自信力无从着手。在提倡民族自信力的战线之上,我们还要铲除封建主义的余痕,防止资本主义的发生,革掉放纵、懒散、漫无纪律的习性,使全民族皆变做有纪律的奋发的生产的劳动者,求达此目的,一方靠政治的力量,一方还要靠教育的力量。

第二节 已往教育之错误

中国自创行新教育以来,到现在已有六十多年了,教育宗旨与制度虽屡经变更——始而袭取日本,继而袭取美国,有时还取德、法——但对于社会产业的发展,及民族习惯的改革,毫无补助。中国国民党自民国十四五年以来以革命力量发展的迅速,对于社会思想的解放,曾经发生很大的影响,国民政府也规定以三民主义的理想为教育宗旨,但此种改造的声浪不久也渐归于沉寂了。民国十七年的戊辰学制,对于职业与师范教育虽略有变更,而整个学制系统,仍不脱离美国式的制度。近五年以来,国人对于教育的认识始渐进步,于是提倡乡村教育,提倡生产教育,一倡百和,演为风气。应此风气而产生的,有乡村师范学校及职业学校，这两种学校也逐渐推行于各省，但其成效仍等于零。推究此中原因，我们分着三点来说：

（一）国人心理的错误。试任意找一在学儿童，问他为什么进学校？他一定回答："为求资格。"试任意找一将要毕业的儿童，问他毕业后之志趣如何？他一定回答："志在升学。"进小学，求得一个小学生毕业资格；毕了业力能升学，则必升入中学。进中学，求得一个中学生毕业资格；毕了业力能升学，则必升入大学。进大学，求得一个大学生毕业资格；毕了业如有力量出洋留学时，还想在海外镀金一次，以为宗族交游光宠。这种心理，不仅普通学校，就是不得已而住职业学校或师范学校，还是为求资格；如有机会时，其志仍在升学。学生以升学求资格为目的，父兄以此相期许，国家以此为奖励，社会以此相看待：由是"升学主义"与"资格主义"成为国人一般的心理，成为学校内普遍的要求。这种心理，惟封建时代的社会才能产生，以封建时代的心理应用在现代学校教育，这是国人对于教育最大的错误。由此错误心理所产生的流弊，计有五点：（1）学生为求资格，平日就不肯埋头研究，讲求实用，志在升学，则目空一切，好高骛远，毕业后对于生产事业不屑屈为。（2）各教员为应付学生心理，平日只希望学生不捣乱，亦不责以实学；一旦在校肄业期满，未有不设法让他们毕业的。办理职业学校或师范学校的人们，不问学校本身宗旨何在，但为应付学生这种心理，也必多添普通科目，让他们毕业后有充分升学的机会。（3）教育界人士或政客们，利用青年的虚荣心理，你也开一大学，我也设一学院，为青年制造不兑现的大学毕业文凭，青年公然趋之若鹜，而自己则名利兼收，于是中国现在大学数目之多，占了世界第一位。（4）官厅考查学校成绩，不问学生实际学业如何，身心的发展和修养如何，毕业后有无生产的能力和兴趣，只以毕业生能否升学为标准——以学生升学数目之多少评定该校成绩之优劣。由是，举国相率而为伪，没有一人讲求实用的。（5）社会人士每以科举时代看待秀才的眼光来看待现在的青年学生，对学生讲话，开口说"将来主人"，闭口说"国家栋梁"。学生中了夸大狂，横视一切，此日在校时便以将来的主人翁或国家栋梁自许了。自欺欺人，自误误人，是再毒害没有的。

（二）教育政策的错误。教育政策分着两方面：一关于宗旨的；二关于管理的。中国在封建时代，学校与科举完全是培养治术人才的教育机关与方法。辛亥革命以后，科举制度虽然废除，而科举的遗毒尚未完全洗涤干净。现今举世皆已达于工业资本主义的阶段，且有推行社会主义的，而中国仍旧施行封建时代的教育政策，凡能进学校的都是优越阶级，在学校毕业以后就是士族——将来国家的栋梁。统计全国学校，文科大学多于理科大学者十倍，普通中学多于职业学校者数十倍，至于小学完全属于文雅教育，不待说了。我们以湖北一省为例：公私立大学合计五所，五所所办的皆是文科。省立中等学校不下二十余所，而职业学校仅有两所；其他私立中学全属普通文科更难以比较了。这种教育，违反时代的需要，毋乃太远！政府以培养治术人才为宗旨，虽日日口倡生产教育，有何用处，此所以学校愈多愈无救中国之贫穷，适以增加无业游民的数目，此社会产业所以无法进步。近年政府虽通令在高等教育段须多办理科，在中等教育段须推广职业教育，但以整个政策与制度未变，仍是徒托空言。

关于管理方面，有取放任主义的，有取干涉主义的，何者适宜，以各国当时的需要来规定。中国在民八以前，对于学生的管理，向取干涉主义；自杜威学说输入以来，完全采取放任主义。在久受国内政治压迫的国家，对于国民教育暂时采取放任主义，当作一种解放运动，极有效力，如法国大革命之后，卢梭的自然主义所以恰合需要。或因国民于纪律的训练及群性的陶冶业已成熟，他们所需要的只是个性的发展，放任主义也合需要，此杜威学说在世界大战后的美国提倡，非常适当。但法国久已采取干涉主义，美国近亦渐趋于干涉了。俄国国民在革命以前，所受国内政治的压迫最苦，共产党以提倡自由自动为煽惑之工具，大奏成效；但自革命成功以后，对于全国学生为有主义的训练，仍不放弃干涉主义。中国以漫无纪律过于放纵自由的国民，再投以杜威极端的个性主义之说，直如孟子所谓"如水益深，如火益热"了。所以自五四以来，学潮屡起，训练全废，学生变作丘九，学校等于瓦岗，教育之意义于是全失。此种学生，在学校既不肯从事学业，在社会哪肯从事生产；在学校既无训练，在社会哪有遵守秩序、服从团体的习惯，但由学校毕业的仍是批批不绝，此教育效率所以日益减低，此社会秩序所以日益纠纷。近年以来，国人已渐知放任的错误，政府已有整顿学风严加训练的训令，但积重难返，不从教育政策上根本改变，终无效果。关于管理方面，除了学生管理外，还有学校管理亦极重要。学校管理就是教育统制政策，对于全国各种学校要有整个计划与适当的设置，及对于厉行国家教育宗旨要有极严重的监督。中国自施行新教育以来，只有光绪二十九年《奏定学堂章程》，颇具教育统制的性质，至辛亥革命以后则完全放任了。到现在，国家需要什么人才，关于某种人才需要多少，及全国各学校是否遵守厉行国家教育宗旨，政府全不理会，亦不知道。只见教会学校仍然遍立于国中，大学多于过江之鲫，私立尤多，十分之九属于文科，而内容腐败，学程虚设，更不堪问。内政、铁道两部所办的学校，自成系统，教育部亦无法过问。因政治不统一致使教育凌乱，因教育凌乱反足以影响于将来政治的破裂，这是教育政策上最大的错误。

（三）教育制度的错误。十七年的戊辰学制是因袭十一年的壬戌学制而来的，壬戌学制是抄袭美国的。美国是世界最发达的工业资本主义国家，他们的教育政策自然是以培养工业技术人才为宗旨，他们的教育制度自然切合于这种社会的需要。以最发达的工业资本主义国家的教育制度，搬来施行在农村社会的中国，不仅不合脾胃，且有药不对症的危险。且资本主义在现在已到了末路，美国尽量表现资本主义色彩的教育制度渐不合时宜，而我犹照样抄袭，未免过于盲目，且与孙中山的三民主义的理想社会太背谬了。我们批评壬戌、戊辰两学制与中国社会及世界潮流不相宜的，计有七点：（1）初等教育虽属单轨，而中等教育则分普通、师范及职业三系，且把普通中学列为直系，师范与职业列做旁系。这是封建主义与资本主义的混合制，非驴非马；如此制而有力量，势必制造矛盾的社会。（2）此制在初级中学，差不多完全属于普通科；在高级中学，虽规定有农、工、商、农事及师范等科，而仍以普通科所占分量多，所居地位重。再照现有学校而论，各省除省会里面的中学分设有农、工、商等科外，所有四乡的中学差不多十分之九属于普通科。普通科中学是升学预备的教育，是培养治术人才的教育；即属于农、工、商的高中，仍为升入专门大学的预备科。以中国现在教育之不普及，而十分之九专在培养治术人才，对于技术的教育列在最次要，试问社会产业怎样会发展，国家贫穷问题到何时才能解决？（3）美国以国民富力甚高，教育普及，义务教育已由七年延长到九年；因为义务教育延长，故将旧日八四制改为六三三制。此制小学教育虽只六年，而义务教育既然延长，初中三年在事实上所处的就是初等教育地位，是初等教育不啻九年了。且他们由小学毕业了差不多均能升入中学，即小学年限缩短，也与儿童受教育的机会没有妨害。中国国民经济力一般皆穷，由小学升中学的不到二十分之一，壬戌、戊辰两学制把小学教育七年改为六年，是无形中把一般儿童受教育的机会剥夺了一年。且此制规定满十二岁的儿童，即可毕业小学而升入中学。中学与小学性质绝然不同，照中国社会程度而论，一般儿童在十二岁时孩气未脱，骤然升入中学，于身心两方均不相宜。（4）六年的中等教育，虽分初高两级，其实等于不分。初级中学三年的课程，为公民、国语、英语、算学、历史、地理、物理、化学、动物、植物、体育、卫生、劳作、图画及音乐十五科，是照美国抄来的，把人生的知识件件列入，而无一实用。且英语每周规定五小时，强人人以必学，尤背实际需要，徒足以消耗儿童有用之时光。三年期满之后，不仅无一职业技能，且习气养坏，连原有之生产习惯，亦被失掉，除了升入高中以外绝无出路。高级中学既以普通科为多，而普通科的课程差不多与初中的完全相同，不仅无一实用，且各科教材尽采圆周式，教者既感重复，学者尤不经济。三年期满之后，除了升入大学外，仍无办法。教育期限规定六年，既为一般国民子弟感觉过长，即勉强修满六年，而所学无一实用，此三三制之在中国为最大的损失。（5）职业学校因属培养技术人才的，应有相当的实用。但现在各省只是都市方面设立一二所，百分之八十的农村社会无一职业学校，已经是缓急倒置。且内中课程有两种毛病：一则科目繁多，如机械、电气之类多属工业国家的教材，不合农村社会，于中国目前很少实用；二则办学者随意加增普通科目，对于技术教育仍缺乏充实的训练，毕业后仍无用处。（6）高等教育段，分大学、专门学校及研究院三种，既重复而又矛盾。按大学一种，在中国古代为培养高等治术人才的机关，在欧洲中古时代虽为研究学术的团体，其后也成为封建贵族子弟的学位制造所了。大学即为封建时代的遗迹，自不容存在于二十世纪的社会，且在高等教育段里面，既规定有专门学校和研究院，大学更等于骈枝。（7）整个学制系统，虽分初、中、高三段，每段并没有显然的意义，而大学与中学二名词在现在亦觉没有独立存在的价值。且在整个学制系统里面所规定的，全属于儿童青年正常的教育，对于失学成年人的教育没有正式地位，只在中等教育段内附载有民众学校一条，不仅所用"民众"二字不大妥当，而地位狭小，尤不合于中国现时社会的急切需要。其他关于中、小学内部的组织，形同衙门，不合之处更多。

第三节　今后教育之出路

我们要解决中国目前的问题，建设三民主义理想的社会，而以教育为政治的最大助力时，对于已往教育的错误，务必根本改造。已往教育错误最深的，莫如国人对于教育的心理。但心理的改造过于空洞，我们应当先从教育政策改造起，再改造教育制度，迨这两点改造过来了，而心理也必随着改造。

（一）教育政策。关于教育政策的改造，应分宗旨与管理两方面：

（1）在民国十八年四月，政府已颁布了一道教育宗旨，此处我们所谓宗旨，是偏重教育方针说的，与政府所颁的宗旨是一贯的。决定教育方针，应先决定教育立场；我们既以建设三民主义理想的社会为目的，则国家教育方针应以这个社会为立场。三民主义理想的社会，是融合人类为一个生产阶级的大同社会，绝不容许有优越阶级来剥削民众，绝不容许有权力阶级来压迫民众。如果以这个社会为立场，那么我们今后的教育方针：在消极方面，务必涤清封建主义的血痕，铲除资本主义的外皮；在积极方面，应以全力培养技术的劳动者，使人人皆有生产的能力和兴趣。换一句话，即革除从前治术人才主义的教育，厉行技术劳动主义的教育。

（2）教育方针确定了，为厉行新的方针起见，则应当改造国家对于教育管理的态度。我们的态度：务必改变从前的放任主义而为干涉主义。即一方对于全国教育施行统制政策，一方对于各级学生施行严格训练。在统制政策之下，凡全国学校，除了军事学校外，一律由教育部直接管辖。管辖统一，然后由部统筹全局，根据既定方针，按照社会需要，来规定学校的数目、种类及地点。对于普通劳动技术的教育，以全力设法普及；对于专门劳动技术的教育，看需要何种人才则培养何种人才，需要多少人才则培养多少人才。凡教会学校，一律取消；凡私立学校，严加淘汰；凡不合于教育方针及社会需要的现有的各种学校，尤须归并或取缔。再由部颁布考核条例，勿论公私立学校，一律严行考核，每年至少举行二次，如发现有违反政府所颁布的教育宗旨和方针，或奉行不力者，立即予以严重处罚。另外由部组织教育委员会，以教育界的忠实党员充当委员，凡学校的教材、电影的影片、剧团的剧本及民众的读物，一律由该会审查或编制，颁布全国通行。凡毕业学生，一律举行会考；会考的方法要完善，制度要统一，施行时要重视、要严格。非有特殊需要，不宜派遣学生出洋留学；因现代海外列强的教育全是拥护资本主义的教育，受了这种教育的留学生，对于中国现代社会是毫无用处的。对于学生的训练，凡各级学生，一律采取严格主义。其思想，以三民主义理想的社会为鹄的。其修养，以诚实、公正、弘毅、勇敢、平等、敏捷、整洁、朴素、勤劳、互助等德目为标准。其方法，凡民族基本教育，一律施行童子军教练；凡劳动职业教育，一律施行军事教练。使他们习劳习苦，习于团体生活，养成服务精神，尤须遵守纪律，服从劝诫；把全国学生，皆可训练成为惯于团体生活的民族，勤于服务的劳工，勇敢的战士，富于同情心的人类。照此办法，教师与学生都是工人，学校校工的数目大可减少，至多每校雇用三五人就够了。

（二）教育制度。教育政策既定，再来改造现有的教育制度。下面的一个学制系统图，是依据我们的政策草拟的，暂时取名《改造学制图》。中国现时的教育，一方要建设理想的社会，一方还要补救目前的缺点，故本图暂时分做两系，以甲乙粗线为界。在甲乙粗线之左，为正常教育，预备一般儿童依次入学而设的；在粗线之右，为特殊教育，预备年长失学或不能依照常轨的人们求学而设的。就是正常教育第一段，取名"民族基本教育"，也带了几分特殊性质；因为要解决中国目前的困难，以达到三民主义理想的社会，非先提倡民族自信力不可，故在小学教育里面特别注意于民族意识的培养。这种培养是暂时的，假使中国民族取得独立与自由，而世界人类化除了民族畛域的成见，在小学教育里面，应当特重人类共性的培养，我们到那时即可取名"人类教育"。我们先将正常教育逐一说明了，再说明特殊教育。

第十八图　改造学制图

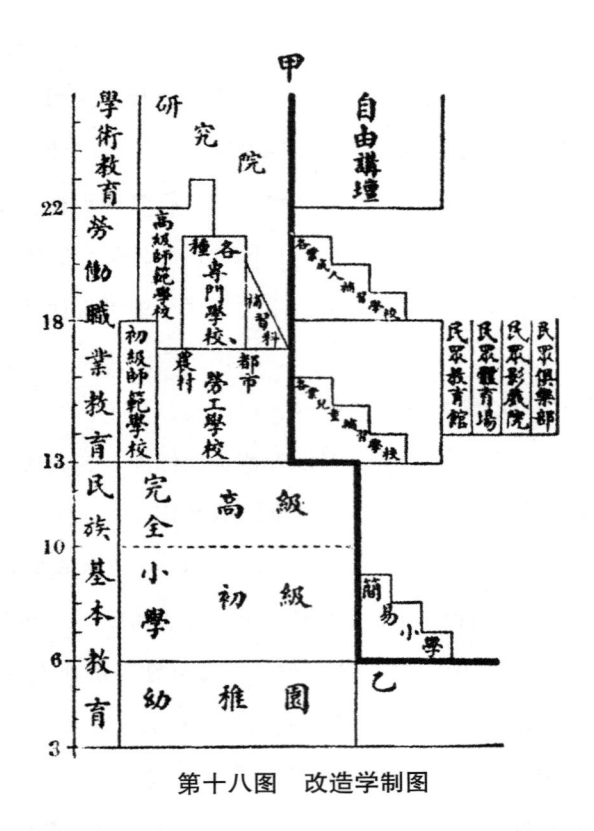

　　正常教育共分三段五级。第一段民族基本教育，分幼稚园与小学两级。幼稚园收受三岁至六岁的儿童，约计三年。小学又分高初两级：初级四年，高级三年，合计七年，称完全小学。内中课程，注重公民的培养、民族的自觉及劳动的习练。从前闲雅式的及资本式的课程一律取消，按照本目标重行改编。第二段劳动职业教育分初高两级。在初级里面，大致分三种学校：一为初级师范学校；二为农村劳工学校；三为都市劳工学校。第一种收受完全小学毕业生，课程分公民、民族、体育及教育四类，修业五年，以训练健全的小学师资为目的，不过设在都市的与乡村的所用教材应有区别。第二、第三两种，为培养普通职业技能的教育，即真正劳工知识的教育，设立在都市的称都市劳工学校，设立在乡村的称乡村劳工学校。课程分公共科、分修科及选科三种：公共科的分量占百分之二十；分修科占百分之七十；选科占百分之十，只于最后一年添设。分修科与选科均重在实习，实习时间应占全课中五分之二。公共科只设公民、常识、国语及算术二科。分修科在都市学校，设银行、商业、邮务、机器、工艺、小手工业及关于都市生活的一切知识；在乡村学校，设农作、园圃、蚕桑、牧畜、渔业、纺织及关于乡村生活的一切知识。选修科按照特殊需要，或加增其分修科的分量，或提高其人生的知识领域，但不得超过比例数。以军事训练代体育，每周至少三小时。外国语言科设在分修科内，只准在都市劳工学校内自第三年起支配二小时至三小时，乡村绝对不准添设。这两种学校一律收受完全小学毕业生，修业四年期满，获得普通的职业技术，即为有训练的劳动者。毕业后万一感觉知识不够时，仍可随时补习。在第二段的高级里面，大致分着两种：一为高级师范学校；二为各种专门学校。高级师范入学的资格有三：一为初级师范毕业生，修业四年，毕业后以充当初级师范学校的教师为原则；二为劳工学校的毕业生，修业五年，毕业后以充当劳工学校及初级师范的教师为原则；三为专门学校的毕业生，修业一年，毕业后以充当劳工学校的教师为原则。各种专门学校分科设立，或一校分设数科；其科别为农科、工科、医科、艺术科及社会科等类。此种学校，以培养高等职业或专门技能及劳工方面的各种指导人员为目的，收受劳工学校毕业生，修业四年。其课程、学理与实习并重。第三段学术教育，称研究院，为专门研究学术的机关，为训练社会上领袖人物的场所。自然科学如天文、地理、心理、生物及物理、化学，社会科学如哲学、历史、教育、党义及政治经济，全是该院所有的任务。入院的资格，以高级师范及专门学校的毕业者为原则；但如有特别才能或学力的人，即仅有初级职业教育的资格，亦可破格录取。内中课程多关于高深学理或特殊问题，故无一定修业期限。以上各级教育，自六岁入小学，到二十一或二十二岁修完高级职业教育，合计十五年至十六年。

  特殊教育分着四级，但不是连贯的。第一级为自十三岁以下的贫苦小儿而设的，称做简易小学，课程以识字及辅助家庭原有职业知识为目的，修业自一年至三年。第二级为自十三岁以上至十八岁以下的各业失学儿童而设的，称做某某业儿童补习学校。内中课程，各就他们的原有职业为区别，大致与劳工学校相似。修业年限不定，最多三年最少一年。第三级为自十八岁以上的失学成人而设的，称做某某业成人补习学校。内中课程与第二级大致相同，修业也不拘一定年限。第四级为自由讲坛，是私人组合的性质。地方的学者，在工作的余暇，设坛讲学借以贡献于社会。凡社会上未曾取得正常学校的资格而有研究的兴趣或时间时，可报名加入听讲，即高级劳动职业毕业生或研究院的学生，也可参加，相互为学术的探讨。在第二与第三级的中间，另设有社会教育性质的四种机关：（1）民众教育馆；（2）民众体育场；（3）民众影戏院；（4）民众俱乐部。此四种机关，在都市内可以全设，在乡村内只设（1）（2）及（4）三种就行了。

（三）教育区划及设立。全国应分为多少学区及各级学校由何种机关设立，也是统制教育政策所必要规定的。（1）小学校以市县立为原则：在大都会，由市立；在小都会及乡村，由县立。各都会及村镇应立几所及应设几班，以所在地儿童数目为比例。只设初级班者称初级小学，高初全设者称完全小学；现在所有"实验"及"中心"等无聊名称，一律取消。在统制教育政策之下，凡到了学龄的儿童，自应送入小学受教育，且应以最短的时间设法普及，从前资本主义国家所用"义务教育"等名称，亦应取消，至如何普及，属于政治方面的计划，留待另述。（2）劳工学校，属于都市的以市立为原则，属于乡村的以县立为原则。都市劳工学校，以都市人口数目的多少，规定所数及班级数；乡村劳工学校，应尽量扩充，平均至少每县设立二所。现有普通中学及职业学校等名称，一律取消。初级师范学校，以省立为原则，每省至少设立五所，除省会只设一所外，其余均应设在四乡。（3）专门学校以省及特别市立为原则，应设几所及应设何科，以各省市社会实际需要为标准。（4）高级师范学校及研究院，完全由国立。照中国现在情形，全国应划分为五个高级师范区：第一区南京、第二区北平、第三区汉口、第四区广州、第五区西安；将来东北失地收回，沈阳可再划一区。研究院现时暂定三所：南京一所、北平一所及广州一所。现时所有"大学"及"学院"等名称，一律取消。关于特殊教育一类：凡简易小学，以县立为原则；凡各业补习学校如在乡村，以县立为原则，在都会以省立为原则。再各业补习学校，如设在工厂或铁道旁者，则责成工厂或铁路局设立，由省市教育机关监督。招生次数的标准也应规定：凡小学校、劳工学校，及各种补习学校每年招生二次；凡各级师范学校、专门学校及研究院，每年招生一次；凡幼稚园及自由讲坛，随时招收，不受限制。

第四节　结　论

中国目前所患最大的毛病，我们归纳起来，莫过于贫、弱、私三字。中国已往教育的错误，我们归纳起来，不外内封建主义，而外资本主义，即治术的、文雅的、放任的三点。救贫应当设法为富，而教育偏重治术人才的培养，则更贫了。救弱应当设法为强，而教育专尚文雅，则更弱了。救私应当设法为群性的训练，而教育偏采放任主义，则更私更散了。以这种错误的教育，无补于中国目前的毛病，且适足以促成其危亡，差不多已为全国人所公认。近年国人提倡职业教育、乡村教育、生产教育，都是想补救已往的错误；甚至近日提倡新生活教育，也是应需要而起的。但这所提倡的只是枝节，所改革的只是片段，在当初或有少许的成效，迨事过境迁，声浪消沉，必仍返于旧路。由这种种看来，要诊治中国目前的毛病，应当统观全局，从根本上改造。我们的目的，不但诊治目前的毛病而已，同时还当以教育的力量建设三民主义理想的社会。奖励民族教育，所以提起民族自信力，团结奋斗，置中国于国际平等地位，而弱的毛病自然去了。注重劳动职业教育，所以培养劳动习惯和生产技能，则全国产业即可为有计划的发展，而贫的毛病自然去了。对学生采取严格训练主义，谋群性的发展，为纪律的生活，使散漫的变为有组织的，自私的变为爱群的，而私的毛病自然没有了。同时还要铲除封建的资格主义，洗涤资本的升学主义，改变国人对于教育一切错误观念。要使农家子弟进了学校更会种田，工人子弟进了学校更会作工，渔家子弟进了学校更会捞鱼。更要打破优越阶级享乐的心理，铲除特权阶级支配的欲望，消灭一切虚玄神鬼的学说，以科学方法促进产业，使全社会皆变做平等的民族，生产的劳动者，富于同情的人类。要达到这种目的，尤在实行教育统制：一方使全国教育为有计划的设施，一方使教育进行发生力量。但教育不过为国家政治工作之一种，教育本身原无力量的，要行教育统制必先行政治统制，迨政治有权威，而教育自可推行无阻了。

本书上卷初稿完成于民国十五年年底，至十九年八月着手起草中下两卷，并重编上卷，合成全书三卷。以参考书籍缺乏，及无定居生活，迟至今日始告完竣，历时约计十年。

著者志

民国二十三年七月三十日